"十二五"普通高等教育本科国家级规划教材

东北财经大学会计学系列教材

国家重点学科

国家级特色专业 / 国家级一流本科专业

国家级精品课程 / 国家级精品资源共享课

11th Edition

第11版

Financial Analysis

财务分析

张先治　陈友邦　主　编

秦志敏　张晓东　副主编

东北财经大学出版社

Dongbei University of Finance & Economics Press

大连

图书在版编目（CIP）数据

财务分析 / 张先治，陈友邦主编．—11版．—大连：东北财经大学出版社，2025.8．—（东北财经大学会计学系列教材）．—ISBN 978-7-5654-5712-8

Ⅰ．F231.2

中国国家版本馆CIP数据核字第2025W42K79号

财务分析

CAIWU FENXI

东北财经大学出版社出版

（大连市黑石礁尖山街217号　邮政编码　116025）

网　　址：http://www.dufep.cn

读者信箱：dufep@dufe.edu.cn

大连金华光彩色印刷有限公司印刷　东北财经大学出版社发行

幅面尺寸：185mm×260mm　字数：638千字　印张：27　插页：1

2025年8月第11版　2025年8月第1次印刷

责任编辑：李　彬　王　丽　高　铭　吴　茜　曲以欢　责任校对：刘贤恩　何　群

封面设计：张智波　版式设计：原　皓

书号：ISBN 978-7-5654-5712-8　定价：49.80元

教学支持　售后服务　联系电话：（0411）84710309

如有印装质量问题，请联系营销部：（0411）84710711

卷首语

谁都不能否认，经济与会计的关系越来越密切，尤其是经济全球化的趋势让全世界的会计准则制定机构都走上了会计准则的国际趋同和等效之路；谁也不能否认，中国的会计改革紧跟国家和世界经济发展的步伐，尤其是20世纪90年代初至今，会计改革经历了与国际接轨、趋同和等效的阶段；谁都必须承认，会计人才的培养要适应经济与社会的发展变化，尤其要适应社会主义市场经济建设的需要。另外，一整套优秀的系列教材对于培养会计人才的重要性是显而易见的，尤为重要的是教材必须紧跟时代进步的节奏，把握好经济与会计发展的脉搏。

纵观“东北财经大学会计学系列教材”的生命线会发现，她之所以能常青，正是上述认识指引的硕果。

20世纪90年代初，我们编写了东北财经大学第一套会计学系列教材，其奉行的理念是：积数十年教材编写之经验，融十几位教授之心血，编系列精品教材。我们一直坚持这样的原则，前后共出版过4套系列教材，每一套系列教材都修订过若干次，总销量近千万册，其“足迹”遍布祖国的大江南北。在30多年中，东北财经大学会计学系列教材伴随着一批又一批的大学生成长，并且以教材编写为契机，在高等学府中培养了一代又一代的教师精英。

从时间上来推算，本套会计学系列教材是30多年中的第5套。本套会计学系列教材的第1版诞生于2007年1月，正好踏着2006年财政部发布“企业会计准则”体系的节拍。在此期间，我们又理解和掌握了更新的会计准则与规范，积累和运用了更多的专业知识，尤其是对新商科建设和数智人才培养对会计教材提出的新要求有了更深刻的认识。鉴于此，我们才有了这一次的修订，并以新版的形式呈现在读者面前。

东北财经大学会计学系列教材坚持以习近平新时代中国特色社会主义思想为指导，深入贯彻党的二十大精神，全面贯彻党的教育方针，落实立德树人根本任务。本次修订的主要依据是财政部最近几年来修订或发布的企业会计、行政事业会计、税收、财务管理、管理会计等方面的法规：

• 就企业会计准则而言，2017年以来，财政部发布修订后的《企业会计准则第22号——金融工具确认和计量》《企业会计准则第23号——金融资产转移》《企业会计准则第14号——收入》《企业会计准则第7号——非货币性资产交换》等8项准则，印发了《企业会计准则解释第13号》《企业会计准则解释第14号》，这些准则及其解释公告对财务会计类教材影响比较大；同时，我们根据2019年度一般企业财务报表格式对相关内容进行了调整。

• 从管理会计来看，财政部发布了《管理会计基本指引》，分3批发布了34项《管理会计应用指引》，不仅有利于加强管理会计指引体系建设，还将对制定案例示范起统领作用。

• 从成本会计来看，继《企业产品成本核算制度（试行）》发布后，财政部又发布了《企业产品成本核算制度——石油石化行业》《企业产品成本核算制度——钢铁行业》《企业产品成本核算制度——电网经营行业》等，对大中型石油化工企业等的成本核算业务进行规范。

• 从审计来看，中国会计准则、审计准则与国际会计准则和审计准则持续趋同；内部控制审计指引出台；会计师事务所组织形式不断创新；会计师事务所做大做强战略实施和注册会计师执业领域不断拓展；风险导向审计模式进一步推广等；中国注册会计师协会借鉴国际审计准则研究的最新成果，修订并增加了审计报告相关准则。

• 财政部和国家档案局联合发布的新《会计档案管理办法》自2016年1月1日起施行。

• 财政部和国家税务总局发布《关于调整增值税税率的通知》，自2018年5月1日起执行。

这些对会计学系列教材建设都提出了新的挑战。同时，数智经济时代的到来，也对会计学教材建设提出了新要求。

在修订的过程中，我们更加注重提升教材配套平台建设的质量：

• 关于习题与案例。按照修订后的教材内容更新习题与案例。一是加大习题量，适当提高习题的难度。二是更换部分案例，使案例与实践更加贴近，学生通过案例的学习得到进一步启发。三是配置阶段性综合习题，根据内容模块设置习题，便于学生综合性地理解和掌握相关章节的知识，循序渐进，达到深入学习的效果。

• 关于电子课件。电子课件的制作摒弃了复制主教材各级标题的简单做法，由各主教材的作者亲自主持制作，这样能更好地把握授课内容，对各章节的内容进行更深入的讲解和逻辑勾勒，真正起到辅助和深化的作用。

• 关于教学大纲。本套教材配有电子版教学大纲，为教师提供课时分配、重难点提示、教学结构等参考信息，进一步方便教师教学。

• 关于慕课资源。《基础会计》《中级财务会计》《高级财务会计》《管理会计》等书的配套慕课在中国大学MOOC平台上播放。其中，《管理会计》配套慕课获评“首批国家级线上线下混合式一流本科课程”。

• 关于在线组卷。东北财经大学出版社网站的“会员中心”提供“在线组卷”功能，本套书所有教材都可以在线组卷，所有题目都来自教材的配套习题。

• 关于课程思政。为了适应新时代会计教学改革的需要，本版教材尝试融入课程思政教学等相关知识，这既是对教材知识体系的必要补充，也进一步体现了教材应担负的立德树人使命，更是为人工智能环境下会计教学形式的创新创造条件。

为保证质量，我们陆续推出新版东北财经大学会计学系列教材，分别有：《基础会计》《中级财务会计》《高级财务会计》《成本会计》《管理会计》《财务管理》《会计信息系统》《内部控制》《财务分析》《财务分析（数智版）》《会计学》《审计》《审计（精编版）》，共计13种。值得一提的是，截至目前：

• 入选“十二五”普通高等教育本科国家级规划教材的有7种，普通高等教育“十一五”国家级规划教材的有4种，“十二五”普通高等教育本科省级规划教材的有9种；

• 入选普通高等教育精品教材的有1种；

• 荣获全国优秀畅销书奖的有6种，省级优秀畅销书奖的有6种；

• 所支撑的课程获得国家级精品课程称号的有5种，所支撑的课程获得省级精品课程称号的有6种；

• 获得国家级精品资源共享课称号的有5种，获得省级精品资源共享课称号的有2种；

• 荣获2020年首届辽宁省教材建设奖优秀教材奖的有4种；

• 荣获2021年首届全国教材建设奖全国优秀教材奖的有1种。

由于我们的时间和精力有限，教材中难免存在缺点乃至谬误，我们恳请广大读者批评指正。

每次修订仅仅是一个新的起点，而不是终点，我们将随着经济的发展与会计环境的变化不断修订，使东北财经大学会计学系列教材紧随时代步伐，及时反映学科的最新进展。

东北财经大学会计学系列教材编委会

第11版前言

本次修订是在“十二五”普通高等教育本科国家级规划教材、东北财经大学会计学系列教材《财务分析》第10版（张先治、陈友邦主编，东北财经大学出版社2023年版）的基础上进行的，本次修订的基本原则与内容有：

第一，结合党的二十大精神、党的二十届三中全会精神和《高等学校课程思政建设指导纲要》相关要求，突出课程思政目标，增加全书思政思维导图和各章的知识目标、能力目标、思政目标思维导图，并根据各章内容更新相应的思政课堂内容和思政二维码。

第二，结合新环境、新经济、新技术对财务分析的影响，完善财务分析理论，充实智能财务分析方法，引导学生在学习财务分析基本理论和基础方法的基础上，理解智能财务分析的特点和重要性。

第三，根据课程内容要求并体现教材内容的新颖性，更换了全书中的大案例。新案例公司的行业特征、企业经营状况及信息披露规范性等，都有利于进一步提升教师授课效果和学生学习质量。

第四，突出财务分析的真实性、实用性，对全书各章的章头引例都以一个公司的真实信息为基础进行了全面更新，突出真实性、实用性；在保留核心理论的基础上，我们对与财务分析紧密关联的知识体系和实践案例进行了适时更新升级，使之更贴近现实业务场景与实践活动。

第五，根据近年来会计准则的变化情况，上市公司相关法规及信息披露变化情况，以及国家有关部门对业绩评价考核指标及方法的变化更新了相关章节的政策、法规及方法等内容。

第六，根据教材中修订的内容，及时更新了案例分析和知识拓展二维码，完善了相关案例等。针对教材写作及出版过程中的文字表述及计算等方面的错误及不准确的内容，进行了全面复查与修订。

本书由张先治教授和陈友邦教授担任主编，秦志敏教授和张晓东教授担任副主编，各章执笔人分别为：第一章，张先治；第二章，张晓东；第三章，张先治；第四章，张晓东；第五章，秦志敏、赵梅；第六章，王玉红、张先治；第七章，秦志敏、赵梅；第八章，张先治、王玉红；第九章，陈友邦、徐晶；第十章，王玉红；第十一章，于悦、张先治；第十二章，徐晶、陈友邦；第十三章，张先治、于悦。最后由张先治和张晓东教授进行总纂并定稿。

由于作者水平所限，书中可能会有缺点、错误，恳请读者批评指正，以便我们在下次修订中加以完善。

张先治　张晓东

2025年4月于东财园

课程思政与专业知识融合路线图

思政元素	思政案例与知识	章节
法治观念、服务社会	基于机器学习的分析师识别公司财务舞弊风险的研究/ABC公司创新驱动与高质量发展	第一章
生财有道、求真务实	数据资产入表与融资实践过程	第二章
树立三观、使命担当	企业愿景、使命与战略目标	第三章
家国情怀、荣辱与共	人生的财务报表	第四章
社会责任、公平正义	2021年上市公司现金分红预案总额超1.5万亿元	第五章
坚持原则、不做假账	造假38年?！又一日本制造巨头神话破灭，数据凭空杜撰	第六章
可持续发展、造福社会	格力电器现金流充裕，要给市场稳定预期	第七章
德本财末、德财相应	震惊全球！腐败之王涉足11国，超级巨头栽了	第八章
经济发展、大国复兴	数字经济助力营运能力提升	第九章
诚信为本、操守为重	2021年全国诚信兴商案例	第十章
绿色转型、持续发展	应对气候变化，如何积极稳妥推进“双碳”工作? 国家发展改革委谈“十四五”时期的指导方针和主要目标	第十一章
人才强国、职业理想	央企评价体系透视会计职业转型	第十二章
守正利他、社会价值	虚增逾100%！资产评估造假案暴露行业乱象，一份报告致国有资产损失近4 000万元！	第十三章

目录

第一篇　财务分析概论

第二篇　财务报告分析

第三篇　财务效率分析

第一篇　财务分析概论

第一章

财务分析理论

□ 学习目标

本章的学习目标是使学生掌握财务分析的基本内涵、基本目标与作用。其具体目标包括：

◇ 知识目标

明确什么是财务分析，财务分析的学科地位如何，财务分析与经济活动分析、财务管理和会计是什么关系；掌握财务分析的体系和内容以及形成的理论基础；理解财务分析的目标以及不同财务分析主体财务分析目标的差异。

◇ 能力目标

能够运用财务分析的基本原理说明财务分析的作用；学会灵活运用财务分析形式解决实际问题，实现财务分析目标。

◇ 思政目标

能够在掌握财务分析内涵、目标和作用的基础上，增强自己的法治观念、道德观念，辨别财务报表及其分析过程中的舞弊行为，真正树立价值创造和造福社会的理念。

课程思政教学模块图

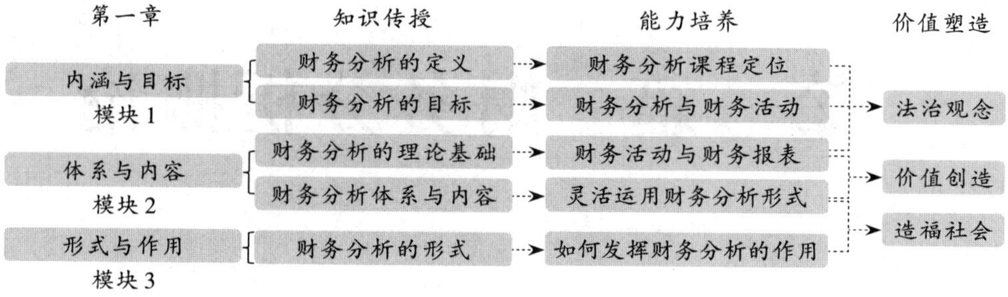

比亚迪股份有限公司（以下简称“比亚迪”）是一家致力于“用技术创新，满足人们对美好生活的向往”的高新技术企业。比亚迪成立于1995年2月，总部位于广东省深圳市。是一家业务涵盖电子、汽车、新能源和轨道交通四大领域的新技术民营企业，在我国香港和深圳两地上市，目前在两地的总市值均超万亿元。比亚迪在新能源汽车领域掌握电池、电机、电控等核心技术，2023年蝉联全球新能源汽车销量冠军。电子产业主要为手机等产品提供零部件及组装服务。在新能源领域，比亚迪是中国首批进入锂离子电池行业的企业。在轨道交通方面，拥有“云轨”等自主技术。比亚迪在全球设立30多个工业园，位列2024年《财富》世界500强榜单第143位。2024年全年新能源汽车销量4 272 145辆，累计同比增长41.26%。

根据比亚迪2018年到2023年披露的财务报告，各项主要财务分析指标见表1–1。

表1–1 **比亚迪财务分析指标表**

年份	2023	2022	2021	2020	2019	2018
基本每股收益（元）	10.3200	5.7100	1.0600	1.4700	0.5000	0.9300
每股净资产（元）	47.6800	38.1394	32.6572	20.4460	19.1954	18.8049
每股股价（元）	282.66	256.97	268.12	194.30	48.04	51.00
营业收入（亿元）	6 023	4 241	2 161	1 566	1 277	1 301
归属净利润（亿元）	300.40	166.20	30.45	42.34	16.14	27.80
营业收入同比增长（%）	42.04	96.20	38.02	22.59	–1.78	22.79
归属净利润同比增长（%）	80.72	445.86	–28.08	162.27	–41.93	–31.63
总资产同比增长（%）	37.60	66.97	47.14	2.75	0.55	9.25
净资产收益率（加权）（%）	24.40	16.14	3.73	7.43	2.62	4.96
总资产收益率（加权）（%）	5.34	4.49	1.60	3.03	1.09	1.91
流动比率	0.666	0.722	0.970	1.049	0.990	0.988
资产负债率（%）	77.86	75.42	64.76	67.94	68.00	68.81
总资产周转天数（天）	350.7	335.2	413.7	455.9	549.9	515.8
存货周转天数（天）	67.17	73.94	84.82	98.80	109.70	86.92

注：时点指标为当年的12月31日的指标，时期指标为当年年度指标。

可见，上表的财务分析指标可揭示比亚迪公司的经营状况、财务状况、经营成果及价值创造、价值实现情况。如何判断该公司的营运情况和未来发展，如何预测该公司未来盈余和股票内在价值呢？财务分析便是寻求答案的过程中不可或缺的工具。谁能运用财务分析得出有价值的信息，谁就占有了财务分析的信息优势。这些财务分析信息对投资者、债权人、经营者、职工及政府监管者都有着十分重要的价值。

资料来源：根据东方财富网相关资料整理.

第一节　财务分析的内涵与目标

一、财务分析发展现状

什么是财务分析？什么是财务报表分析？什么是财务报告分析？它们的内涵是否相同？它们之间有什么联系与区别？这既是实务界经常提到的问题，也是理论界应该回答的问题。就一般意义而言，人们并不在意财务分析、财务报表分析及财务报告分析的区别，目前出版的相关书籍名称五花八门，说明上述概念的本质是相同或相近的。然而经过仔细斟酌，它们又有所区别：财务报表分析的对象是财务报表；财务报告分析的对象是财务报告；财务分析的对象是财务活动及成果。显然，财务报表与财务报告的区别是清楚的，因此，财务报表分析和财务报告分析的内涵是明确的。但是，财务报表、财务报告和财务活动之间的关系决定了区分财务分析与财务报表分析和财务报告分析的复杂性。这里将从财务分析的现状入手，探究财务分析的学科基础和学科定位。从学科关系角度看，目前的财务分析主要可分为基于会计学的财务分析和基于财务学的财务分析两种。

（一）会计学中的财务分析与基于会计学的财务分析

从会计学角度对财务分析的考察可以分为两个方面：一方面是观察现有会计学教材中的财务分析；另一方面则要研究基于会计学的财务分析。这个角度的财务分析通常被称为财务报表分析和财务报告分析。

1.会计学中的财务分析

目前，我国的会计学教材中设置“财务报表分析”一章的较少，而在西方的一些会计学教材中，包括《会计学基础》和《财务会计》（或《中级会计》），往往都设有“财务报表分析”这一章。会计学中的财务报表分析往往具有以下特点：

第一，主要介绍财务报表分析的基本方法，如水平分析法、垂直分析法和趋势分析法，对更进一步的会计分析（包括会计政策变更等对财务报表影响的分析）介绍得较少；

第二，主要介绍几个重要的财务比率，没有对财务比率体系进行论证与分析，也不进行财务比率的因素分析；

第三，会计学中的财务报表分析通常不研究财务比率分析的应用。

2.基于会计学的财务分析

基于会计学的财务分析，以会计学中的会计报表信息为基本出发点，运用会计分析方法对影响会计报表的因素进行分析与调整，为财务比率分析奠定基础，从而准确分析企业单位的盈利能力、营运能力、偿债能力和增长能力等状况，进而形成一门独立的、边缘的财务分析学。基于会计学的财务分析通常具有以下特点：

第一，基于会计学的财务分析是一门独立的课程，拥有完整的理论体系、方法体系和内容体系；

第二，基于会计学的财务分析以会计报告信息分析为出发点，以影响会计报告信息的因素（特别是会计假设、会计政策、会计估计等因素）变动为分析重点；

第三，基于会计学的财务分析往往将盈利能力分析、营运能力分析、偿债能力分析等作为会计信息在财务分析中的应用；

第四，基于会计学的财务分析在处理财务分析与财务管理的关系上，往往强调财务效率。

（二）财务学中的财务分析与基于财务学的财务分析

从财务学角度对财务分析的考察也可分为两个方面：一方面是观察现有财务学或财务管理类教材中的财务分析；另一方面则要研究基于财务学或财务管理的财务分析。这个角度的财务分析通常就被称为财务分析。

1.财务学中的财务分析

目前，无论在我国还是在西方，很多财务管理类教材中都有“财务分析”一章。财务管理中的财务分析往往具有以下特点：

第一，将财务分析作为财务管理的职能，与财务预测、财务预算、财务控制、财务评价与激励等并列；

第二，将财务分析（或财务报告与分析）作为财务管理的基础，提供财务管理中筹资活动、投资活动与分配活动决策的有用信息；

第三，将财务分析定义为财务比率分析，往往以盈利能力分析、营运能力分析和偿债能力分析为分析的体系和主要内容。

2.基于财务学的财务分析

基于财务学的财务分析，以财务学或财务管理目标为基本出发点，以反映财务活动与经营成果的财务报告与内部报告为基本分析依据，以专门的财务分析程序与方法为分析技术工具，形成了一门独立的、边缘的财务分析学。基于财务学的财务分析内容广泛，通常具有以下特点：

第一，基于财务学的财务分析是一门独立的课程，拥有完整的理论体系、方法体系和内容体系；

第二，基于财务学的财务分析以财务学的领域为导向，以价值分析与量化分析技术为基础，以公司财务比率或能力分析、证券市场分析等为主要内容；

第三，基于财务学的财务分析应用领域较为广泛，包括证券估价、业绩评价、风险管理、企业重组等；

第四，基于财务学的财务分析在处理财务分析与会计学的关系上，往往将财务报告作为分析的基础信息，但同时也根据分析需求应用管理会计信息和业务信息。

应当指出，无论是会计学中的财务报表分析还是财务学中的财务比率分析，都无法反映财务分析的本质与全部内涵；无论是基于会计学的财务分析还是基于财务学的财务分析，都体现了财务分析学的独立性、综合性与边缘性。然而，在当今经济变革的时代，随着经济环境（包括实践与理论）的变化，财务分析的需求与供给都发生了变化，财务分析必然面临理论和实践的挑战。

（三）财务分析的学科定位

财务分析的学科定位问题一直存在较大争议，有人将其划归会计学，有人将其划归财务管理，还有人将其划归金融学等。财务分析之所以定位较难，是因为它是一门与上述学科都相关的边缘性学科，这从另一个方面也说明财务分析应该独立于上述学科而存在。

财务分析实际上是在会计信息供给（会计学）与会计信息需求（财务学、经济学、管理学等）之间架起的一座桥梁。因为在会计学与经济学、管理学和财务学等学科的关系中，都涉及会计学的发展如何满足相关学科发展的信息需求、其他学科的发展如何有效利用会计信息的问题。一方面，会计学毕竟不是单纯满足某一信息使用者需求的，因此，会计提供的信息往往需要分析与转换为对信息需求者有用的信息；另一方面，经济学、管理学、财务学等相关学科的复杂性也不能要求会计学者完全或直接掌握会计信息的需求，将对相关学科决策需求的分析转换为会计信息需求，也是会计学发展所需要的。在会计学与相关学科关系的信息转换中，财务分析起着至关重要的作用。财务分析就是根据相关学科或人们对会计信息的需求，将标准的会计信息分析转换为决策与管理所需要的信息；同时，财务分析又将相关学科理论与实务所需求的信息，分析转换为会计应该提供的信息。财务分析的这种地位与作用，在会计学与财务学的关系发展中体现得最为明显与清楚，如图 1-1 所示。

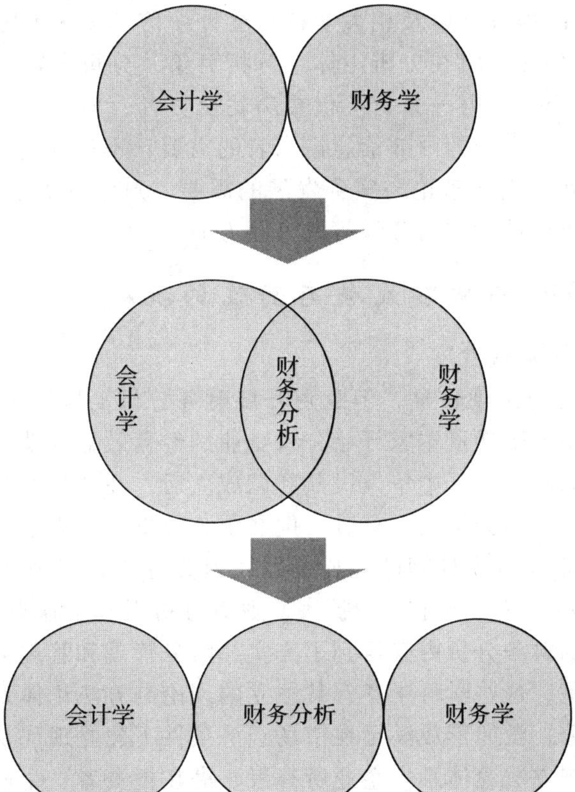

图1-1　财务分析与会计学、财务学的关系及演变

随着相关学科理论与实务对会计信息需求的加大，财务分析在连接会计学与相关学科关系中的地位与功能将进一步扩展，如图1-2所示。

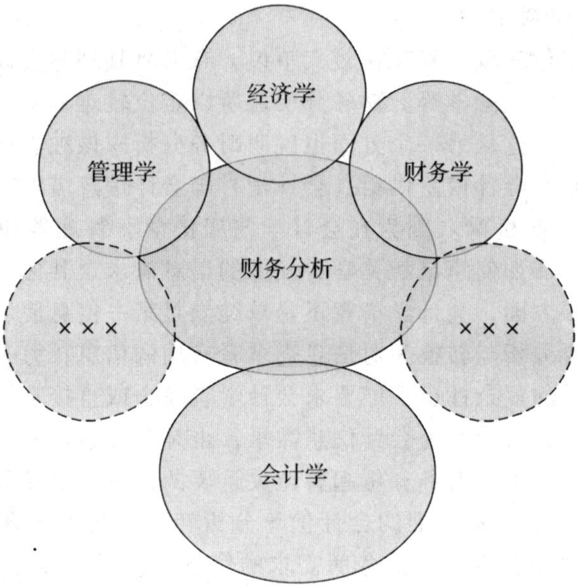

图1-2 财务分析与会计学及相关学科的关系

知识拓展1-1

从财务分析在与会计学和相关学科关系中的地位与作用来看，随着会计学科地位的提升，以及相关学科对会计学信息需求范围、数量与质量要求的提高，财务分析将在分析主体、分析对象、分析内容和学科地位上有进一步的扩展与提升。财务分析不仅要满足投资者、债权人等外部信息需求者的需要，而且要满足管理者、员工等内部信息需求者的需要；不仅要满足管理学理论与实务发展的需要，而且要满足经济学理论与实务发展的需要。财务分析不仅是一门独立的课程，而且将成为一个独立于会计学和财务学等的专业方向。

二、我国财务分析实践发展与面临的挑战

（一）我国财务分析实践发展

我国的财务分析思想出现较早，但真正开展财务分析工作还是在20世纪初。当时中国的一些外国洋行和中国金融资本家开始分析企业的经营效益和偿债能力，但很少根据会计核算数据进行较全面的分析。中华人民共和国成立后，在计划经济体制下，我国一直把财务分析作为企业经济活动分析的一部分。但在统收统支的计划经济体制下，经济活动分析的基本任务是分析企业各项计划的完成情况，财务分析在经济活动分析中是无足轻重的。改革开放以来，随着企业自主权的扩大，财务分析引起了越来越多有识之士的重视，不仅经济活动分析中的财务分析内容得到了充实，财务管理和管理会计等学科中也增加了财务分析的内容。但是，这些学科毕竟有其独立的理论与方法论体系，财务分析只不过是这些学科体系的一部分，没能形成满足在市场经济条件下建立现代企业制度需要的独立的财务分析学理论体系与方法论体系。企业所有者、潜在投资者、企业经营者、企业债权人等缺少投资、经营、交易等所需要的财务分析系统理论与方法。因此，在我国建立独立的财务分析学科体系是经济发展的客观需要。

随着我国社会主义市场经济体制的建立、发展与完善，我国的宏观经济环境和微观经济体制都发生了很大变化。建立产权清晰、权责明确、政企分开、管理科学的现代企业制度已成为我国企业制度改革的目标和方向。在现代企业制度下，企业的所有者、债权人、经营者和政府经济管理者都站在各自的立场上，或从各自的目的和利益出发，关心企业的经营状况、财务状况和经济效益。国家在宏观经济政策和环境方面也为他们分析和掌握企业的经营和财务状况创造了条件。例如，统一了财务会计制度，完善了财务会计信息披露制度，建立了产权清晰的企业制度等。这些都为我国财务分析的发展奠定了基础。

财务分析的发展要适应学科地位及专业发展的需要，必须充分考虑新环境、新经济和新技术变化所带来的挑战。这些挑战也势必将给财务分析实践发展和财务分析理论带来影响。因此，要建立现代财务分析学科体系，提升财务分析学科地位，必须面对各种挑战，创新财务分析理论与方法。

（二）新环境、新经济、新技术的挑战

当前，中国特色社会主义进入新时代，这意味着中国社会主义事业发展进入了一个新的历史阶段。新时代还意味着中国面临新的挑战和机遇。新时代带来了新的环境、经济和技术，对社会和经济发展产生了深远影响。

1.新环境：新时代对生态环境保护提出更高要求，强调绿色发展和可持续发展。推动建设美丽中国，加强生态文明建设，促进资源节约和环境保护。新时代对应对气候变化和能源转型提出挑战。推动低碳经济发展，加快清洁能源的应用和转型，推动可再生能源发展。新时代数字化社会快速发展，智能手机、云计算、大数据、人工智能等技术的普及和应用，推动了数字经济的兴起。

2.新经济：新时代强调创新驱动经济发展。加强科技创新、提升产业技术水平，推动数字经济、智能制造、生物技术等新兴产业的发展。新时代注重发展服务业，特别是现代服务业。推动服务业升级，培育互联网经济、文化创意产业、旅游服务业等新的服务业领域。新时代共享经济快速崛起，以分享和共享为核心的经济模式得到推动，如共享出行、共享住宿、共享办公等。

3.新技术：人工智能技术在新时代得到广泛应用，包括机器学习、自然语言处理、计算机视觉等领域，推动了智能化、自动化和智能交互的发展。区块链技术在新时代得到重视，应用于金融、物流、供应链管理等领域，提供了分布式、安全可信的数据交换和存储方式。5G通信技术的发展和应用，提供了更高速度、更低延迟和更广连接性的通信能力，推动了物联网、智能交通等领域的发展。新时代注重发展生物技术，包括基因编辑、生物医药、农业基因改良等领域的技术创新，推动了生物产业的发展。

新时代的新环境、新经济和新技术为社会和经济发展带来了新的机遇和挑战，对产业结构、经济模式、社会生活方式等方面产生了深远影响。同时，也需要制定相应的政策和措施，以促进新经济和新技术的良性发展，解决相关的问题和风险。

（三）新环境、新经济和新技术对财务分析发展的挑战

在新经济和新技术的背景下，财务分析面临许多挑战，其中一些主要挑战包括：

1.数据量的增加和多样性：新经济和新技术导致了更多的数据生成和收集，包括大数据、非结构化数据、社交媒体数据等。这使得处理和分析数据更具挑战性，需要更强大的分析工具和技术。

2.数据质量和一致性：由于数据的多样性和来源的不一致性，数据质量成为一个关键问题。确保数据的准确性和一致性是一个挑战，因为错误的数据分析可能导致不准确的财务见解。

3.快速变化的商业环境：新经济和新技术的兴起使市场更加动态和不断变化。财务分析需要及时适应这些变化，以便做出实时决策。

4 隐私和数据安全：新技术和数字化趋势引发了数据隐私和对数据安全的担忧。保护客户和企业数据的隐私和安全成为一个重要的挑战，同时需要遵守相关法规。

5.技术和工具的更新：财务分析人员需要不断更新他们的技能，以适应新的分析工具和技术，如大数据分析、人工智能、区块链等。

6.复杂的金融工具和交易：新经济的发展引入了更复杂的金融工具和交易，如加密货币、首次公开募股（IPO）等，这使得财务分析人员要更深入地了解这些新的金融工具。

7.市场不确定性：新经济和新技术的兴起经常伴随着市场不确定性，包括竞争的不断变化和技术创新的快速发展。这使得财务分析更加复杂，需要更多的战略规划。

8.社会和环境责任：企业越来越受到社会和环境责任的压力，需要财务分析来衡量和报告这些因素的影响，这可能需要额外的数据和指标。

综上所述，财务分析在新经济和新技术环境下需要应对更复杂的数据、更快速的变化和更多的风险。同时，这也为企业提供了更多的机会，通过更好的财务分析来实现创新、增长和竞争优势。因此，财务分析人员需要不断适应这些挑战，并寻求创新的方法来处理和分析财务数据。

（四）新环境、新经济、新技术的挑战对财务分析理论的影响

这些挑战会对财务分析理论体系产生影响，因为传统的财务分析方法和理论体系通常不足以解决新经济和新技术环境中出现的问题。以下是一些应对这些挑战的方式，涉及财务分析理论体系的方面：

1.整合非财务数据：财务分析理论体系需要考虑如何整合非财务数据，包括社交媒体数据、市场数据、客户数据等。这可能需要发展新的分析模型和方法，以更全面地了解企业绩效。

2.强调实时性：新经济环境要求财务分析能够提供实时数据和见解。因此，财务分析理论需要考虑如何有效地处理和分析实时数据，并提供及时的决策支持。

3.数据质量和一致性标准：财务分析理论需要制定更严格的数据质量和一致性标准，以确保数据的准确性和可比性。这可能包括建立数据清洗和标准化的最佳实践。

4.风险管理和合规性：新经济环境中的复杂性要求财务分析理论更加注重风险管理和合规性。这可能包括开发新的风险评估模型和合规性框架，以应对新兴风险。

5.技术工具的集成：财务分析理论需要考虑如何集成新的技术工具，如大数据分析、人工智能和区块链，以提高分析的效率和深度。

6.可持续发展和社会责任：财务分析理论需要包括考虑企业的可持续发展和社会责任，以更全面地评估企业价值。

知识拓展1-2

总的来说，财务分析理论体系需要不断演进，以适应新经济和新技术环境的挑战和机会。这意味着要寻求更全面的理论框架，整合多样的数据来源，强调实时性和风险管理，以更好地支持企业在新经济中的决策和战略规划。财务分析专业人员和研究者需要积极参与和推动这一领域的发展。

三、财务分析的基本内涵

在明确财务分析的学科定位和财务分析实践发展需求的基础上，界定财务分析的内涵是建立财务分析理论体系的关键。财务分析是财务分析主体为实现财务分析目标，以会计信息及其他相关信息为基础，运用财务分析技术，对财务分析对象——财务活动及成果——的可靠性和有效性进行分析，为经营决策、管理控制及监督管理提供信息依据的一门具有独立性、边缘性、综合性的经济应用学科。

财务分析的主体是多元的，投资者、中介机构人员（如财务分析师）、管理者、监管部门、其他利益相关者等都是财务分析的主体，他们从各自的目的出发进行财务分析。

财务分析的分析依据或基础是以会计信息为主，其他相关信息为辅。会计信息包括财务报告信息和内部会计报告信息，其他相关信息包括除会计信息以外的财务信息，如资本市场金融产品价格信息和利率信息等；以及其他相关非财务的统计信息、业务信息等。

财务分析的对象是财务活动及成果。分析财务活动及成果的可靠性与有效性。可靠性分析，是指分析会计信息是否真实准确地反映了财务活动的过程与成果，特别是分析那些由于会计信息确认、计量、记录和报告原则与方法的差异、变更、错误等对财务活动及成果可靠性带来的影响。有效性分析，是分析财务活动的效率，即通过盈利能力、营运能力、偿债能力、增长能力等分析，以判断分析对象的财务活动及成果的质量，为经营决策、管理控制及监督管理提供准确的信息或依据。

因此，从相关主体来看，财务分析可分为投资者财务分析、管理者财务分析、监管者财务分析、客户财务分析、供应商财务分析、员工财务分析等；从分析方法来看，财务分析可分为会计分析与比率分析；从服务对象来看，财务分析可分为外部财务分析和内部财务分析；从职能作用来看，财务分析可分为基于决策的财务分析、基于控制的财务分析和基于监管的财务分析。

综上所述，财务分析是以会计信息及其他相关信息为依据，采用一系列专门的分析技术和方法，对企业等经济组织过去和现在的有关筹资活动、投资活动、经营活动的盈利能力、营运能力、偿债能力和增长能力状况等进行分析与评价，为企业的投资者、债权人、经营者及其他关心企业的组织或个人了解企业过去、评价企业现状、预测企业未来、做出正确经营决策、管理控制和监督管理提供准确的信息或依据的经济应用学科。

四、财务分析的目标

财务分析的目标是建立财务分析理论体系和内容体系的关键。财务分析的目标应与财务分析信息使用者的目标相一致。随着财务分析信息使用者的增加及信息使用者目标的多重化，财务分析目标必然出现多样性与多重性。

从财务分析主体或信息使用者角度看，财务分析目标可分为投资者财务分析目标、管理者财务分析目标、监管者财务分析目标、利益相关者财务分析目标等。投资者财务分析目标又可分为股权投资者财务分析目标、债权投资者财务分析目标。管理者财务分析目标可分为高级管理者财务分析目标、部门管理者财务分析目标等。监管者财务分析目标可分为政府部门财务分析目标、中介机构财务分析目标等。利益相关者财务分析目标可分为客户财务分析目标、供应商财务分析目标、员工财务分析目标等。

从财务分析信息使用目的角度看，财务分析目标可分为基于决策的财务分析目标和基于管理控制的财务分析目标。基于决策的财务分析目标可按决策类型分为投资决策财务分析目标、筹资决策财务分析目标、经营决策财务分析目标、分配决策财务分析目标等。基于管理控制的财务分析目标可按控制环节分为预测、预算中的财务分析目标，业绩评价中的财务分析目标，管理激励中的财务分析目标等。

无论从其主体、客体看，还是从使用目的看，财务分析的目标都是要满足投资者、债权人、经营管理者及其他利益相关者决策与控制的需要。因此，研究财务分析的目标可从以下几方面进行：

（一）从企业股权投资者角度看财务分析的目标

企业的股权投资者包括企业的所有者和潜在投资者，他们进行财务分析的最根本目标是看企业的盈利能力状况，因为盈利能力是投资者资本保值和增值的关键。但是投资者仅关心盈利能力还是不够的，为了确保资本保值增值，他们还应研究企业的权益结构、支付能力及营运状况。只有投资者认为企业有着良好的发展前景，企业的所有者才会保持或增加投资，潜在投资者才能把资金投向该企业；否则，企业所有者将会尽可能地抛售股权，潜在投资者将会转向其他企业投资。另外，对企业所有者而言，财务分析也能评价企业经营者的经营业绩，发现经营过程中存在的问题，从而通过行使股东权利，为企业未来发展指明方向。

（二）从企业债权人角度看财务分析的目标

企业债权人包括企业借款的银行和一些其他金融机构，以及购买企业债券的单位与个人等。债权人进行财务分析的目标与经营者和投资者都不同，银行等债权人一方面从各自经营或收益目的出发愿意将资金贷给某企业，另一方面又要非常小心地观察和分析该企业有无违约或清算、破产的可能性。一般来说，银行等金融机构及其他债权人不仅要求本金能及时收回，而且要得到相应的报酬或收益，而这个收益的大小又与其承担的风险程度相适应，通常偿还期越长，风险越大。因此，从债权人角度进行财务分析的主要目标：一是看其对企业的借款或其他债权是否能及时、足额收回，即研究企业偿债能力的大小；二是看债务人的收益状况与风险程度是否相适应。为此，还应结合偿债能力分析与盈利能力分析。

（三）从企业经营者角度看财务分析的目标

企业经营者主要指企业的经理以及各分厂、部门、车间等地的管理人员。他们进行财务分析的目标是综合的。从对企业所有者负责的角度，他们关心盈利能力，这是他们的总体目标。但是，在财务分析中，他们不仅关心盈利的结果，还关心盈利的原因及过程，如资产结构分析、营运状况与效率分析、经营风险与财务风险分析、支付能力与偿债能力分析等。分析的目标是及时发现生产经营中存在的问题与不足，并采取有效措施解决这些问题，使企业不仅用现有资源获取更多的盈利，而且盈利能力保持持续增长。

（四）从其他利益相关者的角度看财务分析的目标

其他利益相关者主要指与企业经营有关的企业单位和国家行政管理与监督部门。与企业经营有关的企业单位主要指材料供应者、产品购买者等。这些企业单位出于保护自身利益的需要，也非常关心往来企业的财务状况，进行财务分析。它们进行财务分析的主要目标在于搞清企业的信用状况，包括商业上的信用和财务上的信用。商业信用指按时、按质完成各种交易行为；财务信用则指及时清算各种款项。企业的信用状况，首先可通过对企业支付能力和偿债能力的评价进行分析，其次可根据对企业利润表中反映的企业交易完成情况进行分析判断来说明。

国家行政管理与监督部门主要指市场监管、财政、税务以及审计等部门。它们进行财务分析的目标：一是监督、检查党和国家的各项经济政策、法规、制度在企业单位的执行情况；二是保证企业财务会计信息和财务分析报告的真实性、准确性，为宏观决策提供可靠信息。

【思政案例】

基于机器学习的分析师识别公司财务舞弊风险的研究

1.案例分析资料

利用机器学习方法预测财务舞弊风险，结合分析师评级数据，实证考察分析师能否识别公司的财务舞弊风险。以2007—2018年A股上市公司为样本进行多元回归分析发现，公司财务舞弊风险越大，分析师越可能对公司出具消极的评级报告，表明分析师在分析和解读信息过程中能够识别公司的财务舞弊风险并有效应对。这一影响在分析师经验越丰富、声誉越好以及利益冲突越小时更为突出，表明分析师识别财务舞弊的能力和动机影响其对公司财务舞弊风险的识别。基于分析师发布消极评级的经济后果的检验表明，分析师消极评级能显著降低公司未来发生财务舞弊的概率。

思政知识1-1

资料来源：伍彬，刘云菁，张敏. 基于机器学习的分析师识别公司财务舞弊风险的研究［J/OL］.［2022-06-10］. https：//kns.cnki.net/kcms/detail/42.1725.C.20220609.1050.008.html.管理学报，网络首发，详见二维码“思政知识1-1”。

2.案例分析提示

（1）通过思政案例学习，学生能够明确财务分析业务与公司管理者及分析师之间的关系，从中理解提升道德法治观念的重要性。

（2）通过思政案例学习，学生能够站在公司管理者的角度思考问题，遵纪守法，降低舞弊风险，真正靠价值创造提升企业经营业绩。

（3）通过思政案例学习，学生能够站在财务分析师的角度思考问题，提升自身业务素质和法治观念，准确分析判断公司的舞弊行为。

第二节 财务分析的体系与内容

一、西方财务分析体系与内容评价

财务分析作为一门独立学科，必然涉及对财务分析目标、分析方法、分析内容的界定与安排问题。从不同角度或不同分析目标出发，可得出不同的财务分析体系。西方理论界关于财务分析体系的安排多种多样，可以说每本书都有自己的体系，但从总体看，可归为以下几种体系：

（一）概论、会计分析、财务分析三大部分

这种体系实际上是在总论财务分析目标、方法、资料、环境的基础上，将财务分析内容分为会计分析和财务分析两大部分。

会计分析实质上是明确会计信息的内涵与质量，即从会计数据表面分析其实际含义。分析中不仅包括对各会计报表及相关会计科目内涵的分析，而且包括对会计原则与政策变动的分析、会计方法选择与变动的分析、会计质量及变动的分析等。

财务分析实质上是分析的真正目标所在，它是在会计分析的基础上，应用专门的分析技术与方法，对企业的财务状况与成果进行分析。其通常包括对企业投资收益、盈利能力、短期支付能力、长期偿债能力和企业价值等进行分析与评价，从而得出对企业财务状况及成果的全面、准确评价。

这种分析体系的典型代表是Leopold A.Bernstein 和 John J.Wild 两位教授所著的《财务报表分析——理论、应用与解释》，该书的基本体系是：

第一部分　财务报表分析与报告

第一章　财务报表分析总论

第二章　分析目标与财务报告

第二部分　财务报表的会计分析

第三章　分析筹资活动

第四章　分析投资活动

第五章　分析投资活动：专题

第六章　分析经营活动：收益

第七章　分析企业活动：现金流量

第三部分　财务分析的应用与解释

第八章　短期流动性

第九章　预测与预测表分析

第十章　资本结构与偿债能力

第十一章　投资收益

第十二章　盈利能力分析

第十三章　以收益为基础的分析与评价

综合案例　应用财务报表分析

与这个体系相类似的还有Clyde P.Stickney所著的《财务报表分析——一种战略展望》，该书的目录是：

第一章　财务报告与财务报表分析概论

第二章　收益流量与现金流量：理解企业动态关系

第三章　一般可接受的会计原则：收益确认与资产评估

第四章　一般可接受的会计原则：债务确认与相关费用

第五章　一般可接受的会计原则：公司实体间交易

第六章　分析财务报表中的数据

第七章　盈利能力分析：资产收益率

第八章　盈利能力分析：普通股权益收益率

第九章　风险分析

第十章　预测财务报表与价值评估

第十一章　行业分析案例

从目录来看，该书虽然没直接分为三部分，但实际上其第一章和第二章可作为第一部分，即概论财务分析的环境、资料及企业主要活动之间的关系等。第三章至第六章可被看作会计分析，从一般可接受的会计原则，分析各会计项目的内涵与质量。第三部分为第七章至第十章，从盈利能力、风险、预测及价值评估几个方面对企业财务状况及成果进行分析。

（二）概论、分析工具、分析应用三大部分

这个体系中的概论部分主要强调财务分析的环境与目标，而将分析方法问题专门作为一部分研究。可以说第一部分概论是一种分析的理论基础。

第二部分分析工具则是分析的方法论问题，通常包括分析的程序与具体技术分析方法。从方法论角度看，分析程序可分为经营环境分析（包括行业分析、企业经营战略分析等）、基础资料分析（主要指对财务报表的内涵与质量进行分析）、财务分析、前景分析（包括预测分析与价值评价），从而形成完整的分析方法论体系。关于具体分析技术，则根据不同环节的特点选择不同的技术方法，如财务分析中的比率分析，前景分析中的预测技术、以现金流量为基础的评价技术和以会计收益为基础的评价技术等。

第三部分是分析的具体应用问题，即上述分析工具在实践领域的应用，通常包括证券分析、信贷分析及经营分析评价在兼并与收购、公司筹资政策和管理交流等方面的应用。

这种体系的典型代表是Palepu、Bernard 和 Healy所著的《经营分析与评价——使用财务报表》一书，该书的体系结构如下：

第一部分　绪论

第一章　应用财务报表进行经营分析的框架

第二部分　经营分析工具

第二章　经营战略分析

第三章　会计分析

第四章　财务分析

第五章　前景分析：预测

第六章　前景分析：以折现为基础的评价技术

第七章　前景分析：以会计为基础的评价技术

第三部分　经营分析应用

第八章　权益证券分析

第九章　信贷分析与危机预测

第十章　兼并与收购

第十一章　公司筹资政策

第十二章　管理交流

采用这种理论、方法、应用体系的还有 George Foster的《财务报表分析》，但他的分析方法部分介绍的不是按分析程序与内容划分的战略分析、会计分析、财务分析、前景分析，而是按具体分析技术划分的横向比较分析、时间序列分析、比率分析、实证分析等。

他的分析应用部分，则从证券市场分析、信贷分析与财务危机预测、会计政策选择角度进行。

（三）概论、经营分析、投资分析、筹资分析、价值评估分析

这种体系的概论部分主要论述财务分析的内涵，通常从企业筹资活动、投资活动和经营活动三方面引出分析目标、分析资料及分析内容。在此基础上，从经营分析、投资分析、筹资分析和价值评估分析几个方面，应用相应的分析方法进行系统分析与评价。

这种体系的典型代表是Erich A.Helfert所著的《财务分析技术——管理与计量企业绩效的实践指南》一书，其体系与内容是：

第一章　经营财务体系内容
第二章　管理经营基金
第三章　经营绩效评价
第四章　财务预算要求
第五章　动态经营体制
第六章　投资决策分析
第七章　资本成本与经营决策
第八章　筹资选择分析
第九章　价值与企业绩效

从上述分析体系可以看出，作为一个全面系统的分析体系，无论其如何安排篇章结构，基本内容通常都包括分析理论、分析方法、具体分析及分析应用。但目前分析内容值得研究的问题有三个：一是总体范畴问题；二是内容划分与地位问题；三是具体财务分析内容问题。

1.财务分析总体范畴

从分析的总体范畴看，传统财务分析中的盈利能力分析、偿债能力分析（或支付能力分析）、营运能力分析（或投资分析、筹资分析、经营分析，或资产负债表分析、利润表分析、现金流量表分析）等都是不可缺少的，问题是财务分析是否应该包括以下内容：

（1）战略分析。在调查样本中，将经营战略分析作为独立章节详细分析的较少，最具代表性的是Palepu、Bernard和Healy所著的《经营分析与评价——使用财务报表》一书。

（2）会计分析。在调查样本中，大部分都有会计分析的内容，而且有些占有相当大的篇幅，如Leopold A.Bernstein和John J.Wild两位教授所著的《财务报表分析——理论、应用与解释》、Clyde P.Stickney所著的《财务报表分析——一种战略展望》等都用较多章节进行了会计分析。Palepu、Bernard和Healy所著的《经营分析与评价——使用财务报表》一书也突出了会计分析的地位。

（3）价值评估分析。在20世纪90年代出版的分析书中，大部分都有价值评估分析章节，但通常篇幅不大。将价值评估分析放在较突出位置的是Palepu、Bernard和Healy所著的《经营分析与评价——使用财务报表》一书。

（4）预测分析。预测分析的内容通常伴随着价值评估分析的出现而出现。预测分析往往是价值评估分析的基础，有些书将其作为独立章节，有些书将其放在价值评估分析之中。

2.财务分析内容划分与地位

从总体内容看，现代财务分析或多或少地包含会计分析、财务分析、战略分析、价值评估分析、预测分析等内容，但会计分析、战略分析、价值评估分析、预测分析与财务分析是否处于同等地位呢？从上述体系与内容分析看，显然有不同的观点。

第一种处理方法是将这些内容与方法并列，构成一个分析与评价体系，典型代表是Palepu、Bernard和Healy所著的《经营分析与评价——使用财务报表》一书。

第二种处理方法是突出会计分析与财务分析，而将价值评估分析及预测分析内容放在财务分析之中，将战略分析等内容放在概论中，或不包括战略分析。其典型代表是Leopold A.Bernstein和John J.Wild两位教授所著的《财务报表分析——理论、应用与解释》和Clyde P.Stickney所著的《财务报表分析——一种战略展望》。

第三种处理方法是突出财务分析，将会计分析、战略分析等内容简化在概论中，将预测分析与价值评估分析作为财务分析的一部分或是作为财务分析的基础，如Erich A.Helfert所著的《财务分析技术——管理与计量企业绩效的实践指南》就属于这种方式；而George Foster所著的《财务报表分析》则很少谈及战略分析、价值评估分析，将会计分析融合在分析方法与分析应用之中。

3.财务分析的具体内容

从具体的财务分析内容看，分歧主要体现在两个方面：

第一，是否划分财务分析与财务分析应用。传统的分析中很少单独将分析应用作为一部分，通常从会计报表种类或分析技术入手进行财务分析。现代财务分析中通常是区分财务分析与财务分析应用。财务分析往往介绍其基本内容与基本方法，分析应用则突出各实践领域的财务分析，如证券市场分析、兼并分析等。当然，现代财务分析也存在不区分财务分析与财务分析应用的情况。

第二，如何规范财务分析内容与财务分析应用内容。严格区分财务分析内容与财务分析应用内容是很困难的。如有的书将财务分析方法作为财务分析内容，将盈利能力分析、偿债能力分析、预测分析、价值评估分析作为财务分析应用内容；有的书将盈利能力分析、风险分析等作为财务分析内容，将企业重组分析、证券市场分析、价值评估分析等作为财务分析应用内容。

思政知识 1-2

二、我国财务分析体系构建的理论基础

（一）企业目标与财务目标

任何一个学科体系与内容的建立都离不开其应用领域的目标。财务分析作为对企业财务活动及其效率与结果的分析，其目标必然与企业的财务目标相一致。目前，关于企业财务目标的提法或观点较多，如股东权益目标、企业价值目标、利润目标、经济效益目标等。

要研究企业财务目标，首先应明确企业目标，企业的目标从根本上必然与企业的所有者目标相一致。作为一个企业，其生存与发展的基础是拥有一定资源，包括资本资源和劳动力资源。企业的所有者是资本资源的所有者还是劳动力资源的所有者呢？这里存在两种不同的观点：一种观点认为，资本所有者是企业的所有者，即资本所有者以其资本投入为基础雇佣劳动力，劳动者是企业的雇工，这就是所谓的资本雇佣劳动制；另一种观点认

为，劳动力所有者即劳动者是企业的所有者，劳动者以劳动为基础，通过雇佣资本进行生产经营。此时，劳动者是企业所有者，资本是企业购买的生产要素，这就是所谓的劳动雇佣资本制。在商品经济条件下，劳动雇佣资本制是不成立的，因为在劳动雇佣资本制度下，企业只能负盈，不能负亏，或者说劳动者只能分享收益，不能承担风险。现代企业制度属于资本雇佣劳动制，因此，企业所有者是资本所有者，企业目标应与企业资本所有者目标相一致，即资本的保值与增值。

企业资本保值增值目标与企业财务目标是否一致呢？回答是肯定的。无论是股东权益目标、企业价值目标、利润目标，还是经济效益目标，都是如此。追求股东权益或股东价值增加是企业财务的根本目标，它与追求企业价值或其他利益方利益并不矛盾。股东价值增加，从长远看，必然使企业各利益方同时受益，不可能以损害其他利益方为基础。股东是公司中增进自己权益的同时也增进他人权益的唯一利益方。①同时，股东权益目标与利润目标和经济效益目标也不矛盾，利润是直接目标，经济效益是核心目标。②

（二）财务目标与财务活动

企业追求财务目标的过程正是企业进行财务活动的过程，这个过程包括筹资活动、投资活动、经营活动和分配活动。图1-3反映了企业财务活动与财务目标的关系。

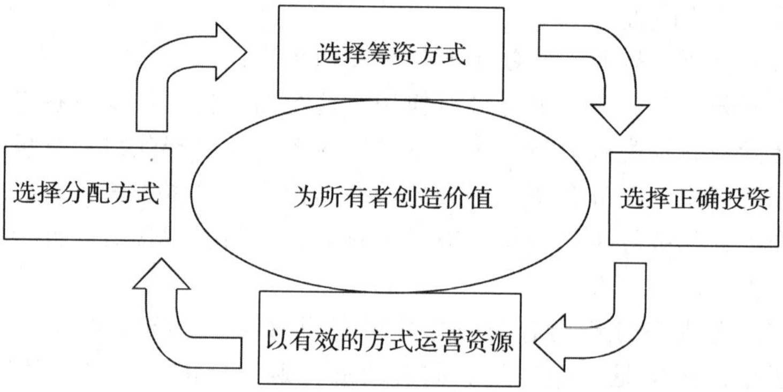

图1-3 财务活动与财务目标的关系

企业筹资活动过程是资本的来源过程或资本的取得过程，包括自有资本（所有者权益）和借入资本（负债）。企业在筹资活动中或在取得资本时，要考虑资本成本、筹资风险、支付能力、资本结构等因素。筹资活动的目的在于以较低的资本成本和较小的风险取得企业所需要的资本。

企业投资活动过程是资本的使用过程或资产的取得过程，包括流动资产、固定资产、长期投资、无形资产等。企业在投资活动过程中，要考虑投资收益、投资风险、投资结构及资产利用程度等因素。投资活动的目的在于充分使用资产，以一定的资产、较小的风险取得尽可能大的产出。

企业经营活动过程是资本的耗费和收回过程，包括发生的各种成本费用和取得的各项收入。企业在经营活动中，要考虑生产要素和商品或劳务的数量、结构、质量、消耗、价格等因素。经营活动的目的在于以较低的成本费用取得较多的收入，实现更多的利润。

企业分配活动过程是资本退出经营的过程或利润分配的过程，包括提取资本公积和盈

① 科普兰，科勒，默林，等. 价值评估［M］. 贾辉然，等译. 北京：中国大百科全书出版社，1998：23.
② 张先治. 中国企业财务管理目标探讨［J］. 会计研究，1997（11）：13-17.

余公积，向股东支付股利和留用利润等。企业在分配过程中，要考虑国家政策、资本需要量、股东的利益、企业形象等因素。分配活动的目的在于兼顾各方利益，使企业步入良性循环的轨道。

应当明确，企业的财务活动过程与业务活动过程是紧密结合的，业财融合才能提升财务活动的效率，实现财务目标和企业目标。

（三）财务活动与财务报表

企业的基本财务报表由资产负债表、利润表和现金流量表组成。企业的各项财务活动都直接或间接地通过财务报表来体现，如图1-4所示。

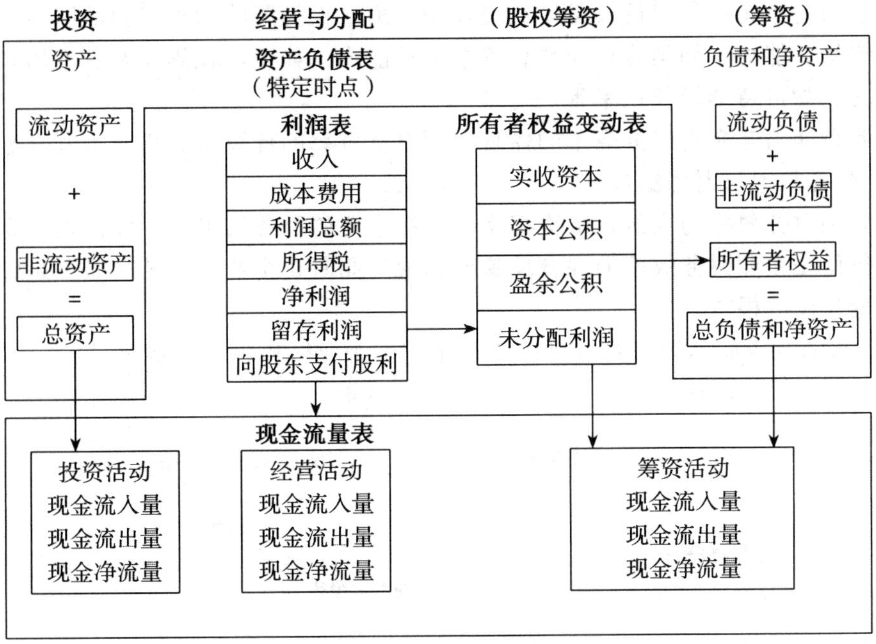

图1-4　财务活动与财务报表形式图

资产负债表是反映企业在某一特定日期财务状况的报表。它是企业筹资活动和投资活动的具体体现。

利润表是反映企业在一定会计期间经营成果的报表。它是企业经营活动和分配活动的具体体现。

所有者权益变动表是反映企业在一定会计期间所有者权益变动情况的报表。它是企业股权筹资活动的具体体现。

现金流量表是反映企业在一定会计期间现金和现金等价物（以下简称现金）流入和流出的报表。它以现金流量为基础，是企业财务活动总体状况的具体体现。

可见，财务报表从静态到动态，从权责发生制到收付实现制，对企业财务活动中的筹资活动、投资活动、经营活动和分配活动进行了全面、系统、综合的反映。

（四）财务报表与财务效率

财务报表，包括动态报表和静态报表，它不仅能直接反映筹资活动、投资活动、经营活动和分配活动的状况，而且可间接揭示或通过财务分析揭示财务活动的效率或能力，包括盈利能力、营运能力、偿债能力和增长能力。

盈利能力是指企业投入一定资源所取得利润的能力。根据不同的资源投入，盈利能力可分为资本经营盈利能力，即利润与所有者权益之比；资产经营盈利能力，即利润与总资产之比；商品经营盈利能力，即利润与成本费用之比。

营运能力是指企业营运资产的效率。根据不同的资产范围，营运能力可分为全部资产营运能力，如总资产周转率等；流动资产营运能力，如流动资产周转率和存货周转率等；固定资产营运能力，如固定资产收入率等。

偿债能力是指企业偿还本身所欠债务的能力。根据偿债期长短，偿债能力可分为短期偿债能力，如流动比率、速动比率等；长期偿债能力，如资产负债率、利息保障倍数等。

增长能力是指企业保持持续发展或增长的能力。根据影响增长能力的因素，增长能力可分为销售增长能力，如销售增长率；资本增长能力，如资本积累率及资本增长率；可持续增长能力，如可持续增长比率等。

上述各种能力是企业财务效率的体现，而财务效率的计算与分析离不开财务报表。

（五）财务效率与财务结果

企业各项财务效率的高低，最终都将体现在企业的财务结果上，即体现在企业的价值上。企业价值是企业财务效率的综合反映或体现。同时，企业价值的高低正是评价企业财务目标实现程度的根本。

图 1-5 可直观反映从财务目标到财务结果整个企业循环过程的情况。

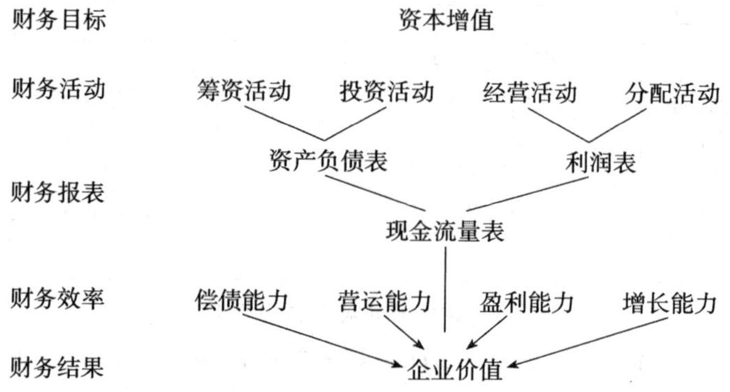

图1-5 财务目标至财务结果循环

三、财务分析体系与内容的构建

在研究财务分析产生与发展、界定财务分析内涵、明确财务分析目标与作用的基础上，结合对国外财务分析体系与内容的剖析，我们将财务分析体系与内容归纳为以下四篇十三章内容。

第一篇为财务分析概论，本篇是财务分析的原理篇，介绍了财务分析的基本理论与基本方法，包括财务分析理论、财务分析信息和财务分析方法三章内容。

在第一章财务分析理论中，首先介绍了财务分析的内涵与目标；然后分析了财务分析的体系与内容；第三节介绍了财务分析的形式与作用。

在第二章财务分析信息中，首先介绍了财务分析信息的种类、财务分析法规与政策依据；然后介绍了年度报告的内涵与作用；接着分别从会计报表、会计报表附注等方面论述了财务报告的结构与作用；最后介绍了审计报告和内部控制信息。

在第三章财务分析方法中，首先论述了财务分析的基本步骤，然后根据财务分析四个阶段分别介绍了分析方法：（1）财务分析信息搜集和整理渠道与方法；（2）战略分析与会计分析方法；（3）比率分析与因素分析方法；（4）财务综合分析评价方法；（5）智能财务分析方法。

第二篇为财务报告分析，本篇主要从会计分析角度对财务报告进行分析，包括资产负债表分析、所有者权益变动表分析、利润表分析和现金流量表分析四章内容。

在第四章资产负债表分析中，首先对资产负债表进行水平分析，明确资产与权益变动的原因；然后对资产负债表进行垂直分析，搞清企业财务状况；最后对资产负债表按资产、负债和所有者权益项目进行分析。

在第五章所有者权益变动表分析中，首先明确了所有者权益变动表的内容及与其他报表的关系；接着对所有者权益变动表进行水平分析与垂直分析；最后从管理决策角度分析股权分置和股利政策对所有者权益变动产生的影响。

在第六章利润表分析中，首先根据利润表主表从企业利润的形成角度对利润增减变动和利润结构变动情况进行分析，以找出影响利润变动的关键因素；然后根据利润表附表，对企业分部门、分地区利润状况及主营业务利润状况进行分析；最后根据会计报表附注信息，对收入、成本费用等项目进行分析。

在第七章现金流量表分析中，首先对现金流量表从当年现金流量变动角度进行分析；其次从不同时期现金流量变动和现金流量结构变动角度进行水平分析与垂直分析；最后将现金流量与利润结合起来进行分析，包括对比分析与趋势分析等。

第三篇为财务效率分析，本篇主要从比率分析与因素分析角度研究企业财务效率及变动情况，包括盈利能力分析、营运能力分析、偿债能力分析和发展能力分析四章内容。

在第八章盈利能力分析中，首先对一般企业资本经营盈利能力进行比率分析与因素分析；其次对资产经营盈利能力进行分析；然后分析商品经营盈利能力并对影响盈利能力的关键因素——主营业务利润进行因素分析；最后对上市公司盈利能力进行分析。

在第九章营运能力分析中，首先对总资产营运能力进行分析，以反映全部资产营运效率；接着对流动资产营运能力进行分析，这是营运能力分析的重点，主要包括对流动资产周转率的分析和流动资产周转加速对资产及收入的影响分析；然后进行固定资产营运能力分析。

第十章偿债能力分析包括企业短期偿债能力分析和企业长期偿债能力分析两部分。短期偿债能力分析在明确影响短期偿债能力因素的基础上，通过对流动比率、速动比率等指标的计算与分析，评价企业的短期偿债能力状况。长期偿债能力分析，则主要通过对资产负债率等指标的计算与分析，评价企业的长期偿债能力及其财务风险程度。

在第十一章发展能力分析中，首先论述了企业发展能力分析的目标与内容；接着从企业单项指标角度分析企业的发展能力，包括资产增长、收入增长和净利润增长能力等；最后从企业整体发展能力角度进行综合分析。

第四篇为财务综合评估，本篇包括综合分析与业绩评价和企业价值评估两章内容。

知识拓展1-3

在第十二章综合分析与业绩评价中，首先应用杜邦综合分析体系对企业综合能力进行分析；然后分别运用综合指数法和综合评分法或功效系数法对企业经济效益或企业经营绩效进行综合评价。

在第十三章企业价值评估中，分别运用以现金流量为基础的价值评估、以经济利润为基础的价值评估和以价格比为基础的价值评估三种基本方法，评估企业价值及股东价值，以分析确认企业价值创造程度。

【思政课堂】

ABC科技公司是一家专注于人工智能研发的企业。在过去几年，公司发展迅猛，不断扩大市场份额，研发投入逐年增加。通过财务分析，我们可以清晰地看到其成长轨迹。从盈利能力指标来看，毛利率逐年上升，反映出公司产品在市场上的竞争力不断增强；营运能力方面，应收账款周转率稳定，表明公司资金回笼顺畅，运营效率较高。

在党的二十大提出高质量发展理念和党的二十届三中全会强调深化改革、推动创新驱动发展后，ABC科技公司面临新的挑战与机遇。财务分析团队敏锐地意识到，单纯追求规模扩张已无法满足新时代的发展需求。他们深入研究财务数据，发现公司在研发投入的产出效率上还有提升空间。尽管研发费用不断增加，但部分研发项目成果转化周期较长，未能及时为公司带来经济效益。

基于这一分析，公司管理层决定进行战略调整。一方面，优化研发资源配置，聚焦核心技术研发，提高研发投入的产出效率，这正是对党的二十届三中全会提出的创新驱动发展战略的积极响应。另一方面，加强成本控制，从原材料采购到生产流程优化，全方位降低成本，以实现更高质量的发展，契合党的二十大提出的高质量发展理念。

同时，在偿债能力和增长能力分析中，财务分析团队发现公司过度依赖银行贷款，长期来看不利于公司的稳健发展。于是，公司积极拓展融资渠道，引入战略投资者，不仅优化了资本结构，还为公司带来了先进的管理经验和市场资源。

在这个过程中，ABC科技公司将思政理念融入企业运营。从财务分析出发，以实际行动践行党的二十大和二十届三中全会精神，在追求经济效益的同时，注重企业的可持续发展和社会责任。通过财务分析我们看到，一家企业在思政引领下，不断调整战略，实现自身的转型升级，为社会经济发展贡献力量，也为其他企业提供了宝贵的经验。

第三节　财务分析的形式与作用

一、财务分析的形式

由于进行财务分析的角度不同，如分析的主体不同、客体不同、目的不同等，财务分析的形式也有所不同。明确不同财务分析形式的特点及用途，对于准确分析企业财务状况、实现分析目标都有着重要的意义和作用。通常，财务分析的形式可从以下几方面进行划分：

（一）内部分析与外部分析

财务分析根据分析主体的不同，可分为内部分析与外部分析。

1.内部分析。内部分析，亦称内部财务分析，主要指企业内部经营者对企业财务状况的分析。内部分析的目的是判断和评价企业生产经营是否正常、顺利，如通过流动性分析，可检验企业的资金运营速度、货款及债务的支付或偿还能力；通过收益性分析，可评价企业的盈利能力和资本保值增值能力；通过对企业经营目标完成情况的分析，可考核与评价企业经营业绩，及时、准确地发现企业的成绩与不足，为企业未来生产经营的顺利进行、提高经济效益指明方向。

2.外部分析。外部分析，亦称外部财务分析，主要指企业外部的投资者、债权人及政府部门等，根据各自需要，对企业的有关情况进行的分析。投资者的分析，关心的主要是企业的盈利能力、发展后劲，以及资本的保值与增值状况；债权人的分析，主要看企业的偿债能力和信用情况，判断其本金和利息是否能及时、足额收回；政府有关部门对企业的财务分析，主要是看企业的经营行为是否规范、合法，以及对社会的贡献状况。在现代企业制度条件下，外部财务分析是财务分析的基本形式。

应当指出，内部分析和外部分析并不是完全孤立的，要保证财务分析的准确性，内部分析有时也应站在外部分析的角度进行，而外部分析也应考虑或参考内部分析的结论，以避免出现片面性。

（二）静态分析与动态分析

财务分析根据分析的方法与目的不同，可分为静态分析和动态分析。

1.静态分析。静态分析是根据某一时点或某一时期的会计报表或分析信息，分析报表中各项目或报表之间各项目关系的财务分析形式。例如，可通过某一财务比率，或某几个财务比率揭示财务关系，也可通过垂直分析或结构分析，揭示总体中各项目的水平。静态分析的目的在于找出财务活动的内在联系，揭示其相互影响与作用，反映经济效率和财务现状。

2.动态分析。动态分析是根据几个时期的会计报表或相关信息，分析财务变动状况。例如，水平分析、趋势分析等都属于动态分析。动态分析通过对不同时期财务活动的对比分析，揭示财务活动的变动及其规律。

静态分析与动态分析各有优点与不足，要全面综合分析财务报表，这两类分析都是必需的。

（三）全面分析与专题分析

财务分析根据分析的内容与范围的不同，可分为全面分析和专题分析。

1.全面分析。全面分析是指对企业在一定时期生产经营各方面的情况进行系统、综合、全面的分析与评价。全面分析的目的是找出企业生产经营中带有普遍性的问题，全面总结企业在这一时期的成绩与问题，为协调各部门关系，搞好下期生产经营安排奠定基础或提供依据。全面分析通常在年终进行，形成综合、全面的财务分析报告，向职工代表大会或股东代表大会汇报。

2.专题分析。专题分析是指根据分析主体或分析目的的不同，对企业生产经营过程中某一方面的问题所进行较深入的分析。如经营者对生产经营过程某一环节或某一方面存在的突出问题进行分析，投资者或债权人对自己关心的某方面问题进行分析等，都属于专题分析。专题分析能及时、深入地揭示企业在某方面的财务状况，为分析者提供详细的资料信息，对解决企业的关键性问题有重要作用。例如，当企业在某时期资金紧张时，通过财务专题分析，可从筹资结构、资产结构、现金流量及支付能力等方面，研究资金紧张的原因及解决的对策。

在财务分析中，应将全面分析与专题分析相结合，这样才能全面、深入地揭示企业的问题，正确地评价企业各方面的状况。

（四）财务报表分析与内部报表分析

财务分析从分析资料角度划分，可分为财务报表分析和内部报表分析。

1.财务报表分析。财务报表是财务会计报表的简称。财务报表分析就是指对财务会计报表的分析。财务会计报表是企业依据会计准则和会计制度编制的，向国家有关部门及与企业有关的单位等提供的反映企业财务状况和经营成果等会计信息的总结性文件。由于财务报表具有合法性、客观性、公开性等特点，对财务报表进行分析，不仅有利于财务分析的规范化、制度化，而且便于企业及有关各方面对企业经营与财务状况进行系统分析。从这个角度看，财务报表分析是财务分析最基本的形式，甚至有人将财务报表分析直接理解为财务分析。财务报表分析根据报表的种类不同又可分为资产负债表分析、利润表分析和现金流量表分析。资产负债表分析可揭示企业的全部资产与权益的结构状况、适应状况、总额变动情况等。利润表分析可揭示企业的收益状况和盈利状况，以及利润分配状况等。现金流量表分析主要揭示企业各项财务活动的现金流入量和现金流出量情况。应当指出，由于财务会计报表之间是相互联系、相互制约的，因此，财务报表分析不能仅对某一报表孤立进行分析，而应将全部财务报表分析结合起来，这样才能得出正确的结论。

2.内部报表分析。内部报表主要指除财务会计报表之外的其他与企业财务和会计活动有关的报表资料，其中最基本的是管理会计报表。内部报表分析作为财务分析的一种形式或组成部分是必要的。因为：第一，内部报表分析是对财务报表分析的必要补充。例如，利润表分析可说明企业的收益情况和盈利能力，进一步分析也可说明企业盈利增长的一般原因，或是销量增加的影响，或是成本降低的影响，但是为什么企业成本会降低呢？财务报表分析并不能回答这个问题，而内部报表分析则可根据成本报表资料，分析说明成本升降的原因。第二，内部报表是根据企业的生产经营特点和管理需要编制的，因此对内部报表的分析更有利于揭示企业经营管理中存在的问题或不足，这对企业的经营者是尤为重要的。

应当指出，随着会计信息披露范围的扩大，许多内部会计报表作为财务报表的附表而被公开披露。因此，在这种情况下，财务报表分析形式与内部报表分析形式也将趋于统一。

二、财务分析的条件与要求

（一）财务分析的条件

明确了财务分析的目的、作用、内容及形式，为进行财务分析奠定了理论基础，然而，要搞好财务分析，充分发挥财务分析的作用，还必须搞清财务分析的前提条件。

1.统一的财务会计制度

财务分析的基本资料依据是会计核算和报表资料。不同的会计制度，会计核算和编制报表的方法可能不同，会计账户和报表反映的内容可能不同等。这将给财务分析，尤其给外部财务分析带来极大困难。例如，在不同所有制企业会计制度不同的情况下，企业的投资者和债权人不能根据不同性质的会计资料直接进行对比分析，或者说，如果直接进行对比则可能得出错误的结论，这势必限制了财务分析的广泛应用。我国会计准则和财务通则的颁布实行，为进行财务分析创造了十分必要和有利的条件。由于有了统一的会计准则，人们可按照统一的概念基础、程序和手续编制会计报表，而会计报表使用者也有了阅读和分析会计报表的统一尺度。

2.产权清晰的企业制度

从财务分析的产生、发展、目的、作用看，财务分析之所以如此重要并引起越来越多人的重视，是因为它能服务于企业利益的各个方面。而只有在产权清晰、权责分明的企业制度下，企业各方的权利与义务才得以确认，财务分析的主体才能实现多元化，财务分析的必要性才更加突出。在传统的计划经济体制下，企业投资者、经营者、债权人等之间的关系模糊，产权不清、责任不明，人们不会关心和重视财务分析。而在市场经济条件下，随着现代企业制度的建立，企业产权逐渐清晰起来，投资者、经营者、债权人、宏观经济管理者各站在不同角度关心企业的生产和经营，从而形成财务分析主体的多元化，促进和完善了财务分析的内容与方法。

3.完善的信息披露体制

企业信息是进行财务分析的基础，没有及时、完备、准确的信息，要保证财务分析的正确性是不可能的。因此，完善信息披露体制是搞好财务分析的重要前提条件。而要做到这一点，企业在会计报表中不仅要按会计准则要求，全面、系统地反映企业的经营和财务状况，而且对会计程序和手续的变动也必须予以充分披露，以便会计报表的使用者能正确分析其对企业财务状况和财务成果的影响。另外，要建立健全信息市场，完善信息网络，使财务分析者能充分、及时地取得各种分析信息。

（二）财务分析的要求

在搞清财务分析条件的基础上，为健全与完善财务分析理论，搞好财务分析实务，必须注意做好以下几点：

1.创造与完善财务分析条件

前面论述了搞好财务分析的前提条件，这也是进行财务分析的基本要求。要发展和完善财务分析理论与方法，首先必须满足这些条件，或采取措施创立与完善这些条件。具体地说，我国目前已经有了统一的会计制度，但是无论是会计准则还是行业会计制度都需要进一步完善。一些会计资料还不能满足不同分析主体的需要。建立现代企业制度已成为我国目前企业制度改革的重点和方向，但是要建成现代企业制度，还需要我们不断地探索和奋斗。因此，当前必须注重对现有企业的改制，以建立适应财务分析要求的产权清晰的企业制度。信息披露问题是财务分析条件中最关键的问题，也是财务分析能否积极有效开展起来的主要问题。目前我国的信息披露体制还不够健全，渠道还不够畅通，这就要求我们在制度上对信息披露的完整性、时效性、准确性做出具体规定，为财务分析提供有用信息。

2.学习与掌握财务分析方法

搞好财务分析，除了必要的外部条件或信息资料，关键还在于分析者的理论与实践水平。一个没有很好掌握财务分析理论和方法的分析者，即使拥有十分完善的分析资料或信息，也可能得出错误的分析结论。财务分析是一门新的学科，而且在不断发展和完善之中，因此，不断学习和掌握财务分析理论与方法，是与企业有关的所有单位或个人都需要的，包括投资者、债权人、经营者、宏观经济管理者等，特别是一些决策者和参谋者更应系统学习和掌握财务分析方法。

3.建立与健全财务分析组织

随着现代企业制度的建立，企业的财务分析工作将逐步走上制度化、规范化的道路。这就要求企业必须建立与健全完善的财务分析组织体系，及时、系统、全面地分析企业的经营状况和财务状况。财务分析组织应以财务部门为核心，进行比较全面综合的分析，横向各部门单位，纵向各车间、班组也应进行专题分析。应当指出，企业的财务分析组织并不一定只对本企业的财务和经营状况进行分析，对其他企业财务状况进行分析也是财务分析组织的一项重要任务。因为在现代企业制度下，企业可能作为投资者、债权人等利益相关者与其他企业发生交易和往来。只有建立健全各级分析组织，才能保证财务分析工作的顺利、有效进行。

三、财务分析的作用

从财务分析的产生、发展及与其他学科的关系到财务分析的目标，都说明财务分析是十分必要的，尤其在我国建立社会主义市场经济体制和现代企业制度的今天，财务分析的意义更加深远，作用更加重大。从不同角度看财务分析的作用是不同的。从财务分析的服务对象看，财务分析不仅对企业内部的生产经营管理有着重要作用，而且对企业外部投资决策、贷款决策、赊销决策等也有着重要作用。从财务分析的职能作用来看，它对正确预测、决策、计划、控制、考核、评价都有着重要作用。这里主要从财务分析对评价企业过去、现在及未来的作用加以说明。

（一）财务分析可正确评价企业过去

正确评价企业的过去，是说明现在和揭示未来的基础。财务分析通过对实际会计报表等资料的分析能够准确地说明企业过去的业绩状况，指出企业存在的问题及问题产生的原因，是主观原因还是客观原因等，这不仅对正确评价企业过去的经营业绩是十分有益的，而且可对企业投资者和债权人的行为产生积极的影响。

（二）财务分析可全面反映企业现状

财务会计报表及管理会计报表等资料是企业各项生产经营活动的综合反映。但会计报表的格式及提供的数据往往是根据会计的特点和管理的一般需要而设计的，它不可能全面提供不同目标报表使用者所需要的各方面数据资料。财务分析，根据不同分析主体的分析目标，采用不同的分析手段和方法，可得出反映企业某方面现状的指标，如反映企业资产结构的指标、企业权益结构的指标、企业支付能力和偿债能力的指标、企业营运状况的指标、企业盈利能力的指标等。这种分析对于全面反映和评价企业的现状有重要作用。

（三）财务分析可用于估价企业未来

财务分析不仅可用于评价企业的过去和反映企业的现状，更重要的是它可通过对过去与现状的分析与评价，对企业的未来发展状况与趋势进行估价。财务分析对企业未来的估价：第一，可为企业未来财务预测、财务决策和财务预算指明方向；第二，可准确评估企业的价值及价值创造，这对企业进行经营者绩效评价、资本经营和产权交易都是十分有益的；第三，可为企业进行财务危机预测提供必要信息。

□ 本章小结

目前的财务分析从理论基础上看，主要可分为基于会计学的财务分析与基于财务学的财务分析两种。财务分析实际上是在会计信息供给（会计学）与会计信息需求（财务学、经济学、管理学等）之间架起的一座桥梁。

财务分析的发展要适应学科地位及专业发展的需要，必须充分考虑经济环境变化所带来的挑战，这些挑战包括市场经济体制、资本市场、企业制度和会计准则等经济环境的变化。财务分析在新经济和新技术环境下需要应对更复杂的数据、更快速的变化和更多的风险。同时，这也为企业提供了更多的机会，通过更好的财务分析来实现创新、增长和竞争优势。因此，财务分析需要不断适应这些挑战，并寻求创新的方法来处理和分析财务数据。

财务分析是以会计核算和报告资料及其他相关资料为依据，采用一系列专门的分析技术和方法，对企业等经济组织过去和现在的有关筹资活动、投资活动、经营活动的盈利能力、营运能力、偿债能力和增长能力状况等进行分析与评价，为企业的投资者、债权人、经营者及其他关心企业的组织或个人了解企业过去、评价企业现状、预测企业未来、做出正确经营决策、管理控制和监督管理提供准确的信息或依据的经济应用学科。

财务分析的目标受财务分析主体和财务分析服务对象的制约，不同的财务分析主体进行财务分析的目标是不同的，不同的财务分析服务对象所关心的问题也是不同的。各种财务分析主体的分析目标和财务分析服务对象所关心的问题，也就构成了财务分析的目标或财务分析的研究目标。

在界定财务分析内涵、明确财务分析目标与作用的基础上，结合对国外财务分析体系与内容的剖析，解析财务分析体系构建的理论基础，我们将财务分析体系与内容归纳为四篇十三章内容。第一篇为财务分析概论，本篇是财务分析的原理篇，包括财务分析理论、财务分析信息和财务分析方法三章内容。第二篇为财务报告分析，本篇主要从会计分析角度对财务报告进行分析，包括资产负债表分析、所有者权益变动表分析、利润表分析和现金流量表分析四章内容。第三篇为财务效率分析，本篇主要从比率分析与因素分析角度研究企业财务效率及变动情况，包括盈利能力分析、营运能力分析、偿债能力分析及发展能力分析四章内容。第四篇为财务综合评估，本篇包括综合分析与业绩评价和企业价值评估两章内容。

财务分析的形式有：内部分析与外部分析；静态分析与动态分析；全面分析与专题分析；财务报表分析与内部报表分析等。要进行财务分析，应该有统一的会计制度、产权清晰的企业制度、完善的信息披露制度。同时，要学习掌握现代财务分析方法，健全财务分析组织与制度。财务分析对于正确预测、决策、计划、控制、考核、评价都有着重要作用。

案例分析 1-1

第二章

财务分析信息

□ 学习目标

本章的主要学习目标是掌握财务分析信息的主要种类、来源以及在财务分析中所发挥的作用。其具体目标包括：

◇ 知识目标

了解财务分析信息的种类；理解并掌握会计报告的内涵与种类；掌握财务分析标准及作用；理解并掌握会计报表附表与附注的内涵与作用；理解财务报表信息的局限性；了解不同类型的审计意见和审计报告；了解内部控制的基本内容以及内部控制信息披露的基本要求；了解政策信息与市场信息的种类与作用。

◇ 技能目标

掌握资产负债表、所有者权益变动表、利润表和现金流量表的结构、内容与作用。

◇ 能力目标

能够根据财务分析的目标收集所需要的财务分析信息；能够区分不同来源信息间的差异及其在财务分析中的作用的差别；能够确定合理的财务分析标准信息，掌握不同类型标准信息的优缺点；能够将会计报表数字和报表附注信息相结合，从中提取恰当的财务分析信息。

◇思政目标

能够正确理解政府宏观经济政策的立足点，能够全面客观地评价政策效果，能够理解我党的执政初衷“不忘初心、牢记使命”，树立为国家发展和社会进步贡献个人力量的信念。

课程思政教学模块图

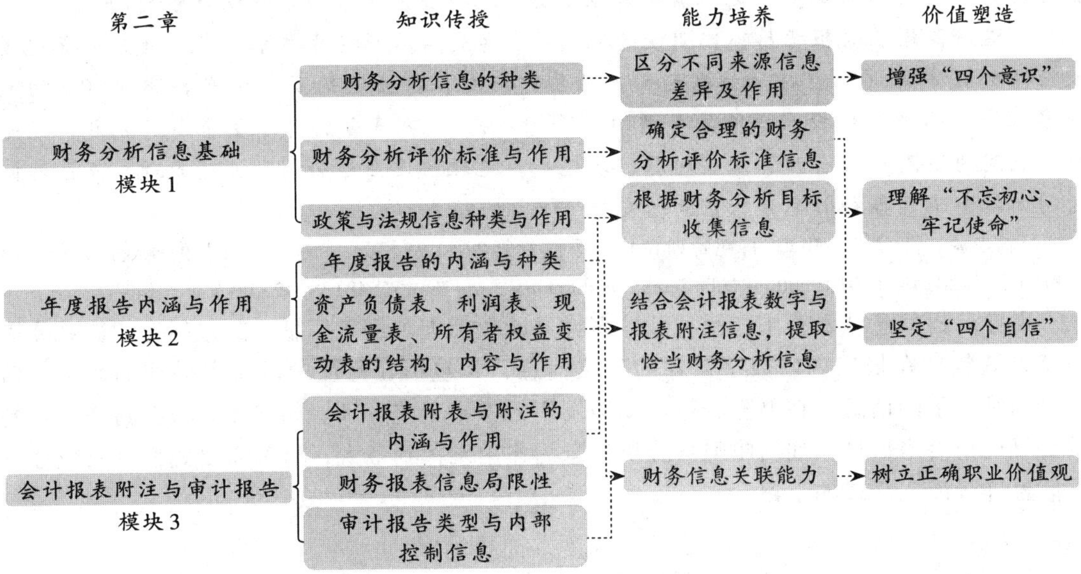

2024年10月30日，比亚迪交出了一份令市场瞩目的三季度成绩单。前三季度总营收突破5 022.51亿元，同比增长18.94%，净利润252.38亿元，同比增长18.12%。尤其在第三季度，比亚迪单季营收达到2 011.25亿元，首次超越特斯拉同期的1 793.5亿元，这一里程碑不仅象征着中国新能源汽车品牌的崛起，更让全球市场重新审视这家以技术为驱动的企业背后的成长逻辑。

亮眼的业绩背后，是比亚迪在销量和技术上的双重突破。2024年1—9月，比亚迪新能源汽车累计销量达274.79万辆，同比增长32.13%，其中第三季度单季销量113.49万辆，9月更是以41.94万辆的交付量刷新历史纪录。销量的狂飙突进，不仅源于比亚迪对市场需求的精准把握，更与其持续的技术投入密不可分。前三季度，比亚迪研发投入高达333.2亿元，同比增长33.6%，近11万名研发人员支撑起刀片电池、DM-i超级混动、璇玑架构等核心技术矩阵。比亚迪董事长王传福曾直言：“几乎每年的研发投入都比利润高。”这种近乎执拗的投入，最终转化为20.75%的毛利率，不仅甩开特斯拉的17.9%，更让传统车企望尘莫及。

在规模扩张的同时，比亚迪的“向上突围”和“向外生长”同样引人注目。王朝和海洋系列之外，Y、T、F三大品牌瞄准高端和个性化市场，百万级豪车Y-U8搭载的云辇-P预瞄功能，展现了比亚迪在智能化领域的野心。而海外市场则成为新的增长引擎：前三季度新能源乘用车出口29.8万辆，同比翻倍，泰国工厂15万辆年产能释放，乌兹别克斯坦工厂投产，自建的三艘滚装船队每艘可运输7 000辆汽车，甚至与优步（Uber）达成10万辆电动车投放协议——这一系列动作勾勒出比亚迪从“中国制造”到“全球品牌”的野心。

当行业聚焦电动化竞争时，比亚迪已悄然布局“智能化下半场”。不同于其他车企对智能座舱和自动驾驶的单一押注，比亚迪提出“智电融合”的整车智能理念，璇玑架构通过软硬件深度协同，让车辆像“智慧生命体”般预判路况、调节悬架。更值得关注的是其技术普惠野心：比亚迪计划两年内将高阶智驾功能下沉至中低端车型，试图以安全刚需打破智能化与价格的强绑定。这一策略若能成功，或将在未来重塑市场竞争格局。

在这份高增长财报背后，比亚迪的毛利率优势是否真正源于技术壁垒，还是依靠规模效应下的成本摊薄？当特斯拉掀起新一轮价格战时，比亚迪的高端化能否守住20%的毛利率红线？而智能化投入向低端车型的“降维打击”，究竟是打开增量市场的钥匙，还是侵蚀利润的隐患？只有回答这些问题，才能更好地理解比亚迪公司的业绩表现，而这些问题的回答离不开各种财务分析信息的支持。

资料来源：于建平，田野.首超特斯拉！三季度营收2 011.25亿元，“越卷越强”的比亚迪再创新高[EB/OL].[2024-11-01]. https://baijiahao.baidu.com/s?id=1814516481863423289&wfr=spider&for=pc.

财务分析信息涉及范围广泛、载体多样，既包括宏观经济信息，又包括企业微观环境信息；既包括在报表内以数字体现的量化信息，又包括在附注中以文字描述的非量化信息。同时，不同信息，在财务分析活动中发挥的作用千差万别。如何才能根据财务分析的需要寻找到恰当信息，如何将财务分析信息的作用发挥到最大，这都需要我们针对财务分析信息进行深入系统的学习。

第一节 财务分析信息的种类

一、财务分析信息的作用与要求

（一）财务分析信息的作用

从财务分析的基本定义和财务分析的基本程序都可看出，财务分析信息是财务分析的基础。它对于保证财务分析工作的顺利进行、提高财务分析的质量与效果都有着重要的作用。

第一，财务分析信息是财务分析的根本依据。没有财务分析信息，财务分析如“无米之炊”，是不可能进行的。财务分析实际上就是对财务信息的分析，如要分析企业的资产、负债和所有者权益状况，就必须有资产负债表的信息，而要分析企业的盈利状况，则需要有利润表的信息，等等。

第二，搜集和整理财务分析信息是财务分析的重要步骤和方法之一。从一定意义上说，财务分析信息的搜集与整理过程，就是财务分析的过程。财务分析所用的信息并不是取之即来、来之即用的。不同的分析目的和分析要求所需要的信息是不同的，包括信息来源不同、内容不同和形式不同等。因此可以说，财务分析信息的搜集与整理是财务分析的基础环节。

第三，财务分析信息的数量和质量决定着财务分析的质量与效果。正因为财务分析信息是财务分析的基本依据和基础环节，因此，财务分析信息的准确性、完整性、及时性，对提高财务分析的质量和效果是至关重要的。使用错误的、过时的或不规范的财务分析信息，无法保证财务分析的准确性。

（二）财务分析信息的主要类型

财务分析信息是多种多样的，不同的分析目的、分析内容所使用的信息可能是不同的。因此，从不同角度看，财务分析信息的种类是不同的。

第一，财务信息与非财务信息。

财务分析信息根据是否直接反映企业的经营成果、财务状况和现金流量可分为财务信息和非财务信息。通常而言，财务信息是指以货币度量方式反映企业的经营成果、财务状况和现金流量的信息；非财务信息是以非货币度量方式反映的各类信息，包括宏观经济信息、行业信息、生产技术信息，企业组织结构、内部治理、战略目标和未来发展计划等方面情况的信息。

企业的财务信息主要包括：

（1）资产负债表信息。

（2）利润表信息。

（3）所有者权益变动表信息。

（4）现金流量表信息。

（5）报表附注信息。

企业的非财务信息主要包括：

（1）宏观经济信息。

（2）行业信息。

（3）生产技术信息。

（4）股权结构信息。

（5）董事会构成信息。

（6）内部控制信息。

这里需要区分一下量化信息与财务信息之间的区别。通常而言，财务信息是采用货币方式度量的信息，而量化信息是采用数值方法计算的信息。财务信息是量化信息的组成部分，而非财务信息既可能是量化的，也可能是非量化的。比如，企业某年度利润水平属于财务信息，也是量化信息；而企业某年度的开工率则属于非财务信息，同时也是量化信息；企业准备进军新的产品领域则是非财务信息，也是非量化信息。

财务信息以量化的货币进行度量，且主要来自按照会计准则编制的财务报告。会计准则明确了财务信息生成的基本原则，可靠性和可比性较高，因此财务信息在财务分析中备受重视。但是，财务信息是对企业经营活动和财务状况的反映，这些活动都无法脱离具体的经济环境和行业背景。如果想要正确解读财务信息，还需要大量的非财务信息作为支撑。非财务信息中关于行业背景和经济状况等方面的信息，对于正确使用财务信息至关重要。在财务分析过程中，需要将非财务信息和财务信息相结合。比如，在分析企业的经营业绩时，必然要先考虑企业所处行业的特点、企业所采用的生产技术以及企业发展战略目标等方面的非财务信息，在此基础上，对企业利润表的财务信息进行分析，才能得到企业经营情况的分析结论。

【案例2-1】

恒丰银行非财务信息预警事件

恒丰银行是一家全国性股份制商业银行，于2019年在A股上市。2023年，该行因财务造假被监管部门调查，涉及虚增利润、隐匿不良贷款等行为。财务造假期间，恒丰银行的非财务信息，如高管频繁变动、员工满意度骤降、客户投诉等非财务指标直接影响其长期财务表现，但未引起投资者足够重视。

近年来，银保监会强化对商业银行的合规监管，要求加强公司治理、风险管理等非财务信息披露。然而，行业普遍存在“重财务指标、轻非财务指标”的现象，导致部分风险被掩盖。尽管恒丰银行2022年财报显示净利润增长15%，但非财务信息已暴露风险。一方面是关联方交易异常。恒丰银行与某房地产集团存在大量关联贷款，但财报未充分披露交易细节。另一方面是2022年因内部控制缺陷被罚款5 000万元，但投资者未将此作为风险评估依据。2023年年初，审计机构发现恒丰银行通过“通道业务”隐匿不良贷款，虚增利润超20亿元。银保监会介入调查，股价单日暴跌18%。最终，恒丰银行被处以10亿元罚款，多名高管被终身禁业，2023年净利润同比下滑90%。投资者因过度依赖财务指标而未能及时止损，损失惨重。

资料来源：赵子祥．恒丰银行上市路“坎坷”：业绩下滑 资产质量堪忧 高管频变与罚单不断［EB/OL］．［2024-07-09］．https://baijiahao.baidu.com/s?id=1804065934291639716&wfr=spider&for=pc.

第二，内部信息与外部信息。

财务分析信息按信息来源可分为内部信息和外部信息两类。所谓内部信息，是指从企业内部可取得的财务信息；外部信息则是指从企业外部取得的信息。

企业的内部信息主要包括：

（1）会计信息。会计信息又可分为财务会计信息和管理会计信息。财务会计信息主要指财务报告，包括资产负债表、利润表、所有者权益变动表及现金流量表等国家财务会计制度规定企业编制的各种报表以及有关附表等。管理会计信息主要包括责任会计核算信息、决策会计信息等。

（2）统计与业务信息。统计信息主要指各种统计报表和企业内部统计信息。业务信息则指与各部门经营业务及技术状况有关的核算与报表信息。总之，统计与业务信息包括了除会计信息之外其他反映企业实际财务状况或经营状况的信息。

（3）计划及预算信息。计划及预算信息是企业管理的目标或标准，包括企业的生产计划、经营计划、财务计划、财务预算，以及各种消耗定额、储备定额、资金定额等。

企业的外部信息包括：

（1）国家经济政策与法规信息。国家的宏观经济信息主要指与企业财务活动密切相关的信息，如物价上涨率或通货膨胀率、银行利息率、各种税率等；有关法规包括会计法、税法、会计准则、审计准则、会计制度等。

【案例2-2】

华农机械：政策红利下的财务增长与风险

华农机械股份有限公司（以下简称“华农机械”）是中国农业机械行业的龙头企业，主营业务为智能农机的研发、生产与销售。其产品包括智能拖拉机、精准播种机等，服务于粮食主产区（如东北、华北）。

2025年发布的中央一号文件中要求扩大农机购置补贴范围，并且提出“稳妥有序推进村镇银行改革重组”，加大对乡村振兴的金融支持，但禁止城镇居民购买农村宅基地，规范土地管理。证监会强调资本市场对民企的支持，计划通过再融资工具助力产业升级。华农机械的主要产品智能拖拉机被纳入补贴目录，单台补贴比例从20%提升至30%。然而中央一号文件禁止城镇居民购买农村宅基地，导致华农机械部分生产基地如依赖农村土地租赁部分面临合规风险，需重新谈判土地租赁协议，这可能导致额外支出。2025年1月，公司通过定向增发募集15亿元，用于智能农机生产线扩建。受益于证监会对民企再融资的支持政策，2025年第一季度，华农机械营收同比增长28%，达25亿元，其中上述补贴政策贡献15亿元增量。

（2）综合部门发布的信息。综合部门发布的信息包括国家统计局定期公布的统计报告和统计分析；国家发展改革委的国民经济计划及有关部门的经济形势预测；各证券市场和资金市场的有关股价、债券利息等方面的信息等。综合部门发布的信息有助于更好地了解整体经济状况，如GDP增长速度、CPI增长水平等。

知识拓展2-1

（3）政府监管部门的信息。政府监管部门的信息是指企业的直接或者间接主管部门提供的信息。就来源而言，这些信息与“国家经济政策与法规信息”和“综合部门发布的信息”极为相似，都来自政府部门或者准政府部门性质的机构。但是，政府监管部门的信息更能反映政府作为经济管理者所发挥的作用，披露的信息通常与具体的企业密切相关。由于政府监管部门通常针对某项特定业务类型，所以在分析具体业务行为时，政府监管部门的信息有助于提供一般性的指引。比如，资本市场的并购事件通常会受到证监会的监管，证监会在相关方面提供的信息有助于了解并购业务的基本流程和要求。

（4）中介机构的信息。中介机构的信息是指会计师事务所、资产评估事务所等提供的企业审计报告和资产评估报告等。需要强调的是，中介机构通常受雇于特定主体，因此在使用相关信息时，需要考虑潜在的利益冲突对信息质量的影响。比如，上市公司对外披露的年度报告需要经过会计师事务所审计，但是会计师事务所是由上市公司聘任的，因此需要对其独立性进行考查以确认报告是否存在偏差。

（5）媒体信息。媒体信息是指各种报纸、杂志的科研成果、调查报告、经济分析中所提供的与企业财务分析有关的信息。伴随着社交媒体的广泛兴起，“微博”、“微信”公众号和“DeepSeek”大模型等也是获取相关信息的重要渠道。值得注意的是，与传统媒体相比，社交媒体更多强调关注度，因此不排除信息可靠性较低，甚至出现虚假信息的情况，数字时代需平衡信息效率与可靠性，结合智能工具强化分析的准确性。

（6）企业间交换的信息。企业间交换的信息是指企业与同行业其他企业或有业务往来的企业间相互交换的报表及业务信息等。

在人工智能和数智时代，财务分析的信息来源正在经历深刻的变化。这些变化不仅体现在数据的获取方式上，还体现在数据的处理、分析和应用上。一是，从封闭式报表到全域数据智能融合。传统的财务分析主要依赖于企业内部的财务数据，如资产负债表、利润表和现金流量表等。然而，在人工智能和数智时代，财务分析可以整合更多的外部数据，如市场动态、行业趋势、宏观经济指标以及社交媒体数据等。这种多维度的数据整合为企业提供了更全面的视角，能够更好地支持决策。二是，从静态报告到动态预警。人工智能技术，如机器学习和自然语言处理，可以实时处理和分析海量数据，帮助企业快速响应市场变化。例如，通过智能系统，企业可以实时监控财务状况，及时发现潜在问题并采取措施。三是，从人工统计到实时映射。比如通过物联网，制造业中的生产设备可以自动报告其运行状态和生产效率。这种即时数据流为财务决策提供了更为精确的依据，支持更快速的响应和调整策略。四是，从固化报表到交互可视。通过智能系统，财务人员可以与数据进行交互，实时获取所需信息，并以直观的图表和报告形式呈现分析结果。这种交互式分析不仅提高了工作效率，还使财务分析更加精准和及时。因此，人工智能和数智时代的到来，为财务分析带来了更丰富的信息来源、更高效的处理能力和更精准的分析工具。这些变化不仅提升了财务分析的效率和准确性，还为企业创造了更大的价值。

第三，定期信息与不定期信息。

财务分析信息根据取得时间的确定性程度可分为定期信息和不定期信息。定期信息是指企业经常需要，可定期取得的信息；不定期信息则是根据临时需要搜集的信息。定期信息主要包括：

（1）会计信息。在各类定期信息中，会计信息最为重要。会计信息，尤其是财务会计信息是以会计制度规定的时间，按月度和年度核算和编报的，企业财务分析中可定期取得的信息。

（2）统计信息。企业的统计月报、季报和年报信息也是财务分析的定期信息之一。

（3）综合经济部门的信息。综合经济部门的信息有的按月公布、按季公布、按年公布，也有一些市场信息是按日或按旬公布的。

定期财务分析信息为企业定期财务分析提供了可能、奠定了基础。

不定期信息主要有：

（1）宏观经济政策信息。

（2）企业间不定期交换的信息。

（3）媒体信息等。

不定期的经济信息，有的是信息不能定期提供形成的，有的是企业不定期分析需要形成的。企业在财务分析中应注重定期信息的搜集与整理，同时也应及时搜集不定期信息。

【思政案例】

武汉家家养的牛生物科技有限公司数据资产入表与融资实践

2024年1月1日起，我国正式施行《企业数据资源相关会计处理暂行规定》（以下简称《暂行规定》）。数据资产入表是指将符合标准的数据资源确认为资产负债表中的“资产”，从而能够将相关数据资源形成数据资产的过程更加合理地反映在财务报表中。具体来说，《暂行规定》规定：企业使用的数据资源，符合《企业会计准则第6号——无形资产》（财会〔2006〕3号）规定的定义和确认条件的，应当确认为无形资产；企业日常活动中持有、最终目的用于出售的数据资源，符合《企业会计准则第1号——存货》（财会〔2006〕3号）规定的定义和确认条件的，应当确认为存货；企业出售未确认为资产的数据资源，应当按照收入准则等规定确认相关收入。规范会计处理，能够推动数据资源从“费用化”向“资产化”转变，助力企业优化资产负债结构、提升融资能力，并促进数据要素价值释放。数字经济规模已占我国GDP超40%，数据资产入表成为企业数字化转型与高质量发展的关键抓手。

武汉家家养的牛生物科技有限公司（以下简称“家家养的牛”）作为江夏区本土培育的平台经济企业，经过多年发展，构建了涵盖高端鲜奶销售、仓储配送等领域的全渠道智能零售平台，积累了庞大的行业数据资源。2024年9月，在武汉市数据局、江夏区经科局（数据局）的指导和支持下，该公司将“全渠道智能零售生态数据应用”数据资产登记为无形资产，成为湖北省首家完成民企数据资产入表的企业，有效期至2027年9月，资产价值经评估确认为7 037万元。2025年3月，江夏区大数据中心联动武汉农商行江夏支行，创设“数据资产挂钩质押贷款”产品，为家家养的牛提供定制化融资方案。以“全渠道智能零售生态数据应用”数据产权作为质押物，获得武汉农商行江夏支行300万元授信，实现从数据资源到资金的闭环转化。

思政案例解析：

（1）政策支持与制度创新推动数据资产化转型。该案例是《企业数据资源相关会计处理暂行规定》落地的典型案例。在有关部门的指导下，企业将“全渠道智能零售生态数据应用”登记为无形资产。这一过程体现了政策对数据资源从“费用化”向“资产化”转变的引导作用，通过规范会计处理优化企业资产负债结构，为后续融资奠定基础。

（2）相关机构协同机制打通数据价值转化路径。江夏区大数据中心发挥桥梁作用，联动武汉农商行江夏支行创设“数据资产挂钩质押贷款”产品，以数据产权作为质押物为企业提供300万元授信。这一创新模式突破了民企数据资产融资的瓶颈，实现了“资源—资产—资金”的闭环转化。

（3）数据资产赋能实体经济与区域发展。作为江夏区本土培育的平台经济企业，家家养的牛通过数据资产入表和融资，不仅提升了自身融资能力，更成为区域数字经济的标杆。其全渠道智能零售平台积累的行业数据资源，为金融机构评估数据价值提供了实证样本，推动“数据要素价值释放”从理论走向实践。

资料来源：严运涛．全省首个！江夏区这家民企完成数据资产入表［EB/OL］.［2024-09-11］. https://news.qq.com/rain/a/20240911A05S2V00.

第四，实际信息与标准信息。

财务分析信息根据实际发生与否可分为实际信息和标准信息。实际信息是指反映各项经济指标实际完成情况的信息。标准信息是指用于作为评价标准而搜集与整理的信息，如预算信息、行业信息等。

财务分析通常是以实际信息为基础进行的，但标准信息对于评价企业财务状况也是不可缺少的。

（三）财务分析信息的要求

为了保证财务分析的质量与效果，财务分析信息必须满足以下要求：

1.财务分析信息的完整性

财务分析信息的完整性，是指财务分析的信息必须在数量上和种类上满足财务分析目的的需要。缺少分析所需要的某方面信息，势必影响分析结果的正确性。例如，要进行投资收益率分析，仅有利润表信息而缺少资产负债表信息是不行的；在通货膨胀情况下，缺少通货膨胀率的信息也会影响投资收益率分析的准确性。此外，财务信息的完整性，还需非财务分析信息加以配合。非财务分析信息虽然不会直接影响财务信息的数字，但是会影响人们对财务信息的理解。

2.财务分析信息的系统性

财务分析信息的系统性，一方面是指财务分析信息要具有连续性，尤其是对定期财务分析信息，一定不能当期分析结束后就将其丢掉，而应保持信息的连续性，为趋势分析奠定基础；另一方面是指财务分析信息的分类和保管要有科学性，以满足不同目的的财务分析需要。

3.财务分析信息的准确性

财务分析信息的准确性是保证财务分析结果正确性的关键，根据歪曲的分析信息不可能得出正确的分析结论。财务分析信息的准确性既受信息本身正确性的影响，又受资料整理过程准确性或信息使用准确性的影响，尤其对企业外部信息的范围、计算方法等要有全面准确的了解，在分析时应结合企业具体情况进行数据处理，否则可能影响分析质量。

4.财务分析信息的及时性

财务分析信息的及时性，是指根据不同的分析目的和要求，能及时提供所需的信息。定期财务分析信息的及时性决定着定期分析的及时性，例如，只有及时编报财务报表，才能保证财务报表分析的及时性。对于不定期的财务分析信息，也要及时搜集和整理，以备在需要时能及时提供，保证临时财务分析的需求，特别是对于一些决策性的分析，财务分析信息的及时性尤其重要，因为错过了时机，就失去了分析的意义。

5.财务分析信息的相关性

案例分析2-1

财务分析信息的相关性包含两层含义：一是知道各种财务分析信息的用途，如资产负债表能提供哪些信息，用它可进行什么分析；利润表的信息可用于何种分析等。二是知道特定的分析目的需要什么信息，如进行偿债能力分析的主要信息来自资产负债表，进行盈利能力分析的主要信息来自利润表等。只有明确了这两点，才能保证分析信息搜集与整理的准确性、及时性。

二、财务分析评价标准信息

确立财务分析评价标准是财务分析的一项重要内容。不同的财务分析评价标准，针对同一分析对象会得出不同的分析结论。正确确定或选择财务分析评价标准，对于发现问题、找出差异、正确评价有着十分重要的意义与作用。通常，财务分析评价标准包括经验标准、历史标准、行业标准、预算标准等。

（一）经验标准

经验标准是在财务比率分析中经常采用的一种标准。经验标准，是指这个标准的形成依据大量的实践经验的检验。例如，流动比率的经验标准为2：1，速动比率的经验标准是1：1等。还有，当流动负债对有形净资产的比率超过80%时，企业就会出现经营困难，存货对净营运资本的比率不应超过80%等，都是经验之谈或经验标准。也有人将这种经验标准称为绝对标准，认为它们是人们公认的标准，不论什么公司、什么行业、什么时间、什么环境，它们都是适用的。但是，实际上，经验标准只针对一般情况而言，并不是适用一切领域或一切情况的绝对标准。例如，假设一个公司的流动比率大于2：1，但其信用政策较差，存在大量应收账款和许多积压物资与产品；另一公司的流动比率可能低于2：1，但在应收账款、存货及现金管理方面非常成功。这时并不能根据经验标准认为前一个公司的流动性或偿债能力好于后一个公司。另外，受行业因素和企业发展阶段的影响，相同比率在不同行业和不同企业的发展阶段也存在较大差异。因此，人们在应用经验标准时，必须非常仔细，不能生搬硬套。

（二）历史标准

历史标准是指以企业过去某一时间的实际业绩为标准。这种标准对于评价企业自身经营状况和财务状况是否改善是非常有益的。历史标准可选择企业历史最高水平，也可选择企业正常经营条件下的业绩水平。另外，在财务分析中，经常将本年的财务状况与上年进行对比，此时企业上年的业绩水平实际上也可看作历史标准。应用历史标准的优点有：一是比较可靠，是企业曾达到的水平；二是具有较高的可比性。但历史标准也有其不足之处：一是历史标准比较保守，因为现实要求与历史要求可能不同；二是历史标准适用范围较窄，只能说明企业自身的发展变化，不能全面评价企业在行业中的地位与水平，尤其对于外部分析，仅用历史标准是远远不够的。

（三）行业标准

行业标准是财务分析中广泛采用的标准，它是按行业制定的，以反映行业财务状况和经营状况的基本水平。行业标准也可指同行业某一比较先进的企业的业绩水平。企业在财务分析中运用行业标准，可说明企业在行业中所处的地位与水平。假设行业的投资收益率标准为10%，如果企业的投资收益率为8%，就是投资者所不能接受的。行业标准还可用于判断企业的变动趋势。假如在经济萧条时期，某企业的利润率从12%下降为9%，而同行业其他企业的利润率从12%下降为6%，这时则可认为该企业的盈利状况是相当好的。

应当指出，运用行业标准有三个限制条件：第一，同行业内的两家公司并不一定是可比的。例如，同是人工智能行业的两家企业，一家可能专注于算法研发与开源技术授权（如深度学习框架），另一家则可能提供端到端行业解决方案（如智能客服系统集成硬件、软件及运维服务），这两个公司的经营就是不可比的。第二，一些大的公司往往跨行业经营，公司的不同经营业务可能有着不同的盈利水平和风险程度，这时用行业统一标准进行评价显然是不合适的。解决这一问题的方法是将公司不同经营业务的收入、收益、资产、费用等分项报告。第三，应用行业标准还受企业采用的会计方法的限制，同行业企业如果采用不同的会计方法，也会影响评价的准确性。例如，库存材料发出的计价方法不同，不仅可能影响存货的价值，而且可能影响成本的水平。因此，在采用行业标准时，也要注意这些限制。

（四）预算标准

预算标准是指企业根据自身经营条件或经营状况所制定的目标标准。预算标准通常在一些新的行业、新建企业以及垄断性企业应用较多。对于其他行业和企业，运用预算标准其实也是有益的，因为预算标准可将行业标准与企业历史标准相结合，比较全面地反映企业的状况，尤其对于企业内部财务分析，预算标准更具有优越性，可考核、评价企业各级、各部门经营者的经营业绩，以及对企业总体目标实现的影响。但是，预算标准对于外部财务分析的作用不明显。另外，预算标准的确定也受人为因素影响，缺乏客观依据。

可见，各种财务分析评价标准都有其优点与不足。在财务分析中不应孤立地选用某一种标准，而应综合应用各种标准，从不同角度对企业经营状况和财务状况进行评价，这样才有利于得出正确结论。

三、政策与法规信息

（一）政策与法规信息的重要性

在进行企业财务分析过程中，无论是投资者、经营者还是债权人，只靠企业内部信息是远远不够的，尤其是在我国实行社会主义市场经济体制的今天，财务分析更不能离开政策与法规信息。

企业的投资者或所有者为保证其投资的收益性和安全性，不仅要分析企业的盈利能力、支付能力，而且必须掌握市场上的无风险投资收益率水平、其他企业的投资收益率水平；不仅要看企业目前的生产经营状况，而且应根据国家的产业政策信息，预测企业未来的发展前景；不仅要了解企业的名义产出和盈利水平，而且要依据通货膨胀率分析确定企业的实际产出和盈利水平。这些都离不开政策与法规信息。

企业的经营者要不断提高企业经济效益，保证企业经营状况和财务状况不断改善，必须面向市场、进入市场。不掌握国家政策与法规信息，要在市场竞争中立于不败之地是不可能的。例如，企业可根据法规变动了解产品市场出现的新机会，从而调整产品品种结构和产量，根据国家的产业政策与技术政策确定企业的发展目标等。

企业的债权人在对企业进行财务分析时，不仅要根据企业财务会计报表信息分析其流动性和偿债能力，还要研究国家信贷政策变动情况和相关法规对债权人保护规则的变动情况。只有这样，才能保证债权人的收益性与安全性。

我国市场经济尚处于不断完善阶段，政府在经济活动中仍然扮演着重要的角色，能够通过各种经济手段和行政手段对经济活动施加影响，而市场也会对政府干预经济活动的行为产生反应。因此，在关注政策与法规信息的同时，要特别注意这两类信息之间的相互作用。

（二）政策信息

政策信息主要指国家为加强宏观管理所制定的各项与企业有关的政策和制度。

1.经济体制方面的政策

经济体制方面的政策是指涉及国家经济体制方面变化的政策，如我国从计划经济体制向有计划的商品经济体制的转变，从有计划的商品经济体制向社会主义市场经济体制的转变，从封闭的经济体制向开放的经济体制的转变等，都属于经济体制方面的政策变动。财务分析中如能明确企业所处的体制环境，尤其是能预测到体制的变动，势必对企业的投资和经营产生积极的影响。

2.宏观经济政策

知识拓展2-2

宏观经济政策主要指财政政策、税收政策、金融政策、货币政策等。这些政策对于企业的财务分析是至关重要的。试想一个企业经营者如果不了解税率、利率的水平及其变动，不掌握通货膨胀率的水平及其变动趋势，那么，希望他能搞好这个企业是不现实的。同理，一个投资者或债权人不掌握宏观经济政策的变动也必将做出错误的决策。

3.产业政策与技术政策

产业政策是指导国家产业发展的政策性文献，它规定了哪些产业是基础产业，哪些产业是支柱产业，并相应地对产业组织、产业技术和产业布局做出规划。技术政策规定了国家鼓励创新和推广的技术，以及相应的鼓励措施。投资者和经营者掌握产业政策和技术政策，对于保证企业持续健康发展有着重要作用。

【案例2-3】

“东数西算”工程与通信行业业务拓展

2023年12月25日，国家发展改革委、国家数据局发布了《关于深入实施“东数西算”工程加快构建全国一体化算力网的实施意见》（以下简称《意见》）。《意见》指出，旨在构建全国一体化算力网络，优化数据中心布局，促进东西部协同发展。该政策通过强化算力基础设施、降低企业算力成本、推动数据要素流通等方式，为数字经济提供支撑。中兴通讯作为全球领先的通信设备供应商和5G技术核心企业，其业务涵盖运营商网络、政企业务及消费者业务。2024年中兴通讯营收达1 212.99亿元，同比增长6.2%，主要得益于全球5G网络建设加速及算力网络需求提升。中兴通讯在光传输、数据中心等领域的技术积累与“东数西算”工程需求高度契合，推动其相关产品（如服务器、光传输设备）的订单增长。政策带动的算力投资潮中，中兴通讯凭借在国产化替代和智能化解决方案上的优势，进一步扩大市场份额。

资料来源：崔亮亮．中兴通讯五方面深度适配“东数西算［EB/OL］．［2023-02-22］．https://baijiahao.baidu.com/s?id=1758521242594467796&wfr=spider&for=pc.

（三）法规信息

1.会计法规信息

我国会计法规体系框架随着会计改革而不断变化，目前正在向国际惯例靠近，从总体上说，主要有以下五个层次：

第一个层次是全国人民代表大会及其常务委员会颁布的法律，如《中华人民共和国会计法》《中华人民共和国公司法》《中华人民共和国注册会计师法》和税法等。

第二个层次是国务院制定或颁布的法规，如《企业财务会计报告条例》《总会计师条例》等。这些法规主要涉及会计核算中所必须遵守的基本要求，以及会计工作中所涉及和运用到的基本概念，一般不具备直接指导实务的作用。

第三个层次是由财政部或财政部与其他部委联合制定与颁布的法规，包括会计核算制度、会计监督制度、会计机构会计人员管理制度、会计工作管理制度，如《企业会计准则——基本准则》《事业单位会计准则》《企业会计准则（具体准则）》《企业财务通则》《企业会计制度》《事业单位会计制度》《行政单位会计制度》《企业数据资源相关会计处理暂行规定》《民间非营利组织会计制度》《会计基础工作规范》《会计档案管理办法》《企业内部控制基本规范》等。这些法规是指根据企业会计基本准则的框架和原则，针对不同的具体经济业务或报表项目有可能发生的各种确认和计量以及披露问题做出的处理规范。

第四个层次是地方政府、主管部委和非政府机构制定的法规，如深圳市人民政府发布的《深圳市海绵城市建设管理规定》、注册会计师协会制定的法规、证监会制定的法规、行业协会制定的财会制度等。

第五个层次是企业、非营利组织、行政单位内部财务与会计管理制度，如企业内部控制制度、内部财务管理制度、内部会计管理制度、成本管理制度、资金管理制度等。这些制度是在遵守各种法规的前提下，将企业或单位的实际情况与法规原则相结合而形成的行为守则。

2.上市公司监管法规体系

第一个层次是法律法规。法律，主要包括《中华人民共和国证券法》《中华人民共和国数据安全法》《中华人民共和国证券投资基金法》《中华人民共和国公司法》《中华人民共和国企业所得税法》《中华人民共和国审计法》等；行政法规和法规性文件，主要包括《国务院关于开展优先股试点的指导意见》《国务院关于促进企业兼并重组的意见》《证券公司监督管理条例》《国务院批转证监会关于提高上市公司质量意见的通知》等；司法解释，主要包括《最高人民法院、最高人民检察院关于办理内幕交易、泄露内幕信息刑事案件具体应用法律若干问题的解释》《最高人民法院关于修改关于适用〈中华人民共和国公司法〉若干问题的规定的决定》《最高人民法院、最高人民检察院、公安部、中国证券监督管理委员会关于查询、冻结、扣划证券和证券交易结算资金有关问题的通知》等。

第二个层次是部门规章和规范性文件。上市公司监管部门规章根据监管部门不同可分为各不同部门的规章。以证券交易所为例，部门规章通常主要包括发行上市规章、上市公司规章和信息披露规章等。

第三个层次是业务规则。业务规则是指上市公司监管各业务部自身制定的规则。以证券交易所为例，业务规则通常包括交易类规则、基金类规则和债券类规则等。

第二节　年度报告的内涵与作用

一、年度报告的内容和作用

年度报告是公司以年度为时间单位，定期、按时对外提供的财务报告和其他经营成果、财务状况和现金流量信息的报告。根据《中华人民共和国证券法》（以下简称《证券法》）和《中华人民共和国公司法》（以下简称《公司法》）的规定，所有公开上市交易的公司必须按时编制并披露年度报告。年度报告与财务报告并不相同，财务报告是年度报告的重要组成部分，但是年度报告的内容并不局限于财务报告。

（一）年度报告的内容

根据中国证券监督管理委员会制定的《上市公司信息披露管理办法》与《公开发行证券的公司信息披露内容与格式准则第2号——年度报告的内容与格式（2021年修订）》，上市公司年报应按以下内容列示：

（1）重要提示、目录和释义，包括管理层责任声明，非标审计意见提示、重大风险提示、特定术语解释。

（2）公司简介和主要财务指标，包括公司简介（包括中英文名称）、法定代表人、注册地点、联系方式、信息披露媒介和上市地点等，主要财务指标包括截至报告期末公司近3年的主要会计数据和财务指标。

（3）管理层讨论与分析，对报告期内发生和未来将要发生的重大事项，进行讨论与分析，主要包括对报告期产生重要影响以及未对报告期产生影响但对未来具有重要影响的事项和对未来发展的展望。

（4）公司治理，主要包括股份变动及股东情况，披露公司的股东总数、股东性质、控股股东、实际控制人等股权结构方面的信息；董事、监事、高级管理人员和员工情况，披露董事、监事和高级管理人员的基本情况、主要工作经历、年度报酬及变动情况，以及员工数量和专业构成等信息；报告期内召开的年度股东大会和临时股东大会的有关情况、独立董事履行职责的情况、监事会在报告期内的监督活动情况等。

（5）环境与社会责任，重点污染行业企业对外披露排污和相关环境治理信息；鼓励公司自愿披露在报告期内为减少其碳排放所采取的措施及效果；鼓励公司自愿披露有利于保护生态、防治污染、履行环境责任的相关信息；鼓励公司积极披露报告期内巩固拓展脱贫攻坚成果、乡村振兴等工作具体情况等。

（6）重要事项，主要包括股利分配情况、承诺事项、非标审计意见说明、聘任、解聘会计师事务所的情况、破产重整相关事项、重大诉讼和仲裁事项、股权激励计划和员工持股计划、重大关联交易事项、公司及其控股股东和实际控制人的诚信状况。

（7）股份变动及股东情况，披露公司的股东总数、股东性质、控股股东、实际控制人等股权结构方面的信息。

（8）优先股相关情况，披露截至报告期末近3年优先股的发行与上市情况和报告期内优先股的利润分配情况。

（9）公司债券相关情况，主要包括债券发行情况、受托管理人信息及履职情况、募集资金使用情况、资信评级机构评级结果、增信机制、偿债计划及其他偿债保障措施的相关情况。

（10）财务报告，披露审计意见全文、经审计的会计报表及其附注。

（二）年度报告的作用

从信息的类型来看，年度报告的内容包括财务信息和非财务信息两部分。年度报告在财务分析中的作用，主要表现在以下三个方面：

（1）介绍公司行业情况和内部治理机制等背景资料。对公司进行财务分析，离不开对公司所处行业和内部治理结构的了解。虽然这些非财务信息不能直接反映经营成果和财务状况，但是能提供对企业进行深入分析的必要信息。不同行业间的盈利能力水平和资产营运效率存在差异，若不了解公司的行业背景难以对财务效率进行正确的分析；缺少对公司股权结构和公司治理结构的了解，则难以进行科学的财务分析。

（2）披露公司的经营成果和财务状况。作为年度报告的重要组成部分，财务报告提供了企业经营成果和财务状况的详细的量化信息。在董事会报告中，董事会对报告期公司的经营成果进行详细的分析，并提供更为精确的信息。此外，年度报告还披露公司关联方交易的交易方、交易原则、交易价格等信息。这些信息分别从不同方面和不同角度，披露公司的经营成果和财务状况。

（3）提供公司未来的经营计划。在年度报告中，公司管理层会分析所处行业的发展趋势及面临的市场竞争格局，向投资者提示管理层所关注的公司未来的发展机遇和挑战，披露公司发展战略，以及拟开展的新业务、拟开发的新产品和拟投资的新项目等。同时，公司会披露新年度的经营计划，包括收入计划、费用计划、成本计划、研发计划及新年度的经营目标，如销售额的提升、市场份额的扩大、成本的降低，以及为达到上述经营目标拟采取的策略和行动等。这些信息对于预测公司未来的经营业绩和财务状况都有重要作用。

二、财务报告的内涵与种类

财务报告是企业对外提供的反映企业某一特定日期的财务状况和某一会计期间的经营成果、现金流量等会计信息的文件。财务报告包括财务报表和其他应当在财务报告中披露的相关信息和资料。财务报表具体由会计报表本身及其附注两部分构成；而会计报表仅指报表本身，不包括附注。财务报表是企业财务会计确认与计量的最终结果体现，投资者等相关使用者主要是通过财务报表来了解企业当前的财务状况、经营成果和现金流量等情况，从而预测企业未来的发展趋势。因此，财务报表是向投资者等财务报告使用者提供决策有用信息的主要媒介和渠道，是沟通投资者、债权人、政府及其他利益相关者等与企业管理层之间信息的桥梁和纽带。

以财务报表为核心的财务报告体系可以从不同的侧面提供反映企业财务状况、经营业绩和现金流量等方面较为完整的信息。在经济全球化背景下，高质量的财务报表能产生多样化信息，对投资者、债权人和其他利益相关者做出合理的决策具有重要的意义和价值。

财务报告与财务报表之间的关系如图2-1所示。

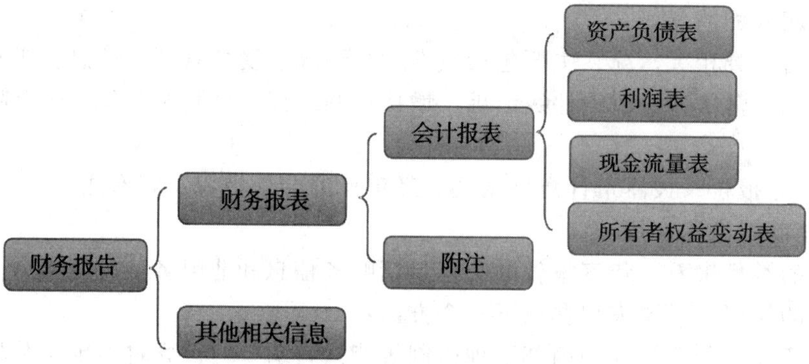

图2-1　财务报告与财务报表关系图

在现代企业制度下，企业的所有者和投资者、债权人、经营者，以及政府管理部门和社会监督部门的工作人员等，要与企业发生投资、借贷、交易、管理、监督等活动，这都需要依据财务报告信息对企业状况进行分析。因此，了解财务报告结构、内容及可提供的信息，是每个分析者所必需的。而要了解财务报告的内容，明确财务报告的作用，首先应掌握财务报表的种类。企业财务报表按照不同的划分标准或从不同的角度划分，可分为以下几类：

第一，按会计报表反映的经济内容可分为资产负债表、利润表、所有者权益变动表和现金流量表。

（1）资产负债表主要是反映企业在一定日期的资产、负债和所有者权益状况的会计报表。

（2）利润表主要是反映企业在某一时期内经营成果的会计报表。

（3）所有者权益变动表主要是反映构成所有者权益的各组成部分当期的增减变动情况的会计报表。

（4）现金流量表主要是反映企业在某一时期内现金取得、流出以及流向状况的会计报表。

了解财务报表的经济内容，对于准确搜集与整理分析信息、实现分析目的是十分有益的。

第二，按会计报表编制范围可分为企业会计报表和合并会计报表。

财务报表按编制单位的范围可分为单位报表和合并报表两种：

（1）企业会计报表或单位报表，是指独立法人企业编制的反映本单位情况的财务报表。

（2）合并会计报表或合并报表是指反映母公司和其全部子公司形成的企业集团整体财务状况、经营成果和现金流量的财务报表。

了解和掌握单位报表和合并报表的内容和特点，对于分析不同类型的企业财务状况是有益的。如果对一个母子公司进行分析，而不明确合并报表的基本内容和特点，那么是很难得出正确结论的。

【小知识】

合并报表在母子公司财务分析中的核心作用

在母子公司财务分析中，合并报表不仅是反映企业集团整体财务状况的核心工具，更是揭示集团内部资源配置效率、风险传导路径及战略协同效应的关键载体。根据财政部等四部门2024年发布的《关于严格执行企业会计准则 切实做好企业2024年年报工作的通知》，企业需重点关注以下要求：第一，严格收入确认标准。明确区分时段法与时点法，禁止通过调整收入确认方法操纵利润。例如，涉及客户验收的业务需按控制权转移时点确认收入，杜绝虚假贸易。第二，加强内部控制与审计。企业需建立完善的内部审核机制，重点关注合并报表中易错报领域，如关联方交易、资产减值等，并要求会计师事务所强化审计质量，识别财务造假风险。第三，数据真实性与完整性。严禁虚列经济事项套取资金、掩盖风险损失或通过复杂交易调节利润。合并报表需真实反映集团资产负债结构及经营成果，不得提供编制基础不一致的多套报表。

母公司个别报表仅反映母公司自身财务状况，而合并报表可揭示集团整体资源整合效率。例如，母公司可能通过长期股权投资向子公司提供资金支持，但若仅分析母公司报表，可能低估集团负债水平或资金占用风险。监管部门要求合并报表中需抵销母子公司间的内部交易。例如，母公司向子公司销售商品产生的收入与子公司的采购成本需相互抵销，否则可能导致集团利润虚增。若忽视这一点，可能误判集团盈利能力。合并报表为投资者、债权人及监管部门提供统一视角，评估企业集团抗风险能力。例如，监管部门通过分析合并报表中的商誉规模、现金流状况等指标，可及时发现高溢价并购或资金链紧张风险。

合并报表的编制与分析需兼顾会计准则与政策合规性。在“强监管、重透明”的背景下，企业需通过规范合并流程、强化内控审计，确保合并报表真实反映集团财务全貌，为战略决策与市场信任提供坚实依据。投资者与监管者亦应关注合并报表中的异常指标，以规避风险并优化资源配置。

第三，按会计报表的使用对象可分为对外会计报表和对内会计报表。

（1）对外会计报表是指根据国家有关法规，企业定期向其利益关系人（如投资者、债权人、政府部门等）报送的会计报表，如资产负债表、利润表、所有者权益变动表、现金流量表及相关附表等。

（2）对内会计报表，亦称管理报表，是根据内部经营管理的需要，企业自行设计与填制的会计报表，如成本费用报表、责任会计报表等。

第四，按会计报表的编制时期可分为年度报表、季度报表和月度报表。

三、财务报告的作用

财务报告的目标就是向信息使用者提供对决策有用的信息，因此其作用是有利于财务报告信息使用者进行经济决策。财务报告的信息使用者很多，如图2-2所示，除了包括股东、借款人之外，也包括了政府、社区代表、供应商等，而在美国财务会计公告第8号概念公告中，主要信息使用者被界定为现在的和潜在的投资者、贷款人和其他债权人。

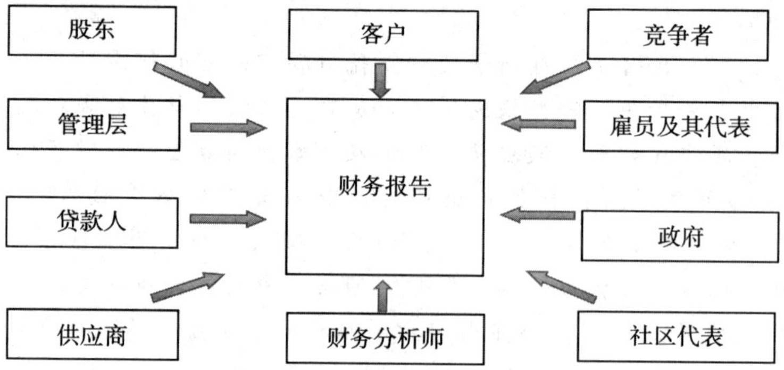

图2-2 财务报告的信息使用者

第三节 会计报表①

一、资产负债表

（一）基本结构与内容

资产负债表是反映企业在某一时点财务状况的会计报表。它是根据“资产=负债+所有者权益”的会计等式，依照一定的分类标准和一定的次序，对企业一定日期的资产、负债和所有者权益项目予以适当安排，按一定的要求编制而成的。我国会计制度规定的企业资产负债表的基本格式见表2-1。

表2-1 BQC公司合并资产负债表

2023年12月31日 单位：百万元

资产	期末余额	上年年末余额	负债和所有者权益（或股东权益）	期末余额	上年年末余额
流动资产：			流动负债：		
货币资金	109 094.41	51 471.26	短期借款	18 323.22	5 153.10
交易性金融资产	9 562.55	20 626.93	向中央银行借款		

① 本教材选用比亚迪股份有限公司（以下简称比亚迪，证券代码002594；本书简称BQC公司）的2023年年度报告中的相关内容作为贯穿全书的分析资料，目的只是便于学生学习与理解本课程的教学内容与方法，不存在任何其他商业目的。教材中各个部分对该公司的分析与评价只是作者依据有限资料（不排除为说明某计算方法和突出某知识点等问题在缺少必要信息时的假设条件或虚拟信息）为说明分析方法所进行的简要判断与说明，并不构成其他人用于其他目的评价或评估该公司的依据。教师和学生在利用该案例进行教学时，也可进一步参考该公司披露的信息和证券分析师的分析报告。特此说明。

续表

资产	期末余额	上年年末余额	负债和所有者权益（或股东权益）	期末余额	上年年末余额
衍生金融资产			拆入资金		
应收票据			交易性金融负债	7.71	54.61
应收账款	61 866.02	38 828.49	衍生金融负债		
应收款项融资	5 564.92	12 894.28	应付票据	4 053.31	3 328.42
预付款项	2 215.41	8 223.57	应付账款	194 429.82	140 437.31
其他应收款	2 757.91	1 910.01	预收款项		
其中：应收利息			合同负债	34 698.51	35 516.57
应收股利			卖出回购金融资产款		
买入返售金融资产			吸收存款及同业存放		
存货	87 676.75	79 107.20	代理买卖证券款		
合同资产	2 660.32	13 553.00	代理承销证券款		
持有待售资产			应付职工薪酬	17 138.84	12 037.01
一年内到期的非流动资产	7 508.35	1 052.56	应交税费	7 852.32	4 326.39
其他流动资产	13 214.80	13 136.20	其他应付款	164 972.85	122 123.84
流动资产合计①	302 121.45	240 803.51	其中：应付利息		
非流动资产：			应付股利		
发放贷款和垫款			应付手续费及佣金		
债权投资			应付分保账款		
其他债权投资			预计负债	2 620.33	1 287.45
长期应收款	8 238.19	1 118.64	持有待售负债		
长期股权投资	17 647.21	15 485.40	一年内到期的非流动负债	7 740.49	6 464.83
其他权益工具投资	5 327.28	4 418.58	其他流动负债	1 829.28	2 615.03
其他非流动金融资产	2 696.37	2 147.14	流动负债合计	453 666.67	333 344.56
投资性房地产	82.51	85.01	非流动负债：		
固定资产	230 903.82	131 880.37	保险合同准备金		
在建工程	34 726.20	44 621.94	长期借款	11 975.14	7 593.60

① “流动资产合计”项目的金额，与流动资产各项目列示金额的加总数，略有差异，这是由“四舍五入”造成的尾差。由于表格采用“百万元”作为金额单位，同时仅保留了小数点后两位，因此，流动资产合计数与各单项汇总的结果略有差异。资产负债表中的其他合计数（比如，非流动资产合计和资产总计）以及本教材其他表格（比如，利润表、现金流量表和所有者权益变动表等）及相关计算，也会存在相同的情况，在此一并说明。

续表

资产	期末余额	上年年末余额	负债和所有者权益（或股东权益）	期末余额	上年年末余额
生产性生物资产			应付债券		
油气资产			其中：优先股		
使用权资产	9 678.96	3 137.33	永续债		
无形资产	37 236.26	23 223.50	租赁负债	8 847.19	2 617.27
开发支出	541.00	1 683.00	长期应付款		
商誉	4 427.57	65.91	长期应付职工薪酬		
长期待摊费用	4 062.53	458.11	递延收益		
递延所得税资产	6 584.42	3 686.91	递延所得税负债	3 950.84	2 018.53
其他非流动资产	15 273.90	21 045.32	其他非流动负债	50 645.73	26 896.85
非流动资产合计	377 426.22	253 057.14	非流动负债合计	75 418.89	39 126.25
			负债合计	529 085.56	372 470.81
			所有者权益（或股东权益）：		
			实收资本（或股本）	2 911.14	2 911.14
			其他权益工具		
			其中：优先股		
			永续债		
			资本公积	62 041.77	61 705.89
			减：库存股	1 266.94	1 809.92
			其他综合收益	603.66	428.33
			专项储备	22.37	12.08
			盈余公积	7 374.09	6 838.54
			一般风险准备		
			未分配利润	67 123.97	40 943.23
			归属于母公司所有者权益（或股东权益）合计	138 810.07	111 029.30
			少数股东权益	11 652.05	10 360.54
			所有者权益（或股东权益）合计	150 462.11	121 389.84
资产总计	679 547.67	493 860.65	负债和所有者权益（或股东权益）总计	679 547.67	493 860.65

从表2-1可以看出，资产负债表的结构是左右平衡式的，左方反映企业的各类资产，右方反映企业的负债和所有者权益，左右双方总额相等。

（二）资产项目的构成及作用

资产是企业拥有或者控制的能以货币计量的经济资源，包括企业的各种财产、债权和其他权利。资产按其流动性状况，一般分为流动资产和非流动资产。其中，非流动资产主要包括长期股权投资、固定资产、无形资产、递延所得税资产和其他资产等。各类资产的特点和组成项目是不同的，在企业生产经营中的作用也是不同的。资产负债表中的资产项目按上述分类，为财务分析提供了丰富的信息，并对财务分析起到了重要作用。

第一，提供了企业变现能力的信息。一般来说，流动资产的变现能力较强，而非流动资产的变现能力较差。另外，流动资产中还可提供速动资产的信息。这些无论是对债权人还是对经营者、投资者都是有用的。

第二，提供了企业资产结构的信息。这有利于反映企业的经营状况和资源配置与使用的合理性程度，如有形资产与无形资产的结构合理性、流动资产与非流动资产的结构合理性等。

第三，提供了反映企业资产管理水平的信息。如资产负债表中应收账款等项目的状况，可在一定程度上反映企业应收账款管理的水平。

第四，提供了反映企业价值的信息。企业价值等于企业各项资产价值之和，因此资产负债表提供的各项资产的价值信息，有助于分析企业价值。虽然现行权责发生制的会计体系仍然以历史成本作为主要的计量属性，但是随着公允价值的引入，资产项目的账面价值与市场价值的关系更加密切，为确定企业价值提供了相关信息。

（三）负债项目的构成及作用

负债是企业所承担的能以货币计量、将以资产或劳务偿付的债务。它是企业资金来源的重要组成部分。负债的基本特点是：第一，它将在未来时期付出企业的经济资源或经济利益；第二，它必须是过去的交易和事项所发生的，其债务责任能够以货币确切地计量或者合理地估计。资产负债表中的负债项目是按到期日的远近顺序排列的，即流动负债在前，非流动负债在后。资产负债表将负债分为流动负债和非流动负债，为财务分析提供了以下有用信息：

第一，提供了反映企业总体债务水平的信息。企业的负债特点表明，负债要按期偿还，另外，除结算等原因外，大部分负债要按固定利率支付利息。因此，企业的负债水平问题是一个关系到企业经营战略、经营状况和成果的重要问题。企业债务规模的大小，反映了其风险的大小，而且这种风险对于企业的债权人、投资者和经营者都是存在的。

第二，提供了反映企业债务结构的信息。由于负债分为流动负债和非流动负债两类，而两类负债的特点又不同，因此为研究短期债务结构和长期债务结构提供了方便。企业经营者通过合理调整负债结构，一方面保证正常经营的资金需要，另一方面降低资金成本，提高经济效益。而对企业的债权人来说，通过对债务结构的分析，可判断企业的偿债能力，特别是可分清企业的短期偿债能力和长期偿债能力。

（四）所有者权益项目的构成及作用

所有者权益是指企业投资者对企业净资产的所有权，它是企业资金来源的主要部分。所有者权益主要包括实收资本、资本公积、盈余公积和未分配利润四大项目。资产负债表中的所有者权益项目是按权益的永久程度高低排列的，永久程度高的在前，低的在后，它们依次是：实收资本、资本公积、盈余公积和未分配利润。资产负债表对所有者权益项目的划分，为财务分析提供了如下信息：

第一，提供了反映企业所有者权益内部结构的信息。所有者权益内部结构反映了企业自有资金的来源构成，这个结构的合理性对于企业投资者或所有者的利益有着重要影响。

第二，提供了企业收益分配情况的信息。企业收益的分配主要指利润的分配，其程序和方法应遵循国家的有关规定。盈余公积和未分配利润等项目的变动可反映利润分配的状况。这些不仅是投资者所关心的，也是政府的管理、监督部门所感兴趣的。

除上述资产、负债、所有者权益项目各自提供的分析信息外，将三者结合起来，还可综合提供以下信息：

第一，提供分析企业偿债能力的信息。分析企业偿债能力实际上是将企业的债务状况与相应的资产保证相比较。资产负债表完整地提供了这方面的信息，包括短期偿债能力分析的信息和长期偿债能力分析的信息。

第二，提供分析企业权益结构的信息。权益，是指负债与所有者权益的统称，权益结构就是指负债和所有者权益在总资产或在权益中的比重，它对于研究企业的财务风险以及长期偿债能力都是有益的。

二、利润表

（一）利润表的基本结构与内容

利润表是反映企业在一定期间（如年度、季度或月度）内生产经营成果（或亏损）的会计报表。利润表是一种动态报表，它一方面利用企业一定时期的收入、成本费用及税金数据，确定企业的利润；另一方面按照有关规定将实现的利润在利益相关者之间进行分配。

利润表有两种格式：一是单步式利润表；二是多步式利润表。

第一，单步式利润表。单步式利润表的基本特点是将本期发生的所有收入汇集在一起，将所有的成本费用汇集在一起，然后将总收入减去总成本费用得出本期利润。单步式利润表能清晰地反映企业在一定时期的总收入、总成本费用和利润额，编制方便，钩稽关系清楚，即总收入-总成本费用=利润额。但是，它没有准确反映利润形成的过程及各种收入与相应成本费用之间的关系，无法为深入分析提供更多的信息。

第二，多步式利润表。多步式利润表与单步式利润表不同，它的特点是按利润形成环节，分步骤地将有关收入与成本费用相减，从而得出各步骤的利润额。多步式利润表是我国会计制度规定的报表，它的一般格式见表2-2。

表2-2 BQC公司合并利润表

2023年度

单位：百万元

项目	本期金额	上期金额
一、营业总收入	602 315.35	424 060.64
其中：营业收入	602 315.35	424 060.64
利息收入		
已赚保费		

续表

项目	本期金额	上期金额
手续费及佣金收入		
二、营业总成本	567 681.13	401 187.33
其中：营业成本	480 558.35	351 815.68
利息支出		
手续费及佣金支出		
退保金		
赔付支出净额		
提取保险责任准备金净额		
保单红利支出		
分保费用		
税金及附加	10 349.63	7 267.11
销售费用	25 211.40	15 060.68
管理费用	13 461.71	10 007.37
研发费用	39 574.95	18 654.45
财务费用	−1 474.89	−1 617.96
其中：利息费用	1 827.61	1 316.35
利息收入	2 796.20	1 829.62
加：其他收益	5 253.46	1 721.14
投资收益（损失以“–”号填列）	1 635.14	−791.90
其中：对联营企业和合营企业的投资收益	1 277.46	−685.89
以摊余成本计量的金融资产终止确认收益		−22.72
汇兑收益（损失以“–”号填列）		
净敞口套期收益（损失以“–”号填列）		
公允价值变动收益（损失以“–”号填列）	257.74	126.10
信用减值损失（损失以“–”号填列）	−1 579.61	−989.52
资产减值损失（损失以“–”号填列）	−2 188.22	−1 386.46
资产处置收益（损失以“–”号填列）	90.36	−10.84
三、营业利润（亏损以“–”号填列）	38 103.10	21 541.82
加：营业外收入	711.37	526.97
减：营业外支出	1 545.83	989.06
四、利润总额（亏损总额以“–”号填列）	37 268.64	21 079.73
减：所得税费用	5 924.57	3 366.63
五、净利润（净亏损以“–”号填列）	31 344.07	17 713.10

续表

项目	本期金额	上期金额
（一）按经营持续性分类		
1.持续经营净利润（净亏损以“-”号填列）	31 344.07	17 713.10
2.终止经营净利润（净亏损以“-”号填列）		
（二）按所有权归属分类		
1.归属于母公司股东的净利润（净亏损以“-”号填列）	30 040.81	16 622.45
2.少数股东损益（净亏损以“-”号填列）	1 303.26	1 090.66
六、其他综合收益的税后净额	184.03	546.23
（一）归属于母公司所有者的其他综合收益的税后净额	175.33	552.39
1.不能重分类进损益的其他综合收益	166.85	648.07
（1）重新计量设定受益计划变动额		
（2）权益法下不能转损益的其他综合收益		
（3）其他权益工具投资公允价值变动	220.90	
（4）企业自身信用风险公允价值变动		852.07
（5）所得税影响	-54.05	-204.00
（6）其他		
2.将重分类进损益的其他综合收益	8.48	-95.68
（1）权益法下可转损益的其他综合收益		
（2）其他债权投资公允价值变动		
（3）金融资产重分类计入其他综合收益的金额		
（4）其他债权投资信用减值准备		
（5）现金流量套期储备		
（6）外币财务报表折算差额	-19.54	-67.49
（7）应收款项融资公允价值变动	38.48	-30.65
（8）应收款项融资信用减值损失	-10.45	2.46
（9）其他		
（二）归属于少数股东的其他综合收益的税后净额	8.70	-6.16
七、综合收益总额	31 528.10	18 259.33
（一）归属于母公司所有者的综合收益总额	30 216.14	17 174.84
（二）归属于少数股东的综合收益总额	1 311.96	1 084.50
八、每股收益：		
（一）基本每股收益（元/股）	10.32	5.71
（二）稀释每股收益（元/股）	10.32	5.71

据2009年财政部制定的《企业会计准则解释第3号》的要求，每股收益项目前应增加

“其他综合收益”和“综合收益总额”项目。“其他综合收益”项目反映的是在现行会计准则体系下，未进入净利润计算范畴的各项利得和损失的税后净额，从而以更为全面广阔的视角反映企业经营情况。“净利润”和“其他综合收益”共同构成了“综合收益总额”，反映企业经营活动的整体业绩情况。

（二）利润表的信息作用

利润表的格式内容及基本钩稽关系，为财务分析提供了有用的信息。从财务分析的不同角度看，利润表可提供的信息及其作用主要有以下几点：

第一，提供了反映企业财务成果的信息。企业的财务成果，即企业实现的利润，是企业经营的根本目标所在，是企业经营者、投资者以及长期债权人都十分关心的信息。利润表系统明确地提供了企业不同业务的财务成果信息，对于分析评价各方面的经营业绩，以及与同类企业的同类业务对比，都是有益的。

第二，提供了反映企业盈利能力的信息。企业盈利能力是企业投资者和经营者都非常关心的问题。它不仅可用于评价企业的经营业绩，而且是投资者、经营者进行决策的重要依据。盈利能力通常体现为财务成果和与其相关的一些指标之间的比率关系，如财务成果与收入的比率关系，财务成果与成本费用的比率关系等。利润表不仅提供了财务成果的信息，也提供了盈利能力分析所需要的收入信息和成本费用信息，这对于评价企业盈利能力是十分重要的。另外，其他反映盈利能力的指标的计算，也离不开利润表提供的数据。

第三，提供了反映企业营业收入、成本费用状况的信息。企业营业收入和成本费用状况是企业生产经营状况的直接和具体体现，因此，对营业收入的分析往往成为经营分析中的重点。通过营业收入和成本费用分析，可找出企业生产经营过程中存在的问题和不足，这对于评价企业业绩、规划企业未来都是有重要作用的。

第四，提供了企业经营业绩结构的信息。在利润表中，经营业绩的来源被划分为经常性的营业利润和非经常性的营业外收支；营业利润的主要来源包括营业收入、投资收益和公允价值变动收益三项。比较不同业绩之间的差异，能够提供经营业绩的结构，为分析企业经营业绩的质量和持续性提供必要的信息。

三、所有者权益变动表

（一）所有者权益变动表的基本结构与内容

所有者权益变动表是反映企业在一定期间（如年度、季度或月度）内，所有者权益的各组成部分当期增减变动情况的报表。在所有者权益变动表中，净利润、其他综合收益，以及由所有者的资本交易导致的所有者权益的变动分别列示。目前我国会计制度中规定企业编报的所有者权益变动表的一般格式见表2-3和表2-4。

（二）所有者权益变动表的信息作用

所有者权益变动表的格式和内容，为财务分析提供了丰富的信息。从不同角度来看，所有者权益变动表提供的信息及其作用主要体现在以下几个方面：

第一，所有者权益变动的原因。在所有者权益变动表中，导致所有者权益变动的原因按照“综合收益总额”以及“所有者投入和减少资本”等不同类别分别进行列示。这种列示方法，提供不同活动对所有者权益变动产生的影响，能够清晰明确地反映引发所有者权益变动的原因。

表2-3

BQC公司合并所有者权益变动表

2023年度

单位：百万元

项目	归属于母公司股东权益												少数股东权益	股东权益合计
	实收资本（或股本）	其他权益工具			资本公积	减：库存股	其他综合收益	专项储备	盈余公积	一般风险准备	未分配利润	小计		
		优先股	永续债	其他										
一、上年年末余额	2 911.14				61 705.89	1 809.92	428.33	12.08	6 838.54		40 943.23	111 029.30	10 360.54	121 389.84
加：会计政策变更														
前期差错更正														
同一控制下企业合并														
其他														
二、本年年初余额	2 911.14				61 705.89	1 809.92	428.33	12.08	6 838.54		40 943.23	111 029.30	10 360.54	121 389.84
三、本年增减变动额（减少以“–”号填列）					335.88	–542.98	175.33	10.29	535.55		26 180.74	27 780.76	1 291.51	29 072.27
（一）综合收益总额							175.33				30 040.81	30 216.14	1 311.96	31 528.10
（二）所有者投入和减少资本					335.88	–542.98						878.86	106.85	985.71
1.股东投入资本													98.00	98.00
2.其他权益工具持有者投入资本														
3.股份支付计入股东权益的金额					859.29							859.29	12.90	872.19
4.授予限制性股票的影响					–542.98	–542.98								
5.其他					19.56							19.56	–4.04	15.52
（三）利润分配									535.55		–3 860.07	–3 324.53	–127.30	–3 451.82
1.提取盈余公积									535.55		–535.55			

续表

项目	归属于母公司股东权益												少数股东权益	股东权益合计
	实收资本（或股本）	其他权益工具			资本公积	减：库存股	其他综合收益	专项储备	盈余公积	一般风险准备	未分配利润	小计		
		优先股	永续债	其他										
2.提取一般风险准备														
3.对股东的分配											-3 324.53	-3 324.53	-127.30	-3 451.82
4.其他														
（四）股东权益内部结转														
1.资本公积转增股本														
2.盈余公积转增股本														
3.盈余公积弥补亏损														
4.设定受益计划变动额结转留存收益														
5.其他综合收益结转留存收益														
6.其他														
（五）专项储备								10.29				10.29		10.29
1.本期提取								10.29				10.29		10.29
2.本期使用														
（六）其他														
子公司少数股东回购权														
四、本年年末余额	2 911.14				62 041.77	1 266.94	603.66	22.37	7 374.09		67 123.97	138 810.07	11 652.05	150 462.11

表2-4

BQC公司合并所有者权益变动表

2022年度

单位：百万元

项目	归属于母公司股东权益												少数股东权益	股东权益合计
	实收资本（或股本）	其他权益工具			资本公积	减：库存股	其他综合收益	专项储备	盈余公积	一般风险准备	未分配利润	小计		
		优先股	永续债	其他										
一、上年年末余额	2 911.14				60 807.22		-124.06	10.37	5 009.09		26 455.91	95 069.67	9 174.54	104 244.21
加：会计政策变更														
前期差错更正														
同一控制下企业合并														
其他														
二、本年年初余额	2 911.14				60 807.22		-124.06	10.37	5 009.09		26 455.91	95 069.67	9 174.54	104 244.21
三、本年增减变动额（减少以“-”号填列）					898.67	1 809.92	552.39	1.71	1 829.45		14 487.33	15 959.63	1 186.00	17 145.63
（一）综合收益总额							552.39				16 622.45	17 174.84	1 084.50	18 259.33
（二）所有者投入和减少资本					662.19	1 809.92						-1 147.74	574.88	-572.86
1.股东投入资本													507.63	507.63
2.其他权益工具持有者投入资本														
3.股份支付计入股东权益的金额					567.69							567.69	23.62	591.31
4.授予限制性股票的影响						1 809.92						-1 809.92		-1 809.92
5.其他					94.49							94.49	43.64	138.13
（三）利润分配									1 829.45		-2 135.12	-305.67	-79.46	-385.13
1.提取盈余公积									1 829.45		-1 829.45			

续表

项目	归属于母公司股东权益												少数股东权益	股东权益合计
	实收资本（或股本）	其他权益工具			资本公积	减：库存股	其他综合收益	专项储备	盈余公积	一般风险准备	未分配利润	小计		
		优先股	永续债	其他										
2.提取一般风险准备														
3.对股东的分配											-305.67	-305.67	-79.46	-385.13
4.其他														
（四）股东权益内部结转														
1.资本公积转增股本														
2.盈余公积转增股本														
3.盈余公积弥补亏损														
4.设定受益计划变动额结转留存收益														
5.其他综合收益结转留存收益														
6.其他														
（五）专项储备								1.71				1.71		1.71
1.本期提取								1.71				1.71		1.71
2.本期使用														
（六）其他					236.49							236.49	-393.91	-157.43
子公司少数股东回购权					236.49							236.49	-393.91	-157.43
四、本年年末余额	2 911.14				61 705.89	1 809.92	428.33	12.08	6 838.54		40 943.23	111 029.30	10 360.54	121 389.84

第二，列示所有者权益内部结构的变动。在所有者权益变动表中，除了提供不同原因对所有者权益产生的影响之外，还列示所有者权益内部结构变动。资本公积或盈余公积转增资本、盈余公积弥补亏损等造成所有者权益内部结构变动的因素都分别列示，从而为了解所有者权益的内部结构变动提供了信息。

第三，为利润表和资产负债表提供辅助信息。所有者权益变动表中的“综合收益总额”与利润表之间存在较强的关联性，与利润表中的“综合收益总额”相辅相成，共同反映了经营活动和公允价值变动等对企业产生的影响。所有者权益变动表中提供的所有者结构变动信息与资产负债表中所有者权益部分相辅相成，提供了所有者权益变动的详细信息。

第四，提供企业全面收益的信息。从企业所有者的角度来看，所有者权益的变动反映了其在公司中所拥有资产情况的变动。若不考虑增资、发放股利以及内部的结转，影响所有者权益变动的主要因素是经营活动的收益和直接计入所有者权益的利得和损失，两者之和被视为企业的全面收益。全面收益不但反映了企业的经营情况，还反映了公允价值变动对企业所有者财富状况产生的影响，能为所有者提供更为全面的投资决策信息。

四、现金流量表

（一）基本结构与内容

现金流量表实际上是资金变动表的一种形式。资金表或资金来源与运用表，是根据企业一定时期内各种资产和权益项目的增减变化，来分析、反映资金的取得来源和流出用途，说明财务动态变化的会计报表，或者是反映企业资金流转状况的报表。资金来源与运用表根据其编制基础不同，有五种编制方式。以现金为基础编制的资金表实际上就是现金流量表，用现金的来源、运用、增加、减少来说明企业财务状况的变动。表中的现金不仅是指会计上的现金，而且包括银行存款和其他现金等价物。目前我国会计制度中规定企业编报的现金流量表的一般格式见表2-5。

表2-5 **BQC公司合并现金流量表**

2023年度

单位：百万元

项目	本期金额	上期金额
一、经营活动产生的现金流量		
销售商品、提供劳务收到的现金	572 704.80	413 209.23
客户存款和同业存放款项净增加额		
向中央银行借款净增加额		
向其他金融机构拆入资金净增加额		
收到原保险合同保费取得的现金		
收到再保业务现金净额		
保户储金及投资款净增加额		

续表

项目	本期金额	上期金额
收取利息、手续费及佣金的现金		
拆入资金净增加额		
回购业务资金净增加额		
代理买卖证券收到的现金净额		
收到的税费返还	15 165.45	7 628.16
收到其他与经营活动有关的现金	23 947.86	20 542.60
经营活动现金流入小计	611 818.10	441 379.99
购买商品、接受劳务支付的现金	313 433.21	220 842.50
客户贷款及垫款净增加额		
存放中央银行和同业款项净增加额		
支付原保险合同赔付款项的现金		
拆出资金净增加额		
支付利息、手续费及佣金的现金		
支付保单红利的现金		
支付给职工及为职工支付的现金	84 287.91	53 519.73
支付的各项税费	29 528.36	18 537.19
支付其他与经营活动有关的现金	14 843.60	7 642.91
经营活动现金流出小计	442 093.08	300 542.33
经营活动产生的现金流量净额	169 725.03	140 837.66
二、投资活动产生的现金流量		
收回投资收到的现金		13.78
取得投资收益收到的现金	192.41	129.33
处置合联营公司及其他营业单位收到的现金净额	122.62	95.80
处置固定资产、无形资产和其他长期资产收回的现金净额	470.79	268.24
处置子公司及其他营业单位收到的现金净额	73.84	
收到其他与投资活动有关的现金	22 245.82	12 803.49

续表

项目	本期金额	上期金额
投资活动现金流入小计	23 105.48	13 310.64
购建固定资产、无形资产和其他长期资产支付的现金	122 093.51	97 456.86
收购子公司及其他营业单位支付的现金净额	14 077.77	
投资支付的现金	2 084.95	10 572.91
质押贷款净增加额		
取得子公司及其他营业单位支付的现金净额		
支付其他与投资活动有关的现金	10 512.90	25 876.87
投资活动现金流出小计	148 769.13	133 906.64
投资活动产生的现金流量净额	−125 663.64	−120 596.00
三、筹资活动产生的现金流量		
吸收投资收到的现金	98.00	507.63
其中：子公司吸收少数股东投资收到的现金		
取得借款收到的现金	45 304.08	27 635.95
收到其他与筹资活动有关的现金	28.23	3 031.47
筹资活动现金流入小计	45 430.32	31 175.05
偿还债务支付的现金	27 230.94	44 048.89
分配股利、利润或偿付利息支付的现金	4 101.62	1 632.85
其中：子公司支付给少数股东的股利、利润	127.30	79.46
支付其他与筹资活动有关的现金	1 280.63	4 981.98
筹资活动现金流出小计	32 613.19	50 663.73
筹资活动产生的现金流量净额	12 817.13	−19 488.68
四、汇率变动对现金及现金等价物的影响	450.78	609.62
五、现金及现金等价物净增加额	57 329.29	1 362.60
加：期初现金及现金等价物余额	51 182.46	49 819.86
六、期末现金及现金等价物余额	108 511.75	51 182.46

（二）现金流量表的信息作用

现金流量表提供了反映企业财务变动情况的详细信息，为分析、研究企业的资金来源与运用情况提供了依据。它提供的信息及其作用主要表现在以下几个方面：

第一，提供了“收付实现制”下，企业经营活动和财务状况的信息，能够与其他三张会计报表相互印证。在主要会计报表中，只有现金流量表按照“收付实现制”原则进行编制，而资产负债表、利润表和所有者权益变动表都是按照“权责发生制”原则进行编制。虽然，编制的原则不同，但是现金流量表与其他三张报表，都是对企业经营活动和财务状况的反映。因此，现金流量表和其他三张报表之间可以相互印证，从而获得更为充分的信息。需要强调的是，由于编制原则的差异，现金流量表和其他三张报表之间存在差异，并不能作为企业会计信息质量存在问题的标志。

第二，提供了企业资金（特别是现金，下同）来源与运用的信息。这对于分析企业资金来源与运用的合理性、判断企业的营运状况和效果、评价企业的经营业绩都是非常有益的。

第三，提供了企业现金增减变动原因的信息，特别是通过对经营现金流量、投资现金流量和筹资现金流量的揭示，可以搞清企业现金增减变动的具体原因，不仅可以明确企业当期现金增减的合理性，而且可为改善企业资金管理指明方向。

第四，提供了资产负债表和利润表分析所需要的信息。分析资产、负债和所有者权益的状况与变动，以及分析利润形成与分配的状况与变动，仅从两表自身分析有时是不够的，或者是难以说清的。其实，资产、负债、所有者权益、收入、成本、利润都是互相联系的，在两个表中反映，割裂了它们之间的联系。现金流量表提供的信息，将资产负债表与利润表衔接起来，说明了利润形成与分配同资金来源与运用的关系，这对于分析、研究企业总体经营与财务状况有着重要意义与作用。

第四节 会计报表附注

一、会计报表附注的结构

附注是财务报表不可或缺的组成部分。报表使用者要了解企业的财务状况、经营成果和现金流量，应当全面阅读附注。附注相对于报表而言，同样具有重要性。附注提供会计报表信息生成的依据，并提供无法在报表上列示的定性信息和定量信息，从而使得报表中数据的信息更加完整，为财务分析奠定良好的信息基础。根据会计准则的规定，附注应当按照一定的结构进行系统合理的排列和分类，有序地披露信息。

（一）会计报表附注的基本内容

会计报表附注主要包括企业的基本情况、财务报表的编制基础、遵循企业会计准则的声明、重要会计政策和会计估计、会计政策和会计估计变更以及差错更正的说明、税率、重要报表项目的说明以及重要事项的揭示等内容。

1.企业的基本情况

企业的基本情况主要简述企业注册地、组织形式和总部地址；企业的业务性质和主要经营活动；母公司以及集团最终母公司的名称；财务报告的批准报出者和财务报告批准报出日；本期纳入合并范围的子公司和合并财务报表范围的变化。

2.财务报表的编制基础

财务报表的编制基础简述企业会计核算和会计报表编制所依据的基本会计假设，对于未以公认的基本会计假设为前提的业务处理和报表编制，应予以披露，并说明其理由。

3.遵循企业会计准则的声明

遵循企业会计准则的声明要求明确说明编制的财务报表符合企业会计准则体系的要求，真实、完整地反映企业的财务状况、经营成果和现金流量。

4.重要会计政策和会计估计

企业报表附注提供重要会计政策和会计估计的信息，不重要的会计政策和会计估计可以不披露。在披露重要会计政策和会计估计时，报表附注提供重要会计政策的确定依据和财务报表项目的计量基础，以及会计估计中所采用的关键假设和不确定因素。

报表附注提供的重要会计政策信息包括存货、长期股权投资、投资性房地产、固定资产、生物资产、无形资产、非货币性资产交换、资产减值、职工薪酬、企业年金基金、股份支付、债务重组、或有事项、收入、建造合同、政府补助、借款费用、所得税、外币折算、企业合并、租赁、金融工具确认和计量、金融资产转移、合并财务报表、每股收益、分部报告、金融工具列报等。

5.会计政策和会计估计变更以及差错更正的说明

企业报表附注应提供会计政策变更的信息。比如，会计政策变更的性质、内容和原因；当期和各个列报前期财务报表中受影响的项目名称和调整金额；无法进行追溯调整的，说明该事实和原因以及开始应用变更后的会计政策的时点、具体应用情况。

企业报表附注应提供会计估计变更的信息。比如，会计估计变更的内容和原因；会计估计变更对当期和未来期间的影响数；会计估计变更的影响数不能确定的，披露其事实和原因。

企业报表附注应提供前期差错更正的信息。比如，前期差错的性质；各个列报前期财务报表中受影响的项目名称和更正金额；无法进行追溯重述的，说明该事实和原因以及对前期差错开始进行更正的时点、具体更正情况。

6.税率

企业报表附注需要提供主要适用税种和对应税率，企业能够享受的税收优惠水平。

7.重要报表项目的说明

企业应当尽可能以列表形式披露重要报表项目的构成或当期增减变动情况。对重要报表项目的明细说明，应当按照资产负债表、利润表、现金流量表、所有者权益变动表的顺序和报表项目列示的顺序，采用文字和数字描述相结合的方式进行披露，并与报表项目相互参照。

8.重要事项的揭示

重要事项的揭示，主要包括以下三种：

（1）或有事项。企业应当披露预计负债的种类、形成原因以及经济利益流出不确定性的说明；与预计负债有关的预期补偿金额和本期已确认的预期补偿金额；或有负债的种类、形成原因及经济利益流出不确定性的说明；或有负债预计产生的财务影响，以及获得补偿的可能性；无法预计的，应当说明原因；或有资产很可能会给企业带来经济利益的，其形成的原因、预计产生的财务影响等；在涉及未决诉讼、未决仲裁的情况下，披露全部或部分信息预期对企业造成重大不利影响的，披露该未决诉讼、未决仲裁的性质以及没有披露这些信息的事实和原因。

（2）资产负债表日后事项的说明。这包括每项重要的资产负债表日后非调整事项的性质、内容，及其对财务状况和经营成果的影响。无法做出估计的，应当说明原因。

（3）关联方关系及其交易的说明。企业应当披露母公司和子公司的名称。如果母公司不是该企业的最终控制方，说明最终控制方名称。母公司和最终控制方均不对外提供财务报表的，说明母公司之上与其最相近的对外提供财务报表的母公司名称。企业还应当披露母公司和子公司的业务性质、注册地、注册资本（或实收资本、股本）及当期发生的变化；母公司对该企业或者该企业对子公司的持股比例和表决权比例；企业与关联方发生交易的，该关联方关系的性质、交易类型及交易要素。

（二）各主要会计报表附注

1.资产负债表附注

资产负债表中列示的项目是高度浓缩后的信息。受制于资产负债表的格式要求，这些信息的来源和构成无法直接在资产负债表中加以披露。为此，资产负债表的编制者根据现有会计准则的要求，将这些信息在会计报表附注中加以详细披露。由于披露通常会采用表格的形式，因此也可将其称为资产负债表的附表。

资产负债表附表主要有两种：

（1）存货分类明细表。存货分类明细表，是资产负债表附表之一，是反映企业存货项目增减变动情况的报表。在生产型企业中，存货扮演着至关重要的角色，包括原材料、在产品和库存商品等诸多类别。但是，在资产负债表中，存货通常仅列示各类存货项目的总额，并不提供存货项目分类信息。通过存货分类明细表，可以获得企业存货项目明细的信息，包括原材料、在产品、库存商品、在途物资等。在具体内容上，存货分类明细表不但提供各个明细项目的账面价值，还提供其跌价准备或者减值准备的信息。存货分类明细表的格式与内容见表2-6。

表2-6　**存货分类明细表**

编制单位：　2023年　单位：百万元

项目	期末余额			期初余额		
	账面余额	存货跌价准备/合同履约成本减值准备	账面价值	账面余额	存货跌价准备/合同履约成本减值准备	账面价值
原材料	15 395.81	583.55	14 812.26	17 462.77	204.71	17 258.05
在产品	30 520.43	284.43	30 236.00	26 967.62	155.35	26 812.27
库存商品	41 183.76	2 471.30	38 712.46	32 795.93	1 002.25	31 793.68
周转材料	3 930.75	14.72	3 916.03	3 267.04	23.84	3 243.19
消耗性生物资产						
合同履约成本						
在途物资						
自制半成品						
委托加工物资						
合计	91 030.74	3 354.00	87 676.75	80 493.35	1 386.15	79 107.20

（2）固定资产明细表。固定资产明细表，是资产负债表的附表之一，是反映企业固定资产详细情况的报表。固定资产与企业的生产能力和规模密切相关，并且不同类别的固定资产占比反映了企业资源配置方式。通过固定资产明细表，可以获得企业在特定时点固定资产项目的详细信息。其格式与内容见表2-7。在固定资产明细表中，不但有固定资产的期初和期末的账面价值，还有固定资产的原值、折旧计提和减值等信息。

表2-7 固定资产明细表

编制单位： 2023年 单位：百万元

项目	永久业权土地	房屋及建筑物	机器设备	运输工具	办公及其他设备	合计
一、账面原值						
1.期初余额	369.87	42 950.46	128 609.42	2 885.74	19 219.16	194 034.65
2.本期增加金额	57.80	41 101.22	84 894.51	2 847.75	9 431.97	138 333.23
（1）购置	47.56	1 472.23	48 115.45	2 808.41	6 251.00	58 694.64
（2）在建工程转入		39 611.45	33 541.39		3 046.05	76 198.89
（3）企业合并增加			3 216.00	7.38	129.37	3 352.74
（4）其他	10.24	17.54	21.67	31.96	5.55	86.96
3.本期减少金额		98.08	6 190.09	609.10	396.60	7 293.86
（1）处置或报废		98.08	6 190.09	609.10	396.60	7 293.86
（2）改造						
4.期末余额	427.67	83 953.60	207 313.83	5 124.40	28 254.51	325 074.01
二、累计折旧						
1.期初余额		6 038.46	45 563.28	1 271.33	9 161.88	62 034.95
2.本期增加金额		2 362.68	30 001.47	614.83	4 769.17	37 748.15
（1）计提		2 358.06	29 993.49	597.02	4 766.83	37 715.40
（2）其他		4.62	7.98	17.81	2.34	32.75
3.本期减少金额		14.84	5 108.04	246.24	357.16	5 726.28
（1）处置或报废		14.84	5 108.04	246.24	357.16	5 726.28
（2）改造						
4.期末余额		8 386.31	70 456.71	1 639.92	13 573.89	94 056.82
三、减值准备						
1.期初余额		42.35	76.98			119.33
2.本期增加金额						
（1）计提						
3.本期减少金额			5.96			5.96
（1）处置或报废			5.96			5.96
4.期末余额		42.35	71.02			113.37
四、账面价值						
1.期末账面价值	427.67	75 524.94	136 786.11	3 484.48	14 680.63	230 903.82
2.期初账面价值	369.87	36 869.65	82 969.16	1 614.41	10 057.28	131 880.37

除了上述附表之外，资产负债表附注还提供为分析者理解财务报表有关项目所作的进一步解释。资产负债表附注通常解释三种情况：表内有关项目的附注，如短期投资中的证券市价等；表外有关项目的附注，如对抵押资产等的说明；对资产负债表有关会计政策变化的说明，如存货计价政策的变化等。

2.利润表附注

为了明确利润表中的数据来源和构成，提供更多的相关信息，现行会计准则要求对部分利润表中的数字以表格的形式在报表附注中加以披露。利润表的附表包括销售费用明细表和管理费用明细表。

（1）销售费用明细表。销售费用明细表是利润表的附表之一，用于补充说明企业销售费用各项目的详细情况。通过销售费用明细表，可以获得各项销售费用的比例关系，有助于对企业经营活动进行客观的分析。销售费用明细表的格式与内容见表2-8。

表2-8 **销售费用明细表**

编制单位： 2023年度 单位：百万元

项目	本期发生额	上期发生额
售后服务费	9 840.60	6 513.83
职工薪酬	5 433.86	3 361.42
广告展览费	4 267.36	2 201.99
折旧及摊销	1 578.60	749.01
物料消耗	809.61	443.21
办公费用	474.39	168.18
差旅费	387.40	190.09
股份支付	84.17	59.27
其他	2 335.43	1 373.69
合计	25 211.40	15 060.68

（2）管理费用明细表。管理费用明细表，作为利润表的附表之一，是反映企业管理费用内部各项目详细内容的报表。管理费用作为利润表的重要费用项目，涵盖了生产经营的诸多方面，仅采用汇总金额列示，其信息难以满足分析的需要。管理费用明细表将管理费用进行分解，提供各个组成项目的详细信息，有助于更好地理解企业经营行为。管理费用明细表的格式与内容见表2-9。

表2-9 **管理费用明细表**

编制单位： 2023年度 单位：百万元

项目	本期发生额	上期发生额
职工薪酬	9 314.40	6 923.90
折旧及摊销	1 797.35	1 748.95
物料消耗	929.80	639.09
办公费用	366.16	180.03
股份支付	247.64	183.75
审计及咨询费	215.09	86.41
其他	591.26	245.25
合计	13 461.71	10 007.37

除上述附表外，主营业务收入明细表、资产减值损失明细表、分部报告、财务费用明细表、公允价值变动收益明细表、投资收益明细表等也属于利润表的附表，在附注中加以披露。

除了提供利润表的附表之外，利润表附注还对利润表中重要项目及相关问题进行说明，以便于正确理解与分析利润表。利润表附注通常说明以下问题：有关收入与成本费用的会计政策变化，如收入的确认、存货计价、成本核算方法改变等；利润表中具体项目的补充说明，如对营业外收支项目的说明、对投资收益项目的说明等；利润表外有关项目的说明，如对其他业务收入与支出的说明等。

3.现金流量表附注

现金流量表附注包括以下内容：

（1）当期取得或处置子公司及其他营业单位的有关信息。

（2）将净利润调节为经营活动现金流量。

（3）现金及现金等价物净增加情况。

（三）会计报表和报表附注的关系

在财务报告中，会计报表以确认和计量的方式，采用量化的方法对企业的经营成果、财务状况和现金流量情况加以反映；而报表附注以披露的方式，为会计报表中高度概括的数字提供进一步的解释，从而增加财务报告使用者能够获取的信息。

1.为会计报表提供详细信息

会计报表中的数字是对企业经营活动、财务状况和现金流量情况的高度概括。报表数字具有很高的信息含量，但是如果缺少必要的报表附注对报表数字加以解释，这些信息很难为处于企业外部的财务分析人员所获取。比如，利润表中的“财务费用”项目是对企业财务活动产生的各种费用进行汇总，并仅以单一数字列示，这使财务分析人员难以获取充分信息对企业财务活动进行有效的分析。利润表附注提供的财务费用明细表，将财务费用分解为利息收入、利息支出、汇兑损失、现金折扣及贴息和银行手续费等部分，为分析企业的财务活动提供了更为详细的信息。

2.为会计报表提供定性信息

受计量属性的限制，会计报表只能以数字的方式进行量化计量。因此，关于企业经营活动、财务状况和现金流量的定性信息，无法在报表中加以反映。这会直接影响对定量信息的使用和解读。相比之下，报表附注可以采用非量化的方式提供定性信息。比如，企业资产负债表中资产的担保情况无法在报表中加以反映，但是可以用报表附注的方式加以披露。资产担保行为虽然没有改变资产的数额，却会影响资产未来收益是否能够流入企业，进而影响企业的财务状况和经营业绩。因此，只有将报表附注和会计报表相结合，才能获取准确、全面的财务分析信息。

二、财务会计报表的局限性

一般来说，财务会计报表的局限性主要体现在以下几方面：

（一）财务会计报表计量的局限性

财务会计报表计量的局限性，是指财务会计报表都是以货币为计量单位计量的，不能反映企业经营中的非货币性事项。货币计量虽然有其重要意义与作用，但企业经营中的非货币性事项，如产量、质量、劳动力及设备状况等对分析企业财务状况和经营状况也是非常必要的。另外，以货币为计量手段，在物价变动较大的情况下，特别是在通货膨胀情况下，会对分析数据的准确性产生不利影响，甚至歪曲数据，导致分析结果错误。

（二）财务会计报表内容的局限性

财务会计报表内容的局限性主要体现在：第一，财务报表由于制度原因、保密原因或规范原因等，不能提供详尽的分析数据，如各成本项目数据、材料消耗数据、人工消耗数据等；第二，财务报表不能反映企业未来将要发生的事项，只是对历史情况的反映；第三，财务报表不能表明企业采用的具体会计原则和会计方法，如在存货计价方法方面和折旧方法方面，不同的企业可根据要求采用不同的方法，而不同的方法对其计量结果是有影响的。

（三）财务会计报表时间的局限性

财务会计报表的编报通常是按月进行的，有些报表是按年进行的，且报表形成和报出时间与报表内容反映的时间之间存在一定时差，因此，财务报表信息并不能反映分析时企业的真实情况，尤其在当今市场竞争激烈、情况瞬息万变的时代，明确报表时间上的局限性是十分重要的。

第五节　审计报告与内部控制信息

一、审计报告意见

注册会计师审计报告是进行财务分析的重要信息。有人将审阅注册会计师审计报告作为财务分析的首要步骤，这足以说明审计报告的重要性。审计报告可向财务分析者提供有关财务报告是否公正表述的独立性、权威性意见。

思政知识 2-1

注册会计师在审计报告中对所审计的财务报告可提出以下五种意见中的一种：

（1）标准无保留意见。

（2）带强调事项段的无保留意见。

（3）保留意见。

（4）否定意见。

（5）无法表示意见。

在上述五种意见中，第一种属于标准审计报告；后四种属于非标准审计报告，其中保留意见、否定意见和无法表示意见又被称为非无保留意见。注册会计师在审计报告中如果提出后四种意见，必须做出必要的说明。

二、关键审计事项

案例分析 2-2

在现行的上市公司审计报告中，除了审计意见外，注册会计师还会披露关键审计事项。2016年12月，中国注册会计师协会发布了《中国注册会计师审计准则第1504号——在审计报告中沟通关键审计事项》，并于2018年1月1日起正式施行。根据定义，关键审计事项是指注册会计师依据职业判断认为对当期财务报表审计最为重要的事项。披露关键审计事项和注册会计师的应对措施，有助于审计报告使用者更好地了解财务报告的重点，也有助于财务分析过程中对相关事项予以适当关注。

三、内部控制信息

根据财政部2008年颁发的《企业内部控制基本规范》，内部控制是由企业董事会、监事会、经理层和全体员工实施的、旨在实现控制目标的过程。内部控制的目标是合理保证企业经营管理合法合规、资产安全、财务报告及相关信息真实完整，提高经营效率和效果，促进企业实现发展战略。继《企业内部控制基本规范》之后，财政部同五部委于2010年发布了企业内部控制配套指引，并于2012年开始在沪深两市的主板上市公司逐步推行。内部控制涉及公司的组织结构、业务环节和信息系统等方面，也是重要的财务分析信息来源。

（一）内部控制的内容

根据《企业内部控制基本规范》的要求，企业建立与实施有效的内部控制，应当包括五个要素：

1.内部环境

内部环境是企业实施内部控制的基础，一般包括治理结构、机构设置及权责分配、内部审计、人力资源政策、企业文化等。

2.风险评估

风险评估是企业及时识别、系统分析经营活动中与实现内部控制目标相关的风险，合理确定风险应对策略。

3.控制活动

控制活动是企业根据风险评估结果，采用相应的控制措施，将风险控制在可承受范围之内。

4.信息与沟通

信息与沟通是企业及时、准确地收集、传递与内部控制相关的信息，确保信息在企业内部、企业与外部之间进行有效沟通。

5.内部监督

内部监督是企业对内部控制建立与实施情况进行监督检查，评价内部控制的有效性，发现内部控制缺陷，并及时加以改进。

（二）内部控制评价报告

为了评价内部控制设计和执行的有效性，企业应当由董事会或者类似机构围绕内部环境、风险评估、控制活动、信息与沟通和内部监督等要素，对内部控制设计和运行情况的有效性进行全面评价。

1.内部控制评价报告的内涵

内部控制评价需要对内部控制缺陷加以认定，并按其影响程度分为重大缺陷、重要缺陷和一般缺陷。重大缺陷，是指一个或多个控制缺陷的组合，可能导致企业严重偏离控制目标。重要缺陷，是指一个或多个控制缺陷的组合，其严重程度和经济后果低于重大缺陷，但仍有可能导致企业偏离控制目标。一般缺陷，是指除重大缺陷、重要缺陷之外的其他缺陷。重大缺陷、重要缺陷和一般缺陷的具体认定标准，由企业根据上述要求自行确定。

企业内部控制评价部门应当编制内部控制缺陷认定汇总表，结合日常监督和专项监督发现的内部控制缺陷及其持续改进情况，对内部控制缺陷及其成因、表现形式和影响程度进行综合分析和全面复核，提出认定意见，并以适当的形式向董事会、监事会或者经理层报告。重大缺陷应当由董事会予以最终认定。企业对于认定的重大缺陷，应当及时采取应对策略，切实将风险控制在可承受范围之内，并追究有关部门或相关人员的责任。

2.内部控制信息披露

上市公司在完成内部控制评价后，应当编制内部控制自我评价报告，并应在年度报告披露的同时，披露年度内部控制自我评价报告，同时披露会计师事务所对内部控制自我评价报告的核实评价意见。

□ 本章小结

财务分析信息为财务分析提供根本依据，其数量和质量决定着财务分析的质量和效果。收集和整理财务分析信息的过程，也是财务分析的重要步骤。按照不同标准，财务分析信息可以划分为内部信息和外部信息、定期信息和不定期信息、实际信息和标准信息、财务信息和非财务信息。财务分析信息应当具备完整性、系统性、准确性、及时性和相关性。常用的财务分析评价标准有经验标准、历史标准、行业标准、预算标准等。

年度报告是财务分析信息的重要来源，为财务分析活动提供财务信息和非财务信息。年度报告的主要作用有：介绍公司、行业情况和内部治理机制等背景资料；披露公司的经营成果和财务状况；提供公司未来的经营计划。财务报告包括财务报表和其他应当在财务报告中披露的相关信息和资料。财务报表具体由会计报表本身及其附注两部分构成；而会计报表仅指报表本身，不包括附注。以财务报表为核心的财务报告体系可以从不同的侧面提供反映企业财务状况、经营成果和现金流量等方面较为完整的信息。财务报告的目标就是向信息使用者提供对决策有用的信息，因此其作用是有利于财务报告信息使用者进行经济决策。

会计报表主要包括资产负债表、利润表、所有者权益变动表和现金流量表。各会计报表的组成项目及其结构，分别为财务分析提供不同的相关信息。资产负债表中的资产项目提供了企业变现能力的信息、资产结构的信息、资产管理水平的信息和公司价值的信息；负债项目提供了总体债务水平的信息、债务结构的信息；所有者权益项目提供了所有者权益内部结构的信息、企业收益分配的信息。资产、负债和所有者权益结合起来，提供了偿债能力和权益结构的信息。利润表提供了企业财务成果的信息、盈利能力的信息、营业收入和成本费用的信息、经营业绩结构的信息。所有者权益变动表提供了所有者权益变动的原因、所有者权益内部结构的变动、资产负债表和利润表的辅助信息、企业全面收益的信息。现金流量表提供了企业资金来源与运用的信息、现金增减变动的原因、资产负债表和利润表分析所需的信息。

会计报表附注是对会计报表内容的进一步解释，既包括对报表项目进行详细解释的附表，也包括对报表项目进行定性描述的非财务信息。在财务分析过程中，会计报表的主要局限性体现在计量属性、报表内容和报表时间三方面。

审计报告也是财务分析的重要信息来源。从审计意见类型来看，审计报告可以分为标准无保留意见和非标准无保留意见两类。内部控制的目标在于合理保证企业经营管理合法合规、资产安全、财务报告及相关信息真实完整，提高经营效率和效果，促进企业实现发展战略。根据《企业内部控制基本规范》的要求，企业建立与实施有效的内部控制，应当包括五个要素：内部环境、风险评估、控制活动、信息与沟通和内部监督。为了评价内部控制设计和执行的有效性，企业需要对内部控制设计和运行情况的有效性进行全面评价。

第三章

财务分析方法

□ 学习目标

本章的学习目标是使学生掌握财务分析的基本程序与基本方法。其具体目标包括：

◇ 知识目标

掌握财务分析程序包括哪几个阶段和步骤，各阶段和步骤的目标与作用是什么；明确企业战略分析的内容与作用；理解会计分析的目的；明确比率分析法的分类与作用；掌握因素分析法的原理；了解综合分析与评价方法的作用；理解与掌握财务分析报告的内容与写作要求；理解智能财务分析法的特点。

◇ 技能目标

掌握会计分析的程序与方法，特别是水平分析法、垂直分析法和趋势分析法评价的思路与方法；掌握因素分析法的程序与方法；掌握财务分析报告的编写方法；了解智能财务分析的程序与方法。

◇ 能力目标

能够运用财务分析基本程序与方法分析财务状况和财务成果；能够运用会计分析方法揭示会计报表和报告中信息的质量，为财务比率分析奠定基础；能够运用比率分析法揭示财务状况及效果的质量水平与特点；能够运用因素分析法揭示财务状况及效果变化的原因；学会灵活运用财务分析方法解决复杂的现实问题，实现财务分析的总体目标。

◇ 思政目标

能够在学习与掌握财务分析程序及具体方法的基础上，深刻领会企业使命、愿景及目标对财务分析方法的指引作用，能够在学习及未来的工作中树立正确的世界观、人生观和价值观。

课程思政教学模块图

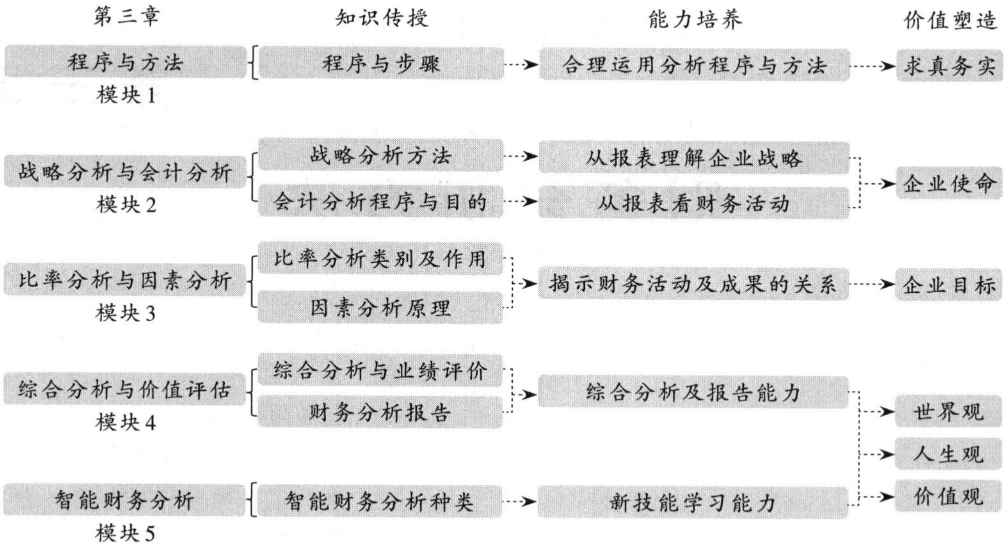

2024年8月5日，比亚迪连续3年上榜《财富》世界500强榜单，从2023年的第212位跃升至143位，成为年度排名升幅最大的车企。2023年，比亚迪四大产业协同发力，全年实现营收6 023.2亿元，同比增长42%，各项核心经营数据持续攀升。比亚迪新能源汽车销量再创纪录，全年累计销售302.4万辆，并首次跻身全球畅销汽车品牌榜前十，成为中国汽车工业七十年以来，首个入围前十的中国汽车品牌。2024年1—7月，比亚迪累计销售194.7万辆新能源汽车，并再度跻身当年上半年全球畅销汽车品牌榜前十，排名第八，国际影响力加速攀升。

2024年，比亚迪出海进程再加速。截至7月，比亚迪海外市场销量已超23.3万辆，接近去年全年海外销量。目前，比亚迪新能源汽车已遍及全球88个国家和地区，400多个城市。2024年7月4日，比亚迪第800万辆新能源汽车海豚在泰国下线，标志着比亚迪泰国工厂正式投产。此外，比亚迪还在巴西、匈牙利、乌兹别克斯坦等国设有乘用车生产基地，加速产业链全球化，助力全球汽车产业绿色变革。

在不断刷新里程碑的背后，是比亚迪秉承“技术为王、创新为本”的发展理念。比亚迪在2023年的研发投入近400亿元，同比增长97%，累计研发投入已经达到了1 400亿元。截至目前，比亚迪全球累计申请专利超过4.8万项、授权专利超过3万项，拥有超过10.28万名研发人员，为全球新能源行业的高质量发展提供了强大的技术支撑。

在卓越的成绩之下，是比亚迪自身实力和创新能力的不断提升。作为全球领先的新能源汽车企业，比亚迪将继续致力于通过技术创新，持续推动绿色出行，共同“为地球降温1℃”。

为什么比亚迪公司2023年能进入世界500强且位次提升如此之大？该公司的国际化创新发展战略给公司的经营状况、财务状况和财务成果带来了何种影响？如何通过会计分析、财务效能分析和综合分析评估来判断企业的未来发展？财务分析方法一章将为我们提供解答这些问题的方法论。

资料来源：根据比亚迪公司新闻（2024年8月8日）整理.

第一节　财务分析程序与步骤

财务分析的程序，亦称财务分析的一般方法，是指进行财务分析所应遵循的一般规程。研究财务分析程序是进行财务分析的基础与关键，它为开展财务分析工作、掌握财务分析技术指明了方向。

纵观现有的多种财务分析程序，它们有相同点，即在搜集财务分析信息、分析财务信息、得出财务分析结论等步骤上是基本一致的，区别主要体现在具体分析环节或细节上。结合中外财务分析步骤与特点，考虑我国财务分析的需求与供给，我们将财务分析的程序与步骤归纳为四个阶段十个步骤。

一、财务分析信息搜集与整理阶段

财务分析信息搜集与整理阶段主要由以下三个步骤组成：

1.明确财务分析目的

进行财务分析，首先必须明确为什么要进行财务分析，是要评价企业经营业绩，进行投资决策，还是要制定未来经营策略。只有明确了财务分析的目的，才能正确地搜集、整理信息，选择正确的分析方法，从而得出正确的结论。

2.制订财务分析方案

在明确财务分析目的的基础上，应制订财务分析方案，包括财务分析的人员组成及分工、时间进度安排，财务分析内容及拟采用的分析方法等。财务分析方案是财务分析顺利进行的保证。当然，这个方案并不一定形成文件，可能只是一个草案，也可能是口头的，但进行财务分析需要一个可行方案。

3.搜集与整理财务分析信息

财务分析信息是财务分析的基础和前提条件，信息搜集与整理的及时性、完整性、准确性，对分析的正确性有着直接的影响。信息的搜集与整理应根据分析的目的和计划进行，但这并不是说不需要经常性、一般性的信息搜集与整理。其实，只有平时日积月累，才能根据不同的分析目的及时获取所需信息。

二、战略分析与会计分析阶段

战略分析与会计分析是财务指标及因素分析的基础，该阶段主要由以下两个步骤组成：

1.战略分析

战略分析是指通过对企业所在行业或企业拟进入行业的分析，明确企业自身地位及应采取的竞争战略。战略分析是保证企业战略有效实施和企业战略目标实现的关键。战略分析通常包括行业分析和企业竞争策略分析。行业分析的目的在于分析行业的盈利水平与盈利潜力，因为不同行业的盈利能力和潜力大小是不同的。影响行业盈利能力的因素有许多，归纳起来主要可分为两类：一是行业的竞争程度；二是市场谈判或议价能力。战略分析的关键在于企业如何根据行业分析的结果，正确选择企业的战略模式和竞争策略，使企业保持持久竞争优势和高盈利能力。企业的战略模式和竞争策略有许许多多，如是专业化发展战略，还是多元化发展战略；是成长型战略、稳定型战略，还是收缩型战略；是低成本竞争策略，还是产品差异竞争策略，或集中化竞争策略。

战略分析是会计分析和财务效率分析的导向，通过战略分析，分析人员能明确企业的目标和战略导向，深入了解企业经济环境，从而能将企业战略模式、经营模式、竞争策略、业务活动与财务活动和会计信息有机结合，进行客观、正确的会计分析与财务效率分析。

2. 会计分析

会计分析的目的在于分析评价会计报告所反映的企业单位财务状况与经营成果的真实程度，还原会计所反映的经济活动、财务活动、业务活动等的实际状况。会计分析的作用，一方面通过对会计政策、会计方法、会计披露的分析评价，揭示会计报告信息的质量；另一方面通过对会计政策、会计估计变更的调整，修正会计数据，提升会计信息质量，为财务指标及因素分析奠定基础，并保证财务分析结论的可靠性。会计分析一般可按以下步骤进行：第一，阅读会计报告；第二，比较会计报表；第三，解释会计报表；第四，修正会计报表信息。

三、财务指标与因素分析阶段

财务分析的指标与因素分析阶段是在战略分析与会计分析的基础上进行的，它是为实现财务分析目的，进行财务指标计算与分析的阶段，该阶段主要包括以下两个步骤：

1. 财务指标分析

财务指标分析，特别是财务比率指标分析，是财务分析的一种重要方法或形式。财务指标能准确反映某方面的财务状况。进行财务分析，应根据分析的目的和要求选择正确的分析指标。债权人要进行企业偿债能力分析，必须选择反映偿债能力的指标或反映流动性情况的指标，如流动比率指标、速动比率指标、资产负债率指标等；而一个潜在投资者要进行企业投资的决策分析，则应选择反映企业盈利能力的指标，如总资产报酬率、资本收益率，以及股利报酬率和股利发放率等。正确选择与计算财务指标是正确判断与评价企业财务状况的关键所在。

2. 基本因素分析

财务分析不仅要解释现象，而且应分析原因。因素分析法就是要在报表整体分析和财务指标分析的基础上，对一些主要指标的完成情况，从其影响因素角度，进行深入定量分析，确定各因素对其影响的方向和程度，为企业正确进行财务评价提供最基本的依据。

四、财务综合分析与评估阶段

财务综合分析与评估阶段是财务分析实施阶段的继续，它根据不同的财务分析目标，形成财务分析最终结论，该阶段具体又可分为三个步骤：

1. 财务综合分析与评价

财务综合分析与评价是在应用各种财务分析方法进行分析的基础上，将定量分析结果、定性分析判断及实际调查情况结合起来，以得出财务分析结论的过程。财务分析结论是财务分析的关键步骤，结论的正确与否是判断财务分析质量高低的唯一标准。一个正确分析结论的得出，往往需要经过几次反复分析评价。

2.财务预测与价值评估

财务分析既是一个财务管理循环的结束，又是另一个财务管理循环的开始。应用历史或现时财务分析结果预测未来财务状况与企业价值，是现代财务分析的重要任务之一。因此，财务分析不能仅满足于事后分析原因，得出结论，更要对企业未来发展及价值状况进行分析与评价。

3.财务分析报告

财务分析报告是财务分析的最后一步。它将财务分析的基本问题、财务分析结论，以及针对问题提出的措施、建议以书面的形式表示出来，为财务分析主体及财务分析报告的其他受益者提供决策依据。财务分析报告是对财务分析工作的总结，还可作为历史信息，供后来的财务分析者参考，以保证财务分析的连续性。

第二节　战略分析与会计分析

一、战略分析

（一）战略分析的内涵与作用

在明确财务分析目的、搜集与整理财务分析信息的基础上，战略分析成为财务分析的新起点。企业战略通常是由公司战略、经营战略和职能战略三个层次构成的。公司战略处于最广泛的层面，又称为企业总体战略，一般由公司董事会制定。公司战略通常可分为成长型战略、稳定型战略和收缩型战略。经营战略，是指在公司战略指导下，各战略业务单位所制定的部门战略，包括对特定产品、市场、客户或地理区域做出战略决策。经营战略通常包括成本领先战略、差异化战略和集中化战略等。职能战略是指为实施和支持公司战略及经营战略，企业根据特定管理职能制定的战略，如研究与开发战略、生产战略、人力资源战略、财务战略、市场营销战略等。

战略分析，就是要在明确企业战略构成及目标的基础上，通过对企业所在行业或企业拟进入行业的分析，明确企业自身地位及应采取的竞争战略和职能战略，以权衡收益与风险，了解与掌握企业的发展潜力，特别是企业价值创造或盈利方面的潜力。因此，战略分析通常包括行业分析和企业竞争策略分析。战略分析是会计分析和财务效率分析的导向，通过战略分析，分析人员能深入了解企业的经济状况和经济环境，从而能进行客观、正确的会计分析与财务效率分析。

【思政知识】

企业愿景、使命与战略目标

企业战略目标应与企业的愿景和使命相协调。

愿景指所希望、向往、愿意看到的前景，与“愿望”是近义词。企业愿景（或称企业远景）是对未来的一种憧憬和期望，是企业努力经营想要达到的长期目标，是企业发展的蓝图，体现企业永恒的追求。企业愿景要与社会发展目标相协调，将人民对美好生活的向往作为企业的奋斗目标。企业愿景要解决一个问题，即“我们要成为什么”，反映了管理者对企业与业务的期望，描绘了未来向何处去，旨在为企业未来定位，它是引导企业前进的“灯塔”。例如，华为的愿景是“把数字世界带入每个人、每个家庭、每个组织，构建万物互联的智能世界”；中国石化的愿景是“打造世界领先洁净能源化工公司”。

使命又称为宗旨、纲领等，使命表达了“我们要做什么，我们的事业（业务、任务）是什么”，它反映了一个组织之所以存在的理由或价值。一般来说，绝大多数企业的使命是高度概括和抽象的，企业使命不是对企业经营活动具体结果的表述，而是企业开展活动的方向、原则和哲学。企业使命是对企业“存在理由”的宣言，它要回答“我们的企业为什么要存在的问题”。例如，比亚迪公司的品牌使命是：“用技术创新，满足人们对美好生活的向往”。福耀玻璃集团创始人、董事长曹德旺认为，企业家的责任有三条：国家因为有你而强大，社会因为有你而进步，人民因为有你而富足。

战略目标是企业愿景与使命的具体化。战略目标反映了企业在一定时期内经营活动的方向和所要达到的水平，如业绩水平、发展速度等。与企业使命不同的是，战略目标要有具体的数量特征和时间界限。战略目标是企业制定战略的基本依据和出发点，是战略实施的指导方针和战略控制的评价标准。在确定战略目标时，通常使用一套被称作SMART的基本原则：S（specific）——具体——不含糊。M（measurable）——可计量——可以量化。A（attainable）——可行——可以达到。R（relevant）——相关——与使命一致。T（time bounded）——定时——有完成期限。

每位同学无论在当前的学习还是将来的工作中，都会面临着愿景、使命和目标的确定及选择问题。如何将个人的愿景、使命和目标与所在单位的愿景、使命和目标结合，与国家的愿景、使命和目标结合，是值得教学中重视与培养的关键问题。

思政知识3-1

（二）战略分析的基础

进行战略分析，一要明确企业战略制定的程序，二要明确企业战略制定与分析的宏观经济环境。这些是进行战略分析的基础。

1.企业战略制定的程序

企业战略制定的程序如图3-1所示。

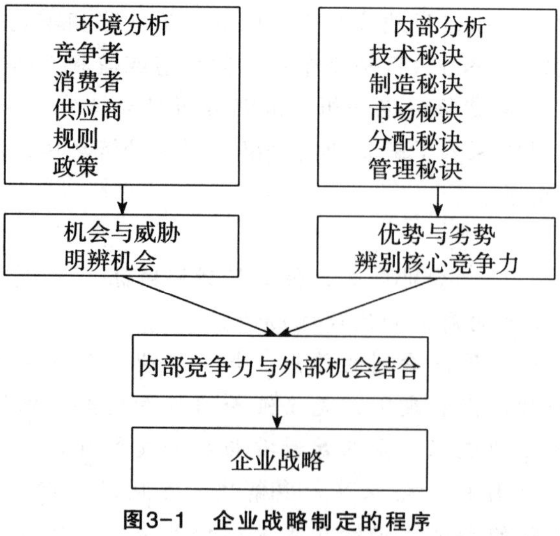

图3-1 企业战略制定的程序

从图3-1可以看出，企业的战略制定，既要通过对外部环境的分析明辨机会与威胁，又要通过对企业内部活动的分析明确优势与劣势，辨别核心竞争力。只有将外部机会与内部优势结合起来，才能制定正确的企业战略。

应当指出，企业战略的制定还应考虑企业类型。对于企业集团，其战略制定通常包括两个或更多的层次，如企业集团整体战略、各事业部或子公司的单位战略。集团整体战略与各单位战略在制定与分析时要考虑的因素是有所不同的。集团整体战略制定中更重视对行业的分析和经营多样性的分析；单位战略的制定则更重视对竞争策略等方面的分析。

企业战略制定过程，既是企业战略目标的确定过程，也是明确企业战略目标影响因素的过程。企业战略的制定，既为财务分析指明了方向，同时也是财务分析在战略制定过程的应用。

2.宏观经济环境分析

宏观经济环境是指宏观经济运行的周期性波动等规律性因素和政府实施的经济政策等政策性因素。进行战略分析，首先应明确企业所处的宏观经济环境。其具体包括：

（1）经济周期。市场经济从来不是单向运动的，它的运行具有周期性和波动性的特征。人们对未来经济形势的预期，使得证券市场的变动一般先于经济周期的变动，由此起到“晴雨表”的作用。当经济繁荣接近顶峰时，明智的投资者意识到这一点，便开始少量抛售股票，致使股价上涨缓慢，当更多的投资者持同样观点时，股票市场的供求关系由平衡逐渐过渡到供大于求，股价开始下跌，到经济衰退时，股市将加速下跌。不过，经济周期对不同行业的影响会有差异，有些行业（公用事业、生活必需品行业等）受经济周期影响较小，有些行业（钢铁、能源、房地产等）受经济周期影响比较明显。

（2）货币政策。货币政策是指政府为实现一定的宏观经济目标所制定的关于货币供应和货币流通组织管理的基本方针和基本准则。①中央银行的货币政策对证券市场价格有非常重要的影响，从整体来说，松的货币政策使得证券市场价格上涨，紧的货币政策使得证券市场价格下跌。具体而言，中央银行主要通过利率、准备金率等货币政策工具对证券市场施加影响。

从投资者角度来看，利率上升会影响投资者对金融资产的选择，较高的利率使更多的资金流入银行或债市，从而分流股票市场的资金，使股票价格下跌。利率下降，资金流动的方向则相反。从上市公司角度来看，利率的升降使公司的融资成本相应增加或减少，进而影响盈利和股价水平。如果利率的升降伴随着金融紧缩或扩张政策，则会导致社会投资的减少或增加，影响经济增长速度，从而对股市形成长期向下的压力或向上的动力。

准备金率是中央银行调节货币供应量、影响货币市场和资本市场的资金供求，进而影响证券市场威力最大的货币政策工具。中央银行通过提高法定存款准备金率，限制商业银行创造派生存款的能力，致使货币市场供应量减少，证券市场价格下跌；反之，中央银行通过降低法定存款准备金率，增加货币供应量，使证券市场资金增多，从而推动证券价格上涨。

（3）财政政策。财政政策是政府依据客观经济规律制定的指导财政工作和处理财政关系的一系列方针、准则和措施的总称。②财政政策的手段主要包括国家预算、税收、国

① 谢百三．证券投资学［M］．北京：清华大学出版社，2005：126.
② 谢百三．证券投资学［M］．北京：清华大学出版社，2005：127.

债、财政支出、财政补贴、转移支付等。财政政策对证券市场的影响是多方面的，其中财政收支状况和税收调节政策所产生的影响最重要。

（4）汇率。汇率是外汇市场上一国货币与他国货币相互交换的比率。汇率变化一方面会影响资本市场的外国资本流量，另一方面会影响本国企业的进出口。一般来说，如果一个国家的汇率上升，将导致外国资本流入本国，本国的证券市场将因需求旺盛而价格上涨；汇率下降，则资本流出本国，本国证券市场因需求减少而价格下跌。汇率的高低对本国进出口贸易的影响表现在：本国汇率上升将导致更多的外币兑换本币，本国产品的竞争力下降，出口型企业受损，因而汇率上升对此类公司的证券价格将产生不利的影响；相反，进口型企业将因汇率上升、成本下降而受益，因此汇率上升对此类公司的证券价格会产生有利的影响。

宏观经济环境分析对企业财务分析十分重要，企业财务活动的各个环节都受宏观经济环境的影响，只有将宏观经济环境因素与企业经营活动有机结合起来，才能准确分析企业的财务状况和财务成果。

（三）行业分析

行业分析为企业财务分析指明方向，即通过对企业所在行业的分析，明确企业所处行业的竞争程度与地位，有利于分析者进行正确的决策。行业分析主要包括行业的竞争程度分析和市场议价能力分析两个方面。

1.行业竞争程度分析

一个行业中的竞争程度和盈利能力水平主要受三个因素影响：一是现有企业间的竞争；二是新加入企业的竞争威胁；三是替代产品或服务的威胁。

（1）现有企业间竞争程度分析。现有企业间的竞争程度影响着行业的盈利水平，通常竞争程度越高，价格越接近于边际成本，盈利水平也越低。行业现有企业间的竞争程度分析主要应从影响企业间竞争的因素入手，通常包括以下内容：

第一，行业增长速度分析。行业增长速度越快，现有企业间不必为相互争夺市场份额而展开价格战；反之，如果行业增长较慢或停滞不前，则竞争势必加剧。

第二，行业集中程度分析。如果行业市场份额主要集中在少数企业，即集中程度高，则竞争度较低；反之，则竞争度较高。

第三，差异程度与替代成本分析。行业间企业要避免正面价格竞争，关键在于其产品或服务的差异程度，差异程度越大，竞争程度越低。当然，差异程度与替代成本相关，当替代成本较低时，企业间仍可进行价格竞争。

第四，规模经济性分析。具有规模经济性的行业，其固定成本与变动成本之比往往较高，此时企业为争夺市场份额进行的价格竞争就激烈。

第五，退出成本分析。当行业生产能力大于市场需求，而行业退出成本又较高时，势必会引起激烈的价格竞争，以充分使用生产能力；如果退出成本较低，则竞争将减弱。

（2）新加入企业竞争威胁分析。当行业平均利润率超过社会平均利润率，即行业取得超额利润时，行业必然面临新企业加入的威胁。影响新企业加入的因素有许多，其主要因素有：

第一，规模经济性因素。规模经济性程度越高，新企业进入难度越大。因为要进入该行业，企业必须进行大规模投资。否则，如果投资规模小而达不到规模经济性，企业很难取得竞争优势，因此增加了新企业进入的困难。

第二，先进入优势因素。新进入企业与行业现有企业在竞争上总是处于相对不利的地位。因为先进入企业为防止新企业进入，在制定行业标准或规则方面总是偏向于现有企业；同时现有企业通常具有成本优势，这也增加了新进入的难度。

第三，销售网与关系网因素。新进入企业要生存与发展，必然要打入现有企业的销售网与关系网。因此，现有企业销售网与关系网的规模与紧密程度将影响新企业进入的难易程度。

第四，法律障碍因素。许多行业对新进入企业在法律上有所规定与限制，如许可证、专利权等。因此，法律限制程度就直接影响着新企业进入的难易程度。

(3) 替代产品或服务威胁分析。替代产品与替代服务对行业竞争程度有重要影响。当行业存在许多替代产品或服务时，其竞争程度加剧；反之，替代产品或服务少，则竞争性较小。消费者在选择替代产品或服务时，通常考虑产品或服务的效用和价格两个因素。如果替代效用相同或相似，价格竞争就会激烈。

2.市场议价能力分析

虽然行业竞争能力是行业盈利能力的决定因素，但行业实际盈利水平还取决于本行业企业与供应商和消费者（客户）的议价能力。

(1) 企业与供应商的议价能力分析。影响企业与供应商议价能力的因素主要包括以下几种：

第一，供应商的数量对议价能力的影响。当企业的供应商越少，可供选择的产品或服务也越少时，供应商方面的议价能力就越强；反之，则企业的议价能力越强。

第二，供应商的重要程度对议价能力的影响。供应商对企业的重要程度取决于其供应产品对企业产品的影响程度。如果供应商的产品是企业产品的核心部件，而替代产品较少，则供应商的议价能力增强；反之，则企业具有更好的议价能力。

第三，单个供应商的供应量。单个供应商对企业的供应量越大，往往对企业的影响与制约程度越大，其议价能力也越强。

(2) 企业与客户的议价能力分析。影响企业与客户议价能力的因素有很多，如替代成本、产品差异、成本与质量的重要性、客户数量等。将这些因素归纳起来主要体现在以下两个方面：

第一，价格敏感程度的影响。价格敏感程度取决于产品差别程度及替代成本水平。产品差别越小，替代成本越低，价格敏感度越强，客户的议价能力越强。另外，客户对价格的敏感程度还取决于企业产品对客户的成本构成影响程度。如果企业产品在客户成本中占较大比重，客户将对其价格十分敏感；反之，则敏感程度下降。

第二，相对议价能力的影响。价格敏感程度虽然会对价格产生影响，但实际价格还取决于客户相对议价能力。影响其议价能力的因素有：企业（供应商）与客户的供需平衡状况，单个客户的购买量，可供选择的替代产品数量，客户选择替代产品的成本水平，客户的逆向合并威胁等。

(四) 企业竞争策略分析

企业进行竞争的策略有许许多多，最重要的有两种，即低成本竞争策略和产品差异策略。

1.低成本竞争策略分析

低成本竞争策略是指企业能以较低的成本提供与竞争对手相同的产品或服务。这时企业可以较低的价格与竞争对手争夺市场份额。低成本竞争策略通常是取得竞争优势最明显的方式。企业要使其成本低于同行业其他企业成本，即取得低成本竞争优势，需要在降低成本方面下功夫。

第一，优化企业规模，降低产品成本；

第二，改善资源利用率，降低产品成本；

第三，运用价值工程，降低产品成本；

第四，提高与供应商的议价能力，降低采购成本；

第五，强化管理控制，降低各项费用。

当企业所处行业替代产品威胁较小、新企业进入威胁较大时，企业往往愿意选择低成本竞争策略。

2.产品差异策略分析

产品差异策略是指企业通过其产品或服务的独特性与其他企业竞争，以争取在相同价格或较高价格的基础上占领更大市场份额，取得竞争优势与超额利润。产品或服务差异包括较高的产品或服务质量，较多的产品或服务类别，良好的销售或售后服务，独特的品牌形象。

企业选择产品差异策略，必须做好以下工作：

第一，明确企业的产品或服务差异将满足哪一部分消费者的需求；

第二，使企业的产品或服务差异（特色）与消费者的要求完全一致；

第三，企业提供的差异产品或服务，其成本应低于消费者愿意接受的价格。

而要做好这些工作，企业要在研究与开发、工程技术和市场容量等方面进行投资，同时要鼓励创造与革新。

传统的竞争策略分析认为，低成本竞争策略和产品差异策略是相互排斥的，处于两种策略中间的企业是危险的。实际上，成功的企业在选择某一竞争策略时，不应完全忽视另一种竞争策略，即追求产品差异，不能忽视成本；追求低成本，也不能完全忽视产品或服务差异。

企业采取不同的竞争策略，其财务状况和财务成果的反映是不同的，对财务状况和财务成果的评价标准也是不同的。因此，企业竞争策略分析与财务报表会计分析、财务效率分析是紧密相关的。

【案例3–1】

BQC公司的战略分析

BQC公司一直秉持着技术创新驱动发展的战略核心，依托垂直整合模式，在新能源汽车、手机部件及组装、二次充电电池及光伏等多元业务领域全面布局。以新能源汽车业务为重点，不断强化研发投入，构建多品牌矩阵，同时积极拓展海外市场，推动业务的规模化、高端化与国际化发展。

一、经营战略分析

（一）产品多元化与品牌高端化

2023年，BQC公司持续完善产品布局。在新能源汽车领域，不仅巩固了W、H系列的市场地位，还推出高端品牌Y和专业个性化品牌F。年报显示，汽车、汽车相关产品及其他产品业务收入约4 834.53亿元，同比增长48.90%，这一增长得益于新产品的推出和市场份额的扩大。通过技术创新，展示了BQC公司在高端技术领域的突破，提升了品牌形象和产品附加值，满足了不同层次消费者的需求，进一步巩固了市场地位。

（二）市场拓展与国际化

BQC公司积极拓展国内外市场。国内市场，2023年BQC公司新能源汽车销量为302.4万辆，同比增长61.8%，约占全国销量的31.85%，连续11年稳居中国新能源汽车销量龙头地位。海外市场同样成绩斐然，全年出口25.23万辆，同比增长457.66%，占全国出口总量的20.97%，产品已遍及全球88个国家和地区，400多个城市。通过在海外建立工厂，如泰国工厂年产能约15万辆，更贴近当地市场，有效降低成本，提高市场响应速度。

（三）产业链整合与协同发展

BQC公司依托全球最大规模的新能源汽车生产制造体系，实现了产业链的垂直整合。从三电系统到智驾芯片等关键零部件的自研自产，不仅保障了供应链的稳定，还降低了成本。在整车智能战略下，构建"天神之眼"技术矩阵，实现软硬件全栈自研，带动上下游产业链协同发展，提升了整个产业的竞争力。

二、财务战略分析

BQC公司推行研发投入、资本运作、成本控制和国际化财务战略。BQC公司持续增加研发支出，确保技术领先，年报显示研发费用占营收比例较高，支持长期竞争力。通过股权融资、债券发行等方式筹集资金，支持业务扩展和技术创新，同时优化资本结构。通过全产业链布局和规模化生产，BQC公司有效降低了成本，提升了盈利能力。在国际市场采用本地化生产和销售策略，降低汇率风险，并通过国际融资支持全球扩张。

（一）盈利能力

2023年，BQC公司实现收入6 023.15亿元，同比增长42.04%；归母净利润为300.41亿元，同比提升80.72%。汽车业务毛利率达到23.02%，提升2.72个百分点，这得益于规模效应、成本控制和产品结构优化。通过规模化生产，单车成本降低，利润空间得以释放。

（二）成本控制

BQC公司通过垂直整合三电系统、自研智驾芯片、重构域控制器架构等措施，将智能驾驶系统的BOM成本降低43%。独创自研的"天神之眼"智驾平台，采用分布式计算架构替代传统集中式方案，节约40%的硬件成本。销售费用、管理费用方面，也在规模效应带动下实现优化，提升了整体运营效率。

（三）资本结构与资金运作

截至2023年年末，BQC公司资产达6 795亿元，负债达5 291亿元，资产负债率为77.87%，处于较高水平，但结合其业务扩张和投资需求，一定程度的负债有助于企业发展。公司积极拓展融资渠道，合理安排资金，以支持研发投入和市场拓展。在投资方面，以股权投资收益为主的投资收益达16.35亿元，占利润总额的比例达4.39%，体现了良好的投资回报，长期股权投资金额达176.47亿元，为公司未来发展奠定基础。

案例分析3-1

BQC公司的战略特点体现在技术创新、全产业链布局、全球化拓展和绿色可持续发展。其经营战略注重多元化产品、市场细分、智能化和品牌建设，财务战略则聚焦研发投入、资本运作、成本控制和国际化财务策略。这些战略共同推动了BQC公司在全球新能源汽车市场占据领先地位。

资料来源：根据BQC公司年报资料及相关信息整理.

二、会计分析

会计分析是财务报表分析的重要步骤之一。进行会计分析，一般可按以下步骤进行：

（一）阅读会计报告

阅读会计报告是会计分析的第一步。关于会计报告的内容在第二章中已有较详细的论述，此处不再重述。应当指出的是，在全面阅读会计报告的基础上应注意以下几点：

（1）注册会计师审计意见与结论；

（2）企业采用的会计原则、会计政策、会计估计及其变更情况；

（3）会计信息披露的完整性、真实性；

（4）会计报告附注中涉及的重大事项、表外资产情况、会计报表事后事项等；

（5）财务情况说明书及管理层讨论。

总之，在会计分析的这个步骤，一定要抓住年度财务报告中的重要信息、关键信息、敏感信息及可能产生的盈余管理等信息，为后面的分析奠定信息基础。

（二）比较会计报表

在阅读会计报告的基础上，重点对会计报表进行比较。比较的方法包括水平分析法、垂直分析法和趋势分析法。通过各种比较，揭示财务会计信息的差异及变化，找出需要进一步分析与说明的问题。

1.水平分析法

水平分析法，是将反映企业报告期财务状况的信息（特别指会计报表信息资料）与反映企业前期或历史某一时期财务状况的信息进行对比，研究企业各项经营业绩或财务状况的发展变动情况的一种财务分析方法。水平分析法所进行的对比，一般而言，不是指单指标对比，而是对反映某方面情况的报表的全面、综合的对比分析，尤其在会计报表分析中应用较多。因此，通常也将水平分析法称为会计报表分析法。水平分析法的基本要点是，将报表资料中不同时期的同项数据进行对比，对比的方式有以下几种：

一是绝对值增减变动，其计算公式是：

绝对值变动数量=分析期某项指标实际数-基期同项指标实际数

二是增减变动率，其计算公式是：

$$\text{变动率（\%）}=\frac{\text{绝对值变动数量}}{\text{基期实际数量}}\times 100\%$$

三是变动比率值，其计算公式是：

$$\text{变动比率值}=\frac{\text{分析期实际数值}}{\text{基期实际数值}}$$

上式中所说的基期，可指上年度，也可指以前某年度。下面举例说明水平分析法的应用。BQC公司2022—2023年有关营业收入、净利润、每股收益、每股股息资料及水平分析见表3-1。

表3-1 水平分析表

项目	2022年	2023年	差异额	差异率
营业收入（百万元）	424 060.64	602 315.35	+178 254.71	+42.04%
净利润（百万元）	17 713.10	31 344.07	+13 630.97	+76.95%
每股收益（元）	5.71	10.32	+4.61	+80.74%
每股股息（元）	1.14	3.10	+1.96	+171.93%

从表3-1的水平分析可以看出，与2022年相比，2023年BQC公司的营业收入、净利润、每股收益、每股股息均有所增长，但各增长率是不同的。特别是从4个指标看，后者的增长都高于前者的增长，某种程度上反映了公司的绩效和为股东创造价值的能力都有所增长。如果进一步分析，可判断造成各指标增长率不同的可能原因，为深入分析指明方向。

应当指出，水平分析法通过将企业报告期的财务会计资料与前期对比，揭示各方面存在的问题，为全面深入分析企业财务状况奠定了基础，因此可以说，水平分析法是会计分析的基本方法。另外，水平分析法可用于一些可比性较高的同类企业之间的对比分析，以找出企业间存在的差距。但是，水平分析法在不同企业的应用中，一定要注意其可比性问题，即使在同一企业应用，对于存在差异的评价也应考虑其对比基础。另外，在水平分析中，应将两种对比方式结合运用，仅用变动量或仅用变动率都可能得出片面的甚至错误的结论。

2.垂直分析法

垂直分析与水平分析不同，它的基本点不是将企业报告期的分析数据直接与基期数据进行对比求出增减变动量和增减变动率，而是通过计算报表中各项目占总体的比重或结构，反映报表中的项目与总体的关系及其变动情况。会计报表经过垂直分析法处理后，通常称为同度量报表，或称总体结构报表、共同比报表等，如同度量资产负债表、同度量利润表、同度量成本表等，都是应用垂直分析法得到的。垂直分析法的一般步骤是：

第一，确定报表中各项目占总额的比重或百分比，其计算公式是：

$$某项目的比重=\frac{该项目金额}{各项目总金额}\times 100\%$$

第二，通过各项目的比重，分析各项目在企业经营中的重要性。一般项目比重越大，说明其重要程度越高，对总体的影响越大。

第三，将分析期各项目的比重与前期同项目比重进行对比，研究各项目的比重变动情况。也可将本企业报告期各项目比重与同类企业的可比项目比重进行对比，研究本企业与同类企业的不同，以及成绩和存在的问题。

根据BQC公司的资料，该企业相关指标经过垂直分析可得到表3-2。

表3-2 垂直分析表

项目	2022年	2023年	2022年	2023年
营业收入（百万元）	424 060.64	602 315.35	100%	100%
营业成本（百万元）	351 815.68	480 558.35	82.96%	79.79%
营业毛利（百万元）	72 244.96	121 757.00	17.04%	20.21%
净利润（百万元）	17 713.10	31 344.07	4.18%	5.20%

从表3-2的垂直分析可以看出，与2022年相比，2023年BQC公司营业毛利有较大增长，营业成本下降，净利润也有所增长。毛利和净利润变化幅度不同，可能是受到期间费用、营业外收支及所得税等因素的影响，可进一步分析。

3.趋势分析法

趋势分析法是根据企业连续几年或几个时期的分析资料，运用指数或完成率的计算，确定分析期各有关项目的变动情况和趋势的一种财务分析方法。趋势分析法既可用于对会计报表的整体分析，即研究一定时期报表各项目的变动趋势，也可对某些主要指标的发展趋势进行分析。趋势分析法的一般步骤是：

第一，计算趋势比率或指数。通常，指数的计算有两种方法：一是定基指数；二是环比指数。定基指数就是指各个时期的指数都是以某一固定时期为基期来计算的。环比指数则是指各个时期的指数都是以前一期为基期来计算的。趋势分析法通常采用定基指数。

第二，根据指数计算结果，评价与判断企业各项指标的变动趋势及其合理性。

第三，预测未来的发展趋势。根据企业以前各期的变动情况，研究其变动趋势或规律，从而可预测企业未来发展变动情况。

下面举例说明趋势分析法的应用。BQC公司2018—2023年有关营业收入、净利润、每股收益及每股股息资料见表3-3。

表3-3 **财务指标表**

项目	2023年	2022年	2021年	2020年	2019年	2018年
营业收入（百万元）	602 315.35	424 060.64	216 142.40	156 597.69	127 738.52	130 054.71
净利润（百万元）	31 344.07	17 713.10	3 967.27	6 013.96	2 118.86	3 556.19
每股收益（元）	10.32	5.71	1.06	1.47	0.50	0.93
每股股息（元）	3.10	1.14	0.11	0.15	0.06	0.20

根据表3-3的资料，运用趋势分析法可得出趋势分析表，见表3-4。

表3-4 **趋势分析表**

项目	2023年	2022年	2021年	2020年	2019年	2018年
营业收入（%）	463.12	326.06	166.19	120.41	98.22	100.00
净利润（%）	881.39	498.09	111.56	169.11	59.58	100.00
每股收益（%）	1 109.68	613.98	113.98	158.06	53.76	100.00
每股股息（%）	1 550.00	570.00	55.00	75.00	30.00	100.00

从表3-4可以看出，BQC公司营业收入逐年增长，特别是2022年和2023年增长较快；净利润在2022年、2023年均有较大幅度增长；每股收益和每股股息在2022年和2023年也都有较大幅度增长。从总体状况看，企业自2018年以来，盈利状况呈现上升趋势，尤其是2022年和2023年各项指标完成的情况都比较好；从各指标之间的关系看，每股收益的平均增长速度最快，高于营业收入、净利润和每股股息的平均增长速度。企业几年来的发

展趋势说明，企业的经营状况和财务状况不断改善，如果这个趋势能保持下去，2024年也将会有较好的增长。

（三）解释会计报表

解释会计报表是指在比较会计报表的基础上，考虑企业采取的会计原则、会计政策、会计核算方法等，说明会计报表差异产生的原因，包括会计原则变化影响、会计政策变更影响、会计核算失误影响等，特别重要的是要发现企业经营管理中存在的潜在“危险”信号。

知识拓展 3-1

解释会计报表是会计分析的关键步骤和重要内容，通过对会计报表差异或变化的分析与解释，着重分清财务报表数据变化的主观原因影响与客观原因影响，可持续影响与临时性影响，实质性影响与盈余管理影响，真实盈余管理影响与应计盈余管理影响等。

（四）修正会计报表信息

在解释会计报表的基础上，依据会计相关性与可靠性的原则，对与财务分析目的不相关、不可靠的会计信息进行调整或剔除，还原企业单位经济活动、财务状况和经营成果的本来面貌，保证会计报表中会计信息的相关性与可靠性，为财务指标分析，如比率分析、因素分析等奠定相关、可靠的基础。

第三节　比率分析与因素分析

一、比率分析法

（一）比率分析法的含义

比率分析法是财务指标分析中最基本、最重要的方法。正因为如此，有人甚至将财务分析与比率分析等同起来，认为财务分析就是比率分析。比率分析法实质上是将影响财务状况的两个相关因素联系起来，通过计算比率，反映它们之间的关系，借以评价企业财务状况和经营状况的一种财务分析方法。比率分析的形式有：第一，百分率，如流动比率为200%；第二，比率，如速动比率为1∶1；第三，分数，如负债为总资产的1/2。比率分析法以其简单、明了、可比性强等优点在财务分析实践中被广泛采用。比率分析法应用的关键是选择与计算比率分析指标。

（二）比率分析指标体系

由于财务分析的目的不同，比率分析所选择的指标及体系就有所不同，有的根据财务报表的种类来划分比率，有的根据分析主体来划分比率，有的从反映财务状况的角度来划分比率等。几种主要的比率划分方法有：

第一，按分析主体或目的划分的比率。按财务分析主体或目的的不同，财务分析的比率可分别从投资者、债权人、政府管理者及经营者的角度进行划分。如投资者关注净资产收益率，债权人关注资产负债率，经营者关注总资产报酬率等。

第二，按分析内容划分的比率。按分析内容划分比率，是站在企业整体立场上，或者说是站在企业经营者的立场上，根据不同的管理目的和要求进行划分的。如反映生产状况的比率，反映营销状况的比率，反映财务状况的比率等。

第三，按财务报表划分的比率。按财务报表划分的比率，主要包括资产负债表比率、利润表比率、现金流量表比率、所有者权益变动表比率，以及资产负债表、所有者权益变动表、利润表和现金流量表结合比率等。

比率指标通常是反映企业经济效率的指标，经济效率是企业经营管理所追求的核心目标。基于企业目标和财务目标角度，综合考虑企业各利益相关者的需求，比率分析指标体系通常包括盈利能力指标、营运能力指标、偿债能力指标和增长能力指标。企业财务比率分析指标体系如图3-2所示。

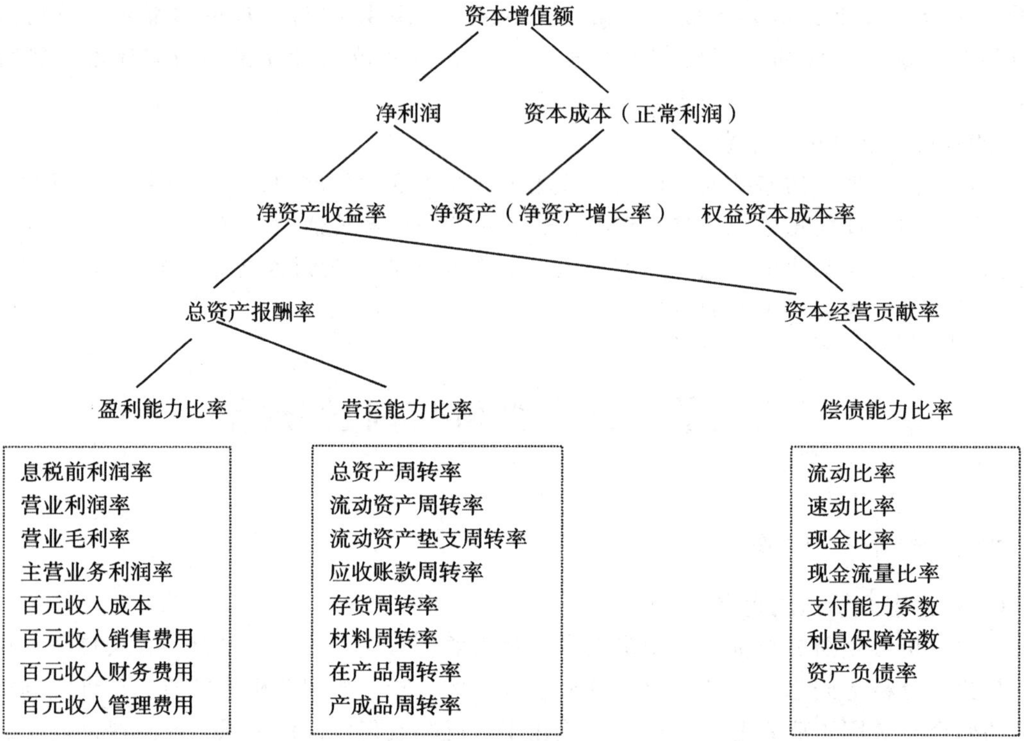

图3-2 财务比率分析指标体系图

（三）标准比率

在比率分析中，比率判断标准是关键。分析师往往对比率进行各种各样的比较，如时间序列比较、横向比较和依据一些绝对标准比较。不同的比较有着不同的评价目的和作用。标准比率是比率分析法中最常用的比较标准。

标准比率的计算方法有三种：

1.算术平均法

应用算术平均法计算标准比率，就是指将若干相关企业同一比率指标相加，再除以企业数得出算术平均数。这里所说的相关企业根据分析评价范围而定，如进行行业分析比较，相关企业为同行业内企业；如进行全国性分析比较，则相关企业为国内企业；如进行国际分析比较，则相关企业为国际范围内的企业。例如，某行业12家企业的流动比率资料见表3-5。

表3-5 某行业12家企业的流动比率资料（1）

企业名称	流动比率（%）
NO.1	213
NO.2	154
NO.3	133
NO.4	104
NO.5	212
NO.6	448
NO.7	217
NO.8	139
NO.9	290
NO.10	215
NO.11	111
NO.12	218
合计	2 454

$$行业平均流动比率=\frac{2\,454\%}{12}\times100\%=204.5\%$$

采用这种方法计算平均数时，无法消除过高或过低比率对平均数的影响，从而影响比率标准的代表性。因此，有人在计算平均数时选择中间区域，计算时首先将企业按比率大小排列（见表3-6）。

表3-6 某行业12家企业的流动比率资料（2）

企业名称	流动比率（%）
NO.4	104
NO.11	111
NO.3	133
NO.8	139
NO.2	154
NO.5	212
NO.1	213
NO.10	215
NO.7	217
NO.12	218
NO.9	290
NO.6	448

如果排除比率最低的两个企业和最高的两个企业，则行业平均流动比率为：

$$行业平均流动比率=\frac{1\,501\%}{8}\times100\%=187.6\%$$

这样计算的标准比率，显然更具有代表性。

2.综合报表法

综合报表法是指将各企业报表中的构成某一比率的两个绝对数相加，然后根据两个绝对数总额计算的比率。仍以上述的12家企业为例，有关资料见表3-7。

表3-7 某行业12家企业的相关资料

企业名称	流动资产（元）	流动负债（元）	流动比率（%）
NO.1	16 980	7 960	213
NO.2	1 880 000	1 219 375	154
NO.3	10 535	7 926	133
NO.4	2 077 400	1 994 316	104
NO.5	253 300	119 697	212
NO.6	991 500	221 138	448
NO.7	4 434 000	2 039 664	217
NO.8	100 700	72 504	139
NO.9	1 385 000	476 939	290
NO.10	1 652 160	768 445	215
NO.11	10 100	9 063	111
NO.12	126 750	58 252	218
合计	12 938 425	6 995 279	—

$$行业平均流动比率=\frac{12\,938\,425}{6\,995\,279}\times100\%=184.96\%$$

这种方法考虑了企业规模等因素对比率指标的影响，但其代表性可能更差。

3.中位数法

中位数法是指将相关企业的比率按高低顺序排列；然后划出最低和最高的各25%，中间50%就为中位数比率，亦可将中位数再分为上中位数25%和下中位数25%；最后依据企业比率的位置进行评价。例如，上例12家企业的净资产利润率，按此方法进行划分，可得出如下结果（如图3-3所示）。

企业名称	净资产利润率（%）	划分	
NO.9	20.4	上界25%	
NO.12	18.1	上界25%	
NO.10	17.3	上界25%	
NO.8	16.9	上中位 25%	中位数50%
NO.6	15.4	上中位 25%	中位数50%
NO.5	15.2	上中位 25%	中位数50%
NO.1	13.8	下中位 25%	中位数50%
NO.11	13.6	下中位 25%	中位数50%
NO.7	13.5	下中位 25%	中位数50%
NO.2	8.8	下界25%	
NO.4	5.2	下界25%	
NO.3	4.8	下界25%	

图3-3 12家企业净资产利润率的划分结果

可见，比率在上界的25%，表示企业有很好的盈利能力；比率在下界的25%，表示企业盈利能力较差；比率在中位数的50%，说明企业有良好的盈利能力，而在上中位数表示盈利水平较高，在下中位数表示盈利能力一般。

（四）比率分析法的局限性

虽然比率分析法被认为是财务分析的最基本或最重要的方法，但应用比率分析法时必须了解它的不足：第一，比率的变动可能仅仅被解释为两个相关因素之间的变动，并不是所有的比率都有意义；第二，比率分析只是两个报表项目之间的关系，因此很难综合反映比率与计算它的会计报表的联系；第三，比率指标是相对数，如果不与绝对指标结合，往往给人们不保险的最终印象；第四，比率指标不能给人们会计报表关系的综合观点。

知识拓展 3-2

二、因素分析法

因素分析法是依据分析指标与其影响因素之间的关系，按照一定的程序和方法，确定各因素对分析指标差异影响程度的一种技术方法。因素分析法是经济活动分析中最重要的方法之一，也是财务分析的方法之一。因素分析法根据其分析特点可分为连环替代法和差额计算法两种。

（一）连环替代法

连环替代法是因素分析法的基本形式，有人甚至将它与因素分析法看成同一概念，即连环替代法就是因素分析法，或因素分析法就是连环替代法。连环替代法的名称是由其分析程序的特点决定的。为正确理解连环替代法，首先应明确连环替代法的一般程序或步骤。

1.连环替代法的程序

连环替代法的程序由以下几个步骤组成：

（1）确定分析指标与其影响因素之间的关系。确定分析指标与其影响因素之间的关系，通常用指标分解法，即将经济指标在计算公式的基础上进行分解或扩展，从而得出各影响因素与分析指标之间的关系式。如对于总资产报酬率指标，要确定它与影响因素之间的关系，可按下式进行分解：

$$
\begin{aligned}
\text{总资产报酬率} &= \frac{\text{息税前利润}}{\text{平均资产总额}}\times 100\% \\
&= \frac{\text{营业收入}}{\text{平均资产总额}}\times\frac{\text{息税前利润}}{\text{营业收入}}\times 100\% \\
&= \frac{\text{总产值}}{\text{平均资产总额}}\times\frac{\text{营业收入}}{\text{总产值}}\times\frac{\text{息税前利润}}{\text{营业收入}}\times 100\% \\
&= \text{总资产产值率}\times\text{产品销售率}\times\text{销售（息税前）利润率}
\end{aligned}
$$

分析指标与影响因素之间的关系式，既说明哪些因素影响分析指标，又说明这些因素与分析指标之间的关系及顺序。如上式中影响总资产报酬率的有总资产产值率、产品销售率和销售利润率三个因素；它们都与总资产报酬率成正比例关系；它们的排列顺序是总资产产值率在先，其次是产品销售率，最后是销售利润率。

（2）根据分析指标的报告期数值与基期数值列出两个关系式或指标体系，确定分析对象。如对于总资产报酬率而言，两个指标体系是：

基期总资产报酬率=基期总资产产值率×基期产品销售率×基期销售利润率

实际总资产报酬率=实际总资产产值率×实际产品销售率×实际销售利润率

分析对象=实际总资产报酬率-基期总资产报酬率

（3）连环顺序替代，计算替代结果。连环顺序替代，就是以基期指标体系为计算基础，用实际指标体系中的每一因素的实际数顺序地替代其相应的基期数，每次替代一个因素，替代后的因素被保留下来。计算替代结果，就是在每次替代后，按关系式计算其结果。有几个因素就替代几次，并相应确定计算结果。

（4）比较各因素的替代结果，确定各因素对分析指标的影响程度。比较替代结果是连环进行的，即将每次替代所计算的结果与这一因素被替代前的结果进行对比，二者的差额就是替代因素对分析对象的影响程度。

（5）检验分析结果。将各因素对分析指标的影响额相加，其代数和应等于分析对象。如果二者相等，说明分析结果可能是正确的；如果二者不相等，则说明分析结果一定是错误的。

连环替代法的程序或步骤是紧密联系、缺一不可的，尤其是前四个步骤，其中任何一步出现错误，都会导致错误结果。下面举例说明连环替代法的步骤和应用。

某企业2023年和2024年有关总资产产值率、产品销售率、销售利润率与总资产报酬率的资料见表3-8。

表3-8 财务指标表

指　标	2024年	2023年
总资产产值率（%）	80	82
产品销售率（%）	98	94
销售利润率（%）	30	22
总资产报酬率（%）	23.52	16.96

要求：分析各因素变动对总资产报酬率的影响程度。

根据连环替代法的程序和上述总资产报酬率的因素分解式，可得出：

实际指标体系：80%×98%×30%=23.52%

基期指标体系：82%×94%×22%=16.96%

分析对象是：23.52%-16.96%=+6.56%

在此基础上，按照第三步骤的做法进行连环顺序替代，并计算每次替代后的结果：

基期指标体系：82%×94%×22%=16.96%

替代第一因素：80%×94%×22%=16.54%

替代第二因素：80%×98%×22%=17.25%

替代第三因素：80%×98%×30%=23.52%

（或实际指标体系）

根据第四步骤，确定各因素对总资产报酬率的影响程度：

总资产产值率的影响：16.54%-16.96%=-0.42%

产品销售率的影响：17.25%-16.54%=+0.71%

销售利润率的影响：23.52%-17.25%=+6.27%

最后检验分析结果：-0.42%+0.71%+6.27%=+6.56%

2.应用连环替代法应注意的问题

连环替代法，作为因素分析法的主要形式，在实践中应用比较广泛。但是，在应用连环替代法的过程中必须注意以下几个问题：

（1）因素分解的相关性问题。因素分解的相关性，是指分析指标与其影响因素之间必须真正相关，即有实际经济意义。各影响因素的变动确实能说明分析指标差异产生的原因。这就是说，经济意义上的因素分解与数学上的因素分解不同，不是在数学算式上相等就行，而要看经济意义。例如，将影响材料费用的因素分解为下面两个等式，从数学上都是成立的：

材料费用=产品产量×单位产品材料费用

材料费用=工人人数×每人消耗材料费用

但是从经济意义上说，只有前一个因素分解式是正确的，后一个因素分解式在经济上没有任何意义。因为工人人数和每人消耗材料费用到底是增加有利还是减少有利，这个式子无法说清楚。当然，有经济意义的因素分解式并不是唯一的，一个经济指标从不同角度看，可分解为不同的有经济意义的因素分解式。这就需要我们在因素分解时，根据分析的目的和要求，确定合适的因素分解式，以找出分析指标变动的真正原因。

（2）分析前提的假定性。分析前提的假定性，是指分析某一因素对经济指标差异的影响时，必须假定其他因素不变，否则就不能分清各单一因素对分析对象的影响程度。但是实际上，有些因素对经济指标的影响是共同作用的结果，如果共同影响的因素越多，那么这种假定的准确性就越差，分析结果的准确性也就会降低。因此，在因素分解时，并非分解的因素越多越好，而应根据实际情况，具体问题具体分析，尽量减少对相互影响较大的因素进行再分解，使之与分析前提的假设基本相符；否则，因素分解过细，从表面看有利于分清原因和责任，但是在共同影响因素较多时，反而影响了分析结果的正确性。

（3）因素替代的顺序性。前面谈到，因素分解不仅因素确定要准确，而且因素排列顺序也不能交换，这里特别要强调的是不存在乘法交换律问题。因为分析前提假定性的原因，按不同顺序计算的结果是不同的。那么，如何确定正确的替代顺序呢？这是一个理论上和实践中都没有很好解决的问题。传统的方法是依据数量指标在前、质量指标在后的原则进行排列；现在也有人提出依据重要性原则排列，即主要的影响因素排在前面，次要的影响因素排在后面。但是无论哪一种排列方法，都缺少坚实的理论基础。正因为如此，许多人对连环替代法提出异议，并试图加以改善，但至今仍无人们公认的好的解决方法。一般来说，替代顺序在前的因素对经济指标影响的程度不受其他因素影响或影响较小，排列在后的因素中含有其他因素共同作用的成分，从这个角度看问题，为分清责任，将对分析指标影响较大的并能明确责任的因素放在前面可能要好一些。

（4）顺序替代的连环性。顺序替代的连环性是指在确定各因素变动对分析对象的影响时，都是将某一因素替代后的结果与该因素替代前的结果对比，一环套一环。这样才既能保证各因素对分析对象影响结果的可分性，又便于检验分析结果的准确性。因为只有连环替代并确定各因素影响额，才能保证各因素对经济指标的影响之和与分析对象相等。

（二）差额计算法

差额计算法是连环替代法的一种简化形式，当然也是因素分析法的一种形式。差额计算法作为连环替代法的简化形式，其因素分析的原理与连环替代法是相同的。区别只在于分析程序上，差额计算法比连环替代法简单，即它可直接利用各影响因素的实际数与基期数的差额，在其他因素不变的假定条件下，计算各因素对分析指标的影响程度。或者说差额计算法是将连环替代法的第三步骤和第四步骤合并为一个步骤进行。

这个步骤的基本点就是：确定各因素实际数与基期数之间的差额，并在此基础上乘以排列在该因素前面各因素的实际数和排列在该因素后面各因素的基期数，所得出的结果就是该因素变动对分析指标的影响数。

下面根据表3-8提供的数据，运用差额计算法分析各因素变动对总资产报酬率的影响程度。

分析对象：23.52%-16.96%=+6.56%

因素分析：

（1）总资产产值率的影响：（80%-82%）×94%×22%=-0.41%

（2）产品销售率的影响：80%×（98%-94%）×22%=+0.70%

（3）销售利润率的影响：80%×98%×（30%-22%）=+6.27%

最后检验分析结果：-0.41%+0.70%+6.27%=+6.56%

应当指出，应用连环替代法应注意的问题，在应用差额计算法时同样要注意。除此之外，还应注意的是，并非所有连环替代法都可按上述差额计算法的方式进行简化，特别是在各影响因素之间不是连乘的情况下，运用差额计算法必须慎重。下面举例加以说明，例如，某企业有关产量及成本的资料见表3-9。

表3-9 **产量及成本资料表**

项目	2024年	2023年
产品产量（件）	1 200	1 000
单位变动成本（元）	11	12
固定总成本（元）	10 000	9 000
产品总成本（元）	23 200	21 000

要求：确定各因素变动对产品总成本的影响程度。

产品总成本与其影响因素之间的关系式是：

产品总成本=产品产量×单位变动成本+固定总成本

运用连环替代法进行分析如下：

分析对象：23 200-21 000=+2 200

因素分析：

2023年：1 000×12+9 000=21 000

替代1：1 200×12+9 000=23 400

替代2：1 200×11+9 000=22 200

2024年：1 200×11+10 000=23 200

产品产量变动的影响：23 400−21 000=+2 400

单位变动成本变动的影响：22 200−23 400=−1 200

固定总成本变动的影响：23 200−22 200=+1 000

各因素影响之和为：+2 400−1 200+1 000=+2 200，与分析对象相同。

如果直接运用差额计算法，则得到：

产品产量变动的影响：（1 200−1 000）×12+9 000=+11 400

单位变动成本变动的影响：1 200×（11−12）+9 000=+7 800

固定总成本变动的影响：1 200×11+（10 000−9 000）=+14 200

各因素影响之和为：+11 400+7 800+14 200=+33 400

可见，运用差额计算法的各因素分析结果之和不等于+2 200的分析对象，显然是错误的。错误的原因在于产品总成本的因素分解式中各因素之间不是纯粹相乘的关系，而是相加的关系。这时运用差额计算法对连环替代法进行简化应为：

产品产量变动的影响：（1 200−1 000）×12=+2 400

单位变动成本变动的影响：1 200×（11−12）=−1 200

固定总成本变动的影响：10 000−9 000=+1 000

在因素分解式中存在加、减、除法的情况下，一定要注意这个问题，否则将得出错误的结果。

第四节　综合分析与价值评估

一、财务综合分析与评价

（一）财务综合分析方法

财务综合分析方法有许多，概括起来可分为两类：一是财务报表综合分析，如资产与权益综合分析（详见第四、五章）、利润与现金流量综合分析（详见第六、七章）等；二是财务指标体系综合分析，如杜邦财务分析体系、杜邦财务指标体系改进分析（详见第十二章）等。

知识拓展3-3

（二）财务综合评价方法

财务综合评价方法有综合指数法、综合评分法等。第十二章将结合我国经济效益评价和企业绩效评价详细介绍这两种方法的应用。

二、财务预测分析与企业价值评估

企业价值评估实际上也是企业评价的方法。进行企业价值评估应在财务分析的基础上，通过财务预测分析，确定企业未来现金流量或利润；然后对现金流量或利润按一定折现率进行折现，从而确定企业价值或股东价值。企业价值评估的具体步骤与方法详见第十三章。

三、财务分析报告

（一）财务分析报告的含义与作用

财务分析报告是指财务分析主体对企业在一定时期的筹资活动、投资活动、经营活动中的盈利状况、营运状况、偿债状况等进行分析与评价所形成的书面文字报告。

财务分析的主体可能是经营者，也可能是财务分析师或其他企业利益相关者。企业的投资者、债权人和其他部门在进行投资、借贷和其他决策时，并不能完全依据经营者财务分析报告的结论。这些部门的财务分析人员或聘请的财务分析专家，会提供自己的财务分析报告，为决策者进行决策提供更客观的资料。例如，政府部门的财务分析报告可为国家进行国民经济宏观调控和管理提供客观依据。当然，应当指出，企业外部分析主体的财务分析报告并不一定针对一个企业进行全面分析，它可能针对某一专题对许多企业进行分析。如银行可根据对众多企业偿债能力的分析，形成关于企业偿债能力状况的财务分析报告，为领导者进行借贷决策提供依据。

总之，财务分析报告是对企业财务分析结果的概括与总结，它对企业的经营者、投资者、债权人及其他有关单位或个人了解企业生产经营与财务状况，进行投资、经营、交易决策等都有着重要意义。

第一，财务分析报告为企业外部潜在投资者、债权人、政府有关部门评价企业经营状况与财务状况提供参考。企业外部潜在投资者、债权人和政府有关部门等从各自分析目的出发，经常对企业进行财务分析。他们分析的最直接依据是企业财务报表，但企业财务分析报告能提供许多财务报表所不具备的资料，因此企业财务分析报告也就成为企业外部分析者的重要参考资料。

第二，财务分析报告为企业改善与加强生产经营管理提供重要依据。企业财务分析报告全面揭示企业的盈利能力、运营效率、支付及偿债能力等方面取得的成绩和存在的问题或不足，为企业改善经营管理指明方向，提供信息依据。企业可针对财务分析报告中提出的问题，采取积极的相应措施加以解决，这对于改善企业经营管理、提高财务运行质量和经济效益有着重要作用。

第三，财务分析报告是企业经营者向董事会和股东会或职工代表大会汇报的书面材料。财务分析报告全面总结经营者在一定时期的生产经营业绩，说明企业经营目标的实现程度或完成情况，揭示企业生产经营过程中存在的问题，提出解决问题的措施和未来的打算。董事会和股东会可根据财务分析报告对经营者进行评价和奖惩。

（二）财务分析报告的格式与内容

财务分析报告的格式与内容，根据分析报告的目的和用途的不同可能有所不同。如专题分析报告的格式与内容和全面分析报告的格式与内容就不同；月度财务分析报告与年度财务分析报告的格式与内容也可能有区别。这里仅就全面财务分析报告的一般格式与内容加以说明。

全面财务分析报告的格式比较正规，内容比较完整。一般地说，财务分析报告的格式与内容如下：

1.基本财务情况反映

基本财务情况反映主要说明企业各项财务分析指标的完成情况，包括企业盈利能力情况，如利润额及增长率、各种利润率等；企业营运状况，如存货周转率、应收账款周转率、各种资产额的变动和资产结构变动、资金来源与运用状况等；企业权益状况，如企业负债结构、所有者权益结构的变动情况，以及企业债务负担情况等；企业偿债能力状况，如资产负债率、流动比率、速动比率的情况等；企业产品成本的升降情况等。对于一些对外报送的财务分析报告，还应说明企业的性质、规模、主要产品、职工人数等情况，以便财务分析报告使用者对企业有比较全面的了解。

2.主要成绩和重大事项说明

这一部分在全面反映企业总体财务状况的基础上，主要对企业经营管理中取得的成绩及原因进行说明。例如，利润取得较大幅度的增长，主要原因是通过技术引进和技术改造提高了产品质量、降低了产品消耗、打开了市场销路等；企业支付能力增强、资金紧张得以缓解，主要原因是产品适销对路、减少了产品库存积压、加快了资金周转速度等。

3.存在问题的分析

这是企业财务分析的关键所在。一份财务分析报告如果不能将企业存在的问题分析清楚，分析的作用就不能很好地发挥，至少不能认为这份分析报告是完善的。进行存在问题的分析，一要抓住关键问题，二要分清原因。例如，假设某企业几年来资金一直十分紧张，经过分析发现，问题的关键在于企业固定资产投资增长过快，流动资产需求加大，即资产结构失衡。又如，企业产品成本居高不下，主要原因在于工资增长水平快于劳动生产率的增长水平等。另外，对于存在的问题，应分清是主观因素引起的，还是客观原因造成的。

4.提出改进措施、意见

财务分析的目的是发现问题并解决问题。财务分析报告对企业存在的问题必须提出切实可行的改进意见。如对于企业资产结构失衡问题，解决的措施是或减少固定资产，或增加流动资产。在企业资金紧张、筹资困难的情况下，可能减少闲置固定资产是可行之策。因为在资金本来十分紧张的情况下，再要加大流动资产，势必加剧资金紧张，不利于问题的解决。

应当指出，财务分析报告的结构和内容不是固定不变的，根据不同的分析目的或针对不同的财务分析报告服务对象，分析报告的内容侧重点可以不同。有的财务分析报告可能侧重于第一部分的企业财务情况反映，有的则可能侧重于存在问题的分析及提出改进措施意见。

（三）财务分析报告的编写要求

明确了财务分析报告的格式与内容，并不意味着能编写出合格的财务分析报告。编写财务分析报告的人员不仅需要具备财务分析知识，而且要具有一定的写作水平。在此基础上，编写财务分析报告还要满足以下基本要求：

1.突出重点、兼顾一般

编写财务分析报告，必须根据分析的目的和要求，突出分析的重点，不能面面俱到。即使是编写全面财务分析报告，也应有主有次。但是突出重点并不意味着可忽视一般，企业经营活动和财务活动都是相互联系、互相影响的，在对重点问题进行分析时，兼顾一般问题，有利于做出全面、正确的评价。

2.观点明确、抓住关键

对财务分析报告每一部分的编写，观点都应明确，指出企业经营活动和财务活动中取得的成绩和存在的问题，并抓住关键问题进行深入分析，搞清主观原因和客观原因。

3.注重时效、及时编报

财务分析报告具有很强的时效性，尤其对一些决策者而言，及时的财务分析报告意味着决策成功了一半，过时的财务分析报告将失去意义，甚至产生危害。在当今信息社会中，财务分析报告作为一种信息媒体，必须十分注重时效性。

4.客观公正、真实可靠

财务分析报告编写得客观公正、真实可靠，是充分发挥财务分析报告作用的关键。如果财务分析报告不能做到客观公正，人为地夸大某些方面，或缩小某些方面，甚至弄虚作假，则会使财务分析报告使用者得出错误结论，造成决策失误。财务分析报告的客观公正、真实可靠，既取决于财务分析基础资料的真实可靠，又取决于财务分析人员运用正确的分析方法，客观公正地进行分析评价。

5.报告清楚、文字简练

报告清楚，一是指财务分析报告必须结构合理、条理清晰；二是指财务分析报告的论点和论据清楚；三是指财务分析报告的结论要清楚。文字简练是指在财务分析报告编写中，要做到言简意赅，简明扼要。当然，报告清楚与文字简练应相互兼顾，做到简练而又清楚，清楚而又简练，既不能为了清楚搞长篇大论，又不能为了简练而使报告不清楚。

案例分析3-2

第五节　智能财务分析法

一、智能财务分析法的程序与方法

（一）智能财务分析法的定义

智能财务分析法是一种将人工智能、机器学习等先进技术与传统财务分析方法相结合，通过对财务数据及相关非财务数据进行自动采集、处理、分析和挖掘，以发现数据中的潜在模式、规律和关联关系，从而为企业提供准确、及时的财务决策支持，实现财务风险管理、绩效评估、预算预测等财务管理目标的分析方法。

（二）智能财务分析程序

1.数据收集与整理：从企业的财务系统、业务系统、外部数据库等多个来源收集各种结构化和非结构化数据，包括财务报表数据、交易记录、市场行情、行业动态等。然后对数据进行清洗、转换和集成，确保数据的准确性、一致性和完整性，为后续分析做准备。

模型构建与训练：根据分析目标和数据特点，选择合适的智能算法和模型，如神经网络、决策树、支持向量机等。使用历史数据对模型进行训练，通过调整模型的参数和结构，使其能够准确地捕捉数据中的规律和模式，达到最佳的预测和分类效果。

2.数据分析与挖掘：将整理好的数据输入训练好的模型中，利用模型进行数据分析和挖掘。智能算法能够自动发现数据之间的复杂关联关系，识别出潜在的风险因素、异常交易和业务趋势等信息，为财务分析提供深入的见解。

3.结果评估与解释：对分析结果进行评估，通过准确率、召回率、均方误差等指标来衡量模型的性能和预测结果的可靠性。同时，需要对分析结果进行合理的解释，将复杂的智能分析结果转化为易于理解的财务信息和决策建议，以便企业管理者能够根据这些结果做出正确的决策。

4.决策支持与应用：将分析结果和决策建议应用到企业的财务管理和决策中，如制订预算计划、调整投资策略、优化资金配置、加强风险控制等。同时，根据实际应用效果对模型进行持续优化和改进，以适应企业不断变化的业务环境和需求。

（三）智能财务分析技术方法

1.机器学习算法，包括监督学习算法、无监督学习算法和深度学习算法。监督学习算法是利用标记好的训练数据来训练模型，学习输入特征与输出目标之间的映射关系，常见的有线性回归、逻辑回归、决策树、支持向量机等。例如，使用线性回归模型预测企业未来的销售收入与成本之间的关系，为利润预测提供依据。无监督学习算法是在没有标记数据的情况下，对数据进行聚类、降维等分析，发现数据中的潜在结构和模式，如K-Means聚类算法、主成分分析（PCA）等。可以通过K-Means聚类算法将企业的客户按照财务特征进行分类，以便实施差异化的营销策略。深度学习算法是一种基于人工神经网络的机器学习方法，具有强大的特征提取和数据建模能力，如多层感知机（MLP）、卷积神经网络（CNN）、循环神经网络（RNN）及其变体长短时记忆网络（LSTM）等。在财务分析中，LSTM可用于处理时间序列数据，如预测股票价格走势、企业现金流变化等。

2.自然语言处理（NLP）技术，用于处理和分析财务文本数据，如财务报表附注、管理层讨论与分析、新闻报道等。通过词法分析、句法分析、语义理解等技术，提取文本中的关键信息，进行情感分析、主题分类等，帮助投资者和分析师更好地理解企业的财务状况和经营前景。例如，通过情感分析判断市场对企业的舆论倾向，辅助评估企业的市场形象和声誉风险。

3.智能可视化技术，将财务分析结果以直观、易懂的可视化方式呈现出来，如通过图表、图形、仪表板等形式展示财务指标的变化趋势、数据之间的关系等。智能可视化工具能够根据用户的需求和数据特点自动生成合适的可视化图表，帮助企业管理者更快速地理解数据背后的信息，做出及时准确的决策。

知识拓展3-4

二、可视化财务分析法[①]

（一）可视化分析的类型

在智能财务分析中，可视化分析技术是智能财务分析的重要环节和方法，也是实践中广泛采用的方法。可视化分析是一种将数据以图形、图表、仪表板和可交互方式呈现的数据分析方法。可视化分析的类型包括以下几种：

---

① 智能财务分析中的方法较多，技术处理较复杂，本教材从财务分析基本原理和方法出发，着重介绍这种可视化方法的应用。其他智能分析方法可通过专门课程学习。

1.线性图表：如折线图和柱状图，用于显示随时间变化的数据趋势，比如销售额、股价等。

2.饼图：用于显示各部分占整体的比例，适用于展示市场份额、成本构成等。

3.散点图：可用于显示两个变量之间的关系，有助于发现关联性和趋势。

4.热力图：显示数据的密度和分布，常用于地理信息系统和热度图分析。

5.仪表板：包含多个可视化元素的单个界面，允许用户同时查看多个数据指标，以获得全面的洞察。

6.地图可视化：用于显示地理位置数据，如销售地点、客户分布、分行位置等。

7.树状图和网络图：用于展示层次结构或复杂关系，如组织结构、产品流程等。

8.箱线图：用于显示数据分布的五数摘要统计信息，有助于检测异常值。

9.词云图：用于可视化文本数据中的关键词和频率，常用于情感分析和关键词分析。

10.三维和多维图表：用于显示多个变量之间的关系，通常需要高级可视化工具。

（二）可视化报告图与传统图解分析法

图解分析法，亦称图解法，是财务分析中经常应用的方法之一。严格地说，图解分析法并不是一种独立的财务分析方法，而是上述财务分析方法的直观表达形式。例如，对比分析法、结构分析法、趋势分析法、因素分析法及综合分析法等都可用图解分析法来表达。图解分析法的作用在于能形象、直观地反映财务活动过程和结果，将复杂的经济活动及其结果以通俗、易懂的形式表现出来。传统的财务分析图解法的分析图主要有：

1.对比图解分析法，如图3-4所示。

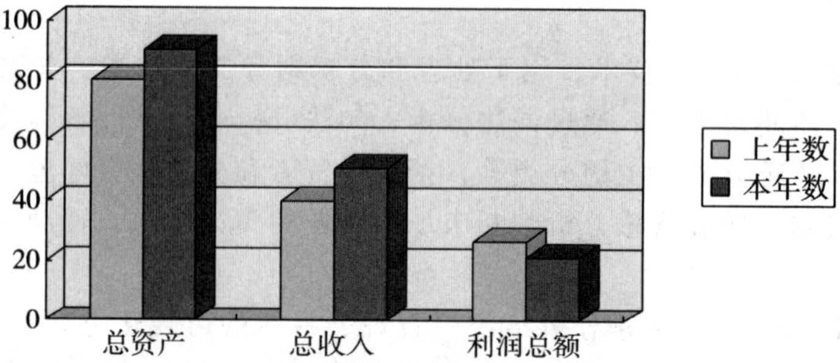

图3-4 对比分析柱形图

2.结构图解分析法，如图3-5和图3-6所示。

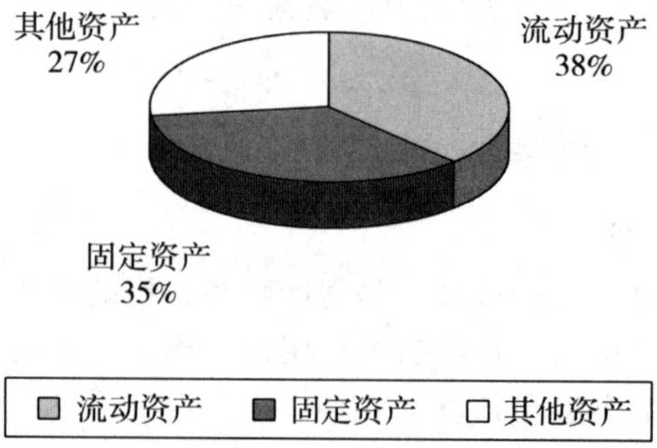

图3-5 资产结构图

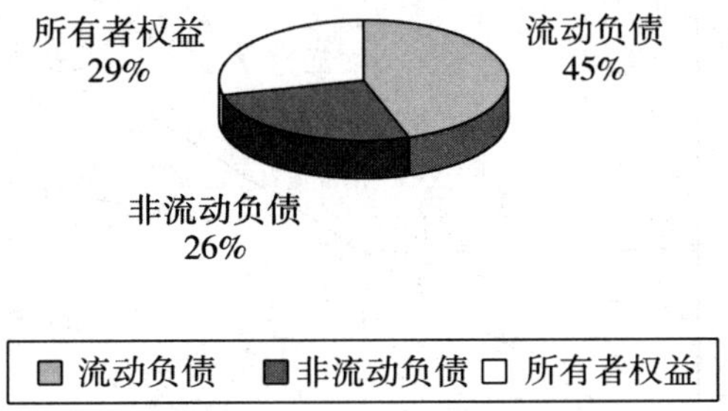

图3-6　权益结构图

3.趋势图解分析法，如图3-7所示。

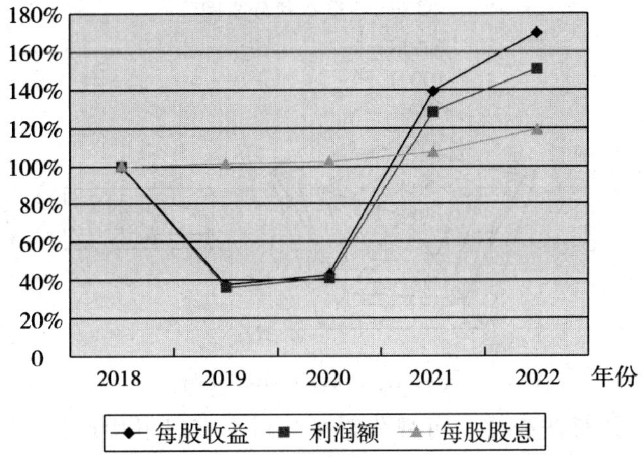

图3-7　趋势分析图

4.因素分解图，如图3-8所示。

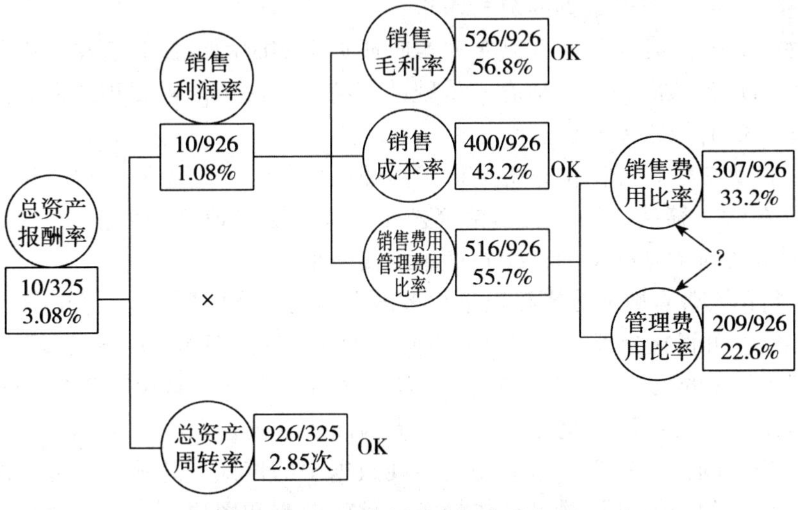

图3-8　总资产报酬率因素分解图

5.量本利分析图，如图3-9所示。

6.综合分析雷达图，如图3-10所示。

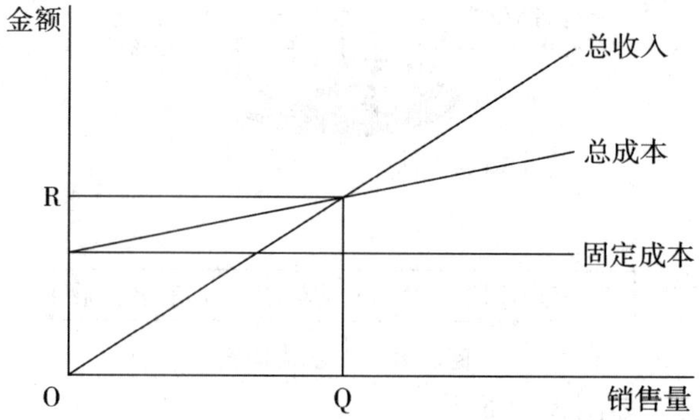

图3-9 量本利分析图

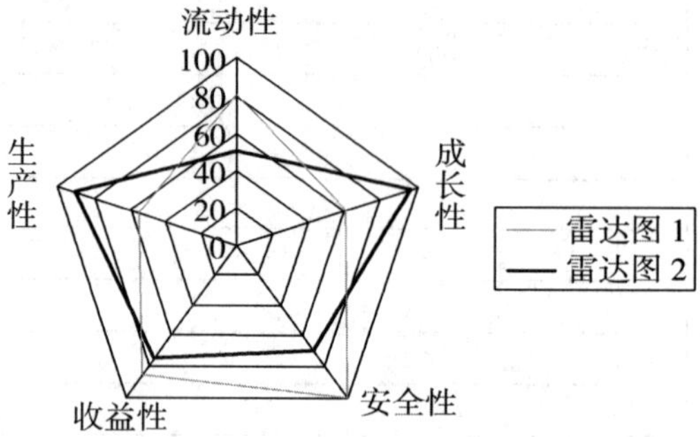

图3-10 综合分析雷达图

与传统财务分析图解法相比，可视化财务分析具有以下特点：

1.数据量和处理能力：大数据财务分析可以处理大规模的数据集，包括结构化和非结构化数据，从而能够获取更全面、更深入的洞察。而传统的图解分析法通常处理的数据量较小，可能无法应对大规模数据的分析需求。

2.实时性：大数据财务分析可以实现实时或近乎实时的数据分析和可视化展示，能够及时反映企业的财务状况和经营动态。传统的图解分析法可能需要更长的时间来收集、整理和分析数据，实时性较差。

3.交互性和动态性：可视化分析提供了更强的交互性和动态性，用户可以通过交互式界面进行数据探索、筛选、排序和下钻等操作，以便更好地理解数据之间的关系和趋势。传统的图解分析法通常是静态的，用户的参与度较低。

4.多维分析：大数据财务分析可以进行多维度的数据分析和展示，同时考虑多个因素对财务绩效的影响。可视化分析工具可以将不同维度的数据以图形化的方式展示出来，帮助用户更直观地理解复杂的关系。传统的图解分析法可能局限于单一或少数几个维度的分析。

5.数据可视化效果：可视化分析利用丰富的图表、图形和可视化元素，将财务数据以更直观、易于理解的方式呈现。这有助于发现数据中的模式、趋势和异常情况，从而更好地支持决策。传统的图解分析法可能依赖于简单的图表和图形，可视化效果相对有限。

总的来说，可视化分析在智能财务分析中具有更强的数据处理能力、实时性、交互性和可视化效果，能够提供更深入、全面的财务洞察。然而，传统的图解分析法在某些情况下仍然具有其价值，可以根据具体需求选择合适的分析方法，以满足不同情境和受众的需求。

三、智能财务分析方法对传统财务分析方法的影响

从智能财务分析程序及相关方法看，数字化和智能化的发展确实在很大程度上影响了财务分析方法，使传统的财务分析方法变得更加高效、准确和自动化。

1.自动化和机器学习：数字化和智能化的工具和技术可以自动执行烦琐的财务数据处理和分析任务，如数据清洗、分类、趋势分析等。机器学习算法可以自动发现模式和关联，从而提高分析的速度和精度。

2.实时数据处理：新技术使得财务数据的实时处理和分析成为可能。这意味着企业可以更快速地做出决策，而不必等待传统的财务报告周期。

3.更广泛的数据可用性：数字化时代意味着更多的数据来源和类型可供分析，包括非财务数据。这可以提供更全面的见解，帮助企业更好地了解其财务状况。

4.高级可视化和仪表板：数字化工具可以创建交互性高级可视化和仪表板，使用户更容易理解和探索数据，同时提供更深入的见解。

5.预测和模拟：智能分析可以帮助企业预测未来的财务趋势和结果，同时进行模拟分析以评估不同决策的影响。

6.降低成本：自动化和智能化财务分析方法通常可以降低成本，因为它们减少了手动工作的需求，并提高了分析效率。

总之，数字化和智能化的发展使传统财务分析方法更容易实现，同时也提供了更多的分析工具和技术，有助于提高准确性和决策支持。这些技术的使用有望在财务分析领域带来显著的效益。

但是，传统的财务分析基本方法，如水平分析、垂直分析、趋势分析和比率分析等，从原理上没有本质改变。这些方法仍然是财务分析的基础，用于评估企业的财务状况和绩效。虽然基本财务分析方法的原理没有本质改变，但数字化和智能化技术已经改进了这些方法的实施方式和效率。这些技术提供了更多的数据和工具，有助于提高财务分析的准确性、及时性和深度，从而更好地支持企业决策和战略规划。因此，传统方法仍然非常有价值，它们现在能够与现代技术相结合，提供更大的效益。

□ 本章小结

财务分析的程序，亦称财务分析的一般方法，是指进行财务分析所应遵循的一般规程。财务分析的程序可以归纳为四个阶段十个步骤。

财务分析信息搜集与整理阶段，主要由三步组成：（1）明确财务分析目的。（2）制订财务分析方案。（3）搜集与整理财务分析信息。

战略分析与会计分析阶段，主要由两步组成：（1）战略分析。战略分析通过对企业所在行业或企业拟进入行业的分析，明确企业自身地位及应采取的竞争战略。战略分析通常包括行业分析和企业竞争策略分析。（2）会计分析。会计分析的目的在于评价企业会计所反映的财务状况与经营成果的真实程度。会计分析的作用，一方面通过对会计政策、会计方法、会计披露的评价，揭示会计信息的质量；另一方面通过对会计政策、会计估计变更的调整，修正会计数据，为财务分析奠定基础，并保证财务分析结论的可靠性。进行会计分析，一般可按以下步骤进行：第一，阅读会计报告；第二，比较会计报表；第三，解释

会计报表；第四，修正会计报表信息。

财务指标与因素分析阶段，主要由两步组成：（1）财务指标分析。对财务指标进行分析，特别是进行财务比率指标分析，是财务分析的一种重要方法或形式。财务指标能准确反映某方面的财务状况。进行财务指标分析，应根据分析的目的和要求选择正确的分析指标。（2）基本因素分析。财务分析不仅要解释现象，而且应分析原因。因素分析法就是在会计分析和财务指标分析的基础上，对一些主要指标的完成情况，从其影响因素角度，深入进行定量分析，确定各因素对其影响的方向和程度，为企业正确进行财务评价提供最基本的依据。

财务综合分析与评估阶段，主要由三步组成：（1）财务综合分析与评价。财务综合分析与评价是在应用各种财务分析方法进行分析的基础上，将定量分析结果、定性分析判断及实际调查情况结合起来，以得出财务分析结论的过程。（2）财务预测与价值评估。财务分析既是一个财务管理循环的结束，又是另一个财务管理循环的开始。财务分析不能仅满足于事后分析原因，得出结论，而且要对企业未来发展及价值状况进行分析与评价。（3）财务分析报告。财务分析报告是财务分析的最后一步。它将财务分析的基本问题、财务分析结论，以及针对问题提出的措施、建议以书面的形式表示出来，为财务分析主体及财务分析报告的其他受益者提供决策依据。

智能财务分析法是一种将人工智能、机器学习等先进技术与传统财务分析方法相结合，通过对财务数据及相关非财务数据进行自动采集、处理、分析和挖掘，以发现数据中的潜在模式、规律和关联关系，从而为企业提供准确、及时的财务决策支持，实现财务风险管理、绩效评估、预算预测等财务管理目标的分析方法。在智能财务分析中，可视化分析是智能财务分析重要的分析环节和方法。但是，传统的财务分析基本方法，如水平分析、垂直分析、趋势分析和比率分析等，从原理上没有本质改变。这些方法仍然是财务分析的基础，用于评估企业的财务状况和绩效。虽然基本财务分析方法的原理没有本质改变，但数字化和智能化技术已经改进了这些方法的实施方式和效率。

第二篇　财务报告分析

第四章

资产负债表分析

□ 学习目标

本章的学习目标是使学生掌握资产负债表分析的基本方法与基本内容。其具体目标包括：

◇知识目标

了解资产负债表分析的目的；掌握资产负债表分析评价的思路；明确资产的不同分类和影响负债结构与股东权益结构的因素；理解资产负债表主要项目的内涵；了解会计政策和会计估计变更的影响及资产负债表主要项目变动的原因。

◇技能目标

掌握资产负债表的分析方法，能熟练地运用水平分析法、垂直分析法编制资产负债表分析表；能够运用趋势分析法进行资产负债表变动趋势分析。

◇能力目标

能够在编制资产负债表水平分析表的基础上，对资产负债表的变动情况做出恰当的评价，并对资产变动的合理性、变动原因进行评价；能够在编制资产负债表垂直分析表的基础上，对资产结构、负债结构和股东权益结构的变动情况做出分析，并对资产配置的合理性、负债结构和股东权益结构的合理性做出评价；能够对企业采用的主要会计政策和会计估计做出评价，并能够识别会计政策和会计估计变更对资产负债表的影响；在以上分析的基础上，能够对企业的整体财务状况、资产质量、资产结构和债务结构做出综合评价。

◇思政目标

理解个人成长与国家、个人与社会之间的关系，培养高尚情操和无私奉献精神，无私奉献，构建和谐社会。

课程思政教学模块图

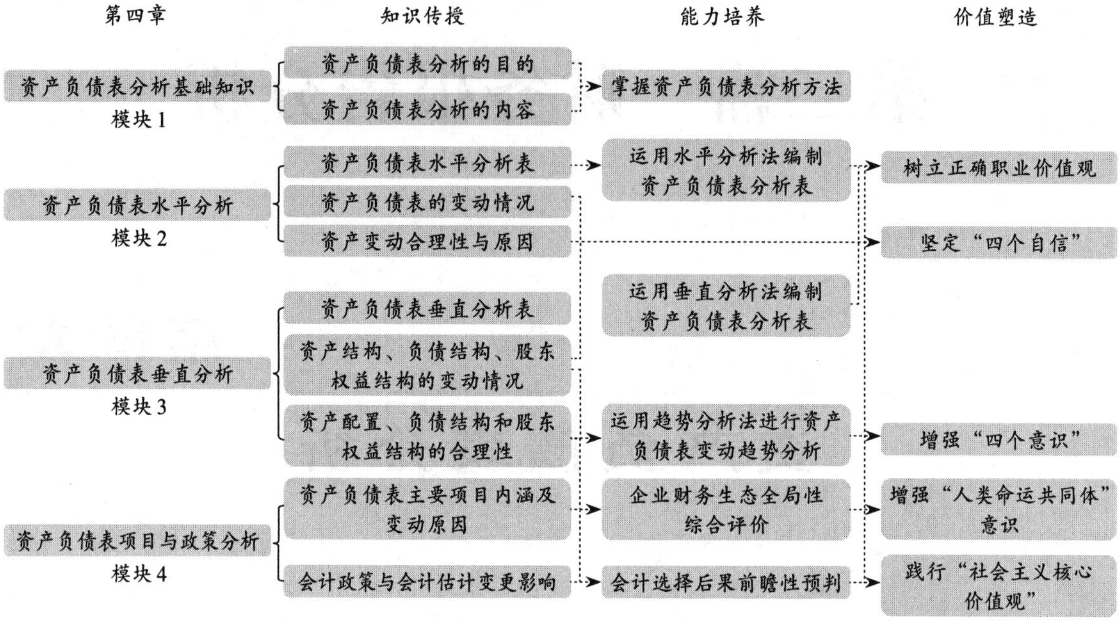

“半年砸200亿元研发”“累计研发投入超1 600亿元”“单月销量破50万辆”——这些标签背后，是比亚迪狂飙突进的新能源“帝国”。然而，当2024年上半年财报披露“总负债5 316亿元、负债率77%”时，市场争议随之而来：这家“当红车企”是否在危险的钢丝上起舞？

行业内外对比亚迪负债率的质疑，源于对汽车产业特性的认知偏差。汽车作为重资产行业，高负债实为常态：2024年上半年，福特负债率84%，通用75%，大众、丰田分别为70%和61%。比亚迪的77%负债率处于行业中游，但其特殊性在于负债结构。

比亚迪的负债中，90%为无息负债，主要为应付供应商货款（2023年支付3 100亿元）、预收经销商车款等经营性负债，而非有息借款。2023年其有息负债仅303亿元，占总负债的5%；2024年上半年进一步降至214亿元（占比4%），远低于行业平均有息负债率11.3%。财务费用更说明问题：2023年比亚迪利息净收入15亿元，而同行平均需支付10.58亿元利息。

比亚迪的现金流足以打消“偿债危机”质疑：2023年经营性现金流入6 100亿元，扣除供应链、薪酬等刚性支出后净余1 700亿元；2024年前三季度现金流入5 240亿元（同比增加24%），全年或冲击8 000亿元。账上现金对有息负债覆盖率超4倍，甚至主动缩短供应商账期至128天（行业平均189天），反哺产业链生态。

负债率攀升与比亚迪的战略扩张直接相关：匈牙利工厂签约、泰国基地投产、巴西45亿元三厂投资，全球化布局加速；智能驾驶（璇玑架构）、高端品牌（Y–U8）等重投入同步推进。正如波音（负债率93%）、苹果（负债率79%）等制造业巨头，高负债背后是规模效应与未来壁垒的构建。

资料来源：经济观察报. 不可承受之重or蓄意抹黑之坏？揭开比亚迪的负债谜底［EB/OL］.［2024-11-12］. https://m.eeo.com.cn/2024/1112/697541.shtml.

通常而言，较高的资产负债率预示着较高的财务风险。但为什么比亚迪的高负债率经过分析之后，并没有看起来那样严重？怎样分析资产负债表才是科学的？如何才能正确地理解资产负债表的各个组成项目之间的关系？若想回答这些问题，需要了解如何对资产负债表进行分析，资产负债表的分析应从哪些方面入手，怎样结合报表附注和其他方面的信息进行综合分析，怎样对资产负债表的变动做出综合评价。这也是本章想要解决的问题。

第一节　资产负债表分析的目的与内容

一、资产负债表分析的目的

资产是企业进行生产经营的物质基础。从资金流动的顺序来看，企业的资本运动是通过资本筹集、资本运用和资本收益分配等一系列资本活动来实现的。资本是企业产生、生存与发展的原动力，筹资活动是企业根据生产经营对资本的需求，通过各种筹资渠道，采用适当筹资方式取得经营所需资本的行为。筹资活动是企业生存和发展的基本条件，从流动顺序来看，是资本运用的起点。根据企业资本的来源，资本可分为所有者提供的永久性资本和债权人提供的信贷资金，从而形成对一个企业所拥有资产的两种不同要求权。企业取得资本后，必须有目的地投放使用，使其转化为相应的资产，以谋取最大的资本收益。资本运用是企业资本运动的中心环节，它不仅对资本筹集提出要求，而且对资本收益分配产生影响。资本收益分配既是企业前期资本运动的终点，也是下期资本运动的起点，它作为资本运动的结果而出现，是对资本运动成果的分配。企业的所有资本活动及结果，必然会直接通过资产负债表全面、系统、综合地反映出来，但是，仅通过阅读资产负债表，只能了解企业在某一特定时日所拥有或控制的资产、所承担的经济义务以及所有者对净资产的要求权。尽管这些信息是必要的，但却无法满足报表使用者进行决策的需要；只有借助于资产负债表分析，充分挖掘其中隐含的信息，才有可能最大限度地满足报表使用者的这种要求。

资产负债表分析的目的，就在于了解会计报表对企业财务状况的反映程度，以及所提供会计信息的质量，据此对企业资产和权益的变动情况以及企业财务状况做出恰当的评价，具体来说就是：

1.通过资产负债表分析，理解企业的行业特征和竞争策略

从资产方来看，资产负债表提供了企业投资决策的相关信息。企业的投资行为受到行业特征和竞争策略的影响。一方面，通过资产负债表分析，可以获得更加详细的行业特征。比如，文化行业属于轻资产行业，其整体资产规模偏小；相比之下，采掘行业的资产规模整体会更大。另一方面，资产负债表分析提供企业竞争策略的相关信息。比如，在相同的行业中，有的企业选择依靠长期资产形成的壁垒获得较高的产品利润率，这类企业的固定资产和无形资产的占比可能较高；有的企业可能选择通过生产流程的优化，给予客户更为优惠的商业信用从而获得竞争优势，这类企业的流动资产占比可能较高。通过对资产负债表的分析，结合行业特征和竞争策略，能够更好地理解企业经营行为，评价企业价值。

2.通过资产负债表分析，揭示资产负债表及相关项目的内涵

从根本上讲，资产负债表上的数据是企业财务活动的直接结果，但这种结果是通过企业管理人员依据某种会计政策，按照某种具体会计处理方法进行会计处理后编制出来的。因此，企业采用何种会计政策，使用何种会计处理方法，必然会对资产负债表上的数据产生影响。例如，采用不同存货计价方法，在耗用的材料相同的情况下，期末资产负债表上的存货金额就会有很大差异。如果不能通过分析搞清资产负债表及相关项目的内涵，就会把由企业会计处理产生的差异看作生产经营活动导致的结果，从而得出错误的分析结论。

3.通过资产负债表分析，了解企业财务状况的变动情况

在企业运营过程中，企业资产规模和各项资产会不断发生变动，与之相适应的是资金来源也会发生相应的变动，资产负债表只是静态地反映出变动后的结果。企业的资产、负债及股东权益在经过一段时期的经营后发生的变化，以及这种变化对企业未来运营产生的影响，只有通过对资产负债表进行分析才能明确，在此基础上，再对企业财务状况的变动情况做出合理的解释和评价。

4.通过资产负债表分析，评价企业会计对企业经营状况的反映程度

资产负债表是否充分反映了企业的经营状况，其真实性如何，资产负债表本身不能全面说明这个问题。企业管理者出于某种需要，既可能客观地、全面地通过资产负债表反映企业的经营状况，也可能隐瞒企业经营中的某些重大事项。一张不能充分真实反映企业经营状况的资产负债表，无法合理解释企业财务状况的变动及其原因。虽然这种评价具有相当大的难度，但却是资产负债表分析的重要目标之一。

5.通过资产负债表分析，评价企业的会计政策

企业的会计核算必须在企业会计准则指导下进行，但在会计政策选择和会计处理方法选择上也有相当的灵活性，如存货计价方法、折旧政策和减值准备计提等。不同的会计政策和会计处理方法，体现在资产负债表上的结果往往不同，某种会计处理的背后，总是反映着企业的会计政策运用和会计处理目的。企业所选择的会计政策和会计处理方法是否合适，企业是否利用会计政策的选择达到特定会计目的，深入分析资产负债表及相关项目的异常变动，了解企业会计政策选择的动机，可以揭示出管理人员的倾向，评价企业的会计政策，消除会计报表外部使用者对企业会计信息的疑惑。

6.通过资产负债表分析，修正资产负债表的数据

资产负债表是进行财务分析的重要基础资料，即使剔除管理人员的主观因素，资产负债表数据的变化也不完全是企业经营活动的结果。会计政策变更、会计估计及其变更等企业经营以外的因素对资产负债表数据也有相当大的影响，通过资产负债表分析，揭示出资产负债表数据所体现的财务状况与真实财务状况的差异，通过差异调整，修正资产负债表数据，尽可能消除会计信息失真，为进一步利用资产负债表进行财务分析奠定资料基础，以保证财务分析结论的可靠性。

二、资产负债表分析的内容

资产负债表分析主要包括以下内容：

1.资产负债表水平分析

资产负债表水平分析，就是指通过对企业各项资产、负债和股东权益进行对比分析，揭示企业筹资与投资过程的差异，从而分析与揭示企业生产经营活动、经营管理水平、会计政策及会计估计变更对筹资与投资的影响。

2.资产负债表垂直分析

资产负债表垂直分析，就是指通过将资产负债表中各项目与总资产或权益总额进行对比，分析企业的资产构成、负债构成和股东权益构成，揭示企业资产结构和资本结构的合理程度，探索企业资产结构优化、资本结构优化的思路。

3.资产负债表趋势分析

资产负债表趋势分析，就是指通过对较长时期企业总资产及主要资产项目、负债及主要负债项目、股东权益及主要股东权益项目变化趋势的分析，揭示筹资活动和投资活动的状况、规律及特征，推断企业发展的前景。

4.资产负债表项目分析

资产负债表项目分析就是指在资产负债表全面分析的基础上，对资产负债表中资产、负债和股东权益的主要项目进行深入分析，包括会计政策、会计估计等变动对相关项目影响的分析。

需要强调的是，资产负债表反映的是特定时点——资产负债表日——企业的财务情况，因此容易受管理人员的影响。管理人员可能利用各种方法和手段，对企业财务状况加以粉饰，以达到特定目的。在资产负债表分析中，必须考虑管理人员临近资产负债表日的行为因素。此外，我国采用的财务年度与日历年度相同，资产负债表日为12月31日。由于部分行业的经营存在季节性，因此可能在资产负债表日呈现特定的倾向。比如，餐饮行业在日历年度结束时通常处于旺季，因此资产负债表项目可能并不能说明其日常经营下的正常水平。对资产负债表进行分析时，需要结合行业特点和企业特征，对报表数字能否代表企业正常经营水平进行判断。

第二节　资产负债表水平分析

一、资产负债表水平分析表的编制

资产负债表水平分析的目的之一就是从总体上了解资产、权益的变动情况，揭示资产、负债和股东权益变动的差异，分析差异产生的原因。资产负债表水平分析的依据是资产负债表数据，通过采用水平分析法，将资产负债表的实际数与选定的标准进行比较，编制资产负债表水平分析表，在此基础上进行分析评价。

资产负债表水平分析要根据分析的目的来选择比较的标准（基期），当分析的目的在于揭示资产负债表实际变动情况，分析产生实际差异的原因时，应当选择历史标准，即选择资产负债表的上年实际数作为比较标准。当分析的目的在于揭示资产负债表预算或计划执行情况，分析影响资产负债表预算或计划执行情况的因素时，应当选择预算标准，即选择资产负债表的预算数或计划数作为比较标准。

资产负债表水平分析除了要计算某项目的变动额和变动率外，还要计算该项目变动对总资产或权益总额的影响程度，以便确定影响总资产或权益总额的重点项目，为进一步分析指明方向。某项目变动对总资产或权益总额变动的影响程度可按下式计算：

$$某项目变动对总资产（权益总额）变动的影响（\%）=\frac{某项目的变动额}{总资产(权益总额)的变动额}\times 100\%$$

根据表2-1提供的资料，编制BQC公司资产负债表水平分析表，见表4-1。

表4-1 **BQC公司资产负债表水平分析表** 金额单位：百万元

项目	2023年12月31日	2022年12月31日	水平分析		
			变动额	变动率	对总额变动的影响
流动资产：					
货币资金	109 094.41	51 471.26	57 623.15	111.95%	31.03%
交易性金融资产	9 562.55	20 626.93	-11 064.38	-53.64%	-5.96%
衍生金融资产					
应收票据					
应收账款	61 866.02	38 828.49	23 037.53	59.33%	12.41%
应收款项融资	5 564.92	12 894.28	-7 329.36	-56.84%	-3.95%
预付款项	2 215.41	8 223.57	-6 008.16	-73.06%	-3.24%
其他应收款	2 757.91	1 910.01	847.90	44.39%	0.46%
其中：应收利息					
应收股利					
买入返售金融资产					
存货	87 676.75	79 107.20	8 569.55	10.83%	4.62%
合同资产	2 660.32	13 553.00	-10 892.68	-80.37%	-5.87%
持有待售资产					
一年内到期的非流动资产	7 508.35	1 052.56	6 455.79	613.34%	3.48%
其他流动资产	13 214.80	13 136.20	78.60	0.60%	0.04%
流动资产合计	302 121.45	240 803.51	61 317.94	25.46%	33.02%
非流动资产：					
发放贷款和垫款					
债权投资					
其他债权投资					

续表

项目	2023年12月31日	2022年12月31日	水平分析		
			变动额	变动率	对总额变动的影响
长期应收款	8 238.19	1 118.64	7 119.55	636.45%	3.83%
长期股权投资	17 647.21	15 485.40	2 161.81	13.96%	1.16%
其他权益工具投资	5 327.28	4 418.58	908.70	20.57%	0.49%
其他非流动金融资产	2 696.37	2 147.14	549.23	25.58%	0.30%
投资性房地产	82.51	85.01	-2.50	-2.94%	0.00%
固定资产	230 903.82	131 880.37	99 023.45	75.09%	53.33%
在建工程	34 726.20	44 621.94	-9 895.74	-22.18%	-5.33%
生产性生物资产					
油气资产					
使用权资产	9 678.96	3 137.33	6 541.63	208.51%	3.52%
无形资产	37 236.26	23 223.50	14 012.76	60.34%	7.55%
开发支出	541.00	1 683.00	-1 142.00	-67.86%	-0.62%
商誉	4 427.57	65.91	4 361.66	6 617.60%	2.35%
长期待摊费用	4 062.53	458.11	3 604.42	786.80%	1.94%
递延所得税资产	6 584.42	3 686.91	2 897.51	78.59%	1.56%
其他非流动资产	15 273.90	21 045.32	-5 771.42	-27.42%	-3.11%
非流动资产合计	377 426.22	253 057.14	124 369.08	49.15%	66.98%
资产总计	679 547.67	493 860.65	185 687.02	37.60%	100.00%
流动负债：					
短期借款	18 323.22	5 153.10	13 170.12	255.58%	7.09%
向中央银行借款					
拆入资金					
交易性金融负债	7.71	54.61	-46.90	-85.88%	-0.03%
衍生金融负债					
应付票据	4 053.31	3 328.42	724.89	21.78%	0.39%
应付账款	194 429.82	140 437.31	53 992.51	38.45%	29.08%
预收款项					
合同负债	34 698.51	35 516.57	-818.06	-2.30%	-0.44%

续表

项目	2023年12月31日	2022年12月31日	水平分析		
			变动额	变动率	对总额变动的影响
卖出回购金融资产款					
吸收存款及同业存放					
代理买卖证券款					
代理承销证券款					
应付职工薪酬	17 138.84	12 037.01	5 101.83	42.38%	2.75%
应交税费	7 852.32	4 326.39	3 525.93	81.50%	1.90%
其他应付款	164 972.85	122 123.84	42 849.01	35.09%	23.08%
其中：应付利息					
应付股利					
应付手续费及佣金					
应付分保账款					
预计负债	2 620.33	1 287.45	1 332.88	103.53%	0.72%
持有待售负债					
一年内到期的非流动负债	7 740.49	6 464.83	1 275.66	19.73%	0.69%
其他流动负债	1 829.28	2 615.03	−785.75	−30.05%	−0.42%
流动负债合计	453 666.67	333 344.56	120 322.11	36.10%	64.80%
非流动负债：					
保险合同准备金					
长期借款	11 975.14	7 593.60	4 381.54	57.70%	2.36%
应付债券					
其中：优先股					
永续债					
租赁负债	8 847.19	2 617.27	6 229.92	238.03%	3.36%
长期应付款					
长期应付职工薪酬					
递延收益					
递延所得税负债	3 950.84	2 018.53	1 932.31	95.73%	1.04%
其他非流动负债	50 645.73	26 896.85	23 748.88	88.30%	12.79%

续表

项目	2023年12月31日	2022年12月31日	水平分析		
			变动额	变动率	对总额变动的影响
非流动负债合计	75 418.89	39 126.25	36 292.64	92.76%	19.55%
负债合计	529 085.56	372 470.81	156 614.75	42.05%	84.34%
所有者权益（或股东权益）:					
实收资本（或股本）	2 911.14	2 911.14	0.00	0.00%	0.00%
其他权益工具					
其中：优先股					
永续债					
资本公积	62 041.77	61 705.89	335.88	0.54%	0.18%
减：库存股	1 266.94	1 809.92	-542.98	-30.00%	-0.29%
其他综合收益	603.66	428.33	175.33	40.93%	0.09%
专项储备	22.37	12.08	10.29	85.18%	0.01%
盈余公积	7 374.09	6 838.54	535.55	7.83%	0.29%
一般风险准备					
未分配利润	67 123.97	40 943.23	26 180.74	63.94%	14.10%
归属于母公司所有者权益（或股东权益）合计	138 810.07	111 029.30	27 780.77	25.02%	14.96%
少数股东权益	11 652.05	10 360.54	1 291.51	12.47%	0.70%
所有者权益（或股东权益）合计	150 462.11	121 389.84	29 072.27	23.95%	15.66%
负债和所有者权益（或股东权益）总计	679 547.67	493 860.65	185 687.02	37.60%	100.00%

二、资产负债表变动情况的分析评价

企业总资产表明企业资产的存量规模，随着企业经营规模的变动，资产存量规模也处在变动之中。一方面，资产存量规模过小，将难以满足企业经营的需要，影响企业的正常经营活动；另一方面，资产存量规模过大，将造成资产的闲置，使资金周转缓慢，影响资产的利用效率。资产作为保证企业经营活动的物质基础，它的获得必须有相应的资金来源。企业通过举债或吸收投资来满足对企业资产的资金融通，从而产生了债权人、投资者对企业资产的两种不同要求权，即债权和所有者权益。资产与负债和所有者权益分别列示在资产负债表左右两边，反映企业的基本财务状况，对资产负债表变动情况的分析评价也应当从这两大方面进行。

（一）从投资或资产角度进行分析评价

虽然从资金流动的先后次序来看，企业需要先进行融资，待取得资金后才能进行投资；但是，从逻辑上看，只有先确定能够实现资本保值增值的投资机会，才可能获得资金提供方的资金。投资或资产角度的分析评价主要从以下几方面进行：

第一，结合行业特征和竞争策略，分析总资产规模的变动状况以及各类、各项资产的变动状况，揭示资产变动的主要方面，从总体上了解企业经过一定时期经营后资产的变动情况。在分析资产规模变动和各类、各项资产的变动状况时，需要结合行业和企业经营的变动情况。从实物形态来看，各类资产是为了满足生产经营需求而购置或者投资的，因此只有理解行业的发展状况和企业的竞争策略，才能更好地理解资产变动情况。在行业处于发展阶段，资产规模扩张能够更好地满足市场需求，抓住发展机遇；在行业处于停滞阶段，由于市场需求萎缩，资产通常不会出现较大幅度增长。表4-2列示了BQC公司与可比公司的总资产变动情况分析。

表4-2 **BQC公司与可比公司的总资产变动情况分析**

公司名称	总资产变动（%）	流动资产		非流动资产	
		变动（%）	占总资产变动比例（%）	变动（%）	占总资产变动比例（%）
CAQC	30.21	28.27	65.41	34.71	34.59
CCQC	8.59	10.13	68.52	6.45	31.48
GQJT	15.05	10.38	33.28	19.40	66.72
SQJT	16.71	6.43	226.34	−5.12	−126.34
BQC	37.60	25.46	33.02	49.15	66.98
行业平均值	7.90	7.96	58.00	7.80	42.00
行业中位数	2.68	8.00	163.00	0.06	−1.00

表4-2还提供了BQC公司所处的行业（汽车制造业）总资产变动情况的平均值和中位数。根据表4-1和表4-2，BQC公司总资产增长水平为37.60%，高于行业水平。BQC公司资产增长主要受到行业因素的影响。近年来，全球新能源汽车市场呈现爆发式增长，BQC公司作为行业内的领军企业，其新能源汽车销量从2018年的24.78万辆增长到2023年的302.44万辆。BQC公司的资产变动水平与行业发展趋势和企业发展阶段相吻合。

第二，发现变动幅度较大或对总资产变动影响较大的重点类别和重点项目。如本例中一年内到期的非流动资产项目，本期变动幅度高达613.34%，但由于该项目仅占总资产的1.10%（7 508.35 ÷679 547.67×100%），所以仅使总资产增加了3.48%。而从性质来看，一年内到期的非流动资产项目的变化主要来自会计政策变更和市场环境改善或资产价值上升，受企业自身控制较小，可以不必予以特别关注。相比之下，固定资产项目本期增加75.09%，但由于其所占比重较大，对总资产变动额的影响达到53.33%。同时，由于固定资产对企业生产能力至关重要，因此在分析过程中，应当予以特别关注。分析时只有注意到这一点，才能突出分析重点，抓住关键问题，有助于深入分析，并减少分析工作量。表4-3列示了BQC公司与可比公司的流动资产变动情况分析。在流动资产中，BQC公司的货币资金变化对总资产变化的影响最为显著，这也应成为后续分析关注的重点。

表4-3　BQC公司与可比公司的流动资产变动情况分析

公司名称	货币资金		应收账款		应收款项融资		存货	
	变动（%）	占总资产变动比例（%）	变动（%）	占总资产变动比例（%）	变动（%）	占总资产变动比例（%）	变动（%）	占总资产变动比例（%）
CAQC	21.19	25.70	-21.41	-1.49			131.24	17.32
CCQC	7.17	16.11	8.80	3.66	30.57	42.55	19.01	26.73
GQJT	23.71	32.81	-34.47	-9.77	186.71	4.13	35.26	15.26
SQJT	-7.43	-68.65	8.12	30.87	44.73	31.23	11.37	60.86
BQC	111.95	31.03	59.33	12.41	-56.84	-3.95	10.83	4.62
行业平均值	13.36	32.00	11.41	13.00	10.93	4.00	6.80	10.00
行业中位数	4.00	21.00	20.75	113.00	23.74	14.00	-6.60	-34.00

第三，要注意分析资产变动的合理性与效率性。资产变动的合理性和效率性取决于资产与产出（以收入或者成本度量）之间的关系。如果资产增长能够带来产出更大幅度的增长，那么资产的增长是合理的；反之，资产增长的合理性可能存在问题。同理，如果资产减少幅度大于产出的降低幅度，那么资产的变动具有效率。具体分析详见本书的营运能力分析部分。

第四，对资产变动的分析，不要拘泥于资产负债表项目的限制。资产负债表的编制基础是“会计准则”，属于强制性的监管要求。但是，“会计准则”对于项目的划分并不一定与企业经营活动的实践完全一致。因此，在分析过程中，应该根据需要将相关项目合并，从而更好地了解企业经营活动的变化。

第五，注意分析会计政策变动的影响。企业资产的变动主要受到生产经营规模的影响，但企业管理人员在进行会计核算和编制财务报表时所采用的会计政策和会计方法等，对企业资产变动的影响也不可忽视。尽管会计准则和会计制度对会计核算乃至财务报表的编制都有相应的要求，但会计准则和会计制度也给企业选择会计政策和会计方法留有相当大的余地，企业管理人员可以通过会计政策变更或灵活地选用会计方法对资产负债表的数据做出调整。例如，改变存货计价方法，就会引起资产负债表上存货金额的变化。此外，企业大量的经营业务需要做出会计估计。例如，对于企业当期的坏账损失占应收账款的比率，会计估计的随意性就会使应收账款净值发生变动。因此，分析时首先要了解企业所采用的会计政策，把会计政策变更或会计估计随意性所造成的影响充分地揭示出来，以便纠正失真的会计数据，使财务分析能够依据真实可靠的会计资料进行，保证财务分析结论的正确性。

表4-4列示了BQC公司和可比公司的非流动资产变动情况分析。

表4-4 BQC公司与可比公司的非流动资产变动情况分析

公司名称	固定资产		在建工程		无形资产	
	变动（%）	占总资产变动比例（%）	变动（%）	占总资产变动比例（%）	变动（%）	占总资产变动比例（%）
CAQC	3.35	1.47	38.00	1.19	238.39	24.02
CCQC	12.19	20.65	-22.01	-11.49	37.98	19.56
GQJT	13.71	9.26	112.57	4.86	23.27	13.13
SQJT	5.87	28.12	-12.13	-11.54	10.13	11.58
BQC	75.09	53.33	-22.18	-5.33	60.34	7.55
行业平均值	16.54	33.00	-9.63	-4.00	23.32	13.00
行业中位数	1.67	-16.00	16.78	19.00	-4.16	-6.00

（1）根据表4-1和表4-2，可以对BQC公司总资产变动情况做出以下分析评价：该公司总资产增加185 687.02百万元，增长幅度为37.60%，显著高于行业平均值（7.90%）和行业中位数（2.68%）。也高于可比公司，其资产增长水平较高于CAQC公司（30.21%），但是明显高于CCQC公司（8.59%）、GQJT公司（15.05%）和SQJT公司（16.71%）。与可比公司之间的差异，可以从两方面进行考虑：一方面，只有与收入水平相比较，才能判断BQC公司资产变动的合理性和效率性；如果没有带来产出以更大幅度增长，那么资产较高的增长水平并不是有效的，也不是合理的。这需要借助营运能力分析的相关知识，在此不做详细讨论。另一方面，只有与企业的竞争策略相结合，才能理解BQC公司资产变动的背后动因。根据表4-2，BQC公司总资产的变动大部分来自非流动资产，占总资产变动比例接近67%，而流动资产占总资产变动比例仅约为33%。这与CCQC公司截然不同。CCQC公司总资产的变动主要来自流动资产，占比接近69%。流动资产的大幅增加可能意味着应收账款的增加，这可能会影响公司的现金流，将在一定程度上增加企业的经营风险。而无论是变动水平，还是对总资产的影响，GQJT公司和BQC公司的流动资产都基本保持稳定，非流动资产构成了总资产变动的主要原因。这表明，当面对市场变化时，不同公司采用了不同的应对策略。GQJT公司和BQC公司扩大了生产能力，而CCQC公司没有对生产能力进行明显调整，主要增加了流动资产。

（2）根据表4-1和表4-3，BQC公司流动资产本期增加61 317.94百万元，增长幅度为25.46%。在流动资产中，货币资金和应收账款是造成流动资产增长的主要原因。货币资金本期增加57 623.15百万元，增长幅度为111.95%，占总资产增长额的31.03%；应收账款本期增加23 037.53百万元，增长幅度为59.33%，占总资产增长额的12.41%。货币资金和应收账款的增加主要来自经营活动的增加，这些都与行业发展趋势相一致，并且与总资产变动比例的行业平均值相当。在可比公司中，GQJT公司的货币资金变动额对总资产变动额的影响幅度，与BQC公司基本相当，占比为32.81%；CAQC公司和CCQC公司的货币资金变动额对总资产变动额的影响幅度较低于BQC公司，占比分别为25.70%和16.11%；

但是，SQJT公司却出现了货币资金减少的情况，其变动对总资产变动的影响高达68.65%。在BQC公司各项流动资产中，变化较大的是应收账款，增加了23 037.53百万元，增长幅度为59.33%。从变动幅度来看，应收账款的变动似乎比较异常；但是，如果将应收账款和应收款项融资合并在一起，原有的异常增加现象就会消失。“应收款项融资”项目主要核算承兑汇票，包括商业承兑汇票和银行承兑汇票。2023年，BQC公司的应收款项融资减少了7 329.36百万元，降幅达到56.84%。通常情况下，应收账款和应收款项融资都来自与经营活动相关的信用行为。如果将应收账款和应收款项融资合并后，应收款项的总额上升了15 708.17百万元，对总资产变动额的影响变为8.46%。这表明，BQC公司的整体信用政策并没有出现显著变化。在可比公司中，GQJT公司应收账款下降34.47%，导致总资产变动总额下降9.77%；应收款项融资则增加186.71%，占总资产变动总额的4.13%。两项合计占到总资产变动的-5.64%（-9.77%+4.13%）。这表明，GQJT公司的信用政策可能出现了较大的调整。结合货币资金变动的幅度，BQC公司和GQJT公司在销售策略上有着显著的差异。而CAQC公司流动资产中变动较大的项目是存货，货币资金并没有显著变化，其应收款项也基本没有变化。这可能是由于该公司并没有对信用政策进行较大调整，但是将货币资金用于存货投资。对流动资产变动的分析表明，在相同市场环境下，企业的经营策略差异会产生不同的财务后果。

（3）根据表4-1和表4-4，我们可以对公司非流动资产变动水平进行分析。如前所述，BQC公司固定资产出现大幅度上升。这表明，BQC公司在2023年对固定资产规模进行了显著调整。而在建工程项目则出现了下降趋势，减少额为9 895.74百万元，降幅达22.18%，占总资产变动额的5.33%。如果将在建工程项目和固定资产项目合并考虑，我们发现BQC公司的固定资产规模不但没有减少，反而增加，占总资产变动额的48%。通过阅读资产负债表的主要附表，我们发现，主要是华南工业园、华东工业园、西北工业园等园区的建设变动以及工程物资的使用所致。这表明，BQC公司在2023年增加了大量的固定资产，建设各地园区进程加快，以达到产能的提升和相关监管的要求。这也与行业发展的趋势和政府宏观经济政策相一致。在可比公司中，GQJT公司的总资产变动主要来自非流动资产，其中，在建工程对总资产变动的影响为4.86%。这说明，在2023年GQJT公司的在建工程规模出现了显著扩张。在非流动资产中，长期应收款和无形资产也出现了一定幅度的变化。前者是进入新市场且推出新产品造成的；后者是在新技术、新产品上的研发投入增加造成的。这表明，BQC公司注重产品的研发与创新，相关副业和股权投资并不是企业发展的主流方向。

（二）从筹资或权益角度进行分析评价

筹资或权益角度的分析评价主要从以下几方面进行：

第一，分析权益总额的变动状况以及各类、各项筹资的变动状况，揭示权益总额变动的主要方面，从总体上了解企业经过一定时期经营后权益总额的变动情况。

第二，发现变动幅度较大或对权益总额变动影响较大的重点类别和重点项目，为进一步分析指明方向。

第三，分析评价权益资金变动对企业未来经营的影响。在资产负债表上，资产总额等于负债与所有者权益总额之和，当资产规模发生变动时，必然要有相应的资金来源，如果资产总额的增长幅度大于所有者权益的增长幅度，表明企业债务负担加重，这虽然可能是由企业筹资政策变动而引起的，但后果是引起偿债保证程度下降，偿债压力加重。因此，不仅要分析评价权益资金发生了怎样的变动，而且要注意分析评价这种变动对企业未来经营的影响。具体分析见本节“三、权益资金变动对企业未来经营影响的分析评价”。

第四，注意分析评价表外业务的影响。例如，按目前会计准则的规定，资产负债表仅反映了企业按历史成本原则核算的现时负债，一个企业所承担的或有负债并不反映在资产负债表上，而这种可能成为企业现时负债的事项及对企业财务状况可能产生的影响，也是分析评价时要特别关注的。

表4-5列示了BQC公司与可比公司的负债和所有者权益变动情况分析。

表4-5 BQC公司与可比公司的负债和所有者权益变动情况分析

公司名称	负债		流动负债		非流动负债		所有者权益	
	变动（%）	占总资产变动比例（%）	变动（%）	占总资产变动比例（%）	变动（%）	占总资产变动比例（%）	变动（%）	占总资产变动比例（%）
CAQC	38.98	73.41	37.00	63.19	58.24	10.22	18.64	26.59
CCQC	10.50	79.31	15.69	94.47	-9.91	-15.16	5.05	20.69
GQJT	39.14	92.57	36.25	71.84	54.07	20.73	1.74	7.43
SQJT	1.52	60.06	0.64	20.95	5.89	39.11	1.97	39.94
BQC	42.05	84.34	36.10	64.80	92.76	19.55	23.95	15.66
行业平均值	10.39	8.00	9.83	63.00	13.07	16.00	4.02	20.00
行业中位数	10.76	174.00	4.68	65.00	4.23	10.00	2.36	48.00

根据表4-1和表4-5，可以对BQC公司权益总额变动情况做出以下分析评价：

该公司负债和所有者权益总额较上年同期增加185 687.02百万元，增长幅度37.60%，说明BQC公司本年负债和所有者权益总额有较大幅度的增长。进一步分析可以发现：

（1）负债的变动水平大于所有者权益的变动水平。负债总额本期增加156 614.75百万元，增长幅度为42.05%；所有者权益总额增加29 072.27百万元，增长幅度为23.95%。从行业标准来看，BQC公司的负债和所有者权益增长幅度均高于行业平均水平或中位数水平。从对总额变动的影响来看，负债增长占权益总额增长水平的84.34%，高于行业平均水平，所有者权益增长占权益增长水平的15.66%，较低于行业平均水平。在可比公司中，CAQC公司的负债和所有者权益变动水平与BQC公司大体相同。但是，GQJT公司则选择了主要依靠债务资金支撑权益总额变动的策略。在GQJT公司中，债务对权益总额变动的影响为92.57%。

（2）在负债中，本期负债的增加主要来自流动负债，流动负债总额增加了120 322.11百万元，增幅为36.10%，占权益总额变动的64.80%；非流动负债总额增加了36 292.64百万元，增幅为92.76%，对权益总额变动贡献了19.55%。与行业标准相比，BQC公司的流动负债和非流动负债对权益总额变动的影响均较高于行业水平。在可比公司中，CAQC公司、CCQC公司和GQJT公司的权益总额变动主要通过流动负债的增加来实现，而SQJT公司的流动负债和非流动负债的贡献较为接近。在BQC公司的流动负债中，短期借款的增加是流动负债增加的主要原因。短期借款增加13 170.12百万元，增幅高达255.58%，占总权益增加额的7.09%。为加强资金管理，保持长期、稳定的银企合作关系，公司增加部分银行贷款是导致短期借款增加的主要原因。应付账款增加53 992.51百万元，增幅高达38.45%，占总权益增加额的29.08%。

（3）在负债中，本期非流动负债比流动负债增长缓慢。在非流动负债中，变动幅度最大的是租赁负债，增加6 229.92百万元，占总权益增加额的3.36%。这主要是由于执行《企业会计准则第21号——租赁》（2018年修订），将售后回租业务原列报在“长期应付款”项目的金额记入“租赁负债”项目列报。非流动负债增长的主要原因是其他非流动负债的增加。2023年，BQC公司其他非流动负债增加23 748.88百万元，增幅为88.30%，占总权益增加额的12.79%。其他非流动负债增加主要是收到与特定项目相关的政府补助或专项资金，这些资金需要在一定期限内分期确认收入，未确认部分计入递延收益（属于其他非流动负债）。

（4）本期所有者权益增加29 072.27百万元，增幅为23.95%，占总资产增加额的15.66%。在所有者权益中，未分配利润的增加是主要原因。未分配利润本期增加26 180.74百万元，增幅为63.94%，这表明企业当期经营活动收益成为支撑资产扩张的主要来源。同期，企业的其他综合收益和专项储备也出现了较大的变化。其他综合收益增加175.33百万元，增幅为40.93%；专项储备增加10.29百万元，增幅为85.18%。前者是汇率波动导致的外币财务报表折算差额的变化，后者则是环境保护费用增加导致的。

另外，水平分析仅考虑了资产负债表各项目在不同期间的变动，没有考虑各项目的内部结构，以及该项目占总体的比重。因此，对资产负债表水平分析表的分析评价还应结合资产负债表垂直分析、资产负债表附注分析和资产负债表项目分析进行，同时还应注意与利润表、现金流量表相结合进行分析评价。

三、权益资金变动对企业未来经营影响的分析评价

企业经营规模变动的一种表现形式是企业资产规模的变动，当企业资产规模变动时，必然要有相应的资金来源满足其需求。企业可以通过增加或减少负债、投资者追加或收回投资和留存收益这三种方式解决其资金来源。不同的资金来源方式会影响企业的未来经营、财务状况及财务成果，因此，要注意分析评价不同资金来源方式可能产生的影响，以便对企业未来发展做出推断。

（一）举债

在企业资产规模发生变动时，如果企业通过举债方式满足其资金需求，这是一种外延型扩大再生产，对企业未来经营的影响可能是：

（1）负债比重提高，债务负担加重。在其他权益资金项目不变时，企业举债必然会提高资产负债率，企业的资本结构因此而发生变化，财务风险会提高。企业债务负担加重，会加大企业的偿债压力，对企业资产流动性要求更高。资金安全是债权人进行信贷决策时要考虑的最重要的因素，当企业不断地通过举债扩大其经营规模时，企业财务风险不断增加，债权人会感到其资金安全受到威胁，会采取减少贷款或停止贷款等相应措施以保证其资金的安全性。如果一个企业单纯地依靠举债扩大其经营规模，没有债权人会无条件地承诺随时会满足企业的资金需求，一旦资金链断裂，企业的经营会受到严重影响，甚至威胁到企业的生存。

从极端情况来看，企业负债水平的不断提升，会导致企业破产可能性的不断增加。特别是当企业所在行业处于经济下行阶段时，必须对负债率的提升给予足够的警惕和重视。

（2）资金制约。理论上，企业能够举借债务的数额存在上限。当企业根据投资需求提升负债水平时，可能很快触及债务上限。这会导致面对未来投资机会时，企业无法通过债务渠道获得资金来源。为此，在分析负债水平时，必须考虑企业未来投资机会和潜在债务上限所产生的资金约束，避免因负债水平过高而无法募集资金，错失投资机会。

（3）财务杠杆作用加大。负债经营必然会产生相应的财务杠杆作用，负债比率越高，财务杠杆作用越大。需要注意的是，财务杠杆是把“双刃剑”，既能帮助企业产生更高的财务收益，也会增加企业的财务风险。企业获取财务杠杆利益的基本前提是总资产报酬率大于负债利息率，企业在进行负债筹资决策时，不能仅考虑资金需求，还要结合其盈利水平，以避免造成财务杠杆损失。

（4）负债能够约束经理人员的自利行为，产生治理效果。负债水平的提升会导致破产可能性的增加，企业破产不但会导致管理人员失去现有工作，也会导致其声誉受损，降低未来收益水平。同时，债务利息的支付会降低管理人员可以自由支配的资源，从而降低其浪费资源的可能性，对企业管理人员形成约束机制。

（二）追加投资

企业经营规模的扩张，也可以通过吸收投资来实现，从本质上讲，这也是一种外延型扩大再生产，可能对企业未来经营产生如下影响：

（1）资金制约。企业的投资人数量是有限的，这些投资人所拥有的资本也是有限的，任何一个企业，其经营规模的扩张不可能完全依赖投资人不追加投资来实现。

（2）运用不当会失去投资人的支持。通过投资人追加投资满足企业规模扩张的资金需求，是企业普遍使用的筹资策略，但若运用不当，会产生消极作用，因为这种策略通常与投资人的最佳利益相悖。投资人将其拥有的资本投资于企业，是期望通过企业的经营活动使资本增值，如果企业无视投资人的这种利益要求，一味地要求投资人追加投资来满足企业规模扩张的资金需求，把投资人当成提款机，就会引起投资人的反感，甚至失去投资人的支持。

（3）有助于企业财务实力的提升。投资人投资是企业成立的基本前提，其投资规模是企业财务实力的直观表现。投资人追加投资，可以增强企业的财务实力，减轻债务负担，为企业调整资本结构、筹集资金、降低财务风险等奠定物质基础。

（三）留存收益

留存收益由两部分组成：一是提取的盈余公积；二是保留的未分配利润。留存收益的数量取决于企业的盈利、盈余公积的提取比例和企业的利润分配政策。留存收益对企业生产经营的作用体现在以下两个方面：

（1）为企业可持续发展提供源源不断的资金来源。企业经营规模的扩张无论是依靠举债还是投资人追加投资都会受到资金制约，而留存收益来源于企业的经营所得，是企业主观努力的结果，属于内涵型扩大再生产，是一种“滚雪球式”的增长。

（2）促进企业经营步入良性循环。任何一个企业要想健康发展，单纯依赖外部“输血”是不行的，必须提高自身“造血”功能。通过企业卓有成效的经营，增加自身积累，从根本上提高偿债能力、改善财务状况、满足各方利益要求、树立企业形象和争取投资人支持，从而使企业步入良性循环的轨道。

第三节　资产负债表垂直分析

一、资产负债表垂直分析表的编制

资产负债表结构反映了资产负债表各项目的相互关系及各项目所占的比重。资产负债表垂直分析是通过计算资产负债表中各项目占总资产或权益总额的比重，分析评价企业资产结构和权益结构的变动情况及合理程度，具体来讲就是：①结合行业特征和竞争策略，分析评价企业资产结构的变动情况及变动的合理性；②分析评价企业资本结构的变动情况及变动的合理性。

资产负债表垂直分析可以从静态角度和动态角度两方面进行。从静态角度分析就是以本期资产负债表为分析对象，分析评价其实际构成情况。从动态角度分析就是将资产负债表的本期实际构成与选定的标准进行对比分析，对比的标准可以是上期实际数、预算数和同行业的平均数或可比公司的实际数。对比标准的选择视分析目的而定。

根据表2-1提供的资料，编制BQC公司资产负债表垂直分析表，见表4-6。

表4-6　**BQC公司资产负债表垂直分析表**　金额单位：百万元

项目	2023年12月31日	2022年12月31日	2023年12月31日(%)	2022年12月31日(%)	变动情况(%)
流动资产：					
货币资金	109 094.41	51 471.26	16.05	10.42	5.63
交易性金融资产	9 562.55	20 626.93	1.41	4.18	-2.77
应收账款	61 866.02	38 828.49	9.10	7.86	1.24
应收款项融资	5 564.92	12 894.28	0.82	2.61	-1.79
预付款项	2 215.41	8 223.57	0.33	1.67	-1.34
其他应收款	2 757.91	1 910.01	0.41	0.39	0.02
其中：应收利息					
应收股利	7 940.00	1 350.00	1.17	0.27	0.9
存货	87 676.75	79 107.20	12.90	16.02	-3.12
合同资产	2 660.32	13 553.00	0.39	2.74	-2.35
一年内到期的长期应收款	7 508.35	1 052.56	1.10	0.21	0.89
其他流动资产	13 214.80	13 136.20	1.94	2.66	-0.72
流动资产合计	302 121.45	240 803.51	44.46	48.76	-4.3
非流动资产：					

续表

项目	2023年12月31日	2022年12月31日	2023年12月31日（%）	2022年12月31日（%）	变动情况（%）
长期应收款	8 238.19	1 118.64	1.21	0.23	0.98
长期股权投资	17 647.21	15 485.40	2.60	3.14	-0.54
其他权益工具投资	5 327.28	4 418.58	0.78	0.89	-0.11
其他非流动金融资产	2 696.37	2 147.14	0.40	0.43	-0.03
投资性房地产	82.51	85.01	0.01	0.02	-0.01
固定资产	230 903.82	131 880.37	33.98	26.70	7.28
在建工程	34 726.20	44 621.94	5.11	9.04	-3.93
使用权资产	9 678.96	3 137.33	1.42	0.64	0.78
无形资产	37 236.26	23 223.50	5.48	4.70	0.78
开发支出	541.00	1 683.00	0.08	0.34	-0.26
商誉	4 427.57	65.91	0.65	0.01	0.64
长期待摊费用	4 062.53	458.11	0.60	0.09	0.51
递延所得税资产	6 584.42	3 686.91	0.97	0.75	0.22
其他非流动资产	15 273.90	21 045.32	2.25	4.26	-2.01
非流动资产合计	377 426.22	253 057.14	55.54	51.24	4.30
资产总计	679 547.67	493 860.65	100.00	100.00	0.00
流动负债：					
短期借款	18 323.22	5 153.10	2.70	1.04	1.66
交易性金融负债	7.71	54.61	0.00	0.01	-0.01
衍生金融负债					
应付票据	4 053.31	3 328.42	0.60	0.67	-0.07
应付账款	194 429.82	140 437.31	28.61	28.44	0.17
预收款项					
合同负债	34 698.51	35 516.57	5.11	7.19	-2.08
应付职工薪酬	17 138.84	12 037.01	2.52	2.44	0.08
应交税费	7 852.32	4 326.39	1.16	0.88	0.28
其他应付款	164 972.85	122 123.84	24.28	24.73	-0.45
其中：应付利息					

续表

项目	2023年12月31日	2022年12月31日	2023年12月31日（%）	2022年12月31日（%）	变动情况（%）
应付股利					
预计负债	2 620.33	1 287.45	0.39	0.26	0.13
一年内到期的非流动负债	7 740.49	6 464.83	1.14	1.31	−0.17
其他流动负债	1 829.28	2 615.03	0.27	0.53	−0.26
流动负债合计	453 666.67	333 344.56	66.76	67.50	−0.74
非流动负债：					
长期借款	11 975.14	7 593.60	1.76	1.54	0.22
应付债券					
租赁负债	8 847.19	2 617.27	1.30	0.53	0.77
长期应付款					
递延所得税负债	3 950.84	2 018.53	0.58	0.41	0.17
其他非流动负债	50 645.73	26 896.85	7.45	5.45	2.00
非流动负债合计	75 418.89	39 126.25	11.10	7.92	3.18
负债合计	529 085.56	372 470.81	77.86	75.42	2.44
所有者权益（或股东权益）：					
股本	2 911.14	2 911.14	0.43	0.59	−0.16
资本公积	62 041.77	61 705.89	9.13	12.49	−3.36
减：库存股	1 266.94	1 809.92	0.19	0.37	−0.18
其他综合收益	603.66	428.33	0.09	0.09	0.00
专项储备	22.37	12.08	0.00	0.00	0.00
盈余公积	7 374.09	6 838.54	1.09	1.38	−0.29
一般风险准备					
未分配利润	67 123.97	40 943.23	9.88	8.29	1.59
归属于母公司所有者权益（或股东权益）合计	138 810.07	111 029.30	20.43	22.48	−2.05
少数股东权益	11 652.05	10 360.54	1.71	2.10	−0.39
所有者权益（或股东权益）合计	150 462.11	121 389.84	22.14	24.58	−2.44
负债和所有者权益（或股东权益）总计	679 547.67	493 860.65	100.00	100.00	0.00

【思政案例】

资产负债表是一张经过滤镜美颜了的公司财务状况，因为有很多“主观臆断”的内容，所以只能是公司“画像”，而不是反映公司真实财务情况的“镜子”。中欧国际工商学院会计学教授程林在课堂上提出了，财务里的三张报表也是人生的重要报表。在任何的财务报表上，人都不是“资产”，无法记录在“资产”项上，但在非财务的概念里，“人”是最重要的资产。

首先，建立人生的资产负债表。扎实的专业知识是人生这张资产负债表中最重要的资产之一。在人生中，年轻时吃苦奋斗，积累丰富的成果和阅历，是今后人生的重要资产。其次，会计是科学也是“艺术”。会计毫无疑问是科学，甚至和其他拥有众多理论的管理学科相比，会计是一门“极其讲究证据”的学科，在量化和数学模型上都有非常严谨的理论支撑。但会计也是“艺术”，它往往不是黑白分明的，在数字背后玄机暗藏，存在很多人为的判断和选择。最后，教学相长，产学结合。在学习时，要注意理论与实践相结合。

思政知识4-1

思政案例解析：

(1) 青年人要敢于吃苦，不畏困难，积累丰富的成果和阅历，这些是今后人生的重要资产。

(2) 每个人都是自己人生中的重要资产，要学会利用自身的优势，提高个人能力，人生的净权益才能越做越大。

二、资产负债表结构变动情况的分析评价

资产负债表结构变动情况的分析评价可从三个方面进行：

(一) 资产结构的分析评价

企业资产结构分析评价的思路是：

第一，结合行业特征，从静态角度观察企业资产的配置情况，特别关注流动资产和非流动资产的比重以及其中重要项目的比重，分析时可通过与行业的平均水平或可比公司资产结构的比较，对企业资产的流动性和资产风险做出判断，进而对企业资产结构的合理性做出评价。从整体上看，流动资产和非流动资产的比重，主要受制于企业所处的行业。比如，交通运输业的非流动资产所占比重较大；而在教育、文化等行业中，非流动资产所占比重并不大。表4-7为BQC公司和可比公司资产结构分析表。

表4-7 **BQC公司和可比公司资产结构分析表**

公司名称	2023年		2022年		变动	
	流动资产占比（%）	非流动资产占比（%）	流动资产占比（%）	非流动资产占比（%）	流动资产占比（%）	非流动资产占比（%）
CAQC	68.85	31.15	69.89	30.11	-1.04	1.04
CCQC	58.92	41.08	58.09	41.91	0.83	-0.83
GQJT	46.30	53.70	48.25	51.75	-1.95	1.95
SQJT	61.55	38.45	58.80	41.20	2.75	-2.75
BQC	44.46	55.54	48.76	51.24	-4.30	4.30
行业平均值	58.21	41.79	57.50	42.50	0.71	-0.71
行业中位数	58.61	41.39	57.89	42.11	0.72	-0.72

第二，结合竞争策略，从动态角度分析企业资产结构的变动情况，对企业资产结构的稳定性做出评价，进而对企业资产结构的调整情况做出评价。

从表4-6和表4-7可以看出：

（1）从静态方面分析，就一般意义而言，企业流动资产变现能力较强，其资产风险较小；非流动资产变现能力较差，其资产风险较大。所以，流动资产比重较大时，企业资产的流动性强而风险小；非流动资产比重高时，企业资产弹性较差，不利于企业灵活调度资金，风险较大。BQC公司2023年流动资产和非流动资产占比较为均衡，分别为44.46%和55.54%；与行业平均水平相比，流动资产占比略低，而非流动资产占比略高，但偏离度较小。相较于可比公司，BQC公司的资产结构并非倾向于以流动资产为主，而是非流动资产占比较高。在可比公司中，CAQC、CCQC、GQJT和SQJT公司的流动资产占比均高于BQC公司。从资产结构的静态分析来看，CAQC公司的经营策略与BQC公司显著不同，其流动资产占比高达68.85%，而非流动资产占比仅31.15%。相比之下，BQC公司非流动资产占比相对较高，资产灵活性可能稍弱，风险相对较大，但也为其在长期的市场竞争中获取优势奠定了基础。

（2）从动态方面分析，2023年，BQC公司流动资产比重下降了4.30%，而非流动资产比重上升了4.30%。相对于行业水平而言，BQC公司的资产结构变动幅度较大，在可比公司中，BQC公司的资产结构变动也较为显著。特别值得注意的是，在面对相同的行业发展趋势时，不同企业的反应并不相同。2023年，汽车行业经历了一定程度的增长，市场需求和技术创新推动了行业的扩张。CCQC和SQJT公司通过增加流动资产比重加以应对，但是CAQC和GQJT公司却选择了不同的策略。在可比公司中，CAQC和GQJT公司的流动资产占比下降，而非流动资产占比上升。

案例分析4-1

（二）资本结构的分析评价

企业资本结构分析评价的思路是：

第一，从静态角度观察资本的构成，衡量企业的财务实力，评价企业的财务风险，同时结合企业的盈利能力和经营风险，评价其资本结构的合理性。

第二，从动态角度分析企业资本结构的变动情况，对资本结构的调整情况及对股东收益可能产生的影响做出评价。

表4-8列示了BQC公司和可比公司资本结构分析情况。

表4-8　**BQC公司和可比公司资本结构分析表**

公司名称	2023年		2022年		变动	
	负债占比（%）	所有者权益占比（%）	负债占比（%）	所有者权益占比（%）	负债占比（%）	所有者权益占比（%）
CAQC	60.73	39.27	56.90	43.10	3.83	-3.83
CCQC	65.96	34.04	64.82	35.18	1.14	-1.14
GQJT	43.04	56.96	35.59	64.41	7.45	-7.45
SQJT	65.94	34.06	66.03	33.97	-0.09	0.09
BQC	77.86	22.14	75.42	24.58	2.44	-2.44
行业平均值	45.18	54.82	45.31	54.69	-0.13	0.13
行业中位数	46.26	53.74	44.98	55.02	1.28	-1.28

从表4–6和表4–8可以看出：

（1）从静态方面分析，BQC公司2023年负债占比为77.86%，所有者权益占比为22.14%，债务资金显著高于所有者权益资金。从行业水平来看，该公司债务占比显著较高，而所有者权益占比显著较低。在可比公司中，BQC公司的负债占比最高，所有者权益占比最低。GQJT公司的负债占比为43.04%，所有者权益占比为56.96%，显示出较低的财务风险。相比之下，BQC公司的财务风险较高。

（2）从动态方面分析，2023年，BQC公司负债占比上升了2.44%，所有者权益占比下降了2.44%，变动幅度大于行业水平。在可比公司中，GQJT公司的负债占比上升了7.45%，所有者权益占比下降了7.45%，变动幅度最大，显示出其财务风险的显著增加。

（三）资产负债表整体结构的分析评价

资产负债表整体结构分析评价的思路是：

第一，分析资产结构与资本结构的依存关系。企业的资产结构受制于企业的行业性质，不同的行业性质，其资金融通的方式也有差异。因此，尽管总资产与总资本在总额上一定相等，但由不同投资方式产生的资产结构与不同筹资方式产生的资本结构却不完全相同，通常资本结构受制于资产结构，但资本结构也会影响资产结构。

第二，分析评价不同结构可能产生的财务结果，以便对企业未来的财务状况及对企业未来经营的影响做出推断。

资产负债表整体结构主要有两种表现形式：

1.稳健结构

稳健结构的主要标志是企业流动资产的一部分资金需要使用流动负债来满足，另一部分资金需要则由非流动负债来满足。其形式见表4–9。

表4–9 **稳健结构的资产负债表**

<table>
<tr><td rowspan="2">流动资产</td><td>临时性占用流动资产</td><td>流动负债</td></tr>
<tr><td>永久性占用流动资产</td><td>非流动负债</td></tr>
<tr><td colspan="2">非流动资产</td><td>所有者权益</td></tr>
</table>

从表4–9可以看出，稳健型的资产负债表整体结构的财务结果是：①足以使企业保持相当优异的财务信誉，通过流动资产的变现足以满足偿还短期债务的需要，企业风险较小。②企业可以通过调整流动负债与非流动负债的比例，使负债成本达到企业目标。③无论是资产结构还是资本结构，都具有一定的弹性，特别是当临时性资产需要降低或消失时，可通过偿还短期债务或进行短期证券投资来调整，一旦临时性资产需要再产生，又可以通过重新举借短期债务或出售短期证券来满足其需求。

多数企业资产负债表整体结构都表现为这种形式。

2.风险结构

风险结构的主要标志是流动负债不仅用于满足流动资产的资金需要，而且用于满足部分非流动资产的资金需要。这一结构形式不因流动负债在多大程度上满足非流动资产的资金需要而改变。其形式见表4–10。

表4-10　**风险结构的资产负债表**

流动资产	流动负债
非流动资产	非流动负债 所有者权益

从表4-10可以看出，风险型的资产负债表整体结构的财务结果是：①财务风险较大，较高的资产风险与较高的筹资风险不能匹配。流动负债和非流动资产在流动性上并不对称，如果通过非流动资产的变现来偿还短期内到期的债务，必然给企业带来沉重的偿债压力，从而需要企业大大提高资产的流动性。②相对于稳健结构形式，其负债成本较低。③企业存在“黑字破产”的潜在危险，由于企业时刻面临偿债的压力，一旦市场发生变动，或意外事件发生，就可能引发企业资产经营风险，使企业资金周转不灵而陷入财务困境，造成企业因不能偿还到期债务而“黑字破产”。在实务中，风险结构的企业可能是希望利用流动负债成本较低的优势，来显示更为优异的业绩表现。但是，流动负债较高的财务风险往往会抵消其融资成本的优势。“短贷长用”企业通常会表现出风险结构的资产负债表。

这一结构形式只适用于企业处在发展壮大时期，或者在短期内作为一种财务策略来使用。

通过BQC公司的资产负债表垂直分析表（见表4-6）可以发现，BQC公司2023年流动资产占比44.46%，流动负债占比66.76%，属于风险结构，但是风险水平较低。

三、资产结构、负债结构和股东权益结构的具体分析评价

（一）资产结构的具体分析评价

企业资产结构的具体分析评价应特别关注以下几方面：

1.经营资产与非经营资产的比例关系

企业所占有的资产是企业进行经营活动的物质基础，但并不是所有的资产都是用于企业自身经营的，其中有些资产被其他企业所运用，如一些债权类资产和投资类资产；有些资产已转化为今后的费用，如长期待摊费用、开发支出和递延所得税资产等。尽管这些是企业的资产，但已无助于企业自身经营。如果这些非经营资产所占比重过大，企业的经营能力就会远远小于企业总资产所表现出来的经营能力。当企业资产规模增长时，从表面上看，似乎是企业经营能力增加了，但如果仅仅是非经营资产比重增加，经营资产比重反而下降，是不能真正提高企业的经营能力的。区分经营资产和非经营资产有助于深入分析企业的经营活动。若生产型企业出现非经营资产高于经营资产的情况，特别是金融性非经营资产较高，这表明企业可能并没有将经营管理的重心放在主业之上。

根据表2-1的资料，整理编制BQC公司经营资产与非经营资产结构分析表，见表4-11。

表4-11　**BQC公司经营资产与非经营资产结构分析表**　金额单位：百万元

项目	2023年12月31日	2022年12月31日	2023年（%）	2022年（%）	变动情况（%）
经营资产：					
货币资金	109 094.41	51 471.26	16.05	10.42	5.63
预付款项	2 215.41	8 223.57	0.33	1.67	-1.34

续表

项目	2023年12月31日	2022年12月31日	2023年（%）	2022年（%）	变动情况（%）
存货	87 676.75	79 107.20	12.90	16.02	-3.12
合同资产	2 660.32	13 553.00	0.39	2.74	-2.35
固定资产	230 903.82	131 880.37	33.98	26.70	7.28
在建工程	34 726.20	44 621.94	5.11	9.04	-3.93
使用权资产	9 678.96	3 137.33	1.42	0.64	0.78
无形资产	37 236.26	23 223.50	5.48	4.70	0.78
经营资产合计	514 192.14	355 218.16	75.67	71.93	3.74
非经营资产：					
交易性金融资产	9 562.55	20 626.93	1.41	4.18	-2.77
应收账款	61 866.02	38 828.49	9.10	7.86	1.24
应收款项融资	5 564.92	12 894.28	0.82	2.61	-1.79
其他应收款	2 757.91	1 910.01	0.41	0.39	0.02
一年内到期的长期应收款	7 508.35	1 052.56	1.10	0.21	0.89
其他流动资产	13 214.80	13 136.20	1.94	2.66	-0.72
长期应收款	8 238.19	1 118.64	1.21	0.23	0.98
长期股权投资	17 647.21	15 485.40	2.60	3.14	-0.54
其他权益工具投资	5 327.28	4 418.58	0.78	0.89	-0.11
其他非流动金融资产	2 696.37	2 147.14	0.40	0.43	-0.03
投资性房地产	82.51	85.01	0.01	0.02	-0.01
开发支出	541.00	1 683.00	0.08	0.34	-0.26
商誉	4 427.57	65.91	0.65	0.01	0.64
长期待摊费用	4 062.53	458.11	0.60	0.09	0.51
递延所得税资产	6 584.42	3 686.91	0.97	0.75	0.22
其他非流动资产	15 273.90	21 045.32	2.25	4.26	-2.01
非经营资产合计	165 355.53	138 642.49	24.33	28.07	-3.74

根据表4-11可以看出，在资产中，BQC公司的经营资产始终占据绝对主流。经营资产占总资产比例在2023年和2022年分别为75.67%和71.93%。这样的资产结构表明BQC公司始终聚焦主业的发展策略。表4-12列示了BQC公司和可比公司经营资产占比分析情况。

表4-12 **BQC公司和可比公司经营资产占比分析表**

公司名称	2023年（%）	2022年（%）	变动值（%）
CAQC	79.34	78.99	0.35
CCQC	66.90	64.50	2.40
GQJT	60.15	54.13	6.02
SQJT	52.46	54.84	-2.38
BQC	75.67	71.93	3.74
行业平均值	68.98	69.92	-0.94
行业中位数	70.84	71.01	-0.17

2.固定资产与流动资产的比例关系

一般而言，固定资产的盈利能力较强，但是流动性较差，风险较高；而流动资产的盈利能力较弱，流动性较强，风险较低。企业固定资产与流动资产之间只有保持合理的比例结构，才能形成现实的生产能力，否则，就有可能造成部分生产能力闲置或加工能力不足。以下三种固流结构政策可供企业选择：①适中的固流结构政策。采取这种策略，就是将固定资产存量与流动资产存量的比例保持在平均水平。在这种情况下，企业的盈利水平一般，风险程度一般。②保守的固流结构政策。采取这种策略，流动资产的比例较高。在这种情况下，增加了流动资产，企业资产的流动性提高，资产风险会因此降低，但可能导致盈利水平的下降。③激进的固流结构政策。采取这种策略，固定资产的比例较高。在这种情况下，增加了固定资产，会相应提高企业的盈利水平，同时可能导致企业资产的流动性降低，资产风险会因此提高。表4-13为BQC公司和可比公司固定资产与流动资产的比例分析表。

表4-13　**BQC公司和可比公司固定资产与流动资产的比例分析表**

公司名称	2023年	2022年	变动幅度
CAQC	0.15	0.19	-0.04
CCQC	0.26	0.25	0.01
GQJT	0.22	0.21	0.01
SQJT	0.14	0.14	0.00
BQC	0.76	0.55	0.21
行业平均值	0.44	0.44	0.00
行业中位数	0.37	0.38	-0.01

从表4-6的分析来看，BQC公司2023年度流动资产占比为44.46%，固定资产占比为33.98%，固流比例大致为0.76，上年度流动资产占比为48.76%，固定资产占比为26.70%，固流比例大致为0.55，固流比例呈现上升趋势。根据表4-13，BQC公司的固流比例显著高于行业整体水平。从行业水平来看，固流比例总体相对稳定，这与行业发展情况相符。在可比公司中，CCQC公司和GQJT公司的固流比例呈现小幅增加。相比之下，BQC公司的固流比例增加了0.21，变动幅度最大，显示出其资产结构的显著变化。

3.流动资产的内部结构

流动资产内部结构是指组成流动资产的各个项目占流动资产总额的比重。分析流动资产结构，可以了解流动资产的分布情况、配置情况、资产的流动性及支付能力。

根据资产负债表提供的资料，编制流动资产结构分析表，见表4-14。

表4-14　**流动资产结构分析表**

项目	金额（百万元）		结构（%）		
	2023年	2022年	2023年	2022年	差异
货币资产	109 094.41	51 471.26	36.11	21.37	14.74
债权资产	67 430.94	51 722.77	22.32	21.48	0.84
存货资产	87 676.75	79 107.20	29.02	32.85	-3.83
其他	37 919.35	58 502.28	12.55	24.29	-11.74
流动资产合计	302 121.45	240 803.51	100.00	100.00	0.00

从表4-14可以看出，货币资产比重大幅上升，公司的流动性水平得到提升，短期支付能力增强；债权资产比重略有上升，表明公司在维持稳健信用政策的同时，债权规模有所扩大；存货资产比重下降，表明公司在存货管理上进行了优化。存货资产的增加与2023年行业适度增长和原材料价格上涨有关，公司需要增加库存以应对市场需求和成本上升；行业增长也给予BQC公司在供求关系中的优势地位，公司并不会通过更为宽松的信用政策来增加销售，因此债权资产保持相对稳定，而货币资产呈现了大幅增长。表4-15为BQC公司和可比公司流动资产结构分析表。

表4-15 **BQC公司和可比公司流动资产结构分析表**

公司名称	2023年（%）				2022年（%）				变化（%）			
	货币资产	债权资产	存货资产	其他	货币资产	债权资产	存货资产	其他	货币资产	债权资产	存货资产	其他
CAQC	49.54	1.84	10.28	38.34	52.44	3.01	5.70	38.85	−2.90	−1.17	4.58	−0.51
CCQC	32.33	30.46	22.45	14.76	33.22	26.71	20.78	19.29	−0.89	3.75	1.67	−4.53
GQJT	48.36	7.04	16.54	28.06	43.06	9.53	13.47	33.94	5.30	−2.49	3.07	−5.88
SQJT	23.18	13.68	15.91	47.23	26.65	12.79	15.21	45.35	−3.47	0.89	0.70	1.88
BQC	36.11	22.32	29.02	12.55	21.37	21.48	32.85	24.29	14.74	0.84	−3.83	−11.74
行业平均值	28.01	34.14	22.32	15.53	26.74	32.78	24.69	15.79	1.27	1.36	−2.37	−0.26
行业中位数	24.32	34.02	21.15	20.51	24.89	33.03	24.72	17.36	−0.57	0.99	−3.57	3.15

根据表4-15，我们可以发现BQC公司的货币资产占比从2022年的21.37%大幅上升至2023年的36.11%，这表明BQC公司在2023年显著提升了现金持有水平。与行业平均值相比，BQC公司的货币资产占比处于较高水平。而BQC公司的债权资产始终处于较低的水平，2023年出现小幅上升。虽然，CCQC公司债权资产在2023年也表现出小幅上升趋势，但两者在存货增长水平上却存在显著差异。CCQC公司存货资产占流动资产的比例上升1.67%，而BQC公司的存货资产占流动资产的比例下降了3.83%。这种差异来自经营策略的差别。2023年，CCQC公司加大力度提高直供材比例，增加现货销售规模，优化供应链管理以及推出新产品等，虽然有助于提升公司的市场竞争力和客户满意度，但也导致产成品存货资金占用增加。BQC公司较低的存货水平减少了资金的占用，也提升了资金利用水平。

（二）负债结构的具体分析评价

1.负债结构分析应考虑的因素

负债是指过去的交易、事项形成的现时义务，履行该义务预期会导致经济利益流出企业。根据债务偿还期限，负债可以分为流动负债和非流动负债，需要在一年内偿还的债务称为流动负债，其余则为非流动负债。

负债结构是因为企业采用不同负债筹资方式所形成的，是负债筹资的结果，因此，负债结构分析必须结合其他相关因素进行。

（1）负债结构与负债规模。负债结构反映的是各种类型债务在全部负债中的组成情况，负债结构与负债规模相关，却不能说明负债规模的大小。负债结构变化既可能是负债规模变化引起的，也可能是负债各项目变化引起的。分析时，只有联系负债规模，才能真正揭示负债结构变动的原因和趋势。

（2）负债结构与负债成本。企业举债，不仅要按期归还本金，还要支付利息，这是企业使用他人资金必须付出的代价，通常称为资金成本。企业在筹集资金时，总是希望付出最低的代价，对资金成本的权衡，会影响企业筹资方式的选择，进而对负债结构产生影响。反过来，负债结构的变化也会对负债成本产生影响。这是因为，不同的负债筹资方式所取得的资金，其资金成本是不一样的，任何一个企业都很难只用一种负债筹资方式来获取资金，当企业用多种负债筹资方式筹资时，其负债成本的高低除了与各种负债筹资方式的资金成本相关外，还取决于企业的负债结构。

（3）负债结构与债务偿还期限。这是负债结构分析要考虑的一个极其重要的因素。负债是必须按期偿付的，企业在举债时，就应当根据债务的偿还期限来安排负债结构。企业负债结构合理的一个重要标志就是使债务的偿还时间与企业现金流入的时间相吻合，债务的偿还金额与现金流入量相适应。如果企业能够根据其现金流入的时间和流入量妥善安排举债的时间、偿债的时间和债务金额，使各种长、短期债务相配合，各种长、短期债务的偿还时间分布合理，企业就能及时偿付各种到期债务，维护企业信誉。否则，如果债务结构不合理，各种债务偿还期相对集中，就可能产生偿付困难，造成现金周转紧张的局面，影响企业的形象，也会增加企业今后通过负债筹资的难度。

（4）负债结构与财务风险。企业的财务风险源于企业采用的负债经营方式。不同类型的负债，其风险是不同的，在安排企业负债结构时，必须考虑这种风险。任何企业，只要采取负债经营方式，就不可能完全回避风险，但通过合理安排负债结构降低风险是完全可以做到的。一般说来，短期负债的风险要高于长期负债，这是因为长期负债的偿还期较长，使企业有充裕的时间为偿还债务积累资金，虽有风险，但相对较小。如果企业以多期的短期负债相衔接来满足长期资金的需要，可能因频繁的债务周转而发生一时无法偿还的情况，从而陷入财务困境，甚至导致企业破产。

（5）负债结构与经济环境。企业生产经营所处的经济环境也是影响企业负债结构的因素之一，其中，资本市场的资金供求情况尤为重要。当国家紧缩银根时，企业取得短期借款就可能比较困难，其长期债务的比重就会高些；反之，企业较容易取得贷款时，其流动负债的比重就会大些。在这种情况下，经济环境对企业负债结构的影响是主要方面，企业自身的努力也会发挥相当大的作用。

（6）负债结构与筹资政策。企业负债结构的安排和变动受到许多主、客观因素的影响和制约，企业筹资政策是一个纯粹的主观因素。企业根据自身的经营状况和资产配置情况所制定的筹资政策，直接决定企业的负债结构。从这个意义上说，负债结构分析也是筹资政策分析。

2.典型负债结构分析评价

负债的不同分类方式可以形成不同的负债结构，因此，对负债结构的分析，可以从以下几个方面来进行：

（1）负债期限结构分析评价。负债按期限长短分为流动负债和非流动负债，负债的期限结构可以用流动负债比率和非流动负债比率来表示。根据表2-1，经整理编制BQC公司负债期限结构分析表，见表4-16。

表4-16 BQC公司负债期限结构分析表

项目	金额（百万元）		结构（%）		
	2023年	2022年	2023年	2022年	差异
流动负债	453 666.67	333 344.56	85.75	89.50	-3.75
非流动负债	75 418.89	39 126.25	14.25	10.50	3.75
负债合计	529 085.56	372 470.81	100.00	100.00	0.00

根据表4-16，2023年，BQC公司流动负债比重为85.75%，虽然较上一年度有小幅度下降，但流动负债仍然占据了负债的绝大部分。短期资金来源的成本较低，但是对企业流动性要求较高，会带来较大的财务风险。这也意味着必须时刻关注公司资产的流动性，以避免财务风险事件出现。表4-17为BQC公司和可比公司负债期限结构分析表。

表4-17 BQC公司和可比公司负债期限结构分析表

公司名称	2023年（%）		2022年（%）		变动（%）	
	流动负债	非流动负债	流动负债	非流动负债	流动负债	非流动负债
CAQC	89.39	10.61	96.21	3.79	-6.82	6.82
CCQC	83.48	16.52	79.74	20.26	3.74	-3.74
GQJT	82.05	17.95	83.48	16.52	-1.43	1.43
SQJT	82.48	17.52	83.20	16.80	-0.72	0.72
BQC	85.75	14.25	89.50	10.50	-3.75	3.75
行业平均值	84.33	15.67	84.54	15.46	-0.21	0.21
行业中位数	87.36	12.64	87.75	12.25	-0.39	0.39

从行业水平和可比公司来看，较高的流动负债水平是行业特征。流动负债占比在可比公司和行业平均水平上，始终都在80%以上。但是，相较于行业标准和可比公司，BQC公司流动负债占比仍然偏高，需要格外关注。但是，期限结构仅就负债时限进行分析，并没有考虑负债方式等因素的影响，尚不能做出最终判断。

（2）负债方式结构分析评价。

负债按其取得方式的不同可以分为银行信用、债券、商业信用、内部结算款项、外部结算款项和其他负债等。根据表2-1，将负债按取得来源和方式汇总整理后，编制BQC公司负债方式结构分析表，见表4-18。

表4-18 BQC公司负债方式结构分析表

项目	金额（百万元）		结构（%）		
	2023年	2022年	2023年	2022年	差异
银行信用	30 298.36	12 746.69	5.73	3.42	2.31
应付债券	0	0	0	0	0
商业信用	233 181.64	179 282.30	44.07	48.13	-4.06
内部结算款	17 138.84	12 037.01	3.24	3.23	0.01
外部结算款	172 825.17	126 450.23	32.66	33.95	-1.29
其他负债	75 641.55	41 954.58	14.30	11.27	3.03
负债合计	529 085.56	372 470.81	100.00	100.00	0.00

根据表4-18，BQC公司的负债结构以商业信用和外部结算款为主，这两部分合计占比接近80%。商业信用的扩大是流动负债比例上升的主要原因，但在行业增长的背景下，这并不一定会带来严重的财务风险。外部结算款的稳定性显示出公司在外部资金运作上的稳健性。银行信用和其他负债的增加则反映了公司在业务扩张和长期投资方面的策略调整。

这里需强调的是，从成本角度来看，商业信用似乎属于无成本负债。但是，这种观点只考虑了实际支付的成本，而没有考虑机会成本和可能产生的剩余损失。通常，利用商业信用的方式占用客户资金会有一定的机会成本。如果将机会成本考虑在内，商业信用并不是没有成本的。同时，如果商业信用不能及时支付货款，将对公司的声誉产生较大负面影响，不利于经营活动的开展。

（三）股东权益结构的具体分析评价

1.股东权益结构分析应考虑的因素

股东权益是指所有者在企业资产中享有的经济利益，其金额为资产减去负债后的余额。股东权益是由企业投资人投资和企业生产经营所得净收益的积累而形成的，具体包括四部分：①投资人直接投资所形成的投入资本；②资本公积；③从生产经营所得净收益中提取的盈余公积；④保留的未分配利润的积累。

股东权益又称为自有资本、主权资金、权益资金，是企业资金来源中最重要的组成部分，是其他资金来源的前提和基础。权益资金在企业生产经营期间不需返还，是可供企业长期使用的永久性资金，而且没有固定的利息负担。所以，权益资金越多，企业的财务实力越雄厚，财务风险越小，如果企业的资金全部是权益资金，则无财务风险可言。

股东权益结构是企业采用权益筹资方式而形成的，是权益筹资的结果。对股东权益结构进行分析，必须考虑以下因素：

（1）股东权益结构与股东权益总量。股东权益结构变动既可能是由股东权益总量变动引起的，也可能是由股东权益内部各项目本身变动引起的，两者的变化可分为：①总量变动，结构变动。例如，当各具体项目发生不同程度变动时，其总量会因此变动，但由于各项目变动幅度不同，其结构会随之变动。例如，经营活动带来未分配利润的增加。②总量不变，结构变动。这是由股东权益内部各项目之间相互转化造成的。例如，以资本公积转增股本。③总量变动，结构不变。当股东权益内部各项目按相同比例呈同方向变动时，会出现这种情况。实务中第三种情况几乎没有，而第一种、第二种情况却是普遍存在的。

（2）股东权益结构与企业利润分配政策。股东权益虽然由四个部分组成，实质上却可以分为两类：投资人投资和生产经营活动形成的积累。一般说来，投资人投资不经常变动，因此，由企业生产经营获得的利润积累而形成的股东权益数量的多少，就会直接影响股东权益结构，而这完全取决于企业的生产经营业绩和利润分配政策。如果企业奉行高利润分配政策，就会把大部分利润分配给投资者，留存收益的数额就较小，股东权益结构变动就不太明显，生产经营活动形成的股东权益所占比重就较低；反之，其比重就较高。

（3）股东权益结构与企业控制权。企业的真正控制权掌握在投资人手里，特别是投资比例较大的投资人。如果企业吸收新的投资人追加投资来扩大企业规模，就会增加股东权益中投入资本的比重，使股东权益结构发生变化，同时也会分散企业的控制权。如果投资人不想他对企业的控制权被分散，在企业需要资金时，会倾向于采取负债筹资方式，在其他条件不变时，既不会引起企业股东权益结构发生变动，也不会分散企业控制权。

知识拓展4-1

（4）股东权益结构与股东权益资金成本。股东权益结构影响股东权益资金成本的一个基本前提是，股东权益各项目的资金成本不同。事实上，在股东权益各项目中，只有投资人投入的资本才会发生实际资金成本支出，其余各项目是一种无实际筹资成本的资金来源，其资金成本只不过是机会成本，即它们无须像投入资本那样分配企业的利润。从理论上看，企业必须给予投资者应有的回报，否则投资者可以通过各种方法进行反击。比如，如果企业不能实现资本的价值，投资者能够撤换管理层。但是，在实务中，考虑到我国资本市场的实际情况，投资者在利益受到损害时，很难通过上述途径保护自己的利益。因而，这类资金的成本通常被视为低于投入资本。基于此类资金的这一特点，在股东权益中，这类资金比重越大，股东权益资金成本就越低。

（5）股东权益结构与经济环境。企业筹资渠道有多条，筹资方式也有多种，企业可以根据需要进行选择。企业在选择筹资渠道和筹资方式时，不仅取决于企业的主观意愿，而且受外界经济环境影响。例如，当资金市场比较宽松时，企业可能更愿意通过举债来筹集资金，这样既可以降低整个企业的资金成本，又可以获得财务利益，而资金市场比较紧张时，企业则会利用产权筹资方式来筹集资金，更注意企业自身的积累，其结果就会影响股东权益结构。

2.股东权益结构分析评价

股东权益结构变动情况分析依据资产负债表提供的资料，采用垂直分析法进行。

根据表2-1提供的资料，编制BQC公司股东权益结构变动情况分析表，见表4-19。

表4-19 **BQC公司股东权益结构变动情况分析表**

项目	金额（百万元）		结构（%）		
	2023年	2022年	2023年	2022年	差异
实收资本（或股本）	2 911.14	2 911.14	2.10	2.62	−0.52
其他权益工具	0	0	0	0	0
资本公积	62 041.77	61 705.89	44.70	55.58	−10.88
减：库存股	1 266.94	1 809.92	0.91	1.63	−0.72
其他综合收益	603.66	428.33	0.43	0.38	0.05
专项储备	22.37	12.08	0.02	0.01	0.01
盈余公积	7 374.09	6 838.54	5.31	6.16	−0.85
未分配利润	67 123.97	40 943.23	48.35	36.88	11.47
归属于母公司股东权益合计	138 810.07	111 029.30	100.00	100.00	0.00

从表4-19可以看出，从静态来看，未分配利润是公司股东权益的最主要来源。未分配利润来自企业经营活动的剩余，良好的经营状况为企业发展提供了扎实的内部来源。从动态来看，未分配利润占比呈现增长趋势，这表明企业通过自身积累为企业提供资金来源。在所有者权益中，实收资本与上年度持平；资本公积占比出现了较大幅度的下降，但

是资本公积实际上处于增长状态，这是由经营活动带来了其他项目以更快速度增加造成的。

第四节　资产负债表项目分析

一、主要资产项目分析

在针对资产项目进行分析时，只有结合行业特征和竞争策略，才能得到较为科学的结论。第一，在分析过程中，将分析对象的具体情况与同行业公司进行比较，其中相似的变动趋势，提供行业发展态势对资产项目变动的影响。第二，将分析对象与同行业公司进行比较，能够获得相同行业环境下，企业不同竞争策略对资产项目的影响。

（一）货币资金

货币资金包括库存现金、银行存款和其他货币资金。货币资金是企业流动性最强、最有活力的资产，同时又是获利能力最低，或者说几乎不产生收益的资产，其拥有量过多或过少对企业生产经营都会产生不利影响。货币资金分析应关注以下几方面：

1.分析货币资金发生变动的原因

企业货币资金变动的主要原因可能有两方面：一方面可能是期间经营活动和信用政策变动导致货币资金变动。销售规模的变动会影响货币资金水平。企业销售商品或提供劳务是取得货币资金的重要途径，当销售规模发生变动时，货币资金存量规模必然会发生相应的变动，并且二者具有一定的相关性。信用政策的变动也会影响货币资金水平。销售规模的扩大是货币资金增加的先决条件，如果企业改变信用政策，则货币资金存量规模就会因此而变化。例如，在销售时，企业提高现销比例，货币资金存量规模就会变大些；反之，货币资金存量规模就会小些。如果企业奉行较严格的收账政策，收账力度较大，货币资金存量规模就会大些。另一方面可能是资产负债表日时点与资金调度过程的巧合。由于资产负债表是时点报表，仅反映在特定时点公司的货币资金水平。如果在资产负债表日，企业刚好处于资金调度过程的特定阶段，可能会出现货币资金的异常增加。比如，在企业生产经营过程中，可能会发生大笔的现金支出，如准备派发现金股利、偿还将要到期的巨额银行贷款、集中购货等，企业为此必须提前做好准备，积累大量的货币资金，这样就会使货币资金存量规模变大。再比如，所筹资金尚未使用。企业通过发行新股、债券和银行借款而取得大量现金，但由于时间关系而没来得及运用或暂时没有合适的投资机会进行投资，就会形成较大的货币资金余额。

一般来说，企业货币资金存量规模过小，会降低企业的支付能力，影响企业的信誉，因此而负担不必要的罚金支出等，或因此而丧失优惠进货的机会及最佳投资机会等；反之，如果货币资金存量规模过大，则会使企业丧失这部分资金的获利机会，影响企业资金的利用效果。企业管理人员对资金的调度会影响货币资金存量规模，如在货币资金存量规模过小时通过筹资活动提高其存量规模，而在其存量规模较大时，通过短期证券投资的方法加以充分利用，就会降低其存量规模。

2.分析货币资金规模及变动情况与货币资金比重及变动情况是否合理

货币资金是企业资产中的一项特殊资产，其特殊性表现在货币资金是满足企业正常经营必不可少的资产，但它又是几乎不产生收益的资产。货币资金存量过低，不能满足日常经营所需；存量过高，既影响资产的利用效率，又降低资产的收益水平。特别是，过多的现金给予管理人员浪费资源的便利条件。因此，企业货币资金存量及比重是否合适应结合以下因素进行分析：第一，企业货币资金的目标持有量。企业货币资金的目标持有量是指既能满足企业正常经营需要，又避免现金闲置的合理存量。企业应根据其目标持有量，控制货币资金存量规模及比重。第二，资产规模与业务量。一般说来，企业资产规模越大，业务量越大，处于货币资金形态的资产就可能越多。这里的业务量，不但包括现有业务，还包括潜在的投资机会。企业会为可能出现的潜在业务而储备一定量的现金。第三，企业融资能力。如果企业有良好的信誉，融资渠道畅通，就没有必要持有大量的货币资金，其货币资金的存量与比重就可以低些。第四，企业运用货币资金的能力。如果企业运用货币资金的能力较强，能灵活进行资金调度，则货币资金的存量与比重便可维持较低水平。第五，行业特点。由其行业性质所决定，处于不同行业的企业，其货币资金存量与比重会有差异。

案例分析4-2

根据表4-1和表4-6可以对BQC公司的货币资金存量规模、比重及变动情况作如下分析评价：

（1）从存量规模及变动情况看，BQC公司本期货币资金比上年增加了57 623.15百万元，增幅为111.95%；存货相较于上年增加了8 569.55百万元，增幅为10.83%；将应收账款与应收款项融资合并考虑，虽然应收款项比上年有所增长，但在总资产中的比重呈下降趋势。结合同期行业表现，可以初步判断企业经营活动的改善是导致货币资金水平提升的主要原因。公司通过优化存货管理和应收款项管理，提升了现金流水平。（2）从比重及变动情况来看，BQC公司本期货币资金占总资产的比重为16.05%，较上一年度增加5.63%，企业整体流动性有所提升，短期支付能力增强。

（二）应收款项

应收款项主要包括应收账款（应收款项融资）和其他应收款，两者产生的原因不同，所以分析时也应分别进行。

1.应收账款（应收款项融资）

应收账款是企业提供商业信用所产生的。单纯从资金占用角度讲，应收账款的资金被占用是一种最不经济的行为，但这种损失往往可以通过企业扩大销售而得到补偿，所以，应收账款的资金占用又是必要的。在报表科目中，应收款项融资主要核算银行承兑汇票和商业承兑汇票，也是商业信用的一种表现形式。对应收账款的分析，应从以下几方面进行：

（1）关注企业应收账款的规模及变动情况。企业销售产品是应收账款形成的直接原因，在其他条件不变时，应收账款会随销售规模的增大而同步增加。如果企业的应收账款增长率超过销售收入、流动资产和速动资产等项目的增长率，就可以初步判断其应收账款存在不合理增长的倾向，对此，应分析应收账款增加的具体原因是否正常。从经营角度讲，应收账款变动可能出于以下原因：①企业销售规模变动导致应收账款变动。②企业信用政策改变，当企业实行比较严格的信用政策时，应收账款的规模就会小些；反之，则会大些。③企业收账政策不当或收账工作执行不力。当企业采取较严格的收账政策或收账工作得力时，应收账款的规模就会小些；反之，则会大些。④应收账款质量不高，存在长期挂账且难以收回的账款，或因客户发生财务困难，暂时难以偿还所欠货款。

（2）分析会计估计变更的影响。由于企业经营活动中存在不确定因素，某些会计报表项目不能精确地计量，而只能加以估计。会计估计变更是因为：①赖以进行估计的基础发生变化，或者由于取得新的信息、积累更多的经验以及后来的发展变化，可能需要对会计估计进行修订。②会计的随意性。企业管理人员为达到特定的目的，如追求高盈利，使用带有倾向性的假设对当前业务的未来结果做出预测。如果会计估计变更是因为①发生的，这种变更会增加财务报表资料的真实性；但如果是因为②发生的，财务报表资料就可能会掩盖某些事实，造成财务信息人为失真。无论哪种情况发生，对应收账款的会计估计变更最终都会使应收账款发生变动。

（3）分析企业是否利用应收账款进行利润调节。企业利用应收账款进行利润调节的案例屡见不鲜，因此，分析时要特别关注：①应收账款的异常增长，特别是会计期末突发性产生的与营业收入相对应的应收账款。如果一个企业平时的营业收入和应收账款都很均衡，而唯独第四季度特别是12月份营业收入猛增，并且与此相联系的应收账款也直线上升，就有理由怀疑企业可能通过虚增营业收入或提前确认收入进行利润操纵。②应收账款中关联方应收账款的金额与比例。由于关联方之间的交易并不总是按照市场价格进行，因此关联方交易为企业提供了操纵利润的盈余管理机会。如果一个企业应收账款中关联方应收账款的金额增长异常或所占比例过大，应视为企业可能利用关联交易进行利润调节的信号。

（4）要特别关注企业是否有应收账款巨额冲销行为。一个企业巨额冲销应收账款，特别是其中的关联方应收账款，是不正常的，通常是在还历史旧账，或者是为今后进行盈余管理扫清障碍。这种行为被称为“洗大澡”（take a big bath）。当企业发现某年业绩较差时，在该年度进行巨额的应收账款冲销，甚至将本能收回的应收账款进行部分冲销，以便为未来利润的转回提供空间。

知识拓展4-2

根据BQC公司提供的会计报表及会计报表附注可知，公司2023年年末应收账款为61 866.02百万元，较上年年末增加23 037.53百万元，增幅达到59.33%。应收账款大幅增加主要是因为新能源汽车销量激增使赊销规模扩大，同时公司为抢占市场份额而放宽了客户信用政策。从账龄分析来看，应收账款主要集中在1年以内，收回的可能性较高，因此应收账款的增加可以不必予以特殊关注。公司年末应收款项融资为5 564.92百万元，较上年年末减少7 329.36百万元，降幅达到56.84%。应收款项融资余额均为银行承兑汇票。由于银行承兑汇票信用水平较高，到期收回的可能性较大。

2.其他应收款

其他应收款的发生通常是由企业间或企业内部往来事项引起的。实务中，一些上市公司为了某种目的，常常把其他应收款作为企业调整成本费用和利润的手段，甚至公司大股东会通过该项目侵占公司利益，分析时对其他应收款项目应予以充分关注。对其他应收款进行分析应关注以下几方面：

（1）其他应收款的规模及变动情况。分析时应注意观察其他应收款增减变动趋势，如果其他应收款规模过大，或有异常增长现象，如其他应收款余额远远超过应收账款余额，其他应收款增长率大大超过应收账款增长率，就应注意分析企业是否有利用其他应收款进行利润操纵的行为。

（2）其他应收款包括的内容。一些企业常常把其他应收款项目当成蓄水池，任意调整成本费用，进而达到调节利润的目的。分析时要注意：一是是否将应计入当期成本费用的支出计入其他应收款；二是是否将本应计入其他项目的内容计入其他应收款。

（3）关联方其他应收款余额及账龄。近年来，大股东占用巨额上市公司资金的事例频繁被曝光，已严重威胁到上市公司的正常经营。分析时应结合会计报表附注，观察是否存在大股东或关联方长期、大量占用上市公司资金，造成其他应收款余额长期居高不下的现象。

（4）是否存在违规拆借资金。上市公司以委托理财等名义违规拆借资金往往借助于其他应收款来实现。特别要注意的是，其他应收款是否成为大股东或者实际控制人占用公司资金的手段。针对该类问题，可以分析其他应收款是否涉及公司的关联方。

（5）分析会计政策变更对其他应收款的影响。根据BQC公司提供的会计报表，该公司2023年年末其他应收款余额为2 757.91百万元，较上年增加847.9百万元，增幅达到44.39%。根据报表附注对其他应收款的分解可知，其他应收款的增加主要来自保证金及押金和代扣代缴员工社保。年末其他应收款增加的主要原因与关联方或大股东的关联性较低。从结构来看，其他应收款占总资产比例为0.41%，并不会对资产质量产生显著影响。

3.坏账准备

坏账准备作为应收款项的备抵科目，也被经常用来进行利润调整，从而对资产负债表和利润表产生影响。对坏账准备的分析应注意：

（1）分析坏账准备的提取方法、提取比例的合理性。按会计制度的规定，企业可以自行确定计提坏账准备的方法和计提的比例。这可能导致一些企业出于某种动机，利用会计估计的随意性选择提取比例，随意选择计提方法，人为地调节应收款项净额和当期利润。

（2）比较企业前后会计期间坏账准备提取方法、提取比例是否改变。一般说来，企业坏账准备的提取方法和提取比例一经确定，就不能随意变更了。企业随意变更坏账准备的提取方法和提取比例，往往隐藏着一些不可告人的目的。分析时应首先查明当企业坏账准备提取方法和提取比例变更时，企业是否按照信息披露制度的规定，对其变更原因予以说明。然后分析企业这种变更的理由是否充分、合理，区分是正常的会计估计变更还是为了调节利润。

（3）区别坏账准备提取数变动的原因。坏账准备提取数发生变动，既可能是由应收款项变动引起的，也可能是由会计政策或会计估计变更引起的，分析时应加以区分。

根据BQC公司的资产负债表和报表附注，公司对应收账款按照账龄风险矩阵组合计算计提比例。2023年年末，对于1年以内的应收账款，按照0.23%的比例计提坏账准备；对于1年以上的应收账款，按照14.15%的比例计提坏账准备。计提标准与2022年不完全相同，2022年年末，对于1年以内的应收账款，按照0.4%的比例计提坏账准备；对于1年以上的应收账款，按照4.81%的比例计提坏账准备。BQC公司2023年应收账款坏账计提比例下调，通过差异化计提策略平衡了短期利润与长期风险，风险控制更趋审慎。

（三）存货

存货是企业最重要的流动资产之一，通常占流动资产的一半以上。存货核算的准确性对资产负债表和利润表有较大的影响，因此，应特别重视对存货的分析。存货分析主要包括存货构成分析和存货计价分析。

1.存货构成

企业存货资产遍布于企业生产经营全过程，种类繁多，按其性质可分为材料存货、在产品存货和产成品存货。存货构成分析既包括各类存货规模与变动情况分析，也包括各类存货结构与变动情况分析。

（1）存货规模与变动情况分析。存货规模与变动情况分析，主要是观察各类存货的变动情况与变动趋势，分析各类存货增减变动的原因。在分析存货规模与变动情况时，需要将存货信息与企业所处行业的生产经营特点、上下游行业的联动效应以及供应商和客户关系相结合。

根据BQC公司财务报表附注提供的资料，编制该公司存货变动情况分析表，见表4-20。

表4-20　**BQC公司存货变动情况分析表**　金额单位：百万元

项目	2023年	2022年	变动情况	
			变动额	变动率
原材料	14 812.26	17 258.05	-2 445.79	-14.17%
在产品	30 236.00	26 812.27	3 423.73	12.77%
库存商品	38 712.46	31 793.68	6 918.78	21.76%
周转材料	3 916.03	3 243.19	672.84	20.75%
消耗性生物资产				
合同履约成本				
在途物资				
自制半成品				
委托加工物资				
合计	87 676.75	79 107.20	8 569.55	10.83%

根据表4-20，按照存货净值计算，BQC公司2023年存货增加了8 569.55百万元，增幅为10.83%。如果将存货增长水平与企业经营情况结合在一起，我们发现同期企业销售收入增长幅度为42.04%，成本增长幅度为41.50%。存货增幅相较于销售收入和销售成本，处于合理范围之内。根据表4-20提供的存货内部项目变化，库存商品和在产品显著增加，反映出市场需求旺盛和生产规模的扩张。原材料的减少可能是因为生产活动的增加导致原材料消耗加快。总体来看，存货的增加具有一定的合理性，反映了公司在应对市场需求和生产扩张方面的策略调整。

（2）存货结构与变动情况分析。存货资产结构是指各种存货资产在存货总额中所占的比重。各种存货资产在企业再生产过程中的作用是不同的，其中库存商品和发出商品存货是存在于流通领域的存货，不是保证企业再生产过程不间断进行的必要条件，必须压缩到最低限度。材料类存货是维持再生产活动的必要物质基础，然而它只是生产的潜在因素，所以应把它限制在能够保证再生产正常进行的最低水平上。在产品存货是保证生产过程连续性的存货，企业的生产规模和生产周期决定了在产品存货的存量，在企业正常经营条件下，在产品存货应保持一个稳定的比例。

企业生产经营的特点决定了企业存货资产的结构，在正常情况下，存货资产结构应保持相对的稳定性。分析时，应特别注意对变动较大的项目进行重点分析。任何存货资产比重的剧烈变动，都表明企业生产经营过程中有异常情况发生，因此应深入分析其原因，以便采取有针对性的措施加以纠正。

根据BQC公司财务报表附注提供的资料，编制该公司存货资产结构分析表，见表4-21。

表4-21 BQC公司存货资产结构分析表 金额单位：百万元

项目	2023年	2022年	结构（%）		
			2023年	2022年	差异
原材料	14 812.26	17 258.05	16.89	21.82	-4.93
在产品	30 236.00	26 812.27	34.49	33.89	0.60
库存商品	38 712.46	31 793.68	44.15	40.19	3.96
周转材料	3 916.03	3 243.19	4.47	4.10	0.37
消耗性生物资产					
合同履约成本					
在途物资					
自制半成品					
委托加工物资					
合计	87 676.75	79 107.20	100.00	100.00	0.00

根据表4-21，虽然在产品和周转材料出现了增长，但是其在存货中所占的比重保持相对稳定，增幅不足1%。以占存货总额的比例来看，库存商品的比重显著上升，增幅为3.96%，原材料的比重显著下降，降幅为4.93%。这与此前对存货规模变动分析的结论相一致。

2.存货计价

存货资产是企业流动资产中最重要的组成部分，是生产经营活动重要的物质基础。存货资产的变动，不仅对流动资产的资金占用有极大的影响，而且对生产经营活动也会产生重大影响。存货变动更主要地受企业生产经营方面的影响，如生产经营规模的扩张和收缩、资产利用效率的高低、资产周转速度的快慢、存货管理水平的高低等。但存货的计价方法、存货的盘存制度和跌价准备的计提等因素的影响也不容忽视。虽然存货的计价方法不会改变存货实物量，但是计价方法能够反映企业存货管理水平和管理人员对未来经营趋势的预期。

（1）分析企业对存货计价方法的选择与变更是否合理。可供企业选择的存货计价方法有先进先出法、个别计价法和加权平均法。因为价格的变动，存货的不同计价方法会导致不同的结果。在通货膨胀条件下，存货的不同计价方法对资产负债表和利润表的影响见表4-22。

表4-22　**存货的不同计价方法对资产负债表和利润表的影响**

计价方法	对资产负债表的影响	对利润表的影响
先进先出法	基本反映存货当前价值	利润被高估
个别计价法	基本反映存货真实价值	基本反映真实利润水平
加权平均法	介于两者之间	介于两者之间

存货计价方法的不同选择会产生重大差异，一些企业在实务中往往将存货计价方法的选择作为操纵利润的手段。分析时应结合企业的具体情况、行业特征和价格变动情况，评价其存货计价方法选择的合理性，同时结合财务报表附注对存货会计政策变更的说明，判断其变更的合理性。

（2）分析存货的盘存制度对确认存货数量和价值的影响。存货数量变动是影响资产负债表存货项目的基本因素，企业存货数量的确定主要有两种方法：定期盘存法和永续盘存法。当企业采用定期盘存法进行存货数量核算时，资产负债表上存货项目反映的就是存货的实有数量。如果采用永续盘存法，除非在编制资产负债表时对存货进行盘存，否则，资产负债表上存货项目所反映的只是存货的账面数量。两种不同的存货数量确认方法会造成资产负债表上存货项目的差异，这种差异不是由存货数量本身的变动引起的，而是由存货数量的会计确认方法不同造成的。

（3）分析期末存货价值的计价原则对存货项目的影响。期末存货价值的确定通常采用历史成本法，但会计制度也允许企业采用“成本与可变现净值孰低法”来确定。当按历史成本法确定的存货价值等于可变现净值时，按两种方法确定的期末存货价值是一致的。当存货的可变现净值下跌至成本以下时，按“成本与可变现净值孰低法”确定的存货期末金额就会低于按历史成本法确定的存货期末金额。因此，企业改变存货价值的计价原则，就会引起资产负债表上存货项目的变动，但这种变动只是一种价值变动，存货数量并不因为计价方法的变更而改变。对报表使用者来说，按“成本与可变现净值孰低法”对期末存货计价，其资产价值更真实可信。如果说把历史成本法改为“成本与可变现净值孰低法”是一种会计政策选择或会计政策变更的话，对可变现净值的确定就是一种会计估计，同样会影响资产负债表中存货的价值。

根据BQC公司的报表附注，公司存货发出时采用加权平均法计价，存货数量确定方法为永续盘存制，计价原则为资产负债表日按成本与可变现净值孰低计量，存货成本高于其可变现净值的，计提存货跌价准备，计入当期损益。该公司2023年未发生存货会计政策和会计估计变更事项。根据表2-6可知，2023年存货提取的跌价准备比上年增加了1 967.85百万元（3 354.00-1 386.15），接近上一年度存货跌价准备的3倍。从存货跌价准备增加的情况来看，生产过程中可能存在问题导致存货价值发生损失。

（四）固定资产

固定资产是企业最重要的劳动手段，对企业的盈利能力有重大影响。固定资产分析主要从固定资产规模与变动情况分析、固定资产结构与变动情况分析、固定资产折旧分析和固定资产减值准备分析四方面展开。

1.固定资产规模与变动情况分析

固定资产规模与变动情况分析主要从固定资产原值变动情况分析和固定资产净值变动情况分析两个方面来进行。

（1）固定资产原值变动情况分析。固定资产原值是反映固定资产占用量的指标，如果剔除物价变动的影响，也可以说固定资产原值是以价值形式表示固定资产实物量的指标。固定资产原值反映了企业固定资产规模，其增减变动受当期固定资产增加和当期固定资产减少的影响。当期固定资产增加的主要原因有：①投资转入固定资产；②自行购入固定资产；③自建、自制固定资产；④接受捐赠固定资产；⑤固定资产盘盈；⑥其他原因。当期固定资产减少的主要原因有：①出售转让固定资产；②投资转出固定资产；③固定资产报废清理；④固定资产盘亏及毁损；⑤发生非常损失；⑥其他原因。对固定资产原值变动情况及变动原因的分析，可根据财务报表附注和其他相关资料进行。

（2）固定资产净值变动情况分析。固定资产净值的变动取决于两个方面：一是固定资产原值的变动；二是折旧的变动，而折旧的变动完全取决于折旧政策的选择。固定资产净值变动情况分析就是分析固定资产原值变动和固定资产折旧变动对固定资产净值的影响。

下面以BQC公司为例对其固定资产规模与变动情况进行分析。

首先，分析固定资产原值变动情况。根据BQC公司财务报表附注提供的资料编制该公司固定资产规模变动分析表，相关资料见表2-7。

根据表2-7，BQC公司本期固定资产以原值计算的实物量，变动幅度为68.53%（（325 074.01-194 034.65）÷194 034.65）。其中，不同类别的固定资产实物量变动差异较大。永久业权土地增加15.63%（（427.67-369.87）÷369.87），房屋及建筑物增加95.47%（（83 953.60-42 950.46）÷42 950.46），机器设备增加61.20%（（207 313.83-128 609.42）÷128 609.42），运输工具增加77.58%（（5 124.40-2 885.74）÷2 885.74），办公及其他设备增加47.01%（（28 254.51-19 219.16）÷19 219.16）。从变动原因来看，2023年度房屋及建筑物、机器设备和运输工具通过在建工程转入和购置，实现了较大幅度的增长。从价值量来看，固定资产净值增加75.09%（（230 903.82-131 880.37）÷131 880.37），其中永久业权土地增加15.63%（（427.67-369.87）÷369.87），房屋及建筑物增加104.84%（（75 524.94-36 869.65）÷36 869.65），机器设备增加64.86%（（136 786.11-82 969.16）÷82 969.16），运输工具增加115.84%（（3 484.48-1 614.41）÷1 614.41），办公及其他设备增加45.97%（（14 680.63-10 057.28）÷10 057.28）。净值和原值之间的差别，主要是由累计折旧和减值准备造成的。

2.固定资产结构与变动情况分析

固定资产按使用情况和经济用途可以分为：生产用固定资产、非生产用固定资产、租出固定资产、未使用和不需用固定资产等。固定资产结构反映固定资产的配置情况，合理配置固定资产，既可以在不增加资金占用量的同时提高企业生产能力，又可以使固定资产得到充分利用。在各类固定资产中，生产用固定资产，特别是其中的机器设备，与企业生产经营直接相关，在固定资产中占较大比重。非生产用固定资产主要指职工宿舍、食堂、俱乐部等非生产单位使用的房屋和设备。虽然非生产用固定资产并不直接参与生产经营，但也是企业正常运营过程中不可缺少的。企业应在发展生产的基础上，根据实际需要适当增加这方面的固定资产，但增加速度一般应低于生产用固定资产的增加速度，其比重的降低应属正常现象。未使用和不需用固定资产对资金的有效使用是不利的，应该查明原因，采取措施，积极处理，将其压缩到最低限度。如因购入未来得及安装，或正在进行检修，虽属正常现象，也应加强管理，尽可能缩短安装和检修时间，使固定资产尽早投入生产运营中。若因错误的投资决策造成固定资产闲置，则应改善资产管理流程和水平。

根据现行会计制度，企业无须对外披露固定资产的使用情况，企业外部分析人员通常无法获得这方面的相关信息。但是企业内部分析人员仍有必要分析固定资产的结构与变动趋势，考察固定资产分布和利用的合理性，为企业合理配置固定资产、挖掘固定资产利用潜力提供依据。固定资产结构分析应特别注意从以下三个方面进行：一是特别注意分析生产用固定资产与非生产用固定资产之间的比例变化情况；二是特别注意考察未使用和不需用固定资产比例的变化情况，查明企业在处置闲置固定资产方面的工作是否得力；三是考察生产用固定资产内部结构是否合理。

3.固定资产折旧分析

会计准则和制度允许企业使用的折旧方法有平均年限法、工作量法、双倍余额递减法、年限总和法，后两种方法属于加速折旧法。不同的折旧方法导致各期所提折旧不同，会引起固定资产价值发生不同的变化。固定资产折旧方法的选择对固定资产的影响还隐含着会计估计对固定资产的影响，如对折旧年限的估计、对固定资产残值的估计等。

固定资产折旧分析应注重以下几方面：

（1）分析固定资产折旧方法的合理性。企业应根据科技发展、环境及其他因素，合理选择固定资产折旧方法，对于利用固定资产折旧方法的选择及折旧方法的变更，达到调整固定资产净值和利润的目的的做法，要通过分析比较揭示出来。

（2）分析企业固定资产折旧政策的连续性。固定资产折旧方法一经确定，一般不得随意变更。企业变更固定资产折旧方法，可能隐藏着一些不可告人的目的，因此，应分析其变更理由是否充分，同时确定折旧政策变更的影响。

（3）分析固定资产预计使用年限和预计净残值确定的合理性。分析时，应注意固定资产使用年限和固定资产预计净残值的估计是否符合国家有关规定，是否符合企业实际情况。在实务中，一些企业在固定资产没有减少的情况下，往往通过延长固定资产使用年限，使折旧费用大幅减少，达到扭亏增盈的目的。对于这种会计信息失真现象，分析人员应予以揭示，并加以修正。

根据BQC公司的报表附注，公司决定从2023年1月1日起，将动力电池设备折旧年限从5年调整为3年，这使2023年固定资产折旧增加3 347.01百万元。缩短固定资产折旧年限会降低利润，与前述虚增利润的动机不同。

4.固定资产减值准备分析

固定资产减值准备分析主要从以下几方面进行：

（1）固定资产减值准备变动对固定资产的影响。

（2）固定资产可回收金额的确定。这是确定固定资产减值准备提取数的关键。

（3）固定资产发生减值对生产经营的影响。固定资产发生减值使固定资产价值发生变化，既不同于折旧引起的固定资产价值变化，也不同于其他资产因减值而发生的价值变化。固定资产减值是由有形损耗或无形损耗造成的，如已遭毁损不再具有使用价值和转让价值或因技术进步已不可使用等，虽然固定资产的实物数量并没有减少，但其价值量和企业的实际生产能力都会相应变动。需要指出的是，根据现行准则的规定，固定资产减值无法在将来转回，这会降低管理人员计提减值的意愿。如果固定资产实际上已发生了减值，企业不提或少提固定资产减值准备，不仅虚夸了固定资产价值，同时也虚夸了企业的生产能力。

二、主要负债项目变动情况分析

（一）短期借款

短期借款数额的多少，往往取决于企业生产经营和业务活动对流动资金的需要量、现有流动资产的沉淀和短缺情况等。企业应结合短期借款的使用情况和使用效果分析该项目。为了满足流动资产的资金需求，一定数额的短期借款是必需的，但如果数额过大，超过企业的实际需要，不仅会影响资金利用效果，还会因超出企业的偿债能力而给企业的持续发展带来不利影响。短期借款适度与否，可以根据流动负债的总量、当前的现金流量状况和对未来会计期间现金流量的预期来确定。

短期借款发生变化，其原因不外乎两大方面：生产经营需要变化；企业负债筹资政策变化。其具体变动的原因可归纳为：

（1）流动资产资金需要，特别是临时性占用流动资产需要发生变化。当季节性或临时性需要产生时，企业就可能通过举借短期借款来满足其资金需要，当这种季节性或临时性需要消除时，企业就会偿还这部分短期借款，从而造成短期借款的变化。

（2）节约利息支出。一般来讲，短期借款的利率低于长期借款和长期债券的利率，举借短期借款相对于长期借款来说，可以减少利息支出。

（3）调整负债结构和财务风险。企业增加短期借款，就可以相对减少对长期负债的需求，使企业负债结构发生变化。相对于长期负债而言，短期借款具有风险大、利率低的特点，负债结构变化将会引起负债成本和财务风险发生相应的变化。

（4）增加企业资金弹性。短期借款可以随借随还，有利于企业对资金存量进行调整。

表4-1显示，BQC公司2023年短期借款增加13 170.12百万元，增幅为255.58%，这一变化主要源于公司为优化资金管理、维持长期稳定的银企合作关系而主动增加的信用借款。短期借款水平的上升，提升了公司资金弹性，但是也增加了财务风险。

（二）应付票据及应付账款

应付票据及应付账款因商品交易而产生，其变动原因有：

（1）企业销售规模的变动。当企业销售规模扩大时，会增加存货需求，使应付票据及应付账款等债务规模扩大；反之，会使其缩减。

（2）为充分利用无成本资金。应付票据及应付账款是因商业信用产生的一种无资金成本或资金成本极低的资金来源，企业在遵守财务制度、维护企业信誉的条件下对其加以充分利用，可以减少其他筹资方式的筹资数额，节约利息支出。虽然从资本成本来看，应付票据及应付账款并不发生直接的资金支出，但是会产生机会成本。更为重要的是，应付账款会影响企业的商业信誉，对企业的长期生产经营产生深远影响。

（3）提供商业信用企业的信用政策发生变化。如果其他企业放宽信用政策和收账政策，企业应付票据及应付账款的规模就会大些；反之，就会小些。

（4）企业资金的充裕程度。企业资金相对充裕，应付票据及应付账款规模会相对缩减一些，当企业资金比较紧张时，就会影响应付票据及应付账款的清偿。

在市场经济条件下，企业之间相互提供商业信用是正常的。利用应付票据及应付账款进行资金融通，基本上可以说是无代价的融资方式，但企业应注意合理使用，以避免造成企业信誉损失。表4-1显示，BQC公司2023年应付账款增加了53 992.51百万元，增幅达38.45%；而同期应付票据增加了724.89百万元，增幅为21.78%。如果将应付账款和应付票据合并考察，两者合计增加54 717.40百万元，增幅为38.06%。查看BQC公司报表附注发现，应付票据为商业承兑汇票和银行承兑汇票，其中商业承兑汇票所占比重为87.73%。从应付款项的变化来看，企业按期支付的可能性较大。

（三）应交税费和应付股利

应交税费反映企业应交未交的各种税金和附加费，包括流转税、所得税和各种附加费。缴纳税费是每个企业应尽的法定义务，企业应按有关规定及时、足额缴纳。应交税费的变动与企业营业收入、利润的变动相关。分析时应注意查明企业是否有拖欠国家税款的现象。

应付股利反映企业应向投资者支付而未付的现金股利，是因企业宣告分派现金股利而形成的一项负债。支付股利需要大量现金，企业应在股利支付日之前做好支付准备。本例应付股利金额较小，对公司的支付能力不会造成太大的压力。

（四）其他应付款

与其他应收款类似，其他应付款也属于往来类别的科目。但是，其他应付款并不直接与生产经营行为相关，因而规模通常较小，变动幅度有限。其他应付款分析的重点是：①其他应付款规模与变动是否正常；②是否存在企业长期占用关联方企业资金的现象。分析时应结合财务报表附注提供的资料进行。本例中，BQC公司2023年其他应付款余额较上年增加了42 849.01百万元，增幅为35.09%。其他应付款的增加主要是外部往来款的增加造成的，需要进一步获取相关信息才能对其合理性进行分析。

（五）长期借款

长期借款是企业利用负债方式获得长期资金来源的方式。长期借款属于企业重要的融资决策，对企业生产经营产生深远影响。影响长期借款变动的原因有：

（1）银行信贷政策及资金市场的资金供求状况。

（2）为了满足企业对资金的长期需要。

（3）保持企业权益结构的稳定性。

（4）调整企业负债结构和财务风险。

根据表4-1提供的资料，BQC公司2023年长期借款增加4 381.54百万元，增幅为57.70%。报表附注表明，长期借款均为信用借款，无须提供抵押或保证。这表明公司凭借其良好的信用资质和银企合作关系获得了金融机构的信任与支持。长期借款的增加有助于优化公司债务结构，缓解短期偿债压力，同时也反映了金融机构对公司未来发展前景的认可。然而，由于信用借款缺乏抵押或保证，金融机构可能对公司财务状况和经营风险提出更高要求，公司需要保持稳健的财务表现以维持良好的信用评级。此外，长期借款规模的扩大虽然降低了流动性风险，但也可能增加利息支出，对盈利能力产生一定影响。关于股东权益项目变动的分析可参见第五章。

□ 本章小结

资产负债表分析的目的，在于了解企业会计对企业财务状况的反映程度，以及所提供会计信息的质量。通过资产负债表分析，理解企业所处的行业特征和竞争策略，揭示资产负债表及相关项目的内涵；了解企业财务状况的变动情况及变动原因；评价企业会计信息对企业经营状况的反映程度；评价企业的会计政策选择的合理性和修正资产负债表人为失真的数据。

资产负债表水平分析是在运用水平分析法编制资产负债表水平分析表的基础上，从资产和权益两方面对其进行分析评价。从资产角度分析评价主要围绕四个方面进行：①结合行业特征和竞争策略，分析总资产规模的变动状况以及各类、各项资产的变动状况；②发现变动幅度较大或对总资产影响较大的重点类别或项目；③分析评价资产变动的合理性与效率性；④分析评价会计政策和会计估计变更的影响。从权益角度分析评价主要围绕四个方面进行：①分析评价权益总额的变动情况及各类、各项目的变动情况；②找出重点类别和重点项目；③分析评价权益资金变动对企业未来经营的影响；④分析评价表外项目的影响。

资产负债表垂直分析是在运用垂直分析法编制资产负债表垂直分析表的基础上：①结合行业特征和竞争策略，分析评价企业资产结构的变动情况及变动的合理性；②分析评价企业资本结构的变动情况及变动的合理性。资产结构的具体分析评价应重点抓住经营资产与非经营资产的比例关系、固定资产与流动资产的比例关系、流动资产的内部结构三个主要方面。在理解负债结构影响因素的基础上，从负债期限结构、负债方式结构和负债成本结构三方面进行分析评价。在区分投入资本和内部形成的权益资金两个方面的基础上，对股东权益结构进行分析评价。

货币资金、应收账款、其他应收款、存货、固定资产、银行借款、应付账款、其他应付款是资产负债表最重要的项目，不仅需要搞清影响这些项目变动的原因及变动情况，更应注意分析评价会计政策和会计估计变更的影响。

第五章

所有者权益变动表分析

□ 学习目标

本章的学习目标是使学生掌握所有者权益变动表的总体分析与对主要项目的理解。其具体目标包括：

◇ 知识目标

掌握所有者权益变动表的内涵及其与其他对外报表内容与项目的钩稽关系，理解所有者权益变动表的编制与分析意义；掌握所有者权益变动表一般分析的具体内容。

◇ 技能目标

掌握所有者权益变动表水平分析、垂直分析和趋势分析的方法，深入理解所有者权益主要项目变动的内容，掌握当期净利润增减与当期所有者权益变动额之间的关系，理解其他综合收益的内容，掌握会计政策的变更与前期差错的更正在本表中的列示及其分析，深入理解各种股利决策行为对所有者权益变动的影响原理。

◇ 能力目标

能够通过所有者权益变动表进行必要的报表分析，对当期所有者权益变动的主要原因予以披露与揭示，灵活运用财务分析方法对所有者权益表及其主要项目的变动情况进行合理性或者信息质量的说明，学会判断对所有者权益有直接与间接影响的主要因素，深化库存股的内涵及对所有者权益影响的理解。

◇ 思政目标

以保护各类股东利益特别是中小股东利益，强化企业的受托责任意识为出发点，理解与分析所有者权益变动表的构成内容、数据来源及其合理性，精准反映与揭示企业所有者权益变动的具体原因，不断营造强化尊重投资者、敬畏投资者的企业文化和市场文化氛围，提升企业特别是上市公司的社会影响力。

课程思政教学模块图

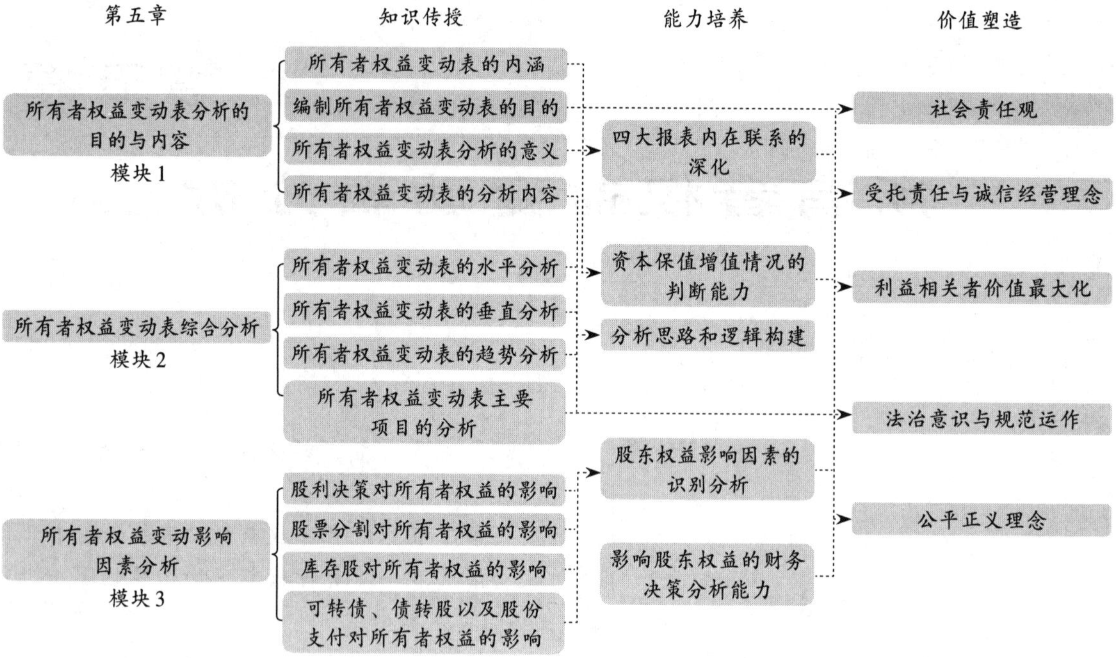

2024年3月26日，作为全球新能源汽车行业先行者和领导者的比亚迪（002594）交出了一份亮眼的成绩单。财报显示，公司2023年营业收入为6 023.15亿元，首次突破6 000亿元大关，同比增长42.03%；实现归属于上市公司股东的净利润为300.41亿元，同比增长80.73%；归属于上市公司股东的扣非净利润为284.62亿元，同比增长82.01%。不仅如此，从经营活动现金流净额来看，比亚迪2023年达到1 697.25亿元，同比增长20.51%。这主要源于比亚迪新能源汽车业务的长足发展。2023年，新能源汽车市占率进一步提升至31.9%，销量强势领跑，实现同比超60%的大幅增长，持续创历史新高，蝉联中国车企乘用车销量第一和全球新能源汽车销量桂冠。

令人感到意外的是，2023年尽管面对汽车行业竞争加剧、新能源汽车补贴取消的挑战，凭借不断提升的品牌力、快速增长的出海销量、持续扩大的规模优势和强大的产业链成本控制能力，叠加上游原材料价格回落，比亚迪的新能源乘用车业务继续保持良好的盈利能力。特别需要指出的是，随着新能源汽车市场头部效应的加剧，2023年比亚迪通过“技术降本+高端提价”实现了毛利率逆势提升，比亚迪汽车业务毛利率已经达到23.02%，领先竞争对手特斯拉5.4个百分点，而多数车企则陷入了“以价换量”的陷阱。

展望未来，四大核心驱动力有望持续驱动比亚迪业绩高成长：第一，全球化扩张加速，随着泰国、巴西工厂投产，欧洲工厂落地在即，海外市场溢价叠加本地化降本，利润率有望进一步提升；第二，高端化产品矩阵升级，T、Y及F三大高端品牌销量持续增长，高毛利车型将拉动均价上移，同时插混车型占比超50%，形成对燃油车的替代壁垒；第三，垂直整合与技术降本，自研刀片电池、SiC芯片及电驱系统，通过规模化效应摊薄固定成本；第四，储能与电池外供第二曲线，储能业务营收破300亿元，动力电池外供特斯拉、丰田等客户，2025年外供比例目标30%，打开增量空间。比亚迪2023年与2022年相比净资产等财务绩效表现见表5-1。

表5-1　比亚迪2023年与2022年净资产等财务绩效表现对比表　金额单位：亿元

项目	2023年	2022年	2023年比2022年的增长率（%）
营业收入	6 023.15	4 240.61	42.03
归属于上市公司股东的净利润	300.41	166.22	80.73
归属于上市公司股东的扣非净利润	284.62	156.38	82.01
经营活动产生的现金流量净额	1 697.25	1 408.38	20.51
基本每股收益（元）	10.32	5.71	80.74
稀释每股收益（元）	10.32	5.71	80.74
加权平均净资产收益率（%）	24.40	16.14	8.26
	2023年末	2022年末	2023年年末比2022年年末增长率（%）
总资产	6 795.48	4 938.61	37.60
归属于上市公司股东的净资产	1 388.10	1 110.29	25.02

在股利政策方面，比亚迪计划2023年以29.09亿股为基数，向全体股东每10股派发现金红利30.98元（含税），送红股0股（含税），不以公积金转增股本。以此计算，比亚迪此次分红总金额为90.12亿元，约占2023年归母净利润的三成。

公司经营活动财务绩效直接影响其所有者权益，并且与所有者权益具体项目具有密切关联；股利决策的合理与否直接影响公司净资产规模，也影响公司未来的价值创造。财务分析者必须明确利润表与所有者权益变动表的联动关系，明确所有者权益变动表的分析目的和作用，揭示公司所有者权益变动的成因，以全面评价公司财务状况和经营业绩。

资料来源：根据比亚迪公司年度报告、业绩说明会纪要及权威机构的分析报告整理。

第一节　所有者权益变动表分析的目的与内容

一、所有者权益变动表的内涵

所有者权益是指公司资产扣除负债后由股东享有的“剩余权益”，也称为净资产，是股东投资资本与经营过程中形成的留存收益的集合，是股东投资和公司发展实力的资本体现。所有者权益在公司经营期内可供企业长期、持续地使用，是公司生存和发展的基础，按其来源或者形成渠道划分，主要分为投入资本（主要包括实收资本和资本公积）和留存收益（包括盈余公积和未分配利润）。因此，也可以称投入资本为原始投入的资本，称留存收益为经营形成的资本。前者主要来自股东投入，后者源于企业经营积累。

所有者权益变动表是一张总结性的报表，它总结了影响所有者权益的所有交易，反映了公司本期（年度或中期）内截至期末所有者权益的变动情况。自2007年新会计准则施行起，所有者权益变动表开始正式对外呈报，成为与资产负债表、利润表和现金流量表并列披露的第四张财务报表。

2014年1月26日，财政部发布了修订版《企业会计准则第30号——财务报表列报》（财会〔2014〕7号），并规定自2014年7月1日起在所有执行企业会计准则的企业范围内施行，鼓励在境外上市的企业提前执行，2006年2月15日发布的《企业会计准则第30号——财务报表列报》同时废止。根据2014年准则，所有者权益变动表最大的变化为："综合收益总额"取代"净利润"和"直接计入所有者权益的利得和损失"项目及其总额。此后，财政部多次对财务报表格式进行修订，按照财政部2019年4月30日发布的《关于修订印发2019年度一般企业财务报表格式的通知》规定，随着资产负债表所有者权益部分的变化，最新的所有者权益变动表相应增加了"其他权益工具"和"专项储备"两个列项目和"其他综合收益结转留存收益"一个行项目。其中，对于其他权益工具和专项储备两个项目，在分析时视为股东的资本投入。

所有者权益变动表应当反映构成所有者权益的各组成部分当期的增减变动情况。综合收益总额以及与所有者（或股东）的资本交易导致的所有者权益的变动，应当分别列示。与所有者的资本交易，是指企业与所有者以其所有者身份进行的、导致所有者权益变动的交易。

所有者权益变动表至少应当单独列示下列项目的信息：

1.综合收益总额，在合并所有者权益变动表中还应单独列示归属于母公司所有者的综合收益总额和归属于少数股东的综合收益总额；

2.会计政策变更和会计差错更正的累积影响金额；

3.所有者投入资本和向所有者分配利润等；

4.按照规定提取的盈余公积；

5.所有者权益各组成部分的期初和期末余额及其调节情况。

根据BQC公司2023年的财务数据，具体呈报的所有者权益变动表，见第二章表2-3。

本教材第二章已经将四张会计报表展现给财务分析者。财务分析者应该从总体角度理解对外财务报表及其关联，并深入理解所有者权益变动表的作用。

资产负债表报告的是某一时点的资产、负债及所有者权益的价值存量，利润表、现金流量表与所有者权益变动表反映的是会计期初与会计期末两个时点之间的存量变化：利润表反映会计期间的经营成果，影响所有者权益及其相关会计要素的变化；现金流量表则反映了现金的变化过程及其结果；所有者权益变动表则反映的是资产负债表中所有者权益具体项目的变化过程。四张会计报表用会计语言反映会计期间的总体财务状况和经营业绩，从存量与流量的视角，四张会计报表的内在关联如图5-1所示。

二、编制所有者权益变动表的意义

（一）编制所有者权益变动表符合全面收益改革的国际趋势

知识拓展5-1

1992年10月，英国会计准则委员会（ASB）要求对外编报的主要财务报表增加"全部已确认利得与损失表"；1997年美国会计准则委员会（FASB）要求财务报表中必须有一个独立的组成部分，突出显示企业的全部利得和损失，在收益表之外报告全面收益；1997年国际会计准则委员会（IASC）公布的修订后的IAS 1"财务报表表述"中，要求财务报表中必须有一个独立的组成部分，来突出显示企业的全部利得和损失。

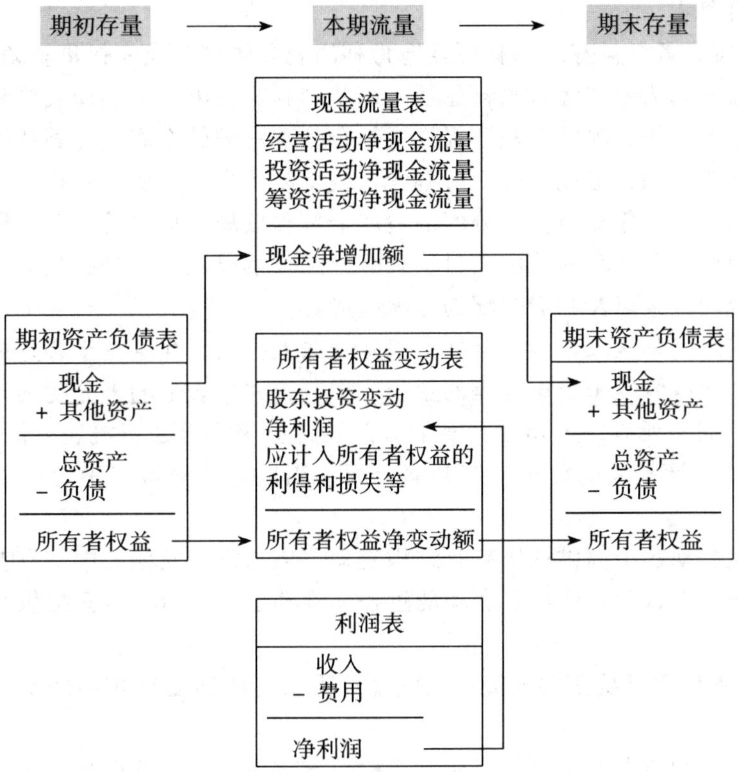

图5-1　四张会计报表的内在关联图

从国际会计准则制定机构关于财务业绩报告的改革过程来看，改革业绩报告的目标基本一致，都要求报告提供更全面、更有用的财务业绩信息，以满足使用者投资、信贷及其他经济决策的需要。

我国在2014年修订后的《企业会计准则——基本准则》中对所有者权益要素作了如下规定："所有者权益的来源包括所有者投入的资本、直接计入所有者权益的利得和损失、留存收益等。"其中，直接计入所有者权益的利得和损失，是指不应计入当期损益、会导致所有者权益发生增减变动的、与所有者投入资本或者向所有者分配利润无关的利得或者损失。

由所有者权益变动表的内容可知，我国所有者权益变动表的作用实际上就相当于英国ASB的"全部已确认利得与损失表"、美国FASB的"全面收益表"、国际会计准则委员会（IASC）的"权益变动表"。我国新企业会计准则颁布后的所有者权益变动表能更好地帮助投资者获得与其决策相关的全面收益信息。

（二）编制所有者权益变动表是公司所有者权益和受托责任日益受到重视的体现

所有者权益变动表可以反映股东所拥有的权益，据以判断资本保值、增值的情况以及对负债的保障程度。该表将全面反映企业的所有者权益在年度内的变化情况，便于会计信息使用者深入分析，进而对企业的资本保值增值情况做出正确判断，为决策提供有用的信息。投资人可以透过所有者权益变动表分析被投资方的投资价值、股利发放、员工红利等各项权益变动因素，以预测投资效益。

从受托责任角度来看，编制所有者权益变动表，既是对外部报表使用者负责，也是对股东和公司自身负责。

（三）编制所有者权益变动表将更好地为利润表和资产负债表提供辅助信息

所有者权益变动表中“综合收益总额”以及“利润分配”与利润表之间存在较强的关联性。利润表中的“综合收益总额”提供了综合收益总额的组成，能够帮助会计报告的使用者理解综合收益总额各组成部分对所有者权益变动的贡献。所有者权益变动表中的“利润分配”项目则反映当年对所有者分配的利润金额和按规定提取的盈余公积金额，财务分析主体可据此分析企业的利润分配项目、利润分配政策以及利润分配趋势等内容，从而了解企业的利润分配政策以及利润分配的分配趋势。

利润分配实际上是法人行为。合并报表并非法人报表，而且由于合并报表上抵销了内部未实现利润和没有恢复子公司计提的盈余公积，合并报表上的未分配利润不是母公司真正可供分配的利润，所以，上市公司利润分配还是应该以母公司报表可供分配利润为准。因此，编制合并会计报表的公司，其利润分配应当以母公司报表中的可供分配的利润为依据。

所有者权益变动表中提供的所有者结构变动信息与资产负债表中所有者权益部分相辅相成，提供了所有者权益具体项目变动的过程，弥补了资产负债表只提供某一时点价值存量的信息局限。

（四）编制所有者权益变动表能更清晰地体现会计政策变更和前期差错更正对所有者权益的影响

会计政策变更和前期差错更正对所有者权益本年年初余额的影响，曾经主要在会计报表附注中体现，容易被报表使用者忽略。新企业会计准则要求除了在附注中披露与会计政策变更、前期差错更正有关的信息外，还将在所有者权益变动表上直接列示会计政策变更和前期差错更正对所有者权益的影响，以使其更清晰地体现。

三、所有者权益变动表分析的目的

所有者权益变动表分析，是通过所有者权益的来源及变动情况，了解会计期间内影响所有者权益增减变动的具体原因，判断构成所有者权益各个项目变动的合法合规性与合理性，为报表使用者提供较为真实的所有者权益总额及其变动信息。

所有者权益变动表分析的具体目的如下：

第一，清晰体现会计期间所有者权益各个项目的变动规模与结构，了解其变动趋势，反映公司净资产的实力，提供资本保值增值的重要信息。

第二，进一步从全面收益角度报告更全面、更有用的财务业绩信息，以满足报表外部和内部使用者进行投资、信贷、监管及其他经济决策的需要。

第三，反映会计政策变更的合理性以及会计差错更正的幅度，具体报告会计政策变更和会计差错更正对所有者权益的影响数额。

第四，反映股利分配政策、股票回购等公司战略对所有者权益的影响。

四、所有者权益变动表的分析内容

所有者权益变动表的分析，包括如下内容：

第一，所有者权益变动表的水平分析、垂直分析和趋势分析。

第二，所有者权益变动表的主要项目分析。

第三，所有者权益变动影响因素分析。

【思政案例】

2021年上市公司现金分红预案总额超1.5万亿元

1.案例分析资料

近年来，A股上市公司现金分红的意愿、分红金额及稳定性不断提高和增强，分红水平已与国际成熟资本市场相当，上市公司成为投资者分享经济增长红利的“新渠道”。中国上市公司协会（以下简称“中上协”）最新披露的2021年度A股上市公司现金分红情况显示，上市公司分红积极性稳步提升，累计现金分红预案总额超1.5万亿元。具体来看，2021年度发布现金分红预案的上市公司同比2020年、2019年实施分红的公司数量，分别增长4.9%、17.7%，数量连续两年增长；全年现金分红预案总额超1.5万亿元，同比2020年、2019年实施分红总额，分别增长1.4%、13.6%。2008年至2021年，连续5年分红的上市公司数量占比从24%提升至50%，连续10年分红的上市公司占比从4%提升至32%。从榜单情况来看，“上市公司丰厚回报榜单”入选公司2021年的现金分红总额占全体A股公司分红总额的63.55%，2019年至2021年三年累计现金分红总额占全体A股公司分红总额的66.67%，其中沪市主板137家、深市主板58家、创业板5家，国有控股上市公司占62.5%。“上市公司真诚回报榜单”入选公司中，沪市主板90家、深市主板31家、创业板79家，民营上市公司占60%。值得注意的是，有40家公司同时入选两个榜单。

上市公司是资本市场的基石。证监会原主席易会满此前在出席中上协第三届会员代表大会时强调，上市公司质量的提升，最终要体现在价值创造和价值分配能力上。上市公司要继续通过现金分红、股份回购等方式增强对股东的回报，提升投资者的获得感。中上协表示，希望通过榜单发布引导上市公司结合自身发展阶段和资金状况，通过现金分红等方式回报投资者，有效保护投资者合法权益，培育资本市场长期投资理念，增强资本市场活力和吸引力。中上协也将持续开展最佳实践倡导系列工作，加强自律管理，发挥优秀公司示范引领作用，推动提高上市公司质量。

资料来源：高伟. 2021年上市公司现金分红预案总额超1.5万亿元［N］. 经济参考报. 2022-06-02（003）.

2.案例分析提示

（1）通过案例学习，明确所有者权益变动表的内容及其分析在企业价值创造中的意义与作用，树立科学、公开、透明、公允的所有者权益价值评价机制，夯实上市公司与投资者的沟通桥梁，强化通过所有者权益变动表分析折射出的社会责任。

（2）通过案例学习，使学生基于公司视角，进一步提高所有者权益及其变动的信息质量，合理分析所有者权益变动的具体原因，提升会计信息披露真实性，强化法治观念，杜绝信息披露中的舞弊行为。

（3）通过案例学习，使学生增强企业高质量发展下红利与投资人获得感紧密相连的理念，通过现金分红等方式回馈投资者，强化投资者长期投资观与参与意识，有力促进全体人民共同富裕。

第二节 所有者权益变动表综合分析

一、所有者权益变动表的水平分析

所有者权益变动表的水平分析，是将所有者权益变动表的整体数据变动与各个项目的数据变动进行对比，揭示公司当期所有者权益规模与各个组成要素变动的关系，解释公司净资产的变动原因，从而进行相关分析与决策的过程。

所有者权益变动表的水平分析思路，是通过所有者权益的来源及其变动情况，了解会计期间内影响所有者权益增减变动的具体原因，判断构成所有者权益各个项目变动的合法合规性与合理性，为报表使用者提供较为真实的所有者权益总额及其变动信息。对于所有者权益变动表所包含的财务状况质量信息，主要应关注："输血性"变化和"盈利性"变化；所有者权益内部项目互相结转的财务效应；公司股权结构的变化与方向性含义；会计核算因素的影响；公司股利分配方式所包含的财务状况质量信息等。

下面以BQC公司2023年所有者权益变动表为例，对BQC公司所有者权益变动表进行水平分析，详见表5-2。

表5-2 BQC公司所有者权益变动表的水平分析表 单位：百万元

项目	归属于母公司股东权益										少数股东权益	股东权益合计
	股本	其他权益工具	资本公积	减：库存股	其他综合收益	专项储备	盈余公积	未分配利润	其他	小计		
2022年	2 911.14		61 705.89	1 809.92	428.33	12.08	6 838.54	40 943.23		111 029.29	10 360.54	121 389.83
2023年	2 911.14		62 041.77	1 266.94	603.66	22.37	7 374.09	67 123.97		138 810.06	11 652.05	150 462.11
增减变动金额	0		335.88	-542.98	175.33	10.29	535.55	26 180.74		27 780.77	1 291.51	29 072.28
增减变动率（%）	0		0.54	-30.00	40.93	85.18	7.83	63.94		25.02	12.47	23.95
占股东权益总额变动的比例（%）	0		1.16	-1.87	0.60	0.04	1.84	90.05		95.56	4.44	100.00

说明：企业综合收益总额=企业净利润+其他综合收益税后净额。

从表5-2可知，BQC公司2023年所有者权益比2022年增加了约29 072.28百万元，增长幅度为23.95%；从影响的主要项目看，最主要的原因是未分配利润增加额为26 180.74百万元，增长幅度为63.94%，占所有者权益增加额的比重为90.05%（26 180.74÷29 072.28×100%），说明BQC公司是以自身经营活动累积利润作为资本保值增值的模式。从所有者权益变动总构成可见，BQC公司2023年"盈利性"变化（包括未分配利润和盈余公积）使所有者权益增加的比重为91.89%，即留存收益增加的比重91.89%（90.05%+1.84%），"输血性"变化（包括股本、资本公积、其他权益工具、库存股和专项储备）

使所有者权益增加的比重为3.07%（1.16%+1.87%+0.04%）。总体而言，BQC公司2023年度股东权益的增加，主要是由经营活动累积形成的自身留存利润的增长所致。

增加净利润是经营资本增加的源泉，也是所有者权益增长的重要途径。正如定价理论信条所言，价值是股东在经营过程中产生的，而非股东在财务活动中产生的[①]；健康成长型公司，应通过投资收益实现经营积累，实现投资者资本的保值增值。从目前看来，BQC公司正是在重视和追求权益回报，以回归公司本质——“以营利为目的的经济组织”。

除此之外，所有者权益变动表的水平分析还应当对所有者权益规模变动原因逐一分析：

（一）实收资本（或者股本）变动的分析

实收资本（或者股本）的增加包括资本公积转入、盈余公积转入、利润分配转入和发行新股等多种渠道。前三种都会稀释股票的价格，而发行新股既能增加注册资本和股东权益，又可增加公司的现金资产，这是对公司发展最有利的增股方式。2023年年末，BQC公司的股本这一项目金额相比期初未发生变化，表明BQC公司2023年度没有与股权融资相关的新增资本增加。

（二）资本公积变动的分析

资本公积是指归所有者所共有的、非收益转化而形成的资本。资本公积增加的原因包括资本（股本）溢价和其他资本公积，比如：接受捐赠、法定财产重估增值和资本溢价。接受捐赠是指企业因接受其他部门或个人的现金或实物等捐赠而增加的资本公积；法定财产重估增值是指企业在分立、合并、变更和投资时资产评估或者合同、协议约定的资产价值与原账面净值的差额；资本溢价是指投资人缴付的出资额超出其认缴资本金的差额，包括股份有限公司发行股票的溢价净收入及可转换债券转换为股本的溢价净收入等。BQC公司在2023年年末的所有者权益变动表中，资本公积增加约335.88百万元，增长幅度为0.54%，其原因主要是以权益结算的股份支付计入所有者权益的增加。BQC公司及其子公司为了更好地激励高管和核心员工，于2020年和2022年分别实施了股权期权激励计划和员工持股计划，本年度相应发生了规模为872.19百万元的股份支付费用。

（三）其他综合收益变动的分析

其他综合收益是指企业根据其他会计准则规定未在当期损益中确认的各项利得和损失，扣除所得税影响后的净额。其包括以后会计期间不能重分类进损益的其他综合收益项目和以后会计期间在满足规定条件时将重分类进损益的其他综合收益项目两大类。BQC公司在2023年年末的所有者权益变动表中，其他综合收益增加175.33百万元，增长幅度为40.93%。

（四）专项储备变动的分析

专项储备是企业提取的安全生产费以及维持简单再生产费用等具有类似性质的费用。高危企业按照国家规定提取的安全生产费，应当计入相关产品的成本或当期损益，同时计入专项储备。BQC公司期初专项储备余额为12.08百万元，本期增加提取了10.29百万元，

---

① 佩因曼．财务报表分析与证券定价［M］．刘力，陆正飞，译．北京：中国财政经济出版社，2002.

期末专项储备余额为22.37百万元。

（五）盈余公积变动的分析

盈余公积是指公司从税后净利润中提取的公司积累基金。盈余公积按规定可用于弥补亏损，也可按法定程序转增资本金，法定公积金提取率为10%，盈余公积的增减变动情况可以直接反映公司创利及其积累的情况。2023年度，BQC公司从净利润中提取盈余公积535.55百万元，增长幅度为7.83%，体现出BQC公司利润积累的实力。

（六）未分配利润变动的分析

未分配利润是企业留待以后年度分配的结存利润。2023年BQC公司未分配利润当期增加26 180.74百万元，增幅达63.94%（26 180.74÷40 943.23×100%），占2023年年度归属于母公司所有者净利润的87.15%（26 180.74÷30 040.81×100%），说明公司当期有较强的持续发展能力和继续分红能力。特别需要指出的是，2023年BQC公司增加了对所有者（或股东）的现金股利分红（分配依据是2022年年度利润分配方案），总金额是3 324.53百万元，现金分红规模占上一年度归属于母公司所有者净利润的比重约为20%。由于新能源汽车行业正处于成长期，面对激烈的市场竞争，BQC公司在积极回馈股东的同时，选择将更多的利润进行留存用于核心技术研发、国际市场开拓、智能化升级等方面，力图在未来的新能源汽车市场中继续保持优势竞争地位。

除了上述母公司层面原因外，影响BQC公司本期所有者权益变动的项目还包括：库存股的减少对本期所有者权益变动的影响为542.98百万元，占所有者权益增加额的比重为1.87%；少数股东权益对本期所有者权益变动的影响为1 291.51百万元，占所有者权益增加额的比重为4.44%。

二、所有者权益变动表的垂直分析

所有者权益变动表结构反映了资产负债表各项目的相互关系及各项目所占的比重。所有者权益变动表的垂直分析，是通过计算所有者权益变动表中各项目占权益总额的比重，分析评价企业所有者权益结构的变动情况及合理程度。以BQC公司所有者权益变动表为基础资料，编制BQC公司2023年所有者权益变动垂直分析表，见表5-3。

表5-3 BQC公司所有者权益变动垂直分析表 单位：百万元

项目	归属于母公司股东权益											少数股东权益	股东权益合计
	股本	其他权益工具	资本公积	减：库存股	其他综合收益	专项储备	盈余公积	一般风险准备	未分配利润	其他	小计		
2022年	2 911.14		61 705.89	1 809.92	428.33	12.08	6 838.54		40 943.23		111 029.29	10 360.54	121 389.83
2023年	2 911.14		62 041.77	1 266.94	603.66	22.37	7 374.09		67 123.97		138 810.06	11 652.05	150 462.11
2022年（%）	2.40		50.83	1.49	0.35	0.01	5.63		33.73		91.47	8.53	100.00
2023年（%）	1.93		41.23	0.84	0.40	0.01	4.90		44.61		92.26	7.74	100.00
变动情况（%）	−0.47		−9.60	−0.65	0.05	0	−0.73		10.88		0.79	−0.79	0

从表5-3可以看出，BQC公司2023年年末的所有者权益主要由未分配利润（占比

44.61%）和资本公积（41.23%）两个项目构成，表明BQC公司股东权益主要有两大支柱：一是自身经营活动的利润累积，二是股东投入资本而形成的巨额资本公积。BQC公司的所有者权益构成在2023年年末相比2022年年末未分配利润占所有者权益的比重增加了10.88%，而资本公积占所有者权益的比重减少了9.6%，表明随着2023年BQC公司经营活动盈利能力的持续提升，自身“盈利性”投入对股东权益的贡献越来越大，开始超过资本公积这一“输血性”投入成为第一大支柱。

留存收益的直接效果就是在利润分配前提取盈余公积，限制向投资者分配利润，在利润分配中不完全分配以便以后年度分配，其目的在于：①降低公司财务风险。要发展、要扩大经营，就必须保持一定数量的流动资本，以便保证企业能不断更新固定资产，按期偿还债务或应付经营中可能出现的意外损失。这一切可以通过留存收益来实现。②均衡各期利润分配。因为公司各年实现利润不可能一样，为了给投资者以良好形象，显示公司经营稳定，可通过留存收益，以丰补歉，使投资者各年能得到大体相同的投资回报。③为公司扩充实力追加投资。作为公司，为了增强抗风险能力，必须扩大企业规模，在外界无追加投资的情况下，可以通过盈余公积转增资本的形式来补充原始投入资本的不足。④出于某些特殊目的考虑。

实收资本（或股本）是投资者按照公司章程或合同、协议的约定，实际投入公司并依法进行注册的资本，它体现了公司所有者对公司的基本产权关系。实收资本（或股本）的构成比例是确定所有者参与公司财务经营决策的基础，也是公司进行利润分配或股利分配的依据，同时还是公司清算时确定所有者对净资产的要求权的依据。资本公积是投资者的出资中超出其在注册资本中所占份额的部分，以及直接计入所有者权益的利得和损失，它不直接表明所有者对公司的基本产权关系。资本公积从形成来源上看，它不是由公司实现的利润转化而来的，从本质上讲应属于投入型资本范畴，因此，它与留存收益有根本区别，因为后者是由公司实现的利润转化而来的。资本公积尽管属于投入资本范畴，但它与实收资本又有所不同。实收资本属于法定资本，在金额上有比较严格的限制，而资本公积在金额上则没有严格的限制，而且在来源上也相对灵活，它可以来源于投资者的额外投入，也可以来源于除投资者之外的其他企业或个人，如接受捐赠的资产等。

三、所有者权益变动表的趋势分析

（一）BQC所有者权益主要项目的趋势分析

所有者权益变动表的趋势分析，是通过所有者权益变动表各个项目的变动情况，观察和分析股本、资本公积、盈余公积、未分配利润等项目的年度变动趋势，深入理解和掌握所有者权益项目增减变动的原因与规律，为财务预测、财务决策、编制财务预算和估算企业价值提供依据。由于所有者权益变动表已反映资产负债表中所有者权益项目由期初到期末的具体变动，因此，所有者权益变动表趋势分析是对资产负债表趋势分析的补充与延伸。

下面根据BQC公司2019—2023年的所有者权益变动表中的数据，进行所有者权益主要项目的趋势分析，见表5-4和图5-2。

表5-4 BQC公司所有者权益主要项目的趋势分析

	2019年	2020年	2021年	2022年	2023年
所有者权益（%）	100.00	102.96	166.52	193.91	240.35
未分配利润（%）	100.00	116.15	125.64	194.45	318.78
盈余公积（%）	100.00	108.51	122.19	166.82	179.89
资本公积（%）	100.00	100.68	247.88	251.55	252.92
实收资本（%）	100.00	100.00	106.71	106.71	106.71

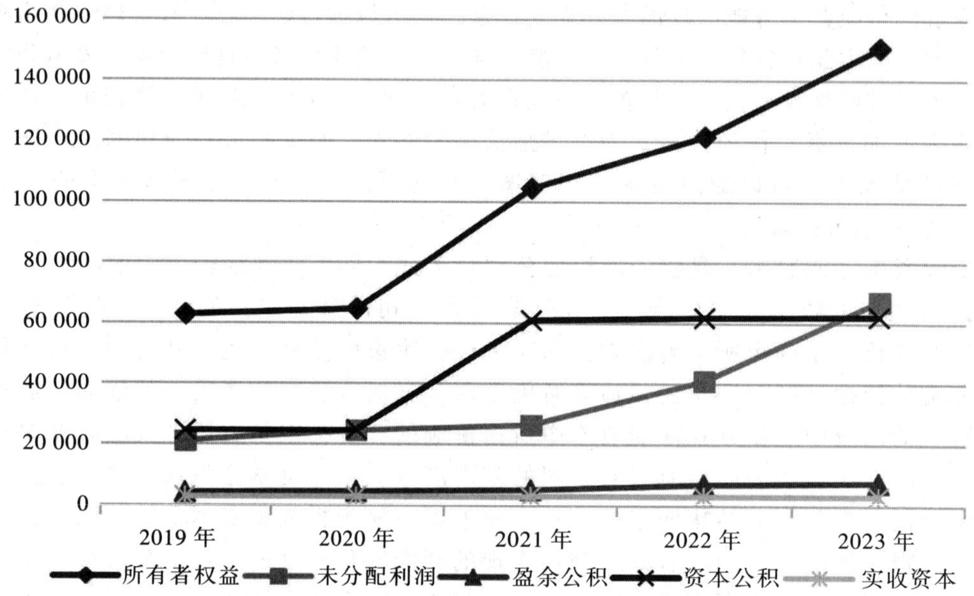

图5-2 BQC公司所有者权益趋势分析图（单位：百万元）

由表5-4可知，BQC公司近五年所有者权益、未分配利润、盈余公积、资本公积及实收资本均呈现稳步上升趋势，其中未分配利润五年间增长幅度最大，高达218.78%，其次是资本公积，五年间增长幅度为152.91%，最终导致所有者权益总规模五年间实现了翻倍增长，增长幅度为140.35%。特别地，所有者权益在2020—2023年增长态势十分明显，其中：2020—2021年的增长主要原因是资本公积的翻倍增长。相比2019年，2021年资本公积的增长幅度为147.88%。BQC公司在2021年进行了H股配售，导致股本增加了183百万元，“资本公积——股本溢价”增加了36 048.73百万元。股本溢价的本质是投资者为获得股权支付的“溢价”，直接体现市场对BQC公司的估值高于账面净资产，侧面表明投资者对BQC公司在电动车、电池领域龙头地位的认可。2021—2023年所有者权益规模变动明显，主要原因是公司经营活动产生的净利润逐年增加。BQC公司2019—2023年实现净利润分别为21.19亿元、60.14亿元、39.67亿、177.13亿元和313.44亿元。从图5-2可以看出，BQC公司净利润的大幅增长会拉动未分配利润和盈余公积的增长，说明同期股东权益增长留存收益占比较大。此外，BQC公司2019—2023年未分配利润的逐年增加，也体现出公司具有很强的利润积累实力，其持续发展能力和继续分红的基础不断增强。

（二）BQC公司所有者权益行业趋势对比分析

从上述分析可见，BQC公司近五年所有者权益、未分配利润及盈余公积均呈现稳步上升趋势，是行业规律还是公司本身财务绩效所致？为此，尚需将BQC公司所有者权益及其主要构成项目与业内可比公司CAQC、CCQC、GQJT和SQJT公司进行对比分析。

1.所有者权益变动趋势对比分析

汽车行业作为我国国民经济的重要支柱产业，具有产业链长、辐射面广的特点。向上可延伸至钢铁、有色金属、橡胶、电子元器件、玻璃等基础材料行业，并涉及发动机、变速器、电池等核心零部件制造领域；向下不仅直接关联整车制造与销售，还深度联动交通运输、物流运输、保险金融等服务业，同时带动充电设施、智能网联、共享出行等新兴业态发展，对机械制造、人工智能、能源结构转型等领域产生显著拉动效应。公司净资产规模决定了股东价值以及可持续发展能力。2019—2023年业内五家公司数据比较见表5-5与图5-3。

表5-5　**BQC公司与可比公司所有者权益的变动趋势对比**　单位：%

	2019年	2020年	2021年	2022年	2023年
BQC	100.00	102.96	166.52	193.91	240.35
CAQC	100.00	121.73	127.16	143.28	169.99
CCQC	100.00	105.41	114.21	119.88	125.94
GQJT	100.00	105.10	112.30	148.30	150.87
SQJT	100.00	103.06	109.28	111.79	113.98

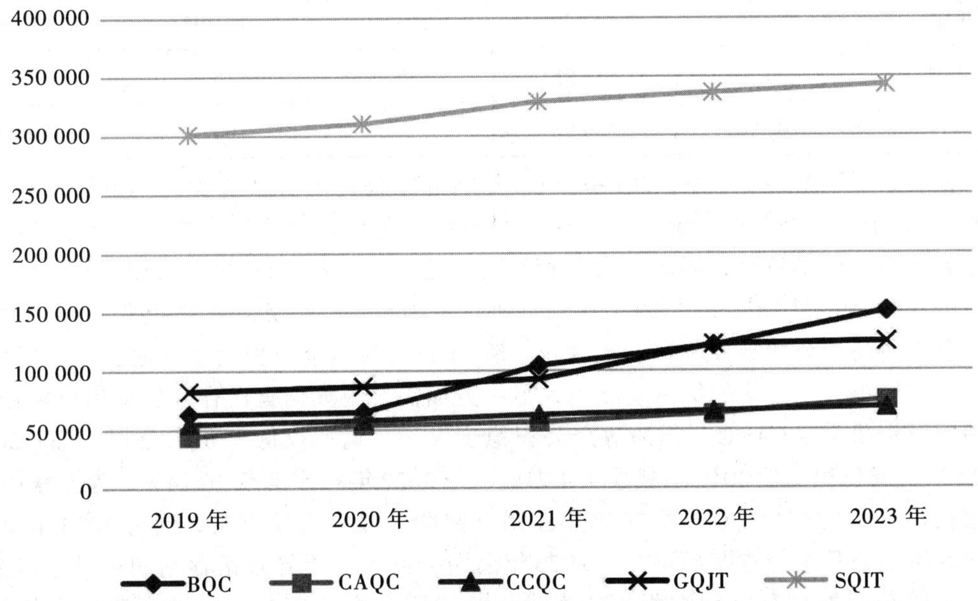

图5-3　BQC公司与可比公司所有者权益的变动趋势对比图（单位：百万元）

根据表5-5和图5-3，2019—2023年，BQC公司的所有者权益增长趋势最为显著，在五年间所有者权益实现翻倍，增长率高达140.35%，并且所有者权益的绝对规模逐渐超过GQJT公司，2023年在五家公司中位居第二；SQJT公司的所有者权益的规模最大，近五年都超过了3 000亿元，远超其他四家公司，但是所有者权益的增长率最低，五年间仅为13.98%；CAQC和CCQC两家公司的所有者权益规模相当且变动趋势比较相似，虽然总体呈现增长态势，但是与其他三家公司所有者权益的绝对规模差距越来越大。随着近年来中国汽车行业正经历的深刻变革，核心驱动因素包括新能源化、智能化转型、供应链重构以及政策导向调整，五家公司的所有者权益变动比较清晰地反映出行业格局重塑的轨迹。五年间，BQC公司所有者权益的翻倍增长趋势在一定程度上证实了BQC公司通过前瞻性布局新能源汽车全产业链，在汽车产业电动化转型趋势中实现了"弯道超车"。对于不同公司内部所有者权益增加的内部结构，还需要结合所有者权益的具体项目，尤其是留存收益，进行详细分析。

2.盈余公积变动趋势对比分析

盈余公积包括法定盈余公积与任意盈余公积。上市公司的法定盈余公积按照税后利润的10%提取，法定盈余公积累计额已达注册资本的50%时可以不再提取；任意盈余公积主要是上市公司按照股东大会的决议提取。法定盈余公积和任意盈余公积的区别在于其各自计提的依据不同，但目的一致：即弥补亏损、转增资本、股利分配、扩大经营实力等。2019—2023年业内五家盈余公积趋势对比见表5-6与图5-4。

表5-6 **BQC公司与可比公司盈余公积的变动趋势对比** 单位：%

	2019年	2020年	2021年	2022年	2023年
BQC	100.00	108.51	122.19	166.82	179.89
CAQC	100.00	111.68	124.19	146.93	178.08
CCQC	100.00	107.29	116.02	121.93	95.79
GQJT	100.00	115.98	115.98	115.98	115.98
SQJT	100.00	100.00	100.00	100.00	100.00

根据表5-6和图5-4可知，2019—2023年间五家公司的盈余公积规模走势差异很大，其中BQC公司的盈余公积增幅最大，高达79.89%，这与公司的新能源汽车销量持续增长并带来利润累积密不可分，同时盈余公积均为法定盈余公积。SQJT公司和GQJT公司的法定盈余公积分别在2018年和2020年达到注册资本的50%，因此均不再提取，导致两家公司连续多年的盈余公积金额不再发生变化。SQJT公司的盈余公积远超其他公司，高达408亿元，一方面提升了公司的抗风险能力，另一方面需警惕如何盘活存量资金借以抓住技术颠覆期的投资机会。CAQC公司的盈余公积稳步增长，增速仅低于BQC公司。而CCQC公司2023年盈余公积相比2019年减少了4.21%，与2022年相比暴跌26.14%，为五家中唯一的负增长。这主要是CCQC公司2023年注销已回购H股股份的影响，同时2023年净利润下降导致法定公积金计提基数减少，2023年公司分红率大增导致留存利润被进一步消减。综上，BQC公司的创利与利润积累的实力逐步增强，在五家公司中盈余公积增幅最大，表明其通过技术自研实现"利润留存-再投资"的正循环。

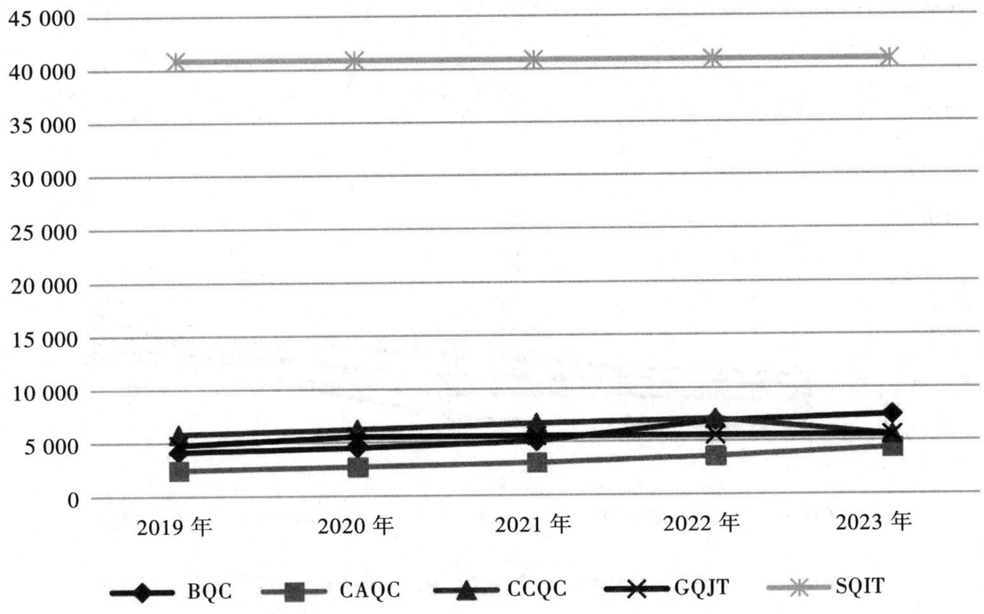

图5-4　BQC公司与可比公司的盈余公积变动趋势对比图（单位：百万元）

3.未分配利润变动趋势对比分析

未分配利润包括留待以后年度分配的利润或未指定特定用途的未分配利润。未分配利润属于所有者权益的组成部分，是公司实现的净利润经过弥补亏损、提取盈余公积和向投资者分配利润后，留存在公司的历年结存的利润。未分配利润是期初未分配利润加上本期实现的净利润，减去提取的各种盈余公积及分派利润后的余额。未分配利润是公司盈利能力转化为股东投资的重要体现。2019—2023年业内五家未分配利润趋势对比见表5-7与图5-5。

表5-7　**BQC公司与可比公司未分配利润的变动趋势对比**　单位：%

	2019年	2020年	2021年	2022年	2023年
BQC	100.00	116.15	125.64	194.45	318.78
CAQC	100.00	109.73	114.80	132.33	158.67
CCQC	100.00	106.91	109.25	128.25	137.51
GQJT	100.00	107.92	120.73	134.09	138.66
SQJT	100.00	107.73	118.74	125.24	133.68

根据表5-7和图5-5可知，2019—2023年五年期间，五家公司的未分配利润整体均呈现增长态势。五年间BQC公司未分配利润爆发式增长，五年累计增幅高达218.78%，这与BQC公司在新能源汽车市场的销量大增、新能源红利兑现密不可分，说明BQC公司具有稳定的持续发展能力。SQJT公司未分配利润总额居行业第一（1 674.7亿元），但增速最低，可能反映出SQJT公司燃油车利润萎缩与新能源造血不足的转型困境。CCQC公司五年未分配利润的增速仅高于SQJT公司，CAQC五年未分配利润的增幅高达58.67%，仅次于BQC公司。与此同时，五家公司在回报投资者方面也存在很大差异。BQC公司是五家公司中累计分红规模最小的，选择将更多的利润进行留存以用于再投资。

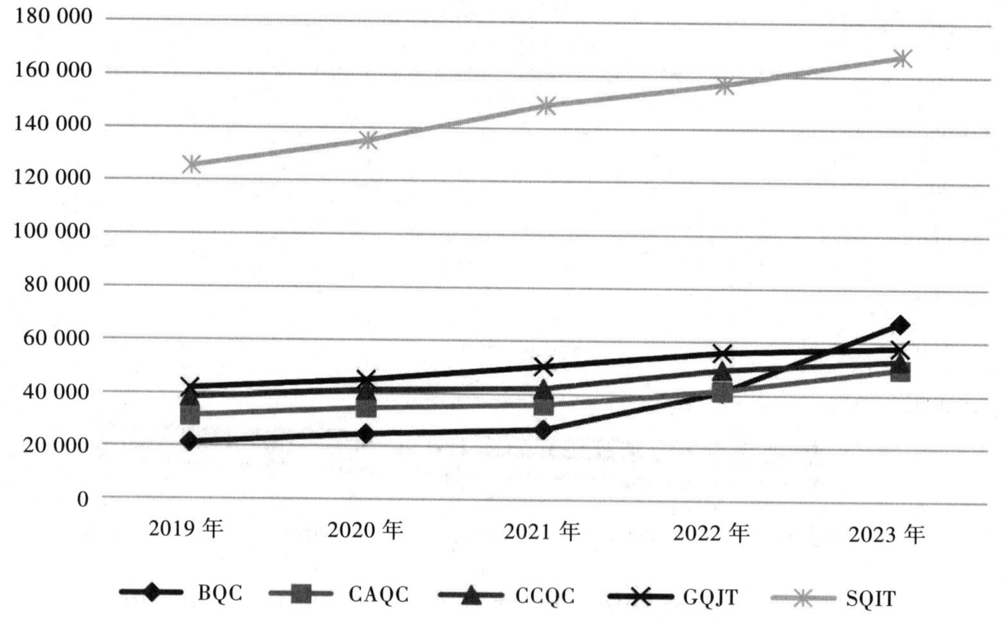

图5-5 BQC公司与可比公司未分配利润的变动趋势对比图（单位：百万元）

4.留存收益变动趋势对比分析

留存收益是公司历年剩余的净收益累计而成的资本，因此留存收益也可称为累计收益。虽然留存收益与投资者投入的资本属性一致，即为所有者权益，但与投入资本不同的是，投入资本是由所有者从外部投入公司的，它构成了公司股东权益的基本部分，而留存收益不是由投资者从外部投入的，是依靠公司经营所得的盈利累计而成的。

留存收益由盈余公积和未分配利润构成。盈余公积包括法定盈余公积、任意盈余公积，属于“已拨定”的留存收益，而未分配利润属于“未拨定”的留存收益。留存收益是所有者权益或股东权益的重要组成，股东有权决定如何使用，按照《公司章程》或其他有关规定，公司可将留存收益在股东间进行分配，作为公司股东的投资所得；也可以为了某些特殊用途和目的而将其中一部分留在公司，不予分配。可见，留存收益会因经营获取收益而增加，又因分给投资者而减少。留存收益既是积累收益，又是企业将盈利转化为筹资的过程，即留存收益筹资，实质是原股东对公司的追加投资。2019—2023年业内五家公司的留存收益趋势对比见表5-8。为更清晰呈现留存收益的实力，可以将留存收益占所有者权益之比进行趋势分析，见表5-9。

表5-8 **BQC公司与可比公司留存收益的变动趋势对比** 单位：%

	2019年	2020年	2021年	2022年	2023年
BQC	100.00	114.90	125.08	189.95	296.15
CAQC	100.00	109.87	115.47	133.37	160.05
CCQC	100.00	106.96	110.13	127.42	132.06
GQJT	100.00	108.75	120.24	132.24	136.34
SQJT	100.00	105.83	114.13	119.04	125.40

表5-9　**BQC公司与可比公司留存收益与所有者权益占比的变动趋势对比**　单位：%

	2019年	2020年	2021年	2022年	2023年
BQC	0.40	0.45	0.30	0.39	0.50
CAQC	0.77	0.69	0.70	0.71	0.72
CCQC	0.81	0.82	0.78	0.86	0.85
GQJT	0.56	0.58	0.60	0.50	0.51
SQJT	0.55	0.57	0.58	0.59	0.61

根据表5-8可以看出，五年间五家公司留存收益规模均呈现增长态势，这主要是因为五家公司的未分配利润整体呈现增长趋势。特别地，鉴于BQC公司五年间未分配利润爆发式增长，导致其留存收益的增幅最大，高达196.15%。同时结合表5-9，BQC公司留存收益占所有者权益的比重最低，这主要是因为BQC公司所有者权益的增加除了来自自身利润累积以外，还积极进行股权融资，公司股价高企导致新进入H股股东支付高昂的股本溢价进而增加了公司的所有者权益。因此，BQC公司所有者权益中留存收益占比相比其他公司低并非因为公司利润累积能力不足，而是相比其他公司资本投入对所有者权益的贡献更高。

案例分析5-1

四、所有者权益变动表主要项目的分析

所有者权益变动表主要项目的分析，是将组成所有者权益的主要项目进行具体剖析对比，分析其变动成因、合理合法性、有无人为操控的迹象等事项的过程。

所有者权益变动表的主要项目，可以从以下公式具体理解：

本期所有者权益变动额=净利润+其他综合收益税后净额+会计政策变更和前期差错更正的累积影响+所有者或股东投入资本−向所有者或股东分配的利润

为了避免与前述内容重复，所有者权益变动表主要项目的分析主要包括以下三项。

（一）其他综合收益

其他综合收益是指企业根据其他会计准则规定未在当期损益中确认的各项利得和损失。利得是指由企业非日常活动所形成的、会导致所有者权益增加的、与所有者投入资本无关的经济利益的流入。损失是指由企业非日常活动所发生的、会导致所有者权益减少的、与向所有者（或股东）分配利润无关的经济利益的流出。根据定义，其他综合收益中的利得和损失是指不应计入当期损益、会导致所有者权益发生增减变动的、与所有者投入资本或者向所有者（或股东）分配利润无关的利得或者损失。

其他综合收益项目应当根据其他相关会计准则的规定分为下列两类列报：以后会计期间不能重分类进损益的其他综合收益项目；以后会计期间在满足规定条件时将重分类进损益的其他综合收益项目。

2014年《企业会计准则第30号——财务报表列报》修订前，已实现的利得与损失在发生当年记入利润表，未实现确认的利得与损失则应在资产负债表中确认，同时，所有者权益变动表涵盖这些信息。该准则修订后，利润表新增“其他综合收益税后净额”和“综合收益总额”项目，两类其他综合收益在利润表中进行列报，以下将对两大类其他综合收

益进行说明。

1.以后会计期间不能重分类进损益的其他综合收益

（1）重新计量设定受益计划净负债或净资产导致的变动

根据《企业会计准则第9号——职工薪酬》的规定，有设定受益计划形式离职后福利的企业应当将重新计量设定受益计划净负债或净资产导致的变动计入其他综合收益，并且在后续会计期间不允许转回至损益。

（2）权益法下不能转损益的其他综合收益

根据《企业会计准则第2号——长期股权投资》的规定，投资方取得长期股权投资后，应当按照应享有或应分担的被投资单位其他综合收益的份额，确认其他综合收益，同时调整长期股权投资的账面价值。投资单位在确定应享有或应分担的被投资单位其他综合收益的份额时，该份额的性质取决于被投资单位的其他综合收益的性质，即如果被投资单位的其他综合收益属于“以后会计期间不能重分类进损益”类别，则投资方确认的份额也属于“以后会计期间不能重分类进损益”类别。

（3）其他权益工具投资的公允价值变动

其他权益工具投资的公允价值变动反映企业指定为以公允价值计量且其变动计入其他综合收益的非交易性权益工具投资发生的公允价值变动。

（4）企业自身信用风险公允价值变动

企业自身信用风险公允价值变动反映企业指定为以公允价值计量且其变动计入当期损益的金融负债，由企业自身信用风险变动引起的公允价值变动而计入其他综合收益的金额。

2.以后会计期间满足规定条件时将重分类进损益的其他综合收益

（1）权益法下可转损益的其他综合收益

根据《企业会计准则第2号——长期股权投资》的规定，投资方取得长期股权投资后，应当按照应享有或应分担的被投资单位其他综合收益的份额，确认其他综合收益，同时调整长期股权投资的账面价值。如果被投资单位的其他综合收益属于“以后会计期间可以重分类进损益”类别，则投资方确认的份额也属于“以后会计期间可以重分类进损益”类别。

（2）其他债权投资的公允价值变动

其他债权投资的公允价值变动反映企业分类为以公允价值计量且其变动计入其他综合收益的债权投资发生的公允价值变动。企业将一项以公允价值计量且其变动计入其他综合收益的金融资产重分类为以摊余成本计量的金融资产，或重分类为以公允价值计量且其变动计入当期损益的金融资产时，之前计入其他综合收益的累计利得或损失从其他综合收益中转出的金额作为该项目的减项。

（3）金融资产重分类计入其他综合收益的金额

金融资产重分类计入其他综合收益的金额反映企业将一项以摊余成本计量的金融资产重分类为以公允价值计量且其变动计入其他综合收益的金融资产时，计入其他综合收益的原账面价值与公允价值之间的差额。

（4）其他债权投资信用减值准备

其他债权投资信用减值准备反映企业分类为以公允价值计量且其变动计入其他综合收

益的金融资产（指其他债权投资）的损失准备。

（5）现金流量套期储备

现金流量套期储备反映企业套期工具产生的利得或损失中属于有效套期的部分。

（6）外币财务报表折算差额

根据《企业会计准则第19号——外币折算》的规定，企业对境外经营的财务报表进行折算时，应当将外币财务报表折算差额在资产负债表中所有者权益项目下单独列示（通过“其他综合收益”项目）。

（7）自用房地产转为公允模式计量的投资性房地产

自用房地产转为公允模式计量的投资性房地产时，公允价值大于账面价值的差额计入的其他综合收益。

根据所有者权益变动表，表5-10展示了BQC公司2019—2023年年末其他综合收益的内部结构和占所有者权益的比重。五年间BQC公司其他综合收益对所有者权益的影响很小，而且在2019—2021年间均为负值，在2023年其他综合收益占所有者权益的比重仅为0.40%。

表5-10　**BQC公司其他综合收益内部结构和占所有者权益比重的对比分析**　单位：百万元

项目	2019年	2020年	2021年	2022年	2023年
不能重分类进损益的其他综合收益	192.66	−245.92	213.30	861.37	1 028.22
将重分类进损益的其他综合收益	−239.32	−310.14	−337.36	−433.04	−424.56
其他综合收益	−46.66	−556.07	−124.06	428.33	603.66
将重分类进损益的其他综合收益占其他综合收益的比重（%）	512.90	55.77	271.93	−101.10	−70.33
所有者权益	62 601.42	64 453.91	104 244.21	121 389.84	150 462.11
其他综合收益占所有者权益的比重（%）	−0.07	−0.86	−0.12	0.35	0.40

BQC公司的其他综合收益主要包括不能重分类进损益的其他综合收益和将重分类进损益的其他综合收益两类。五年间公司将重分类进损益的其他综合收益始终为负，且规模逐年下降，是导致2019—2021年间其他综合收益为负的决定性因素。BQC公司的将重分类进损益的其他综合收益包括外币财务报表折算差额、应收款项融资公允价值变动和应收款项融资信用减值损失三种，其中外币财务报表折算差额的影响最大。而不能重分类进损益的其他综合收益规模总体呈现增加的态势，从2019年的192.66百万元增加到2023年的1 028.22百万元，主要源于BQC公司持有的其他权益工具投资产生的公允价值变动。截止到2023年年末，BQC公司持有的其他权益工具投资期末账面价值为2 347.73百万元，计入权益的累计公允价值变动占比高达43.80%（1 028.22÷2 347.73×100%）。

（二）会计政策变更的分析

1.会计政策与会计政策变更。会计政策，是指会计主体在会计核算过程中所采用的原则、基础和会计处理方法。公司在会计核算中所采用的会计政策，通常应在会计报表附注中加以披露，需要披露的项目包括：合并政策、外币折算方法、收入的确认原则、存货的计价方法、长期投资的核算方法、坏账损失的核算方法、借款费用的处理方法等。

会计政策变更是指在特定的情况下，企业可以对相同的交易或事项由原来采用的会计政策改用另一会计政策。在一般情况下，公司应在每期采用相同的会计政策，不应也不能随意变更会计政策，否则，势必削弱会计信息的可比性，使会计报表使用者在比较公司的经营业绩时发生困难。

但是，满足下列条件之一的，可以变更会计政策：

第一，法律、行政法规或者国家统一的会计制度等要求变更。比如，国家发布统一的关于增值税会计处理的核算办法后，企业应及时按照新的办法处理有关增值税事项。

第二，会计政策变更能够提供更可靠、更相关的会计信息。比如，企业原先一直采用直接转销法核算坏账，由于信用环境的改变，应收账款演变为坏账的可能性增大，继续使用直接转销法核算坏账将会虚增企业某一会计期间的资产和盈利，因此备抵法的会计政策更能体现应收账款的账面价值。

2.会计政策变更在表中的列示与分析。会计政策变更能够提供更可靠、更相关的会计信息的，主要应当采用追溯调整法进行处理，将会计政策变更累积影响数调整列报前期最早期初留存收益。其中追溯调整法，是指对某项交易或事项变更会计政策，视同该项交易或事项初次发生时即采用变更后的会计政策，并以此对财务报表相关项目进行调整的方法。

会计政策变更的累积影响数，是指按照变更后的会计政策，对以前各期追溯计算的列报前期最早期初留存收益应有金额与现有金额之间的差额。会计政策变更的累积影响数需要在所有者权益变动表中单独列示。

对于会计政策变更的累积影响数的分析，主要目的在于合理区分属于会计政策变更和不属于会计政策变更的业务或事项。一般而言，不属于会计政策变更的业务或事项具体包括：

（1）当期发生的交易或事项与以前相比具有本质差别而采用新的会计政策。例如，某企业一直通过经营租赁方式租入设备，进行生产，但从本年度起，新租入的设备采用融资租赁方式，故企业本年度采用融资租赁的会计处理方法进行设备租入和使用的记录与报告。由于经营租赁与融资租赁具有本质区别，因而这种变化不属于会计政策变更。

（2）对初次发生的或不重要的交易或事项而采用新的会计政策。例如，企业第一次发生跨年度的劳务供应合同项目，对这种项目采取了完工百分比法于年末确认收入。对企业来说，虽然采取了新的收入确认方法，但这种做法不属于会计政策变更。又比如，企业一直将购买办公用品而发生的费用直接记入管理费账户，从本期开始，企业决定凡是购买的办公用品都要先记入物料用品账户，然后在领用后转入有关费用账户。由于办公用品支出属于企业的零星开支，且这种改变对资产、费用和利润的影响很小，属于不重要的事项，因而这种变更不必作为会计政策变更的内容进行专门披露。

3.影响会计方法选择的深层原因。无论财务报告中所陈述的会计方法选择或变更的理由看起来多么合理，无论审计给出的审计意见多么肯定，作为财务报告分析者，都不能仅仅停留于此，而应该关注公司会计方法选择或变更的深层次原因：

（1）出于税收支出的考虑

财务会计与税法规定之间存在一定程度的关联性与制约性，会计方法的选择或变更极有可能出于税收筹划的考虑。

（2）数据收集成本的影响

不同的会计政策下的会计方法所导致的数据收集成本可能也是不尽相同的。例如，历史成本计量比公允价值计量的数据收集成本低；用直线法计提固定资产折旧比用其他方法的数据收集成本低等。

（3）经营成本的影响

会计方法的选择可能间接影响公司的经营成本。例如，对固定资产采取加速折旧方法，在固定资产使用的前期与后期，由此而负担的公司经营费用就会有所不同。

（4）出于融资成本的考虑

融资成本的变化将影响会计方法的选择或变更。例如，假定某企业在向银行借款时所签订的借款协议中，规定了资产负债率的上限为65%，但没有对企业会计方法的选择或变更加以限制。在这种情况下，如果企业管理层预见到某年年末企业的资产负债率很可能突破65%，那么企业管理层就可能通过变更会计方法，设法增加资产的账面价值或减少负债的账面价值，以使资产负债率指标不超过65%，从而避免违背借款协议条款。否则，一旦违约行为发生，银行所将采取的行动，诸如通过重新谈判调高利率或强行收回贷款等，都会导致企业融资成本的直接或间接上升。

（5）出于对利益相关者之间财富再分配的考虑

财务报告数据常常是各种不同的利益群体进行财富分配（如经理报酬、薪酬计划等）的基本依据，因此，企业选择和变更会计方法的可能原因之一，是改变这种利益分配的依据。国内外研究表明，企业管理层往往会通过采取一定的技术处理（包括有意识地选择或变更会计方法）操控利润，以增加自己所得的报酬等。

知识拓展5-2

（三）前期差错更正的分析

1.前期差错与前期差错更正。前期差错，是指由于没有运用或错误运用以下两种信息，而对前期财务报表造成遗漏或误报：第一，编报前期财务报表时能够合理预计取得并应当加以考虑的可靠信息；第二，前期财务报表批准报出时能够取得的可靠信息。前期差错通常包括计算错误、应用会计政策错误、疏忽或曲解事实以及舞弊产生的影响，以及存货、固定资产盘盈等。

前期差错更正，是指企业应当在重要的前期差错发现后的财务报表中，调整前期相关数据。前期差错更正主要采用追溯重述法。它是指在发现前期差错时，视同该项前期差错从未发生过，从而对财务报表相关项目进行更正的方法。

2.前期差错更正在表中的列示与分析。本期发现与以前期间相关的重大会计差错，如果影响损益，应按其对损益的影响数调整发现当期的期初留存收益，会计报表其他相关项目的期初数也应一并调整；如不影响损益，应调整会计报表相关项目的期初数。

对于前期差错更正累积影响数的分析，主要目的在于及时发现与更正前期差错，合理判断和区分相关业务是属于会计政策变更还是属于会计差错更正类别，以确保信息的准确。

会计差错发生的原因可归纳为三类：①会计政策使用方面的差错。例如，按照国家统一的会计制度规定，为购建固定资产而发生的借款费用，在固定资产达到预定可使用状态后，其发生额应计入当期损益，若继续予以资本化，则属于采用了法律或企业会计准则等行政法规、规章、制度所不允许的会计政策。②会计估计方面的差错。会计估计是指企业对其结果不确定的交易或事项以最近可利用的信息为基础所作的判断。常见的需要进行估计的项目包括：坏账；存货遭受毁损、全部或部分陈旧过时；固定资产的耐用年限与净残值；无形资产的受益期；收入确认中的估计等。由于经济业务中不确定因素的影响，企业在会计估计过程中出现了差错。例如，国家规定企业可以根据应收账款期末余额的一定比例计提坏账准备，企业有可能在期末多计提或少计提坏账准备，从而影响损益的结果。③其他差错。在会计核算中，企业有可能发生除以上两种差错以外的其他差错，例如错记借贷方向、错记账户、漏记交易或事项、对事实的忽视和滥用等。

会计差错只要发生就会使报出信息失真，按其影响程度的不同，会计差错可分为重大会计差错和非重大会计差错。重大会计差错是指影响会计报表可靠性的会计差错，其特点是差错的金额比较大，足以影响会计报表的使用者对企业的财务状况和经营成果做出正确判断。按照重要性原则，如果某项差错占有关交易或事项金额的10%以上，则可以被认为是重大会计差错。非重大会计差错是指不足以影响会计报表使用者对企业财务状况和经营成果做出正确判断的会计差错。

无论是不是重大会计差错，都应在发现前期差错的当期进行前期差错更正，在所有者权益变动表中适时披露。

BQC公司2019—2023年的财务报告中未披露会计政策变更事项和前期差错更正，因而所有者权益变动表中这两个项目对所有者权益的影响为0。

第三节　所有者权益变动影响因素分析

一、股利决策对所有者权益的影响

近年来，为了更好地保护投资者利益，完善资本市场的投资者回馈机制，监管部门不断健全股利分配尤其是现金分红制度。持续稳定的分红有助于增强投资者回报，推动树立长期价值投资理念，促进市场平稳健康发展，同时也有助于提高资金使用效率，引导公司专注主业。

2008年证监会发布的《关于修改上市公司现金分红若干规定的决定》中明确要求上市公司公开发行证券时，最近三年以现金方式累计分配的利润不得低于最近三年净利润的30%。2013年证监会发布《上市公司监管指引第3号——现金分红》，在2008年规定的基础上进一步细化了现金分红政策，要求上市公司在章程中明确分红比例、形式及决策程序，并允许上市公司采用差异化的分红政策，如成长型企业可降低分红比例。为进一步健全上市公司常态化分红机制，中国证监会结合监管实践，于2023年12月发布了《上市公司监管指引第3号——上市公司现金分红》修订版。该指引修订内容主要有三个方面：一是进一步明确鼓励现金分红导向，推动提高分红水平。二是简化中期分红程序，推动进一步优化分红方式和节奏。三是加强对异常高比例分红企业的约束，引导合理分红。

目前我国上市公司主要多采用现金分红和送股两种形式发放股利。现金分红将减少公司的资产和留存收益规模，影响公司的财务弹性，并影响公司整体的投资与筹资决策。所以，管理层在决定派现时，应当权衡各方面的因素。一般而言，公司采取现金分红进行股利分配的动机如下：第一，消除不确定性动机。投资者对股利和资本利得有不同的偏好。大多数投资者认为，现金股利是在本期收到的实惠，而未来的资本利得则具有很大的不确定性。公司通过派现将消除投资者期望收益的不确定性，树立良好的市场形象。第二，传递优势信息动机。根据股利传播信息论，在非完善资本市场中，派现常常被管理者用作传递公司未来前景的信息。当管理者对公司未来发展前景看好时，就会通过一定的派现向市场传递公司的绩优信息，从而提高公司的股票价格。第三，减少代理成本动机。将剩余的现金流量以股利的形式发放给股东，可以降低经营者控制企业资源的能力，从而降低因所有者和经营者之间的冲突而产生的代理成本。第四，返还现金动机。每个公司都会走向成熟期，在这个阶段，公司很难找到投资收益率超过投资者要求的必要收益率的项目，这时就应该考虑向投资者派现，以稳定投资者的心态。

股票股利或送股，是指公司以股票形式向投资者发放股利的方式。其具体做法是：在公司注册资本尚未足额时，以股东认购的股票作为股利支付，也可以发行新股支付股利。在实际操作过程中，有的公司增发新股时，预先扣除当年应分配股利，减价配售给老股东；也有的公司发行新股时进行无偿增资配股，即股东无须缴纳任何现金和实物即可取得公司发行的股票。转增股本是指公司将资本公积转化为股本，转增股本并没有改变股东的权益，却增加了股本的规模，因而客观结果与送股相似。

公司选择送股的动因如下：①送股固然不会增加股票的内在价值，但是对股东来说将收益作为本金留存公司是一种再投资行为。只要公司经营长线看好，股票红利就很诱人。②从市场评价来看，送股相当吸引人。大量送股后每股收益被稀释，填补每股盈利的缺口给公司经营提出了更高的要求。根据信息理论，大量送股给市场这样一个信号——公司对盈利增长有信心。③公司送股决策最直接的动因还是为了更多地筹资。比如，承销商会建议某些小盘股，先送红股将盘子做大，然后配股，这样配股价不致太高，还可以多筹资。④送股还有避税、降低交易成本等优点。

送股是一种比较特殊的股利形式，它不直接增加股东的财富，不会导致企业资产的流出或负债的增加，不影响公司的资产、负债及所有者权益总额，所影响的只是所有者权益内部有关各项目及其结构的变化，即将未分配利润转为股本（面值）或资本公积(超面值溢价)。送股后，如果盈利总额不变，普通股股数的增加会引起每股收益和每股市价的下降，但由于股东所持股份的比例不变，每位股东所持股票的市场价值总额仍保持不变。

自上市以来，BQC公司的股利分配方式以现金分红为主，未进行过配股或送股。表5-11统计了BQC公司2019—2023年五年间的现金股利分配情况，近五年累计分红规模约132.27亿元，分红总额不同年度间波动剧烈，近年呈现爆发式增长。2019—2021年间分红总额在1.64亿元至4.23亿元间低位徘徊，2021年同比下滑27.66%，反映出2021年受疫情冲击及原材料涨价等不利因素的影响，导致净利润承压，出现分红缩水。从2022年开始，BQC公司分红总额大幅跃升，2022年达33.25亿元，同比增加986.60%，2023年现金分红总额突破90亿元，同比增加171.04%。这是因为BQC公司在新能源汽车市场的销量爆发带来的公司利润增长同步。因此，随着BQC公司经营活动创现能力的不断提升，通过现金分红的方式在积极回馈投资者的力度得到提升。股利支付率亦从2019—2021年较低的水平提升至2022—2023年的20%~30.02%，2023年首次触及证监会再融资的30%分红比例要求，显示出BQC公司从“扩张优先”转向“回报与增长并重”的分红战略。

表5-11 BQC公司历年年度财务报告中的现金分红情况统计

年度	分红方案说明	分红总额（亿元）	分红总额同比增长（%）	股利支付率（%）
2023	10派30.977722元（含税）	90.12	171.04	30.02
2022	10派11.42元（含税）	33.25	986.60	20
2021	10派1.05元（含税）	3.06	-27.66	9.91
2020	10派1.48元（含税）	4.23	157.93	10.07
2019	10派0.60元（含税）	1.64	-70.56	12

注：股利支付率=现金股利总额/归属于母公司股东的净利润×100%。

那么，BQC公司的现金分红水平的不断提升与同行业其他可比公司相比如何呢？表5-12展示了BQC公司与可比公司在2019—2023年间的现金分红规模和股利支付率的情况。由分析可知，BQC公司在2019—2021年的分红规模显著小于其他两家可比公司，公司资金主要用于电池产能（如刀片电池）和芯片研发等长期战略性投资。2022—2023年随着公司经营业绩的显著提升和盈利状况的增长，开始加大分红规模，在2023年在分红绝对规模上实现反超，远远大于其他几家可比公司。BQC公司分红规模从2019年（1.64亿元）至2023年（90.12亿元），分红总额增长近54倍，分红规模增速居三家公司的首位。与此同时，BQC公司股利支付率在2019—2022年间一直远远低于可比公司，虽然整体呈现增长态势，但直到2023年达到可比公司平均水平30%以上。这反映出BQC公司分红政策从低支付的象征性分红（2019—2021年）转向规模化的持续分红（2022—2023年），支付率升至20%~30%，体现了公司实现规模化盈利后同时在兼顾股东回报。

相比之下，CAQC公司因2019年净利润亏损而无分红，2020年业绩恢复后逐步增长至2023年的34.02亿元，但增速放缓；结合五年间波动异常剧烈的股利支付率，CAQC公司存在短期利润改善后突击分红的现象，但2022年起支付率回落至30%以下。SQJT公司无论是分红规模还是股利支付率均出现整体下降态势，分红总额从2019年的102.81亿元降至2023年的42.32亿元，降幅58.84%。与此同时，SQJT公司支付率持续下滑，从2019年的40.16%降至2022年的24.08%，2023年小幅回升至30.22%，反映出传统燃油车业务受新能源冲击导致净利润大幅缩水。新能源汽车市场处于转型期，CAQC公司和SQJT公司普遍面临着巨大的资金压力，最终导致之前的高股利支付率难以为继，出现分红缩水。CCQC公司的年度分红规模稳定性高，且每个年度的股利支付率均为五家公司的最高水平，GQJT公司的股利支付率前四年一直稳定在31%，年度分红规模在2023年出现断崖式下跌，而股利支付率反向提升至36%，表明GQJT公司2023年盈利水平同比大幅下跌的情况下仍然坚持高比例分红。需警惕CCQC公司和GQJT公司未来盈利不及预期导致缺乏长期稳定分红的基础以及过度分红可能会挤压技术研发资金、产能扩张等长期战略性资金，进而降低公司的财务弹性。由此可见，BQC公司这种新能源车企更易实现“高增长-高分红”的正循环，而传统车需以技术突破重构分红逻辑。

表5-12　BQC公司与可比公司的年度现金分红规模和股利支付率的对比分析

分红规模（单位：亿元）	2019年	2020年	2021年	2022年	2023年
BQC	1.64	4.23	3.06	33.25	90.12
CAQC	0	16.65	17.78	23.41	34.02
CCQC	22.94	25.69	34.19	25.48	26.53
GQJT	20.48	18.6	22.97	25.15	15.73
SQJT	102.81	71.77	78.47	38.74	42.32
股利支付率（单位：%）	2019年	2020年	2021年	2022年	2023年
BQC	12	10.07	9.91	20	30.02
CAQC	0	45	49.57	29.65	29.83
CCQC	51	48	51	33	37
GQJT	31	31	31	31	36
SQJT	40.16	35.39	32.17	24.08	30.22

注：根据公司年报和巨潮资讯网的相关公告整理所得。

二、股票分割对所有者权益的影响

（一）股票分割的含义

股票分割是在保持原有股本总额的前提下，将每股股份分割为若干股，使股票面值降低而增加股票数量的行为。

知识拓展5-3

股票分割对中小投资者购买股票更具吸引力，具体说来可归纳为：

1.股票分割可降低公司股票的市场价格，从而易于在市场上流通。这有利于吸引投资者买卖公司股票。

2.股票分割实际上是向投资者传递公司发展前景良好的信息。因为股票分割意味着公司想以较低的发行价吸引投资者购买公司的新股票，公司的股票价格有上升趋势。

3.如果股票分割后的每股现金股利比股票分割前高，股东可获得较多的利益，从而对公司的发展充满信心，并且不会随便出售手中持有的股票。这无疑有利于稳定公司的股票价格。

当然，公司如果认为流通中的股票价格过低，可通过反分割的方法将每股价格提高。在国际上，股票的分割和反分割都会受到有关法律的限制。

（二）股票分割对所有者权益总额和内部结构的影响

股票分割不属于股利分配，但与股票股利在效果上有一些相似之处，即股票分割也不直接增加股东的财富，不影响公司的资产、负债及所有者权益的金额变化。与送股的不同之处在于股票股利影响所有者权益有关各项目的结构发生变化，而股票分割则不会改变公司的所有者权益结构。

（三）股票分割对每股收益和每股市价的影响

虽然股票分割不属于某种股利，但和股票股利一样，它会对公司的每股收益、每股市价等产生影响。在其他条件不变的情况下，进行股票分割会使公司的每股收益和每股市价下降。

三、库存股对所有者权益的影响

（一）库存股的概念

库存股也称库藏股，是指公司购回而没有注销并由该公司持有的已发行的股份，库存股在回购后并不一定注销，由公司持有并决策，在适当的时机可以再向市场出售或用于对员工的激励。库存股是发行总股本的减项，可以被理解为将股利一次性支付给股东，属于间接股利分配形式。除了股票回购外，本公司股东或债务人以股票抵偿公司的债务、股东捐赠本公司的股票等行为都会形成库存股。

股票回购是资本市场的一项基础性制度安排，具有优化资本结构、提升公司投资价值、建立健全投资者回报机制等方面的功能作用。股票回购的原因一般有以下两点：①实施基于股票的管理层激励，管理层可以以低于市价的价格购买公司的股票，从而使管理层和股东的利益一致。②提高每股收益，减少发行在外的股票数量，会使每个股东享有的利润增加，从而提高每股收益。

库存股同时具备以下四个特点：①库存股是本公司的股票；②库存股是已发行的股票；③库存股是收回后尚未注销的股票；④库存股是可以再次出售的股票。根据定义，我们也可以作如下理解：凡是属于公司未发行的股票、公司持有的其他公司的股票或者是公司已收回并注销的股票都不能被视为库存股。

（二）库存股对公司所有者权益的影响

1.库存股不是公司的一项资产，而是所有者权益的减项，发生时不影响总股本变化，注销时库存股对所有者权益总额没有影响，但会引起其内部结构的调整。

2.库存股的变动不影响损益，只影响权益。由于库存股不是公司的一项资产，因此再次发行库存股时，其所产生的收入与取得时的账面价值之间的差额不会引起公司损益的变化，而是引起公司所有者权益的增加或减少。比如，公司以低价格买入库存股，以高价格卖出库存股，则成本和卖价间的差异会记录为资本公积的增加。

3.库存股的权利受限。由于库存股没有具体股东，因此，库存股的权利会受到一定的限制。比如，它不具有股利分派权、表决权、优先认购权、分派剩余财产权等。

（三）对库存股分析应该注意的问题

从实质影响看，股票回购可以被认为是将股利一次性支付给股东，属于间接股利分配，但股票回购比高股利政策更有财务影响：①合理增加库存股能进一步提高股票价格，吸引投资者。公司通过增加库存股可以减少发行在外的流通股，从而达到提高每股净收益和每股股利的目的，以保持或提高股价。②合理增加库存股可减少股东人数，化解外部控制或减少施加重要影响的公司和企业，以避免公司自身被收购或者恶意运作。③公司通过库存股的合理运用，可以调整自身的资本结构，保证股东和债权人的利益。

库存股会影响到公司的股价、资本结构、公司形象等，因此在报表分析中应该注意以下几项：

1.法律、法规、章程等对发行在外的股票数量及金额的限制。

2.法律、法规、章程等因持有库存股而对其股利分配的限制。

3.依法回收股票的原因、库存股的增减变动状况。

4.法律、法规、章程对库存股所享有的股东权利的限制。

5.若子公司于母公司财务报表期间持有母公司股票，母公司利润表应揭示相关资料，并在财务报表附注中揭示子公司购入的股数及账面价值、再出售股数及售价、期末持有数及市价。

思政知识 5-1

6.有无利用股票回购内幕操纵股价、粉饰财务数据、误导投资者、满足公司管理层短期行为的动机等。

接下来以BQC公司为例，对其股票回购行为和库存股进行分析，并与同行业可比公司进行对比分析。BQC公司2019—2023年间仅存在一次股票回购。2022年公司使用自有资金以集中竞价交易的方式累计回购A股股份，数量为5.51百万股，占公司总股本的0.189%，本次回购导致本年度库存股增加18.10亿元。回购方案中特别提到本次股票回购全部用于员工持股计划，法定期间未使用部分公司将履行相关程序予以注销并减少注册资本。据公司年报披露，BQC公司此次回购股票是为了实施员工持股计划，被激励对象主要是司职工代表监事、高级管理人员以及BQC公司的中层管理人员和核心骨干员工，共计12 000人，受让价格为0元/股，参与对象无须出资。

2023年随着员工持股计划中限制性股票解锁导致库存股相比2022年减少了5.43亿元，资本公积项目相应地减少了5.43亿元。可见，因限制性股票解锁导致库存股减少并不影响所有者权益总额，而是改变了所有者权益的内部结构，使得库存股占所有者权益的比重由2022年的1.49%下降到2023年的0.84%（详见表5-3）。

BQC公司此次回购动用自有资金18.10亿元，显示公司资金充裕（2022年经营活动现金流量净额高达1 408.38亿元，完全覆盖资本开支（454.5亿元）和回购支出，无须依赖外部融资），并且财务稳健（有息负债规模约218.83亿元，占总资产的比重仅为4%，同比下降7个百分点），同时也能传递管理层对当前股价低估的信心。回购股份明确用于覆盖1.2万名员工的持股计划，包括高管、监事及核心骨干，旨在通过股权绑定员工利益，提升团队稳定性与积极性。BQC公司选择集中竞价确定回购价格，集中竞价的分散交易特性，避免了因一次性大额回购推高股价。与此同时，通过回购市场流通股而非增发新股实施激励，避免了稀释现有股东权益。鉴于汽车行业属于技术密集且市场竞争异常激烈，股权激励成为留住核心技术人才的关键手段，BQC公司此举符合行业趋势。

需要特别注意的是，BQC公司以0元/股授予股票是否合规？首先，BQC公司采用员工持股计划而非传统股权激励，目的是规避《股权激励管理办法》对限制性股票价格的硬性限制（原则上授予价格不得低于股票票面金额，且不低于草案公布前1个交易日、20/60/120个交易日公司股票均价之一的50%），同时根据《关于上市公司实施员工持股计划试点的指导意见》（证监会公告〔2014〕33号）提到的对于员工持股计划定价规定，规定并未明确限制授予价格，但要求价格公允性。可见，0元授予形式上并不违反定价限制，而且在回购方案中明确规定了回购后注销未使用股份的计划进一步保护了股东利益。

其次，0元授予股票激励员工相应的会计处理亦合规，公司年报尤其是所有者权益变动表和其他公告披露显示，2022年回购导致本年度库存股增加18.10亿元，公司于2022年对股份支付费用进行摊销，计入资本公积的金额为5.06亿元；2023年随着员工持股计划中限制性股票解锁导致库存股相比2022年减少了5.43亿元，资本公积项目相应地减少了5.43亿元；同时于2023年摊销的股份支付费用计入资本公积的金额为8.26亿元。

再次，公司在员工持股计划公告书中对定价合理性进行了较为客观的说明："此次授予对象涉及的高管、监事及核心骨干是公司战略的主要执行者及团队的中流砥柱，对公司整体业绩和长期持续稳定的发展具有至关重要的作用和影响。为了促进公司长远发展、维护股东权益，充分调动持有人的积极性和创造性，提高员工凝聚力和公司竞争力，参考相关政策和市场实践，并综合考量行业竞争及公司发展的实际情况，公司确定本员工持股计划的受让价格为0元/股。"

最后，BQC公司回购股票方式为集中竞价，其公开性、透明性及市场化定价机制能够使得所有投资者平等参与，很大程度上防止了以高于市场价回购特定股东（如关联方）持有的股份，变相转移公司资产的行为。同时BQC公司特别在员工持股计划公告中披露公司的控股股东、实际控制人未参与本员工持股计划，这进一步减少了高价回购后0元授予的员工持股计划存在的高买低卖等利益输送嫌疑。

那么，股票回购行为在汽车行业是否已经成为一种普遍方式？BQC公司的股票回购方式是否又具有独特性？表5-13对比了2019—2023年间BQC公司与其他四家可比公司的股票回购细节。由表5-13可知，除GQJT公司外，汽车行业的其余四家公司均在2020—2023年间进行了股票回购，CCQC公司连续三年累计回购；将回购用于股权激励或员工持股是主要方式，定价方式均采用集中竞价交易；回购规模最大的是SQJT公司（20亿元），其次是CCQC公司（三次累计19.48亿元），均超过了BQC公司的18.1亿元。可见，汽车行业股权激励与员工持股的高比例使用，本质是技术革命与产业重构下的必然选择。在新能源与智能化转型的临界点上，人才取代资本成为核心生产要素，而股权激励正是连接"人力资本"与"企业价值"的枢纽。

同时，BQC公司的股票回购在以下两个方面存在独特性：一是，高价回购，回购均价显著高于行业水平。BQC公司2022年回购均价为328.42元/股，远超CCQC（50元/股）、SQJT（19.3元/股）等传统车企。这与BQC公司在新能源领域的龙头地位直接相关——2022年其股价区间为250元/股至350元/股，反映市场对其技术领先性（如刀片电池、DM-i混动系统）和全球化布局的高溢价。二是，从激励模式来看，通过零成本授予绑定核心人才。BQC公司将回购的551万股以0元授予1.2万名员工（含高管及核心骨干），实质是将公司市值增长预期前置为员工收益，强化人才黏性。相比之下，CAQC、CCQC均设定员工需支付部分对价（如CAQC2022年股权激励行权价为市价的80%）。当然，按会计准则，0元授予需以回购价（328.42元/股）确认股份支付费用，总额达18.1亿元（551万股×328.42元/股），直接计入2022年当年及以后期间的期间费用，减少了当期及未来期间的净利润。这一激进策略凸显BQC对人才争夺的重视，但也需承担短期利润承压的风险。

综上，BQC公司的股票回购行为是新能源龙头企业在技术竞赛与人才争夺中的典型策略，其高价回购与零成本激励体现了对长期竞争力的押注。相比之下，传统车企的回购用途还包括市值管理或减资（如SQJT公司和CCQC公司），侧重对现有股东的回报而非激进扩张和进行大规模研发投资。这一分化背后，是汽车产业电动化、智能化转型进程中，不同赛道玩家战略选择的必然结果。未来，随着行业整合加速，回购策略的差异或将进一步放大企业间的竞争力差距。

表5-13　BQC公司与可比公司股票回购细节对比分析

公司名称	回购年份	资金来源	回购用途	回购规模（亿元）	回购数量（万股）	占总股本比重（%）	定价方式	回购均价（元/股）
BQC	2022	自有资金	员工持股计划	18.1	551	0.19	集中竞价交易	328.42
CAQC	2021	自有资金	员工持股计划	5	3 703.70	0.35	集中竞价交易	13.5
	2022	自有资金	股权激励	3.2	2 000.00	0.22	集中竞价交易	16
	小计			8.2	5 703.70	0.57		
CCQC	2021	自有资金	员工持股计划	4.98	1 100.00	0.12	集中竞价交易	45.27
	2022	自有资金	股权激励	6	1 200.00	0.13	集中竞价交易	50
	2023	自有资金	注销股份	8.5	1 700.00	0.18	集中竞价交易	50
	小计			19.48	4 000	0.43		
SQJT	2020	自有资金	市值管理	20	10 362.70	0.40	集中竞价交易	19.3

注：根据公司年报和巨潮资讯网的相关公告整理所得。

四、可转债、债转股以及股份支付对所有者权益的影响

（一）可转换公司债券的发行与行权

根据《上市公司证券发行管理办法》，可转换债券是指发行公司依法发行，在一定期间内依据约定的条件可以转换成股份的公司债券。可转换公司债券赋予投资者在一定的期间内根据约定的条件将债券转换成发行公司普通股票的自由选择权，而不承担必须进行转换的义务，并且在转股前一直享有债权人的权益。换言之，可转债持有人可以选择持有至到期，要求公司还本付息，也可以在约定的时间内转换成股票，享受股利分配或资本增值。

可转换公司债券发行时，应将其包含的负债成分和权益成分进行拆分，将负债成分确认为应付债券，权益成分确认为其他权益工具，故而可转换公司债券的发行会使所有者权益中的其他权益工具增加。

【例5-1】某公司经批准于2021年1月1日以50 000万元的价格（不考虑相关税费）发行面值为50 000万元的可转换公司债券。该可转换公司债券的期限为5年，每年1月1日付息，票面年利率为4%，实际年利率为6%，（P/A，6%，5）=4.2124，（P/F，6%，5）=0.7473。

该可转换债券负债成分的公允价值=50 000×0.7473+50 000×4%×4.2124=45 789.8（万元）

权益成分公允价值=50 000−45 789.8=4 210.2（万元）

因此该可转换公司债券的发行会使所有者权益中的其他权益工具增加4 210.2万元。

可转换公司债券持有人行使转换权利时，其持有的债券就会转化为股票，其转换时的账务处理为：按可转换公司债券的余额，借记“应付债券——可转换公司债券（面值、利息调整）”，按权益成分的金额，借记“其他权益工具”，按股票面值和转换的股数计算股

票面值总额，贷记“股本”，按其差额，贷记“资本公积——股本溢价”。可见，可转换公司债券行权时，股本会增加，其他权益工具会减少，“资本公积——其他资本公积”也会变化。具体由例5-2可见：

【例5-2】某公司2019年1月1日发行1 000万份可转换公司债券，每份面值为100元，每份发行价格为100.5元，可转换公司债券发行2年后，每份可转换公司债券可转换4股该公司普通股（每股面值1元）。发行日，该可转换公司债券负债部分初始计量金额为100 150万元。2020年12月31日，与该可转换公司债券相关的负债的账面价值为100 050万元。2021年1月2日，该可转换公司债券全部转换为该公司股份。其账务处理为：

借：应付债券——可转换公司债券（面值）	100 000	
——可转换公司债券（利息调整）	50	
其他权益工具	350	
贷：股本		4 000
资本公积——股本溢价		96 400

BQC公司在2019—2023年期间未发行可转换公司债券，其融资策略以股权融资（H股配售）和普通债券（绿色债券、中期票据）为主。

（二）债务重组债务转为资本

债务重组是指债务人在发生财务困难的情况下，债权人按照其与债务人达成的协议或法院的裁定做出让步的事项。“债务人发生财务困难”是指债务人出现资金周转困难或经营陷入困境，导致其无法或者没有能力按原定条件偿还债务；“债权人做出让步”是指债权人同意发生财务困难的债务人现在或者将来以低于重组债务账面价值的金额或者价值偿还债务。债务人发生财务困难是债务重组的前提条件，债权人做出让步是债务重组的必要条件。

债务重组主要有以下几种方式：①以资产清偿债务；②将债务转为资本；③修改其他债务条件；④以上三种方式的组合。其中会涉及所有者权益变动的重组方式为将债务转为资本，其债务人账务处理为：企业将重组债务转为资本的，应按重组债务的账面余额，借记“应付账款”等科目，按债权人因放弃债券而享有本企业股份的面值总额，贷记“实收资本”或“股本”科目，按股份的公允价值总额与相应的实收资本或股本的差额，贷记或借记“资本公积——资本溢价”或“资本公积——股本溢价”科目，按其差额，贷记“营业外收入——债务重组利得”科目。具体由例5-3可见：

【例5-3】2020年12月18日，甲公司销售一批材料给乙公司（乙公司为股份有限公司），价款为184 615.38元，增值税为24 000元，付款期为2个月。由于乙公司发生财务困难，无法按期支付货款，2021年5月10日，双方经过协商达成一项债务重组协议，甲公司同意乙公司以其部分股权抵偿该账款。假设债务转为资本后乙公司注册资本为6 000 000元，净资产的公允价值为7 200 000元，抵债股份占乙公司注册资本的2%。相关手续已办理完毕。假定甲公司对该应收账款计提了1%的坏账准备。不考虑其他相关税费。

分析：

甲公司取得乙公司股份的公允价值=7 200 000×2%=144 000（元）

甲公司占乙公司注册资本的份额=6 000 000×2%=120 000（元）

甲公司取得乙公司股份的资本溢价=144 000-120 000=24 000（元）

甲公司应确认的债务重组利得=174 000-144 000=30 000（元）

2021年5月10日，债务人乙公司的账务处理为：

借：应付账款——甲公司　174 000

　贷：股本　120 000

　　资本公积——股本溢价　24 000

　　营业外收入——债务重组利得　30 000

该债务重组使得债务人乙公司短期负债减少174 000元，同时实收资本增加120 000元，资本公积增加24 000元。

BQC公司在2019—2023年的财务报表中，未披露任何通过债务重组将债务直接转换为公司股本的交易。其债务结构变化主要通过常规融资工具（如债券、票据、银行贷款）及经营性现金流偿还实现。

（三）以权益结算的股份支付

股份支付，是“以股份为基础的支付”的简称，是指企业为获取职工和其他方提供服务而授予权益工具或者承担以权益工具为基础确定的负债的交易。

股份支付具有以下几个特征：①股份支付是其他与职工或其他方之间发生的交易；②股份支付是以获取职工或其他方服务为目的的交易；③股份支付交易的对价或其定价与企业自身权益工具未来的价值密切相关。

股份支付主要分为以权益结算的股份支付和以现金结算的股份支付两大类，其中以权益结算的股份支付会对所有者权益有影响，具体由例5-4可见：

【例5-4】A公司为一上市公司。2019年1月1日，公司向其200名管理人员每人授予100股股票期权，这些职员从2019年1月1日起在该公司连续服务3年，即可以5元每股购买100股A公司股票，从而获益。公司估计该期权在授予日的公允价值为18元。

第一年有20名职员离开A公司，A公司估计3年中离开的职员的比例将达到20%；第二年又有10名职员离开公司，公司将估计的职员离开比例修正为15%；第三年又有15名职员离开。

1.费用和资本公积计算过程见表5-14。

表5-14　**以权益结算的股份支付当期费用计算表**　单位：元

年份	计算	当期费用	累计费用
2019年	200×100×（1-20%）×18×1/3	96 000	96 000
2020年	200×100×（1-15%）×18×2/3-96 000	108 000	204 000
2021年	155×100×18-204 000	75 000	279 000

2.账务处理如下：

（1）2019年1月1日：授予日不做账务处理。

（2）2019年12月31日：

借：管理费用　96 000

　贷：资本公积——其他资本公积　96 000

（3）2020年12月31日：

借：管理费用 108 000

　贷：资本公积——其他资本公积 108 000

（4）2021年12月31日：

借：管理费用 75 000

　贷：资本公积——其他资本公积 75 000

（5）假设155名职员都在2021年12月31日行权，A公司股份面值为1元：

借：银行存款 77 500

　　资本公积——其他资本公积 279 000

　贷：股本 15 500

　　　资本公积——股本溢价 341 000

通过上例可知，A公司以权益结算的股份支付在员工服务期间逐年确认管理费用和资本公积，使得资本公积项目逐年增加；在行权日，服务期间确认的资本公积转销，同时确认股本和股本溢价使得所有者权益发生变动。

BQC公司在年报中披露的重要会计政策和会计估计中规定了对于以权益结算的股份支付的会计处理，具体如下：对于以权益结算的股份支付换取职工提供服务的，以授予职工权益工具的公允价值计量。授予后立即可行权的，在授予日按照公允价值计入相关成本或费用，相应增加资本公积；完成等待期内的服务或达到规定业绩条件才可行权的，在等待期内每个资产负债表日，以对可行权权益工具数量的最佳估计为基础，按照授予日的公允价值，将当期取得的服务计入相关成本或费用，相应增加资本公积。与上述提到的A公司不同，BQC公司以权益结算的股份支付对所有者权益变动表的影响主要是资本公积内部的调整，而不会影响股本或实收资本。

BQC公司2019—2023年以权益结算的股份支付主要有两项：一是2020年本集团之子公司BQC半导体股权期权激励计划：2021年5月10日及2021年6月16日，本公司分别召开第七届董事会第十一次会议及临时股东大会，审议通过了《关于BQC公司拟实施股权激励计划的议案》，批准采纳BQC公司2020年股权期权激励计划（“子公司股权期权计划”）。子公司期权激励计划向包括BQC半导体的董事（不包括独立非执行董事）、高级管理人员、核心骨干人员（但不包括监事）在内的36个激励对象授予3 308.82万份股权期权，占BQC半导体当时注册资本的比例为7.353%，期权的行权价格为4.54元/每股。该项期权激励计划在员工服务期间逐年确认为期间费用和资本公积，使得资本公积项目逐年增加；而在实际行权日，服务期间确认的资本公积——其他资本公积转销，同时确认为资本公积——股本溢价，不影响所有者权益。同时，子公司独立实施了股份支付，导致其资本公积增加。那么，在合并报表中，这部分资本公积按少数股东持股比例归属于外部股东，从而推高了合并层面的少数股东权益。二是2022年本集团之员工持股计划：2022年4月22日，BQC公司召开第七届董事会第二十一次会议，审议通过了《BQC公司2022年员工持股计划（草案）》及其摘要的议案，拟对BQC公司职工代表监事、高级管理人员以及BQC公司的中层管理人员、核心骨干员工实施《BQC公司2022年员工持股计划》（以下简称“员工持股计划”）。公司于2022年5月27日召开2022年第一次临时股东大会，审议通过了员工持股计划。公司通过回购专用证券账户以集中竞价交易的方式累计回购A股股份的数量为5 511 024股，占公司总股本的0.189%，并于2022年6月完成回购，2022

年7月完成过户登记。该项员工持股计划对所有者权益的影响如下：在2022年回购股票时导致本年度库存股增加18.10亿元，在员工服务期间逐年确认为期间费用和资本公积，使得资本公积项目逐年增加；在员工达到解锁条件解锁限制性股票时，将减少库存股，相应增加资本公积，不带来所有者权益的变动。

表5-15详细统计了2019—2023年间BQC公司以权益结算的股份支付对所有者权益的影响，2020年的子公司股权期权计划和2022年的员工持股计划的实施增加了BQC公司的资本公积和少数股东权益规模，五年间对所有者权益总额的影响从0.11%增加到0.79%。

表5-15　　以权益结算的股份支付对所有者权益的影响分析　　单位：百万元

	2019年	2020年	2021年	2022年	2023年
以权益结算的股份支付当期计入资本公积的金额	68.94	53.718	84.149	567.694	859.294
以权益结算的股份支付计入资本公积的累计金额	68.94	53.718	190.687	781.996	1 097.562
以权益结算的股份支付当期计入少数股东权益的金额	0	20.58	32.24	23.615	12.895
以权益结算的股份支付计入少数股东权益的累计金额	0	20.58	52.82	76.435	89.33
以权益结算的股份支付对所有者权益的影响金额	68.94	74.298	243.507	858.431	1 186.892
所有者权益	62 600	64 450	104 200	121 400	150 500
以权益结算的股份支付占所有者权益的比重（%）	0.11	0.12	0.23	0.71	0.79

□ 本章小结

所有者权益是指企业资产扣除负债后由股东享有的“剩余权益”，也称为净资产，是股东投资资本与经营过程中形成的留存收益的集合，是股东投资和公司发展实力的资本体现。

所有者权益变动表反映了本期（年度或中期）内截至期末所有者权益的变动情况。所有者权益变动表根据所有者权益变动的性质分别按照综合收益、股东投入资本和减少资本、利润分配、所有者权益内部结转、专项储备等项目分析填列。

所有者权益变动表的综合分析包括：水平分析、垂直分析、趋势分析和主要项目分析。水平分析是将所有者权益各个项目的本期数与基准（可以是上期数等）进行对比，揭示公司当期所有者权益各个项目的水平及其变动情况，解释公司净资产的变动原因，从而为决策服务的过程。所有者权益变动表的垂直分析，是对所有者权益各个子项目的变动占所有者权益变动的比重予以计算，并进行分析评价，揭示公司当期所有者权益各个项目的比重及其变动情况，解释公司净资产构成的变动原因，从而进行相关决策的过程。所有者权益变动表的趋势分析，是通过所有者权益变动表重要项目的变动趋势，深入理解和掌握所有者权益项目增减变动的原因与规律，为财务预测、财务决策、编制财务预算和估算企业价值提供依据。根据分析目的，所有者权益变动表的趋势分析可以包括公司内部变动趋势和行业变动趋势等内容。所有者权益变动表的主要项目分析，是对组成所有者权益的主要项目进行具体剖析对比，分析其变动成因、合理合法性、有否人为操控的迹象等的过程。

所有者权益变动的影响因素分析，主要根据影响所有者权益变化的重要财务决策行为进行其财务结果分析，这些行为具体包括：派现和送股、股票分割、股票回购、可转债、债转股以及以权益结算的股份支付等对所有者权益的影响。

第六章

利润表分析

□ 学习目标

本章的学习目标是使学生掌握利润表分析的基本内容与方法。具体目标包括：

◇ 知识目标

明确利润表分析的目的与作用；理解利润表的内涵与所提供的信息；掌握利润表综合分析、分部分析以及分项分析的基本方法、分析内容和评价思路。

◇ 技能目标

重点掌握利润表综合分析的基本方法，包括利润表水平分析表与垂直分析表的编制方法与评价思路，利润表分项分析的内容与思路；一般掌握企业分部报告分析、产品销售利润因素分析。

◇ 能力目标

能够运用水平分析法和垂直分析法对利润表的变动原因及构成进行总体分析评价；能够运用因素分析法对产品销售利润进行分析评价；能够通过分部报告分析，理解企业各经营分部和报告分部的经营业绩，从而把握企业整体的经营成果；能够运用会计分析技术对利润表的主要项目进行分析评价。

◇ 思政目标

通过系统学习利润表分析内容，深入理解“计利当计天下利”的传统文化精髓，培养“义利兼顾”的职业判断能力。引导学生在利润表分析中践行《大学》“德者本也，财者末也”的价值理念，明确企业追求利润不应违背道德准则。通过专业能力识别报表粉饰行为，树立“诚信为本、操守为重”的会计职业道德观，筑牢防范财务舞弊的思想防线。

课程思政教学模块图

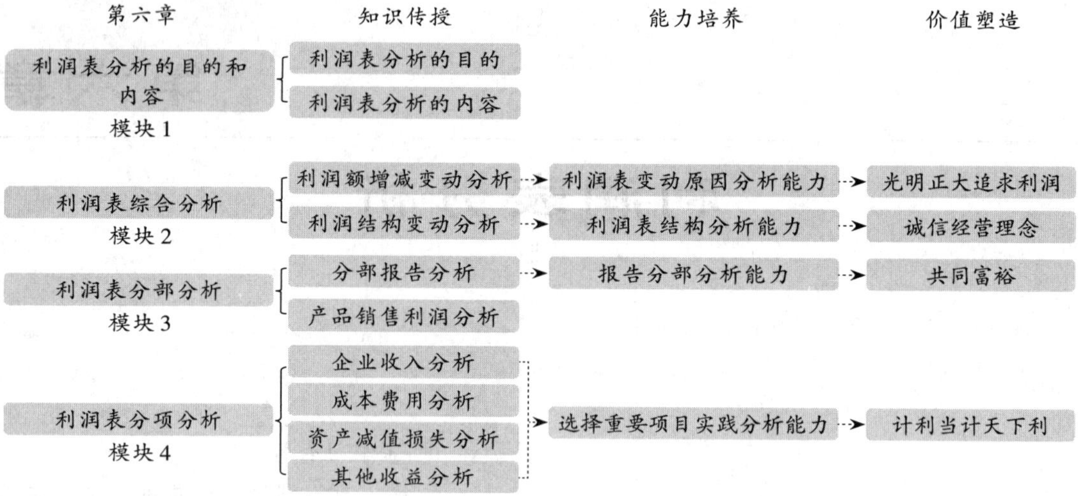

根据中汽协数据，2024年中国新能源汽车的地位进一步提升，新能源汽车成为拉动经济和产业高质量发展的“新引擎”，成为拉动投资、消费、促进国民经济增长的重要力量。2024年，新能源汽车增长势头延续，年产销分别达到1 288.80万辆和1 286.60万辆，同比分别增长34.40%和35.50%，新能源汽车新车销量达到汽车新车总销量的40.90%，较2023年提高9.30个百分点。比亚迪2023年年报显示，比亚迪新能源汽车市场占有率进一步扩大至35%，较2022年增长3.30%，不仅巩固了中国新能源汽车行业龙头地位，同时蝉联全球销量第一宝座。

根据比亚迪公布的2024年半年度报告显示，比亚迪增长势头依然强劲。2024年上半年，比亚迪实现营业收入3 011.27亿元，同比增长15.76%；营业利润109.50亿元，同比下降1.53%；净利润136.31亿元，同比增长24.44%。营业利润率为3.64%，相比上一报告期的5.28%下降1.64%。

但同时，比亚迪的营业成本为2 408亿元，同比增长17.01%；期间费用中，销售费用为143亿元，同比增长32.10%；管理费用为77亿元，同比增长12.85%；研发费用为196亿元，同比增长41.82%。可见，比亚迪2024年上半年在营业收入和利润增加的同时，营业成本和期间费用也有一定的增幅。是否说明比亚迪的成本费用管理有效性存在问题？是否应进一步通过降低成本费用增加企业的经营成果？

那么，如何通过利润表分析评价企业的经营成果？企业利润高就是盈利质量高吗？企业盈利或亏损的主要原因是什么？通过本章学习，可以掌握利润表分析的内容，明确利润的来源，进而判断利润表的信息质量，结合现金流量表信息还可以进一步分析企业盈利的质量，为决策者提供相关有用的信息。

资料来源：根据东方财富网数据和比亚迪公司2023年年度报告整理。

第一节　利润表分析的目的与内容

一、利润表分析的目的

利润通常是指企业在一定会计期间的经营成果，包括收入减去费用后的净额以及直接计入当期损益的利得和损失。利润是现代企业经营与发展的直接目标，是企业和社会积累与扩大再生产的重要源泉，是反映企业经营业绩和经营成果最综合的数据，是企业进行投资与经营决策的重要依据。企业生产经营过程中的各项成果，最终都聚焦在所创造利润多少这一结果上。因此，利润不仅是企业经营管理中的核心，也是企业外部投资者、债权人尤为关心的焦点。

利润表分析的目的主要体现在以下三个方面：

第一，通过利润表分析可以正确评价企业的经营业绩。由于利润受企业生产经营过程中多种因素的影响，因此，通过对利润形成的原因分析，可以评价企业的经营业绩。如通过产品销售利润分析，不仅可以明确产品销售利润受哪些因素影响以及各因素的影响程度，还可以分析哪些是主观因素，哪些是客观因素，是有利影响还是不利影响等，能够满足评价企业各部门和利润形成各环节业绩的要求。

第二，通过利润表分析可以及时准确地发现企业经营管理中存在的问题。通过利润表分析，评价企业利润表项目增减变动的原因，以及利润的来源和质量，可以清晰地发现企业在各环节存在的问题或缺陷，为企业进一步改进经营管理指明方向。通过行业对比分析，还可以判断是企业的自身问题，还是行业共性问题，从而有利于抓住问题的核心和关键，促使企业利润持续增长。

第三，利润表分析可以为投资者、债权者进行投资与信贷决策提供可靠信息。由于企业经营权自主化及管理体制的改变，人们愈发关心企业的利润。企业经营者关心利润，投资者、债权人也是如此。通过利润表分析，预测判断企业的经营潜力及发展前景，进一步做出切合实际的投资决策与信贷决策。

二、利润表分析的内容

利润表分析的内容主要包括利润表综合分析、利润表分部分析和利润表分项分析：

（一）利润表综合分析

利润表综合分析，主要对利润表各项目的增减变动及原因、利润表各项目结构情况进行分析。

（1）利润额增减变动分析。利用水平分析法，结合利润形成过程中相关的影响因素，分析利润表各项目的变动情况和原因，评价企业在利润形成过程中的管理业绩并挖掘存在的问题。

（2）利润结构及变动分析。利用垂直分析法，将利润表中各项目分别与营业收入进行对比，反映利润表各项目所占的比重。同时，将不同时期的结构进行对比，揭示结构变动的合理性。

（二）利润表分部分析

利润表分部分析主要由分部报告分析和产品销售利润分析两部分构成。

（1）分部报告分析。通过分析分部报告，评价企业各经营分部的经营状况和成果，有助于改善企业内部组织结构，满足管理要求，优化产业结构，加强企业内部报告制度，也为企业分部战略调整指明方向。

（2）产品销售利润分析。利用因素分析方法，在明确影响产品销售利润因素的基础上，通过实际案例分析，掌握产品销售利润因素分析的方法和分析过程，进一步揭示各因素变动对产品销售利润的影响，从而辨析企业生产经营中的优势与短板。

（三）利润表分项分析

利润表分项分析主要是在利润表综合分析的基础上，挖掘利润表中的重要项目，并结合利润表附注所提供的详细信息，根据各重要项目的特点进行深入分析，充分揭示利润形成的主观及客观原因。根据本教材案例特点，利润表分项分析主要包括以下内容：

（1）企业收入分析。收入是影响利润的重要因素。企业收入分析的具体内容包括企业收入的构成分析、营业收入趋势分析和上市公司操纵收入案例等。

（2）成本费用分析。成本费用分析主要包括营业成本分析和期间费用分析两部分。营业成本分析包括营业成本趋势分析、营业成本构成分析、全部营业成本完成情况分析和主要产品单位生产成本分析；期间费用分析包括期间费用水平分析、期间费用垂直分析和管理费用分析。

（3）资产减值损失分析。资产减值损失分析包括资产减值损失趋势分析和资产减值损失规模变动分析。

（4）其他收益分析。其他收益分析包括其他收益的规模变动分析和结构变动分析。

知识拓展6-1

此外，还可以根据不同企业利润表的资料，以及案例分析对象的具体情况和特点，对一些重要项目进行灵活选择和深入分析，如对信用减值损失、研发费用、投资收益、公允价值变动损益、资产处置收益和营业外收入等项目进行分析。

第二节　利润表综合分析

一、利润额增减变动分析

（一）利润额综合分析

1.分析资料与方法选择

利润额增减变动分析，是指对利润表中各项目的增减变动情况、变动差异进行分析。采用水平分析法，将利润表中各项目的报告期数与基期数进行比较，编制利润表水平分析表，其分析目的在于揭示净利润增减变动的原因。

2.编制利润表水平分析表

在利润表水平分析表中，可以采用增减变动额和增减变动率两种方式。根据2023年BQC公司合并利润表资料，编制水平分析表，见表6-1。

表6-1　**2023年BQC公司合并利润表水平分析表**　金额单位：百万元

项　目	2023年	2022年	变动额	变动率[2]（%）
一、营业总收入	602 315.35	424 060.64	178 254.71	42.04
其中：营业收入	602 315.35	424 060.64	178 254.71	42.04
二、营业总成本	567 681.13	401 187.33	166 493.80	41.50
其中：营业成本	480 558.35	351 815.68	128 742.67	36.59
税金及附加	10 349.63	7 267.11	3 082.52	42.42
销售费用	25 211.40	15 060.68	10 150.72	67.40
管理费用	13 461.71	10 007.37	3 454.34	34.52
研发费用	39 574.95	18 654.45	20 920.50	112.15
财务费用	−1 474.89	−1 617.96	143.07	8.84
其中：利息费用	1 827.61	1 316.35	511.26	38.84
利息收入	2 796.20	1 829.62	966.58	52.83
加：其他收益	5 253.46	1 721.14	3 532.32	205.23
投资收益	1 635.14	−791.90	2 427.04	306.48
公允价值变动收益	257.74	126.10	131.64	104.39
信用减值损失	−1 579.61	−989.52	−590.09	−59.63
资产减值损失	−2 188.22	−1 386.46	−801.76	−57.83
资产处置收益	90.36	−10.84	101.20	933.58
三、营业利润	38 103.10	21 541.82	16 561.28	76.88
加：营业外收入	711.37	526.97	184.40	34.99
减：营业外支出	1 545.83	989.06	556.77	56.29
四、利润总额	37 268.64	21 079.73	16 188.91	76.80
减：所得税费用	5 924.57	3 366.63	2 557.94	75.98
五、净利润	31 344.07	17 713.10	13 630.97	76.95
（一）按持续经营性分类				
1.持续经营净利润	31 344.07	17 713.10	13 630.97	76.95
2.终止经营净利润				
（二）按所有权归属分类				
1.归属于母公司所有者的净利润	30 040.81	16 622.45	13 418.36	80.72
2.少数股东损益	1 303.26	1 090.66	212.60	19.49
六、其他综合收益的税后净额[3]	184.03	546.23	−362.20	−66.31
七、综合收益总额	31 528.10	18 259.33	13 268.77	72.67
归属于母公司所有者的综合收益总额	30 216.14	17 174.84	13 041.30	75.93
归属于少数股东的综合收益总额	1 311.96	1 084.50	227.46	20.97
八、每股收益：				
（一）基本每股收益（元/股）	10.32	5.71	4.61	80.74
（二）稀释每股收益（元/股）	10.32	5.71	4.61	80.74

① 本章所有数据尾数存在差异皆因四舍五入导致，特此说明。
② 变动率的计算以经济实质为准，通常与变动额变动方向一致，如变动额为负值，则变动率也是负值。
③ 这部分利润表明细项目没有数据，故项目省略。

3. 利润额增减变动分析评价

利润额增减变动情况的分析评价思路，是从净利润的变动入手，然后针对利润总额、营业利润以及影响营业利润的各项目，逐步分析其变动的主要方面和原因，从总体上评价企业报告期各步骤利润。

由表6-1可见，BQC公司2023年相比2022年营业利润、利润总额、净利润均有所增加。

案例分析6-1

（1）净利润分析。净利润是指企业所有者最终取得的可供所有者分配或使用的财务成果。2023年，BQC公司的净利润为31 344.07百万元，较上年增加13 630.97百万元，增幅为76.95%。其中，归属于母公司所有者的净利润比上年增加13 418.36百万元，增幅为80.72%。净利润的增加主要得益于利润总额的增加，2023年利润总额比上年增加16 188.91百万元，增幅达76.80%。

（2）利润总额分析。利润总额能够反映企业全部的税前财务成果，它不仅反映了企业营业利润的影响，还反映了营业外收支的情况。2023年，BQC公司的利润总额较上年增加16 188.91百万元，增幅为76.80%，主要得益于营业利润本期增加16 561.28百万元，增幅为76.88%；同时，营业外收入本期增加184.40百万元，增幅为34.99%，是影响利润总额的有利因素。营业外支出本期增加556.77百万元，增幅为56.29%，是影响利润总额的不利因素。

（3）营业利润分析。营业利润是企业计算利润的第一步，通常也是一定时期内企业盈利最主要、最稳定的来源。它既包括企业在销售商品、提供劳务等日常活动中所产生的营业毛利，又包括企业公允价值变动净收益、对外投资的净收益、其他收益和资产处置净收益等，营业利润大致反映了企业自身生产经营业务的财务成果。2023年，BQC公司营业利润增加主要原因是营业收入大幅增加。BQC公司本期营业成本增加128 742.67百万元，增幅为36.59%；税金及附加增加3 082.52百万元，增幅为42.42%；销售费用增加10 150.72百万元，增幅为67.40%；管理费用增加3 454.34百万元，增幅为34.52%；研发费用增加20 920.50百万元，增幅为112.15%；上述各项目都是影响营业利润的不利因素。

本期营业收入增加178 254.71百万元，增幅为42.04%；其他收益增加3 532.32百万元，增幅为205.23%；投资收益增加2 427.04百万元，增幅为306.48%；公允价值变动收益增加131.64百万元，增幅为104.39%；信用减值损失减少590.09百万元，减幅为59.63%；资产减值损失减少801.76百万元，减幅为57.83%。上述各项目都是影响营业利润的有利因素。各因素综合影响，使营业利润增加16 561.28百万元，增幅为76.88%。

（4）毛利分析。毛利是指企业营业收入与营业成本之间的差额。本例中，BQC公司2023年和2022年的毛利分别是121 757.00百万元和72 244.96百万元。2023年毛利比上年增加49 512.04百万元，增幅为68.53%，其中，营业收入、营业成本分别增加178 254.71百万元和128 742.67百万元，增幅分别为42.04%和36.59%。营业收入增幅大于营业成本增幅，是毛利增加的主要原因。

除上述利润表项目分析以外，2023年BQC公司综合收益总额为31 528.10百万元，较上期增加13 268.77百万元，增幅为72.67%，大部分为归属于母公司所有者的综合收益总额；基本每股收益和稀释每股收益相比上年均有所增加，基本每股收益和稀释每股收益相同，均比上年增加4.61元，增幅为80.74%。

仅此一年的利润额增减变动分析具有偶然性，因此还可以针对利润表的主要项目，如净利润、利润总额、营业利润和毛利等进一步做趋势分析。由于BQC公司净利润增加的主要原因是本期营业利润的增加，进一步分析BQC公司营业利润的变动原因是关键。

（二）BQC公司营业利润变动原因分析

根据2019—2023年BQC公司的年度报告信息，对其营业利润及变动情况进行趋势分析，如图6-1所示。可知，BQC公司的营业利润呈波浪式上升之势，除2019年和2021年营业利润变动率为负值以外，其他各年营业利润变动率均为正值，且2022年达到峰值为365.07%；2023年营业利润达到近五年来的最高值，为38 103.10百万元，增幅为76.88%。

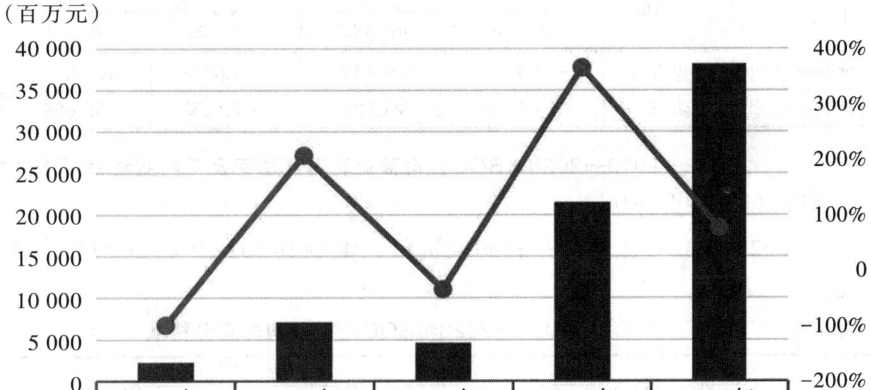

	2019年	2020年	2021年	2022年	2023年
营业利润	2 312.29	7 085.77	4 631.99	21 541.82	38 103.10
营业利润变动率	−99.45%	206.44%	−34.63%	365.07%	76.88%

图6-1　2019—2023年BQC公司营业利润及变动率趋势图

对比2019—2023年BQC公司营业利润变动率及毛利变动率，如图6-2所示。可知，除2019年和2021年毛利变动率略高于营业利润变动率以外，其他年份年营业利润变动率明显高于毛利变动率，但是两者的变动趋势总体基本一致，均呈M型，营业利润变动率在−45.49%~365.07%之间波动，毛利变动率在−18.52%~156.69 %之间波动，说明BQC公司营业利润变动幅度远大于毛利变动幅度，且受到毛利变动的影响，而营业收入和营业成本是影响毛利的主要因素。关于营业收入和营业成本的专门分析，详见本章第四节利润表分项分析。

二、利润结构变动分析

（一）利润结构变动对比分析

1.分析资料与方法选择

利润结构变动对比分析，是指对利润表中各项目占营业收入的比重及其变动情况进行分析。采用垂直分析法，将利润表中各项目的报告期数与基期数进行比较，分析利润表各项目的构成情况，结合水平分析法进一步判断利润表各项目结构变动的合理性。

知识拓展6-2

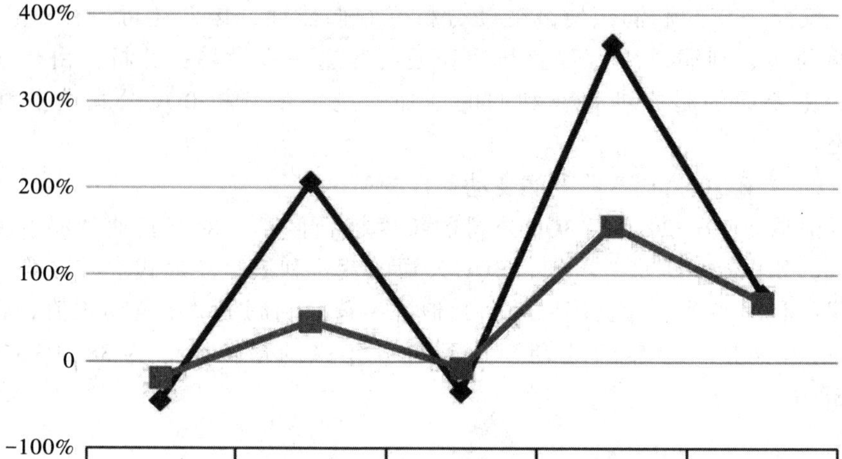

	2019年	2020年	2021年	2022年	2023年
营业利润变动率	-45.49%	206.44%	-34.63%	365.07%	76.88%
毛利率变动率	-18.52%	45.80%	-7.52%	156.69%	68.53%

图6-2　2019—2023年BQC公司营业利润变动率及毛利变动率对比分析图

2. 编制利润垂直分析表

根据2023年BQC公司合并利润表资料，编制其2022年和2023年利润垂直分析表，见表6-2。

表6-2　2022—2023年BQC公司利润垂直分析表　单位：%

项　目	2023年	2022年	差异
一、营业总收入	100	100	0
其中：营业收入	100	100	0
二、营业总成本	95.81	94.87	0.94
其中：营业成本	79.79	82.96	-3.17
税金及附加	1.72	1.71	0.01
销售费用	4.19	3.55	0.64
管理费用	2.23	2.36	-0.13
研发费用	6.57	4.40	2.17
财务费用	-0.24	-0.38	0.14
其中：利息费用	0.30	0.31	-0.01
利息收入	0.46	0.43	0.03
加：其他收益	0.87	0.41	0.46
投资收益	0.27	-0.19	0.46

续表

项　目	2023年	2022年	差异
公允价值变动收益	0.04	0.03	0.01
信用减值损失	−0.26	−0.23	−0.03
资产减值损失	−0.36	−0.33	−0.03
资产处置收益	0.02	0	0.02
三、营业利润	6.33	5.08	1.25
加：营业外收入	0.12	0.12	0
减：营业外支出	0.26	0.23	0.03
四、利润总额	6.19	4.97	1.22
减：所得税费用	0.98	0.79	0.19
五、净利润	5.20	4.18	1.02
（一）按持续经营性分类			
1.持续经营净利润	5.20	4.18	1.02
2.终止经营净利润			
（二）按所有权归属分类			
1.归属于母公司所有者的净利润	4.99	3.92	1.07
2.少数股东损益	0.22	0.26	−0.04
六、其他综合收益的税后净额	0.03	0.13	−0.10
七、综合收益总额	5.23	4.31	0.92
归属于母公司所有者的综合收益总额	5.02	4.05	0.97
归属于少数股东的综合收益总额	0.22	0.26	−0.04

3.利润垂直分析评价

从表6–2可知，2023年BQC公司各项经营财务成果的构成情况。其中，营业利润占营业总收入的比重为6.33%，比上年度的5.08%增加1.25%；利润总额占营业总收入的比重为6.19%，比上年度的4.97%增加1.22%；净利润占营业总收入的比重为5.20%，比上年度的4.18%增加1.02%。可见，从利润的构成情况上看，2023年BQC公司的盈利能力同比有所提高。进一步分析BQC公司各项经营成果结构变化的原因，从营业利润结构看，虽然期间费用占比总体增加，对营业利润结构产生了一定的不利影响，但是其他收益、投资收益占比增加，营业成本占比减少3.17%，最终导致营业利润构成增加，对营业利润进而对利润总额和净利润结构都带来一定的有利影响。

对利润结构变动分析，还可以针对综合收益总额进行垂直分析，分别考察净利润和其他综合收益的构成及变动，归属于母公司所有者的综合收益和归属于少数股东的综合收益的构成及变动，进一步分析综合收益总额的构成、变动及原因。

（二）BQC公司利润表主要项目及结构分析

2019—2023年BQC公司利润表主要项目及结构对比，如图6-3所示。可知，BQC公司的营业利润、利润总额和净利润结构趋势相似，2019年和2021年三个项目所占的比重均呈现减少之势，且2019年是最低点，占比均不足2%；2021年三个项目占比同比均下降两个百分点以上，之后回升明显。其中，营业利润和利润总额的占比相近，说明公司受营业外收支影响较小。

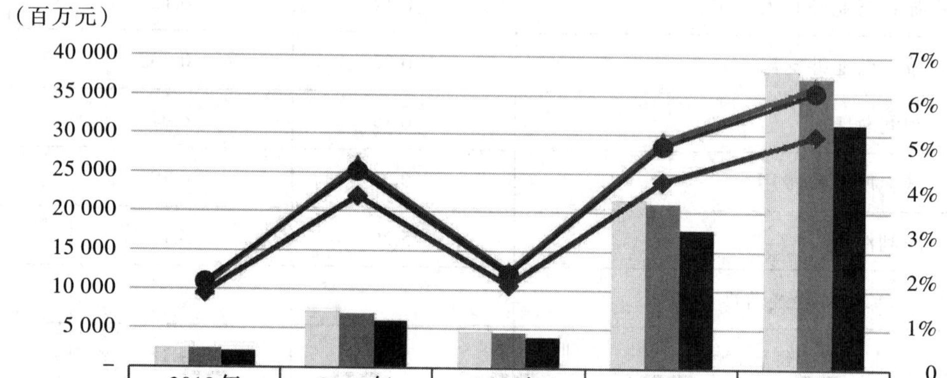

	2019年	2020年	2021年	2022年	2023年
营业利润	2 312.29	7 085.77	4 631.99	21 541.82	38 103.10
利润总额	2 431.13	6 882.59	4 518.00	21 079.73	37 268.64
净利润	2 118.86	6 013.96	3 967.27	17 713.10	31 344.07
营业利润比重	1.81%	4.52%	2.14%	5.08%	6.33%
利润总额比重	1.90%	4.40%	2.09%	4.97%	6.19%
净利润比重	1.66%	3.84%	1.84%	4.18%	5.20%

图6-3　2019—2023年BQC公司利润表主要项目及比重对比图

【思政知识】

企业追求利润最大化的这个前提，看似科学，俗话说“一打眼儿也容易让人相信”，因为大家都会这样想：如果没有足够的利润，钱从哪里来？怎样给员工发工资？员工怎样养家糊口？谁起早贪黑不是为了“老婆孩子热炕头”？企业不赚钱，还要企业干什么？企业是要赚钱，可是企业有企业之道，不守企业之道而单单谋求利润最大化就会导致唯利是图、伤害社会的结果。《论语》说：“富与贵，不以其道得之，不处也。”“利润最大化”这个理念，归根结底，是犯了“舍本逐末”的错误。中国传统的企业经营之道和这个理念截然不同，是“德本财末”，是通过事业积德而顺取财富，而且绝不会“最大化”，是守中道，适可而止，见好就收，留一份福德给子孙，所以我们才能历五千年而不衰。追求最大化将难逃“过犹不及”的结果，盛极而衰，有道者不为也。①

① 钟永圣. 中国传统经济学智慧［M］. 北京：世界知识出版社，2015：19-20.

第三节　利润表分部分析

一、分部报告分析

企业应当以内部组织结构、管理要求、内部报告制度为依据确定经营分部，以经营分部为基础确定报告分部。企业提供报告分部信息，能够帮助会计信息使用者更好地理解企业报告分部的产品和劳务的类型，以及增减变动情况及原因。因此，分部报告分析是利润表分析的主要内容之一。分部报告分析包括报告分部水平分析和报告分部结构分析，针对重要分部还可以进一步深入分析，以及分部间对比分析。

（一）报告分部水平分析

BQC公司以内部组织结构、管理要求、内部报告制度为依据，确定手机和汽车两个经营分部，并以经营分部为基础确定报告分部。以BQC公司的手机分部和汽车分部作为分析对象，编制2023年报告分部水平分析表，见表6-3。

表6-3　**2023年BQC公司报告分部水平分析表**　金额单位：百万元

项目	手机部件、组装及其他产品				汽车、汽车相关产品及其他产品			
	2023	2022	变动额	变动率（%）	2023	2022	变动额	变动率（%）
对外交易收入	118 576.91	98 815.05	19 761.86	20.00	483 453.32	324 691.18	158 762.14	48.90
分部间交易收入	12 851.64	8 765.31	4 086.33	46.62	5 780.35	3 971.74	1 808.61	45.54
合计	131 428.55	107 580.36	23 848.19	22.17	489 233.67	328 662.92	160 570.75	48.86
折旧和摊销	3 135.37	2 832.74	302.63	10.68	40 417.35	17 537.27	22 880.08	130.47
利润/（亏损）总额	4 334.95	1 893.30	2 441.65	128.96	31 107.90	18 642.18	12 465.72	66.87
所得税费用	646.74	87.37	559.37	640.23	5 277.83	3 196.76	2 081.07	65.10
净利润	3 688.21	1 805.94	1 882.27	104.23	25 830.07	15 445.43	10 384.64	67.23
资本性支出	4 013.63	5 210.49	−1 196.86	−22.97	136 729.18	125 075.44	11 653.74	9.32
资产总额	81 841.88	54 625.52	27 216.36	49.82	591 428.01	419 691.47	171 736.54	40.92
负债总额	36 028.85	22 020.70	14 008.15	63.61	449 129.10	326 023.53	123 105.57	37.76

根据表6-3进行分析评价如下：

（1）手机部件、组装及其他产品分部总收入为131 428.55百万元，比上年度增加23 848.19百万元，增幅为22.17%；汽车、汽车相关产品及其他产品分部总收入为489 233.67百万元，比上年度增加160 570.75百万元，增幅为48.86%，增速远超手机业务，成为BQC分部收入增长的核心引擎。

（2）手机部件、组装及其他产品分部2023年实现的净利润为3 688.21百万元，比上年度增加1 882.27百万元，增幅为104.23%。2023年分部利润总额增加2 441.65百万元，增幅为128.96%。可见，利润总额增加是分部净利润增加的主要原因。

（3）汽车、汽车相关产品及其他产品分部本年实现的净利润为25 830.07百万元，比上年度增加10 384.64百万元，增幅为67.23%。2023年分部利润总额增加12 465.72百万元，增幅为66.87%，与手机部件、组装及其他产品分部相比，其利润增幅更高，因此汽车、汽车相关产品及其他产品分部对利润贡献的绝对值更大。

为探讨BQC公司报告分部变动的原因，分别对手机和汽车分部进一步深入分析。

1.手机分部净利润分析

2019—2023年BQC公司手机分部净利润及其变动率对比，如图6-4所示。可知，手机分部净利润波动较大，呈上下波动趋势，净利润在2019年达到最低值1 653.59百万元，在2020年达到最高值5 471.01百万元。净利润变动率在2021年达到最低值为-69.73%，在2020达到最高值为230.86%。结合2020年年报可知，净利润及变动率达到双峰值的原因有以下三点：①手机业务营业收入为600.43百万元，同比增长12.50%。这主要受益于北美市场份额的进一步增长，业务规模持续扩大，同时玻璃及陶瓷产品出货量增长迅猛。②受益于安卓高端智能手机需求的复苏，以及海外大客户市场份额的提升，消费电子业务收入实现显著增长。③国内智能手机市场持续复苏，2020年又是5G技术逐渐普及、手机市场迎来新一轮换机潮的时期，消费者对手机需求增加，为BQC公司手机业务带来更多的订单与业务机会。结合2021年报可知，2021年变动率最低的原因有以下几点：①2021年安卓高端机型需求持续疲弱，导致金属结构件等手机零部件需求承压。同时，华为手机受外部因素影响销量同比显著下降，使得BQC公司为其供应的塑胶结构件项目减少。②全球“芯片荒”问题持续蔓延，导致手机厂商的生产受到限制，进而影响了手机代工业务的订单量和出货量。③低毛利率的组装业务营业收入占比显著上升，以及2021年原材料等价格暴涨，BQC公司手机业务面临空前的成本压力，侵蚀了利润空间。而在之后的2022年和2023年，BQC公司手机业务在复杂的市场环境中实现了营业收入的稳健增长和盈利能力的改善，在2023年，BQC公司手机业务毛利率同比提升2.72%至8.78%，创下历史新高，主要系产品结构优化、整体运营效率提高，盈利性较2022年大幅改善，因此净利润变动率高达104.23%

2.汽车分部净利润分析

2019—2023年BQC公司汽车分部净利润及其变动率对比，如图6-5所示。可知，汽车分部净利润变动率波动较大。其中，2019—2021年净利润变动率先上升后下降，变动率整体较低，有两年低于5%，同时净利润较低且相差不大。通过分析、查阅公司年报可知，2021年净利润变动率下降主要有以下两点原因：①原材料等的价格暴涨，使得公司遭遇空前的成本压力。原材料价格的上升导致营业成本的增加，因而使企业净利润下降。②2021年BQC公司研发投入为10 626.59百万元，同比增加24.20%，研发投入占营业收入比例为4.92%。研发人员数量约4万人，同比增加31.52%。研发费用的增长也对公司净利润造成了一定影响。而在2022年，净利润及变动率均呈爆发式增长，结合年报分析得知，得益于前期的技术研发，BQC公司在电池技术、电动驱动系统、整车制造等方面有着深厚的积累，提高了竞争力，同时其产品矩阵丰富，满足了不同消费者需求。综合多种因素，BQC公司成为2022年全球新能源汽车销量冠军，净利润显著提升，净利润变动

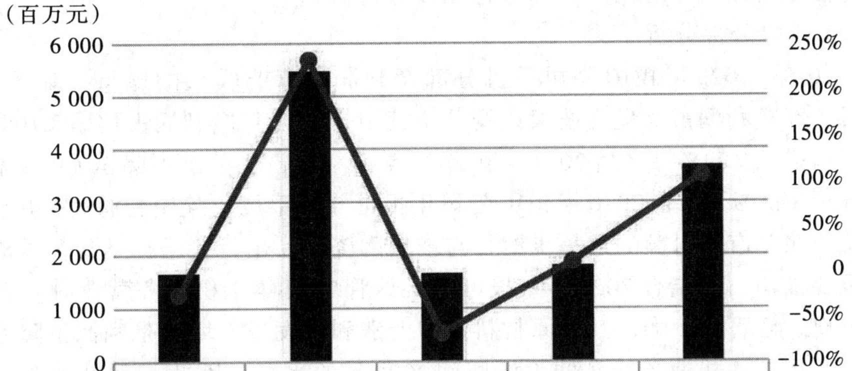

	2019年	2020年	2021年	2022年	2023年
手机分部净利润	1 653.59	5 471.01	1 656.09	1 805.94	3 688.21
净利润变动率	−28.00%	230.86%	−69.73%	9.05%	104.23%

手机分部净利润　净利润变动率

图6-4　2019—2023年BQC公司手机分部净利润及变动率对比图

率高达439.14%。而在2023年，BQC公司在全球汽车行业持续保持强劲的发展势头，结合年报可知，BQC公司成功达到全年300万辆的销量目标，同时营业收入和利润双丰收，汽车业务实现营业收入483 453.31百万元，同比增加48.90%；同时实现毛利率增加2.63%，达到23.02%，主要得益于规模化优势、电池成本优势以及持续的技术创新，同时也是2023年BQC公司净利润继续在2022年高基数基础上依旧有67.23%增幅的主要原因。

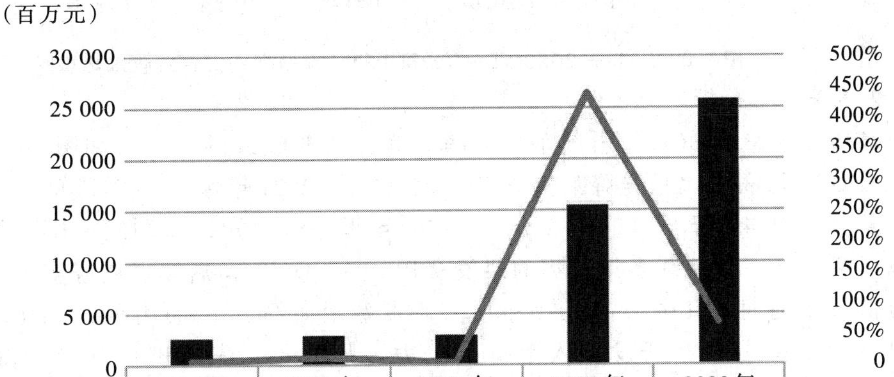

	2019年	2020年	2021年	2022年	2023年
汽车净利润	2 529.35	2 787.76	2 864.81	15 445.43	25 830.07
净利润变动率	4.51%	10.22%	2.76%	439.14%	67.23%

汽车净利润　净利润变动率

图6-5　2019—2023年BQC公司汽车分部净利润及变动率对比图

（二）报告分部结构分析

报告分部结构分析，采用垂直分析法。首先，对BQC公司手机分部和汽车分部分别进行分析，然后再对两大分部进行比较分析。

1.手机分部分析

2019—2023年BQC公司手机分部净利润占营业收入的比重，如图6-6所示。可知，手机分部净利润占比呈现波浪式变动。其中，2019年净利润占比为3.10%，2020年净利润占比猛增至9.11%，之后2021年和2022年净利润占比分别下降至1.92%和1.83%，2023年回升至3.11%。结合2020年BQC公司年报可知，手机业务净利润达5 471.01百万元，主要得益于北美市场份额的进一步增长与玻璃陶瓷产品出货量增长迅猛，这成为手机业务增长的重要推动力。结合2021年年报可知，尽管2021年手机业务营业收入表现亮眼，但利润却出现了显著的下降，其中原材料价格上涨和研发投入增加是利润下降的主要原因。而在随后几年，手机业务净利润无法回到2020年的水平。因此，手机分部净利润占比持续维持在1.50%~4%。

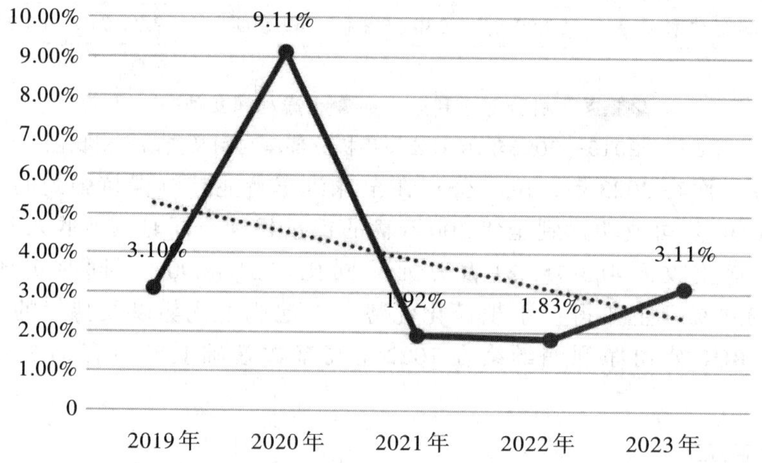

图6-6　2019—2023年BQC公司手机分部净利润占营业收入比重图

2.汽车分部分析

2019—2023年BQC公司汽车分部净利润占营业收入的比重，如图6-7所示。可知，汽车分部净利润占比呈先降后升之势。在2019—2021年区间，净利润占比呈现下降趋势，从2019年4%降至2021年2.55%。结合年报分析可知，净利润占比下降的主要原因有以下两点：一是持续多年高额的研发费用，为BQC公司后续发展夯实了技术基础，但也拉低了净利润。其中，在2020年投入研发费用大约74.65百万元，同比增长32%；在2021年，BQC公司在研发投入上持续发力，研发投入106.59百万元，占营业收入的4.92%。二是在这三年期间，业绩出现短期承压，其中2019年汽车业务营业收入为63 265.70百万元，同比下降16.76%，主要原因是整车尤其是ASP较高的新能源商用车在补贴退坡后销量大幅下滑；2020年，新能源汽车产销量下滑，其中产量下降了14%，销量下降了12%。

在2021—2023年区间，净利润占比呈上升趋势，从2021年的2.55%增至2022年的4.76%，2023年达到峰值为5.34%。2022年是BQC公司汽车业务的重要转折点，在营业收入、销量、产品、技术、品牌和海外市场等方面均取得了巨大成功，净利润占比增加至4.76%。2023年，BQC公司汽车销量达到3.02百万辆，同比增长62%，蝉联全球新能源汽车销量冠军，净利润占比达到峰值5.34%，实现了质的飞跃。

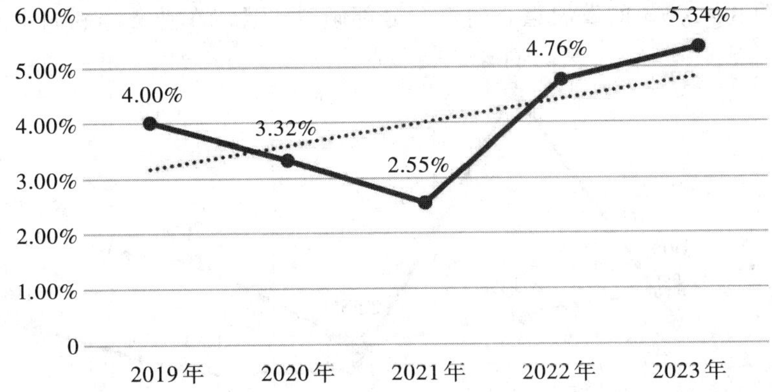

图6-7　2019—2023年BQC公司汽车分部净利润占营业收入比重图

3.分部间对比分析

（1）分部间营业收入对比分析

2019—2023年BQC公司各分部营业收入规模对比，如图6-8所示。从规模上看，2019年汽车分部营业收入高于手机分部，但差距相对不是特别大；从2021年开始，汽车分部的营业收入快速增长，与手机分部的差距逐渐拉大，到2023年汽车分部营业收入规模远超手机分部。虽然手机分部的营业收入规模也在增长，但远落后于汽车分部营业收入的增长势头，使得两者在营业收入的规模上差距进一步扩大。这表明BQC公司在汽车业务上的发展战略取得了显著成效，逐渐成为公司的核心业务和主要营业收入来源，而手机分部业务虽然也在增加，但其规模的扩张程度远不及汽车分部。

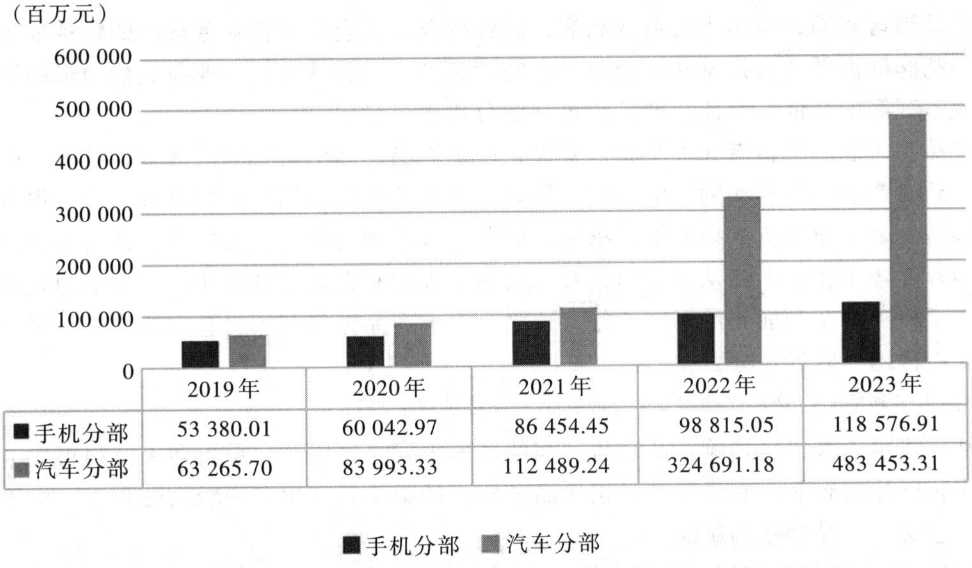

	2019年	2020年	2021年	2022年	2023年
手机分部	53 380.01	60 042.97	86 454.45	98 815.05	118 576.91
汽车分部	63 265.70	83 993.33	112 489.24	324 691.18	483 453.31

图6-8　2019—2023年BQC公司各分部营业收入规模图

（2）分部间净利润占营业收入比重对比分析

2019—2023年BQC公司手机分部和汽车分部净利润占营业收入比重对比，如图6-9所示。可知，手机分部占比波动剧烈，而汽车分部占比虽然前期有所下降，但后期回升趋势明显且较为稳定。从2021年开始，汽车分部占比明显优于手机分部，且差距在2023年有所扩大。说明BQC公司的发展重心向汽车分部倾斜，且汽车业务净利润占比更高。

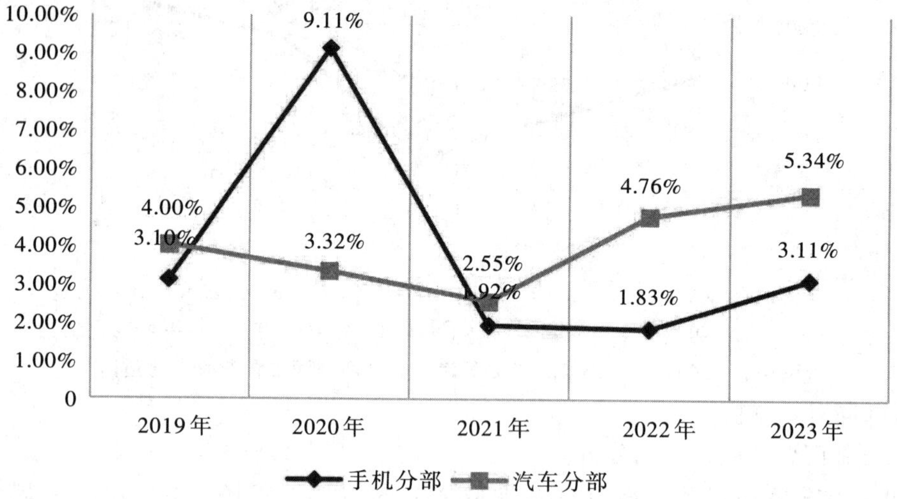

图6-9　2019—2023年BQC公司手机分部和汽车分部净利润占营业收入比重对比图

二、产品销售利润分析

通常在企业中，产品销售利润的高低是影响营业利润最重要的因素，而产品销售利润的变化可能受销售量、品种构成、价格、质量、成本和税率等诸多因素的影响。因此，我们还应针对产品销售利润做进一步分析，这也是企业内部财务分析的重要内容。

（一）影响产品销售利润的因素

产品销售利润，也称主营业务利润，能够综合反映企业主营业务最终的财务成果。产品销售利润的高低，直接反映了企业生产经营和经济效益状况，企业盈利能力最终取决于主营业务利润的高低。因此，产品销售利润分析十分必要。

产品销售利润分析有如下步骤：首先，确定影响产品销售利润的因素；其次，确定各因素变动对产品销售利润的影响程度；最后，对产品销售利润完成情况进行分析评价。由于利润是反映企业经营成果的综合指标，因此，从不同角度看，影响产品销售利润的因素及影响程度各不相同。如从职工因素看，受职工人数和人均创利影响；从资金因素看，受资金占用额和资金利润率的影响等等。总之，影响产品销售利润最基本的因素，可从其计算公式中得出，其计算公式是：

$$产品销售利润=\sum[产品销售量\times(产品单价-单位销售成本)]$$

从公式可以看出，影响产品销售利润的基本因素是销售量、单价和单位销售成本。在生产多种产品的企业，它还受产品销售品种构成的影响；在生产等级品的企业，由于优质优价，它又受产品等级的影响。

（二）产品销售利润因素分析方法

1.销售量变动对利润的影响分析

销售量是影响利润的一个重要因素。在产品单位利润一定的情况下，销售量的增减变化，直接决定着利润的增减变化。销售量变动对利润的影响，其计算公式是：

销售量变动对利润的影响=产品销售利润基期数×（产品销售量完成率-1）

其中，产品销售量完成率的计算公式是：

$$产品销售量完成率=\frac{\sum[产品本期销售量\times基期单价(或单位成本)]}{\sum[产品基期销售量\times基期单价(或单位成本)]}\times 100\%$$

产品销售量完成率主要考察销售量的完成情况，因此，企业在生产一种产品时，可直接用实物量进行计算，但在生产多种产品时，实物量不能直接相加，通常可以价格或成本作为参数，以便于汇总。计算销售量完成率所用的单价或单位成本，都应使用基期数。至于用单价还是单位成本，理论与实践中有不同做法，一般按单价计算较多，但在各种产品比价不合理时，用单位成本计算可能更好。

2.销售品种构成变动对利润的影响分析

企业生产多种产品时，必然存在着产品品种构成问题。所谓产品品种构成，是指某种产品的产量或销售量在全部产品的产量或销售量中所占的比重。研究品种构成变动对利润的影响，是利润分析评价中的一个难点问题。为什么品种构成变动会引起利润额变动呢？主要是因为各种产品的利润率高低不同。企业多生产利润率水平高的产品，少生产利润率水平低的产品，必然引起综合利润率或企业平均利润率的提高，使企业利润额增加；反之，则会使利润额下降。确定品种构成变动对利润额影响的方法较多，且各有利弊。下面对几种主要方法进行介绍，其计算公式分别是：

第一种方法：

$$\begin{matrix}品种构成变动\\对利润的影响\end{matrix}=\sum(\begin{matrix}产品本期\\销售量\end{matrix}\times\begin{matrix}产品基期\\单位利润\end{matrix})-\begin{matrix}基期产品\\销售利润\end{matrix}\times\begin{matrix}产品销售量\\完成率\end{matrix}$$

第二种方法：

$$\begin{matrix}品种构成变动\\对利润的影响\end{matrix}=\sum[\sum(\begin{matrix}产品本期\\销售量\end{matrix}\times\begin{matrix}产品基期\\单价\end{matrix})\times(\begin{matrix}本期品种\\构成\end{matrix}-\begin{matrix}基期品种\\构成\end{matrix})\times\begin{matrix}基期销售\\利润率\end{matrix}]$$

第三种方法：

$$\begin{matrix}品种构成变动\\对利润的影响\end{matrix}=\sum[\sum(\begin{matrix}产品本期\\销售量\end{matrix}\times\begin{matrix}产品基期\\单价\end{matrix})\times(\begin{matrix}本期品种\\构成\end{matrix}-\begin{matrix}基期品种\\构成\end{matrix})\times(\begin{matrix}基期销售\\利润率\end{matrix}-\begin{matrix}基期综合\\销售利润率\end{matrix})]$$

上述三个公式计算的品种构成变动对利润的影响程度应当一致。第一个公式可计算出品种构成变动对利润影响的总额，但不能说明各产品的影响情况。而第二个公式与第三个公式则既能说明总影响额，又能说明各产品的影响额。第一个公式相对于第二个公式和第三个公式在计算上要简单。第二个公式和第三个公式虽然都试图说明各产品品种构成变动对利润的影响，但二者有明显的区别。按第二个公式计算，某产品销售比重变化与利润变动同方向。而按第三个公式计算，如果某产品销售利润率高于综合销售利润率，则该产品销售比重变化与利润成正比；如果某产品销售利润率低于综合销售利润率，则该产品销售比重变化与利润成反比。应当说，第三个公式比第二个公式更能准确反映品种构成对利润的影响程度，但它的计算要比第二个公式复杂。因此，实践中应根据分析的目的和条件，选择相应的分析方法。

3.销售价格变动对利润的影响分析

价格与销售利润成正比，即在其他条件不变的情况下，价格越高，利润越高。随着价格体制改革，国家定价范围逐渐减少，市场调节价范围不断扩大。价格成为影响企业产品销售利润的重要因素。价格变动对利润的影响，其计算公式是：

$$价格变动对销售利润的影响=\sum[产品本期销售量\times(本期销售单价-基期销售单价)]$$

实践中，价格变动的原因多种多样，如国家调整价格、地区差价、批零差价、质量差价等。因此，分析价格变动对利润的影响，可分不同情况加以计算与评价。概括地说，价格变动无非是质量差价、供求差价或政策差价三种情况。对于质量变动差价对利润的影响，将在质量变动对利润的影响中分析，非质量差价通常可按上式计算。如果属于等级品的价格变动，其计算公式是：

$$\begin{matrix}等级品的价格变动\\对销售利润的影响\end{matrix}=\sum[\begin{matrix}产品本期\\销售量\end{matrix}\times(\begin{matrix}本期等级\\本期平均单价\end{matrix}-\begin{matrix}本期等级\\基期平均单价\end{matrix})]$$

其中：

$$本期等级本期平均单价=\frac{\sum(各等级本期销售量\times该等级本期单价)}{各等级本期销售量之和}$$

$$本期等级基期平均单价=\frac{\sum(各等级本期销售量\times该等级基期单价)}{各等级本期销售量之和}$$

4.等级构成变动对利润的影响分析

产品等级构成是指在等级产品总产销量中，各等级品产销量所占的比重，它是反映等级品质量的重要指标。由于不同等级的产品其价格不同，因此，等级构成变动必然引起等级品平均价格的变动，从而引起产品销售利润的变动。确定等级品质量变动对利润的影响，其计算公式是：

$$\begin{matrix}质量变动对销售\\利润的影响\end{matrix}=\sum[\begin{matrix}等级产品\\本期销售量\end{matrix}\times(\begin{matrix}本期等级\\基期平均单价\end{matrix}-\begin{matrix}基期等级\\基期平均单价\end{matrix})]$$

其中：

$$基期等级基期平均单价=\frac{\sum(各等级基期销售量\times该等级基期单价)}{各等级基期销售量之和}$$

上式只适用于等级品质量变动对利润的影响分析。对于一般产品优质优价变动对利润的影响，只要能计算出质量变动对单价的影响，套用前面的公式就可计算出质量变动对利润的影响。

5.销售成本变动对利润的影响分析

销售成本变动对利润具有直接影响，在其他因素不变的情况下，销售成本降低多少，利润就会增加多少，即销售成本与利润成反比。销售成本变动对利润的影响，其计算公式是：

$$成本变动对利润的影响=\sum[产品本期销售量\times(单位产品基期成本-单位产品本期成本)]$$

需要说明的是，在现行税收体制下，企业缴纳的税金主要有增值税、消费税等。由于产品销售价格中不含产品销项税，产品成本中也不含进项税，因此，增值税对产品销售利润没有直接影响。所以，上述产品销售利润影响因素分析中，没有考虑税率的变化问题。应当注意，由于企业缴纳的城市维护建设税及教育费附加等的计税依据与增值税有关，因此，增值税变动可通过城市维护建设税及教育费附加间接影响销售利润。但是，因为其金额较小，且与销售量关系复杂，分析时通常将其作为期间成本处理，将其增减变动额单独作为对分析对象的影响额。

如果企业生产并销售烟、酒、高档化妆品、贵重首饰及珠宝玉石、鞭炮、焰火、成品油、摩托车、小汽车等应缴纳消费税的产品，消费税税率或单位税金变动将影响产品销售利润。消费税税率变动对产品销售利润的影响，其计算公式是：

$$消费税税率变动对利润的影响=\sum[产品本期销售收入\times(基期消费税税率-本期消费税税率)]$$

这一公式主要适用于企业实行从价定率法计算消费税的情况。如果企业实行从量定额法计算消费税税额，则单位消费税税额变动对利润的影响，其计算公式为：

$$\frac{消费税税额变动}{对利润的影响}=\sum[\frac{产品本期}{销售量}\times(\frac{单位产品基期}{消费税税额}-\frac{单位产品本期}{消费税税额})]$$

在实行从价定率计税时，前述价格和质量变动对利润影响的计算公式后都应乘以“1-基期消费税税率”。

（三）产品销售利润因素分析案例

以A公司2022年和2023年产品销售利润明细资料为例进行分析，见表6-4和表6-5。

表6-4　**2023年A公司产品销售利润明细表**　金额单位：万元

产品名称	销售量（吨）	单位产品销售价格（元/吨）	单位产品销售成本（元/吨）	单位产品销售利润（元/吨）	产品销售利润
焊接钢管	60 326.25	4 821.17	4 797.32	23.85	143.88
棒材	3 639 038.59	4 555.12	4 244.68	310.44	112 969.73
线材	477 121.34	4 689.85	4 361.81	328.04	15 651.65
中宽热带	1 210 595.20	4 671.47	4 169.20	502.27	60 804.97
合计					189 570.23

表6-5　**2022年A公司产品销售利润明细表**　金额单位：万元

产品名称	销售量（吨）	单位产品销售价格（元/吨）	单位产品销售成本（元/吨）	单位产品销售利润（元/吨）	产品销售利润
焊接钢管	97 353.39	3 654.36	3 526.72	127.64	1 242.64
棒材	3 912 162.92	3 320.21	3 117.79	202.42	79 190.26
线材	551 254.71	3 360.31	3 087.17	273.14	15 056.70
中宽热带	1 181 138.72	3 312.94	3 038.01	274.93	32 473.07
合计					127 962.67

根据表6-4和表6-5的资料对产品销售利润进行因素分析。

首先，确定分析对象：

189 570.23−127 962.67=61 607.56（万元）

因素分析：

1.销售量变动对利润的影响

$$产品销售量完成率=\frac{60\,326.25\times3\,654.36+3\,639\,038.59\times3\,320.21+477\,121.34\times3\,360.31+1\,210\,595.20\times3\,312.94}{97\,353.39\times3\,654.36+3\,912\,162.92\times3\,320.21+551\,254.71\times3\,360.31+1\,181\,138.72\times3\,312.94}\times100\%$$

$$=\frac{17\,916\,731\,023.76}{19\,110\,395\,208.49}\times100\%$$

$$=93.75\%$$

销售量变动对利润的影响=127 962.67×93.75%-127 962.67

=119 965.00-127 962.67

=-7 997.67（万元）

2.销售品种构成变动对利润的影响

（60 326.25×127.64+3 639 038.59×202.42+477 121.34×273.14+1 210 595.20×274.93）/10 000-127 962.67×93.75%

=120 746.41-119 965.00

=+781.41（万元）

3.单位价格变动对利润的影响

60 326.25×（4 821.17-3 654.36）+3 639 038.59×（4 555.12-3 320.21）+477 121.34×（4 689.85-3 360.31）+1 210 595.20×（4 671.47-3 312.94）

=70 389 271.76+4 493 885 145.18+634 351 906.38+1 644 629 897.06

=+6 843 256 220.38（元）

=+684 325.62（万元）

4.销售成本变动对利润的影响

60 326.25×（3 526.72-4 797.32）+3 639 038.59×（3 117.79-4 244.68）+477 121.34×（3 087.17-4 361.81）+1 210 595.20×（3 038.01-4 169.20）

=（-76 650 533.25）+（-4 100 796 196.69）+（-608 157 944.82）+（-1 369 413 184.29）

=-6 155 017 859.05（元）

=-615 501.79（万元）

可见，2023年A公司产品销售利润比上年增加61 607.56万元，是各因素共同作用的结果，销售品种构成和单位价格变动给产品销售利润带来了有利影响，销售量变动、销售成本变动给企业产品销售利润带来了不利影响。其中，单位价格的提高和销售成本的增加对产品销售利润的影响较大，前者使利润增加684 325.62万元，后者使利润减少615 501.79万元，销售品种构成变动对利润的影响最小。总之，A公司利润增加主要受到主观因素的影响。

应当注意的是，假如企业存在等级产品，还应确定等级品质量变动对利润的影响。

（四）产品销售利润完成情况评价

产品销售利润分析评价，应在确定各因素对利润影响程度的基础上，从以下几方面进行：

第一，分清影响产品销售利润的有利因素与不利因素。一般来说，凡是使利润增加的因素都被看作有利因素，使利润减少的因素都被看作不利因素。

第二，分清影响产品销售利润的主观因素与客观因素。通常，把销售量、成本、质量因素等看作主观因素。如果企业自行安排产品品种生产，那么，品种构成因素也属于主观因素。价格因素要具体分析，除国家政策调价等客观原因外，在市场经济条件下，价格因素也可看作主观因素，税率因素属于客观因素。当然，对具体情况要具体分析。评价中，应排除客观因素，抓住主观因素。

第三，分清生产经营中的成绩与问题。一般地说，企业的成绩与问题都应从主观因素来看。凡是经过主观努力产生的对利润的有利影响，都属于企业的成绩；凡是因主观不努力产生的对利润的不利影响，都属于企业的问题。A公司销售品种结构变动、单位价格提高等使利润增加，应看作企业的成绩。对于品种构成，要结合具体情况具体分析：一要考虑国家计划与合同的完成情况；二要将品种构成与其相应的资产投入结合起来分析。因为在一些情况下，品种构成变动使销售利润增加，但可能使总资产报酬率下降。

第四节　利润表分项分析

一、企业收入分析

（一）企业收入构成分析

企业收入分析不仅要研究规模总量及变动，还要分析结构及变动情况，以了解企业的经营方向和收入的主要来源。收入构成分析可主要从主营业务收入与其他业务收入、现销收入与赊销收入的结构进行。

1. 主营业务收入与其他业务收入分析

企业收入通常包括主营业务收入和其他业务收入。通过对主营业务收入与其他业务收入的构成分析，可以了解企业的经营方针、方向及效果，进而可以分析、预测企业的持续发展能力。如果一家企业的主营业务收入占比较低或不断下降，其发展潜力和前景值得怀疑。

2019—2023年BQC公司收入构成情况，如图6-10所示。可知，BQC公司营业收入构成较为稳定，近五年主营业务收入占比均在96%以上，只有不到4%来源于其他业务收入，说明BQC公司主业突出，收入来源稳定。

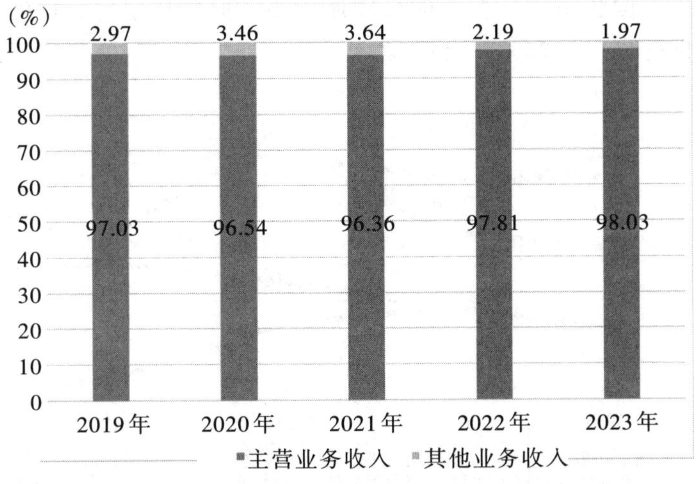

图6-10　2019—2023年BQC公司营业收入构成图

2. 现销收入与赊销收入分析

企业收入中的现销收入与赊销收入的构成，受企业产品适销程度、竞争战略、会计政策选择等多因素影响。通过对二者结构及变动情况分析，可以掌握企业产品销售情况及其战略选择，进而分析判断其合理性。当然，在市场经济条件下，赊销收入情况作为商业秘密并不是必须披露的信息。因此，这种分析方法更适用于企业内部分析。

（1）销售收现能力分析

用销售商品、提供劳务收到的现金占营业收入的比重，衡量企业的销售收现能力。2019—2023年BQC公司销售收现能力，如图6-11所示。可知，BQC公司销售商品、提供劳务收到的现金占营业收入的比重始终低于100%，说明BQC公司部分产品销售模式为赊销。销售收现能力由2019年83.89%，逐年上升至2022年的峰值97.44%，于2023年回落至95.08%，说明BQC公司的销售收现能力逐步变强。但是，2023年销售收现能力下滑值得关注，应结合现金流量表进一步分析。

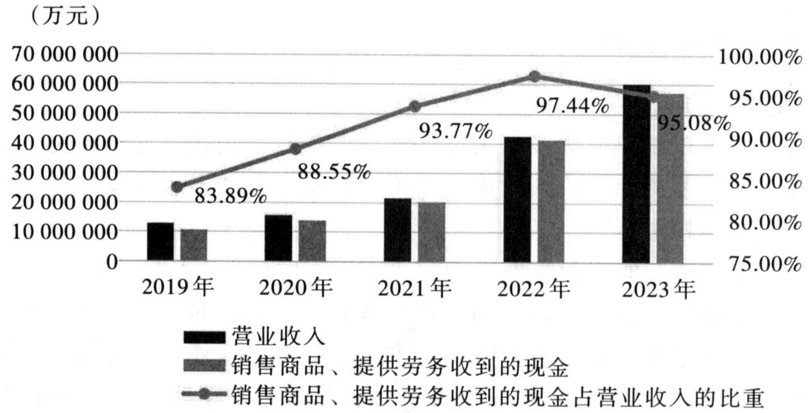

图6-11　BQC公司2019—2023年销售收现能力对比趋势图

对比同行业四家企业2019—2023年的销售收现能力，如图6-12所示。可知，SQJT公司的销售收现能力各年均在90%以下，在五家企业中最低，处于劣势；CAQC、CCQC和GQJT公司的销售收现能力均超99.98%，销售收现能力优势明显；BQC公司的销售收现能力在五家企业中处于倒数第二，但总体呈增加趋势，近三年销售收现能力均在93%以上。五家公司的销售收现能力在74%～126%之间。

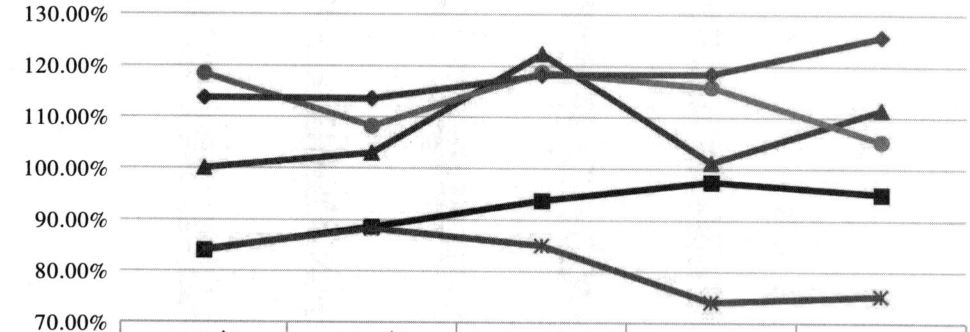

	2019年	2020年	2021年	2022年	2023年
BQC	83.89%	88.55%	93.77%	97.44%	95.08%
CAQC	99.98%	102.92%	122.26%	101.13%	111.37%
CCQC	118.39%	108.13%	118.67%	115.81%	105.22%
GQJT	113.61%	113.47%	118.18%	118.39%	125.60%
SQJT	84.08%	88.19%	84.92%	74.01%	75.21%

图6-12　2019—2023年五家汽车企业销售收现能力对比图

（2）应收账款与营业收入关系分析

2019—2023年BQC公司应收账款占营业收入比重，如图6-13所示。可知，BQC公司应收账款占营业收入的比重，从2019至2022年逐年减少，于2022年占比达到低谷为9.16%，说明BQC公司营业收入质量逐年提高。由于企业销售产品赊销部分除了体现在应收账款上，还可能体现在应收票据上，且2019年实行新修订的金融工具准则后，要求企业对部分或者全部应收票据进行重分类，还可能体现在应收款项融资上。因此，如果企业应收票据和应收款项融资金额较大，应分析应收账款、应收票据和应收款项融资三个项目与营业收入之间的关系，同时也应考虑应收账款中应收新能源汽车国家推广补贴的影响金额。

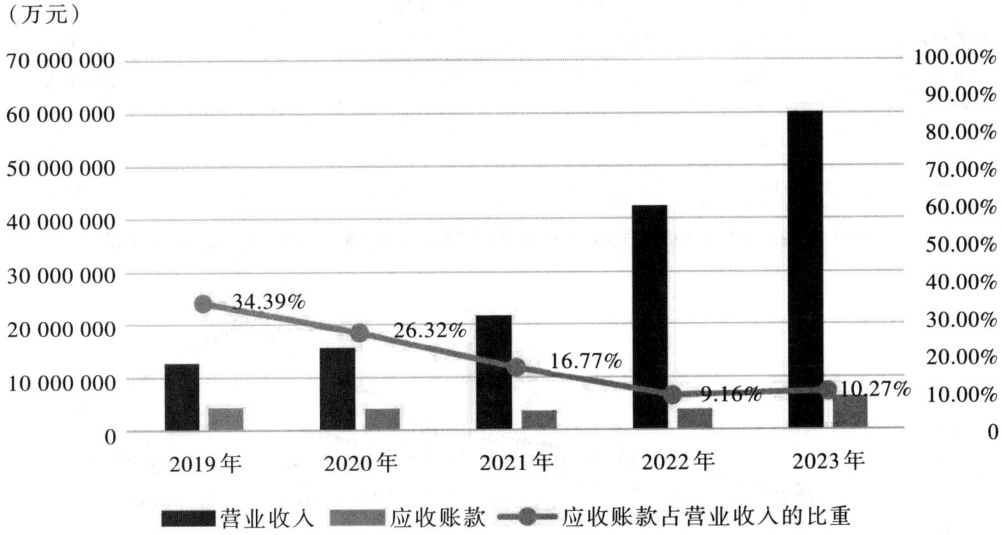

图6-13　2019—2023年BQC公司应收账款占营业收入比重情况

2019—2023年五家汽车企业应收账款、应收票据和应收款项融资三个项目占营业收入的比重对比，如图6-14所示。可以看出，GQJT公司和SQJT公司的三项应收款项占比在五家公司中处于相对较低的水平，在5%~13%之间波动。CAQC公司应收票据金额较大，CCQC公司应收款项融资金额较大，导致这两家公司2019年和2020年三项应收款项占比较高，CCQC公司占比一度高达55.10%，但至2023年，两家公司三项应收占比已降至30%以下。由于BQC公司以现销为主，三项应收款项占比由2019年的39.88%，下降到2023年的11.20%，说明被下游客户占用资金较少，营业收入质量较高。

（二）营业收入趋势分析

2019—2023年五家汽车企业营业收入变动率对比，如图6-15所示。可知，BQC和GQJT公司的营业收入变动率趋势总体基本相似，呈明显的先升后降之势，但GQJT公司的营业收入变动率各年均低于BQC公司，这两家公司2022年营业收入变动率均达到峰值，分别为96.20%和45.57%。另外，BQC、CCQC和GQJT公司营业收入变动率在2019年为负值外，其余年份均为正值，说明2019年三家企业营业收入较上年有所减少，其余年份营业收入均增加；SQJT公司营业收入变动率除在2021年和2023年为正值外，其余年份均为负值，说明营业收入不稳定存在下降趋势；CAQC公司营业收入变动率均为正值，其营业收入一直呈增长趋势，但增长幅度各年有所不同。

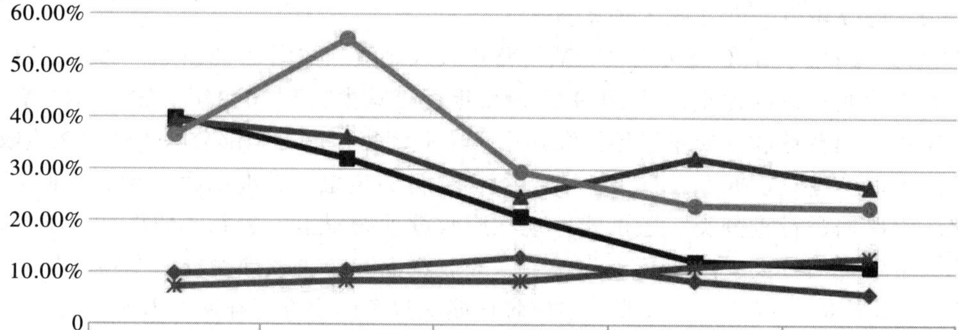

	2019年	2020年	2021年	2022年	2023年
BQC	39.88%	31.98%	20.82%	12.20%	11.20%
CAQC	39.16%	36.08%	24.67%	32.10%	26.48%
CCQC	36.42%	55.10%	29.40%	22.94%	22.56%
GQJT	9.65%	10.38%	12.92%	8.36%	5.88%
SQJT	7.14%	8.33%	8.32%	11.14%	12.91%

图6-14　2019—2023年五家汽车企业三项应收款项占营业收入比重对比图

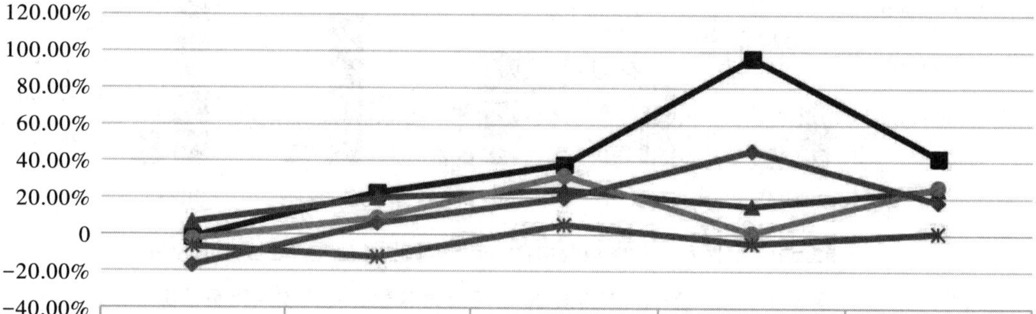

	2019年	2020年	2021年	2022年	2023年
BQC	-1.78%	22.59%	38.02%	96.20%	42.04%
CAQC	6.48%	19.79%	24.33%	15.32%	24.78%
CCQC	-2.75%	8.62%	32.04%	0.69%	26.12%
GQJT	-17.17%	5.88%	19.76%	45.57%	17.76%
SQJT	-6.88%	-12.52%	5.10%	-5.12%	0.72%

图6-15　2019—2023年五家汽车企业营业收入变动率对比图

（三）上市公司操纵收入案例

稳定增长的营业收入是企业经营良好的象征，也是上市公司股价攀升的有力依托。在已经曝光的造假案中，几乎都存在收入操纵。收入操纵主要包括虚构收入、夸大收入、提前确认收入、隐瞒收入、缩小收入、推迟确认收入及混淆收入等方式。

（1）寅吃卯粮，提前确认收入：是指把本应该属于以后年度确认的收入通过各种手段提前予以确认。它操纵的只是收入确认的时间，而没有改变收入的总量。这一操纵收入手法固然可以在短期内提升企业营业收入，但实质是透支未来会计期间的收入，很容易产生两个负效应：一是以牺牲毛利为代价，二是不顾企业的持续发展。

尽管收入确认的会计规范日臻完善，但上市公司对收入的操纵仍然屡禁不止。为此，我们选取一些典型的案例进行剖析。

【案例6-1】

永安林业提前确认收入①

2021年，证监会对福建省永安林业（集团）股份有限公司（简称“永安林业”，股票代码000663）2016年、2017年年报财务造假进行处罚。经证监会稽查，永安林业2016年和2017年年报分别虚增净利润788万元和2 744万元，分别占当年净利润的6.10%和38.50%。

且看这两笔不小数目的利润，是通过何种途径实现的。

第一，2016年度，福建永安市森源家具有限公司（简称“永安森源”），系福建森源（永安林业原全资子公司）全资子公司，永安林业原全资孙公司，对其家具项目中的4个项目，在涉案家具项目未完成发货的情况下，催促福建森源相关人员要求客户提供初验单，用于提前确认销售收入，通过采取提前确认收入、延迟结转成本等方式，提前确认营业收入2 778万元，提前确认营业成本2 098万元，导致永安林业2016年年度报告的财务数据虚增营业收入2 778万元，虚增营业成本1 584万元，虚增净利润788万元，占当年净利润12 912万元的比例达6.10%，同时导致永安林业2017年年度报告的财务数据虚减营业收入2 778万元，虚减营业成本2 008元，虚减2017年净利润487万元，占当年净利润7 128万元的比例达6.83%。

第二，2017年度，福建森源及永安森源对其家具项目中的7个项目，同样在涉案家具项目未完成发货的情况下，提前获得客户的初验单，用于提前确认销售收入，通过采取提前确认收入、延迟结转成本等方式，提前确认营业收入7 760万元，虚增营业收入701万元，提前确认营业成本3 696万元，导致永安林业2017年年度报告的财务数据虚增营业收入8 460万元，虚增营业成本3 696万元，虚增利润4 307万元。结合上述，永安林业在合同尚未履行完毕的情况下，2016年度提前确认营业收入、延迟结转营业成本等相关事项对2017年度的影响，以及福建森源与永安森源上述事项，共同导致永安林业2017年年度报告的财务数据虚增营业收入5 682万元，虚增营业成本1 688万元，虚增净利润2 744万元，占当期披露净利润7 128万元的比例高达38.50%。

（2）以丰补歉，储备当期收入：属于推迟确认收入，这一操纵手法与寅吃卯粮的手法完全相反。这种手法往往以稳健主义为幌子，通过递延收入或指使被收购企业在收购日之前推迟确认收入等手法，将本应在当期确认的收入推迟至以后期间确认，并将当期储备的收入在经营陷入困境的年份予以释放，达到以丰补歉，平滑收入和利润的目的。

【案例6-2】

微软公司利用递延收入平滑收益②

软件巨头微软公司是美国家喻户晓的绩优股。2005年年末，其股票市值高达2 363亿美元，仅次于埃克森美孚公司和通用电气公司，连续多年在股票市值排行榜上位居第二或第三。证券市场之所以对微软公司厚爱有加，除了因为其软件以质量和品牌享誉于世外，还因为其对外报告的销售收入稳步增长，几乎不受宏观经济周期波动的影响。例如，在1999—2003会计年度（7月1日至次年的6月30日），微软公司的销售收入分别是197亿美元、30亿美元、253亿美元、284亿美元和322亿美元。美国的信息技术行业从1999年年底开始步入漫漫的衰退期，对软件的需求日益萎缩。面对如此险恶的经营环境，微软公司

① 根据中国证券监督管理委员会福建监管局行政处罚决定书〔2021〕3号整理。

② 黄世忠. 收入操纵的九大陷阱及其防范对策（上）[J]. 中国注册会计师，2004（1）.

为何能够逆市而上呢？

微软公司1995—2003年度财务报告（www.microsoft.com）显示，在1999会计年度之前，递延收入和经济活动现金净流量的增长幅度普遍明显高于销售收入的增长幅度，但这一趋势在2000会计年度发生扭转，表明微软公司从2000年度开始将以前年度计提的递延收入释放出来，转作当期的销售收入。可见，微软公司之所以在1999年下半年信息技术陷入萧条时销售收入依然保持稳定增长，在一定程度上得益于该公司在1999年度之前计提的递延收入。不仅如此，为了应对行业不景气的影响，加之SOP97-2开始生效（1997年10月，美国会计师协会（AICPA）就颁布了SOP97-2“软件收入确认”），微软公司在1999年年末改变了递延收入的确认政策，将Windows桌面操纵系统的递延收入比例由20%~35%降至15%~25%，将桌面应用软件的递延收入比例从20%降至10%~20%，以达到加速收入确认、维持持续增长趋势的目的。

（3）鱼目混珠，伪装收入性质：属于虚构收入，投资收益、其他收益、资产处置收益和营业外收入等收益项目虽然也与主营业务收入一样能够增加上市公司的利润，但由于这些项目属于非经营性收益，且难以预测，在评价上市公司的经营业绩时，一般将它们剔除。尽管这种收入操纵手法并不会改变利润总额和净利润金额，但是歪曲了利润结构，夸大了企业创造营业收入的能力，特别容易误导信息使用者对上市公司利润表信息质量的判断。

【案例6-3】

宁波东力财务造假案①

2021年，证监会查处了一起上市公司财务造假案。深圳市年富供应链有限公司（简称“年富供应链”）作为宁波东力股份有限公司（简称“宁波东力”，股票代码002164）的重大资产重组标的，通过虚构出口代理服务费方式，于2014年虚增营业收入3 627万元，相应虚增营业利润3 627万元，占年富供应链当期披露营业利润的84.50%。并于2015年及2016年1月至9月继续虚增营业收入及营业利润。年富供应链在重大资产重组阶段，向宁波东力提供了含有上述虚假信息的财务报表，导致宁波东力于过往披露的资产重组信息中存在虚假记载。年富供应链、宁波东力在重大资产重组中信息披露违法情况如下：2014年7月至2018年3月，年富供应链存在虚增营业收入、利润，虚增应收款项，隐瞒关联关系及关联交易等行为。年富供应链向宁波东力提供了含有上述虚假信息的财务报表，导致宁波东力2016年12月13日披露的《深圳市年富供应链有限公司审计报告及财务报表（2014年1月1日至2016年9月30日止）》和《交易报告书（草案）》、2017年7月15日披露的《交易报告书（修订稿）》、2018年4月26日披露的2017年年度报告和2018年第一季度报告存在虚假记载，2017年年度报告存在重大遗漏。

思政案例6-1

重大资产重组阶段，年富供应链各期财务报表虚增利润均达到当期披露营业利润的70%以上，涉案数额巨大，手段恶劣，情节特别严重。因此，中国证监会发布“中国证监会行政处罚决定书（深圳市年富供应链有限公司、宁波东力股份有限公司、李文国等11名责任人员）〔2021〕2号”，针对年富供应链和宁波东力两家当事人及其有关责任人予以行政处罚。

① 根据中国证监会发布的“中国证监会行政处罚决定书（深圳市年富供应链有限公司、宁波东力股份有限公司、李文国等11名责任人员）〔2021〕2号”整理。

目前我国上市公司虚构收入或提前确认收入最主要的方法仍然是对开发票、虚开发票、持货开票及发货确认销售等方式，在虚构收入或提前确认收入的同时会导致一项或多项资产虚增，分析时还需结合资产负债表和现金流量表项目。

二、成本费用分析

成本费用是营业成本和期间费用的统称。成本费用在利润表中举足轻重，对企业经营成果具有十分重要的影响，降低成本费用是增加企业经营成果的关键或重要途径。因此，分析成本费用，挖掘影响成本费用升降的原因，为降低成本费用提升经营成果指明方向。成本费用分析主要包括营业成本分析和期间费用分析。

（一）营业成本分析

营业成本分析包括营业成本趋势分析、营业成本构成分析、全部营业成本完成情况分析和单位生产成本分析。

1.营业成本趋势分析

2019—2023年五家汽车企业营业成本变动率对比，如图6-16所示。可知，BQC公司与GQJT公司营业成本变动趋势基本一致，2019年两家公司营业成本变动率均是负值，其余各年营业成本变动率均为正值；CAQC公司营业成本变动率呈波浪式变动，但各年营业成本变动率均是正值；CCQC公司营业成本变动率呈波浪式变动，但总体呈上升趋势；SQJT公司的营业成本变动率波动最小，在五家公司中处于最低地位，说明SQJT公司的营业成本变动较小。2021年，五家公司营业成本均有所增加，增幅在6%~49%之间。其中，BQC公司营业成本增幅最大为48.91%；其次是CCQC公司营业成本变动率为33.71%，CAQC公司和GQJT公司，营业成本增幅分别为20.94%和17.91%；SQJT公司营业成本增幅最小，是五年中营业成本变动率唯一为正值的年份。2022年，BQC公司与GQJT公司营业成本变动率均大幅提升，分别为87.14%和47.03%。

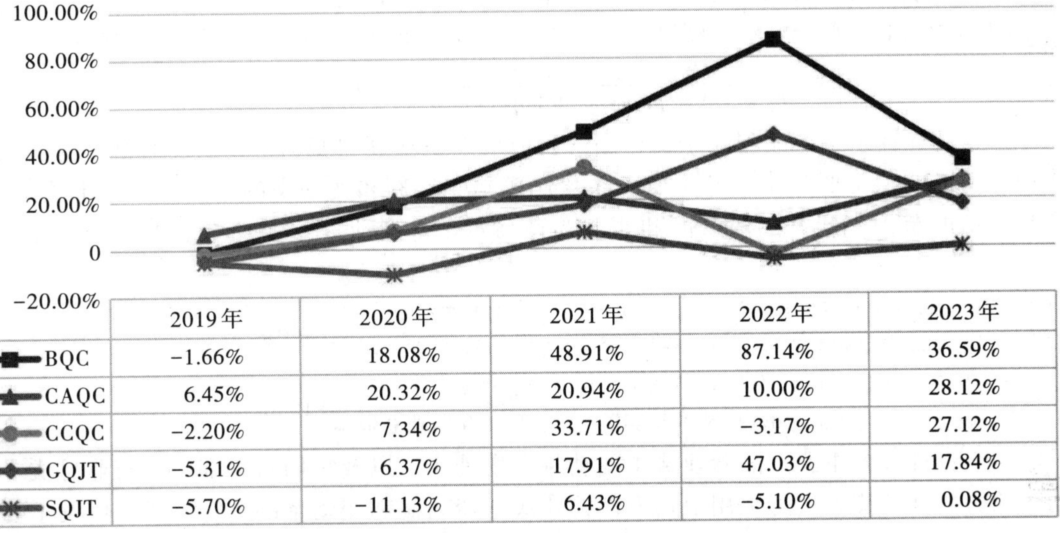

	2019年	2020年	2021年	2022年	2023年
BQC	-1.66%	18.08%	48.91%	87.14%	36.59%
CAQC	6.45%	20.32%	20.94%	10.00%	28.12%
CCQC	-2.20%	7.34%	33.71%	-3.17%	27.12%
GQJT	-5.31%	6.37%	17.91%	47.03%	17.84%
SQJT	-5.70%	-11.13%	6.43%	-5.10%	0.08%

图6-16　2019—2023年五家汽车企业营业成本变动率对比图

进一步探究营业成本增减变动的其他原因，还应分析营业成本的结构。

2.营业成本构成分析

与收入分析相对应，企业营业成本分析不仅要研究规模总量及变动，而且要分析结构及变动情况，以了解企业的经营方向和会计政策选择。营业成本构成分析可主要从主营业务成本与其他业务成本的结构分析入手。了解与判断企业的经营方针、方向及效果，进而分析、预测企业已销售产品的成本构成、变动情况和变动原因。

2021—2023年BQC公司营业成本构成分析，见表6-6。可知，在BQC公司近三年的营业成本构成中，97%以上来自主营业务成本，其他业务成本占比不足3%，说明BQC公司主业突出，营业成本主要来源于主营业务。那么，深入分析主营业务成本和其他业务成本增加的原因，则有利于企业成本管控，提升利润空间。

表6-6 **2021—2023年BQC公司营业成本构成分析表** 金额单位：万元

项目	2023年		2022年		2021年	
	金额	比重（%）	金额	比重（%）	金额	比重（%）
主营业务成本	471 355 849	98.09	34 484 031	98.02	18 315 375.70	97.42
其他业务成本	9 202 501	1.91	697 537	1.98	484 393.20	2.58
营业成本	480 558 350	100	35 181 568	100	18 799 768.90	100

3.全部营业成本完成情况分析

全部营业成本分析，是根据产品生产、销售成本表的资料，对企业全部已销售产品营业成本的本年实际完成情况与上年度实际情况进行对比分析，从产品类别角度计算各类产品或各主要产品营业成本升降的幅度，以及对全部营业成本的影响程度。全部营业成本分析的一般步骤是：

第一，将本年度全部产品营业总成本与按本年实际销售量计算的上年实际营业总成本进行对比，求出营业成本的变动额和变动率。其计算公式是：

全部营业成本变动额=本年实际营业总成本-按本年实际销售量计算的上年实际营业总成本

$$全部营业成本变动率=\frac{全部营业成本变动额}{按本年实销量计算的上年营业总成本}\times 100\%$$

第二，计算主要产品和非主要产品的营业成本变动额和变动率，以及对全部营业成本变动率的影响。主要产品和非主要产品营业成本变动额和变动率的计算可依据上式进行，只是产品的范围不同。主要产品和非主要产品对全部营业成本变动率的影响，其计算公式是：

$$\begin{matrix}主要产品营业成本变动对\\全部营业成本变动率的影响\end{matrix}=\frac{主要产品营业成本变动额}{按本年实销量计算的上年营业总成本}\times 100\%$$

$$\begin{matrix}非主要产品营业成本变动对\\全部营业成本变动率的影响\end{matrix}=\frac{非主要产品营业成本变动额}{按本年实销量计算的上年营业总成本}\times 100\%$$

第三，计算各主要产品营业成本变动额和变动率，以及它们对全部产品营业总成本变动率的影响。计算方法可采用上述全部营业成本变动额和变动率的计算公式，以及主要产品营业成本变动对全部营业成本变动率影响的公式，只是产品的口径和范围不同。

通过以上三个步骤，不仅分析了全部营业成本的完成情况，而且从产品类别上找出营业成本增减变动的原因，为加强成本管理指明了方向。

根据A公司本年和上年成本分析表的资料，分产品梳理全部营业成本完成情况分析所需的资料，见表6-7。

表6-7　**A公司本年和上年分产品全部产品营业成本资料表**　金额单位：万元

产品名称	本年实际销售量（吨）	实际单位生产成本（元/吨）		实际营业总成本	
		上年	本年	上年	本年
焊接钢管	60 326.25	3 526.72	4 797.32	21 275.38	28 940.46
棒材	3 639 038.59	3 117.79	4 244.68	1 134 575.81	1 544 656.90
线材	477 121.34	3 087.17	4 361.81	147 295.47	208 111.23
中宽热带	1 210 595.20	3 038.01	4 169.20	367 780.03	504 721.17
合计				1 670 926.69	2 286 429.76

根据表6-7的数据，按照全部产品营业成本完成情况分析的步骤，对A公司全部营业成本分析如下：

第一步，计算全部营业成本变动额和变动率：

全部营业成本变动额=2 286 429.76−1 670 926.69 = 615 503.07（万元）

全部营业成本变动率=615 503.07÷1 670 926.69×100%= 36.84%

可见，A公司全部营业成本比上年增加615 503.07万元，增幅为36.84%。

第二步，分析各产品营业成本完成情况及对全部营业成本的影响：

焊接钢管营业成本变动额=28 940.46−21 275.38=7 665.08（万元）

焊接钢管营业成本变动率=7 665.08÷21 275.38×100%=36.03%

对全部营业成本变动率的影响=7 665.08÷1 670 926.69×100%=0.46%

棒材营业成本变动额=1 544 656.90−1 134 575.81= +410 081.09（万元）

棒材营业成本变动率=+410 081.09÷1 134 575.81×100%=+36.14%

对全部营业成本变动率的影响=+410 081.09÷1 670 926.69×100%=+24.54%

线材营业成本变动额=208 111.23−147 295.47= +60 815.76（万元）

线材营业成本变动率=+60 815.76÷147 295.47×100%=+41.29%

对全部营业成本变动率的影响=+60 815.76÷1 670 926.69×100%=+3.64%

中宽热带营业成本变动额=504 721.17−367 780.03= +136 941.14（万元）

中宽热带营业成本变动率=+136 941.14÷367 780.03×100%=+37.23%

对全部营业成本变动率的影响=+136 941.14÷1 670 926.69×100%=+8.20%

可见，A公司全部营业成本比上年增加是由四种产品营业成本增加所引起的。其中，棒材和中宽热带的营业成本增加较为明显，对全部营业成本增长率的影响较大，线材的营业成本对全部营业成本增长率的影响相对较小，应针对棒材和中宽热带对成本增减情况的影响作进一步分析。

4.主要产品单位生产成本分析

从上述全部营业成本完成情况分析中可以看出，单位生产成本是全部营业成本分析的重要影响因素。因此，深入分析单位生产成本十分必要。单位生产成本和产品营业总成本，其计算公式分别是：

某产品单位生产成本=该产品本期生产总成本÷该产品当期生产量

某产品营业总成本=$\sum$某产品单位生产成本 × 该产品销售量

假设A公司的甲产品期初无库存，且当期生产的产品当期全部销售，其产品单位成本简表，见表6–8。

表6–8 **甲产品单位成本简表** 金额单位：万元

成本项目	上年度实际		本年度实际	
直接材料	51.60		59.40	
直接人工	12		16.20	
制造费用	19.40		8.40	
产品单位成本	83		84	
补充明细项目	单位用量（千克）	金额	单位用量（千克）	金额
直接材料：A	72	21.60	66	26.40
B	60	30	60	33
直接人工工时（小时）	120		108	
产品产销量（件）	80		100	

根据表6–8的资料，运用水平分析法对甲产品单位成本完成情况进行分析，见表6–9。

表6–9 **甲产品单位成本分析表** 金额单位：万元

成本项目	上年度实际成本	本年度实际成本	增减变动情况		项目变动对单位成本的影响（%）
			变动额	变动率（%）	
直接材料	51.60	59.40	7.80	15.12	9.40
直接人工	12	16.20	4.20	35.00	5.06
制造费用	19.40	8.40	–11	–56.70	–13.25
合计	83	84	1	1.20	1.20

从表6–9的分析可以看出，企业甲产品单位生产成本比上年增加主要原因是直接人工成本和直接材料成本上升，二者共同使单位成本增加12万元，但制造费用的下降，使单位成本减少11万元。因此，综合来看，单位成本增加1万元，增幅为1.20%。至于直接材料和人工成本增加，以及制造费用下降的原因，还应进一步结合企业的各项消耗和价格的变动进行分析，最终挖掘单位成本增减的最根本原因。

（二）期间费用分析

期间费用包括销售费用、管理费用和财务费用。按照企业会计准则的规定，研发费用于2018年开始从管理费用中剥离，在利润表中单独列报，因此也将研发费用纳入期间费用一并分析。对期间费用进行分析可采用水平分析法和垂直分析法，并可针对重点项目深入分析。

1.期间费用水平分析

运用水平分析法可将期间费用各项目的实际数与上期数或预算数进行对比，以揭示期间费用的变动情况及原因。2019—2023年BQC公司期间费用及变动率，如图6-17所示。可知，BQC公司期间费用逐年增加，期间费用变动率各年均为正值，整体呈波浪式变动。其中，2022年和2023年增幅较大，分别为95.20%和82.34%。

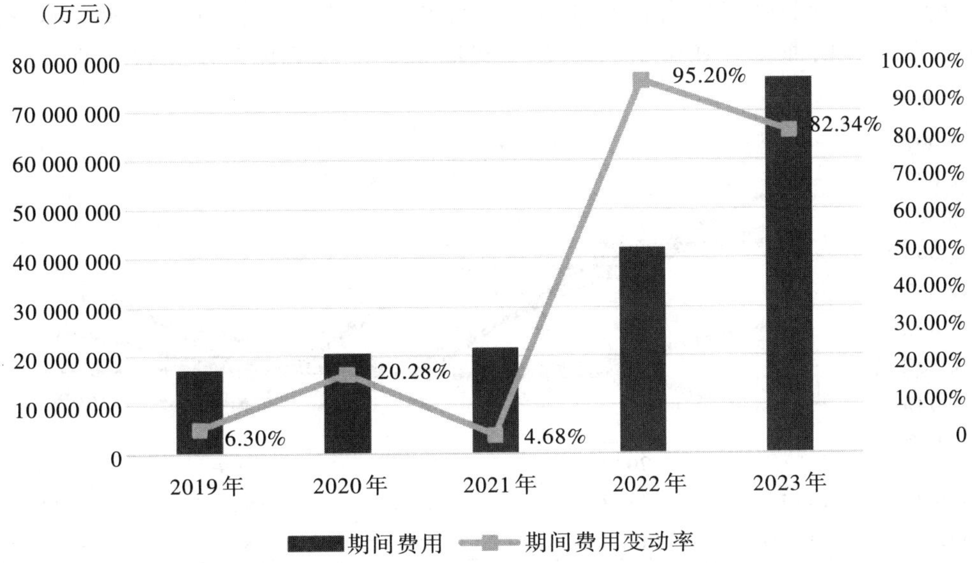

图6-17　2019—2023年BQC公司期间费用及变动率情况

2.期间费用垂直分析

运用垂直分析法则可揭示期间费用的构成及变动，以揭示期间费用构成变动的特点。

2019—2023年BQC公司期间费用占营业收入比重，如图6-18所示。可知，BQC公司期间费用总额与营业收入总额的趋势基本相同，期间费用占比呈水平波动趋势，始终控制在9.93%~13.41%区间内，说明公司期间费用控制战略有效。

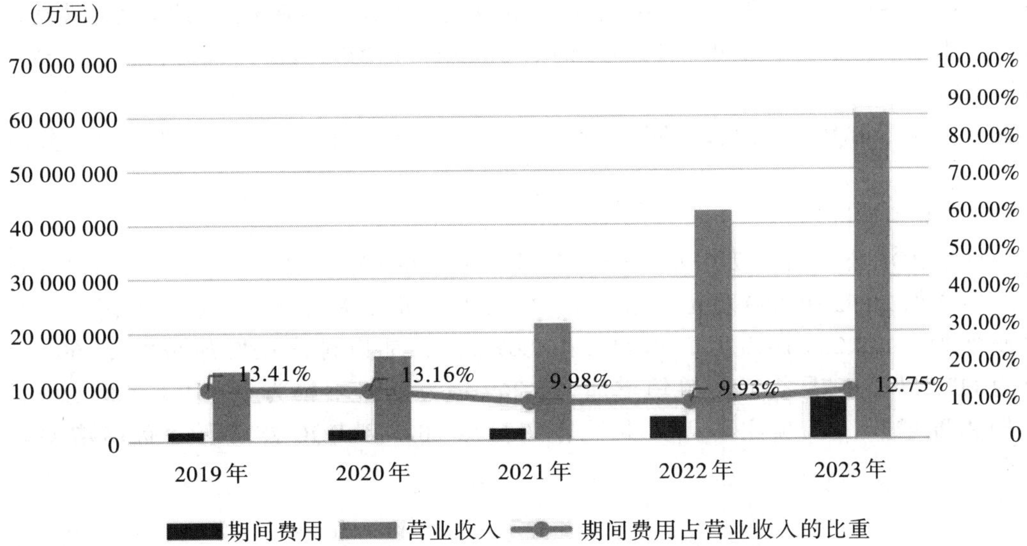

图6-18　2019—2023年BQC公司期间费用占营业收入比重图

2019—2023年五家汽车企业期间费用占营业收入比重，如图6-19所示。可知，五家企业期间费用占营业收入比重处于8%～15%之间。汽车行业属于重资产行业，传统燃油车制造毛利率为15%~20%（中汽协统计数据），新能源汽车制造毛利率为12%~18%（含电池成本）。在同行业中，除CCQC公司和SQJT公司以外，其他三家企业在2019—2022年期间费用占比均逐年下降，2023年五家企业期间费用占比均有所上升。BQC公司的期间费用占比总体处于行业中等偏上水平。各家企业期间费用占比之间存在差异的原因，还应进一步分析其期间费用的结构以及和营业收入之间的关系。

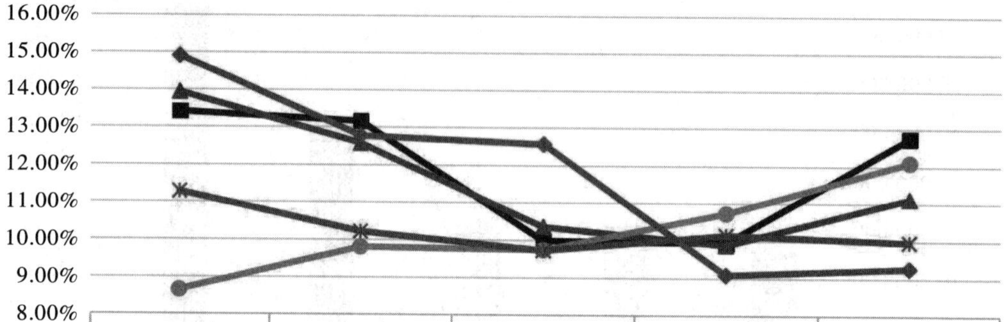

	2019年	2020年	2021年	2022年	2023年
BQC	13.41%	13.16%	9.98%	9.93%	12.75%
CAQC	13.93%	12.57%	10.35%	9.87%	11.12%
CCQC	8.64%	9.80%	9.73%	10.72%	12.09%
GQJT	14.90%	12.77%	12.56%	9.08%	9.26%
SQJT	11.27%	10.21%	9.72%	10.14%	9.96%

图6-19 2019—2023年五家汽车企业期间费用占营业收入比重

2019—2023年BQC公司的期间费用构成，如图6-20所示。可以看出，BQC公司的研发费用占比最高且逐年增加，2023年研发费用占比高达51.55%；销售费用占比位居第二，且相对稳定，各年均保持在24%~36%之间；管理费用占比各年在17%~27%之间波动；财务费用占比逐渐降低，2022年和2023年的财务费用占比均为负值，说明利息收入高于相关费用支出。

综上所述，BQC公司在四项期间费用中研发费用占比最高，是期间费用分析的重点。

3.研发费用分析

2023年BQC公司研发费用水平分析资料，见表6-10。可知，BQC公司的研发费用相比上年增加2 092 049.50万元，增幅为112.15%。研发费用变动的主要原因：一是职工薪酬增加1 132 254.10万元，增幅为108.69%；二是物料消耗增加588 606.60万元，增幅为113.25%；三是折旧与摊销增加175 269.50万元，增幅为210.19%，其他项目均有不同程度增加。几项主要因素共同作用导致2023年BQC公司研发费用增幅超过100%。

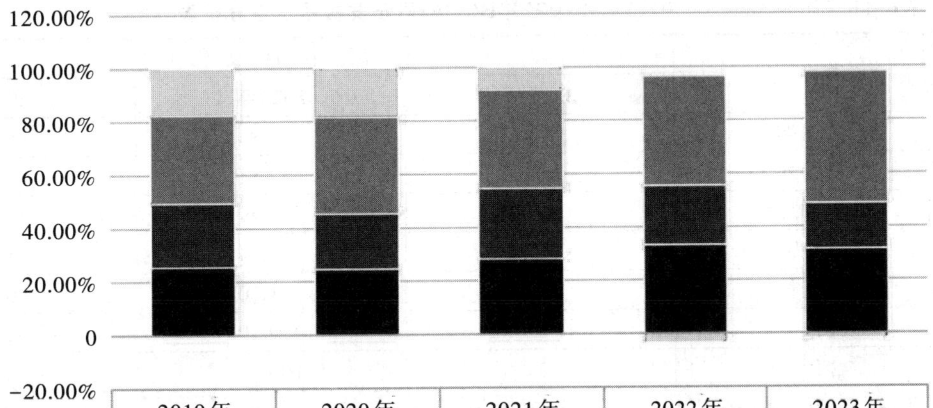

	2019年	2020年	2021年	2022年	2023年
财务费用占比	17.59%	18.26%	8.28%	-3.84%	-1.92%
研发费用占比	32.86%	36.23%	37.05%	44.31%	51.55%
管理费用占比	24.17%	20.97%	26.47%	23.77%	17.53%
销售费用占比	25.37%	24.54%	28.20%	35.77%	32.84%

图6-20　2019—2023年BQC公司期间费用构成对比图

表6-10　**2023年BQC公司研发费用水平分析表**　金额单位：万元

项目	2023年	2022年	变动额	变动率（%）
职工薪酬	2 173 937	1 041 682.90	1 132 254.10	108.69%
物料消耗	1 108 365.80	519 759.20	588 606.60	113.25%
折旧与摊销	258 654	83 384.50	175 269.50	210.19%
检测费	109 846.50	26 793.40	83 053.10	309.98%
股份支付	39 884.40	22 326.90	17 557.50	78.64%
其他	266 806.80	171 498.40	95 308.40	55.57%
合计	3 957 494.50	1 865 445	2 092 049.50	112.15%

为了深入分析研发费用变动情况及其合理性，还应进一步从结构方面对研发费用进行分析。BQC公司2023年和2022年研发费用垂直分析资料，见表6-11。可知，2023年研发费用结构中职工薪酬占比最高为54.93%；物料消耗项目次之，占比为28.01%；其他项目第三，占比为6.74%；折旧与摊销占比第四，占比为6.54%。从动态上看，2023年折旧与摊销和其他项目占比变动幅度最大，分别增加2.07%和减少2.45%，其余各项费用结构占比增减变动均在2%以内。至于各项研发费用增减变动的具体原因，还应结合BQC公司实际情况进一步分析。①

① 本栏合计数等于各项目之和，与表6-1相差0.01元，特此说明。

表6-11 2023年和2022年BQC公司研发费用垂直分析表[①]

项目	研发费用构成（%）		
	2023年	2022年	差异
职工薪酬	54.93	55.84	-0.91
物料消耗	28.01	27.86	0.15
折旧与摊销	6.54	4.47	2.07
检测费	2.78	1.44	1.34
股份支付	1.01	1.20	-0.19
其他	6.74	9.19	-2.45
合计	100	100	0

期间费用中的其他项目，如管理费用、销售费用及财务费用均可以采用相同的分析思路和方法进行分析，同时还可以增加同行业对比分析。

三、资产减值损失分析

利润表中资产减值损失项目金额，通常在财务报表附注中披露。目前，除金融资产改为信用减值损失以外，几乎所有的其他资产都涉及资产减值损失，具体包括：存货跌价损失及合同履约成本减值损失、长期股权投资减值损失、投资性房地产减值损失、固定资产减值损失、工程物资减值损失、在建工程减值损失、无形资产减值损失、开发支出减值损失、商誉减值损失等。资产减值损失分析包括资产减值损失趋势分析和资产减值损失规模变动分析。

1.资产减值损失趋势分析

2019—2023年BQC公司资产减值损失及其变动率，如图6-21所示。可知，BQC公司近五年资产减值损失呈波浪式大幅波动，2019年降到低谷，降幅为123.16%；2020年资产减值损失快速反弹，增幅达470.14%。2021年资产减值损失变动率又由正转负为-5.41%。2022年和2023年资产减值损失同比增幅均在为57%以上。

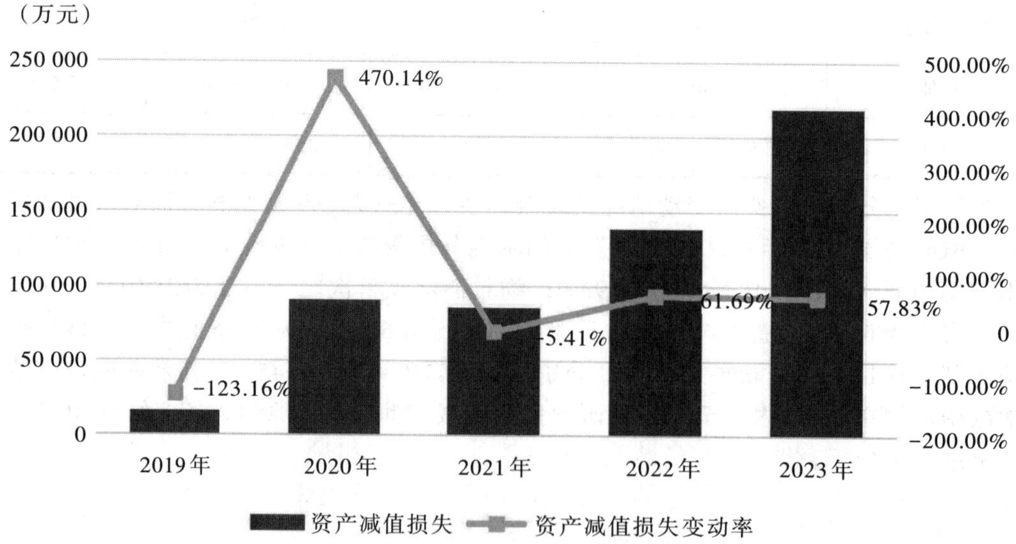

图6-21 2019—2023年BQC公司资产减值损失及其变动率情况

① 小数点误差为四舍五入所致。

2.资产减值损失规模变动分析

根据2023年BQC公司会计报表附注中有关资产减值损失的资料，编制资产减值损失水平分析表，见表6-12。可知，BQC公司2023年资产减值损失相比上年增加80 176.10万元，增幅为57.83%。主要原因是2023年计提了存货跌价损失224 485.30万元，虽然开发支出减值损失减少32 205.40万元，无形资产减值损失减少9 158.80万元，合同资产减值损失减少19 544.10万元，但最终在综合作用下，BQC公司2023年资产减值损失较上年仍有较大幅度增长。

表6-12 **2023年BQC公司资产减值损失水平分析表** 金额单位：万元

项目	2023年	2022年	变动额	变动率（%）
存货跌价损失	224 485.30	83 400.90	141 084.40	169.16
开发支出减值损失		32 205.40	−32 205.40	−100
无形资产减值损失		9 158.80	−9 158.80	−100
固定资产减值损失		0	0	—
合同资产减值损失	−5 663.40	13 880.70	−19 544.10	−140.80
合计	218 821.90	138 645.80	80 176.10	57.83

此外，还可以用类似的思路和方法，根据信用减值损失对利润的影响程度，有选择地分析BQC公司以及其他案例分析对象的信用减值损失。

案例分析6-2

四、其他收益分析

利润表中的其他收益，是指与企业日常活动相关，但又不宜确认收入或冲减成本费用的政府补助，以及安排残疾人就业的奖励、直接减免的增值税等其他与日常活动相关且计入其他收益的项目，是企业营业利润的组成部分。其他收益分析包括其他收益规模变动分析和其他收益结构变动分析。

1.其他收益规模变动分析

其他收益规模变动分析，是指对利润表附注中其他收益各明细项目增减变动情况的分析。采用水平分析法，其分析目的在于认清其他收益增减变动的原因。

由于BQC公司2023年年报未披露其他收益信息，故根据BQC公司2022年会计报表附注中有关其他收益的资料，编制其他收益水平分析表，见表6-13。可知，BQC公司其他收益同比减少54 906万元，降幅为24.19%。其主要原因是与日常活动相关的政府补助减少。2022年与收益相关的政府补助减少91 629.30万元，降幅为48.55%，其中产业扶持资金减少最多，达90 830.50万元，降幅为95.28%；部分项目同比有所增加，其中其他项目增加3 736.90万元，增幅为454.33%；研发相关补贴增加894.20万元，增幅为11.48%；员工相关补贴增加10 091.80万元，增幅为115.38%。各项目综合作用导致BQC公司2022年其他收益总体减少，对各阶段利润的形成有一定的不利影响。

表6-13　　BQC公司2022年其他收益水平分析表　　金额单位：万元

项　目	2022年	2021年	变动额	变动率（%）
产业扶持资金	4 497.60	95 328.10	-90 830.50	-95.28
研发相关补贴	8 680.50	7 786.30	894.20	11.48
员工相关补贴	18 838.40	8 746.60	10 091.80	115.38
其他	65 074.40	76 859.20	-11 784.80	-15.33
合计：与收益相关的政府补助	97 090.90	188 720.20	-91 629.30	-48.55
与资产相关的政府补助本年摊销	70 463.30	37 476.90	32 986.40	88.02
合计：与日常活动相关的政府补助	167 554.20	226 197.10	-58 642.90	-25.93
其他	4 559.40	822.50	3 736.90	454.33
合计	172 113.60	227 019.60	-54 906.00	-24.19

2.其他收益结构变动分析

根据利润表附表的资料，通过垂直分析法，计算各项目在其他收益中所占的比重，分析其他收益的结构及其变动的合理程度。

BQC公司2021年和2022年其他收益结构及变动情况，见表6-14。可知，在2022年其他收益中，以与日常活动相关的政府补助为主，占比为97.35%，同比减少2.29%。其中，与收益相关的政府补助占比为56.41%，同比减少26.72%；与资产相关的政府补助本年摊销占比为40.94%，同比增加24.43% 。在与收益相关的政府补助中，其他项目获得的资金支持占比最大，为37.81%，同比增加3.95%；产业扶持资金占比大幅下跌，同比减少39.38%。这与国家新能源汽车补贴取消有关。

表6-14　　BQC公司2022年其他收益结构变动表（%）

项　目	2022年	2021年	差异
产业扶持资金	2.61	41.99	-39.38
研发相关补贴	5.04	3.43	1.61
员工相关补贴	10.95	3.85	7.10
其他	37.81	33.86	3.95
合计：与收益相关的政府补助	56.41	83.13	-26.72
与资产相关的政府补助本年摊销	40.94	16.51	24.43
合计：与日常活动相关的政府补助	97.35	99.64	-2.29
其他	2.65	0.36	2.29
合计	100	100	0

□ 本章小结

知识拓展6-3

利润，通常是指企业在一定会计期间收入减去费用后的净额以及直接计入当期损益的利得和损失，也称为企业一定时期的经营成果，具体包括营业利润、利润总额和净利润等。在市场经济条件下，企业追求的根本目标是价值最大化或股东权益最大化，其基础都是企业利润。利润已成为现代企业经营与发展的直接目标，是企业和社会积累与扩大再生产的重要源泉，是反映企业经营业绩和经营成果最综合的数据，是企业进行投资与经营决策的重要依据。企业生产经营过程中的各项工作成果，最终都聚焦在所创造利润多少这一结果上。因此，利润不仅是企业经营管理中的核心，还是企业外部投资者、债权人尤为关心的焦点。通过利润表分析可以正确评价企业的经营业绩，可以及时、准确地发现企业经营管理中存在的问题，可以为投资者、债权者进行投资与信贷决策提供可靠信息。

利润表分析的内容主要包括利润表综合分析、利润表分部分析以及利润表分项分析。利润表综合分析包括利润额增减变动分析和利润结构变动分析。利用水平分析法，结合利润形成过程中相关的影响因素，分析利润表各项目的变动情况和原因，评价企业在利润形成过程中的管理业绩并挖掘存在的问题。利用垂直分析法，将利润表中各项目分别与营业收入进行对比，反映利润表各项目所占的比重，同时将不同时期的结构进行对比，揭示经营成果的结构及其变动的合理性。

利润表分部分析包括分部报告分析和产品销售利润分析。通过分析分部报告，评价企业各经营分部的经营状况和成果，有助于改善企业内部组织结构，满足管理要求，优化产业结构，加强企业内部报告制度，也为企业分部战略调整指明方向。分部报告分析包括报告分部水平分析和报告分部结构分析，针对重要分部还可以进一步深入分析，以及分部间对比分析。产品销售利润分析，采用因素分析法，在明确影响产品销售利润因素的基础上，通过实际案例分析，掌握产品销售利润因素分析的方法和分析过程，进一步揭示各因素变动对产品销售利润的影响，从而分清企业生产经营中的绩效与不足。

利润表分项分析是在利润表综合分析的基础上，挖掘利润表中的重要项目，并结合利润表附注所提供的详细信息，根据各重要项目的特点进行深入分析，充分揭示利润形成的原因。根据本教材案例特点利润表分项分析主要包括企业收入分析、成本费用分析、资产减值损失分析、其他收益分析等内容。收入是影响利润的重要因素，企业收入分析的具体内容包括企业收入的构成分析、营业收入趋势分析和上市公司操纵收入案例等。成本费用分析主要包括营业成本分析和期间费用分析两部分，营业成本分析包括营业成本趋势分析、营业成本构成分析、全部营业成本完成情况分析和主要产品单位生产成本分析；期间费用分析包括期间费用水平分析、期间费用垂直分析和管理费用分析。资产减值损失分析包括资产减值损失趋势分析以及资产减值损失规模变动分析。其他收益分析包括其他收益的规模变动分析和结构变动分析。此外，还可以根据不同企业利润表的资料，以及案例分析对象的具体情况和特点，对一些重要项目进行灵活选择和深入分析，如信用减值损失、研发费用、投资收益、公允价值变动损益、资产处置收益和营业外收入等。

第七章

现金流量表分析

□ 学习目标

本章的学习目标是使学生掌握现金流量表会计分析的基本方法和基本内容。其具体目标包括：

◇ 知识目标

掌握财务流量表的分析步骤和各步骤包括的主要分析内容；明确现金流量表的结构与内容；理解现金流量表与资产负债表和利润表的关系；明确现金流量表分析的目的；掌握现金流量表与利润关系分析；了解经营活动净现金流量的阶段性分析。

◇ 技能目标

掌握现金流量表的总体分析、水平分析与垂直分析等分析方法。掌握现金流量表附注资料的分析方法。

◇ 能力目标

能够运用财务分析基本程序与方法对现金流量表进行分析；将现金流量表信息与利润表和资产负债表信息相结合对企业的财务状况进行评价与分析。

◇ 思政目标

树立造福社会价值观，为投资者提供更有价值的目标，理解与掌握经营活动现金流量的内涵并对之合理分析与评价，树立用科学、公开、透明的估值理念评价企业的价值创造结果，强化财务分析的社会责任意识。

课程思政教学模块图

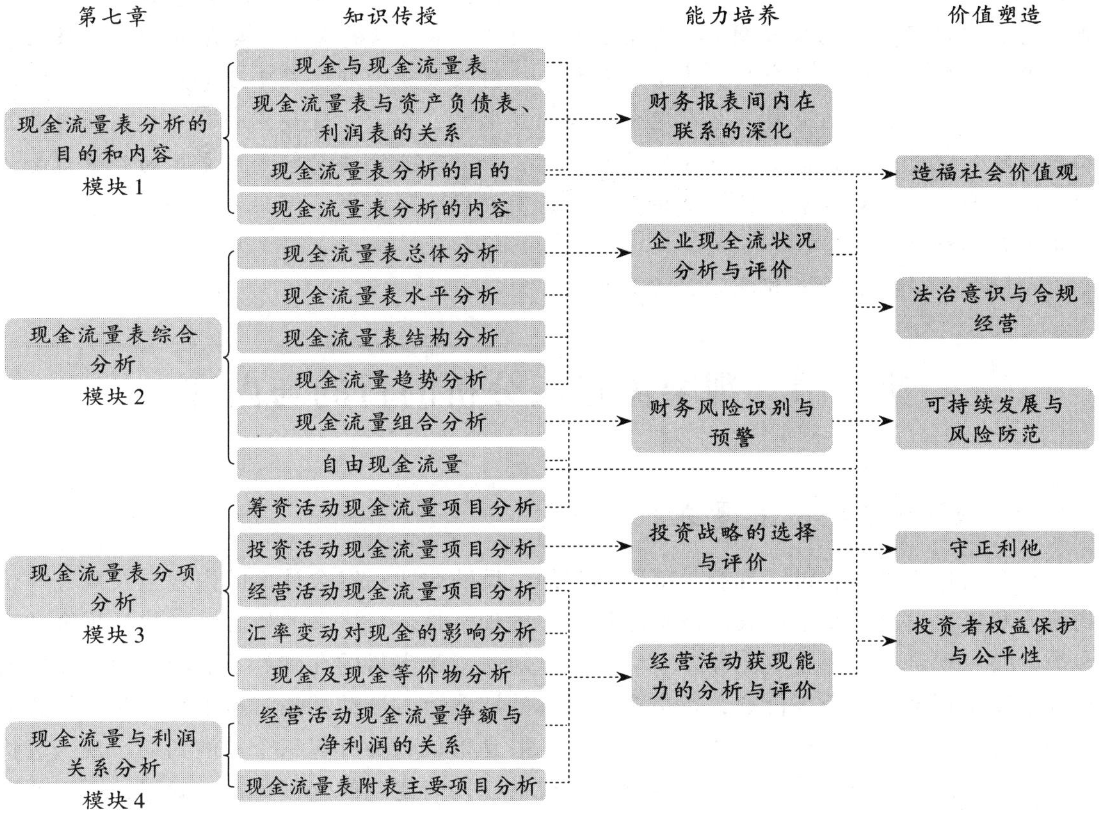

国内电动汽车的龙头企业比亚迪（002594）2025年3月25日发布了2024年年度报告。报告显示，2024年实现归属于上市公司股东的净利润为402.54亿元，较上年同期盈300.41亿元上升34%。2024年，面对国内汽车市场库存高、消费弱的困难和日益加剧的行业竞争，在供给端和销售端均呈现较大的压力的不利环境下，比亚迪凭借新能源业务的长足发展，蝉联中国汽车市场车企销量冠军、中国汽车市场品牌销量冠军和全球新能源汽车市场销量冠军。根据中汽协数据，2024年本集团新能源汽车销量在高基数的基础上同比增长超40%，市占率进一步提升至33.2%，同比增长1.3个百分点。

净利润与现金流量特别是经营活动现金流量净额从来都是衡量企业绩效的重量级指标，经营活动产生的现金流量净额被视为现金版的净利润，成为公司是否值得投资的重要标杆。我们再次通过比亚迪现金流量与净利润数据来诠释优质企业的制胜秘籍，见表7-1。

表7-1　**比亚迪现金流量与净利润信息表**　单位：亿元

	2019年	2020年	2021年	2022年	2023年
经营活动产生的现金流量净额	147.41	453.93	654.67	1 408.38	1 697.25
投资活动产生的现金流量净额	-208.81	-144.44	-454.04	-1 205.96	-1 256.64
筹资活动产生的现金流量净额	66.10	-289.07	160.63	-194.89	128.17
现金及现金等价物净增加额	5.23	20.64	360.81	13.63	573.2
归属于上市公司股东的净利润	16.14	42.34	30.45	166.22	300.41

根据表7-1提供的信息可以看出，比亚迪从2019年至2023年连续稳步盈利，经营活动现金流量净额表现异常优秀，远超净利润。2023年经营活动现金流量净额对归属于上市公司股东的净利润的保障倍数为5.65，远大于1，净利润的含金量毋庸置疑。如果经营现金净额长期明显低于净利润，甚至为负数，这种亚健康的状态是十分危险的信号。

现金被喻为企业的血液。只有现金循环周转顺畅，企业才能焕发勃勃生机。而经营活动产生现金流量的能力是企业自身的造血功能，如果企业无法持续产生充足的经营现金流量，就需要不断地筹资来填补资金缺口，可能面临资金链断裂。因此，现金流量表分析的作用不容忽视。

资料来源：根据公司年报和相关信息整理编写。

第一节　现金流量表分析的目的与内容

一、现金与现金流量表

现金流量表是以收付实现制为基础编制的，反映企业一定会计期间内现金及现金等价物流入和流出信息的动态报表。现金流量表中的现金是一个广义的概念，它包括现金和现金等价物。现金，是指企业库存现金以及可以随时用于支付的存款。不能随时用于支取的存款不属于现金。现金等价物，是指企业持有的期限短、流动性强、易于转换为已知金额现金、价值变动风险很小的投资。期限短，一般是指从购买日起三个月内到期。现金等价物通常包括三个月内到期的短期债券投资。权益性投资变现的金额通常不确定，因而不属于现金等价物。企业可以根据具体情况，确定现金等价物的范围。一经确定不得随意变更。除了三个月内到期的债券投资，在实务当中被企业认定为现金等价物的常见资产主要有：三个月内到期的票据保证金、结构性存款、定期存放同业款项等。

现金流量包括现金流入量和现金流出量，用来表示企业现金和现金等价物的增减变动情况。现金及现金等价物的增加被称为现金流入量，现金及现金等价物的减少被称为现金流出量。企业从银行提取现金、用现金购买短期的国库券等现金和现金等价物之间的转换不属于现金流量。

现金流量根据企业经济活动的性质，通常可分为经营活动现金流量、投资活动现金流量和筹资活动现金流量。现金流量根据现金的流程，又可分为现金流入量、现金流出量和现金流量净额。我国企业会计准则规定现金流量表主表的编制格式为按经济活动的性质分别归集经营活动、投资活动和筹资活动产生的现金流入量、现金流出量和现金流量净额，最后得出企业净现金流量。现金流量表补充资料的编制格式为以净利润为基础调整相关项目，得出经营活动净现金流量。

二、现金流量表与资产负债表、利润表的关系

现金流量表与资产负债表和利润表并不是相互脱离、彼此独立的，它们之间具有内在的钩稽关系。可以根据资产负债表的平衡式分析影响现金及现金等价物（现金资产）变动的因素：

资产=负债+所有者权益

现金资产+非现金资产=负债+所有者权益

现金资产=负债+所有者权益-非现金资产

其中：

所有者权益=实收资本（或股本）+资本公积+其他综合收益+盈余公积+未分配利润

未分配利润=期初未分配利润+本期净利润-盈余公积-利润分配（发放股利）

以上分析表明，影响公司现金资产变化的因素与资产负债表和利润表都有关，非现金资产类项目变化与现金资产的变化呈反方向变化关系；负债与所有者权益类项目变化与现金资产变化呈同方向变化关系。在其他因素不变的条件下，所有者权益的变化主要与未分配利润有关，而后者主要取决于公司经营活动创造的净利润以及公司的股利政策。

现金流量表和资产负债表的关系如图7-1所示，公司在一定时期创造的现金及现金等价物净增加额是经营活动、投资活动和筹资活动各自产生的现金流量净额的代数和，其还可以表示为：

现金及现金等价物净增加额 = 现金的期末余额 − 现金的期初余额 + 现金等价物的期末余额 − 现金等价物的期初余额

其中的“现金的期末余额”等于资产负债表中“货币资金”项目的期末余额，“现金的期初余额”等于资产负债表中“货币资金”项目上年年末余额。但是，如果“货币资金”项目中包括了流动性被限制的部分，应予以扣除。

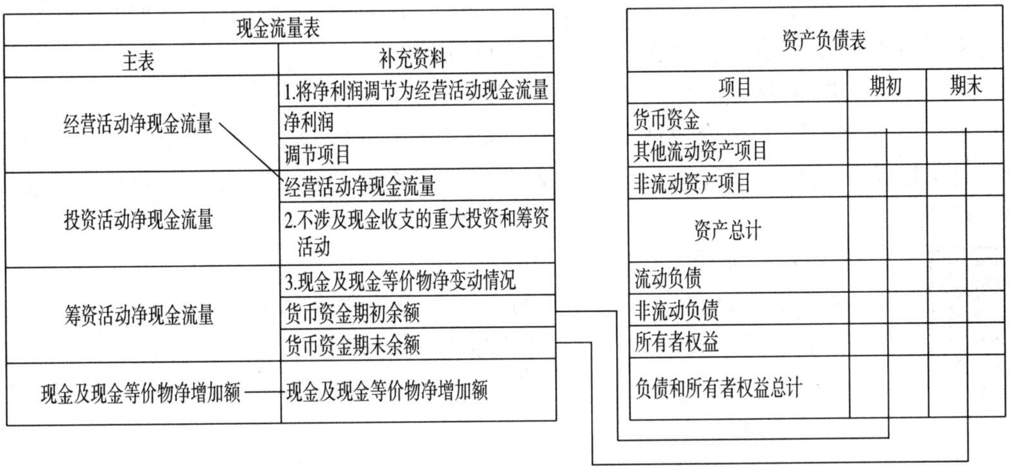

图7-1　现金流量表与资产负债表的关系

BQC公司2023年年末资产负债表“货币资金”项目余额为109 094.41百万元，但是现金流量表“期末现金及现金等价物余额”的金额为108 511.75百万元，差额部分为受限制的货币资金，主要用作借款、信用证及承兑汇票的保证金、专款专用及应计利息。

图7-2描述了现金流量表与利润表的关系，以及从净利润到经营活动净现金流量的调整过程。在净利润的基础上，加上或减去调节项目，即加上非经营活动损失（筹资和投资活动的损益），如处置固定资产、无形资产、其他长期资产损失、固定资产报废损失、财务费用、投资损失（减收益）等；加上不支付现金的费用，如计提的减值准备、计提固定资产折旧、无形资产摊销等；加上存货减少（减增加）；加上经营性应付项目增加（减减少）。

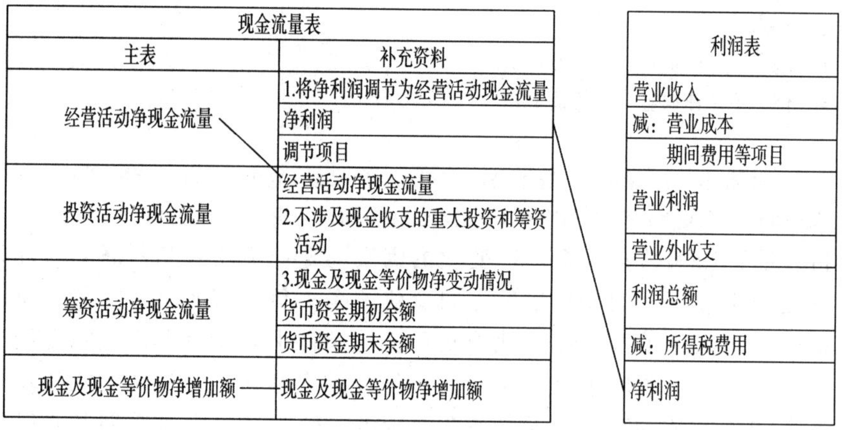

图7-2 现金流量表与利润表的关系

三、现金流量表分析的目的

现金流量表反映了企业在一定时期内创造的现金数额，揭示了在一定时期内现金流动的状况，通过现金流量表分析，可以达到以下目的：

1.从动态上了解企业现金变动情况和变动原因

资产负债表中货币资金项目反映了企业一定时期现金变动的结果，是静态上的现金存量，企业从哪里取得现金，又将现金用于哪些方面。只有通过现金流量表的分析，才能从动态上说明现金的变动情况，并揭示现金变动的原因。

2.判断企业获取现金的能力

企业获取现金的能力是价值评估的基础，恰当地预测经营活动现金流量是采用净现值法进行股票定价的前提。通过对现金流量表进行现金流量分析，能够对企业获取现金的能力做出判断。

知识拓展7-1

3.评价企业盈利的质量

利润是按权责发生制计算的，用于反映当期的财务成果，利润不代表真正实现的收益，账面上的利润满足不了企业的资金需要，因此，盈利企业仍然有可能发生财务危机，高质量盈利必须有相应的现金流入作保证，这就是人们更重视现金流量的原因之一。

四、现金流量表分析的内容

（1）现金流量表综合分析：主要包括现金流量表总体分析、现金流量表水平分析、现金流量表结构分析、现金流量趋势分析、现金流量组合分析和自由现金流量。

（2）现金流量表分项分析：主要包括经营活动现金流量项目分析、投资活动现金流量项目分析、筹资活动现金流量项目分析、汇率变动对现金的影响分析和现金及现金等价物分析 。

（3）经营活动净现金流量与净利润的关系分析：主要包括经营活动现金流量净额与净利润关系和现金流量表附注主要项目分析。

第二节　现金流量表综合分析

一、现金流量表总体分析

进行现金流量表的总体分析，就是要根据现金流量表的数据，对企业现金流量主要情况进行总体分析与评价。这时，现金流量表本身就可作为一张分析表，根据表中资料可分析说明企业现金流量情况，对公司现金变动情况进行总体把握，了解公司现金增减变动的主要原因。下面以BQC公司现金流量表（表2-5）的资料为基础，对该公司2023年现金流量进行总体分析。

第一，该公司资产负债表货币资金项目年末比年初增加57 623.15百万元。剔除包含于年末及年初货币资金项目当中的使用受限制资金的影响，本年现金及现金等价物共增加57 329.29百万元。其中，经营活动产生现金流量净额169 725.03百万元；投资活动产生现金流量净额 -125 663.64百万元；筹资活动产生现金流量净额12 817.13百万元。

第二，该公司本年经营活动现金流量净流入为169 725.03百万元，即经营活动现金流入量大于经营活动现金流出量。通过初步对比可以发现，经营活动现金流入主要项目“销售商品、提供劳务收到的现金”项目与上年相比增加了159 495.57百万元，并且增幅超过经营活动现金流出主要项目“购买商品、接受劳务支付的现金”“支付给职工以及为职工支付的现金”“支付的各项税费”“支付其他与经营活动有关的现金”四个主要项目的增幅。

第三，该公司投资活动现金流量净流出125 663.64百万元。公司当年最主要的投资活动是购建固定资产、无形资产等长期资产，导致现金流出122 093.51百万元。

第四，该公司筹资活动现金流量净流入12 817.13百万元。公司主要的筹资方式是债务筹资，公司当期取得借款收到现金45 304.08百万元，筹资活动的现金流出主要是偿还债务支付现金27 230.94百万元，分配股利、利润以及偿付利息支付现金4 101.62百万元，支付其他与筹资活动有关的现金1 280.63百万元。

二、现金流量表水平分析

现金流量表总体分析只说明了企业当期现金流量产生的主要原因，没能揭示本期现金流量与前期或预计现金流量的差异。为了解决这个问题，可采用水平分析法对现金流量表进行分析。仍以BQC公司资料为例，编制现金流量水平分析表，见表7-2。

表7-2　　BQC公司合并现金流量表水平分析表　　金额单位：百万元

	2023年度	2022年度	变动额	变动率（%）
一、经营活动产生的现金流量：				
销售商品、提供劳务收到的现金	572 704.80	413 209.23	159 495.57	38.60
收到的税费返还	15 165.45	7 628.16	7 537.29	98.81
收到其他与经营活动有关的现金	23 947.86	20 542.60	3 405.26	16.58

续表

	2023年度	2022年度	变动额	变动率（%）
经营活动现金流入小计	611 818.10	441 379.99	170 438.11	38.61
购买商品、接受劳务支付的现金	313 433.21	220 842.50	92 590.71	41.93
支付给职工以及为职工支付的现金	84 287.91	53 519.73	30 768.18	57.49
支付的各项税费	29 528.36	18 537.19	10 991.17	59.29
支付其他与经营活动有关的现金	14 843.60	7 642.91	7 200.69	94.21
经营活动现金流出小计	442 093.08	300 542.33	141 550.75	47.10
经营活动产生的现金流量净额	169 725.03	140 837.66	28 887.37	20.51
二、投资活动产生的现金流量：				
收回投资收到的现金	0	13.78	−13.78	−100.00
取得投资收益收到的现金	192.41	129.33	63.08	48.77
处置合联营公司及其他营业单位收到的现金净额	122.62	95.80	26.82	28.00
处置固定资产、无形资产和其他长期资产收回的现金净额	470.79	268.24	202.55	75.51
处置子公司及其他营业单位收到的现金净额	73.84	—	73.84	—
收到其他与投资活动有关的现金	22 245.82	12 803.49	9 442.33	73.75
投资活动现金流入小计	23 105.48	13 310.64	9 794.84	73.59
购建固定资产、无形资产和其他长期资产支付的现金	122 093.51	97 456.86	24 636.65	25.28
投资支付的现金	2 084.95	10 572.91	−8 487.96	−80.28
取得子公司及其他营业单位支付的现金净额	14 077.77		14 077.77	
支付其他与投资活动有关的现金	10 512.90	25 876.87	−15 363.97	−59.37
投资活动现金流出小计	148 769.13	133 906.64	14 862.49	11.10
投资活动产生的现金流量净额	−125 663.64	−120 596.00	−5 067.64	4.20
三、筹资活动产生的现金流量：				
吸收投资收到的现金	98.00	507.63	−409.63	−80.69
取得借款收到的现金	45 304.08	27 635.95	17 668.13	63.93
收到其他与筹资活动有关的现金	28.23	3 031.47	−3 003.24	−99.07
筹资活动现金流入小计	45 430.32	31 175.05	14 255.27	45.73
偿还债务支付的现金	27 230.94	44 048.89	−16 817.95	−38.18
分配股利、利润或偿付利息支付的现金	4 101.62	1 632.85	2 468.77	151.19
其中：子公司支付给少数股东的股利、利润	127.30	79.46	47.84	60.21
支付其他与筹资活动有关的现金	1 280.63	4 981.98	−3 701.35	−74.29
筹资活动现金流出小计	32 613.19	50 663.73	−18 050.54	−35.63
筹资活动产生的现金流量净额	12 817.13	−19 488.68	32 305.81	−165.77
四、汇率变动对现金及现金等价物的影响	450.78	609.62	−158.84	−26.06
五、现金及现金等价物净增加额	57 329.29	1 362.60	55 966.69	4 107.35
加：期初现金及现金等价物余额	51 182.46	49 819.86	1 362.60	2.74
六、期末现金及现金等价物余额	108 511.75	51 182.46	57 329.29	112.01

从表7-2可以看出，BQC公司2023年“现金及现金等价物净增加额”比2022年增加了约55 966.69百万元。经营活动、投资活动和筹资活动产生的净现金流量较上年的变动额分别是约28 887.37百万元、-5 067.64百万元、32 305.81百万元。

经营活动现金流量净额比上年增加主要是经营活动现金流入量大幅增加所致。经营活动现金流入量比上年增加约170 438.11百万元，增长率为38.61%，经营活动现金流出量比上年增长约141 550.75百万元，增长率为47.10%，最终导致经营活动现金流量净额相比上年度增加了28 887.37百万元，增长率为20.51%。经营活动现金流量项目变化较为显著的包括：“销售商品、提供劳务收到的现金”增加了159 495.57百万元，增长率为38.60%；“购买商品、接受劳务支付的现金”增加约92 590.71百万元，增长率为41.93%；“支付给职工以及为职工支付的现金”增加约30 768.18百万元，增长率为57.49%；“支付的各项税费”增加约10 991.17百万元，增长率为59.29 %。据年报披露，上述变化具体原因在于：销售商品、提供劳务收到的现金变动，主要是BQC公司2023年度在新能源汽车市场表现强劲，导致与汽车及汽车相关产品的销量大幅增加；购买商品、接受劳务支付的现金变动，主要是新能源汽车市场销量大增导致与汽车及汽车相关产品相关的关键零部件和原材料采购增加；支付给职工以及为职工支付的现金变动，主要是2023年新能源汽车销量大增导致产能扩张需求激增、研发团队持续扩容和国际化战略推进需要海外员工招聘及外派人员成本显著增加；支付的各项税费变动，主要是产能扩张和营业收入大幅增加导致企业缴纳的增值税、企业所得税增加。

投资活动现金流量净额比上年减少了5 067.64百万元，投资活动现金流入量增加约9 794.84百万元，增加率为73.59%，投资活动现金流出量增加约14 862.49百万元，增加率为11.10%。投资活动现金流量项目中变化较为显著的项目包括：“收到其他与投资活动有关的现金”增加约9 442.33百万元，增长率为73.75%；“购建固定资产、无形资产和其他长期资产支付的现金”增加约24 636.65百万元，增长率为25.28%；“取得子公司及其他营业单位支付的现金净额”从无到有，增加约14 077.77百万元；“投资支付的现金”减少约8 487.96百万元，降低率为80.28%；“支付其他与投资活动有关的现金”减少约15 363.97百万元，降低率为59.37%。可以看出，BQC公司2023年相对于2022年在收回部分短期理财产品及其他投资款的同时，减少了购买新的理财产品及其他投资款，并且大幅增加了战略性长期投资的规模，包括对内构建固定资产、无形资产等长期经营性资产和对外发起并购投资，最终导致投资活动现金流量净额有一定幅度的减少。据年报及其他公开信息披露，上述变化具体原因在于：①“购建固定资产、无形资产和其他长期资产支付的现金”的大幅增加，主要反映了公司在产能扩张、技术研发、产业链垂直整合及全球化布局上的高强度投入；②“取得子公司及其他营业单位支付的现金净额”实现从无到有，即BQC公司的控股子公司在2023年收购了Jabil Inc.旗下生产消费电子产品零部件的移动电子制造业务。此次收购短期内有望提升BQC公司消费电子业务规模与盈利能力，对冲汽车行业周期，是BQC公司“技术垂直整合+全球化+多元化”战略的典型落地。

筹资活动现金流量净额本年比上年增加了约32 305.81百万元，筹资活动现金流入量增加约14 255.27百万元，增长率为45.73%，筹资活动现金流出量减少约18 050.54百万元，降低率为35.63%。可见，筹资活动现金流量净额增加的主要原因是筹资活动现金流入量的增加和筹资活动现金流出量的减少。筹资活动现金流量变化比较显著的项目包括：

“取得借款收到的现金”增加17 668.13百万元，增长率为63.93%。“偿还债务支付的现金”减少约16 817.95百万元，降低率为38.18%。上述变化具体原因在于：BQC公司在2023年增加了长短期信用借款和新增租赁资产产生的租赁负债。

三、现金流量表结构分析

现金流量表结构分析的目的在于揭示现金流入量和现金流出量的结构情况，从而抓住企业现金流量管理的重点。现金流量结构分析的资料通常使用直接法编制的现金流量表，分析方法为垂直分析法。以下以BQC公司现金流量表的资料为基础，经过处理，可得出现金流量结构分析表，见表7-3。

表7-3 BQC合并现金流量表垂直分析表 单位：百万元

项目	2023年	2022年	流入结构（%）			流出结构（%）		
			2023年	2022年	变动情况	2023年	2022年	变动情况
一、经营活动产生的现金流量：								
销售商品、提供劳务收到的现金	572 704.80	413 209.23	84.18	85.05	-0.87			
收到的税费返还	15 165.45	7 628.16	2.23	1.57	0.66			
收到其他与经营活动有关的现金	23 947.86	20 542.60	3.52	4.23	-0.71			
经营活动现金流入小计	611 818.10	441 379.99	89.93	90.84	-0.91			
购买商品、接受劳务支付的现金	313 433.21	220 842.50				50.27	45.52	4.75
支付给职工及为职工支付的现金	84 287.91	53 519.73				13.52	11.03	2.49
支付的各项税费	29 528.36	18 537.19				4.74	3.82	0.92
支付其他与经营活动有关的现金	14 843.60	7 642.91				2.38	1.58	0.80
经营活动现金流出小计	442 093.08	300 542.33				70.91	61.95	8.96
经营活动产生的现金流量净额	169 725.03	140 837.66						
二、投资活动产生的现金流量：								
收回投资收到的现金		13.78	0	0	0			
取得投资收益收到的现金	192.41	129.33	0.03	0.03	0			
处置合联营公司及其他营业单位收到的现金净额	122.62	95.80	0.02	0.02	0			
处置固定资产、无形资产和其他长期资产收回的现金净额	470.79	268.24	0.07	0.06	0.01			
处置子公司及其他营业单位收到的现金净额	73.84	0	0.01	0	0.01			
收到其他与投资活动有关的现金	22 245.82	12 803.49	3.27	2.64	0.63			
投资活动现金流入小计	23 105.48	13 310.64	3.40	2.74	0.66			

续表

项　目	2023年	2022年	流入结构（%）			流出结构（%）		
			2023年	2022年	变动情况	2023年	2022年	变动情况
购建固定资产、无形资产和其他长期资产支付的现金	122 093.51	97 456.86				19.58	20.09	-0.51
取得子公司及其他营业单位支付的现金净额	14 077.77					2.26	0	2.26
投资支付的现金	2 084.95	10 572.91				0.33	2.18	-1.85
支付其他与投资活动有关的现金	10 512.90	25 876.87				1.69	5.33	-3.64
投资活动现金流出小计	148 769.13	133 906.64				23.86	27.60	-3.74
投资活动产生的现金流量净额	-125 663.64	-120 596.00						
三、筹资活动产生的现金流量：								
吸收投资收到的现金	98.00	507.63	0.01	0.10	-0.09			
取得借款收到的现金	45 304.08	27 635.95	6.66	5.69	0.97			
收到其他与筹资活动有关的现金	28.23	3 031.47	0	0.62	-0.62			
筹资活动现金流入小计	45 430.32	31 175.05	6.68	6.42	0.26			
偿还债务支付的现金	27 230.94	44 048.89				4.37	9.08	-4.71
分配股利、利润或偿付利息支付的现金	4 101.62	1 632.85				0.66	0.34	0.32
其中：子公司支付给少数股东的股利、利润	127.30	79.46				0.02	0.02	0
支付其他与筹资活动有关的现金	1 280.63	4 981.98				0.21	1.03	-0.82
筹资活动现金流出小计	32 613.19	50 663.73				5.23	10.44	-5.21
筹资活动产生的现金流量净额	12 817.13	-19 488.68						
现金流入总额	680 353.90	485 865.68	100.00	100.00	0			
现金流出总额	623 475.40	485 112.70				100.00	100.00	0
四、汇率变动对现金及现金等价物的影响	450.78	609.62						
五、现金及现金等价物净增加额	57 329.29	1 362.60						
加：期初现金及现金等价物余额	51 182.46	49 819.86						
六、期末现金及现金等价物余额	108 511.75	51 182.46						

（一）现金流入结构分析

现金流入结构分为总流入结构和内部流入结构。总流入结构是反映企业经营活动的现金流入量、投资活动的现金流入量和筹资活动的现金流入量分别占现金总流入量的比重。内部流入结构反映的是经营活动、投资活动和筹资活动等各项业务活动现金流入中具体项目的构成情况。现金流入结构分析可以明确企业的现金究竟来自何方，增加现金流入应在哪些方面采取措施等。

BQC公司2023年现金流入总量约为680 353.90百万元，其中经营活动现金流入量、投资活动现金流入量和筹资活动现金流入量所占的比重分别为89.93%、3.40%和6.68%。可见企业的现金流入量主要是由经营活动产生的。“销售商品、提供劳务收到的现金”项目占现金流入总量的比重为84.18%，是最为主要的现金流入项目，与上年相比有所下降，减少了0.87%。除此之外，现金流入结构占比较大的项目有，取得借款收到的现金占比6.66%。

与2022年相比，2023年度经营活动现金流入量中“销售商品、提供劳务收到的现金”比重和“收到其他与经营活动有关的现金”的比重均略微下降，而“收到的税费返还”略微增加。投资活动现金流入量中“收到其他与投资活动有关的现金”比重略微增加。筹资活动现金流入量中，“取得借款收到的现金”比重增加，“收到其他与筹资活动有关的现金”下降。

总体而言，BQC的现金流入量中，经营活动的现金流入量应当占较高比例，特别是其销售商品、提供劳务收到的现金应明显高于其他业务活动流入的现金。但是对于不同性质的企业，这个比例也可能有较大的差异。如一个单一经营、专心于某一特定经营业务、较少进行对外投资、筹资政策保守、较少举债经营的企业，该比例可能尤其高。

（二）现金流出结构分析

现金流出结构分为总流出结构和内部流出结构。现金总流出结构是反映企业经营活动的现金流出量、投资活动的现金流出量和筹资活动的现金流出量分别在全部现金流出量中所占的比重。内部现金流出结构反映的是经营活动、投资活动和筹资活动等各项业务活动现金流出中具体项目的构成情况。现金流出结构分析可以清晰地表明企业的各类现金占比、是否符合公司战略下的资金筹划、本期是否有不必要的现金流出占比等等。

BQC公司2023年现金流出总量约为623 475.40百万元，其中经营活动现金流出量、投资活动现金流出量和筹资活动现金流出量所占比重分别为70.91%、23.86%和5.23 %。现金流出总量中占比重较大的项目有：“购买商品、接受劳务支付的现金”占比50.27%，“购建固定资产、无形资产和其他长期资产支付的现金”占比19.58%，“支付给职工以及为职工支付的现金”占比13.52%，“支付的各项税费”占比4.74%，“偿还债务支付的现金”占比4.37%等。总体上看，虽然2023年与2022年相比，BQC公司的现金流出量内部结构有所增减，但当期现金流出主要是用于生产经营活动，以及购建长期资产以提升产能。

案例分析7-1

与2022年相比，2023年度BQC公司现金流出总量大幅增加，其中产能扩张导致经营活动现金流出量占比与2022年相比增长8.96%。经营活动现金流出量中主要是购买商品、接受劳务导致的现金流出占比增加明显，具体为4.75%。筹资活动现金流出占比减少5.21%，主要是由于“偿还债务支付的现金”占比减少4.71%。BQC公司自主经营特征明显，与供应链资金往来较为畅通。一般情况下，购买商品、接受劳务支付的现金往往占较大比重，投资活动和筹资活动的现金流出比重则因企业的投资政策和筹资政策状况不同而存在很大的差异。

四、现金流量趋势分析

现金流量趋势分析是根据企业连续几期的现金流量数据的对比，发现现金流量发展变化的特征，以及由此所体现出来的企业经营、投资和筹资活动的特点。根据分析目标，现金流量趋势分析可以有不同维度，包括公司现金流量趋势分析和现金流量行业趋势分析等等。

（一）公司现金流量趋势分析

BQC公司2019—2023年的现金流量趋势表见表7-4，趋势图如图7-3所示。现金及现金等价物净增加额总体呈现快速增长趋势，2022年回落到低点，峰值出现在2023年，是2019年的109.58倍。经营活动现金流量是公司最主要且稳定的现金来源，2019—2023年呈现逐年增长的态势。投资活动现金流量净额在所有年份均为负且规模越来越大，呈现逐年翻倍级增长。这反映出公司正处于产能扩张、技术研发、产业链垂直整合及全球化战略实施的关键时期，前期需要大规模的资本开支，因此一直保持着活跃的投资活动，既有对内长期资产的投资又有对外并购投资。筹资活动现金流量净额时正时负，主要受到当期资金需要量以及公司筹资策略的影响。

表7-4　BQC公司2019—2023年现金流量趋势表　单位：%

项目	2019年	2020年	2021年	2022年	2023年
经营活动	100.00	307.94	444.17	955.22	1 151.29
投资活动	100.00	69.16	217.43	577.59	602.01
筹资活动	100.00	-437.37	242.97	-294.86	193.95
现金及等价物净增加额	100.00	394.50	6 896.02	260.51	10 957.57

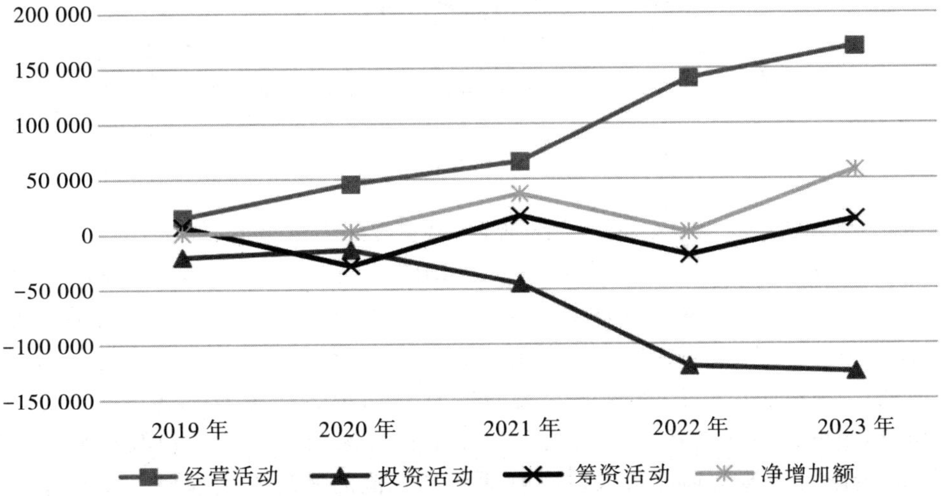

图7-3　BQC公司现金流量趋势图（单位：百万元）

（二）现金流量行业趋势对比分析

现金流量的行业分析，是通过分析期内可比公司或者行业均值的趋势比较，分析和评价现金流量指标的行业趋势特征以及在行业趋势特征下的各个公司的趋势表现。具体分析方法可以是定比分析法、环比分析法以及平均增长率法等。当然，这些方法都是基于基础数据的衍生。以下以经营活动净现金流量为例，对BQC公司与可比公司2019—2023年进行了趋势分析，具体见表7-5及图7-4。

表7-5 BQC公司与可比公司经营活动现金净流量的对比分析 单位：%

	2019年	2020年	2021年	2022年	2023年
BQC	100.00	307.93	444.11	955.41	1 151.38
CAQC	100.00	275.03	591.79	145.97	511.66
CCQC	100.00	37.08	252.75	88.11	127.06
GQJT	100.00	758.66	1 468.65	1 405.49	-1 767.78
SQJT	100.00	81.08	46.71	20.54	91.49

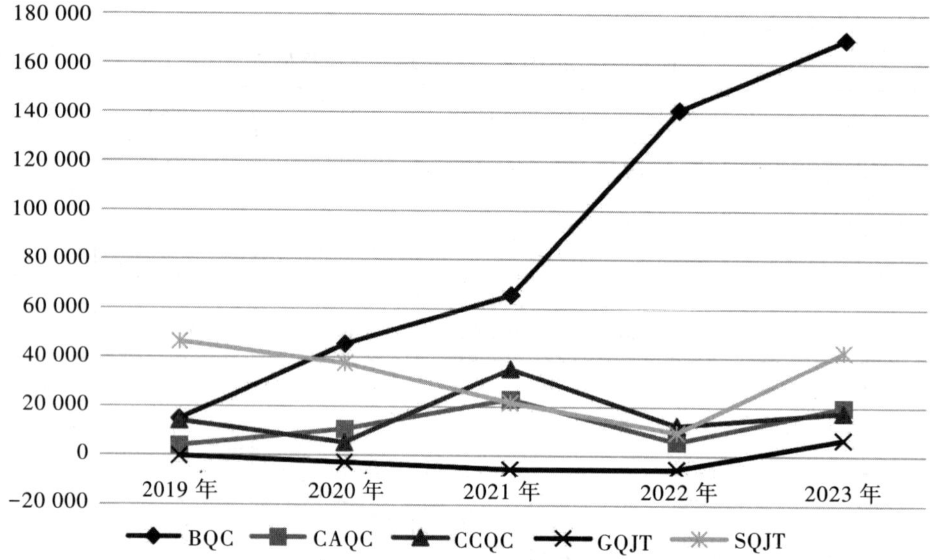

图7-4 可比公司经营活动现金净流量趋势图（单位：百万元）

根据表7-5及图7-4，五家公司中，只有BQC公司的经营活动现金净流量总体呈现逐年上升趋势，且在2020年以后明显高于其余四家可比公司，各公司经营活动现金净流量的差距越来越大。这说明BQC公司最近五年的经营活动产生的现金流越来越充沛，且在行业内处于领先地位。其余四家公司的经营活动现金净流量总体规模相近，其中，GQJT公司2019—2023年的经营活动现金净流量在五家公司中处于最低水平，五年间的经营活动现金净流量波动幅度最大，经营活动现金流的表现不甚理想，2023年首次由负转正，但是与其他四家公司在绝对规模上仍存在很大差距；SQJT公司2019—2022年间呈现逐年下降态势，2023年实现反弹，但五年间几乎没有增长。总体来看，除GQJT公司外，其余四家公司的经营活动现金净流量在所有年度均大于0，说明其经营活动能为公司带来一定的现金流支撑，BQC公司的经营活动现金流表现在行业内首屈一指。

五、现金流量组合分析

将经营活动、投资活动和筹资活动的现金流量净额的正负组合进行分析，可以发现企业当前的经营状况特征。各种组合情况见表7-6。

表7-6　现金流量组合分析表

序号	经营活动现金流量	投资活动现金流量	筹资活动现金流量
1	+	+	+
2	+	+	−
3	+	−	+
4	+	−	−
5	−	+	+
6	−	+	−
7	−	−	+
8	−	−	−

1.同时存在大量的经营活动、投资活动和筹资活动现金净流入量。这种组合体现出公司拥有充沛的现金流入量。经营活动和投资活动都为企业带来现金净流入量的同时，企业还在积极地开展筹资活动，可能在为大笔支出做准备。企业的现金存量增加，如果没有很好的投资计划，可能会出现资金闲置的情况。

2.经营活动和投资活动产生现金净流入量，筹资活动导致现金净流出量。这种组合往往意味着企业的经营和投资状况良好，已进入债务偿还期或者为股东分配股利。

3.经营活动和筹资活动产生现金净流入量，投资活动导致现金净流出量。这种组合反映公司利用经营活动产生的现金流量以及筹资获得的资金进行了投资活动。企业实施积极的扩张政策，可能有助于企业未来持续稳定的利润增长，还要视投资活动效果而定。

4.经营活动产生现金净流入量，投资活动和筹资活动导致现金净流出。这种组合意味着企业依赖经营活动的现金流入量进行投资活动并偿还债务或分配股利，体现经营活动强大的现金产生能力，也要提防现金消耗量过大导致现金不足。

5.经营活动产生现金净流出，投资活动和筹资活动带来现金净流入。在这种情况下，经营收现收入无法弥补经营付现成本，出现现金短缺；正在通过筹资活动以及投资变现或投资收益来补充经营活动现金缺口。如果企业无法采取有效措施扭转经营活动的困境，长此以往将可能导致企业资金链断裂。

6.经营活动和筹资活动导致现金净流出，投资活动带来现金净流入。这样的企业形成了由投资活动现金流量独自苦苦支撑的局面。投资活动产生的现金流量既要填补经营活动现金缺口，又要偿还债务或支付股利。此时，要分析投资活动现金流量的产生来源：如果是来自子公司或联营、合营企业的可持续的投资收益，尚可维持局面；如果是来自出售投资性资产，只怕会有坐吃山空的一天。

7.经营活动和投资活动带来现金净流出量，筹资活动产生现金净流入量。企业一方面经营陷入困境，另一方面扩大投资，此时严重依赖外部融资，希望能通过高质量的投资挽救困局。

8.经营活动、投资活动和筹资活动现金流量全部净流出。此时的企业内部经营活动在流失现金，外部的筹资活动也在抽取现金，只能通过消耗存量资金进行对外投资，投资活动的效果决定了企业未来的命运。

BQC公司2023年现金流量组合属于表7-6中的第三种形式。现金流量被喻为企业的血液，我们借用这个比喻来看BQC公司，可谓经营活动“造血功能”十分强大，投资活动“用血”虽然大幅增加，但具有较强的经营活动净现金流做支撑，筹资活动“体外输血”顺畅，由于“造血”功能十分强劲，本期不需要更多的“体外输血”。

现金流量组合分析只是针对一般性情况的初步分析，在此基础上应结合具体的现金流量信息进一步深入分析。如有特殊情况发生，影响了分析结论，应及时纠正。

六、自由现金流量

企业自由现金流量是指企业在满足了目前的经营活动和扩大再生产经营活动的现金需求量之后，剩余可支配现金量。这部分现金流量是在不影响公司持续发展的前提下，可供分配给企业资本提供者的最大现金量。当企业经营活动净现金流量大于零时，说明经营活动的收现收入能够弥补付现成本，企业目前的生产经营规模可以持续进行。如果扩大生产经营规模可能还需要追加营运资本，进行固定资产投资。所以自由现金流量可通过如下公式计算获得：

企业自由现金流量 = 经营活动现金净流量 − 营运资本追加额 − 资本性支出

在企业自由现金流量的基础上，减去支付偿还债务本息所支出的现金，加上债务筹资带来的现金流入量，可得到股权自由现金流量，即企业可以以股利的形式分配给股东的现金流量，或者选择留在企业以备未来进一步发展和获取更多的现金流量的需要。股权自由现金流量的计算公式如下所示：

股权自由现金流量 = 企业自由现金流量 − 债权人现金流量

其中：

债权人现金流量 = 新增债务筹资额 − 偿还债务本息额

所以：

股权自由现金流量 = 经营活动现金净流量 − 营运资本追加额 − 资本性支出 − 偿还债务本息额 + 新增债务筹资额

自由现金流量不仅可以为企业决策提供信息，还可以作为企业价值评估的基础。基于自由现金流量的企业价值评估方法越来越被市场所接受。

根据上述自由现金流的公式，BQC公司在2019—2023年间自由现金流和可比公司的自由现金流规模对比分析见表7-7和表7-8。BQC的自由现金流从2019年的-62亿元快速攀升至2023年的1 067亿元，四年间实现扭亏为盈并跨越千亿规模，增长率远超可比公司（如CAQC、CCQC等），体现出了强大的盈利能力和资本管理效率，相比其他公司，自由现金流表现十分优异。2022年峰值达1 307亿元，2023年虽小幅回落，但仍保持行业绝对领先地位。BQC公司自由现金流如此充沛的主要原因是BQC公司经营活动现金流净额规模的快速增长。与此同时，由于公司在供应链上具有很强的议价能力，营运资本追加额从2021开始为负，而且规模越来越大，表明公司经营活动所占据的营运资本在逐年减少，这进一步增加了公司可以自由支配的现金流。虽然资本性支出的规模也逐年增加，这与公司处于成长期前期需要大量的战略性投资有关，而公司经营活动的现金流量净额完全可以覆盖公司的资本支出。其自由现金流的强劲表现不仅支撑自身扩张，也为股东回报（如分红、回购）提供坚实基础。相比之下，其他四家公司的自由现金流存在多个年份为负的情况，且年度之间波动非常大，自由现金流的稳定性差。所在年份自由现金流为负，表明这四家公司的经营活动产生的现金流不足以满足目前的经营活动和扩大再生产经营活动的现金需求量，因此这四家公司均需要进行大规模的外部筹资以弥补资金缺口。

表7-7　**BQC公司自由现金流表现**　单位：亿元

项目/年份	2019年	2020年	2021年	2022年	2023年
经营活动现金净流量	147	454	655	1 408	1 697
资本性支出	206	118	373	975	1 221
营运资本追加额	3	63	-123	-873	-591
自由现金流	-62	273	404	1 307	1 067

注：资本性支出用现金流量表中“购建固定资产、无形资产和其他长期资产支付的现金”替代；营运资本追加额=（期末流动资产 - 期末流动负债）-（期初流动资产 - 期初流动负债）。

表7-8　**BQC公司与其他四家可比公司自由现金流的对比分析**　单位：亿元

项目/年份	2019年	2020年	2021年	2022年	2023年
BQC	-62	273	404	1 307	1 067
CAQC	-13	-20	194	-29	115
CCQC	46	-72	277	-31	51
GQJT	-0.406	-85	-100	-362	64
SQJT	100	155	-63	129	-111

第三节　现金流量表分项分析

一、经营活动现金流量主要项目分析

接下来将结合对BQC公司经营活动现金流量的垂直分析（见表7-9），逐一对经营活动现金流入与流出的主要项目进行分析。

表7-9　BQC公司经营活动现金流量的垂直分析　单位：百万元

项　目	2023年	2022年	内部结构（%）		
			2023年	2022年	变动情况
一、经营活动产生的现金流量：					
销售商品、提供劳务收到的现金	572 704.80	413 209.23	93.61	93.62	-0.01
收到的税费返还	15 165.45	7 628.16	2.48	1.73	0.75
收到其他与经营活动有关的现金	23 947.86	20 542.60	3.91	4.65	-0.74
经营活动现金流入小计	611 818.10	441 379.99	100.00	100.00	0
购买商品、接受劳务支付的现金	313 433.21	220 842.50	70.90	73.48	-2.58
支付给职工及为职工支付的现金	84 287.91	53 519.73	19.07	17.81	1.26
支付的各项税费	29 528.36	18 537.19	6.68	6.17	0.51
支付其他与经营活动有关的现金	14 843.60	7 642.91	3.355	2.54	0.81
经营活动现金流出小计	442 093.08	300 542.33	100.00	100.00	0
经营活动产生的现金流量净额	169 725.03	140 837.66			

（一）销售商品、提供劳务收到的现金

该项目反映企业本期销售商品、提供劳务收到的现金，以及前期销售商品、提供劳务本期收到的现金（包括销售收入和应向购货方收取的增值税销项税额）和本期预收的款项，减去本期销售本期退回的商品和前期销售本期退回的商品支付的现金。

此项目是企业现金流入的主要来源，通常具有数额大、所占比例高的特点。其与利润表中的营业收入项目相对比，可以判断企业销售收现情况。计算销售收现率指标时需要注意，销售商品、提供劳务收到的现金项目中包含了向购买者收取的增值税销项税额，而营业收入项目中却不包含销项税额，所以建议参考报表附注中所披露的税率进行调整。较高的收现率表明企业产品定位正确，适销对路，并已形成卖方市场的良好经营环境。应注意也有例外的情况，如某上市公司曾将证券买卖收益的现金流入量包装成销售商品、提供劳务收到的现金，美化现金流量表，给投资者的决策带来误导。由表7-9可知，BQC公司2023年销售商品、提供劳务收到的现金占经营活动现金流入的比重高达93.61%，与2022年基本持平。同时，将2023年销售商品、提供劳务收到的现金与营业收入的金额对比，计算出来的销售收现比为95.09%。表7-10展示了BQC公司与可比公司2019—2023年销售收现比的趋势对比分析。BQC公司2019—2022年销售收现比持续上升，2022年接近1，反映收入质量显著优化；虽然2023年小幅回落至95.09%，但仍处高位。BQC公司该比率始终低于CAQC、CCQC和GQJT公司（均大于1），但始终高于SQJT。这是因为新能源车企普遍面临更长的产业链账期（如充电桩合作、电池租赁），而传统车企（如GQJT）更依赖现金交易优势，回款更高效。以BQC公司的电池租赁这一销售模式为例，客户支付车价扣除电池费用后分期支付电池租金，此类业务现金流分散，降低当期收现比。此外，BQC公司面对B端客户（企业/机构客户）的信用销售规模较大，其客户群体中B端客户

占比（约30%）显著高于传统车企。例如，2023年BQC公司应收账款同比增加30%，而同期CAQC（以C端为主）应收账款增幅仅为15%。

表7-10　BQC公司与可比公司销售收现比的趋势对比分析　单位：%

	2019年	2020年	2021年	2022年	2023年
BQC	83.95	88.57	93.80	97.43	95.09
CAQC	99.97	102.91	122.26	101.07	111.37
CCQC	117.04	108.13	118.70	115.88	105.20
GQJT	112.73	112.68	117.30	117.64	124.67
SQJT	82.40	85.93	82.75	71.71	73.34

“营业收入”与“销售商品、提供劳务收到的现金”的差额，将会导致“应收账款”、“应收票据”和“预收账款”等项目的变化。因此，可以根据这些项目之间的关联性来判断营业收入确认的合理性。但由于上述增值税影响的确切金额超出企业对外披露信息范围，所以外部分析者往往无法观测到“营业收入”与“销售商品、提供劳务收到的现金”的差额与“应收账款”、“应收票据”和“预收账款”等项目的变动额之间的金额上绝对相等关系。另外，如果二者之间差异悬殊，则需要从视同销售、非货币性交易和会计处理差错等方面寻找原因。

（二）收到其他与经营活动有关的现金

该项目反映企业收到的银行存款利息收入、捐赠收入、罚款收入、流动资产损失中由个人赔偿的现金收入等其他与经营活动有关的现金流入金额，金额较大的应当单独列示。该项目可结合利润表的“营业外收入”“其他业务收入”“财务费用”“其他应收款”等项目的附注披露信息进行分析。此项目具有不稳定性，数额不应过多。由表7-9可知，BQC公司2023年“收到其他与经营活动有关的现金”为23 947.86百万元，同比增加16.6%，然而占经营活动现金流入总额的比重由2022年的4.65%下降为2023年的3.91%。

（三）购买商品、接受劳务支付的现金

该项目反映企业本期购买商品、接受劳务实际支付的现金（包括增值税进项税额），以及本期支付前期购买商品、接受劳务的未付款项和本期预付款项。本期发生的购货退回收到的现金应从本项目内扣除。

此项目一般是企业现金流出的主要方向，通常具有数额大、所占比重高的特点。将其与资产负债表的“应付账款”、“应付票据”和“预付账款”等项目变化情况相比较，可以判断企业购买商品付现率的情况，借此可以了解企业资金的紧张程度或企业的商业信用情况，从而可以更加清楚地认识到企业目前所面临的财务状况如何。由表7-9可知，BQC公司2023年“购买商品、接受劳务支付的现金”313 433.21百万元，占经营活动现金流出的比重为70.90%，相比2022年下降了2.58个百分点。2023年购买商品、接受劳务支付的现金与营业成本的金额对比，计算出来的销售付现率为65.22%，表明BQC公司能够延期支付各种成本项目，在产业链中相比供应商的地位比较强势。因此，尽管销售收现比小于1，但BQC公司2023年经营现金流净额达1 697亿元（同比增加20.51%），这主要依赖应付款项周转天数延长，占用供应商资金缓解压力。

（四）支付给职工以及为职工支付的现金

该项目反映企业本期实际支付给职工的工资、奖金、各种津贴和补贴等职工薪酬，但是应由在建工程、无形资产负担的职工薪酬以及支付给离退休人员的职工薪酬除外。二者分别在“购建固定资产、无形资产和其他长期资产支付的现金”和“支付其他与经营活动有关的现金”项目反映。此项目能够反映出企业的人力成本水平。由表7-9可知，BQC公司2023年“支付给职工以及为职工支付的现金”为84 287.91百万元，同比增长57.49%。这一项目占现金流出总量的比重为13.52%，成为2023年现金流量表中占现金流出总量影响较大的第三大项目，仅次于“购买商品、接受劳务支付的现金”（占比50.27%）和“购建固定资产、无形资产和其他长期资产支付的现金”（占比19.58%），由此可见BQC公司人力资本投入水平之高。这主要是因为：一是，新能源业务扩张导致员工规模快速扩张。2023年员工总数突破70万人（2022年约57万人），同比增长22.8%。二是，薪资水平结构性上涨。为了吸引技术人才，在给出更高薪资的基础上，进一步推行奖金激励。特别需要指出的是，2022年由于实施了覆盖核心员工的员工持股计划，行权条件与业绩挂钩，使用自有资金回购股票用于该计划，当期现金支出增加导致相比2021年“支付给职工以及为职工支付的现金”增加了。虽然短期会加大成本压力，但为长期技术领先与市场统治力奠定基础。后续需关注其人均效能（如营收/员工数）是否同步提升，以及海外市场能否消化高人力成本。

（五）支付的各项税费

该项目反映企业按规定支付的各项税费，包括本期发生并支付的税费，以及本期支付以前各期发生的税费和预交的税金，如支付的教育费附加、印花税、房产税、土地增值税、车船税、增值税、所得税等，不包括本期退回的增值税、所得税。本期退回的增值税、所得税，在经营活动现金流入量中的“收到的税费返还”项目反映。本项目可根据“应交税费”“库存现金”“银行存款”等科目分析填列。由表7-9可知，BQC公司本期支付的各项税费29 528.36百万元，占经营活动现金流出的比重同比增加0.51%，回顾2019—2023年BQC公司本期支付的各项税费占经营活动现金流出的比重发现，五年间该指标从3.63%逐年增加至6.68%。一方面是因为BQC公司利润高速增长导致的所得税税负加重，另一方面源于BQC公司2023年出口量超24万辆，海外收入占比升至15%。部分国家（如欧盟）增值税率高于国内，且可能面临关税（如欧盟反补贴调查），导致税费支出增加。

（六）支付其他与经营活动有关的现金

该项目反映企业支付的罚款支出，差旅费、业务招待费、保险费、经营租赁支付的现金等其他与经营活动有关的项目的现金流出，金额较大的应当单独列示。该项目主要与利润表的“销售费用”“管理费用”等项目相对应，可结合相关信息进行分析。由表7-9可知，BQC公司2023年支付其他与经营活动有关的现金为14 843.60百万元。根据利润表信息，当年销售费用和管理费用两个项目的合计金额为38 673.11百万元，与该项目差异的原因除了支付时间性差异之外，主要是支付给职工以及为职工支付的现金还有折旧费用等未含在支付其他与经营活动有关的现金当中。

（七）经营活动现金流量净额

在三类业务活动引起的现金流量中，经营活动现金流量的稳定性和再生性较好，一般情况下应占较大比例。如果经营活动现金流入量小于现金流出量，即经营活动现金流量净额小于零，说明经营活动的现金流量自我适应能力较差，经营活动现金流入量不仅不能支持投资或偿债的资金需要，而且经营活动还在“蚕食”企业的现金存量。如果这种状况一直持续，企业将要借助收回投资或举借新债取得现金才能维持正常的经营。形成这种情况的主要原因可能是销货款的回笼不及时，或存货大量积压无法变现。当然，也可能是企业处于初创期或季节性销售等原因。如果经营活动的现金流入量大于现金流出量，即经营活动的现金流量净额大于零，反映通过经营活动收取的现金不仅能够弥补经营的付现成本，还可弥补一部分非付现成本。所谓非付现成本，是指企业在经营活动中产生的、不直接涉及现金支付的成本，但其会计处理会影响利润表。这类成本在分析企业真实现金流时需特别关注，常见类型包括折旧、摊销和资产减值准备（如坏账准备、存货跌价准备）三种。如果经营活动现金流量净额大于非付现成本，反映企业经营活动的现金流量自我适应能力较强，通过经营活动收取的现金，不仅能够弥补经营的付现成本和非付现成本，经营现金流量净额大于零的部分可以用于再投资或偿债。

在对经营活动净现金流量进行评价时，还应考虑企业所处的生命周期阶段的影响。从企业的成长过程来分析，在企业从事经营活动的萌芽期，其生产阶段的各个环节都处于“磨合”状态，设备、人力资源的利用率相对较低，材料的消耗量相对较高，导致企业的成本消耗较高。同时，为了开拓市场，企业有可能投入大量资金，采用各种手段将自己的产品推向市场（包括采用渗透法定价、加大广告支出、放宽收账期等），从而有可能使企业在这一时期的经营活动现金流量表现为“入不敷出”的状态。如果是上述原因导致经营活动产生的现金流量净额小于零，则应该认为这是企业在发展过程中不可避免的正常状态。如果企业在成长期和成熟期仍然出现这种状态，应当具体分析形成这种状态的具体原因。如果是由于企业的季节性生产或一些特殊原因（如正赶上原材料低价销售而大量用现金购入原材料）而出现的暂时或短期的经营活动产生的现金流入小于流出的状态，则仍然不能草率地得出经营活动产生的现金流量质量不高的结论。如果处在成长期和成熟期的企业长期持续呈现这种状态，应该认为企业经营活动回笼现金的能力较弱。处于衰退期的企业，经营活动产生的现金流量往往呈现流入长期持续小于流出的状态，这是企业经营活动严重萎缩和萧条的预警。

经营活动净流量阶段性分析及其评价结果，可以参照表7-11。

表7-11　**经营活动现金流量净额阶段性分析评价表**

<table>
<tr><th>经营周期
现金流量</th><th>萌芽期</th><th>成长期</th><th>成熟期</th><th>衰退期</th></tr>
<tr><td>经营活动产生的现金流量小于零</td><td>正　常</td><td colspan="2">长期持续状态
说明回笼现金的能力很差</td><td>很　差</td></tr>
<tr><td>经营活动产生的现金流量等于零</td><td>中　等</td><td colspan="2">长期持续状态
说明回笼现金的能力很差</td><td>一　般</td></tr>
<tr><td>经营活动产生的现金流量大于零但不足以补偿当期的非付现成本</td><td>较　好</td><td colspan="2">长期持续状态
仍然不能给予较高评价</td><td>较　好</td></tr>
<tr><td>经营活动产生的现金流量大于零并恰能补偿当期的非付现成本</td><td>好</td><td>较好</td><td>好</td><td>好</td></tr>
<tr><td>经营活动产生的现金流量大于零并在补偿当期的非付现成本后仍有剩余</td><td>很　好</td><td>很　好</td><td>很　好</td><td>很　好</td></tr>
</table>

案例分析7-2

BQC公司2022年和2023年的经营活动现金流量净额均大于非付现成本，而且扣除非付现成本后的经营活动现金流量净额均超过千亿元（2022年为1 181亿元，2023年为1 224亿元），按照表7-11经营活动现金流量净额阶段性分析评价表来看，BQC公司企业经营活动的现金流量自我适应能力较强，通过经营活动收取的现金不仅能够弥补经营的付现成本和非付现成本，经营现金流量净额大于零的部分还可以用于再投资或偿债。结合表7-7有关BQC公司自由现金流的表现可知，公司自由现金流的强劲表现支撑着自身扩张所需的资本性支出。

二、投资活动现金流量项目分析

接下来将结合对BQC公司投资活动现金流量的垂直分析（表7-12），逐一对投资活动现金流入与流出的主要项目进行分析。

表7-12 BQC公司投资活动现金流量的垂直分析 单位：百万元

项目	2023年	2022年	内部结构（%）		
			2023年	2022年	变动情况
二、投资活动产生的现金流量：					
收回投资收到的现金	0	13.78	0	0.10	-0.10
取得投资收益收到的现金	192.41	129.33	0.83	0.97	-0.14
处置合联营公司及其他营业单位收到的现金净额	122.62	95.80	0.53	0.72	-0.19
处置固定资产、无形资产和其他长期资产收回的现金净额	470.79	268.24	2.04	2.02	0.02
处置子公司及其他营业单位收到的现金净额	73.84	0	0.32	0	0.32
收到其他与投资活动有关的现金	22 245.82	12 803.49	96.28	96.19	0.09
投资活动现金流入小计	23 105.48	13 310.64	100.00	100.00	0
购建固定资产、无形资产和其他长期资产支付的现金	122 093.51	97 456.86	82.07	72.78	9.29
取得子公司及其他营业单位支付的现金净额	14 077.77		9.46	0	9.46
投资支付的现金	2 084.95	10 572.91	1.40	7.90	-6.50
支付其他与投资活动有关的现金	10 512.90	25 876.87	7.07	19.32	-12.25
投资活动现金流出小计	148 769.13	133 906.64	100.00	100.00	0.00
投资活动产生的现金流量净额	-125 663.64	-120 596.00			

（1）收回投资收到的现金。反映企业出售、转让或到期收回除现金等价物以外的交易性金融资产、长期股权投资而收到的现金，以及收回长期债权投资本金而收到的现金，但长期债权投资收回的利息除外。该项目可结合资产负债表各对外投资项目的减少额，以及利润表的“投资收益”项目分析。如果因盈利出售投资性资产而导致现金流入量，说明前期投资活动取得了收益。如果企业在大量出售投资，缩小投资规模，可能意味着企业在规避投资风险、投资战略改变或企业存在资金紧张的问题。由表7-12可知，BQC公司2023

年“收回投资收到的现金”为0元，与2022年相比，占投资活动现金流入的比重减少了0.1个百分点。

（2）取得投资收益收到的现金。该项目反映企业因股权性投资而分得的现金股利，从子公司、联营企业或合营企业分回利润而收到的现金，以及因债权性投资而取得的现金利息收入，但股票股利除外。此项目存在发生额，说明企业进入投资回收期。该项目金额同利润表当中的“投资收益”项目进行对比分析，可以考察投资收益的收现状况；同资产负债表当中的投资资产金额进行对比分析，可以考察投资资产的现金回报情况。由表7-12可知，BQC公司2023年“取得投资收益收到的现金”为192.41百万元，占投资活动现金流入的比重为0.83%。BQC公司2023年确认投资收益金额为1 635.14百万元，可见投资资产的现金回报率比较低。

（3）处置固定资产、无形资产和其他长期资产收回的现金净额。该项目反映企业出售、报废固定资产、无形资产和其他长期资产所取得的现金（包括因资产毁损而收到的保险赔偿收入），减去为处置这些资产而支付的有关费用后的净额，但现金净额为负数的除外。该项目可与资产负债表中的“固定资产”、“在建工程”和“无形资产”等项目的减少额进行比较分析。此项目如果数额较大，表明企业产业、产品结构将有所调整，或者表明企业未来的生产能力将受到严重的影响、已经陷入深度的债务危机之中，靠出售设备来维持经营。由表7-12可知，BQC公司2023年“处置固定资产、无形资产和其他长期资产收回的现金净额”为470.79百万元，结合与购建固定资产、无形资产和其他长期资产支付的现金高达122 093.51百万元。表明BQC公司在2023年对固定资产、无形资产和长期资产的投入规模远超资产处置收益，表明公司处于需要投入巨额固定资产等长期核心资产的高速扩张期。

（4）收到其他与投资活动有关的现金。该项目通常反映企业通过非日常、非核心投资活动产生的现金流入，这些项目不属于出售长期资产或收回投资等常规投资活动。由表7-12可知，BQC公司2023年“收到其他与投资活动有关的现金”占投资活动现金流入的比重高达96.28%，主要涵盖政府专项补助、非核心资产处置、国际合作保证金返还及金融工具收益等非经常性现金流入。这些项目反映了其全球化扩张、技术研发投入及风险管理的多重战略。

（5）购建固定资产、无形资产和其他长期资产支付的现金。该项目反映企业购买、建造固定资产、无形资产和其他长期资产所支付的现金及增值税税款，支付的应由在建工程和无形资产负担的职工薪酬现金支出，但为购建固定资产而发生的借款利息资本化部分、融资租入固定资产所支付的租赁费除外。该项目可与资产负债表中的“固定资产”、“在建工程”和“无形资产”等项目的增加额相比较分析。此项目能够表明企业扩大再生产能力的强弱，可以了解企业未来的经营方向和获利能力，揭示企业未来经营方式和经营战略的发展变化。由表7-12可知，BQC公司2023年“购建固定资产、无形资产和其他长期资产支付的现金”为122 093.51百万元，是BQC公司2023年规模最大的投资活动现金流出项目，占投资活动现金流出的比重高达82.07%。

（6）投资支付的现金。该项目反映企业取得的除现金等价物以外的权益性投资和债权性投资所支付的现金以及支付的佣金、手续费等附加费用。该项目可结合资产负债表的对外投资各项目的增加额分析。此项目可以表明企业参与资本市场运作、实施股权及债权投资能力的强弱，分析投资方向与企业的战略目标是否一致。由表7-12可知，BQC公司2023年投资支付的现金为2 084.95百万元。结合收回投资收到的现金和取得投资收益收到的现金两个项目，同时关注资产负债表的金融资产配置，发现BQC公司这类用于短期获利的理财投资规模很小。

（7）取得子公司及其他营业单位支付的现金净额。该项目反映企业购买子公司及其他营业单位购买出价中以现金支付的部分，减去子公司或其他营业单位持有的现金和现金等价物后的净额。购买子公司及其他营业单位属于公司的重大影响事项，公司一般会单独发布公告或者在年度报告中详细予以说明，可结合相关信息判断该事项对企业未来经营发展会产生何种影响。由表7-12可知，BQC公司2023年取得子公司及其他营业单位支付的现金净额为14 077.77百万元，占投资活动现金流出的比重为9.46%，是BQC公司2023年规模第二大的投资活动现金流出项目。

综合分析来看，2023年BQC公司的投资活动以战略性投资为主，其中对内购建固定资产、无形资产和其他长期资产占投资活动现金流出的比重高达82.07%，相比去年增加了约9个百分点。与此同时，BQC公司积极进行对外并购扩张，以现金方式取得子公司及其他营业单位的规模占投资活动现金流出的比重超9%，相比去年亦增加了约9个百分点。而以获得短期投资收益的理财类投资的相对规模很小，仅占投资活动现金流出的1.4%，而且同比下降了约6.5个百分点。从投资活动现金流出来看，BQC公司的投资活动的内部结构十分合理且以积极的战略性投资为主，均与公司主营业务高度相关，未来继续提升经营活动盈利水平和创现能力值得期待。

三、筹资活动现金流量项目分析

接下来将结合对BQC公司筹资活动现金流量的垂直分析（表7-13），逐一对筹资活动现金流入与流出的主要项目进行分析。

表7-13 BQC公司筹资活动现金流量的垂直分析 单位：百万元

项　目	2023年	2022年	内部结构（%）		
			2023年	2022年	变动情况
三、筹资活动产生的现金流量：					
吸收投资收到的现金	98.00	507.63	0.22	1.63	-1.41
取得借款收到的现金	45 304.08	27 635.95	99.72	88.65	11.07
收到其他与筹资活动有关的现金	28.23	3 031.47	0.06	9.72	-9.66
筹资活动现金流入小计	45 430.32	31 175.05	100.00	100.00	0
偿还债务支付的现金	27 230.94	44 048.89	83.50	86.94	-3.44
分配股利、利润或偿付利息支付的现金	4 101.62	1 632.85	12.58	3.22	9.36
其中：子公司支付给少数股东的股利、利润	127.30	79.46	0.39	0.16	0.23
支付其他与筹资活动有关的现金	1 280.63	4 981.98	3.93	9.83	-5.90
筹资活动现金流出小计	32 613.19	50 663.73	100.00	100.00	0
筹资活动产生的现金流量净额	12 817.13	-19 488.68			

（1）吸收投资收到的现金。该项目反映企业以发行股票的方式筹集资金实际收到的款项，减去直接支付给金融企业的佣金、手续费、宣传费、咨询费、印刷费等发行费用后的净额。该项目可以表明企业通过资本市场筹资能力的强弱。这两个项目如有发生额，数额一般较大，可结合资产负债表中的“股本”等项目的增加额进行分析。BQC公司2023年吸收投资收到的现金为98百万元，占筹资活动现金流入的比重仅为0.22%，相比2022年下降1.41个百分点。

（2）取得借款收到的现金。该项目反映企业举借各种短期、长期借款而收到的现金。该项目可结合资产负债表中的“短期借款”和“长期借款”等项目分析。此项目数额的大小，表明企业通过银行筹集资金能力的强弱，在一定程度上代表了企业信用水平的高低。BQC公司2023年取得借款收到现金45 304.08百万元，占筹资活动现金流入的比重高达99.72%，相比2022年同比增加约11个百分点，是公司当年所采取的最主要筹资方式。

（3）偿还债务支付的现金。该项目反映企业以现金偿还债务的本金，可结合资产负债表中的“短期借款”、“长期借款”和“应付债券”项目的减少额分析。此项目有助于分析企业资金周转是否已经达到良性循环状态。BQC公司偿还债务支付的现金额为27 230.94百万元，占筹资活动现金流出的比重高达83.5%，是公司当年导致筹资活动现金流出的最关键项目。

（4）分配股利、利润或偿付利息支付的现金。该项目反映企业实际支付的现金股利、支付给其他投资单位的利润或用现金支付的借款利息、债券利息。该项目可结合利润表的“财务费用”和所有者权益变动表的“利润分配”项目分析，还需要考虑利息资本化的影响。利润的分配情况可以反映企业现金的充裕程度。BQC公司2023年该项目的现金流出额为4 101.62百万元，占筹资活动现金流出的比重为12.58%，同比增加9.36个百分点，是公司当年导致筹资活动现金流出的第二大项目。这主要是因为2023年BQC公司执行2022年年报股利分配方案实际支付的现金股利规模约33.25亿元。

（5）支付其他与筹资活动有关的现金。该项目反映企业除上述各项目外，支付其他与筹资活动有关的现金，如发行股票、债券等方式筹集资金而由企业直接支付的审计、咨询等费用，融资租赁所支付的现金，以分期付款方式购建固定资产以后各期支付的现金等。其他与筹资活动有关的现金，如果金额较大应单列项目反映。

四、汇率变动对现金的影响分析

汇率变动对现金的影响反映于下列项目的差额：

（1）企业外币现金流量及境外子公司的现金流量折算为记账本位币时，所采用的现金流量发生日的即期汇率或按照系统合理的方法确定的、与现金流量发生日即期汇率近似的汇率折算的金额。

（2）“现金及现金等价物净增加额”项目当中外币现金净增加额按期末汇率折算的金额。

此项目如果数额较大，需要借助会计报表附注的相关内容分析其原因及其合理性。BQC公司期末汇率变动对现金及现金等价物的影响金额为450.78百万元。

五、现金及现金等价物分析

（1）“现金及现金等价物净增加额”项目金额等于“经营活动产生的现金流量净额”、“投资活动产生的现金流量净额”和“筹资活动产生的现金流量净额”三者的代数和，再调整外币现金资产汇率变动影响金额。BQC公司2023年“现金及现金等价物净增加额”为57 329.29百万元。

（2）“期初现金及现金等价物余额”项目可结合资产负债表“货币资金”项目期初余额分析。BQC公司2023年初“货币资金”余额为51 471.26百万元，其中包含使用权受到限制的货币资金288.8百万元，所以“期初现金及现金等价物余额”为51 182.46百万元。

【案例7–1】

现金到哪里去了？

小李是一位股票投资者，他十分注重利用会计信息指导投资决策。有一次，他在阅读YH公司的财务报告时，发现了一个让他迷惑不解的现象。该公司年末“货币资金”项目的余额为11.77亿元，而现金流量表中“期末现金及现金等价物”项目的余额为3.46亿元，差额8.31亿元哪里去了呢？小李百思不得其解，于是向从事“财务分析”课程教学的王老师请教。

王老师首先让他查阅“货币资金”项目的附注信息寻找线索。小李注意到，“货币资金”项目附注中披露“人民币8.31亿元用于质押开具银行承兑汇票”。这是怎么回事呢？小李依然不明白，王老师为他解释道：“根据现行的银行承兑汇票操作模式，企业在申请开立银行承兑汇票时，必须向银行缴存一定比例的保证金。这部分保证金在票据到期支付前不得取回和随意动用。在约定的付款日期，保证金将作为票款的一部分支付给持票人。这部分保证金在资产负债表上仍然列为‘货币资金’，但是因不能随时用于支付，不符合现金流量表中关于‘现金’或者‘现金等价物’的定义，因此需从现金和现金等价物的年初、年末余额中排除。”

“那这部分资金如何在现金流量表中反映呢？”小李追问。

王老师说：“将银行存款转为银行承兑汇票的保证金时，可将所划转的金额在现金流量表上列示为‘投资支付的现金’。因为此时该项保证金尚未对外支付，只是改变了在企业内部存储的形式，本质上与银行定期存款等没有区别。”

小王赶紧查阅现金流量表“投资支付的现金”项目，果然，找到了相对应的金额。

（3）“期末现金及现金等价物余额”项目可结合资产负债表“货币资金”项目期末余额分析。BQC公司2023年年末的货币资金余额为109 094.41百万元，剔除其中使用权受到限制的货币资金582.66百万元，因此“期末现金及现金等价物余额”为108 511.75百万元。

第四节　经营活动净现金流量与净利润的关系分析

一、经营活动现金流量净额与净利润的关系

利润表是按照权责发生制来归集企业的收入和支出，而现金流量表是按照收付实现制来归集企业的收入和支出。它们所反映的经济活动内容是相同的，只是反映的角度不同。但是在某个会计期间内，净利润和经营活动产生的现金流量净额却往往不一致。用公式表示经营活动净现金流量与净利润之间的关系如下：

$$\text{经营活动现金流量净额} = \text{净利润} - \text{非付现经营性收入} + \text{非付现经营性费用} - \text{非经营性收入} + \text{非经营性费用} - \text{非现金流动资产净变化额} + \text{非现金流动负债净变化额}$$

通过这一关系式，我们可以揭示出从净利润到经营活动净现金流量的变化过程，反映经营活动净现金流量与净利润的区别与联系。现金流量表附注，也是现金流量表的补充资料，包括三部分（详见第二章财务分析信息），其中第一部分是“将净利润调节为经营活动现金流量”，按现金流量表准则的规定，企业应当采用间接法在现金流量表附注中披露将净利润调节为经营活动现金流量的信息，因此将净利润调节为经营活动净现金流是观测经营活动现金流量净额与净利润关系的重要窗口。

现将BQC公司2023年与2022年的现金流量表附注信息截取并编制水平分析表，见表7-14。

表7-14　**BQC公司净利润现金流量调节表内部项目的水平分析**　单位：百万元

	2023年	2022年	变动额	变动率（%）	对总额变动的影响（%）
净利润	31 344.07	17 713.10	13 630.97	76.95	47.19
加：信用减值损失	1 579.61	989.52	590.09	59.63	2.04
资产减值准备	2 188.22	1 386.46	801.76	57.83	2.78
固定资产折旧	37 715.40	14 602.47	23 112.94	158.28	80.01
使用权资产折旧	1 390.50	584.23	806.27	138.01	2.79
投资性房地产折旧	2.50	2.50	0	0	0
无形资产摊销	4 174.18	5 099.23	−925.05	−18.14	−3.20
长期待摊费用摊销	270.15	81.59	188.56	231.11	0.65
处置固定资产和其他长期资产的损失	1 053.70	876.12	177.58	20.27	0.61
公允价值变动收益	−257.74	−126.10	−131.64	104.39	−0.46

续表

	2023年	2022年	变动额	变动率（%）	对总额变动的影响（%）
财务费用	529.61	616.27	-86.66	-14.06	-0.30
投资损失/（收益）	-1 635.14	769.18	-2 404.32	-312.58	-8.32
递延所得税资产增加	-2 174.98	-1 773.59	-401.39	22.63	-1.39
递延所得税负债增加	774.85	1 204.96	-430.11	-35.69	-1.49
存货的减少	-7 602.10	-36 564.50	28 962.40	-79.21	100.26
经营性应收项目的减少	-12 641.19	-17 546.59	4 905.40	-27.96	16.98
经营性应付项目的增加	112 737.46	152 528.80	-39 791.34	-26.09	-137.75
其他	275.94	394.00	-118.06	-29.96	-0.41
经营活动产生的现金流量净额	169 725.03	140 837.66	28 887.37	20.51	100.00

由表7-14可知，相比2022年，BQC公司2023年的经营活动产生的现金流量净额增加了28 887.37百万元，同比增长率为20.51%。那么，导致经营活动净现金流大幅增长主要源于以下关键因素：一是，净利润同比增长了76.95%，经营活动的整体盈利水平显著提升，对经营活动净现金流增加的贡献是47.19%；二是，由于公司大规模的固定资产投资使得固定资产折旧同比增加158.28%，对经营活动净现金流增加的贡献是80.01%；三是，存货的增加同比降低了79.21%，减少了对经营活动净现金流的占用，对经营活动净现金流增加的贡献是100.26%；四是，经营性应付项目的增加同比减少了26.09%，对经营活动净现金流减少的贡献是137.75%。最终导致BQC公司的经营活动现金流量净额远超净利润，经营活动现金流量净额表现异常优秀。

案例分析7-3

一般而言，如果经营活动现金流量净额对净利润的保障倍数在70%以上被认为是合格，而实现100%以上则是利润含金量非常优秀的企业。2022年和2023年BQC公司经营活动现金流量净额对净利润的保障倍数分别为7.95和5.65，远大于1，净利润的含金量毋庸置疑。

二、现金流量表附表主要项目分析

补充资料是采用间接法报告经营活动产生的现金流量，在企业当期净利润的基础上进行某些项目的调整，从而得到经营活动的现金流量净额。

（1）资产减值准备和信用减值损失。这两个项目反映企业本期计提的各项资产减值损失，如金融资产计提的信用减值损失、存货跌价准备、长期股权投资减值准备、固定资产减值准备等。本期计提资产减值准备和信用减值损失时，减值损失已计入本期利润表中的相关损益项目，但并未引起实际的经营活动现金流出。因此，在净利润的基础上进行调整计算时，应将其加回到净利润中。该项目可结合利润表的“资产减值损失”和“信用减值损失”项目，以及发生减值的资产项目进行分析。

（2）固定资产折旧、油气资产折耗、生产性生物资产折旧。该项目分别反映企业本期计提的固定资产折旧、油气资产折耗、生产性生物资产折旧。由于资产折旧、折耗并不影响经营活动现金流量，因此在净利润基础上调整计算时，应将其全部加回到净利润中。该项目可结合资产负债表“固定资产”、“油气资产”和“生产性生物资产”等项目分析。

（3）无形资产摊销、长期待摊费用摊销。这两个项目分别反映企业本期计提的无形资产摊销、长期待摊费用摊销。无形资产、长期待摊费用的摊销，增加了成本费用，并在计算净利润时从中扣除，由于没有发生现金流出，所以在将净利润调节为经营活动现金流量时应加回。该项目可结合资产负债表“无形资产”和“长期待摊费用”等项目分析。

以上三个项目都是未涉及现金的经营性成本费用项目，在计量过程中需要运用的会计职业判断比较多，会计灵活性也比较大。所以对于金额较大、变化显著的项目应结合会计报表附注中的相关项目及相关会计政策进行详细分析，以发现操纵会计利润的行为。

（4）处置固定资产、无形资产和其他长期资产的损失和固定资产报废损失。这两个项目属于投资活动产生的损益，所以在将净利润调节为经营活动现金流量时需要予以调节。

（5）公允价值变动损失。该项目反映持有的金融资产、金融负债以及采用公允价值计量模式的投资性房地产的公允价值变动损益。属于投资活动损益，应予以调整。

（6）财务费用。企业发生的财务费用可以分别归属于经营活动、投资活动和筹资活动。对于属于经营活动产生的财务费用，若既影响净利润，又影响经营活动现金流量，如到期支付应付票据的利息，则不需要调整；对属于投资活动和筹资活动产生的财务费用，如长期借款利息，则只影响净利润，不影响经营活动现金流量，应在净利润的基础上进行调整。

（7）投资损失。投资损益是由投资活动所引起的，与经营活动无关。因此，无论是否有现金流量，该项目都应全额调节净利润。

（8）递延所得税资产减少和递延所得税负债增加。它们分别反映企业资产负债表“递延所得税资产”和“递延所得税负债”项目的期初余额与期末余额的差额。递延所得税在计提和缴纳时间上的不一致性导致其对利润和现金流量影响时间上的不一致。因此，应在净利润的基础上进行调整。

（9）存货的减少、经营性应收项目的减少和经营性应付项目的增加。它们分别反映了企业资产负债表“存货”项目、企业本期经营性应收项目（包括应收票据、应收账款、预付账款、长期应收款和其他应收款中与经营活动有关的部分及应收的增值税销项税额等）和企业本期经营性应付项目（包括应付票据、应付账款、预收账款、合同负债、应付职工薪酬、应交税费、应付利息、应付股利、长期应付款、其他应付款中与经营活动有关的部分及应付的增值税进项税额等）的期初余额与期末余额的差额。

经营活动存货的增加，说明现金减少或经营性应付项目增加；存货减少，说明非付现销售成本增加。所以，在调节净利润时，应减去存货的净增加数，或加上存货的净减少数。至于赊购增加的存货，通过同时调整经营性应付项目的增减变动而进行自动抵消。若存货的增减变动不属于经营活动，则不作调整，如接受投资者投入的存货应作扣除。

经营性应收项目增加，说明企业未收到现金的收入增加，即利润增加但现金流量未增加。经营性应收项目减少，说明应收款项收回，现金增加，但不影响利润。所以，要对由此引起的净利润与现金流量的差异进行调整。经营性应付项目的情况与此相反。

现将BQC公司2023年与2022年的现金流量表附注信息截取并编制垂直分析表，见

表 7–15。

表7–15 **BQC公司净利润现金流量调节表内部项目的垂直分析** 单位：百万元

项目	2023年	2022年	2023年（%）	2022年（%）	变动情况（%）
净利润	31 344.07	17 713.10	18.47	12.58	5.89
加：信用减值损失	1 579.61	989.52	0.93	0.70	0.23
资产减值准备	2 188.22	1 386.46	1.29	0.98	0.31
固定资产折旧	37 715.40	14 602.47	22.22	10.37	11.85
使用权资产折旧	1 390.50	584.23	0.82	0.41	0.41
投资性房地产折旧	2.50	2.50	0	0	0
无形资产摊销	4 174.18	5 099.23	2.46	3.62	–1.16
长期待摊费用摊销	270.15	81.59	0.16	0.06	0.10
处置固定资产和其他长期资产的损失	1 053.70	876.12	0.62	0.62	0
公允价值变动收益	–257.74	–126.10	–0.15	–0.09	–0.06
财务费用	529.61	616.27	0.31	0.44	–0.13
投资损失/（收益）	–1 635.14	769.18	–0.96	0.55	–1.51
递延所得税资产增加	–2 174.98	–1 773.59	–1.28	–1.26	–0.02
递延所得税负债增加	774.85	1 204.96	0.46	0.86	–0.40
存货的减少	–7 602.10	–36 564.50	–4.48	–25.96	21.48
经营性应收项目的减少	–12 641.19	–17 546.59	–7.45	–12.46	5.01
经营性应付项目的增加	112 737.46	152 528.8	66.42	108.30	–41.88
其他	275.94	394.00	0.16	0.28	–0.12
经营活动产生的现金流量净额	169 725.03	140 837.66	100.00	100.00	0

BQC公司2023年的净利润为31 344.07百万元，而其在这一期间内的经营活动现金流量净额为169 725.03百万元，同期经营活动净现金流比净利润增加138 380.96百万元。通过表7–15可见，形成这种差距的主要原因在于表中各个项目，但在净利润基础上调增经营活动净现金流的项目主要原因为：①经营性应付项目增加112 737.46百万元，占经营活动产生的现金流量净额的66.42%；②非付现经营性费用增加，包括折旧、摊销和各项资产减值共47 320.56百万元，占经营活动产生的现金流量净额的占比合计为27.88%，其中规模最大的是固定资产折旧增加了37 715.40百万元，占经营活动产生的现金流量净额的占比为22.22%；③非现金流动资产的增加使上述差距缩小，如，如存货增加7 602.10百万元，经营性应收项目增加12 641.19百万元。与2022年相比，在净利润基础上调整经营活

动净现金流的过程中，以上三个项目占经营活动净现金流的比重变化亦最为显著：经营性应付项目增加的占比减少了41.88%；存货的增加占比减少了21.48%，表明占用的经营活动现金流减少；固定资产折旧占比增加了11.85%。

特别需要指出的是BQC公司2023年经营性应付项目增加112 737.46百万元，是减少资金占用最多的项目，相应的资产负债表项目发生的变化主要包括："应付票据及应付账款"增加54 717.40百万元，"应付职工薪酬"增加5 101.83百万元，"应交税费"增加3 525.93百万元，"其他应付款"增加42 849.01百万元。对于经营性应付项目的增长，是BQC公司2023年新能源汽车销量暴增导致业务扩张，销量与采购量飙升，自然推高应付款项；同时因在所处行业居于龙头地位，无疑赋予了其在供应链中的占款能力，将应付款项作为无息融资工具。BQC公司2023年经营性应收项目增加12 641.19百万元，结合利润表的分析我们可以看到，公司当年营业收入增长额为178 254.72百万元，同比增长42.04%；营收增长显著高于经营性应收项目的增长，反映出BQC公司营业收入的增长主要来自现金销售或及时回款，而非通过放宽信用政策刺激赊销，表明BQC公司相比客户具有十分明显的议价能力，这源于产品本身的高竞争力。

知识拓展7-2

【思政案例】

格力电器现金流充裕，要给市场稳定预期[①]

1.案例分析资料

财联社记者从格力电器采访获悉，格力电器对未来三年股东回报有明确规划，公司要建立科学、持续、稳定的公司回报机制，给市场稳定的预期，同时公司现金流充裕，具备分红能力，秉承一直以来的重视股东回报的初心。2022年1月24日，格力电器公告披露，2022—2024年公司每年进行两次利润分配，每年累计分红总额不低于当年净利润的50%。

近年来，国家出台一系列的政策促进我国家电行业的发展，共建"一带一路"推动了家电行业产品走出国门，开辟海外市场。此外，我国产品消费升级的趋势日益明显，政府关注民生，对于高能效家电的关注程度越来越高，在供给侧结构性改革政策的要求下，家电企业进一步进行产品升级，清除积压加速周转，以确保稳增长、调结构、抗风险、重民生的发展方略。格力电器连续三年经营活动现金流量及其与利润的关系见表7-16。

表7-16　**格力电器经营活动现金流量及其与利润关系表**　金额单位：亿元

	2019年	2020年	2021年
营业成本	987.09	760.08	845.76
平均存货	91.46	118.24	120.5
存货周转率	10.79	6.43	7.02
经营活动净现金流量	277.88	163.59	57.57
净利润	228.32	198.37	29.95
核心利润（营业收入-营业成本-期间费用）	220.29	226	251.07
经营活动净现金流量/核心利润	1.26	0.72	0.23

① 任超宇. 格力电器：公司现金流充裕 要给市场稳定预期［EB/OL］.［2022-01-24］. https://baijiahao.baidu.com/s?id=1722847007609969549&wfr=spider&for=pc.根据格力电器2019—2021年年报数据加工整理。

格力电器在2019—2021年存货周转率都远高于2次，说明格力电器将存货推向市场的能力较强。其经营活动净现金流量与核心利润之比在2019年达到1.26，可见在2019年格力的核心利润以及净利润有较强的经营活动净现金流量支撑，即有利润更有现金净流量，说明在2019年的利润质量较高。2020—2021年受疫情影响，格力电器经营活动净现金流回笼有所影响。

根据经济增长理论，经济增长的动力在于资本的积累、劳动力的增加和生产效率的提高。在科技水平一定的条件下，资本的扩张也好，劳动力的增加也好，都不可能是一个无限的过程，假以时日总会遇到“天花板”。唯有以科技创新带来生产效率的提升，才是一个可以在知识累积基础上不断进行创造的无限过程，能够为经济增长提供取之不尽、用之不竭的动力。对于格力电器而言，空调一直是其核心业务。但是，目前空调行业的竞争异常激烈，市场过度饱和，并且受到经济下行、消费趋势低迷等外部环境的影响。格力电器正以科技创新推动高质量发展，采取相关多元化和非相关多元化并举的措施。前者是指进入与主营业务相关的小家电与冰箱领域，后者则是指涉足与主营业务不相关的智能手机、机器人、新能源汽车等领域。未来格力电器在科技创新、高质量发展的战略驱动下，利润与经营活动现金流将进一步向好，以实现近三年的市场稳定和股东回报预期。

2.案例分析提示

（1）通过案例学习，明确现金流量表分析在企业价值创造评价中的意义与作用，树立用科学、公开、透明的估值理念评价企业的价值创造结果，夯实上市公司与投资者的沟通桥梁，强化财务分析的社会责任意识。

思政知识 7-1

（2）通过案例学习，使学生基于公司管理者视角，进一步增强传递公司价值信息动力和严谨性，合理诠释利润与经营活动现金流的差异，提升自身业务素质和法治观念，准确分析判断公司的利润质量，防控信息披露中的舞弊行为。

（3）通过案例学习，使学生以经济社会发展要以推动高质量发展为主题，通过格力电器战略转型下的现金流量表现、市场稳定和股东回报预期等，理解科技创新、绿色发展在企业价值创造中的引领作用。

□ 本章小结

现金流量表是以收付实现制为基础编制的，是反映企业一定会计期间内现金及现金等价物流入和流出信息的一张动态报表。

现金流量表反映了企业在一定时期内创造的现金数额，揭示了在一定时期内现金流动的状况，通过现金流量表分析，可以达到以下目的：①从动态上了解企业现金变动情况和变动原因。②判断企业获取现金的能力。③评价企业盈利的质量。

现金流量表综合分析包括现金流量表总体分析、现金流量表水平分析、现金流量表结构分析、现金流量表趋势分析、现金流量组合分析和自由现金流量分析。

进行现金流量表的总体分析，就是要根据现金流量表的数据，对企业现金流量总体情况进行分析与评价。

现金流量表水平分析可以揭示本期现金流量与前期或预计现金流量的差异。

现金流量表结构分析的目的在于揭示现金流入量和现金流出量的结构情况，从而抓住企业现金流量管理的重点。

现金流入结构分为总流入结构和内部流入结构。总流入结构是反映企业经营活动的现金流入量、投资活动的现金流入量和筹资活动的现金流入量分别占现金总流入量的比重。内部流入结构反映的是经营活动、投资活动和筹资活动等各项业务活动现金流入中具体项目的构成情况。现金流入结构分析可以明确企业的现金究竟来自何方，增加现金流入应在哪些方面采取措施等。

现金流量表趋势分析可以揭示现金流量长期发展变化特征与行业趋势。

现金流量组合分析可以发现企业当前的经营状况特征。

企业自由现金流量等于经营活动现金流量减去营运资本追加额和资本性支出。

股权自由现金流量等于企业自由现金流量减去债权人现金流量。

现金流量表分项分析包括经营活动现金流量项目分析、投资活动现金流量项目分析、筹资活动现金流量项目分析和汇率变动对现金的影响分析。现金流量与利润综合分析包括经营活动现金流量净额与净利润关系分析和现金流量表补充资料主要项目分析。

利润表是按照权责发生制来归集企业的收入和支出，而现金流量表是按照收付实现制来归集企业的收入和支出。它们反映的经济活动是相同的，只是反映的角度不同。在长期范围内，二者反映的累计结果应该趋于一致，即净利润和经营活动产生的现金流量在一段很长时间内的累计结果应该趋于一致。但是，在某个会计期间内，净利润和经营活动产生的现金流量净额却往往不一致，原因可根据净利润与经营活动净现金流量之间的关系公式深入解析。

第三篇 财务效率分析

第八章

盈利能力分析

□ 学习目标

本章学习的主要目标是使学生掌握盈利能力分析的目的与内容，以及资本经营盈利能力、资产经营盈利能力、商品经营盈利能力和上市公司盈利能力的具体分析指标与分析方法。

◇ 知识目标

了解盈利能力分析的目的；掌握资本经营、资产经营和商品经营的内涵及相互关系；掌握资本经营、资产经营、商品经营和产品经营盈利能力的内涵及指标，掌握同行业企业盈利能力对比分析的方法。

◇ 技能目标

掌握净资产收益率的计算与分析；掌握总资产报酬率的计算与分析；掌握各种收入利润率、成本利润率的计算与分析；掌握上市公司与股权、股价相关的盈利能力指标的计算与分析。

◇ 能力目标

通过学习盈利能力分析的内容和方法，能够针对具体的案例，分析其资本经营盈利能力、资产经营盈利能力、商品经营盈利能力和上市公司盈利能力，并进行同行业比较分析。

◇ 思政目标

企业盈利能力分析的本质，是穿透财务数据洞察价值创造的伦理根基。企业伦理建设实质是培育“道德资产”这一特殊无形资产，其摊销周期跨越整个生命周期。通过盈利能力分析，明确一切财富的本质是伦理道德，修德者即修财富。

课程思政教学模块图

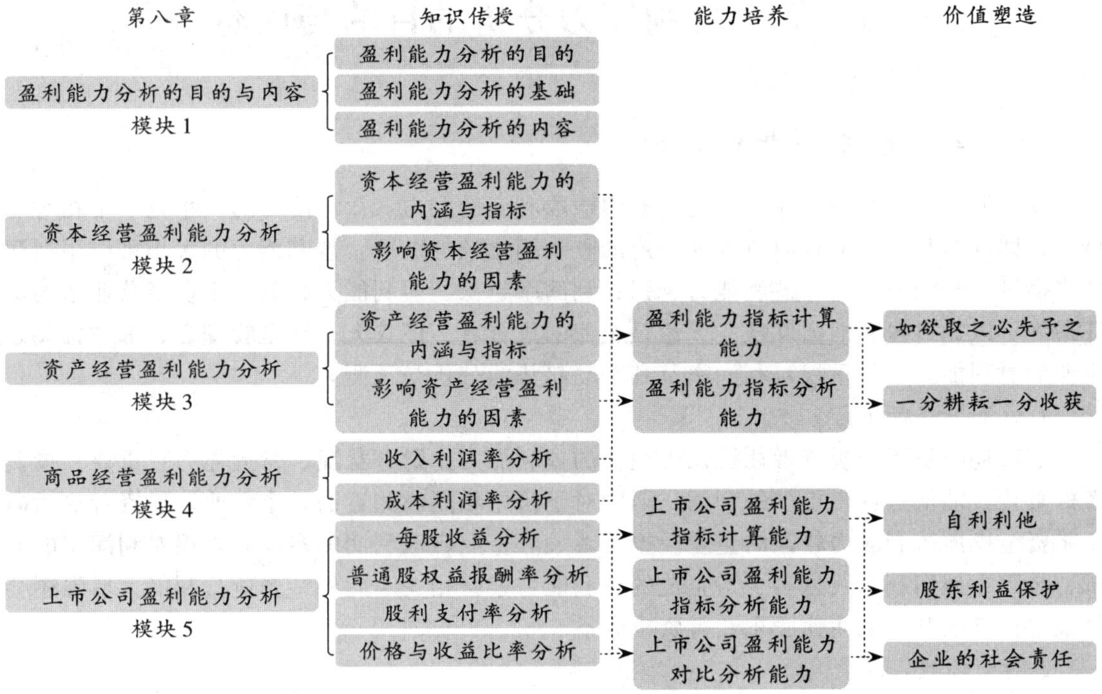

2024年8月29日，比亚迪公司发布了2024年半年度报告。报告显示，比亚迪公司上半年实现营业收入3 011.27亿元，同比增长15.76%，实现净利润141.13亿元，同比增长23.37%，业绩保持高速增长态势。2024年上半年，尽管面对汽车行业竞争加剧的挑战，比亚迪公司凭借不断提升的品牌力、持续扩大的规模优势和强大的产业链成本控制能力，基本每股收益和稀释每股收益均为4.68元/股，同比增长24.14%，加权平均净资产收益率为9.67%，同比增长0.31%。

比亚迪公司作为全球新能源汽车行业先行者和领导者，凭借精准的战略布局、领先的技术实力、深刻的市场洞察，在行业竞争日趋激烈的大背景下，实现业务的长足发展，稳步推进品牌力提升及出海战略布局。根据中汽协数据，2024年上半年，公司新能源汽车市占率进一步提升至32.6%，蝉联国内汽车销量冠军，稳居全球新能源汽车销量第一，品牌影响力继续扩大。汽车、汽车相关产品及其他产品毛利率为23.94%，同比增加3.27个百分点。新能源乘用车业务继续保持良好的盈利能力。

那么，什么是盈利能力？如何对企业盈利能力进行全面、深入、综合的分析？分析盈利能力的指标有哪些？上市公司和非上市公司在衡量盈利能力方面有什么不同？同行业企业之间对比对盈利能力分析有什么作用？通过本章学习可以了解并掌握盈利能力分析的技术和方法。

资料来源：根据比亚迪公司2024年半年度报告整理。

第一节 盈利能力分析的目的与内容

一、盈利能力分析的目的

盈利能力通常是指企业在一定时期内赚取利润的能力。盈利能力的大小是一个相对的概念，即利润与一定的资源投入或一定的收入相比较的结果。盈利能力的大小可以用利润率来衡量，利润率越高，盈利能力越强；利润率越低，盈利能力越弱。企业经营业绩的好坏最终可以通过盈利能力反映。无论是企业的投资者、债权人，还是管理者，都非常关心企业的盈利能力，并重视对利润率及其变动趋势的分析与预测。

1.对于投资者而言

在市场经济下，投资者往往认为企业的盈利能力比财务状况、营运能力更重要。投资者的直接目的就是获得更多的利润，因为对于信用相同或相近的几个企业，投资者更倾向于将资金投向盈利能力较强的企业。投资者关心企业赚取利润的多少并重视对利润率的分析，是因为他们获取股息多少与企业的盈利能力紧密相关。此外，企业盈利能力增强还会使股票价格上升，从而使股东获得资本收益。

2.对于债权人而言

利润是企业偿债的重要资金来源，特别是偿还长期债务。盈利能力的强弱直接影响企业的偿债能力。企业举债时，债权人势必审查企业的偿债能力，而偿债能力的强弱最终取决于企业的盈利能力。因此，盈利能力是企业偿债能力的保障，债权人非常重视分析企业的盈利能力。

3.对于经营者而言

企业从事各种经营活动，直接目的是最大限度地赚取利润并维持企业持续稳定地经营和发展。企业持续稳定地经营和发展是获取利润的基础；而最大限度地获取利润又是企业持续稳定发展的目标和保证。只有在不断地获取利润的基础上，企业才可能发展；同样，盈利能力较强的企业比盈利能力较弱的企业具有更大的活力和更好的发展前景。因此，盈利能力是企业经营者最重要的业绩衡量标准，也是发现问题、改进企业管理的突破口。

【思政知识】

生财的大道就是做人的大道，经济的学问就是做人的学问。洁身自好就是经济，而且是确定的经济。摒除邪念就是投资，而且是稳赚的投资。经济中最大的不确定性是自己的秉性；投资中最大的风险是自己在道德行为上的铤而走险。修身就是经营，断恶就是“风险控制”，为善就是稳赚不赔的“稳健投资”，道德提高就是事业发展，福德积聚就是财富积累。表面上看，企业经营有赚有赔，实质是道德人伦笃行程度的经济反映。不是经营有成功和失败，而是德行的成与败。一切财富、境遇、机会、运气与德行相应，没有例外。一切赔赚，全部是自己决定的。祸因恶积，福缘善庆。得道者多助，失道者寡助；最高的求财境界，是“不思而得”，其次是“仁智而得”，再次是“机巧而得”，最次是“争抢而得”。[①]

① 钟永圣．中国经典经济学（第2版）［M］．北京：中国财政经济出版社，2023：43.

二、盈利能力分析的基础

从不同角度或从不同分析目的看，利润率指标有多种形式。不同层次、不同性质的企业经营方式不同，反映企业盈利能力的指标形式也会有所不同。经营方式是盈利能力分析的基础。按照经营方式划分，可以将经营分为资本经营、资产经营、商品经营和产品经营四种类型。

（一）经营方式与盈利能力

1.资本经营及其盈利能力

资本经营是与资本经营型的企业经营方式紧密联系的。资本经营型的企业特点是围绕资本保值增值进行经营管理，把资本收益作为管理的核心，资产经营、商品经营和产品经营都服从于资本经营目标。资本经营型企业的管理目标是资本保值与增值或追求资本盈利能力最大化。因此，资本经营的内涵是企业以资本为基础，通过优化配置来提高资本经营效益的经营活动。其活动领域包括资本流动、收购、重组、参股和控股等能实现资本增值的领域，其活动目的是使企业以一定的资本投入，取得尽可能多的资本收益。

2.资产经营及其盈利能力

资产经营是与资产经营型的企业经营方式紧密相连的。资产经营型企业的特点是把资产作为企业资源投入，并围绕资产的配置、重组、使用等进行管理。在资产经营情况下，产品经营或商品经营要以资产经营为基础，即围绕资产经营进行商品经营和产品经营。资产经营型企业的管理目标是追求资产的增值和资产盈利能力的最大化。因此，资产经营的基本内涵是合理配置与使用资产，以一定的资产投入，取得尽可能多的收益，为资本经营盈利能力奠定基础。

3.商品经营及其盈利能力

商品经营是与生产经营型的企业经营方式紧密相连的。所谓生产经营型，其基本特点是围绕产品生产进行经营管理，包括供应、生产和销售各环节的管理及相应的筹资与投资管理。生产经营型企业管理的目标是追求供产销的衔接及商品的盈利性。因此，商品经营的基本内涵是企业以市场为导向，组织供产销等经营活动，以一定的人力、物力消耗，生产与销售尽可能多的社会需要的商品，为资产经营盈利能力奠定基础。

4.产品经营及其盈利能力

商品经营中涉及的供产销环节的核心是产品经营。产品经营的基本特点是只管生产，不管供应与销售，更不管筹资、投资等。因此，产品经营的基本内涵就是在企业计划指导下，组织产品生产，以一定的人力、物力消耗按时、保质、保量生产出更多的产品，为商品经营盈利能力奠定基础。

（二）四种经营方式之间的联系

1.资本经营与资产经营

人们在使用“资本经营”与“资产经营”概念时往往会产生一定程度的混淆。这种混淆从表面看主要源于对“资本”和“资产”概念的不同认识。因此，要搞清资本经营与资产经营的关系，首先应搞清资本与资产的内涵。从经济学角度来看，资本的内涵与我们通常所说的资产的内涵基本相同，但是它侧重于揭示企业所拥有的经济资源，而不考虑这些资源的来源和特征。从这个角度来看，资本经营实际上等同于上述的资产经营。从会计学角度看，狭义的资本通常是指企业所有者投入的资本（自有资本或所有者权益），它与资产是不同的。广义的资本是由狭义资本（自有资本或所有者权益）和负债（他人资本）构成的。会计学中的资本实质上揭示了企业经济资源的来源及特征。从这个角度看，资本经营与资产经营是不同的。研究资产经营与资本经营的关系，正应从这个角度并且在这个前提下进行。它们之间的区别主要表现在以下两个方面：第一，经营内容不同，资产经营主要强调资产的配置、重组及有效使用；资本经营主要强调资本流动、收购、重组、参股和控股等。第二，经营出发点不同，资产经营从整个企业出发，强调全部资源的运营，而不考虑资源的产权问题；资本经营则在产权清晰的基础上从企业所有者出发，强调资本（主要指自有资本或所有者权益）的运营，把资产经营看作资本经营的环节或组成部分。它们之间的联系主要表现在以下两个方面：第一，资本与资产的关系决定了二者之间相互依存、相互作用，资本经营要以资产经营为依托，资本经营不能离开资产经营而孤立存在；第二，资本经营是企业经营的最高层次，资本经营是资产经营的进步。

2.资产经营与商品经营

资产经营与商品经营既相互联系，又相互区别，主要体现在以下几个方面：第一，资产经营不能离开商品经营而独立存在，没有有效的商品经营就不能取得好的资产经营效果。第二，资产经营是商品经营的进一步发展，它不仅考虑了商品本身的消耗与收益，还考虑了资产的投入与产出及周转速度，并以此作为经营的核心。第三，资产经营目标比商品经营目标更综合。实现商品经营目标是实现资产经营目标的基础，但不是全部。要实现资产经营目标，应在商品经营的基础上，进一步搞好资产的重组与有效使用，加快资产周转速度。

案例分析8-1

3.商品经营与产品经营

商品经营和产品经营既相互联系，又有所区别。二者的联系和区别主要体现在以下几个方面：第一，产品经营是商品经营的一个环节，且是一个最基本的环节；商品经营是产品经营的扩展。第二，产品经营主要侧重于产品实物经营，而不强调投入品与产出品的价格；商品经营不仅重视产品实物经营，而且强调价值经营，即考虑投入品与产出品的价格。第三，商品经营目标比产品经营目标更综合。因此，要实现商品经营盈利能力，既要提高产品经营盈利能力，又要重视供产销的衔接及价值管理。

三、盈利能力分析的内容

盈利能力分析是企业财务分析的重点。财务结构分析、偿债能力分析等分析工作的根本目的是通过分析及时发现问题，改善企业财务结构，提高企业偿债能力、经营能力，最终提高企业的盈利能力，促进企业持续稳定发展。对企业盈利能力的分析主要指对利润率的分析。因为尽管利润额的分析可以说明企业财务成果的增减变动状况及原因，为改善企业经营管理指明方向，但是，由于利润额受企业规模或投入总量的影响较大，因此，利润额一方面不便于在不同规模的企业之间进行对比，另一方面也不能准确地反映企业的盈利能力和盈利水平。所以，仅进行利润额分析一般不能满足各方面对财务信息的要求，还必须对利润率进行分析。

本章对企业盈利能力的分析将按照前文所划分的资本经营、资产经营与商品经营，分别从这几方面进行分析。同时，上市公司因为股权流通、股票价格公开等因素，有一些特殊的指标，因此，还应对上市公司特有的盈利能力指标进行分析。

（一）资本经营盈利能力分析

资本经营盈利能力分析主要对净资产收益率指标进行分析与评价。进一步探讨对净资产收益率产生影响的指标，主要有总资产报酬率、负债利息率、企业资本结构和所得税税率等。

（二）资产经营盈利能力分析

资产经营盈利能力分析主要对总资产报酬率指标进行分析和评价。进一步探讨对总资产报酬率产生影响的指标，主要有总资产周转率和销售息税前利润率。

（三）商品经营盈利能力分析

商品经营盈利能力分析，即利用利润表资料进行利润率分析，包括收入利润率分析和成本利润率分析两方面内容。

知识拓展8-1

（四）上市公司盈利能力分析

上市公司盈利能力分析主要是对每股收益指标、普通股权益报酬率指标、股利支付率指标、价格与收益比率指标，以及每股经营现金流量等进行分析。

第二节　资本经营盈利能力分析

一、资本经营盈利能力的内涵与指标

资本经营盈利能力，是指企业所有者投入的资本通过经营取得利润的能力。反映资本经营盈利能力的基本指标是净资产收益率，即企业本期净利润占净资产平均余额的比率，其计算公式是：

$$净资产收益率=\frac{净利润}{净资产平均余额}\times 100\%$$

上式中：净利润是指企业当期税后利润；净资产是指企业资产减去负债后的余额，包括实收资本、其他权益工具、资本公积、其他综合收益、盈余公积、未分配利润和少数股东权益等，也就是资产负债表中的所有者权益总额。对于净资产平均余额，一般取期初与期末的平均值。

净资产收益率是反映盈利能力的核心指标。因为企业的根本目标是所有者权益或股东价值最大化，而净资产收益率既可直接反映资本的增值能力，又影响着企业股东价值的大小。该指标越高，反映企业盈利能力越好。评价标准通常包括社会平均利润率、行业平均利润率或资本成本等。

二、影响资本经营盈利能力的因素

影响净资产收益率的因素主要有总资产报酬率、负债利息率、资本结构和所得税税率等。

1.总资产报酬率

净资产是企业全部资产的一部分，因此，净资产收益率必然受企业总资产报酬率的影响。在负债利息率和资本构成等其他条件不变的情况下，总资产报酬率越高，净资产收益率就越高。

2.负债利息率

负债利息率之所以影响净资产收益率，是因为在资本结构一定的情况下，如果总资产报酬率高于负债利息率，负债利息率越低，投资人（股东）获得的杠杆利益越大；反之，杠杆利益越小。如果总资产报酬率低于负债利息率，负债利息率越高，投资人（股东）的杠杆损失越大；反之，杠杆损失越小。

3.资本结构或负债与所有者权益之比

当总资产报酬率高于负债利息率时，提高负债与所有者权益之比，净资产收益率也会随之提高；反之，降低负债与所有者权益之比，净资产收益率随之降低。

4.所得税税率

由于净资产收益率的分子是净利润，即税后利润，因此，所得税税率的变动必然引起净资产收益率的变动。通常情况下，所得税税率提高，净资产收益率下降；反之，净资产收益率上升。

净资产收益率与各影响因素之间的关系，可用计算公式表示：

$$净资产收益率=\left[\frac{总资产}{报酬率}+（总资产报酬率-负债利息率）\times\frac{负债平均余额}{净资产平均余额}\right]\times（1-所得税税率）$$ [①]

三、资本经营盈利能力案例分析

（一）资本经营盈利能力趋势分析

2014—2023年BQC公司净资产收益率及变动率，如图8-1所示。可以看出，BQC公司的净资产收益率在2%~24%区间变动。2014年最低为2.75%，2023年达到峰值为23.06%。但净资产收益率不稳定，2015年和2022年净资产收益率变动率最高，都在230%以上，在10年间净资产收益率变动率有4年为负值，6年为正值。这种变化是企业个性还是行业共性？需要继续进行行业对比分析。

（二）资本经营盈利能力行业对比分析

2014—2023年五家汽车企业的净资产收益率进行对比，如图8-2所示。可以看出，五家企业的净资产收益率在2018年和2019年均有不同程度的下降，说明是行业共性。其中，CAQC公司净资产收益率呈先降后升之势，2014—2019年净资产收益率持续下滑，由2014年的34.10%下降至2019年的-5.88%；从2020年开始上升，2023年为13.81%，说明该公司资本经营盈利能力从低谷开始反弹。CCQC公司的净资产收益率在2014—2016年保持在

---

① 公式推导过程如下：净资产收益率=（利润总额/净资产平均余额）×（1-所得税税率）=（利润总额+利息支出-利息支出）/净资产平均余额×（1-所得税税率）=［（利润总额+利息支出）/总资产平均余额×（总资产平均余额/净资产平均余额）-利息支出/净资产平均余额］×（1-所得税税率）=［（利润总额+利息支出）/总资产平均余额×（1+负债平均余额/净资产平均余额）-利息支出/净资产平均余额］×（1-所得税税率）=［（利润总额+利息支出）/总资产平均余额+（利润总额+利息支出）/总资产平均余额×（负债平均余额/净资产平均余额）-（利息支出/净资产平均余额）×（负债平均余额/负债平均余额）］×（1-所得税税率）=［（利润总额+利息支出）/总资产平均余额+（负债平均余额/净资产平均余额）×（利润总额+利息支出）/总资产平均余额-（负债平均余额/净资产平均余额）×（利息支出/负债平均余额）］×（1-所得税税率）=［总资产报酬率+（总资产报酬率-负债利息率）×（负债平均余额/净资产平均余额）］×（1-所得税税率）。

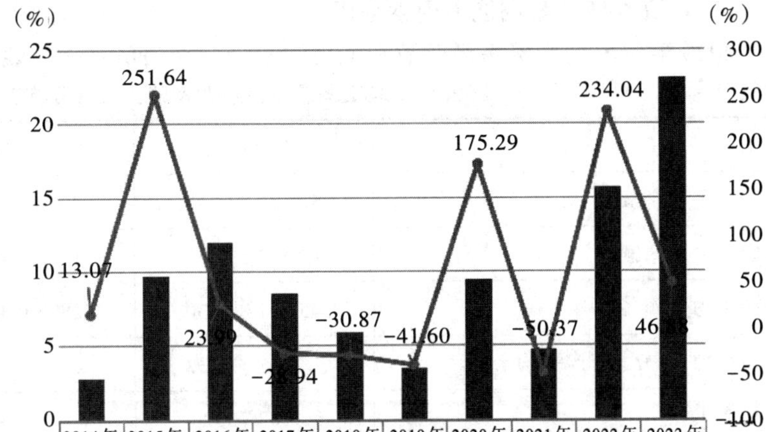

	2014年	2015年	2016年	2017年	2018年	2019年	2020年	2021年	2022年	2023年
净资产收益率（左轴）	2.75	9.67	11.99	8.52	5.89	3.44	9.47	4.70	15.70	23.06
净资产收益率变动率（右轴）	13.07	251.64	23.99	-28.94	-30.87	-41.60	175.29	-50.37	234.04	46.88

图8-1　2014—2023年BQC公司净资产收益率及变动率趋势图

22%以上，从2017年开始大幅下降，此后维持在8%~13%，表明该公司净资产收益率相对稳定。SQJT公司的净资产收益率除2021年以外均在下降，说明该公司资本经营盈利能力持续下降。GQJT公司的净资产收益率在2014—2019年呈先升后降之势，其中，2017年达到峰值18.78%。GQJT公司2019—2022年的净资产收益率在7%至9%之间变动，相对其他企业波动较小，相对稳定。总之，同行业五家企业的净资产收益率趋势并不一致。BQC公司2022—2023年的净资产收益率大幅提高，达到峰值23.06%，在五家企业中最高；但之前有5年处于五家企业中最低水平，说明BQC公司之前资本经营盈利能力处于相对较低的水平。

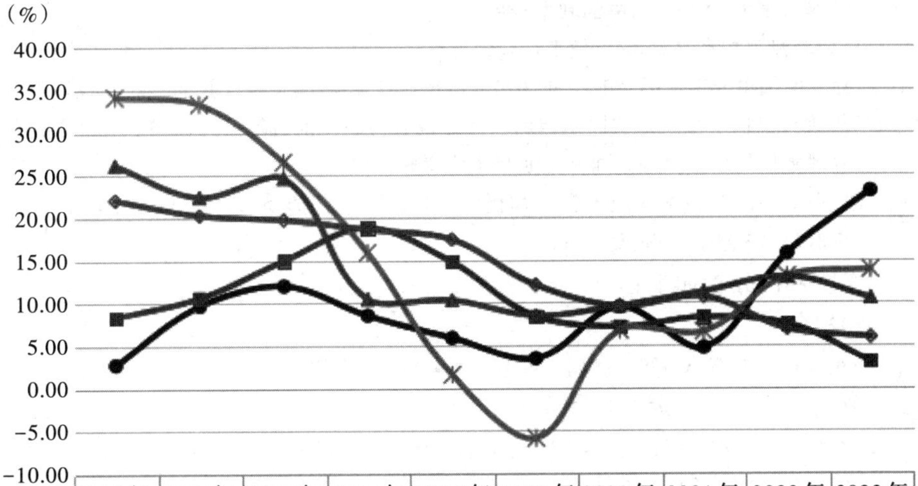

	2014年	2015年	2016年	2017年	2018年	2019年	2020年	2021年	2022年	2023年
BQC(%)	2.75	9.67	11.99	8.52	5.89	3.44	9.47	4.70	15.70	23.06
GQJT(%)	8.34	10.61	14.94	18.78	14.76	8.37	7.16	8.25	7.45	3.03
CAQC(%)	34.10	33.28	26.51	15.87	1.55	−5.88	6.75	6.59	13.04	13.81
CCQC(%)	26.14	22.42	24.62	10.44	10.29	8.46	9.60	11.26	12.96	10.50
SQJT(%)	22.06	20.24	19.71	18.58	17.39	12.05	9.56	10.63	6.87	5.91

图8-2　2014—2023年五家汽车企业净资产收益率对比图

（三）资本经营盈利能力因素分析

2023年BQC公司资本经营盈利能力因素分析相关信息，见表8-1。

表8-1 2023年BQC公司资本经营盈利能力因素分析表 金额单位：万元

项目	2023年	2022年	差异
总资产平均余额	58 670 415.80	39 482 039.65	
净资产平均余额	13 592 597.50	11 281 702.30	
负债平均余额	45 077 818.30	28 200 337.35	
负债平均余额/净资产平均余额	3.32	2.50	0.82
利息支出	182 760.50	131 635	
负债利息率（%）	0.41	0.47	-0.06
利润总额	3 726 863.70	2 107 972.90	
息税前利润	3 909 624.20	2 239 607.90	
净利润	3 134 407	1 771 310.40	
所得税税率（%）	15.90	15.97	-0.07
总资产报酬率（%）	6.66	5.67	0.99
净资产收益率（%）	23.05	15.69	7.36

注：

*利息支出按照财务费用中的利息费用计算。

**负债利息率按利息支出/负债平均余额推算。

***所得税税率分别根据2022年和2023年所得税费用/利润总额计算而得，不仅数据容易获取，而且计算出来的所得税税率是企业实际承担的，考虑税收优惠、前后期差异调整、境外子公司，以及亏损子公司等综合因素后的税收负担，而非企业法定所得税税率。

根据表8-1的资料对BQC公司的资本经营盈利能力进行分析如下：

分析对象=23.05%-15.69%=7.36%

连环替代分析如下：

2022年：

［5.67%+（5.67%-0.47%）×2.5］×（1-15.97%）=15.69%

第一次替代（总资产报酬率）：

［6.66%+（6.66%-0.47%）×2.5］×（1-15.97%）=18.60%

第二次替代（负债利息率）：

［6.66%+（6.66%-0.41%）×2.5］×（1-15.97%）=18.73%

第三次替代（杠杆比率）：

［6.66%+（6.66%-0.41%）×3.32］×（1-15.97%）=23.03%

第四次替代（所得税税率）：

［6.66%+（6.66%-0.41%）×3.32］×（1-15.90%）=23.05%

各因素影响如下：

总资产报酬率变动的影响=18.60%-15.69%=2.91%

负债利息率变动的影响=18.73%-18.60%=0.13%

资本结构变动的影响=23.03%-18.73%=4.3%

税率变动的影响=23.05%-23.03%=0.02%

可见，BQC公司2023年净资产收益率比2022年上升7.36%，主要是由于总资产报酬率上升0.99%，使得净资产收益率上升2.91%；其次，负债利息率下降0.06%，对净资产收益率带来正面影响，使其上升0.13%；负债与净资产的比率增加了一定的财务杠杆作用，使净资产收益率上升4.3%；所得税税率下降0.07%，使净资产收益率上升0.02%。四因素共同作用使得BQC公司2023年净资产收益率同比增加7.36%。其中，资本结构变动是净资产收益率上升的主要因素。总之，BQC公司2023年净资产收益率同比增加7.36%，说明其资本经营盈利能力增强。

知识拓展8-2

第三节　资产经营盈利能力分析

一、资产经营盈利能力的内涵与指标

资产经营盈利能力，是指企业运营资产而产生利润的能力。反映资产经营盈利能力的指标是总资产报酬率，即息税前利润占资产平均余额的比率。其计算公式是：

$$总资产报酬率=\frac{利润总额+利息支出}{总资产平均余额}\times 100\%$$

总资产平均余额=（期初资产总额+期末资产总额）÷2

为什么计算总资产报酬率指标的公式中包括利息支出？因为，既然采用全部资产，没有从利润中扣除自有资本的等价报酬——股息和红利，那么，同样也不应扣除借入资本的等价报酬——利息，何况从企业对社会的贡献来看，利息同利润具有同样的经济意义。

总资产报酬率高，说明企业资产的运用效率高，也意味着企业的资产盈利能力强，所以，这个比率越高越好。但是在评价总资产报酬率时，还需要与本企业前期的比率、同行业其他企业的这一比率等进行比较，进一步找出影响该指标的不利因素，以利于企业加强经营管理。

二、影响资产经营盈利能力的因素

根据总资产报酬率指标的经济内容，可将其作如下分解：

$$\begin{aligned}总资产报酬率&=\frac{营业收入}{总资产平均余额}\times\frac{利润总额+利息支出}{营业收入}\times 100\%\\&=总资产周转率\times销售息税前利润率\times 100\%\end{aligned}$$

可见，影响总资产报酬率的因素有两个：一个是总资产周转率，另一个是销售息税前利润率。总资产周转率表示企业的每一单位资产能够带来的营业收入，该指标作为反映企业资产运营能力的指标，能够反映企业资产的运用效率，是企业资产经营效果的直接体现。有时，这一指标也可以用它的倒数表示，即总资产平均余额/营业收入，表示企业每产生1元的营业收入所需要投入的资产。销售息税前利润率表示企业每1元的营业收入所能带来的利润额，该指标反映了企业商品生产经营的盈利能力，商品经营盈利能力越强，销售息税前利润率越高。可见，资产经营盈利能力受商品经营盈利能力和资产运营效率两方面的影响。

三、资产经营盈利能力案例分析

（一）资产经营盈利能力趋势分析

2014—2023年BQC公司总资产报酬率及变动率，如图8-3所示。可知，BQC公司总资产报酬率在2.59%至6.66%之间波动。其中，2014—2016年BQC公司的总资产报酬率不断上升，由2014年的2.98%上升至2016年的6.52%。2017—2021年，除2020年以外，总资产报酬率不断下降，由2016年的峰值6.52%下降至2021年的2.59%。BQC公司的总资产报酬率变动率在10年间有4年为负值，6年为正值，其中，2022年的总资产报酬率变动率高达119.02%。说明BQC公司资产经营盈利能力不太稳定，与净资产收益率变动趋势基本一致，验证了企业资产经营与资本经营的关系。那么，同行业其他企业如何呢？

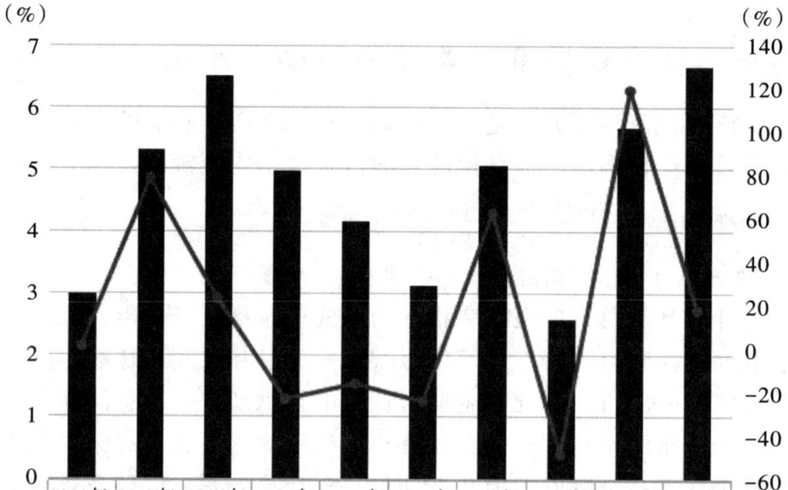

	2014年	2015年	2016年	2017年	2018年	2019年	2020年	2021年	2022年	2023年
总资产报酬率（%）（左轴）	2.98	5.31	6.52	4.98	4.15	3.13	5.07	2.59	5.67	6.66
变动率（%）（右轴）	0.97	78.19	22.79	-23.62	-16.67	-24.58	61.98	-48.92	118.92	17.46

图8-3　2014—2023年BQC公司总资产报酬率及变动率趋势图

（二）资产经营盈利能力行业对比分析

2014—2023年五家汽车企业总资产报酬率对比，如图8-4所示。可知，SQJT公司的总资产报酬率远远高于另外四家企业，说明SQJT公司资产经营盈利能力最强，在同行业中处于领先水平，但其总体呈明显下降趋势值得关注。CAQC公司的总资产报酬率呈先降后升之势，其中，2019年总资产报酬率最低为-2.39%。CCQC公司的总资产报酬率在2014—2016年保持在15%左右，从2017年开始大幅下降，此后一直低于7%。BQC公司的总资产报酬率除2020年、2022年和2023年以外，始终低于GQJT公司和CCQC公司，并有5年在五家企业中最低。总之，BQC公司的总资产报酬率，除了2022年和2023年在五家企业中位于第二，其他年份均处于相对稳定的低水平。

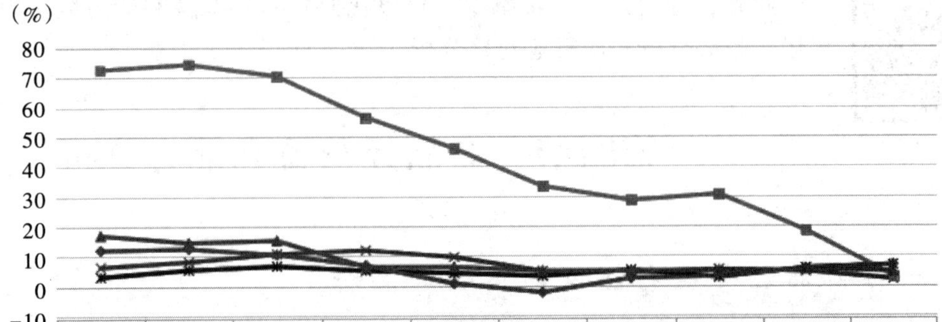

	2014年	2015年	2016年	2017年	2018年	2019年	2020年	2021年	2022年	2023年
BQC(%)	2.98	5.31	6.52	4.98	4.15	3.13	5.07	2.59	5.67	6.66
GQJT(%)	6.26	8.03	10.69	11.89	9.52	4.76	4.37	5.18	4.53	1.94
SQJT(%)	72.58	74.38	70.50	56.45	46.01	33.32	28.50	30.50	18.30	2.87
CCQC(%)	16.94	14.55	15.22	6.22	6.16	4.82	4.86	4.83	5.28	4.54
CAQC(%)	11.94	12.44	10.44	6.71	0.65	-2.39	2.33	2.95	5.44	6.74

图8-4　2014—2023年五家汽车企业总资产报酬率对比图

(三) 资产经营盈利能力因素分析

在上述总资产报酬率因素分解式的基础上，运用连环替代法或差额计算法可以分析总资产周转率和销售息税前利润率变动对总资产报酬率的影响。

以BQC公司为例，2023年资产经营盈利能力因素分析的相关信息，见表8-2。

表8-2　**2023年BQC公司资产经营盈利能力因素分析表**　金额单位：万元

项　目	2023年	2022年	变动情况
营业收入	60 231 535.40	42 406 063.50	—
利润总额	3 726 863.70	2 107 972.90	—
利息支出	182760.50	131635	—
息税前利润	3 909 624.20	2 239 607.90	—
总资产平均余额	58 670 415.80	39 482 039.65	—
总资产周转率	1.03	1.07	-0.04
销售息税前利润率（%）	6.49	5.28	1.21
总资产报酬率（%）	6.66	5.67	0.99

分析对象=6.66%-5.67%=0.99%

因素分析：

(1) 总资产周转率变动的影响=（1.03-1.07）×5.28%=-0.21%

(2) 销售息税前利润率的影响=1.03×（6.49%-5.28%）=1.25%

分析结果表明，BQC公司2023年总资产报酬率比上年上升0.99%，是总资产周转率和销售息税前利润率影响的结果。其中，总资产周转率下降0.04次，使总资产报酬率下降0.21%；销售息税前利润率上升1.21%，使总资产报酬率上升1.25%，是影响总资产报酬率的主要因素。可见，提高总资产报酬率，增强资产经营盈利能力，要从提高企业的资产运营效率——总资产周转率和商品经营盈利能力——销售息税前利润率两方面努力。

知识拓展8-3

此外，针对总资产报酬率，可以比照资本经营盈利能力分析内容，同样可以作趋势分析和同行业对比分析。

第四节 商品经营盈利能力分析

一、商品经营盈利能力的内涵与指标

商品经营是相对资产经营和资本经营而言的。商品经营盈利能力不考虑企业的筹资或投资问题，只研究利润与收入或成本之间的比率关系。因此，反映商品经营盈利能力的指标可分为两类：一类是各种利润额与收入之间的比率，统称收入利润率；另一类是各种利润额与成本之间的比率，统称成本利润率。

二、收入利润率分析

（一）收入利润率分析指标

反映收入利润率的指标主要有营业收入利润率、毛利率、总收入利润率、销售净利润率、销售息税前利润率等。不同的收入利润率，其内涵不同，揭示的收入与利润的关系不同，在分析评价中的作用也不同。

（1）营业收入利润率，指营业利润占营业收入的比率。

（2）毛利率，指毛利（即营业收入与营业成本的差额）占营业收入的比率。

（3）总收入利润率，指利润总额占总收入的比率，企业总收入包括营业收入、其他收益、投资净收益、公允价值变动净收益、资产处置净收益和营业外收支净额。

（4）销售净利润率，指净利润占营业收入的比率。

（5）销售息税前利润率，指息税前利润额占营业收入的比率，息税前利润额是指利润总额与利息支出之和。

收入利润率指标是正指标，指标值越高越好。分析时应根据分析的目的与要求，确定适当的标准值，如可用行业平均值、全国平均值、企业目标值等。

（二）收入利润率指标综合案例分析

2023年BQC公司的收入利润率及变动情况，见表8-3。可见，2023年BQC公司相比上年，各收入利润率指标均有所上升，上升幅度为1%~4%，说明BQC公司商品经营盈利能力相比上年有所提高。

表8-3 **2023年BQC公司收入利润率及变动表** 金额单位：万元

项目	2023年	2022年	差异
营业收入	60 231 535.40	42 406 063.50	—
营业成本	48 055 835	35 181 568	—
营业费用	57 144 896.30	40 356 331.10	—
全部成本费用	57 299 479.10	40 455 237.50	—
营业利润	3 810 309.50	2 154 181.90	—

续表

项目	2023年	2022年	差异
利润总额	3 726 863.70	2 107 972.90	—
净利润	3 134 407	1 771 310.40	—
利息支出	182 760.50	131 635	—
总收入	60 302 672.40	42 458 760.90	—
营业收入利润率（%）	6.33	5.08	1.25
营业收入毛利率（%）	20.21	17.04	3.17
总收入利润率（%）	6.19	4.97	1.22
销售净利润率（%）	5.20	4.18	1.02
销售息税前利润率（%）	6.49	5.28	1.21

对收入利润率的分析，还可在此基础上，进一步研究各收入利润率之间的关系，从而找出对收入利润率影响大，对企业盈利能力起主导作用的指标，进行深入分析。

2014—2023年BQC公司五项收入利润率指标对比，如图8-5所示。可知，各项收入利润率指标趋势基本一致，除了毛利率较高以外，其他各指标差距越来越小。自2017年开始，营业收入利润率和总收入利润率基本重合，说明BQC公司受非经常性事项影响较小；在五项指标中，毛利率最高，各年均在13%以上，其他指标均在7%以下。结合BQC公司的利润表分析，其营业成本占比较高，毛利率在收入利润率指标中具有代表性，由此对毛利率作进一步分析。

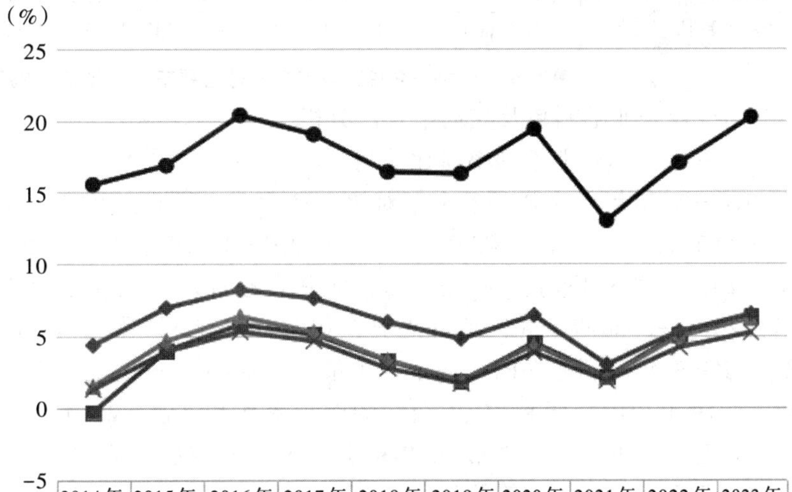

	2014年	2015年	2016年	2017年	2018年	2019年	2020年	2021年	2022年	2023年
营业收入毛利率(%)	15.55	16.87	20.36	19.01	16.40	16.29	19.38	13.02	17.04	20.21
营业收入利润率(%)	-0.31	3.97	5.79	5.11	3.26	1.81	4.52	2.14	5.08	6.33
总收入利润率(%)	1.47	4.64	6.36	5.25	3.30	1.89	4.36	2.07	4.97	6.19
销售净利润率(%)	1.27	3.92	5.30	4.64	2.73	1.66	3.84	1.84	4.18	5.20
销售息税前利润率(%)	4.36	6.95	8.21	7.60	5.95	4.78	6.42	2.98	5.28	6.49

图8-5　2014—2023年BQC公司五项收入利润率指标对比图

思政案例 8-1

（三）以毛利率为代表的收入利润率指标案例分析

1.BQC 公司毛利率分析

2014—2023 年 BQC 公司毛利率及变动率趋势，如图 8-6 所示。可知，BQC 公司的毛利率始终在 13% 至 21% 之间变动，其中，2021 年的毛利率最低为 13.02%，2016 年最高为 20.36%；毛利率变动率在 2017—2019 年和 2021 年为负值，其余各年均为正值，2021 年和 2022 年毛利率变动率绝对值较高。2021 年毛利率同比减少 6.36 个百分点，降幅为 32.81%；2022 年毛利率同比增加 4.02 个百分点，增幅为 30.83%。这种趋势是企业自身现象，还是行业整体趋势，需要进行行业对比分析。

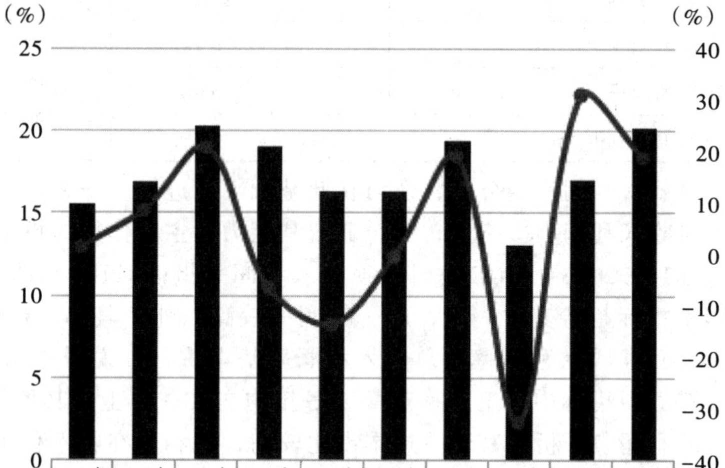

	2014年	2015年	2016年	2017年	2018年	2019年	2020年	2021年	2022年	2023年
毛利率(%)(左轴)	15.55	16.87	20.36	19.01	16.40	16.29	19.38	13.02	17.04	20.21
毛利率变动率(%)(右轴)	1.29	8.49	20.69	-6.63	-13.73	-0.67	18.97	-32.82	30.88	18.60

图8-6　2014—2023年BQC公司毛利率及变动率趋势图

2. 同行业企业毛利率及变动率对比分析

（1）五家汽车企业毛利率对比分析

2014—2023 年五家公司毛利率对比，如图 8-7 所示。可知，CCQC 公司的毛利率除了 2022 年和 2021 年外均高于 CAQC 公司，在 2017 年以前居行业首位；而 CAQC 公司的毛利率除了 2017 年之外均高于 SQJT 公司，尤其是最近两年毛利率优势明显。GQJT 公司的毛利率在 2014—2020 年呈先升后降之势，在 2019 年毛利率降至 4.23% 后，在 3% 至 6% 之间波动，且近五年毛利率在同行业企业中最低。SQJT 公司的毛利率整体处于行业较低水平。2017—2019 年 BQC 公司和 CCQC 公司的毛利率基本一致，2014—2016 年 CCQC 公司的毛利率居行业首位，2020 年和 2023 年 BQC 公司的毛利率居行业首位。总之，BQC 公司的毛利率在同行业企业中处于中等偏上的水平。

（2）五家汽车企业毛利率变动率对比分析

2014—2023 年五家汽车企业毛利率变动率对比，如图 8-8 所示。可以看出，各企业毛利率变动率波动频繁且幅度较大，没有呈现出统一的稳定上升或下降趋势，说明行业竞争环境复杂，各企业受市场、成本等因素影响程度不同，但是从图 8-8 可以看出，2019 年多家企业毛利率变动率出现较大幅度波动，是行业共同趋势。

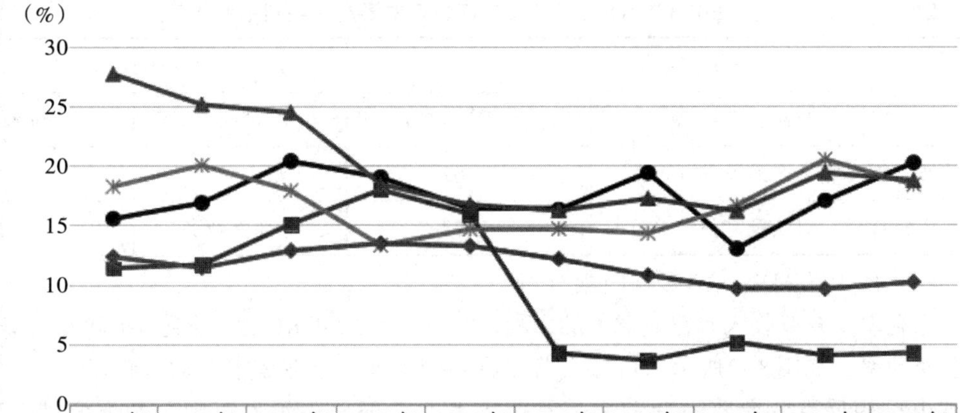

	2014年	2015年	2016年	2017年	2018年	2019年	2020年	2021年	2022年	2023年
BQC(%)	15.55	16.87	20.36	19.01	16.40	16.29	19.38	13.02	17.04	20.21
GQJT(%)	11.38	11.70	15.09	17.97	15.95	4.23	3.64	5.15	4.05	4.26
CAQC(%)	18.23	20.02	17.89	13.31	14.65	14.68	14.30	16.64	20.49	18.36
CCQC(%)	27.70	25.13	24.46	18.43	16.69	16.22	17.21	16.16	19.37	18.73
SQJT(%)	12.36	11.42	12.87	13.47	13.25	12.15	10.76	9.63	9.61	10.19

图8-7 2014—2023年五家汽车企业毛利率对比图

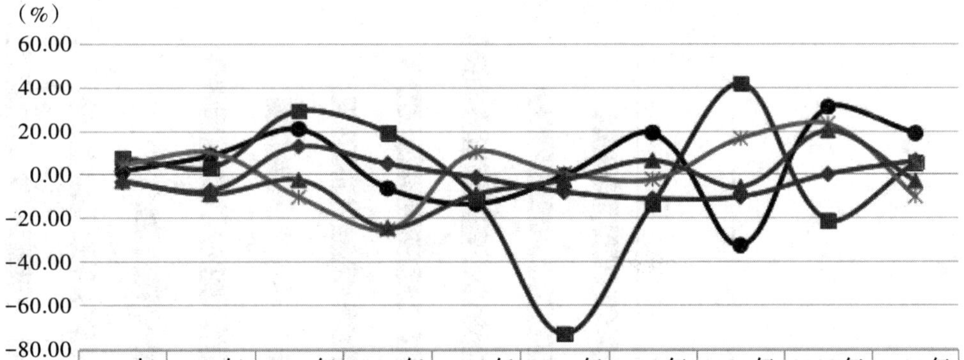

	2014年	2015年	2016年	2017年	2018年	2019年	2020年	2021年	2022年	2023年
BQC(%)	1.29	8.49	20.69	-6.63	-13.73	-0.67	18.97	-32.82	30.88	18.66
GQJT(%)	7.44	2.81	28.97	19.09	-11.24	-73.48	-13.95	41.48	-21.36	5.19
CAQC(%)	4.19	9.82	-10.64	-25.60	10.07	0.20	-2.59	16.36	23.14	-10.40
CCQC(%)	-3.14	-9.28	-2.67	-24.65	-9.44	-2.82	6.10	-6.10	19.86	-3.30
SQJT(%)	-3.75	-7.61	12.70	4.66	-1.63	-8.30	-11.44	-10.50	-0.21	6.04

图8-8 2014—2023年五家汽车企业毛利率变动率趋势对比图

(3) BQC与SQJT两家企业主要产品毛利率对比分析

BQC公司的毛利率为什么在2022—2023年显著提高反超其他企业呢？对比2023年BQC与SQJT两家公司主要产品毛利率，见表8-4。可以看出，BQC公司主要产品的毛利率在8%~24%，SQJT公司主要产品的毛利率在5%~20%，但是由于SQJT公司整车业务占主营业务收入比重远远大于其他主要产品，所以，BQC综合毛利率比SQJT高。

表8-4 2023年BQC公司与SQJT公司主要产品毛利率对比表

BQC公司		SQJT公司	
产品	毛利率（%）	产品	毛利率（%）
汽车、汽车相关产品及其他产品	23.02	整车业务	5.79
手机部件、组装及其他产品	8.78	零部件业务	19.46

（4）BQC公司毛利率影响因素分析

毛利率受营业收入和营业成本的影响，2014—2023年BQC公司毛利率和变动率以及影响因素变动率，如图8-9所示。可知，营业收入变动率与营业成本变动率越接近，毛利率变动率越小；相反，营业收入变动率与营业成本变动率差距越大，则毛利率变动率越大。在2017—2019年和2021年，营业成本变动率高于营业收入变动率，导致毛利率变动率为负值。其余年份营业收入变动率明显高于营业成本变动率，毛利率变动率为正值。总之，BQC公司营业收入和营业成本基本同步变动，受两者变动影响，毛利率变动率持续变化。

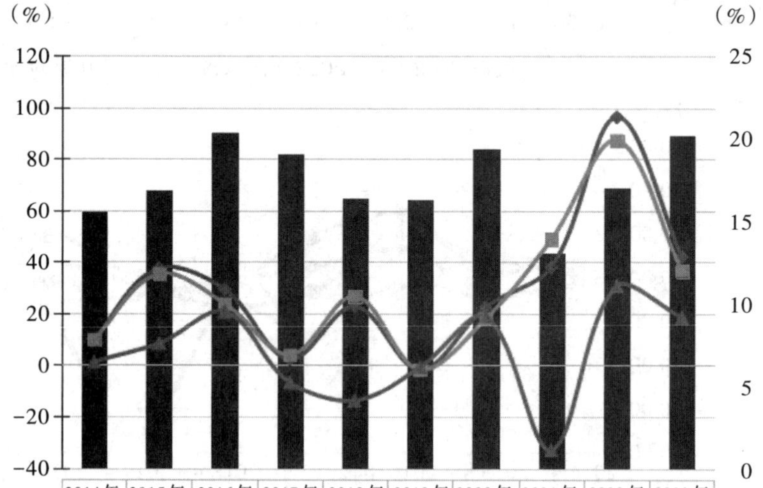

	2014年	2015年	2016年	2017年	2018年	2019年	2020年	2021年	2022年	2023年
毛利率(%)(右轴)	15.55	16.87	20.36	19.01	16.40	16.29	19.38	13.02	17.04	20.21
营业收入变动率(%)(左轴)	10.09	37.48	29.32	2.36	22.79	−1.78	22.59	38.02	96.20	42.04
营业成本变动率(%)(左轴)	9.83	35.43	23.89	4.10	26.76	−1.66	18.08	48.91	87.14	36.59
毛利率变动率(%)(左轴)	1.29	8.49	20.69	-6.63	−13.73	−0.67	18.97	-32.82	30.88	18.60

图8-9 2014—2023年BQC公司毛利率和变动率及影响因素变动率趋势对比图

（5）BQC与SQJT毛利率影响因素对比分析

2014—2023年BQC公司和SQJT公司营业收入和营业成本对比分析，如图8-10所示。可知，虽然SQJT公司的营业收入远高于BQC公司，但营业成本也远高于BQC公司。且SQJT公司的营业收入与成本差距小，而BQC公司的营业收入与成本差距大，说明其成本控制得更好，毛利率更高，盈利空间更大。

下面将对毛利率的计算公式进行分解，作进一步的验证和分析。

根据毛利率的计算公式，可将其作如下分解：

$$毛利率=\frac{营业收入-营业成本}{营业收入}=1-\frac{营业成本}{营业收入}$$

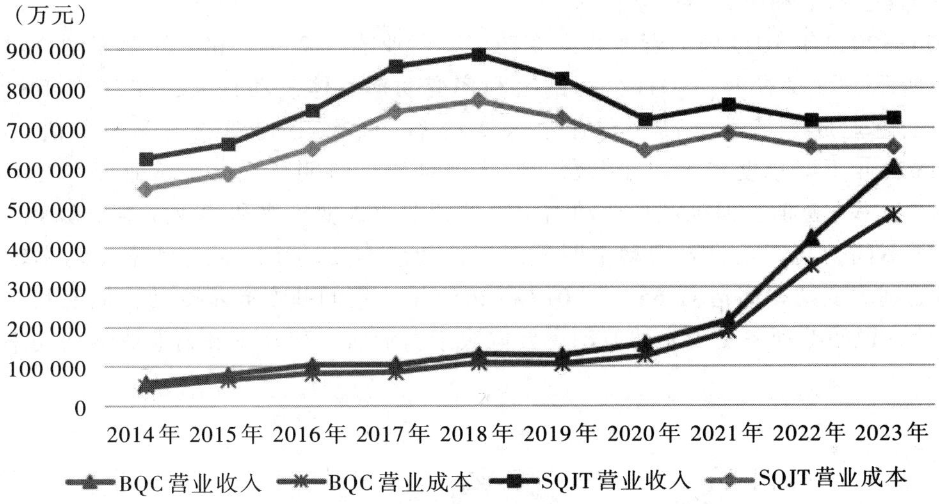

图8-10　2014—2023年BQC公司与SQJT公司营业收入、成本对比图

可见，影响毛利率的关键因素是收入成本率。要使毛利率增大，应使$\frac{营业成本}{营业收入}$减小；若使$\frac{营业成本}{营业收入}$减小，应使营业成本减少和营业收入增加这两项因素至少实现一项。综上所述，营业成本与营业收入二者差距越大，毛利越大，毛利率越高。在企业正常盈利的情况下，营业成本小于营业收入，$\frac{营业成本}{营业收入}$为真分数，使真分数减小的主要方法是使分子“营业成本”减小，因此，在营业收入一定的情况下，BQC公司毛利率高的主要原因是其成本控制得更好。

那么，两家企业的成本项目构成又如何呢？

2022—2023年BQC公司与SQJT公司成本项目结构对比，见表8-5。可以看出，BQC公司的销售费用、管理费用分别下降了2.23%和5.69%，研发费用增加7.91%；而SQJT公司的销售费用、管理费用和研发费用变动率都在1%上下浮动，没有太大变化。BQC公司一直坚持党的二十大提出的推动经济社会发展绿色化、低碳化，开发新能源汽车正是重要体现。BQC公司已开始强化核心技术的自主可控，通过技术创新，持续推出更多更具竞争力的产品。可见，BQC公司近两年改变项目成本比例，投身技术研发，成本项目中研发费用占比较高。

表8-5　　2022—2023年BQC公司与SQJT公司成本项目结构对比表

成本项目	2023年		2022年	
	BQC	SQJT	BQC	SQJT
销售费用	32.22%	41.22%	34.45%	40.86%
管理费用	17.20%	33.44%	22.89%	34.72%
研发费用	50.58%	25.34%	42.67%	24.42%

3.SQJT公司毛利率影响因素分析

2014—2023年SQJT公司营业收入变动率、营业成本变动率和毛利率变动率对比，如图8-11所示。可以看出，SQJT公司的毛利率变动率整体波动较大，在2015年和2018—2022年，营业成本变动率高于营业收入变动率，导致毛利率变动率为负值，尤其是2020—2021年下降幅度较大。如果营业收入变动率优势明显，高于营业成本变动率，则毛利率变动率为正值。但毛利率变动增幅随着营业收入变动率和营业成本变动率之间的关系而有所不同，当营业收入变动率明显高于营业成本变动率时，毛利率变动率较高，如2016年毛利率变动率高达12.65%。2017和2018年，它们基本同步变动，但毛利率变动率一正一负，说明毛利率变动率的波动主要取决于营业收入变动率和营业成本变动率两者差异的大小。

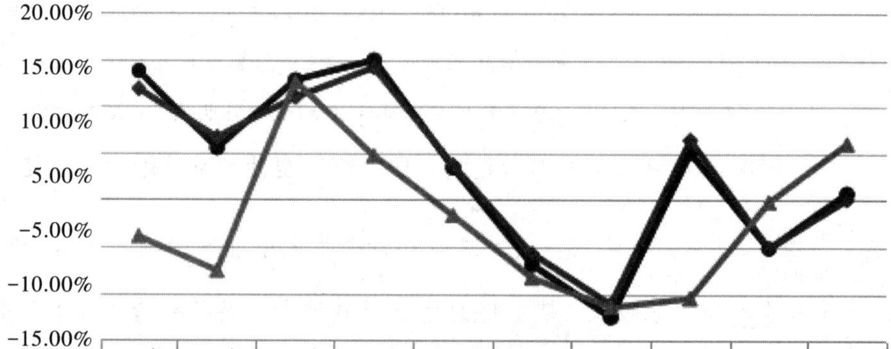

	2014年	2015年	2016年	2017年	2018年	2019年	2020年	2021年	2022年	2023年
营业收入变动率	13.75%	5.53%	12.83%	14.97%	3.46%	-6.88%	-12.52%	5.10%	-5.12%	0.72%
营业成本变动率	11.86%	6.66%	10.99%	14.17%	3.72%	-5.70%	-11.13%	6.43%	-5.10%	0.08%
毛利率变动率	-3.90%	-7.61%	12.65%	4.71%	-1.63%	-8.32%	-11.45%	-10.50%	-0.20%	6.03%

图8-11 2014—2023年SQJT公司毛利率及影响因素对比图

4.BQC公司分产品毛利率分析

（1）BQC公司主要产品毛利率分析

2014—2023年BQC公司主要产品毛利率对比，如图8-12所示。可以看出，BQC公司主要产品的毛利率差距显著，且趋势不同。二次充电电池及光伏毛利率呈现“上升-下降-回升-骤降”趋势，在10%~21%波动；手机部件及组装毛利率呈现“长期下行-小幅回升”趋势，在6%~14%波动；汽车及相关产品毛利率呈现“周期性变化”趋势，在17%~29%波动。

（2）BQC公司2014—2023年国内外毛利率分析

2014—2023年BQC公司国内外毛利率对比，如图8-13所示。可知，BQC公司各年的国内毛利率均高于国外毛利率。从整体上看，BQC公司的国外毛利率波动幅度较大，呈先增后降再增之势，2017年达到峰值16.47%，之后逐年下降，2022年降至4.02%，2023年又增至7.11%。国内毛利率除2020年达到峰值25.14%以外，其余各年均在15%至25%之间波动。2020—2022年为何国外毛利率下降，而国内毛利率先下降后上升呢？

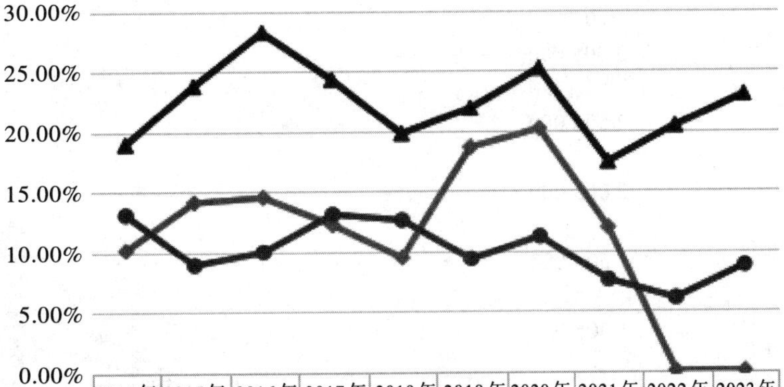

	2014年	2015年	2016年	2017年	2018年	2019年	2020年	2021年	2022年	2023年
二次充电电池及光伏毛利率	10.14%	14.12%	14.52%	12.21%	9.46%	18.63%	20.16%	11.94%	0	0
手机部件及组装毛利率	13.09%	8.91%	9.98%	13.09%	12.59%	9.35%	11.20%	7.57%	6.06%	8.78%
汽车及相关产品毛利率	18.95%	23.79%	28.24%	24.31%	19.78%	21.88%	25.20%	17.39%	20.39%	23.02%

图8-12　2014—2023年BQC公司主要产品毛利率对比图

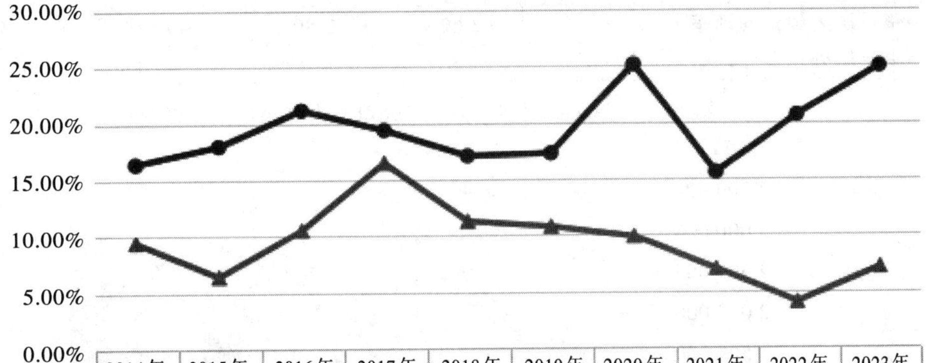

	2014年	2015年	2016年	2017年	2018年	2019年	2020年	2021年	2022年	2023年
国内毛利率	16.40%	17.97%	21.15%	19.38%	17.08%	17.29%	25.14%	15.56%	20.62%	24.96%
国外毛利率	9.41%	6.40%	10.51%	16.47%	11.29%	10.78%	9.88%	6.97%	4.02%	7.11%

图8-13　2014—2023年BQC公司国内外毛利率对比图

（3）2014—2023年BQC公司国内外销量及变动率分析

毛利率不仅受营业收入和营业成本的影响，也受销量的影响。2019—2023年BQC公司国内、国外销量及变动率对比，如图8-14所示。可知，BQC公司国内及国外销量变化趋势大致相同，但国内销量远远高于国外销量，除2020年国内和国外销量同时下降，变动率为负值以外，其余各年的销量均大幅上升，销量变动率均为正值，且销量变动率国外均高于国内。2023年国内销量达到峰值3 024 417辆，销量变动率高达67.79%；国外销量也达到峰值252 339辆，销量变动率高达457.66%。近年，BQC公司的国内销量一直在快速上升，而毛利率在2021年却有所下降，说明销量不是影响毛利率下降的原因。

2019—2023年BQC公司乘用车和商用车销量及变动率，如图8-15所示。可以看出，BQC公司乘用车占公司销量的比例高，并且呈现出逐年上升的趋势。商用车销量呈现下降上升再下降最后上升趋势，销量标动率呈现上升趋势，在2023年达到97.14%。

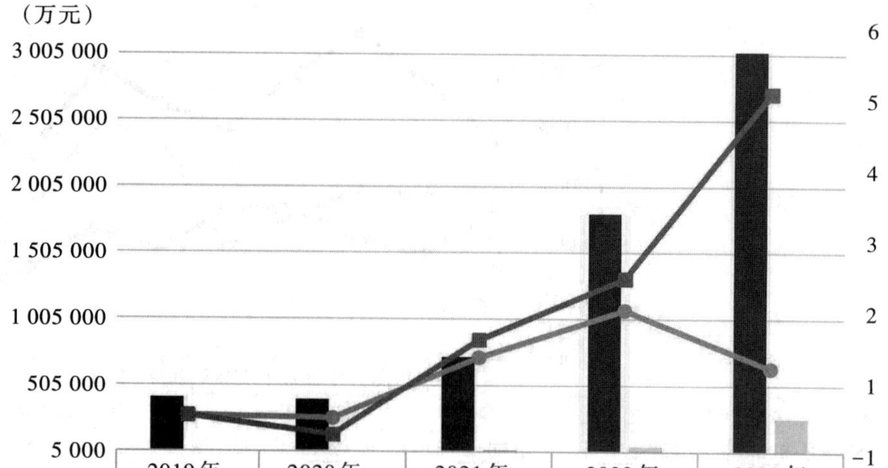

	2019年	2020年	2021年	2022年	2023年
国内销量（辆）	409 421	394 608	721 328	1 802 464	3 024 417
国外销量（辆）	10 119	7 395	15 363	45 250	252 339
国内销量变动率	—	−3.62%	82.80%	149.88%	67.79%
国外销量变动率	—	−26.92%	107.75%	194.54%	457.66%

图8-14　2019—2023年BQC公司国内外销量及变动率图

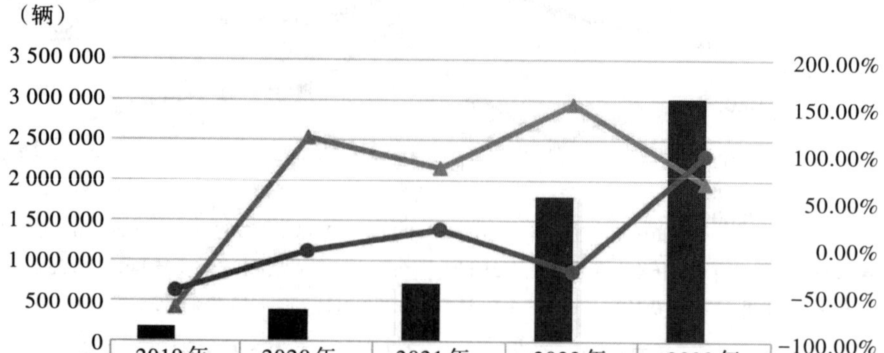

	2019年	2020年	2021年	2022年	2023年
乘用车销量	179 242	387 957	713 437	1 796 625	3 012 906
商用车销量	6 969	6 651	7 891	5 839	11 511
乘用车销量变动率	−64.15%	116.44%	83.90%	151.83%	67.70%
商用车销量变动率	−46.39%	−4.56%	18.64%	−26.00%	97.14%

图8-15　2019—2023年BQC公司乘用车和商用车销量及变动率趋势图

（4）BQC公司单位成本分析

2019—2023年BQC公司成本项目构成，如图8-16所示。可以看出，BQC公司的生产成本主要来自交通运输设备制造业，且金额呈现逐年上涨趋势，说明导致BQC公司单位成本变动的主要因素是交通运输设备制造业成本的变化，因此，继续针对交通运输设备制造业进行分析。

注：由于2019年以前BQC年报中缺少相关销量数据，故只分析了2019—2023年的数据。

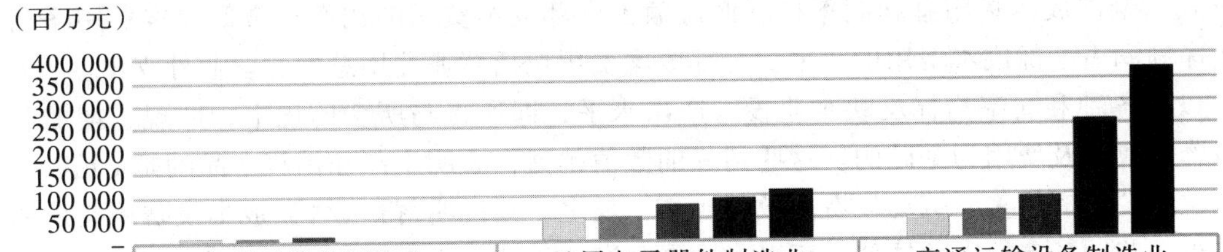

	电子元器件制造业	日用电子器件制造业	交通运输设备制造业
2019	8 549	48 387	49 421
2020	9 650	53 320	62 829
2021	14 505	79 906	92 926
2022	—	92 829	258 499
2023	—	108 165	372 157

图8-16　2019—2023年BQC公司成本项目构成图

2019—2023年BQC公司交通运输设备制造业成本及变动率趋势，如图8-17所示。可以看出，BQC公司从2019年开始，交通运输设备制造业成本逐渐上升，到2023年高达372 157百万元；交通运输设备制造业成本变动率在2022年达到峰值，为178.18%，可能是因为2022年市场需求大幅度增加。

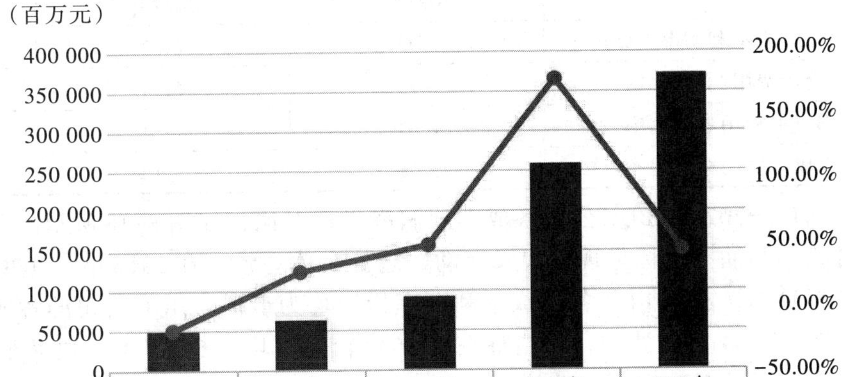

	2019年	2020年	2021年	2022年	2023年
交通运输设备制造业	49 421	62 829	92 926	258 499	372 157
变动率	-18.94%	27.13%	47.90%	178.18%	43.97%

图8-17　2019—2023年BQC公司交通运输设备制造业成本及变动率趋势对比图

三、成本利润率分析

（一）成本利润率分析指标

案例分析8-2

反映成本利润率的指标有很多，主要有：营业成本利润率、营业费用利润率、全部成本费用利润率等。

（1）营业成本利润率，指营业利润占营业成本的比率。

（2）营业费用利润率，指营业利润占营业费用总额的比率。营业费用总额包括营业成本、税金及附加、期间费用、研发费用、资产减值损失和信用减值损失。期间费用包括销售费用、管理费用、财务费用等。

（3）全部成本费用利润率，可分为全部成本费用总利润率和全部成本费用净利润率两种形式。全部成本费用总利润率指利润总额占全部成本费用的比率；全部成本费用净利润率指净利润占全部成本费用的比率。全部成本费用包括营业费用总额和营业外支出。

以上各种利润率指标反映企业投入产出水平，即所得与所费的比率，体现了增加利润是以降低成本及费用为基础的。这些指标的数值越高，表明生产和销售产品的每1元成本及费用取得的利润越多，劳动耗费的效益越高；反之，则说明每耗费1元成本及费用实现的利润越少，劳动耗费的效益越低。所以，成本利润率是综合反映企业成本效益的重要指标。

成本利润率也是正指标，即指标值越高越好。分析评价时，可将各指标实际值与标准值进行对比。标准值可根据分析的目的与管理要求确定，如可用行业平均值、全国平均值、企业目标值等。

（二）成本利润率指标综合案例分析

BQC公司2023年的成本利润率及变动情况，见表8-6。可以看出，BQC公司2023年与上年相比，各项成本利润率指标均有所上升，上升幅度均在2%以内，营业成本利润率、营业费用利润率、全部成本费用总利润率和全部成本费用净利润率分别上升了1.81%、1.4%、1.37%和1.16%。说明BQC公司商品经营盈利能力相比上年有所上升。

表8-6 **2023年BQC公司成本利润率及变动情况表**

项目	2023年	2022年	变动情况
营业成本利润率（%）	7.93	6.12	1.81
营业费用利润率（%）	6.75	5.35	1.40
全部成本费用总利润率（%）	6.61	5.24	1.37
全部成本费用净利润率（%）	5.56	4.40	1.16

2014—2023年BQC公司各成本利润率指标对比，如图8-18所示。可以看出，BQC公司各成本利润率指标呈现波浪式变动，趋势大体一致。在2016年、2020年和2023年利润率指标较高，在2014年各项成本利润率指标均为最低。BQC公司的各成本利润率指标大致在2%至8%之间波动；各指标在2016年较高，均在6%以上，之后下滑，到2023年各利润率指标呈现W型，波动较大。

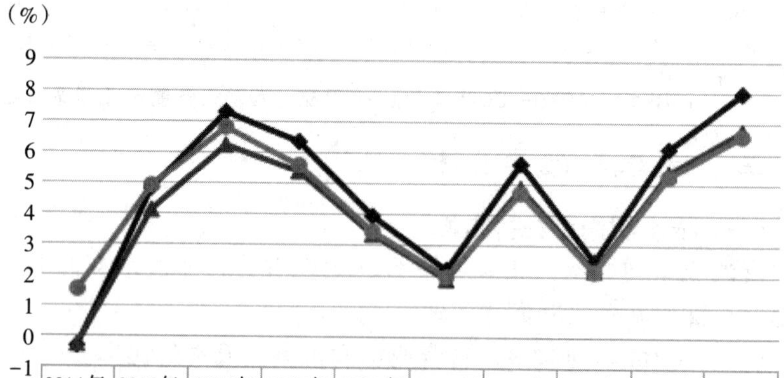

	2014年	2015年	2016年	2017年	2018年	2019年	2020年	2021年	2022年	2023年
营业成本利润率（%）	-0.36	4.77	7.26	6.31	3.90	2.16	5.61	2.46	6.12	7.93
营业费用利润率（%）	-0.31	4.07	6.19	5.34	3.30	1.85	4.82	2.17	5.35	6.75
全部成本费用总利润率（%）	1.49	4.86	6.77	5.54	3.41	1.94	4.66	2.11	5.24	6.61

图8-18 2014—2023年BQC公司各成本利润率对比图

（三）成本利润率指标的行业对比分析

以营业成本利润率为例，对2014—2023年五家汽车企业的成本利润率进行对比，如图8-19所示。可以看出，GQJT公司在2016—2021年营业成本利润率始终处于行业领先地位，但在2022—2023年逐年下降，在2023年达到最低水平2.74%。CAQC公司虽然有4年超过GQJT公司，但其营业成本利润率先降后升变化较大，由2015年最高值17.95%下降至2019年的-3.5%，之后开始逐年上升，2023年上升至8.46%，居行业第一。SQJT公司营业成本利润率指标在同行业中最为稳定，除2022—2023年下降至3.99%和3.98%外，其他年份始终在5%至8%之间波动。CCQC公司营业成本利润率在同行业企业中处于中等偏上水平。BQC公司的营业成本利润率在同行业中较低，说明每增加1元营业成本所产生的利润较低。

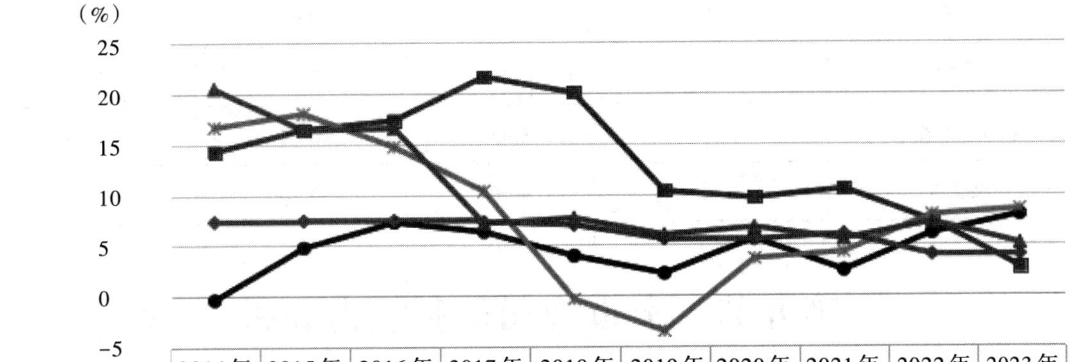

	2014年	2015年	2016年	2017年	2018年	2019年	2020年	2021年	2022年	2023年
BQC（%）	-0.36	4.77	7.26	6.31	3.9	2.16	5.61	2.46	6.12	7.93
GQJT（%）	14.22	16.38	17.27	21.55	19.99	10.3	9.61	10.48	7.33	2.74
CAQC（%）	16.59	17.95	14.67	10.31	-0.36	-3.5	3.62	4.26	7.92	8.46
CCQC（%）	20.43	16.32	16.51	7.14	7.65	5.99	6.72	5.57	7.19	5.12
SQJT（%）	7.34	7.44	7.45	7.29	6.97	5.56	5.52	6.04	3.99	3.98

图8-19　2014—2023年五家汽车企业营业成本利润率对比图

【案例8-1】

中国不同行业盈利能力水平比较

2014—2023年中国不同行业的平均净资产收益率、总资产报酬率、总资产周转率及销售息税前利润率，见表8-7。可以看出，软件开发业销售息税前利润率为12.95%，排名第三，加上总资产周转率与其他行业相比也处于较高水平，达到0.67次，使得总资产报酬率为8.73%，资产经营盈利能力相比其他行业处于较高水平，而且净资产收益率在所列示的各行业中也处于较高水平，说明较高的商品经营盈利能力和资产营运的高效率形成了行业较高的资产经营盈利能力，同时，也是较高资本经营盈利能力的主要影响因素。房地产开发业拥有最高的销售息税前利润率17.78%，说明商品经营盈利能力较强，但该行业总资产周转率最低，导致总资产报酬率和净资产收益率均处于中等偏下的水平；教育业销售息税前利润率和总资产周转率在表中均排倒数第二，说明商品经营盈利能力和总资产运营能力均处于较低水平，导致总资产报酬率较低，进而影响到净资产收益率水平；IT服务业的销售息税前利润率为10.07%，处于中等水平，但较高的总资产周转率，使得总资产报酬率处于中等偏上的水平。需要注意的是，不同行业的总资产周转率和销售息税前利润率可能存在较大差异。在总资产周转率和销售息税前利润率共同作用下，不同行业的总资产报酬率相差较大，除总资产报酬率影响外，还应关注其他因素的影响。

表8-7　2014—2023年中国不同行业平均净资产收益率、总资产报酬率、总资产周转率和销售息税前利润率对比表[①]

行业	净资产收益率（%）	总资产报酬率（%）	总资产周转率（次）	销售息税前利润率（%）
医疗服务业	1.69	8.96	0.62	14.5
软件开发业	10.31	8.73	0.67	12.95
IT服务业	13.85	6.71	0.67	10.07
一般零售业	4.86	5.29	0.75	7.08
房地产开发业	5.45	3.93	0.22	17.78
教育业	3.45	4.06	0.49	8.26

第五节　上市公司盈利能力分析

随着我国社会主义市场经济体制的建立、发展和完善，股份制企业的增多和资本市场的完善，上市公司也越来越多。截至2024年12月31日，沪深京三大交易所合计共有5 392家公司完成上市，其中，沪交所2 278家，深交所2 852家，北交所262家。由上市公司自身的特点所决定，其盈利能力除了可以通过一般企业盈利能力的指标分析外，还应进行一些特殊指标的分析，特别是分析一些与企业股票价格或市场价值相关的指标，如每股收益、普通股权益报酬率、股利支付率、价格与收益比率，以及每股经营现金流量等指标的分析。

一、每股收益分析

（一）每股收益的内涵与计算

每股收益是指净利润扣除优先股股利后的余额占发行在外的普通股的平均股数的比例，反映发行在外的普通股每股所能分摊到的净收益额。该指标与普通股股东的利益关系极大，他们往往根据该指标进行投资决策。每股收益又分为基本每股收益与稀释每股收益。

1.基本每股收益

基本每股收益是指归属于普通股股东的当期净利润占发行在外的普通股加权平均数的比率。其计算公式是：

① 案例数据净资产收益率、总资产报酬率和总资产周转率来自新浪财经，销售息税前利润率是根据总资产报酬率因素分解的关系推导得出的。

$$基本每股收益=\frac{净利润-优先股股利}{发行在外的普通股加权平均数(流通股数)}$$

计算基本每股收益，关键是确定归属于普通股股东的当期净利润和当期发行在外普通股的加权平均数。由于优先股股东对股利的受领权优于普通股股东，因此，在计算普通股股东所能享有的收益额时，应将优先股股利扣除。

分母采用加权平均数，是因为本会计期内新发行的普通股只能在增加以后的这一段时期内产生权益，本会计期减少的普通股股数在减少以前的期间内仍产生收益，所以，必须采用加权平均数，以正确反映本期内发行在外的股份数额。发行在外的普通股加权平均数按下列公式计算：

$$\frac{发行在外的普通股}{加权平均数}=\frac{期初发行在外的}{普通股股数}+\frac{当期新发行的}{普通股股数}\times\frac{已发行时间}{报告期时间}-\frac{当期回购}{普通股股数}\times\frac{已回购时间}{报告期时间}$$

已发行时间、报告期时间和已回购时间一般按照天数计算；在不影响计算结果合理性的前提下，也可以采用简化的计算方法。

为了保持分子、分母计算口径的一致性，基于合并报表计算的每股收益，由于分母是归属于母公司发行在外的普通股加权平均数，分子就应该是归属于母公司股东的利润，即合并报表中的净利润扣除少数股东损益后的金额。

例如，假定某上市公司本年初发行在外的普通股股数为5 000万股，本年7月1日又增发了600万股，并且该年内未发行其他股票，亦无退股事项，采用简化的计算方法不会影响计算结果的合理性，则该年度普通股流通在外的平均数应为5 300万股（5 000+（600×6÷12））。

2.稀释每股收益

稀释每股收益是指当企业存在稀释性潜在普通股时，分别调整归属于普通股股东的当期净利润和发行在外的普通股加权平均数，并据此计算的每股收益。

所谓稀释性潜在普通股，是指假设当期转换为普通股会减少每股收益的潜在普通股，例如，可转换公司债券和股份期权等。

（1）计算稀释每股收益时，应当根据下列事项对归属于普通股股东的当期净利润进行调整：当期已确认为费用的稀释性潜在普通股的利息；稀释性潜在普通股转换时将产生的收益或费用。同时，应当考虑相关的所得税影响。

（2）计算稀释每股收益时，应当对当期发行在外普通股的加权平均数进行调整。调整后的股数应当为计算基本每股收益时普通股的加权平均数与假定稀释性潜在普通股转换为已发行普通股而增加的普通股股数的加权平均数之和。计算稀释性潜在普通股转换为已发行普通股而增加的普通股股数的加权平均数时，以前期间发行的稀释性潜在普通股，应当假设在当期期初转换；当期发行的稀释性潜在普通股，应当假设在发行日转换。

计算时，应假定已行使该期权，因此，发行的普通股股数包括两部分：（1）按当期平均市场价格发行的普通股，不具有稀释性，计算稀释的每股收益时不必考虑；（2）未取得对价而发行的普通股，具有稀释性，计算稀释的每股收益时应当加到普通股股数中。调整增加的普通股股数用公式表示如下：

$$\text{调整增加的普通股股数}=\frac{\text{拟行权时转换的}}{\text{普通股股数}}-\text{行权价格}\times\text{拟行权时转换的普通股股数}\div\text{平均市场价格}$$

可见，稀释每股收益与基本每股收益的计算公式，在形式上基本相同，只是在计算稀释每股收益时，应当对归属于普通股股东的当期净利润和当期发行在外的普通股加权平均数进行调整。

每股收益越高，说明企业的盈利能力越强。在判断企业盈利能力强弱时，还可以将同行业企业或者同一企业不同时期的每股收益进行比较，能够得出全面客观的结论。

【例 8-1】假设某上市公司 2021 年 1 月 1 日发行年利率为 4% 的可转换债券，面值 800 万元，每 100 元债券可转换为 1 元面值普通股 90 股。公司 2021 年净利润为 4 500 万元，2021 年发行在外的普通股加权平均数为 4 000 万股，所得税税率为 25%，则：

基本每股收益=4 500÷4 000=1.125（元）

净利润的增加=800×4%×（1−25%）=24（万元）

普通股股数的增加=800÷100×90=720（万股）

稀释每股收益=（4 500+24）÷（4 000+720）=0.96（元）

（二）每股收益因素分析

为了分析每股收益变动的原因，应确定影响每股收益的主要因素，并对各因素进行分析，测算各因素的变动对每股收益的影响程度。为简化起见，以基本每股收益为例进行因素分析。

依据基本每股收益的影响因素，对其作如下分解：

$$\text{基本每股收益}=\frac{\text{净利润}-\text{优先股股息}}{\text{发行在外的普通股加权平均数(流通股数)}}$$

$$=\frac{\text{普通股权益平均余额}}{\text{发行在外的普通股加权平均数(流通股数)}}\times\frac{\text{净利润}-\text{优先股股息}}{\text{普通股权益平均余额}}$$

$$=\text{每股账面价值}\times\text{普通股权益报酬率}$$

从公式可知，基本每股收益主要取决于每股账面价值和普通股权益报酬率两个因素。

每股账面价值，亦称每股净资产，是指股东权益总额减去优先股权益总额后的余额占发行在外的普通股加权平均数的比率。反映了发行在外的每股普通股所代表的企业股东权益的价值。在投资者看来，该指标与每股市价的差额是企业的一种潜力，有助于投资者进行投资分析，进而做出投资决策。股票市价高于每股账面价值越多，表明投资者对企业认可度越高；该指标越高，每股收益就越高，反之亦然。

普通股权益报酬率是影响基本每股收益的另一个重要因素，其变动会使基本每股收益发生相同方向的变化。

（三）每股收益案例分析

1.BQC 公司每股收益水平分析

2023 年 BQC 公司每股收益水平分析，见表 8-8。可以看出，BQC 公司 2023 年的基本每股收益和稀释每股收益相同，均为 10.32 元/股，同比均增加 4.61 元/股，增幅为 80.74%，表明 BQC 公司 2023 年盈利能力增强。至于每股收益的变动原因，还应进行因素分析。

表8-8　**2023年BQC公司每股收益水平分析表**

项　目	2023年	2022年	变动情况	变动率（%）
基本每股收益（元/股）	10.32	5.71	4.61	80.74
稀释每股收益（元/股）	10.32	5.71	4.61	80.74

2.BQC公司基本每股收益及变动率趋势分析

2014—2023年BQC公司基本每股收益及变动率，如图8-20所示。可知，BQC公司的每股收益，最低值在2014年仅为0.18元/股，2023年达到峰值10.32元/股，10年间每股收益变动率有5年是负值，2022年有较明显的增长，增幅为438.68%。由于BQC公司发行在外的普通股加权平均数一直较稳定，因此，其基本每股收益受归属于母公司股东的净利润影响较大。

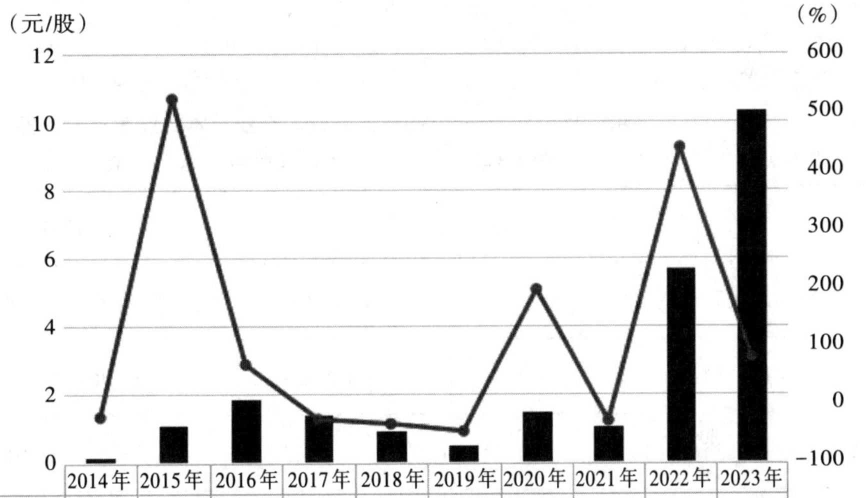

	2014年	2015年	2016年	2017年	2018年	2019年	2020年	2021年	2022年	2023年
每股收益（元/股）	0.18	1.12	1.88	1.40	0.93	0.50	1.48	1.06	5.71	10.32
每股收益变动率（%）	-21.74	522.22	67.86	-25.53	-33.57	-46.24	196.00	-28.38	438.68	80.74

图8-20　2014—2023年BQC公司每股收益及变动率趋势图

3. 五家汽车企业基本每股收益对比分析

2014—2023年五家汽车企业基本每股收益对比，如图8-21所示。可知，在五家汽车企业的基本每股收益对比中，SQJT公司整体上具有优势，除2014年，2022年和2023年以外，其余各年均居行业首位。CCQC公司的基本每股收益在2015—2023年较稳定，2014年基本每股收益最高为2.64元/股，大多数年份基本每股收益均低于1元/股。CAQC公司的基本每股收益在2014—2017年较高，均在1.40元/股以上，之后开始下降，2019年达到最低值，为-0.55元/股，说明企业当年亏损；2020年开始上升，但基本每股收益均低于1.2元/股。BQC公司基本每股收益在2022年以前处于行业中等水平，2014年最低为0.18元/股，在2022年以前基本每股收益均在1.90元/股以下，但在2022年和2023年基本每股收益大幅上升，达到峰值10.32元/股，这主要受净利润大幅上升的影响，远远高于其他四家企业，说明BQC公司基本每股收益在同行业公司中异军突起。

4.BQC公司基本每股收益因素分析

2023年BQC公司基本每股收益因素分析的有关资料，见表8-9。

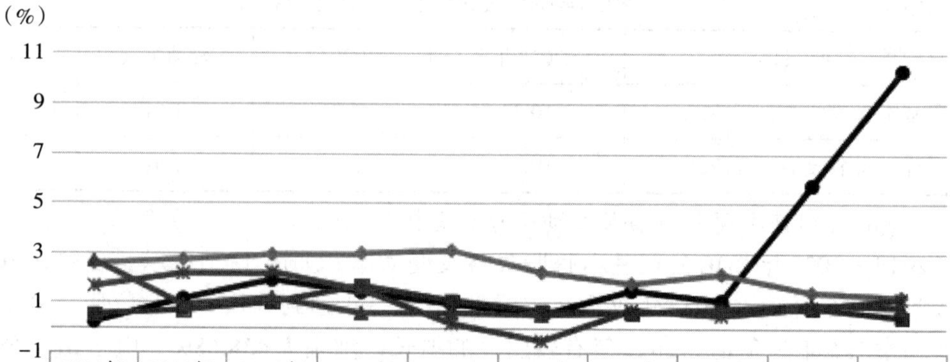

	2014年	2015年	2016年	2017年	2018年	2019年	2020年	2021年	2022年	2023年
BQC	0.18	1.12	1.88	1.40	0.93	0.50	1.47	1.06	5.71	10.32
GQJT	0.50	0.66	0.98	1.65	1.07	0.65	0.58	0.72	0.78	0.42
SQJT	2.54	2.70	2.90	2.96	3.08	2.19	1.75	2.12	1.40	1.23
CCQC	2.64	0.88	1.16	0.55	0.57	0.49	0.59	0.73	0.91	0.82
CAQC	1.62	2.13	2.19	1.49	0.14	-0.55	0.68	0.47	0.80	1.15

图8-21　2014—2023年五家汽车企业基本每股收益对比图

表8-9　**2023年BQC公司基本每股收益因素分析表**

项　目	2023年	2022年	变动情况
净利润（万元）	3 134 407	1 771 310.40	—
普通股权益平均余额（万元）	13 881 351.92	11 061 572	—
普通股权益报酬率（%）	22.58	16.01	6.57
发行在外的普通股加权平均数（万股）	290 640	290 793	—
每股账面价值（元/股）	47.76	38.04	9.72
基本每股收益（元/股）	10.32	5.71	4.61

分析对象：10.32-5.71=4.61（元）

运用差额分析法分析如下：

（1）每股账面价值变动对基本每股收益的影响：

（47.76-38.04）×16.01%=1.56（元）

（2）普通股权益报酬率变动对基本每股收益的影响：

47.76×（22.58%-16.01%）=3.14（元）

可见，每股账面价值的变动使得每股收益增加了1.56元，普通股权益报酬率的变动使得每股收益增加了3.14元，两项因素都是有利因素，其共同作用的结果，使基本每股收益增加了4.70元，与分析对象4.61元的差异是小数点四舍五入所致。可见，企业2023年的盈利能力和投资人的收益均比2022年有所提高。

当然，在运用每股收益判断企业盈利能力强弱时，还应结合股价等其他因素。同时，还可以进行同行业对比分析，以及同一企业不同时期的趋势分析，才能得出客观的分析结论。

二、普通股权益报酬率分析

普通股权益报酬率是指净利润扣除应发放的优先股股利后的余额占普通股权益平均余额的比率。其计算公式是：

$$普通股权益报酬率=\frac{净利润-优先股股利}{普通股权益平均余额}\times100\%$$

普通股权益报酬率从普通股股东的角度反映企业的盈利能力，该指标值越高，说明企业的盈利能力越强，普通股股东可得收益越多。

普通股权益报酬率主要受净利润、优先股股利和普通股权益平均余额三个因素的影响。一般情况下，优先股股利比较固定，因此，应着重分析其他两个因素。

由于BQC公司没有优先股股利，普通股权益报酬率的变化仅受净利润和普通股权益平均余额的影响。由表8-9可知，2023年BQC公司普通股权益报酬率比2022年增加了6.57%。说明BQC公司的盈利能力有所增强，普通股股东能够获得的收益也有所提高。

三、股利支付率分析

（一）股利支付率的内涵与计算

股利支付率是普通股每股股利占每股收益的比率，反映普通股股东从每股收益中分得多少股利，能够体现企业的股利分配政策和股利支付能力。其计算公式是：

$$股利支付率=\frac{每股股利}{每股收益}\times100\%$$

公式中，每股股利是指企业实际发放给普通股股东的股利总额占流通在外的普通股股数的比率。每股股利是反映企业每一普通股获得股利多少的指标，该指标越高表明企业获利能力越强。影响每股股利的因素主要是企业股利政策与利润分配政策。如果企业为扩大再生产、增强企业后劲而多留利润，每股股利就少，反之则多。为了进一步分析股利支付率变动的原因，可按下式进行分解：

$$\begin{aligned}股利支付率&=\frac{每股股利}{每股收益}\times100\%\\&=\frac{每股市价}{每股收益}\times\frac{每股股利}{每股市价}\times100\%\\&=价格与收益比率\times股利报酬率\end{aligned}$$

可见，股利支付率主要取决于价格与收益比率和股利报酬率。一般来说，长期投资者比较注重价格与收益比率，而短期投资者则比较注重股利报酬率。

股利报酬率，亦称股利与市价比率，是企业每股股利占每股市价的比率。在价格与收益比率一定的情况下，股利报酬率越高，则股利支付率也越高，反之亦然。

（二）股利支付率案例分析

1.BQC公司股利支付率及变动率分析

2014—2023年BQC公司股利支付率及变动率，如图8-22所示。可知，BQC公司的股利支付率呈先升后降再升之势，2014—2015年未发放现金股利，2017年股利支付率最低为9.46%，2023年股利支付率最高为30%，股利支付率在0至30%之间变动。股利支付率变动率在2018年和2022年出现两个高点，分别为111.63%和99.20%。同行业其他企业股利支付率情况如何呢？

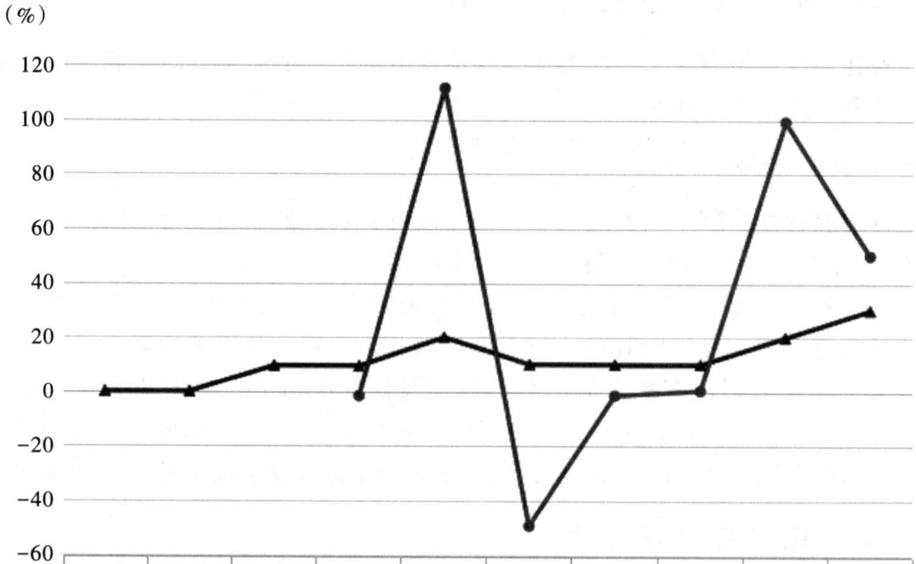

	2014年	2015年	2016年	2017年	2018年	2019年	2020年	2021年	2022年	2023年
股利支付率(%)	0	0	9.61	9.46	20.02	10.14	10.00	10.04	20.00	30.00
变动率(%)				−1.56	111.63	−49.35	−1.38	0.40	99.20	50.00

图8-22　BQC公司2014—2023年股利支付率及变动率

2.五家汽车企业股利支付率对比分析

2014—2023年五家汽车企业股利支付率对比，如图8-23所示。可知，BQC公司的股利支付率除2018年，2019年和2023年以外在五家企业中最低，且在十年间有两年未发放现金股利。GQJT公司的股利支付率在同行业中处于中等水平，且最稳定，各年均在30%以上，总体在30%至36%之间变动。SQJT公司的股利支付率2014—2017年在同行业中最高，均在50%以上，之后开始下降，2022年的股利支付率为24.04%，仅高于BQC公司，2023年又上升至30.22%。CCQC公司的股利支付率2014—2017年在21%至31%之间变动，2018—2022年在45%至51%之间变动，实施高股利政策，2023年回落至36.59%。CAQC公司的股利支付率最不稳定，在0至51%之间变动。总之，五家企业的股利支付率不仅与盈利能力有关，还受现金流量以及股利政策的影响，因此，还需要结合各自的利润表、现金流量表，以及企业的股利政策进一步分析其股利支付率变动的原因。

3.BQC公司股利支付因素分析

由BQC公司2023、2022年度权益分派实施公告可知，2023、2022年两年现金分红的数额（含税）分别为901 224.3万元和332 452.5万元。BQC公司2023年股利支付率的因素分析有关资料，见表8-10。

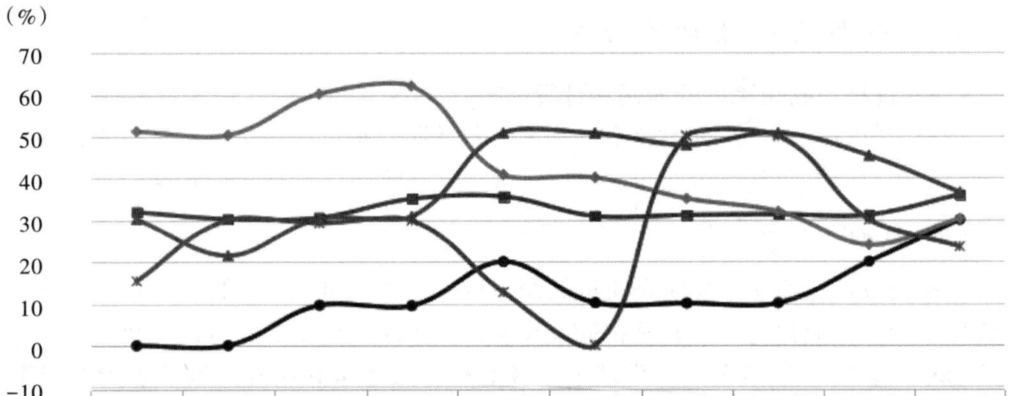

	2014年	2015年	2016年	2017年	2018年	2019年	2020年	2021年	2022年	2023年
BQC(%)	0	0	9.61	9.46	20.02	10.14	10.00	10.04	20.00	30.00
GQJT(%)	32.00	30.30	30.61	35.11	35.66	30.94	31.17	31.31	31.19	36.00
SQJT(%)	51.24	50.33	60.23	62.13	40.88	40.16	35.13	31.99	24.04	30.22
CCQC(%)	30.27	21.52	30.28	30.86	50.83	50.74	47.91	50.81	45.35	36.59
CAQC(%)	15.43	30.05	29.32	29.93	12.70	0	50.07	50.06	30.03	23.60

图8-23　2014—2023年五家汽车企业股利支付率对比图

表8-10　**2023年BQC公司股利支付率因素分析表**

项　目	2023年	2022年	变动情况
净利润（百万元）	31 344.07	17 713.10	—
基本每股收益（元/股）	10.32	5.71	—
每股股利（元/股）	3.096	1.142	1.954
股利支付率（%）	30.00	20.00	10.00
每股市价（元/股）	198.00	256.97	-58.97
价格与收益比率	19.19	45.00	-25.81
股利报酬率（%）	1.56	0.44	1.12

分析对象：30.00%-20.00%=10.00%

运用差额分析法分析如下：

（1）价格与收益比率变动对股利支付率的影响：

（19.19-45）×0.44%=-11.36%

（2）股利报酬率变动对股利支付率的影响：

19.19×（1.56%-0.44%）=21.49%

可见，价格与收益比率的变动使股利支付率下降了11.36%，是不利因素；股利报酬率的变动使股利支付率上升了21.49%，是有利因素。两项因素综合影响，使股利支付率上升了10%。两者变动对股利支付率影响之和与10%之间的差异是小数点四舍五入所致。

案例分析8-3

四、价格与收益比率分析

（一）价格与收益比率的内涵和计算

价格与收益比率，亦称市盈率，是反映普通股的每股市场价格占每股收益的比率，可用来判断企业股票与其他企业相比较所具有的潜在价值。其计算公式是：

$$价格与收益比率=\frac{每股市价}{每股收益}$$

价格与收益比率能够表明企业盈利能力的稳定性，可在一定程度上反映企业管理部门的经营能力和企业盈利能力及潜在的成长能力。同时，该指标还可以反映此股票市价是否具有吸引力。在一般情况下，发展前景较好的企业通常该指标较高，发展前景不佳的企业，该指标较低。但是必须注意，当企业盈利很低或发生亏损时，每股收益可能为零或负数，此时该指标可能很高或者为负数。在这种特殊情况下，该指标就失去了原有的意义，如果仅仅利用该指标来分析企业的盈利能力，常常无法或错误地估计企业的发展前景，所以还必须结合其他指标，予以综合考虑。此外，还可以针对该指标进行多个企业的比较分析，并结合企业所属行业的经营前景，作为选择投资目标的参考。

（二）BQC公司市盈率因素分析

根据表8-10的资料，对价格与收益比率用差额分析法分析如下：

分析对象：33.77-45=-11.23

（1）每股市价的变动对价格与收益比率的影响：

（348.5-256.97）÷5.71=16.03

（2）每股收益的变动对价格与收益比率的影响：

348.5÷10.32-348.5÷5.71=-27.26

可见，每股市价的变动使价格与收益比率上升了16.03倍；每股收益的变动使价格与收益比率下降了27.26倍。两因素共同作用的结果是该指标下降了11.23。说明企业投资风险降低，投资价值增加。由于该指标受资本市场影响较大，还需要根据具体情况进行判断。

（三）BQC公司市盈率及影响因素分析

2014—2023年BQC公司每股市价、每股收益及市盈率对比，如图8-24所示。可知，除了2014年和2018年BQC公司的每股市价和市盈率截然相反以外，其他各年两个指标趋势基本一致，市盈率整体在26至253之间波动。2014年BQC公司的股价处于低位，但每股收益仅为0.18元，导致市盈率在200以上。2020年和2021年BQC公司的股价处于高位，但每股收益却没有超过1.50元/股，导致市盈率一直在130以上，2021年高达252.94。2023年由于每股收益大幅上升，市盈率较2022年下降，处于相对较低水平。

（四）五家汽车企业市盈率对比分析

2014—2023年五家汽车企业市盈率对比，如图8-25所示。可知，相对于其他四家公司而言，BQC公司的市盈率最高且波动最大，呈先降后升再降之势，2023年市盈率最低为19.19，2021年市盈率最高为252.94，除2023年外，BQC公司的市盈率居五家企业之首。其他四家公司，市盈率基本在6至67之间。其中，SQJT公司的市盈率处于较低且相对平稳水平，始终在7至14之间；CAQC公司在2019年发生亏损，每股收益为负值，故没

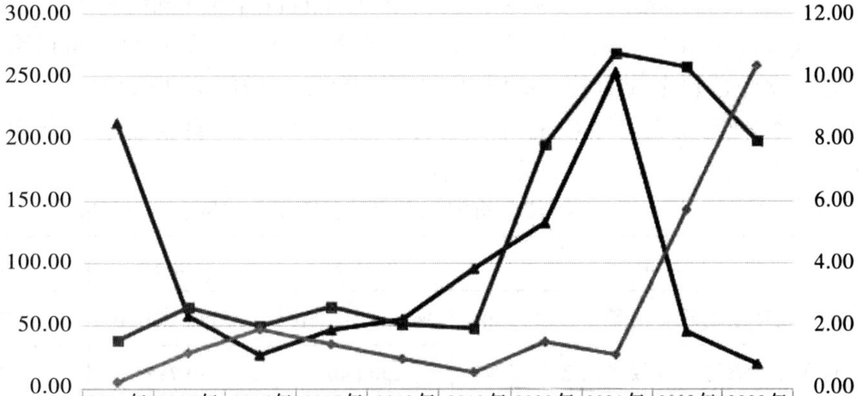

	2014年	2015年	2016年	2017年	2018年	2019年	2020年	2021年	2022年	2023年
市盈率（左轴）	211.94	57.50	26.43	46.46	54.84	95.34	132.18	252.94	45.00	19.19
每股市价（元/股）（左轴）	38.15	64.40	49.68	65.05	51.00	47.67	194.30	268.12	256.97	198.00
每股收益（元/股）（右轴）	0.18	1.12	1.88	1.40	0.93	0.50	1.47	1.06	5.71	10.32

图8-24　2014-2022年BQC公司市盈率和每股市价、每股收益对比图

有计算市盈率。另外，除SQJT公司以外的四家企业的每股收益在2022年都有所增加，市盈率均有不同程度下降，具有行业特征，说明股价相对于每股收益的盈利能力较低，投资回收期较短，投资风险较小，股价在未来上升的可能性较大；而BQC公司作为新能源汽车企业的龙头，股价相对于每股收益的盈利能力较高，说明投资人对企业发展前景看好。当然，如果企业市盈率过高，则股价被高估的可能性就比较大。

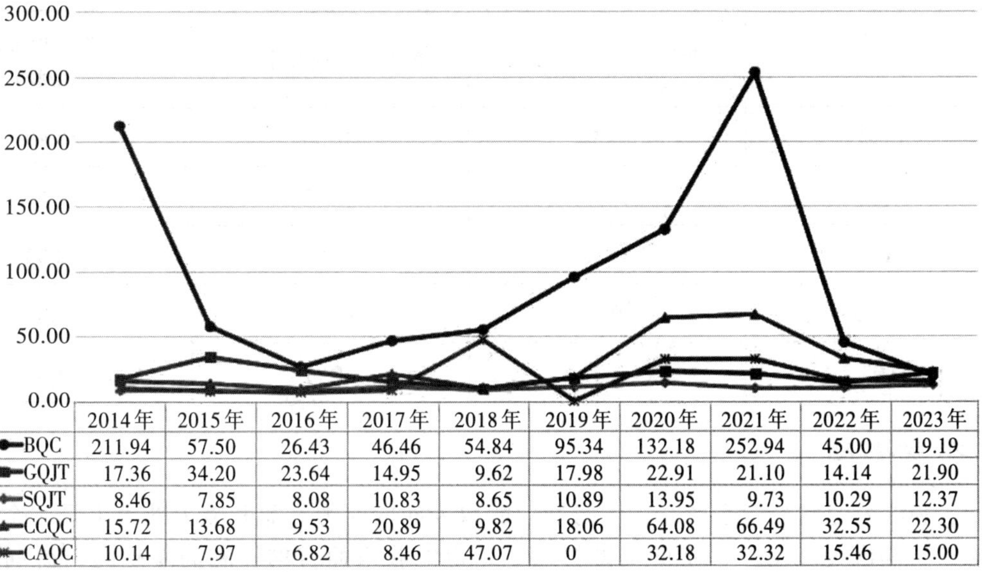

	2014年	2015年	2016年	2017年	2018年	2019年	2020年	2021年	2022年	2023年
BQC	211.94	57.50	26.43	46.46	54.84	95.34	132.18	252.94	45.00	19.19
GQJT	17.36	34.20	23.64	14.95	9.62	17.98	22.91	21.10	14.14	21.90
SQJT	8.46	7.85	8.08	10.83	8.65	10.89	13.95	9.73	10.29	12.37
CCQC	15.72	13.68	9.53	20.89	9.82	18.06	64.08	66.49	32.55	22.30
CAQC	10.14	7.97	6.82	8.46	47.07	0	32.18	32.32	15.46	15.00

图8-25　2014—2023年五家汽车企业市盈率对比图

五、每股经营现金流量分析

每股经营现金流量是指经营活动现金流量净额占发行在外的普通股加权平均数的比率。反映每股发行在外的普通股平均占有的经营现金流量净额。这个指标越高，说明企业进行资本支出和支付股利的能力越强。其计算公式为：

每股经营现金流量=经营活动现金流量净额/发行在外的普通股加权平均数

BQC公司2023年每股经营现金流量水平分析，见表8-11。可以看出，BQC公司2023年的每股经营现金流量比2022年增加了9.92元，增幅为20.51%，主要是因为2022年经营活动产生的现金流量净额上升（上升了20.51%）。说明企业的经营活动现金流量净额增加，以经营活动获取现金的能力增强。

表8-11 **BQC公司2023年每股经营现金流量水平分析表**

项目	2023年	2022年	变动额	变动率（%）
经营活动产生的现金流量净额（万元）	16 972 502.50	14 083 765.70	2 888 736.80	20.51
发行在外的普通股加权平均数（万股）	290 640	290 793	-153	-0.05
每股经营现金流量（元/股）	58.40	48.43	9.97	20.59

六、上市公司盈利能力对比分析

知识拓展8-4

2023年同行业五家可比上市公司特殊盈利能力主要指标比较，见表8-12。可以看出，BQC公司的每股收益、普通股权益报酬率、每股经营现金流量在同行业企业中均最高，说明BQC公司盈利能力与同行业企业相比较强，说明该企业在经营活动中获取现金的能力最强，盈利质量高。GQJT公司的每股收益、普通股权益报酬率在同行业企业中均为最低。

表8-12 **2023年同行业五家可比上市公司特殊盈利能力主要指标比较表**

公司名称	每股收益（元/股）	普通股权益报酬率（%）	每股经营现金流量（元/股）
BQC	10.32	22.58	58.40
GQJT	0.42	3.03	0.64
CAQC	1.15	13.81	2.00
CCQC	0.82	10.74	2.06
SQJT	1.23	5.91	3.62

□ 本章小结

盈利能力通常是指企业在一定时期内赚取利润的能力。盈利能力的大小是一个相对的概念，即利润是相对于一定的资源投入、一定的收入而言的。利润率越高，盈利能力越强；利润率越低，盈利能力越弱。企业经营业绩的好坏最终可以通过企业的盈利能力来反映。无论是企业的经理人、债权人，还是股东（投资人），都非常关心企业的盈利能力。

盈利能力根据资源投入及经营特点可以分为：资本经营盈利能力分析、资产经营盈利能力分析、商品经营和产品经营盈利能力分析。同时，上市公司因为股权流通、股票价格公开等因素，具有一些特殊的指标，因而还应对上市公司的盈利能力指标进行分析。

（1）资本经营盈利能力分析。资本经营的内涵是指企业以资本为基础，通过优化配置来提高资本经营效益的经营活动，其活动领域包括资本流动、收购、重组、参股和控股等能实现资本增值的领域，从而使企业以一定的资本投入，取得尽可能多的资本收益。资本经营盈利能力分析主要对净资产收益率指标进行分析与评价。对净资产收益率产生影响的指标主要有总资产报酬率、负债利息率、企业资本结构和所得税税率等。

（2）资产经营盈利能力分析。资产经营的基本内涵是合理配置与使用资产，以一定的资产投入，取得尽可能多的收益。资产经营盈利能力分析主要是对总资产报酬率指标进行分析和评价。对总资产报酬率产生影响的指标主要有总资产周转率和销售息税前利润率。

（3）商品经营盈利能力分析。商品经营的基本内涵是企业以市场为导向，组织供产销活动，以一定的人力、物力消耗，生产与销售尽可能多的社会需要的商品。商品经营盈利能力分析，即利用利润表资料进行利润率分析，包括收入利润率分析和成本利润率分析两方面内容。

反映收入利润率的指标主要有营业收入利润率、营业收入毛利率、总收入利润率、销售净利润率、销售息税前利润率等。反映成本利润率的指标有很多，主要有营业成本利润率、营业费用利润率、全部成本费用利润率等。

（4）上市公司盈利能力分析。上市公司盈利能力分析主要是对每股收益指标、普通股权益报酬率指标、股利发放率指标、价格与收益比率，以及每股经营现金流量等指标进行分析。对不同的指标还应结合因素分析法进行具体因素的分解，同时，要参照历史标准和行业标准做出合理的判断。

第九章

营运能力分析

□ 学习目标

本章学习目标是使学生掌握企业营运能力分析的基本方法与基本内容。其具体目标包括：

◇知识目标

了解企业营运能力分析的目的；把握企业营运能力指标的内涵；明确企业营运能力指标之间的相互关系。

◇技能目标

掌握企业营运能力指标的计算方法；明确企业营运能力指标的影响因素；熟练地运用因素分析法对企业营运能力指标进行因素分析。

◇能力目标

能够在总资产营运能力指标对比分析和因素分析的基础上，对总资产营运能力做出综合评价；能够在流动资产营运能力指标对比分析和因素分析的基础上，对流动资产利用效率做出综合评价；能够在固定资产营运能力指标对比分析和因素分析的基础上，对固定资产利用效果做出综合评价；在以上分析的基础上，能够结合盈利能力分析对企业的整体营运能力做出全面评价。

◇思政目标

在掌握资产营运能力分析方法的基础上，了解当前经济领域的国家路线、方针、政策，将所学理论知识应用于国家经济活动实践。

课程思政教学模块图

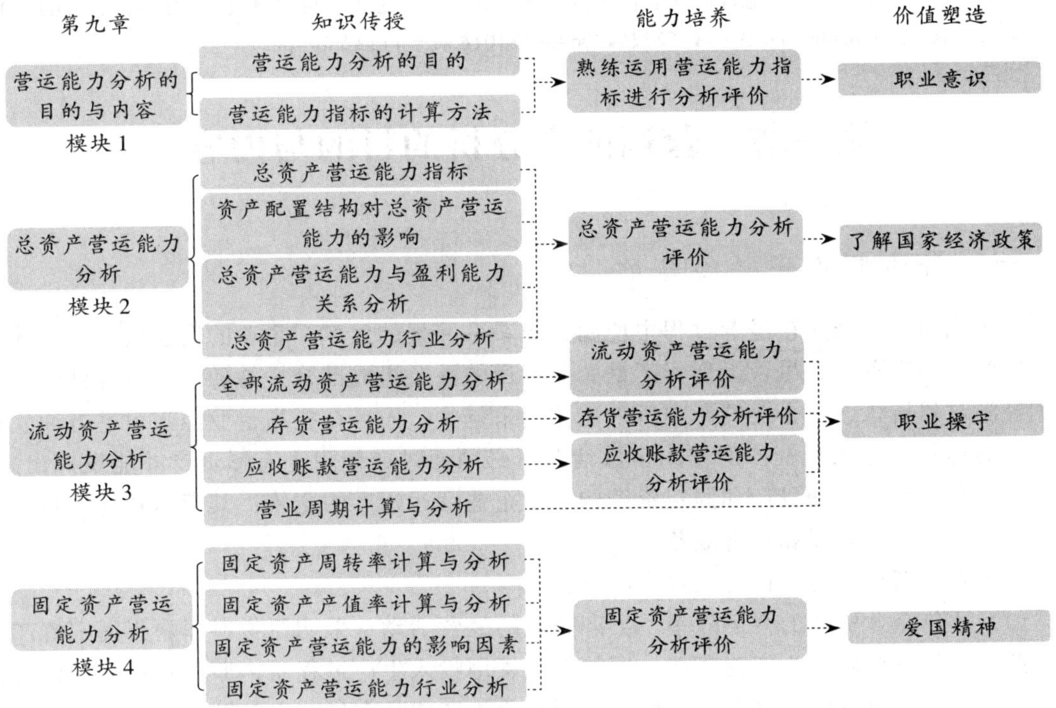

成立于1995年的比亚迪已经成为一家横跨汽车、电池、IT、半导体等多个领域的产业巨头，2022年首次进入《财富》世界500强榜单。从实力来看，目前，比亚迪是全球最具垂直整合能力的新能源汽车厂商、中国第一个实现车规级IGBT大规模量产的公司、全球生产量最大的已规模化量产碳化硅的公司、全球商用车领导品牌、全球动力电池领军公司之一、首个新能源汽车百万俱乐部的中国品牌、中国新能源汽车市占率近30%、研发投入最大的中国品牌自主车企。

比亚迪的投资具有鲜明的产业资本特点，其战略定位是为比亚迪未来发展战略服务，保证公司整个供应链安全，弥补产业链短板，储备未来创新技术，为产品的快速增量迭代作保障，在产品交货、技术开发时有更好的协同效应。

2022年年报显示，对外合作方面，其以战略投资为纽带实现产业赋能，打造产业生态；在半导体、汽车智能化、工业软件及新材料领域，布局半导体全产业链、汽车智能相关软硬件及汽车零部件设计制造；动力电池领域，通过布局电池铝箔、铝塑膜、隔膜及电解液添加剂相关资源，加强上下游产业协同。

而比亚迪2023年年报则透露，在产业投资方面，公司从自身业务出发，依托对全产业链的深刻理解及技术积累，进一步深化在新能源汽车电动化、智能化等相关领域的布局，助力其战略规划落地，保障供应链重点环节稳定安全。公司与产业链伙伴相互赋能，做强做大产业生态，实现合作共赢。

比亚迪实施战略指引下的资产布局策略会对公司资产的营运效率产生怎么样的影响

呢？下面我们通过资产营运能力分析来揭晓答案。

资料来源：李荣华．悄然崛起的比亚迪投资版图：确保不错过每一场“盛宴”［EB/OL］．［2023-04-10］．https://baijiahao.baidu.com/s?id=1762775430643658101&wfr=spider&for=pc.

第一节　营运能力分析的目的与内容

一、营运能力分析的目的

营运能力是指企业在经营过程中使用资产获取回报的效率。企业的营运资产，主体是流动资产和固定资产，尽管无形资产是企业资产的重要组成部分，并随着工业经济时代向知识经济时代转化，在企业资产中所占比重越来越大，而且在提高企业经济效益方面发挥了巨大的作用，但无形资产的作用多数情况下必须通过或依附于有形资产才能发挥出来。从这个意义上说，流动资产和固定资产构成了企业营运资产的主体，其营运状况将从根本上决定企业的经营状况和经济效益。

进行企业营运能力分析的主要目的是：

（1）评价企业资产的营运效率。生产企业的经营活动从采购原材料、购买固定资产开始，此时货币资金转化为实物资产。原材料被领用投入生产过程后，原材料存货转化为在产品存货。生产过程结束之后，在产品存货转化为产成品存货。产品被销售之后，如果是信用销售，便进入了应收账款阶段。最后，应收账款被收回，实物资产又重新回到货币资金状态，也就实现了资金周转。资产在各种形态之间的转化速度越快，资产营运的效率也就越高。

（2）评价企业资产的营运效益。公司制企业经营的根本目的是获取收益。通过开展经营活动以较少的投入获取较多的产出，从而实现收益最大化。在企业周转使用资产进行经营活动的过程当中，如果周转获利，那么，周转速度越快，一定时期内周转次数越多，获利越多。当把前序周转过程中的获利投入到后序周转中，企业便扩大了经营规模，每次周转的获利水平都得到提高。由此便可实现资产营运效益的增长。

（3）寻找资产营运能力提升的路径。企业总体资产营运能力的高低，不仅取决于各类资产营运能力的高低，还受到企业资产配置结构的影响。通过企业营运能力分析，可以了解企业各类资产利用效率方面的不足，以及资产配置结构的不合理之处。企业可以从这两方面积极采取措施，提高企业全部资产的营运能力。

二、营运能力指标的计算方法

企业营运能力通常使用资产周转速度指标来衡量。资产周转速度指标包括资产周转率（次数）和资产周转期（天数）。资产周转率指标是一定时期资产平均占用额与周转额的比率，是用资产的占用量与运用资产所完成的工作量之间的关系来表示营运效率的指标。资产周转期指标是用周转额的计算期除以计算期内资产周转次数，表示资产周转使用一次所经历的时间。

资产周转速度的计算公式是：

$$资产周转率=\frac{资产周转额}{资产平均余额}$$

$$资产周转期=\frac{计算期天数}{资产周转率(次数)}=\frac{资产平均余额 \times 计算期天数}{资产周转额}$$

其中：

（1）计算期天数，是指周转额的计算期间所涵盖的天数。从理论上说，应使用计算期间的实际天数，但为了计算方便，实务中一般全年按360天计算，季度按90天计算，月度按30天计算。

（2）资产平均余额，也称资产平均占用额或平均运用额。资产平均余额是反映企业一定时期资产占用的动态指标，从理论上说，应是计算期内每日资产余额的平均额，但为了计算方便，通常按期初和期末的算术平均数计算。具体计算公式是：

$$某项资产平均余额=\frac{该项资产期初余额+该项资产期末余额}{2}$$

（3）资产周转额，是指计算期内完成周转的资产金额。以存货为例，其周转额是指结束存货存在形式，销售转为营业成本的金额。不同资产周转率的计算所使用的周转额是不同的，对此，将在具体分析时予以说明。

资产周转次数和资产周转天数从两个不同的角度表示资产的周转速度。资产周转次数表示在一定时期内完成几个从资产投入到资产收回的循环，而周转天数则表示完成一个从资产投入到资产收回的循环需要多长时间。资产周转次数和周转天数呈相反方向变动，在一定时期内，资产周转次数越多，周转天数越少，周转速度就越快，营运效率就越高；反之，则周转速度就越慢，营运效率越低。

虽然以上两种形式均可以表示资产周转速度，但在实务中更多地使用周转天数这一形式。这是因为，当企业为提高生产技术水平，改善生产组织等而使资产周转速度加快时，明显地表现为资产占用时间的缩短，用周转天数来表示，易于看出资产周转与生产技术和生产组织的依存关系，直观且易于理解。此外，如果采用周转次数，不同时期（如年度、季度和月度）的周转速度不能直接进行比较。采用周转天数则可以消除期限长短对周转速度的影响，可以使不同计算期间的周转速度直接进行比较。

三、营运能力分析的内容

企业营运能力分析的主要内容包括：

1.总资产营运能力分析

通过对总资产产值率和总资产周转率的分析，评价总资产营运能力。从资产配置结构的角度，分析流动资产比重、不良资产比重、投资性资产比重和轻资产化对总资产营运能力的影响。

2.流动资产营运能力分析

通过对流动资产周转率和周转期、流动资产垫支周转率和周转期、存货周转率和周转期、应收账款周转率和周转期、营业周期，以及现金周期等指标的计算分析，评价全部流动资产以及存货、应收账款等流动资产的营运能力，并分析导致上述资产营运能力发生变化的可能原因以及可能对上述评价产生影响的因素。

3.固定资产营运能力分析

通过固定资产产值率和固定资产收入率等指标的计算分析，评价固定资产的营运能力，揭示固定资产利用效率变动的原因，分析固定资产更新、磨损和退废等因素对固定资产营运能力的影响。

第二节　总资产营运能力分析

一、总资产营运能力指标

总资产营运能力，是指企业运用全部资产开展经营活动的效率。反映总资产营运能力的指标主要有总资产周转率和总资产产值率。

（一）总资产周转率的计算与分析

总资产周转率体现了企业利用全部资产获取收入的效率。其计算公式是：

$$总资产周转率=\frac{营业收入}{总资产平均余额}$$

总资产周转效率也可以用周转期（天数）来表示。其计算公式是：

$$总资产周转期（天数）=\frac{总资产平均余额\times 计算期天数}{营业收入}$$

根据BQC公司相关资料可计算其总资产周转率和总资产周转期，见表9-1。

表9-1　**总资产周转率和总资产周转期指标计算表**　金额单位：百万元

项　目	2023年	2022年
营业收入	602 315.35	424 060.64
平均总资产	586 704.16	394 820.40
总资产周转率（次）	1.03	1.07
总资产周转期（天）	349.51	336.45

2023年BQC公司的总资产周转率是1.03次，比2022年的1.07次有所降低，总资产周转期从336.45天增加至349.51天，增加了13.06天，表明该公司总资产营运能力有所下降。

（二）总资产产值率的计算与分析

总产值是指工业企业在一定时期内生产的工业产品或提供工业性劳务活动的总价值量。总资产产值率反映了企业总资产与总产值之间的对比关系。其计算公式是：

$$总资产产值率=\frac{总产值}{平均总资产}\times 100\%$$

总资产产值率反映了企业生产过程中资产的利用效果，该指标数值越高，说明企业资产的投入产出率越高，企业总资产运营状况越好。在利用该指标评价企业总资产利用效果时应该注意到，企业总产值在按不变价格计算时，可以把总产值理解为企业在一定时期内生产的按价值计算的全部产品总量，是企业利用全部资产为社会创造的物质产品。但由于总产值中既包括完工产品，又包括在产品，所以，总产值仅仅表示本期生产的价值，并不能表明其能够得到市场的认可。企业生产的产品如果不能在市场上进行交易，则无法实现其价值，前期生产投入也就无法收回。分析时，要将该指标与总资产周转率结合起来，才能做出正确的评价。

企业产出与总资产之间的关系，还可以从另一个角度来反映，即百元产值占用资金，该指标本质上是总资产产值率的倒数，反映每百元产值占用的资产。其计算公式是：

$$百元产值占用资金=\frac{平均总资产}{总产值}\times100\%$$

该指标越低，说明单位产出所占用的资产越少，表明企业资产营运能力越强。对该指标具体变动原因的分析可依据以下分解式进行：

$$百元产值占用资金=\left(\frac{流动资产}{总产值}+\frac{固定资产}{总产值}+\frac{其他资产}{总产值}\right)\times100\%$$

从以上分解式中可以看出，百元产值占用资金受各类资产营运效率的影响，分析时可采用连环替代法，分别说明各类资产营运效率变动对百元产值占用资金的影响。

总资产周转率反映出企业整个经营过程中资产的利用效果。收入的实现表明企业的产品得到了社会的认可，满足了社会需求。总资产产值率反映了企业生产过程中资产的利用效果，下面的分解式可以反映出这两个指标之间的关系：

$$总资产周转率=\frac{总产值}{平均总资产}\times\frac{营业收入}{总产值}=总资产产值率\times产品销售率$$

从以上分解式可以看出，提高总资产周转率可以采取两方面措施：一是要提高资产的生产效率，这是提高企业资产营运能力的基础，没有产品，就谈不上销售，更谈不上效益；二是要提高产品的销售率，把生产出来的产品尽快、尽可能多地销售出去。

二、资产配置结构对总资产营运能力的影响

影响总资产营运能力的因素可以分为两个方面，一方面是企业的资产配置结构，另一方面是各类资产利用率。企业各类资产的利用效率将在本章第三节和第四节中予以详细讨论。这里我们将重点讨论企业资产配置结构对总资产营运能力的影响。

（一）流动资产比重

企业资金循环包括短期资金循环和长期资金循环，长期资金循环必须依赖短期资金循环，因此，流动资产周转速度的快慢是决定企业总资产周转速度的关键性因素，下面的分解式可以反映出这种关系，也为进行总资产周转率分析、提高总资产周转速度指明了方向。

$$总资产周转率=\frac{营业收入}{流动资产平均余额}\times\frac{流动资产平均余额}{总资产平均余额}$$

$$=流动资产周转率\times流动资产占总资产的比重$$

上面的分解式表明，总资产周转速度的快慢取决于两大因素：一是流动资产周转率。流动资产是总资产的重要组成部分，加快流动资产周转，会使总资产周转速度加快；反之，则会使总资产周转速度减慢。二是流动资产占总资产的比重。由于流动资产周转速度快于其他类资产周转速度，所以，企业流动资产所占比例越大，总资产周转速度越快；反之，则越慢。

根据BQC公司财务报表的相关资料，计算该公司总资产周转率有关指标，见

表9-2。

表9-2 **总资产周转率指标分析表**

项　目	2023年	2022年	差异
总资产周转率（次）	1.03	1.07	-0.04
流动资产周转率（次）	2.22	2.08	0.14
流动资产占总资产比重（%）	46.27	51.53	-5.26

BQC公司2023年总资产周转率比上年下降了0.04次，其原因是：

流动资产周转率变动对总资产周转率的影响：

（2.22-2.08）×51.53%=0.07（次）

流动资产占总资产比重变动对总资产周转率的影响：

2.22×（46.27%-51.53%）=-0.12（次）

计算结果表明，BQC公司2023年总资产周转率下降，主要原因是资产结构变动，由于流动资产在总资产中的比重下降，资产流动性降低，减慢了总资产周转速度。而流动资产周转率提高，提升了总资产的周转速度。流动资产周转率分析将在本章第三节详细阐述。

（二）不良资产比重

企业的不良资产通常是指企业的资产中无法参与正常经营运转的部分，如不能正常出售的残次冷背存货，账龄较长无法正常收回的应收账款，闲置不用的固定资产等。企业的不良资产比例越高，资产的营运能力越弱。可以通过计算不良资产比率来衡量企业的不良资产水平。

$$\text{不良资产比率}=\frac{\begin{matrix}\text{资产产值}\\\text{准备余额}\end{matrix}+\begin{matrix}\text{应提未提和应摊未摊}\\\text{的潜亏挂账}\end{matrix}+\begin{matrix}\text{未处理}\\\text{资产损失}\end{matrix}}{\text{资产总额}+\text{资产减值准备余额}}$$

该指标越高，表明企业沉淀不能参与日常经营的资产越多，对于营运能力的不利影响越大。不良资产比率着重从企业不能正常循环周转的角度揭示资产使用和管理中存在的问题。通过评价不良资产状况，可以促使企业发现不足，加强管理，提高资产的使用效率。

（三）投资性资产比重

企业的资产根据使用方式的不同，可以分为营运资产和对外投资两大类。营运资产是指企业开展生产经营业务所使用和占用的资产，如存货、固定资产等。对外投资是指企业通过直接或间接的方式将资产投资于企业外部的其他主体，如交易性金融资产、长期股权投资等。这两类资产的回收及获利方式是不同的。营运资产的投入主要通过销售商品或提供服务取得营业收入予以回收并获利。对外投资主要是通过取得投资收益和买卖交易进行回收并获利。因此，投资性资产并不会直接增加企业的营业收入，多数情况下也不对营业收入的取得产生直接作用。所以，当企业存在较大规模的对外投资时，将会影响资产周转率的计算分析效果。下面，我们将以A公司和B公司两个上市公司的数据对比，来进一步说明这个问题。两家公司的总资产周转率计算过程见表9-3。

表9-3　**总资产周转率对比分析表**　金额单位：百万元

项　目	A公司	B公司
平均总资产	1 680 214	9 074 080
营业收入	2 615 365	11 627 590
总资产周转率（次）	1.56	1.28

由表9-3可知，A公司和B公司的总资产周转率分别是1.56次和1.28次，根据总资产周转率所显示出的总资产营运能力，A公司显著高于B公司。但是A公司和B公司的资产构成存在着很大的差异（见表9-4）。A公司资产全部为营运资产。而B公司的总资产当中，营运资产占61.60%，对外投资占38.40%。对外投资并不通过营业收入实现周转，所以会导致总资产周转率指标失实。如果将B公司的对外投资从总资产中扣除，仅使用营运资产计算周转率，其结果是2.08次，高于A公司。所以，B公司的经营资产的运营效率高于A公司。

表9-4　**总资产构成分析**　金额单位：百万元

项　目	A公司		B公司	
	金额	比重（%）	金额	比重（%）
平均营运资产	1 680 214	100	5 589 634	61.60
平均对外投资	0	0	3 484 446	38.40
平均总资产	1 680 214	100	9 074 080	100
营运资产周转率（次）	1.56		2.08	

因此，在使用总资产周转率进行总资产营运能力分析时，应考虑对外投资对该指标的影响。如果企业的对外投资比重较大，使用营运资产周转率对企业的实际营运能力予以评价更为客观准确。

案例分析9-1

（四）轻资产化

轻资产运营是指企业外包其不具备竞争优势的制造环节，以少量的固定资产和存货等方面的资金投入，集中资源专注于产品研发、品牌营销、客户管理等方面，进而占领价值链高端、提升企业财务绩效的商业模式。

以轻资产模式运营的企业，通常都不进行重大的固定资产投资，或只投入少量的专有性固定资产，以外包或租赁形式，通过杠杆利用其他企业的资源进行生产，自己则专注于研发、营销和终端渠道销售等这些高附加值环节。也就是说，轻资产模式的公司在资产负债表上表现为静态的"轻化"资产结构特征。在资产营运能力方面表现为较高的资产周转率。

三、总资产营运能力与盈利能力关系分析

提高资产营运能力最终要为盈利能力这个目标服务，通过综合对比分析总资产营运能

力与盈利能力之间的关系，可以解释总资产盈利能力变动的原因，为提高总资产盈利能力指明方向。二者之间的关系可用下式反映：

$$总资产报酬率=\frac{息税前利润}{平均总资产}\times100\%$$

$$=\frac{营业收入}{平均总资产}\times\frac{息税前利润}{营业收入}\times100\%$$

$$=总资产周转率\times销售息税前利润率$$

上述分解式表明企业总资产盈利能力受到总资产营运能力和产品盈利能力两个因素的影响。在销售息税前利润率一定（且为正）的情况下，总资产报酬率和总资产周转率成正比，企业可以通过提高资产运营效率的方式提高盈利能力。BQC公司的总资产报酬率因素分析计算见第八章第三节。

四、总资产营运能力行业分析

（一）同行业对比分析

五家汽车制造企业总资产周转率对比，如图9-1所示。可以看出，各家企业在疫情期间均受到不同程度的影响，SQJT公司尤为明显，而只有CAQC公司的总资产周转率表现较为平稳。2019年BQC公司的总资产周转率几乎位居末席，仅高于GQJT，，而在2020年稳步推进发展，于2021年实现对另外四家企业的反超，并在这之后进一扩大领先优势，总资产周转率占据首位。

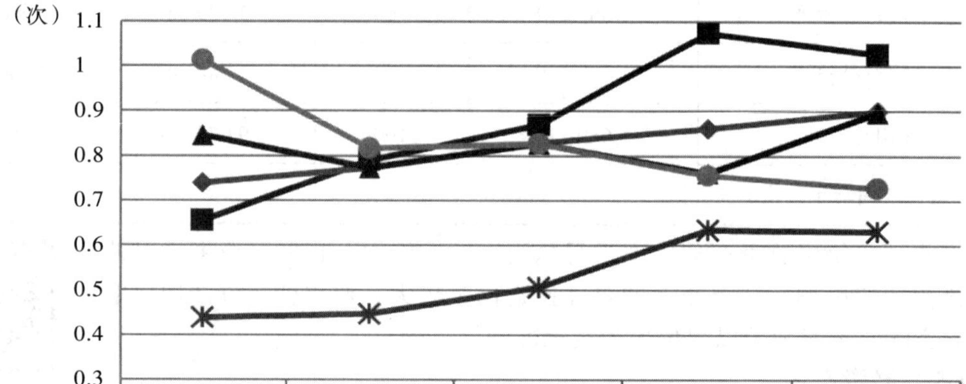

	2019年	2020年	2021年	2022年	2023年
BQC(次)	0.65	0.79	0.87	1.07	1.03
CAQC(次)	0.74	0.77	0.83	0.86	0.90
CCQC(次)	0.85	0.77	0.83	0.76	0.90
GQJT(次)	0.44	0.45	0.51	0.64	0.63
SQJT(次)	1.01	0.82	0.83	0.76	0.73

图9-1 五家同行业企业总资产周转率（次）对比图

（二）行业间对比分析

四个不同行业公司的总资产周转率对比，如图9-2所示。可以看出，不同行业之间总资产周转率分层明显，也就是说，总资产周转率带有明显的行业特征。在所选取的四个行业当中，总资产周转率从高至低依次是农副食品加工业、汽车制造业、航空制造业、房地产业。分行业来看，各行业均在疫情期间受到不同程度的影响，尤其是农副食品加工业。

而在2021年之后，农副食品加工业与汽车制造业呈现出较为明显的回暖现象。

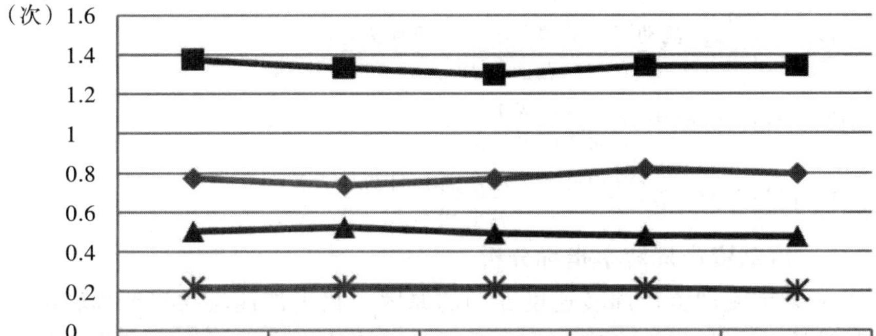

	2019年	2020年	2021年	2022年	2023年
农副食品加工业(次)	1.37	1.33	1.30	1.34	1.34
汽车制造业(次)	0.77	0.74	0.77	0.82	0.80
航空制造业(次)	0.50	0.52	0.49	0.48	0.48
房地产业(次)	0.22	0.22	0.22	0.21	0.20

图9-2　四个行业总资产周转率（次）对比图

数据来源：国泰安CSMAR数据服务平台。

第三节　流动资产营运能力分析

一、全部流动资产营运能力分析

企业的营运过程，实质上是资产的转换过程，由于流动资产和固定资产的性质和特点不同，决定了它们在这一过程中的作用也不同。企业经营成果的取得，主要依靠流动资产的形态转换。尽管固定资产的整体实物形态都处在企业营运过程之中，但从价值形态上讲，相当于折旧的那部分资金需参与企业当期的营运，它的价值实现（或者说是价值回收）要依赖于流动资产的价值实现。一旦流动资产的价值实现（或者说是形态转换）出现问题，不仅固定资产价值不能实现，企业所有的经营活动都会受到影响，因此，可以说，流动资产营运能力分析是企业营运能力分析最重要的组成部分。

（一）流动资产营运能力指标的计算

流动资产完成从货币到商品，再到货币这一循环过程，表明流动资产周转了1次，以产品实现销售为标志。表明销售实现的指标有两个，即营业收入和营业成本。一般说来，使用营业成本这一指标作为周转额是用来说明垫支的流动资产周转速度，反映出流动资产的纯粹周转速度。如果使用营业收入这一指标，由于营业收入中包括了垫支资金以外的部分，如税金和利润等，因此，计算出来的流动资产周转速度是一种扩大形式的周转速度，既反映了流动资产的纯粹周转速度，又反映了流动资产利用的效益。实务中，在计算流动资产周转速度指标时，究竟是使用营业收入还是营业成本，应视分析的具体目的而定。流动资产周转速度指标的具体计算公式如下：

$$流动资产周转率=\frac{营业收入}{流动资产平均余额}$$

$$流动资产周转期=\frac{流动资产平均余额 \times 计算期天数}{营业收入}$$

$$流动资产垫支周转率=\frac{营业成本}{流动资产平均余额}$$

$$流动资产垫支周转期=\frac{流动资产平均余额 \times 计算期天数}{营业成本}$$

（二）流动资产周转率指标分析

为了分析流动资产周转速度变动的原因，找出加速流动资产周转的途径，根据流动资产周转速度指标的经济内容和内在联系，可将流动资产周转速度指标作如下分解：

$$流动资产周转率=\frac{营业收入}{流动资产平均余额}$$

$$=\frac{营业成本}{流动资产平均余额}\times\frac{营业收入}{营业成本}$$

$$=流动资产垫支周转率\times成本收入率$$

以上分解式表明，影响流动资产周转率的因素有两个：一是流动资产垫支周转率；二是成本收入率。流动资产垫支周转率反映了流动资产的真正周转速度，成本收入率说明了所费与所得之间的关系，反映出流动资产的利用效果。加快流动资产垫支周转速度是手段，提高流动资产利用效率才是目的，因此，加快流动资产垫支周转速度必须以提高成本收入率为前提。当成本收入率大于1时，流动资产垫支周转速度越快，企业获利能力越强；反之，如果成本收入率小于1，企业所得补偿不了所费，流动资产垫支周转速度越快，企业亏损越多。

根据上面的分解式，采用差额计算法，可以分别确定这两个因素变动对流动资产周转率的影响程度。分析公式是：

流动资产垫支周转率的影响=（报告期流动资产垫支周转率-基期流动资产垫支周转率）×基期成本收入率

成本收入率的影响=报告期流动资产垫支周转率×（报告期成本收入率-基期成本收入率）

BQC公司流动资产周转率分析见表9-5。

表9-5 **流动资产营运能力指标分析表** 金额单位：百万元

项　目	2023年	2022年	差　异
营业收入	602 315.35	424 060.64	178 254.71
流动资产平均余额	271 462.48	203 456.85	68 005.63
其中：平均存货	83 391.98	61 230.99	22 160.99
营业成本	480 558.35	351 815.68	128 742.67
流动资产周转率（次）	2.22	2.08	0.14
流动资产垫支周转率（次）	1.77	1.73	0.04
成本收入率（%）	125.34	120.53	4.81
存货构成率（%）	30.72	30.1	0.62
存货周转率（次）	5.76	5.75	0.01

根据表9-5，对流动资产周转率作如下因素分析：

分析对象=2.22-2.08= 0.14（次）

流动资产垫支周转率的影响=（1.77-1.73）×120.53%=0.05（次）

成本收入率的影响=1.77×（125.34%-120.53%）=0.09（次）

计算结果表明，本期流动资产周转率上升是流动资产垫支周转率和成本收入率同时上升的结果，成本收入率的影响略高于流动资产垫支周转率。

对流动资产周转率的分析，还可以通过流动资产周转期进行。其分解式如下：

$$流动资产周转期=\frac{流动资产平均余额\times 计算期天数}{营业收入}$$

$$=\frac{流动资产平均余额\times 计算期天数}{营业成本}\times\frac{营业成本}{营业收入}$$

$$=流动资产垫支周转期\times 收入成本率$$

（三）流动资产垫支周转率指标分析

在流动资产周转速度分析的基础上，进一步分析流动资产垫支周转速度，可将流动资产垫支周转率作如下分解：

$$流动资产垫支周转率=\frac{营业成本}{流动资产平均余额}$$

$$=\frac{营业成本}{平均存货}\times\frac{平均存货}{流动资产平均余额}$$

$$=存货周转率\times 存货构成率$$

根据表9-5所列信息，可对流动资产垫支周转率变动原因作如下因素分析：

分析对象=1.77-1.73= 0.04（次）

存货周转率变动对流动资产垫支周转率的影响=（5.76-5.75）×30.1%=0.003（次）

存货构成率变动对流动资产垫支周转率的影响=5.76×（30.72%-30.1%）=0.036（次）

计算结果表明，流动资产垫支周转率上升主要是存货构成率上升的结果。流动资产垫支周转率的分析也可依据流动资产垫支周转期进行。

（四）流动资产加速周转效果分析

流动资产周转加速的效果既可以体现为取得一定的产出需要占用的流动资产减少，也可以体现为一定的流动资产占用取得更多的收入。

1.流动资产周转加速对流动资产的影响

加快流动资产周转，可以使企业在销售规模不变的条件下，运用更少的流动资产，形成流动资产节约额。其计算公式是：

$$流动资产节约额=\frac{报告期}{营业收入}\times\left(\frac{1}{报告期流动资产周转次数}-\frac{1}{基期流动资产周转次数}\right)$$

当报告期流动资产周转次数大于基期流动资产周转次数时，说明流动资产周转速度加快，计算结果为负数，表示因周转加速而节约的流动资金数额；反之，则结果为正数，说明因流动资产周转速度缓慢而浪费的流动资金数额。

流动资产周转速度加快所形成的节约额，可以区分为绝对节约额和相对节约额两种形式。流动资产绝对节约额是指企业由于流动资产周转加速，可以减少流动资产占用额，因而可能退出一部分资金。流动资产相对节约额是指企业由于流动资产周转加速，在不增资或少增资的条件下扩大企业的生产规模。流动资产的绝对节约额和相对节约额的区别只在于运用情况的不同，前者是在生产规模不变的情况下减少资产占用额，后者是将其节约额用于自身的扩大再生产。

区别计算流动资产绝对节约额和相对节约额可分三种情况进行。

（1）加速周转所形成的节约额都是绝对节约额。如果企业流动资产周转加速而营业收入不变，这种情况下形成的节约额就是绝对节约额。

（2）加速周转所形成的节约额都是相对节约额。当企业流动资产周转加速，而流动资产实际存量大于或等于基期流动资产存量时，形成的节约额就是相对节约额。

（3）加速周转所形成的节约额既包括绝对节约额，又包括相对节约额。当企业流动资产周转加速，同时，营业收入增加，流动资产占用量减少，这种情况下形成的节约额既包括绝对节约额，又包括相对节约额。可以按下式将二者加以区分：

绝对节约额=报告期流动资产占用额 - 基期流动资产占用额

相对节约额=流动资产总节约额 - 绝对节约额

如果以上条件相反，则为浪费额。

根据表9-5可以计算流动资产周转加速的效果如下：

流动资产节约额= 602 315.35×（1÷2.22-1÷2.08）= -18 261.47（百万元）

计算结果表明，由于BQC公司2023年流动资产周转率上升，使得少占用流动资产18 261.47百万元。

2.流动资产周转加速对收入的影响

流动资产周转加速，可以使企业在流动资产规模不变的条件下，增加企业的收入。其计算公式是：

营业收入增加额=基期流动资产平均余额×（报告期流动资产周转率-基期流动资产周转率）

当报告期流动资产周转率比基期流动资产周转率小时，计算结果为负数，是营业收入的减少数。

根据BQC公司有关资料可计算出：

营业收入增加额= 203 456.85×（2.22-2.08）= 28 483.96（百万元）

加速流动资产周转形成的资产节约额或营业收入增加额是从两个不同侧面对流动资产周转加速的效果所作的分析，具有相同的经济意义。

二、存货营运能力分析

（一）存货周转率计算与分析

存货周转速度通常用存货平均余额与营业成本的比率来表示，以反映企业存货规模是否合适，周转速度如何。其表示方式有两种：

$$存货周转率=\frac{营业成本}{存货平均余额}$$

$$存货周转期=\frac{存货平均余额\times 计算期天数}{营业成本}$$

存货周转速度下降或偏低，可能由以下原因引起：

（1）存货管理方法落后；

（2）产品滞销，存货积压；

（3）预测存货将升值，囤积居奇；

（4）企业销售政策发生变化；

（5）会计核算范围或方法发生变化；

（6）存货账实不符，虚假挂账。

但存货周转速度偏高也不一定代表企业经营出色，当企业为了扩大销路而降价销售或大量赊销时，营业利润会受到影响或产生大量的应收账款。一个适度的存货周转率除参考企业的历史水平之外，还应参考同行业的平均水平。

根据BQC公司的相关资料信息可计算BQC公司的存货周转率和存货周转期（见表9-6）。

表9-6 **存货周转率和存货周转期指标计算表** 金额单位：百万元

项　目	2023年	2022年
营业成本	480 558.35	351 815.68
平均存货	83 391.98	61 230.99
存货周转率（次）	5.76	5.75
存货周转期（天）	62.50	62.61

【案例9-1】

苏宁易购濒临破产？

全国企业破产重整案件信息网显示，2025年1月26日，苏宁集团旗下三家公司，苏宁控股、苏宁置业和苏宁电器，由南京中院受理破产重整。

1990年，苏宁在南京成立，最早以空调专卖起家。随着家电市场的快速发展，苏宁逐渐扩展业务，建立了全国连锁门店，成为全球家电零售行业的龙头企业之一。2010年，电商崛起，苏宁顺势推出苏宁易购，与京东、淘宝展开竞争。2015年，苏宁更是迎来高光时刻，市值一度突破2 000亿元。为了扩大市场，2019年，苏宁收购万达百货、家乐福中国等实体零售业务，完善其“线上+线下”零售业态的全场景、全品类布局。

曾是中国家电零售的龙头，如今却被传濒临破产。从财报可以看到，2017年开始，苏宁易购经营活动现金流持续为负。直到2023年才开始转正。但即便如此，这一转正幅度远不能弥补2018—2019年超过300亿元的亏损。而在自身深陷高杠杆的背景下，如果收入增长停滞或市场环境恶化，企业破产风险将会急剧上升。那如今企业运营状态怎么样？首先，企业还在盈利吗？可以看到，自2014年起，苏宁易购的扣非净利润已连续10年为负。2022年，扣非净利润亏损约190.9亿元。也就是说，主营业务长期陷入亏损已经成为了常态，盈利能力非常弱。其次，企业还健康吗？从关键指标来看营业收入和存货周转的情况。自2020年起，苏宁易购营业收入持续下滑，陷入负增长。背后原因可能是苏宁易购面临的双重挑战。一方面，电商竞争加剧，消费降级。另一方面，线下零售的低迷，传统模式受挫，苏宁线下门店很难带动业绩增长。而在存货周转方面，过去十年，苏宁易购的存货经历了“积累—高峰—收缩”三个阶段。2015—2019年，存货从140亿元增长至267.8亿元，库存储备增加，销售预期乐观。2020年起，存货规模开始下降。到2023年，仅剩67亿元，比高峰期少了75%。然而，库存减少并不是说销售就好转了。相反，存货周转天数反而在上升。2016—2019年，存货周转天数在34~38天，周转较快，市场需求还比较强。2020年后，周转天数持续攀升，2021年突破了50天。商品滞销时间变长，库存流转变慢。库存减少，一方面可能是因为主动削减存货，降低资金占用。另一方面，也可能是因为卖不动，被迫减少采购，市场份额收缩。存货周转天数增加，说明销售承压，回款周期拉长，进一步影响现金流。营收陷入负增长，库存削减未能带动销售回暖，反而伴随着存货周转放缓、销售增长乏力，进一步暴露出苏宁易购经营效率下降的问题。

激进的扩张策略、日益增加的负债、持续亏损的主营业务、下降的运营效率，似乎每一步都很难。在债务重整之下，苏宁易购尝试寻找新的突破口，恢复其市场竞争力。从整体来看，未来依然充满不确定性，苏宁能否通过战略调整扭转乾坤、重回辉煌？让我们拭目以待。

（二）存货营运能力分项分析

存货是企业最重要的经营资产之一，企业经营状况发生恶化时，存货周转往往最先表现出异常。对存货周转情况进行分析，不仅要使用存货周转率分析全部存货资金的周转效率，还要对存货周转率进行分解，分析存货各组成部分的周转情况。存货一般由材料存货、在产品存货和产成品存货三部分组成。所以，存货周转期又可以分为材料周转期、在产品周转期和产成品周转期三项分指标。其计算公式分别为：

$$材料周转天数=\frac{材料平均余额\times 计算期天数}{当期材料费用}$$

$$在产品周转天数=\frac{在产品平均余额\times 计算期天数}{当期生产成本}$$

$$产成品周转天数=\frac{产成品平均余额\times 计算期天数}{营业成本}$$

企业存货的周转是从投入货币资金购入生产经营所需的材料物资形成材料存货开始；然后将其投入到生产经营过程中进行加工，形成在产品存货；加工结束之后则形成产成品存货，通过销售取得货币资金，表示存货的一个循环完成。存货从一种形态转化为另一种形态的速度越快，存货的周转速度就越快。此外，各类存货周转额占存货周转额的比重大小也会对存货周转率产生影响。各类存货周转期和各类存货周转额占存货周转额的比重之间的关系可表示为：

$$存货周转天数=\frac{\left(\begin{matrix}材料平均\\余额\end{matrix}+\begin{matrix}在产品平均\\余额\end{matrix}+\begin{matrix}产成品平均\\余额\end{matrix}\right)\times\begin{matrix}计算期\\天数\end{matrix}}{营业成本}$$

$$=\left(\begin{matrix}材料\\周转天数\end{matrix}\times\frac{当期材料费用}{总产值生产费}\times\frac{总产值生产费}{当期生产成本}+\begin{matrix}在产品\\周转天数\end{matrix}\right)\times\frac{当期生产成本}{营业成本}+\begin{matrix}产成品\\周转天数\end{matrix}$$

上述分解式中的$\frac{总产值生产费}{当期生产成本}$和$\frac{当期生产成本}{营业成本}$分别代表企业生产均衡状态和产销平衡状态。上述分解式表明，存货周转率的快慢除受到三个阶段周转速度的影响外，材料耗用额的比重、生产均衡状态和产销平衡状态也会对其产生影响。在企业生产均衡和产销平衡状态下，存货周转期与三个阶段周转期之间的关系可表示为：

$$存货周转天数=材料周转天数\times\frac{当期材料费用}{总产值生产费}+在产品周转天数+产成品周转天数$$

假设某公司与存货有关的资料信息，见表9-7。

表9-7 存货周转率分析资料表 单位：百万元

项　目	上　年	本　年
存货平均余额	176 300	221 417
其中：材料平均余额	112 955	144 094
在产品平均余额	30 791	44 519
产成品平均余额	32 554	32 804
当期材料费用	1 412 382	1 377 693
总产值生产费	1 909 311	2 387 375
产品生产成本	1 898 632	2 423 506
营业成本	1 897 431	2 424 207

根据表9-7的资料，计算有关指标，见表9-8。

表9-8 存货分析相关指标计算表

项　目	上　年	本　年
材料周转天数（天）	28.79	37.65
在产品周转天数（天）	5.84	6.61
产成品周转天数（天）	6.18	4.87
材料费用占总产值生产费比重（%）	73.97	57.71
总产值生产费占产品生产成本比重（%）	100.56	98.51
产品生产成本占营业成本比重（%）	100.06	99.97
存货周转天数（天）	33.45	32.88

根据表9-8可知，本年存货周转天数比上年快了0.57天（32.88-33.45），运用连环替代法对其变动原因分析如下。

上年指标：（28.79×73.97%×100.56%+5.84）×100.06%+6.18=33.45

第一次替代：（37.65×73.97%×100.56%+5.84）×100.06%+6.18=40.05

第二次替代：（37.65×57.71%×100.56%+5.84）×100.06%+6.18=33.89

第三次替代：（37.65×57.71%×98.51%+5.84）×100.06%+6.18=33.44

第四次替代：（37.65×57.71%×98.51%+6.61）×100.06%+6.18=34.21

第五次替代：（37.65×57.71%×98.51%+6.61）×99.97%+6.18=34.19

本年指标：（37.65×57.71%×98.51%+6.61）×99.97%+4.87=32.88

材料周转天数的影响：40.05 - 33.45 = 6.60（天）

材料费用占总产值生产费比重的影响：33.89 - 40.05 = -6.16（天）

总产值生产费占产品生产成本比重的影响：33.44 -33.89= -0.45（天）

案例分析9-2

在产品周转天数的影响：34.21−33.44= 0.77（天）

产品生产成本占营业成本比重的影响：34.19−34.21＝−0.02（天）

产成品周转天数的影响：32.88 −34.19= −1.31（天）

各因素影响额合计：6.60−6.16−0.45+0.77−0.02−1.31＝−0.57（天）

三、应收账款营运能力分析

（一）应收账款周转率计算与分析

企业的应收账款在流动资产中具有举足轻重的地位，是除存货外的另一重要项目。应收账款周转率是指企业一定时期赊销收入净额与应收账款平均余额的比率，用以反映应收账款的收款速度，一般以周转次数来表示。其计算公式是：

$$应收账款周转率=\frac{赊销收入净额}{应收账款平均余额}$$

其中，应收账款是指因商品购销关系所产生的债权资产，而不是单指会计核算中的“应收账款”科目，一般包括应收账款和应收票据。

应收账款周转率反映了年度内应收账款转化为现金的平均次数。应收账款周转率越高，体现了应收账款的变现速度越快，企业的收账效率越高。加速应收账款周转能够缩短收账期，减少坏账风险，节省收账费用，还能够提高资产流动性，降低财务风险，提高资产收益或者降低筹资成本。反映应收账款周转效率的另一个指标是应收账款周转期，也称作应收账款周转天数或应收账款平均收账期。其计算公式是：

$$应收账款周转期=\frac{计算期天数}{应收账款周转率}$$

$$=\frac{应收账款平均余额\times 计算期天数}{赊销收入净额}$$

$$=\frac{应收账款平均余额}{平均每日赊销净额}$$

应收账款周转期表示从产品销售至现金收回所经历的时间。应收账款周转期越短，说明应收账款收回的速度越快，企业资金被客户占用的时间越短，应收账款的管理效率越高。通过以上指标本期数与前期数、计划数、同类企业先进水平的比较，可以了解应收账款周转率的变动情况、计划完成情况、与先进水平的差距等。周转率和周转期指标紧密联系，在分析时可替换使用。但是在使用周转率进行比较分析时，要注意分析期长度一致才具有可比性。

应收账款周转率计算公式中所采用的周转额从理论上说应为赊销净额，不包括现销收入，但赊销净额作为企业的内部信息并不对外公布，外部分析者难以取得赊销收入的资料，因此，一般用营业收入代替，即：

$$应收账款周转率=\frac{营业收入}{应收账款平均余额}$$

$$应收账款周转期=\frac{应收账款平均余额\times 计算期天数}{营业收入}$$

根据BQC公司相关资料信息可计算其应收账款周转率和应收账款周转期，见表9-9。

表9-9　应收账款周转率和应收账款周转期指标计算表　金额单位：百万元

项　目	2023年	2022年
营业收入	602 315.35	424 060.64
平均应收账款	50 347.26	37 539.89
应收账款周转率（次）	11.96	11.30
应收账款周转期（天）	30.10	31.86

根据计算结果可知，与2022年相比，2023年BQC公司的应收账款周转率稍有提升。

【案例9-2】

东山精密“黑天鹅”事件

苏州东山精密制造股份有限公司成立于1998年，主要面向包括通信设备、新能源、精密机床制造等行业的客户提供包括精密钣金件、精密铸件和组配产品及技术服务，目前为国内最大、综合竞争力最强的精密钣金制造企业之一。东山精密虽已在精密制造服务行业取得卓越成绩，但其目标远不止于此，为了更好地发展，其选择进军互联网视频行业。

2017年东山精密投资暴风集团，进军互联网视频行业，但结果不尽如人意。由2017年暴风集团披露的财报，我们可以看出暴风集团收入增长缓慢，营业净利润持续为负：2016年度为-24 150.28万元，2017年度为-17 472.41万元，反映出此会计季度暴风集团经营情况不良。第二个指标现金流，状况也十分糟糕，其中，经营活动现金流量由2016年的-17 571.76万元变为2017年的-49 349.00万元，现金流状况持续恶化，收现能力弱，短期偿债能力弱。其次，暴风集团2016年度资产负债率为67.69%，2017年度为64.8%；与同行业竞争者相比是偏高的，说明其偿债能力降低，发展能力减弱。

暴风集团深陷财务困境波及东山精密不只因为其投资的关系，更因为东山精密与暴风集团之间进行了大量的关联交易，进而形成财报中巨额应收账款及坏账，使东山精密面临巨大财务危机。2017年，暴风集团向关联方采购12.52亿元，为2016年关联方采购的28倍；向关联方销售1.43亿元。这12.52亿元的关联采购，有12.34亿元来自电视机代工厂东莞东山精密制造有限公司。2018年上半年，公司继续向东莞东山精密采购3.73亿元。成为暴风互联网电视最大的代工厂后，东山精密2017年12月向其子公司暴风统帅增资4亿元，既是股东又是最大的供应商。2017年年报显示，暴风集团合并报表营业成本的80.45%都用来采购东山精密的产品，形成的应收账款余额合计达到5.72亿元。2018年年报中，东山精密对这5.72亿元应收账款按35%的比例计提了坏账，计提额达2亿元。按账龄分析法，一般情况下，对应收账款计提坏账准备应为：一年以内5%，一到二年20%，时间越长计提比例越高。从东山精密对暴风集团计提35%坏账准备可知，短期内这笔账款是收不回的。最后结果也同猜测的一致，东山精密为暴风集团投资了4亿元，还被其欠了十几亿元的货款。应收账款作为金融资产，对企业运营的作用可想而知。应收账款收不回，不仅降低了东山精密资金使用效率，增加了企业风险成本，加速了现金流出，还使东山精密面临巨大的财务危机。对于东山精密来说，牵手暴风集团算是踩中了“黑天鹅”事件。

良好的应收账款管理能够显著降低坏账风险，对于企业的资金安全、风险控制、市场竞争力和财务管理都发挥着重要作用。保障企业资金流的畅通，对于企业的日常运营和长期发展至关重要。

（二）应收账款周转分析应注意的问题

1.经营季节性特征的影响

应收账款周转率计算公式的分母是应收账款期末余额和期初余额的算术平均数，这是基于企业应收账款在一个会计期间内呈线性增加或者减少的假设。但是有些企业的业务会呈现出明显的季节性特征，应收账款占用额会由于季节因素呈非线性波动。对于这类企业，应收账款周转率指标的分析效力会受到影响。假设A公司生产销售羽绒服，销售活动主要发生在冬季，其1月份和12月份的应收账款余额处于全年的高位。而B公司生产销售驱蚊产品，主要在夏季销售，其1月份和12月份的应收账款余额处于全年的低位。按照年度报告计算的应收账款的平均占用额，A公司会被高估，而B公司会被低估，因此，A公司应收账款周转率被低估，B公司被高估。

2.应收账款变化趋势的影响

这又是一个计算应收账款余额算术平均数带来的问题。假设甲公司应收账款的期初余额是100万元，期末余额是200万元；而乙公司应收账款的期初余额是200万元，期末余额是100万元。如果两个公司的销售收入是一样的，那么，计算所得的应收账款周转率将是相同的，无法显示出乙公司应收账款回收变化趋势好于甲公司的情况。

知识拓展9-1

3.增值税的影响

增值税属于价外税，不包括在企业所确认的收入当中，也就不包括在应收账款周转率计算公式的分子中。但是计算公式的分子——应收账款，不仅包括销售货物的价款，还包括向购货方代收的增值税销项税额。增值税所导致的分子和分母口径不一致，会使应收账款周转率指标偏低。

四、营业周期计算与分析

营业周期是指企业从购入存货到生产、销售产品并最后收回现金所经历的时间。营业周期的计算公式为：

营业周期=存货周转期+应收账款周转期

营业周期又称经营周期，反映了企业对主要经营资产的管理水平。营业周期较短，一般表明企业对应收账款和存货实施了较为有效的管理；而营业周期较长，可能意味着应收账款或者存货流动性较差，管理中存在问题或者资产质量不佳。

根据表9-6和表9-9的信息可计算BQC公司的营业周期为：

2023年营业周期：62.5+30.1=92.60（天）

2022年营业周期：62.61+31.86=94.47（天）

存货周转期和应收账款周转期都缩短了，使得BQC公司2023年的营业周期比2022年减少了1.87天。

通常企业可以通过计算自身的营业周期，来确定合理的信用采购还款期限。如果企业在采购时，能够从供应商处获得不短于自身营业周期的延迟付款期限（即信用期限），那就意味着企业不需要额外筹集资金用于采购业务。用营业周期减去应付账款周转期，即可得到企业的现金周期。

现金周期=应收账款周转期+存货周转期-应付账款周转期

其中，应付账款周转期反映了企业支付供应商货款的平均时间。计算公式为：

应付账款周转期=（应付账款平均余额×计算期天数）/营业成本

现金周期是企业在经营过程中从购买原材料付出现金到销售商品收到现金所经过的平均时间。通常，现金周期越短说明企业现金流转状况越好。如果现金周期为正，说明企业被存货和客户占用的资金多于企业占用供应商的资金。现金周期为负说明供应商提供了企业运营所需要的资金后仍有余量。

现金周期分析揭示了加速企业资金周转的方式：一是缩短应收账款回收时间（以及预付账款的期限）；二是缩短库存物资的占款时间，加快其周转速度；三是在合理的范围内推迟应付账款的付款时间（以及延长预收款的时间）。

现金周期与行业特点和企业商业模式有关。不同行业的现金周期可能存在较大差异。即使是相同行业，采用不同商业模式的企业之间现金周期也会存在明显的差异。现金周期是企业资金使用效率和资产运营效率的综合体现，更是企业商业模式的体现。现金周期与经营周期的关系如图9-3所示。

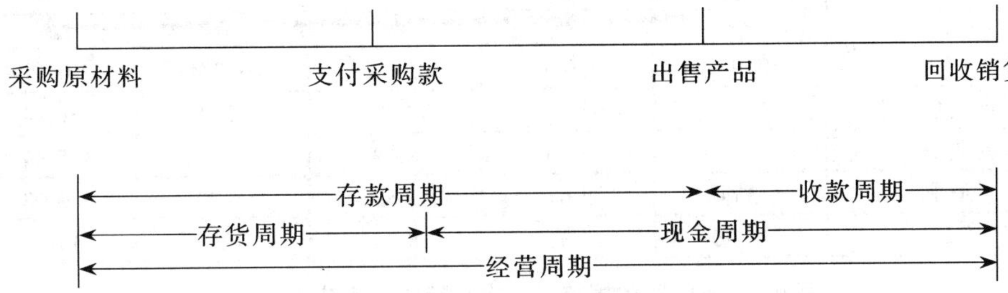

图9-3 现金周期与经营周期关系图

根据BQC公司相关资料信息可计算BQC公司的现金周期为：

2023年现金周期：62.5+30.1-105.21=-12.61（天）

2022年现金周期：62.61+31.86- 109.28 = -14.81（天）

根据计算可知，BQC公司的现金周期2022、2023年皆为负值，即企业支付给供应商的时间长于从客户收款和存货变现的总时间。企业用供应商的钱（应付账款）支撑了自身运营，甚至在收回客户现金后仍有结余，形成“无成本”的现金流。

五、流动资产营运能力行业分析

（一）行业内分析

由表9-10可知，BQC公司2023年应收账款周转期为30.10天，存货周转期为62.5天，二者皆处于行业较低水平，导致营业周期在四个同行业企业中最长。但是BQC公司的应付账款周转天数也是行业内最长的，弥补了营业周期的不足。

表9-10 **营运能力对比分析表** 单位：天

公　司	应收账款周转期	存货周转期	应付账款周转期	营业周期	现金周期
BQC	30.10	62.50	105.21	92.60	-12.61
CAQC	6.52	28.50	98.71	35.02	-63.69
CCQC	14.54	63.53	89.32	78.07	-11.25
GQJT	18.99	44.29	55.77	63.28	7.51

（二）行业间分析

基于行业的生产经营特点，各项资产的营运效率可能会呈现出行业间差异。图9-4列示了农副食品加工业、汽车制造业、航空制造业和房地产业的营运能力指标。

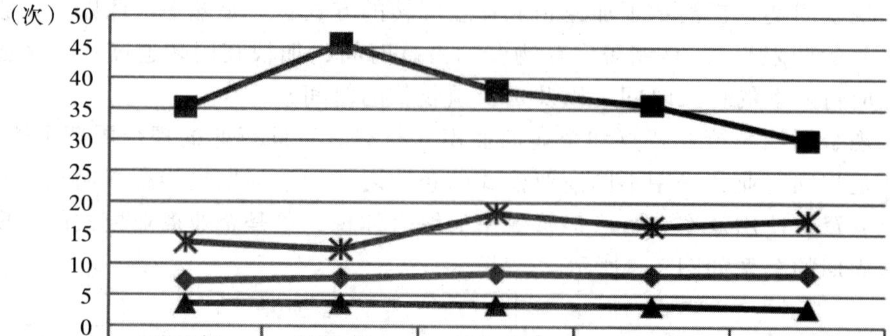

	2019年	2020年	2021年	2022年	2023年
农副食品加工业	35.19	45.46	37.99	35.75	30.14
汽车制造业	7.22	7.75	8.49	8.24	8.31
航空制造业	3.64	3.67	3.52	3.37	3.03
房地产业	13.50	12.36	18.24	16.14	17.30

图9-4　应收账款周转率（次）行业对比分析图

数据来源：国泰安CSMAR数据服务平台。

通过对比可以发现，汽车制造业与房地产业的应收账款周转率处于中等水平，汽车制造业的资金回笼效率随着时间变化并无明显波动，而房地产业的应收账款周转率在2021年上升之后持续保持平稳。农副食品加工业的应收账款周转率在四个行业中相对较高，这表明该行业收回应收账款的速度较快，资金回笼效率较高；而其呈现先上升后下降的趋势，可能与市场环境变化、企业信用政策调整有关。航空制造业的应收账款周转率最低，且一直保持平稳，由于其行业特性，交易金额大、结算周期长等导致呈现资金回收慢的特征。

如图9-5所示，在选定的四个行业当中，汽车制造业2019年的存货周转率最高，虽在之后有下降趋势，但整体处于较高水平，表明该行业存货周转速度较快，库存管理效率较高，产品能够相对快速地投放市场并销售出去。农副食品加工业的存货周转率略低于汽车制造业，处于中上等水平，而且其2020年略有下降后保持平稳，说明该行业存货管理水平较为稳定，受外界因素影响较小。航空制造业存货周转率稳定在2次左右，反映出其存货周转相对较慢，这可能与航空产品生产周期长有关。房地产业的存货周转率最低，符合其行业特征，即房地产项目开发周期长，从土地购置、规划建设到销售回款，整个过程耗时久。

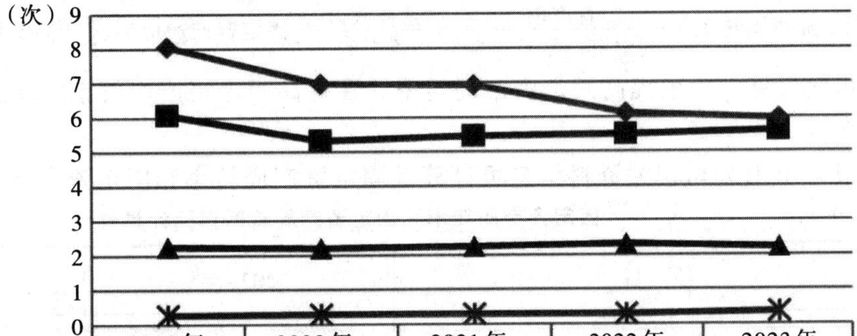

	2019年	2020年	2021年	2022年	2023年
农副食品加工业	6.07	5.33	5.45	5.50	5.62
汽车制造业	8.04	6.98	6.94	6.12	5.97
航空制造业	2.26	2.21	2.26	2.32	2.22
房地产业	0.28	0.30	0.29	0.30	0.35

图9-5　存货周转率（次）行业对比分析图

数据来源：国泰安CSMAR数据服务平台。

第四节　固定资产营运能力分析

固定资产是指企业为生产产品、提供劳务、经营管理或者出租而持有的、使用时间超过1年的，价值达到一定标准的非货币性有形资产，包括房屋、建筑物、机器设备、运输工具，以及其他与生产经营活动有关的器具等。固定资产是企业的劳动手段，也是企业赖以生产经营的主要资产。企业固定资产使用效率水平是企业生产效率水平的集中体现。

企业资产利用的直接成果可以用产品产量或销量来衡量，通过产量（产值）和销量（营业收入）与资产的对比，可以反映出企业资产的利用效率。本节将从这两个角度，分别使用固定资产产值率和固定资产收入率指标评价固定资产营运能力。

一、固定资产周转率计算与分析

固定资产周转率是指一定时期实现的营业收入与固定资产平均值的比率。其计算公式是：

$$\text{固定资产周转率} = \frac{\text{营业收入}}{\text{固定资产平均余额}}$$

固定资产周转期的计算公式是：

$$\text{固定资产周转期} = \frac{\text{固定资产平均余额} \times \text{计算期天数}}{\text{营业收入}}$$

公式中的分母既可以使用固定资产原值，也可以使用固定资产净值，究竟采用哪个数值取决于分析的目的和要求。如果从固定资产规模和生产能力方面来分析，应使用原值指标，如果从固定资产资金占用方面分析，则以净值为宜。该指标意味着每1元的固定资产所产生的收入。

固定资产周转率变动原因的分析，可依据下面的分解式进行：

$$\text{固定资产周转率}=\frac{\text{总产值}}{\text{固定资产平均余额}}\times\frac{\text{营业收入}}{\text{总产值}}=\text{固定资产产值率}\times\text{产品销售率}$$

由此可见，要想提高固定资产周转率，在提高固定资产产值率的基础上，还要做到产销均衡。

根据BQC公司相关资料信息可计算其固定资产周转率和固定资产周转期，见表9-11。

表9-11　**固定资产周转率和固定资产周转期指标计算表**　金额单位：百万元

项　目	2023年	2022年
营业收入	602 315.35	424 060.64
平均固定资产	181 392.10	96 550.87
固定资产周转率（次）	3.32	4.39
固定资产周转期（天）	108.43	82.00

计算结果显示，BQC公司2023年固定资产周转效率显著降低。

知识拓展9-2

二、固定资产产值率计算与分析

固定资产是企业主要的生产手段，固定资产的利用效率可以直接通过所生产的产品价值（产值）表现出来，将一定时期按不变价格计算的产值与固定资产平均总值进行对比，就可以计算出固定资产产值率。其计算公式是：

$$\text{固定资产产值率}=\frac{\text{总产值}}{\text{固定资产平均总值}}\times 100\%$$

该指标意味着每1元的固定资产可以创造出多少元价值的产品。不同的行业，由于技术装备不同，每1元固定资产创造的产值也有很大差别，所以，该指标在不同行业不具可比性。

企业的固定资产在生产经营活动的不同环节，发挥着不同的功能和作用。企业的固定资产既包括生产用固定资产，也包括非生产用固定资产。生产用固定资产直接为生产产品服务，其所占比重越大，周转速度越快，企业创造价值的效率和效果越好。因此，固定资产产值率可作如下分解：

$$\text{固定资产产值率}=\frac{\text{总产值}}{\text{生产用固定资产平均总值}}\times\frac{\text{生产用固定资产平均总值}}{\text{固定资产平均总值}}\times 100\%$$

$$=\text{生产用固定资产产值率}\times\text{生产用固定资产占固定资产的比重}$$

该因素分析表明，固定资产产值率受生产用固定资产产值率和生产用固定资产比重的影响。生产用固定资产当中的核心部分是生产设备，生产设备是生产价值的直接手段，所以，生产用固定资产产值率可作如下分解：

$$\text{生产用固定资产产值率}=\frac{\text{总产值}}{\text{生产设备平均总值}}\times\frac{\text{生产设备平均总值}}{\text{生产用固定资产平均总值}}\times 100\%$$

$$=\text{生产设备产值率}\times\text{生产设备占生产用固定资产的比重}$$

该因素分析表明，生产用固定资产产值率受生产设备产值率和生产设备占生产用固定资产比重的影响。

综上可得：

$$\text{固定资产产值率}=\frac{\text{总产值}}{\text{生产设备平均总值}}\times\frac{\text{生产设备平均总值}}{\text{生产用固定资产平均总值}}\times\frac{\text{生产用固定资产平均总值}}{\text{固定资产平均总值}}\times 100\%$$

$$=\text{生产设备产值率}\times\text{生产设备占生产用固定资产的比重}\times\text{生产用固定资产占固定资产的比重}$$

从以上分解式可以看出，全部固定资产产值率的变动原因有两方面：生产设备的利用效率和固定资产结构状况。其中，固定资产结构通过生产设备占生产用固定资产比重和生产用固定资产占全部固定资产比重两个指标来表示。这说明在全部固定资产中，应首先提高生产用固定资产比重，降低非生产用固定资产比重。其次要注意在提高生产用固定资产比重时，重点放在增加生产设备方面。

三、固定资产营运能力的影响因素

固定资产营运能力的影响因素除了前面分析中提到的固定资产结构和各部分固定资产的使用效率之外，还包括固定资产更新、磨损和退废等方面。

固定资产使用期限较长，其价值在使用的过程中逐步转移。会计根据特定的方法所计算出的每期计入产品成本或者期间费用的固定资产价值称为折旧。固定资产的原始成本减去前期已经累计计提的折旧后的金额称为固定资产净值。通常情况下，随着时间的推移，固定资产的生产能力变化并不显著，但是固定资产的净值却会随着折旧计提而逐渐减少，导致以固定资产净值计算的固定资产周转率不断提高。因此，在进行固定资产营运能力分析时，应该关注固定资产成新率或者固定资产磨损率。固定资产成新率以及固定资产磨损率相差较大的公司之间以固定资产净值计算的固定资产周转率可比性降低。

$$\text{固定资产成新率}=\frac{\text{固定资产净值}}{\text{固定资产原值}}\times 100\%$$

$$\text{固定资产磨损率}=\frac{\text{累计折旧}}{\text{固定资产原值}}\times 100\%=1-\text{固定资产成新率}$$

企业为了具备长久竞争力，需要不断研发新产品。伴随着产品更新换代，固定资产往往也面临着更新改造的需要。为了保持先进生产能力而进行的固定资产更新改造会使固定资产周转率有所下降，但可能增强产品竞争力，在未来为企业创造更多收入。固定资产更新率指标可以反映企业进行固定资产更新的状况。

$$\text{固定资产更新率}=\frac{\text{当期新增固定资产原值}}{\text{固定资产原值}}\times 100\%$$

根据BQC公司相关资料信息可计算BQC公司固定资产成新率和固定资产更新率，见

表9-12。

表9-12 **固定资产成新率和固定资产更新率指标计算表** 金额单位：百万元

项　目	2023年	2022年
固定资产原值	325.07	194.05
固定资产净值	230.90	131.88
当年新增固定资产原值	134.89	86.28
固定资产成新率（%）	71.03%	67.96%
固定资产更新率（%）	41.50%	44.46%

计算结果显示，BQC公司2023年和2022年固定资产更新率都保持在较高的水平，这主要是扩大经营规模所引起的。固定资产成新率提升，也是导致固定资产周转率降低的原因之一。

【思政知识】

数字经济助力营运能力提升

数字经济展现出迅猛的发展势头，其影响深远且广泛，已成为重塑全球资源配置、经济结构以及竞争格局的核心力量。在“十四五”期间，我国数字经济正迈向深化应用、规范发展、普惠共享的新阶段。为切实执行党中央、国务院关于数字中国建设的决策部署，2020年中国信息通信研究院发布了《中国数字经济发展白皮书》，2022年3月25日，国家发展和改革委员会正式颁布了《“十四五”数字经济发展规划》，均强调，应以数据作为核心生产要素，以数字技术与实体经济深度融合为发展主线，加强数字基础设施建设，完善数字经济治理体系，并同步推进数字产业化与产业数字化。规划设定了明确目标，即到2025年，数字经济将进入全面扩展期，数字经济核心产业增加值占GDP比重应达到10%，同时，要全面提高数字化赋能的基础能力、构建全面的数据要素赋能体系、优化数字化赋能的发展环境。展望至2035年，预期我国数字化发展水平将居于世界前列，数字中国建设将取得显著成就，各领域数字化发展将更加协调和充分，为全面建设社会主义现代化国家提供坚实支撑。在各行业中，数字化彻底改变了人民群众的衣食住行，例如，电子商务的兴起使得消费者购物习惯向线上转移，加速了该行业企业流动资产的周转效率；此外，物流行业通过数字化技术实现了运输、仓储和配送的智能化管理，提高了道路运输的效率。如图9-6所示，2020年发布白皮书，确认数字资源的重要战略意义之后，批发业与道路运输业的流动资产周转率明显上升，并在其后始终保持高周转率水平。

思政知识9-1

四、固定资产营运能力行业分析

如图9-7所示，2019年，SQJT的固定资产周转率最高，超过10次，说明其在当年利用固定资产获取营业收入的能力很强，固定资产运营效率较高。随后几年虽有所下降，但仍保持在较高水平。CAQC、CCQC、GQJT公司的固定资产周转率均呈上升趋势，尤其是CAQC，其稳步提升的上升态势表明该公司在不断调整生产经营策略、提升固定资产利用效率。而BQC的固定资产周转率在五家公司中相对较低，2019—2023年基本在2.5至4.5

之间波动，这与其加大固定资产投资规模，实施全产业链布局有关系。

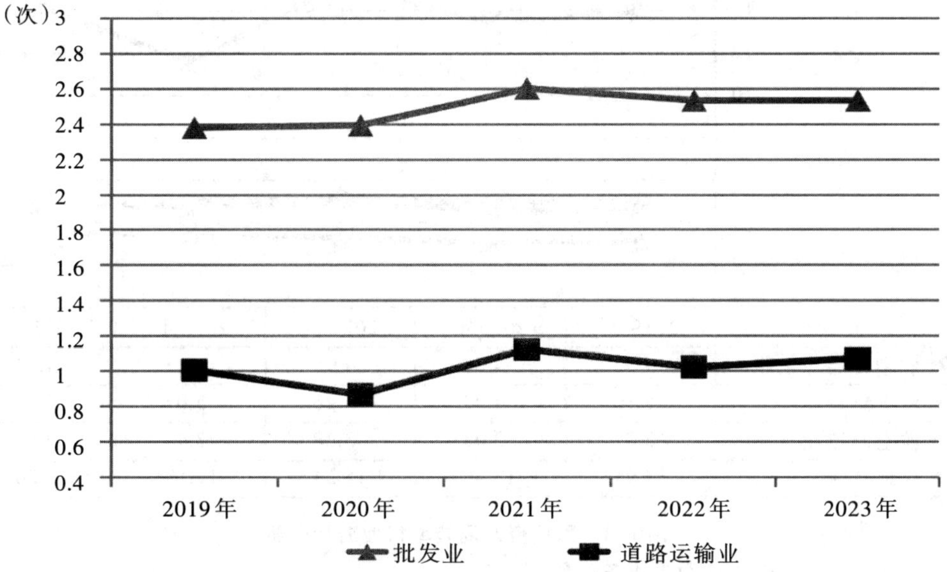

图9-6　批发业和道路运输业流动资产周转率趋势图

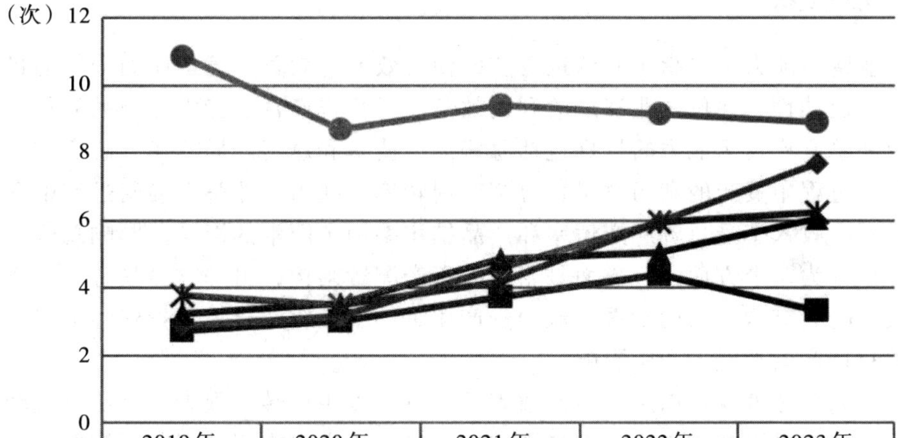

	2019年	2020年	2021年	2022年	2023年
BQC	2.74	3.01	3.73	4.39	3.32
CAQC	2.88	3.17	4.61	5.96	7.69
CCQC	3.24	3.54	4.87	5.05	6.06
GQJT	3.78	3.50	4.19	5.94	6.25
SQJT	10.86	8.71	9.42	9.15	8.90

图9-7　固定资产周转率企业对比分析

固定资产是企业的主要劳动手段，会表现出较强的行业特征。如图9-8所示，房地产业的主要产品存货是商品房，其价值远高于建造商品房所需要的固定资产，所以，固定资产占比远低于存货占比，表现出较高的固定资产周转率，是在四个行业当中最高的。农副食品加工业和汽车制造业的固定资产周转率较为接近，且波动小，反映出这两个行业的固定资产运营模式和市场需求相对稳定。航空制造业的生产制造周期长，固定资产价值高、周转慢，导致其固定资产周转率垫底。

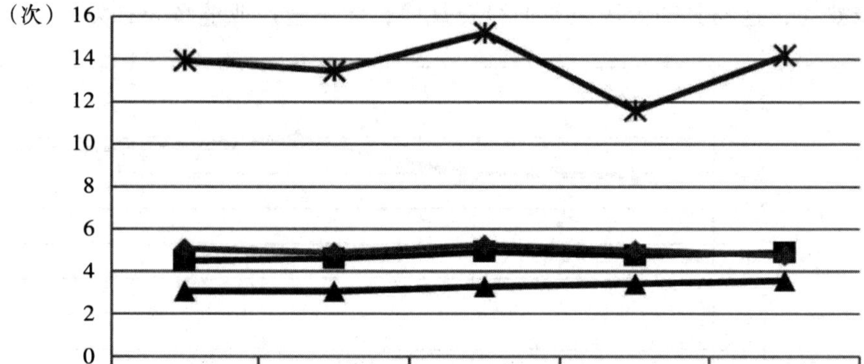

	2019年	2020年	2021年	2022年	2023年
农副食品加工业	4.52	4.62	4.95	4.77	4.92
汽车制造业	5.10	4.93	5.26	5.02	4.78
航空制造业	3.07	3.08	3.28	3.44	3.57
房地产业	13.95	13.45	15.24	11.59	14.20

图9-8　固定资产周转率行业对比分析

数据来源：国泰安CSMAR数据服务平台。

□ 本章小结

企业营运能力主要指企业营运资产的使用效率与效益。营运能力分析的目的是评价企业资产的流动性，评价企业资产的利用效益，寻找资产营运能力提升的路径。

反映总资产营运能力的指标包括总资产产值率和总资产周转率。总资产产值率反映了企业生产过程中资产的利用效果，总资产周转率反映出企业整个经营过程中资产的利用效率。总资产收入率受总资产产值率和产品销售率两个因素的影响。影响总资产营运能力的因素可以分为两个方面，一方面是企业的资产配置结构，另一方面是各类资产利用率。从企业资产配置结构的角度来看，流动资产比重、不良资产比重、投资性资产比重和轻资产化会对总资产营运能力产生影响。

资产周转速度既可以用周转次数表示，也可以用周转天数表示。反映流动资产周转速度的主要指标是流动资产周转率和周转期、流动资产垫支周转率和周转期、存货周转率和周转期、应收账款周转率和周转期、营业周期以及现金周期。流动资产周转速度指标既可以按营业收入计算，也可以按营业成本计算。为了区别，按营业收入计算时，称为流动资产周转率；按营业成本计算时，称为流动资产垫支周转率。流动资产周转率受流动资产垫支周转率和成本收入率两个因素的影响，流动资产垫支周转率则受存货周转率和存货构成率两个因素的影响。流动资产加速周转可以节约流动资产的占用，也可以扩大营业收入规模。流动资产周转加速所形成的节约可以区分为绝对节约和相对节约。存货周转率的大小取决于供、产、销三个阶段的周转速度。此外，材料费用的比重、生产均衡状态和产销均衡状态也会影响存货的周转速度。应收账款周转率反映出企业回收赊销货款的平均速度。应收账款周转率分析应注意经营季节性特征、应收账款变化趋势和增值税等因素的影响。营业周期是指企业从购入存货到生产、销售产品并最后收回现金所经历的时间。营业周期较长，可能意味着应收账款或者存货流动性较差，管理中存在问题或者资产质量不佳。现金周期是企业在经营过程中从购买原材料付出现金到销售商品收到现金所经过的平均时间。通常，现金周期越短，说明企业现金流转状况越好。

固定资产的利用效果主要通过固定资产产值率和固定资产周转率来表现。影响固定资产产值率的核心因素是机器设备的利用效率，此外，还有固定资产的内部结构，固定资产成新度、磨损率和更新率会对固定资产的周转情况产生影响。固定资产周转率的高低受固定资产产值率和产品销售率两个因素的影响。通过对以上指标的分析，可以评价企业固定资产的利用效果。

处于不同行业的企业，因其经营模式、运营特征不同，其营运能力的相关指标也呈现明显的行业特征。在进行营运能力分析时，要注意其行业特征。通过与本行业规模相近、业务范围相似的企业进行比较，可以对目标企业的营运能力水平进行初步评价。同时，针对企业的营运能力指标进行多年的趋势分析也十分有必要，可从趋势分析的结果中，发现企业营运能力的变化。

第十章

偿债能力分析

□ 学习目标

本章学习的主要目标是使学生掌握偿债能力分析的基本目的、影响偿债能力的因素和相关指标的内涵、计算与分析。

◇ 知识目标

掌握偿债能力的内涵，了解偿债能力分析的目的和内容；理解不同财务分析主体对企业偿债能力的要求；了解偿债能力分析与盈利能力分析之间的关系；熟悉影响短期偿债能力和长期偿债能力的主要因素；掌握反映短期偿债能力的指标和反映长期偿债能力的指标。

◇ 技能目标

掌握偿债能力分析的基本思路和方法，掌握反映短期偿债能力和长期偿债能力各具体指标的特点、计算方法和应注意的问题；理解资产负债表、利润表和现金流量表为偿债能力分析所提供的基础信息；了解偿债能力各指标之间的内在联系。

◇ 能力目标

熟练应用各短期偿债能力指标对企业偿债能力进行分析，主要包括流动比率、速动比率和现金比率等指标的分析和具体应用；熟练应用各长期偿债能力指标对企业偿债能力进行分析，特别是产权比率、资产负债率和已获利息倍数等指标的分析和具体应用；在熟练运用并灵活掌握反映偿债能力的各项指标的基础之上准确分析企业的偿债能力，进而评价企业整体的财务状况。

◇ 思政目标

偿债能力分析的深层价值在于揭示信用资本对企业可持续发展的支撑作用。业信用建设实质是构筑"道德资产负债表"。通过学习偿债能力分析，认识企业诚信经营的重要意义，牢记诚实守信是为人之本，理解信义当先，按时履约还债把控企业债务风险。

课程思政教学模块图

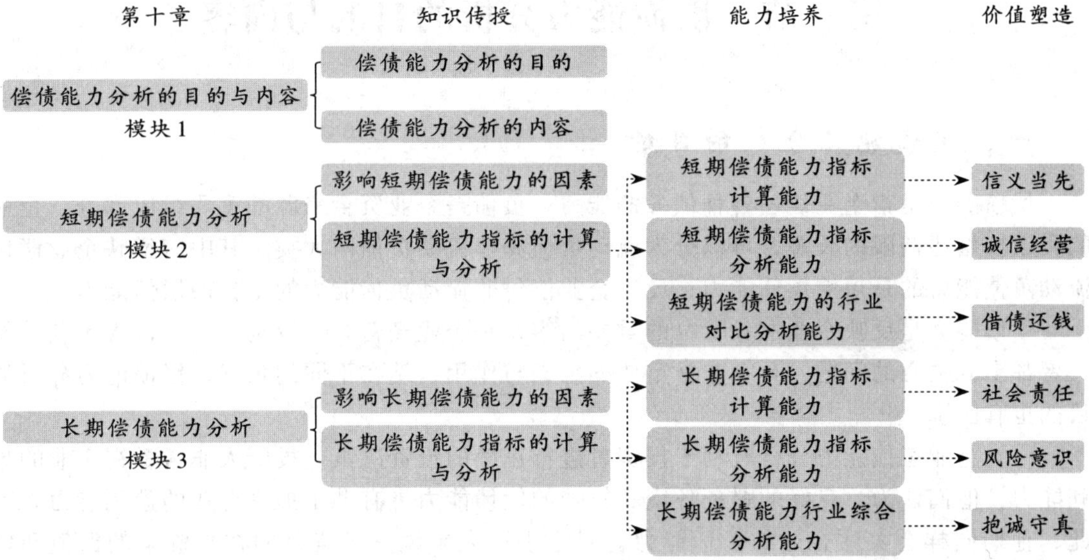

新能源汽车企业在销量、营业收入快速增长，规模迅速扩张的同时，负债水平也水涨船高。比亚迪作为国内新能源汽车企业的领头羊，负债、营业收入的同步增长尤其明显。根据比亚迪公司2023年年度报告显示，净利润为3 134 407万元，同比增长76.95%，与此同时，其负债高达52 908 555.70万元，同比增长42.05%，资产负债率为77.86%，远超同行业其他企业。从比亚迪的负债结构来看，大部分年份流动负债占比在80%以上，其中，占比最高的是应付账款和其他应付款，这两项合计占流动负债总额近80%。可见，从负债结构上看，比亚迪公司能够高速扩张，供应商占款功不可没。此外，比亚迪公司2023年合同负债为3 469 851万元，占流动负债的7.65%，排名第三。为什么比亚迪在高负债的条件下，仍然能实现利润的高速增长呢？可以说，比亚迪公司一边对上游供应商先收货再交款，一边对下游合作方先收款后交货，在存货管理方面具有上下游两头通吃的优势，充分利用了上下游企业的商业信用，尽管负债较多，但能够大量节约企业自己的资金，在上下游的关系管理上居于主动地位。这大大降低了企业的资金成本和财务风险。

总之，偿债能力是企业的双刃剑，债务管理得好，可以为企业实现利润的高增长奠定基础，债务管理不到位，会给企业带来财务风险，负债累累加上经营困境会使企业积累的风险瞬间爆发，最终陷入严重的财务危机。那么，企业的哪些利益相关者会关注企业的偿债能力？哪些指标可以衡量企业的偿债能力？如何分析企业的偿债能力？这些都是本章要介绍的重点内容。

资料来源：根据比亚迪公司2023年年度报告整理。

第一节 偿债能力分析的目的与内容

一、偿债能力分析的目的

偿债能力是指企业偿还各种债务的能力。负债是企业资金来源的重要组成部分，企业的负债按偿还期限的长短，可以分为流动负债和非流动负债两大类。其中，反映企业偿付流动负债能力的是短期偿债能力；反映企业偿付非流动负债能力的是长期偿债能力。

偿债能力是反映企业财务状况的重要内容，是企业经营者、投资人、债权人等利益相关者都十分关心的问题，具有非常重要的意义与作用，站在不同的角度，偿债能力分析的目的也有区别。

（1）企业偿债能力分析有利于投资者进行正确的投资决策。投资人非常重视企业的盈利能力，他们认为，良好的财务环境和较强的偿债能力更有助于提高企业的盈利能力。因此，他们同样会关注企业的偿债能力。对于投资人来说，投资目的在于资本的保值和增值，如果企业的偿债能力发生问题，就会使企业的经营者花费大量精力去筹措资金以应付还债，这不仅会增加筹资难度，加大临时性紧急筹资的成本，还会使企业管理者难以全神贯注地进行企业经营管理，使企业盈利受到影响，最终影响到投资人的预期利益，甚至投资成本。

（2）企业偿债能力分析有利于债权人进行正确的借贷决策。债权人对企业偿债能力非常重视，因为及时收回本金并取得利息是债权人借贷需要考虑的最基本因素。债权人会从切身利益出发来研究企业的偿债能力，他们不愿意将资金借给偿债能力很差的企业，只有企业有较强的偿债能力，债权人的债权才能及时收回，利息才能按期取得。债权人可以通过对企业资金的主要来源和用途以及资本结构的分析，再加上对企业过去盈利能力的分析和对未来盈利能力的预测来判断企业的偿债能力。

商品和劳务供应商主要是指赊销商品或劳务给企业的单位和个人。供应商最关心的是资金安全性和回收时效性。因此，供应商必须合理判断企业的支付能力，这与债权人类似。

（3）企业偿债能力分析有利于经营者进行正确的经营决策。任何一家企业要想维持正常的生产经营活动，手中必须持有足够的现金或者能随时变现的流动资产，以支付各种到期的费用账单和其他债务。其分析目的在于：

第一，了解企业的财务状况。企业的财务状况可以从三个方面来定义，即偿债能力、企业发展的稳定性和企业近期业务增长状况。可见，企业偿债能力的强弱是反映企业财务状况的重要标志。对于小规模企业而言，投资者和经营者对企业的财务状况了如指掌，而银行和其他债权人则需要通过分析企业的财务资料，了解企业的偿债能力，进而判断企业的财务状况。对于大企业来说，由于其经营业务繁杂多样，更能突出偿债能力分析的重要性。

第二，揭示企业所承担的财务风险程度。企业所承担的财务风险与负债筹资直接相关，负债必须按期归还，而且要支付利息。企业只要通过举债筹集资金，就等于承担了契约性质的责任或义务，不管经营是盈是亏，其义务必须履行。当企业举债时，就可能出现债务到期不能按时偿付的可能，这就是财务风险的实质所在。而且，企业的负债程度越高，不能按时偿付的可能性就越大，企业所承担的财务风险也越大。如果企业有足够的现金或有随时可以变现的资产，即企业偿债能力强，其财务风险相对较低；反之，则财务风险相对较高。

第三，预测企业筹资前景。企业生产经营所需的资金通常需要从不同渠道以各种方式取得，当企业偿债能力强时，说明企业财务状况较好、信誉较高，债权人就愿意将资金借给企业。否则，债权人的债权得不到保障，债权人就不愿意将资金借给企业。因此，当企业偿债能力较弱时，企业筹资前景不容乐观，除非企业愿意付出较高的代价，才有可能举借到生产经营所需的资金，这样会使企业承担更高的财务风险。

第四，为企业进行各种理财活动提供重要参考。企业的理财活动集中表现在筹资、用资和资金分配三个方面，企业在什么时候取得资金、其数额是多少，取决于生产经营活动的需要，这里也包括偿还债务的需要。如果企业偿债能力不强，特别是近期内有需要偿付的债务时，企业就必须及早地筹措资金，以便在债务到期时能够偿付，使企业信誉得以维护。当企业展现较强的偿债能力时，通常意味着其持有充裕的现金储备及高流动性资产。这种财务优势为企业创造了优化资源配置的契机，可通过科学规划暂时闲置资金参与低风险短期投资，从而提升整体资产周转效率。

可见，企业偿债能力如何，不仅是企业本身所关心的问题，也是各利益相关者都非常重视的问题。

二、偿债能力分析的内容

偿债能力分析主要包括以下两个方面的内容：

（1）短期偿债能力分析。短期偿债能力是指企业通过流动资产的变现偿还到期短期债务的能力。短期偿债能力分析首先应明确影响短期偿债能力的因素，在此基础上，通过对反映短期偿债能力的主要指标和辅助指标的分析，了解企业短期偿债能力的高低和短期偿债能力的变化情况，揭示企业的财务状况和风险程度。

（2）长期偿债能力分析。长期偿债能力是指企业偿还非流动负债的能力。应结合非流动负债的特点，在明确影响长期偿债能力因素的基础上，通过对反映企业长期偿债能力指标的分析，了解企业长期偿债能力的高低及变动情况，揭示企业整体财务状况、债务负担及长期偿债能力的保障程度。

【思政知识】

话说诚信被那个叫“聪明”的年轻人丢弃到水里以后，拼命地游着，最后来到了一个小岛上。诚信躺在沙滩上休息，心里计划着等待哪位路过的朋友允许他搭船，救他一命。

突然，诚信听到远处传来一阵阵欢乐轻松的音乐。他马上站起来，向着音乐传来的方向望去：他看见一只小船正向这边驶来。船上有面小旗，上面写着“快乐”二字，原来是快乐的小船。

诚信忙喊道：“快乐，快乐，我是诚信，你带我回陆地可以吗？”快乐一听，笑着对诚信说：“不行，不行，我一有了诚信就不快乐了，你看这社会上有多少人因为说实话而不快乐。对不起，我无能为力。”说罢，快乐走了。

过了一会儿，“地位”来了，诚信忙喊道：“地位，地位，我是诚信，我想搭你的船回家，可以吗？”地位忙把船划远了，回头对诚信说：“不行，不行，诚信可不能搭我的船，我的地位来之不易啊！有了你这个诚信我岂不倒霉，并且连地位也难以保住啊！”

诚信很失望地看着地位的背影，眼里充满了不解和疑惑。他又接着等。随着一片有节奏却不和谐的声音传来，“竞争”们乘着小船来了。诚信喊道：“竞争，竞争，我能不能搭你的小船？”

竞争们问道：“你是谁，你能给我们多少好处？”诚信不想说，怕说了又没人理，但诚信毕竟是诚信，他说：“我是诚信……”“你是诚信啊，你这不纯心给我们添麻烦吗？如今竞争这么激烈，我们不正当竞争怎么敢要你诚信？”言罢，扬长而去。

正当诚信近乎绝望的时候，一个慈祥的声音从远处传来：“孩子，上船吧！”一位白发苍苍的老者在船上掌着舵道：“我是时间老人。”

诚信问道：“那您为什么要救我呢？”老人微笑着说：“只有时间才知道诚信有多么重要！”在回去的路上，时间老人指着因翻船而落水的快乐、地位、竞争，意味深长地说道：“没有诚信，快乐不长久，地位是虚假的，竞争也是失败的。”①

第二节　短期偿债能力分析

一、影响短期偿债能力的因素

短期偿债能力的高低对企业的生产经营活动和财务状况有重要影响，一家企业虽然拥有良好的营运能力和较强的盈利能力，但如果短期偿债能力不强，就会因资金周转困难影响正常的生产经营，进而降低企业的盈利能力，严重时还会出现财务危机，甚至导致企业因不能按期偿债而“黑字破产”。企业短期偿债能力不足对企业生产经营的影响还表现在：无法取得购货折扣；不能按期支付货款而使材料供应不能得到保证；影响职工薪酬的正常发放或不能按期加薪使企业在人才市场上失去竞争力。短期偿债能力不足对企业的另一影响就是造成企业信誉下降，这更是一种无法估计的损失。可见，企业必须十分重视短期偿债能力的分析和研究。而了解影响短期偿债能力的因素，对于分析企业短期偿债能力的变动情况、变动原因及促进企业短期偿债能力的提高十分有用和必要。总的来说，影响短期偿债能力的因素可以分为企业内部因素和企业外部因素两大方面。

（一）企业内部因素

影响企业短期偿债能力的内部因素主要是指企业自身的经营业绩、流动资产的规模和结构、流动负债的规模和结构、企业的融资能力和经营活动现金流量水平等。

1.流动资产的规模与结构

在企业的资产结构中，如果流动资产所占比重较高，则企业短期偿债能力相对较强，因为流动负债一般要通过流动资产变现来偿还。如果流动资产所占比重较大，但其内部结构不合理，其实际短期偿债能力也会受到影响。流动资产从变现能力角度看，通常可分为

① 钟永圣．中国经典经济学（第2版）．北京：中国财政经济出版社，2023：343；344．

速动资产和存货资产两部分，速动资产包括货币资金、交易性金融资产、应收款项等，它们的特点是变现能力强，如：货币资金通常可直接用于支付；交易性金融资产可以立即在证券市场出售，转化为现金；应收票据和应收账款通常也能在短期内变为现金。存货相对于其他流动资产而言流动性较差，变现时间较长，而且有些存货由于品种、质量等原因变现能力较差，甚至无法变现。如果企业存货占比较高，而存货的变现速度通常又低于其他流动资产，则其短期偿债能力要打折扣。从这个意义上讲，流动资产中的应收账款、存货资产的周转速度也是反映企业短期偿债能力强弱的辅助性指标。

2.流动负债的规模与结构

流动负债的规模是影响企业短期偿债能力的重要因素。因为短期负债规模越大，短期内企业需要偿还的债务负担就越重。企业的流动负债有些必须以现金偿付，如短期借款、应交税费等；有些则要用商品或劳务来偿还，如合同负债等。需要用现金偿付的流动负债对资产的流动性要求更高，企业只有拥有足够的现金才能保证其偿债能力。此外，流动负债中各种负债的偿还期限是否集中、强制性的程度等因素，都会对企业短期偿债能力产生影响。分析时不仅要看各种反映短期偿债能力指标的数值，还要根据各种因素考察其实际的偿债能力。

3.企业的融资能力

单凭各种短期偿债能力指标还不足以判断企业的实际偿债能力。有些企业各种偿债能力指标都较好，但却不能按期偿付到期的债务；而另一些企业因为有较强的融资能力，如与银行等金融机构保持良好的信用关系，随时能够筹集到大量的资金，即使这样的企业各种偿债能力指标不高，却总能按期偿付其债务和支付利息。可见，企业的融资能力也是影响短期偿债能力的一个重要因素。

4.企业的经营活动现金流量水平

企业的短期债务通常用现金偿还。因此，现金流量是决定企业短期偿债能力的重要因素。企业的现金流量状况如何，主要受企业经营状况和融资能力两方面的影响，且企业的经营状况是主要影响因素。当企业经营状况好时，就有持续稳定的现金流入；当企业经营状况差时，现金流入不足以弥补现金流出。如果没有充足的现金流量，即使是盈利的企业也可能因无法及时偿还到期债务而导致信用危机甚至破产倒闭。海尔公司在内部确定了一个原则："没有现金流支持的利润就不算利润，没有利润支持的销售额就不算销售额。"很多企业不是赤字破产，而是黑字破产，就是因为现金流量出现了问题。

（二）企业外部因素

影响企业短期偿债能力的外部因素是指与企业所处经济环境相关的因素，如宏观经济形势、证券市场的发育与完善程度、银行的信贷政策等。

1.宏观经济形势

宏观经济形势是影响企业短期偿债能力的重要外部因素。当一个国家经济持续稳定增长时，社会的有效需求也会随之稳定增长，产品更加畅销。由于市场条件良好，企业的产品和存货可以较容易地通过销售转化为货币资金，从而提高企业的短期偿债能力。如果国家经济进入迟滞阶段，国民购买力不足，就会使企业产品积压，资金周转不灵，企业间货款相互拖欠，形成所谓的"三角债"，企业的短期偿债能力就会受到影响，反映短期偿债能力的指标也不真实。

2.证券市场的发育与完善程度

在企业的流动资产中，常常会包括一定比例的交易性金融资产，在分析企业短期偿债能力时，交易性金融资产可视同等量的现金。事实上，这样计算的短期偿债能力指标与企业的实际偿债能力有区别。因为，对于以公允价值计量的交易性金融资产，其与转让价格之间必然有一定的差异，且在转让时要支付一定的转让费用。另外，如果证券市场发达，企业随时可将持有的交易性金融资产转换为现金；如果证券市场不发达，企业转让交易性金融资产就很困难，或者不得不以较低的价格出售。这些都会对企业的短期偿债能力产生影响，特别是当企业把投资交易性金融资产作为资金调度手段时，证券市场的发育和完善程度对企业的短期偿债能力的影响就更大了。

3.银行的信贷政策

国家为保证整个国民经济的健康发展，必然要通过宏观调控，利用金融、税收等宏观经济政策的制定，调整国家的产业结构和经济发展速度。企业生产的产品如果是国民经济急需且发展方向是国家政策鼓励的，就会较容易地取得银行借款，其短期偿债能力也会提高。此外，当国家采取较宽松的信贷政策时，所有的企业都会在需要资金时较容易地取得银行信贷资金，其实际短期偿债能力就会提高。

知识拓展10-1

除以上主要因素以外，还有许多因素会影响到企业的短期偿债能力，如企业的财务管理水平，母公司与子公司之间的资金调拨等。有些因素对企业短期偿债能力的影响往往难以通过指标的高低来表达，分析时必须结合各有关因素做出综合判断。

二、短期偿债能力指标计算与分析

短期偿债能力的高低通常以财务指标来衡量。由于财务比率本身的缺陷以及时空条件的变化，各种财务比率所反映的短期偿债能力也只是综合的、大致的、仅供参考的信息，并非百分之百准确的，这是分析时应特别注意的问题。

企业短期偿债能力可以从两个方面进行分析评价。一是根据资产负债表进行静态分析评价；二是根据现金流量表和其他有关资料进行动态分析评价。

（一）短期偿债能力的静态分析

根据资产负债表，可以了解一家企业的流动资产和流动负债规模，但流动资产规模仅仅反映企业资产的流动性，而不能说明其短期偿债能力。流动负债规模也只能表明企业目前所承担的短期债务，同样不能说明企业的短期偿债能力。最能反映企业短期偿债能力的指标，建立在对企业流动资产和流动负债关系分析的基础之上，主要有流动比率、速动比率和现金比率。

1.流动比率的计算与分析

（1）流动比率的内涵和计算

流动比率是指流动资产与流动负债之间的比率，表示每1元的流动负债，有多少流动资产作为偿还支付保证。其计算公式是：

$$流动比率=\frac{流动资产}{流动负债}$$

流动比率是衡量企业短期偿债能力的重要指标，反映企业流动资产在短期债务到期时可变现用于偿还流动负债的能力。一般来说，从债权人立场上看，流动比率越高越好，因为流动比率越高，债权越有保障，借出的资金越安全。但从经营者和所有者角度看，并不一定流动比率越高越好，在偿债能力允许的范围内，根据经营需要，进行负债经营也是现代企业经营的策略之一。经验标准认为，该指标应达到2以上，但这样的经验标准并不适用于所有的行业和企业。该指标越高，表示企业的偿付能力越强，企业所面临的短期流动风险越小，债权人安全程度越高。由于流动资产减去流动负债后的余额就是企业的营运资本[①]，所以，该指标还可以反映企业在目前及今后的生产经营中提供现金、偿还短期债务、维护正常经营活动的能力。

（2）流动比率的优缺点

流动比率能被普遍采用，作为衡量企业短期偿债能力高低的主要指标，是因为该指标有以下优点：

① 流动比率可以揭示企业用流动资产抵补流动负债的程度，流动比率越高，对流动负债的保证程度越高，就越能保证债权人的权益。流动比率计算方法简单，资料来源比较可靠，即使企业外部关系人也能很容易地计算，以对企业的短期偿债能力做出判断。

② 流动比率可以表明一家企业所拥有的营运资本与短期负债之间的关系，可以反映企业的营运资本是否充足，是否足以抵偿企业一旦发生风险的损失，并保证按期偿还债务；也可以判断企业抵抗经营中发生意外风险的能力。

③ 流动比率超过1的部分，可以对流动负债的偿还提供特殊的保证，显示债权人安全边际的大小。由于交易性金融资产和存货资产等在变现时可能会发生损失，所以，流动比率超过1的部分越大，债权人的安全边际越大，全额收回债权的可靠程度越高。

但该指标也不可避免地存在一些问题，主要包括：

① 流动比率所反映的是企业某一时点上可以动用的流动资产存量与流动负债的比率关系，而这种静止状态的资产与未来的资金流量并没有必然联系。流动负债是企业今后短时期内要偿还的债务，而企业现存的流动资产能否在较短时期内变成现金却难以确定。所以，流动比率只反映企业短期内由流动资产和流动负债产生的现金流入量与流出量的可能途径，企业的经营、销售、利润的取得与分配又与现金流入和流出直接相关，但这些因素在计算流动比率时未加以考虑。

② 企业应收账款规模的大小，受企业销售政策和信用条件的影响，信用条件越宽松，销量越大，应收账款规模就越大，发生坏账损失的可能性就越大。因此，企业不同的管理方法，会影响应收账款的规模和变现程度，使流动比率计算的客观性受到影响，容易导致计算结果产生误差。

③ 企业现金储备的目的在于防范出现现金流入量小于现金流出量的现象，而现金是不能带来收益的资产，故企业应尽可能减少现金持有量。至于存货也应尽可能降低到保证正常生产需要的最低水平。显然，增强企业的短期偿债能力与节约使用资金、减少流动资产上的资金占用的要求互相矛盾。

④ 如果企业存货资产在流动资产中占比较高，而存货的计价方式又可以选择，不同的计价方式对存货规模的影响也不同，也会使流动比率的计算带有主观色彩。同时，如果

① 营运资本是指流动资产总额减流动负债总额后的剩余部分，也称净营运资本，表示企业的流动资产在偿还全部流动负债后还有多少剩余。它是一个绝对数指标，通常不能单独进行短期偿债能力分析。

企业出现存货积压或在管理方面存在问题，反而会表现出较高的流动比率。

⑤ 如果企业的短期债务并没有全部反映在资产负债表上，那么，只以流动比率来判断企业的短期偿债能力显然不够全面。

尽管流动比率存在上述缺点，但在没有更好的指标取代它时，它仍是目前最重要的判断企业短期偿债能力的指标。

（3）流动比率分析评价时应注意的问题

运用流动比率分析评价企业的短期偿债能力，应注意以下几个问题：

① 企业短期偿债能力取决于流动负债与流动资产的相对关系，而与企业规模无关。如果仅以流动比率作为短期偿债能力的评价标准，企业规模大、流动资产多，并不表明企业短期偿债能力强；反之，企业规模小、流动资产少也不等于企业短期偿债能力弱。能从根本上决定企业短期偿债能力强弱的应该是流动资产与流动负债的相互关系，流动资产与流动负债的变动决定了流动比率的变动。

② 对企业短期偿债能力的判断必须结合所在行业的平均标准。不同行业因其资产、负债占用情况不同，流动比率会有较大差别，有些行业流动比率达到1时就可能表明有足够的偿债能力，而有些行业的流动比率达到或超过2时，也不一定表明偿债能力很强。如2023年汽车制造行业企业平均流动比率为0.99，钢铁行业企业平均流动比率为0.82，有色金属行业企业平均流动比率为1.41，电力公用事业行业企业平均流动比率为0.59，煤与消费用燃料行业企业平均流动比率为1.10，半导体行业企业平均流动比率为2.65，信息技术行业企业平均流动比率为1.83，系统软件行业企业平均流动比率为3.42。总体来看，系统软件行业企业平均流动比率最高，为3.42，电力公用事业企业平均流动比率最低，为0.59[①]。

③ 对企业短期偿债能力的判断必须结合流动资产和流动负债的结构分析。即使在同行业内，对于一些流动比率较低的企业，也不一定表明其短期偿债能力较弱，债权人的利益得不到保障。如果企业有大量充裕的现金，或随时能变现的金融资产，或具有相当强的融资能力，企业实际的短期偿债能力要比流动比率所表示的短期偿债能力强得多，债权人的利益也相当有保障；反之，企业的流动比率即使超过3，但如果流动资产中变现较慢的存货或难以收回的债权占比较高，也不能说明其短期偿债能力很强。所以，分析时一定要结合资产负债表信息，结合流动资产和流动负债的结构做出综合评价。

④ 要注意人为因素对流动比率指标的影响。流动比率根据资产负债表的资料计算，体现的仅仅是账面上的偿债能力，企业管理人员出于某种目的，可以运用各种方式进行调整，使以流动比率表现的偿债能力与实际偿债能力有较大差异。如企业可以通过本期末还贷，下期初再举债的方式调低期末流动负债余额，或举借长期借款增加流动资产等方式达到调整流动比率，掩盖企业真实财务状况的目的。分析时应注意联系流动资产和流动负债的变动情况及变动原因，对企业偿债能力的真实性做出判断。

（4）流动比率案例分析

对流动比率的分析，一方面可以计算并分析某一时点的流动比率，同时，可将其与同行业企业的流动比率进行比较；另一方面，可以将不同时点、不同企业的流动比率进行对比，研究其变动的特点及合理性。还可以进一步深入分析影响流动比率的因素，以及分析

① 数据来源：Wind。

流动资产和流动负债的结构等。

①2023年流动比率行业对比分析

2023年五家汽车企业流动比率对比，如图10-1所示。可以看出，2023年五家企业的流动比率在0.65~1.35波动，其中，GQJT公司的流动比率最高，为1.31，BQC公司的流动比率最低，为0.67，其余三家企业的流动比率居中，分别为1.27、1.07和1.13。其他年份也是如此吗?

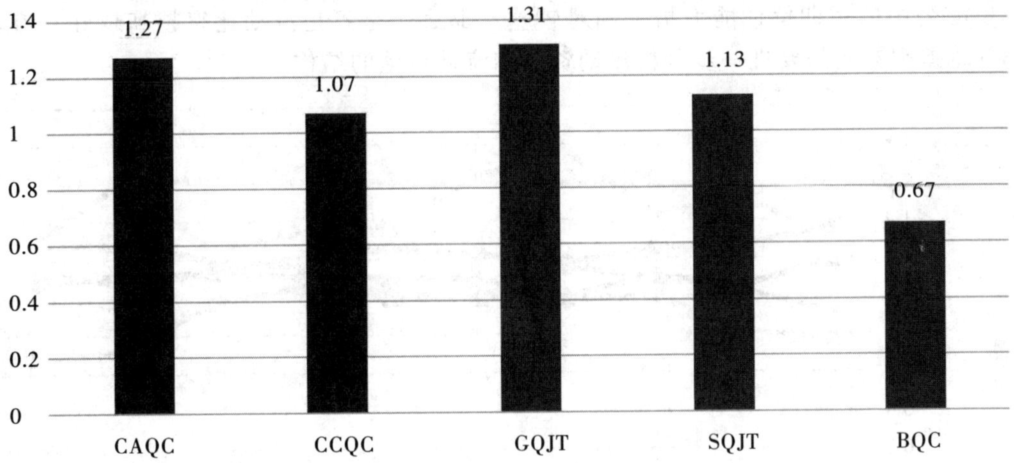

图10-1　2023年五家同行业可比公司流动比率对比图

②流动比率趋势及影响因素分析

2014—2023年BQC公司流动比率及影响因素，如图10-2所示。可以看出，2014—2016年BQC公司流动比率不断递增，从0.77增加至1.00。2016—2021年流动比率则保持稳定，在1上下波动。但从2020年开始，BQC公司的流动比率不断降低，从峰值的1.05降至0.67。2023年BQC公司的流动比率为0.67，与2022年相比下降了6.94%，且连续三年下降。究其原因，是流动负债的增幅大于流动资产的增幅。那么，同行业其他企业如何呢?

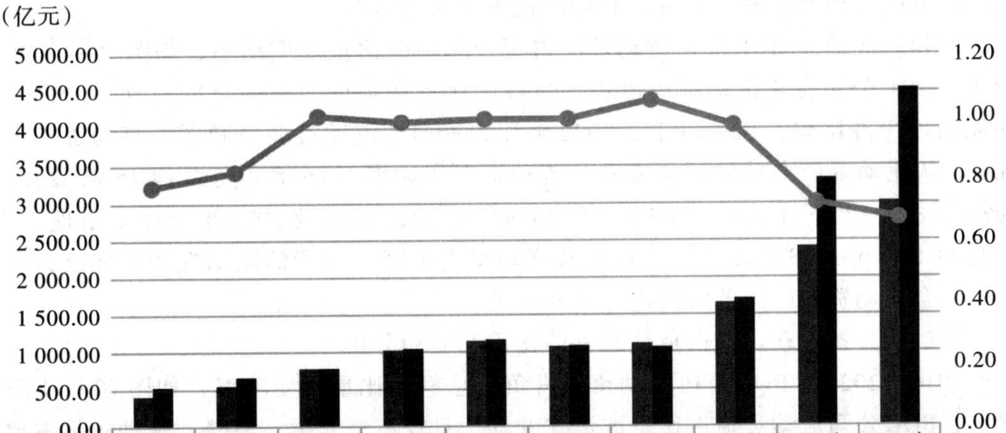

	2014年	2015年	2016年	2017年	2018年	2019年	2020年	2021年	2022年	2023年
流动资产(亿元)	407.33	544.12	782.40	1 026.84	1 152.11	1 069.67	1 116.05	1 661.10	2 408.04	3 021.21
流动负债(亿元)	544.12	661.10	783.18	1 049.97	1 165.69	1 080.29	1 064.31	1 713.04	3 333.45	4 536.67
流动比率	0.77	0.82	1.00	0.98	0.99	0.99	1.05	0.97	0.72	0.67

图10-2　2014—2023年BQC公司流动比率及影响因素对比图

③流动比率行业趋势分析

2014—2023年五家汽车企业流动比率对比，如图10-3所示。可以看出，BQC公司在五家企业中流动比率长期处于最低水平。GQJT公司在五家企业中流动比率最高，在1.25至1.76之间波动。CCQC和SQJT公司各年的流动比率均在1以上。CAQC公司的流动比率在0.91至1.28之间波动。可见，单纯从流动比率的对比可知GQJT公司的短期偿债能力较好，BQC公司的短期偿债能力指标相对较差。那么，是不是流动比率越高越好，流动比率越低越差呢？还需要进一步分析流动资产和流动负债的结构。

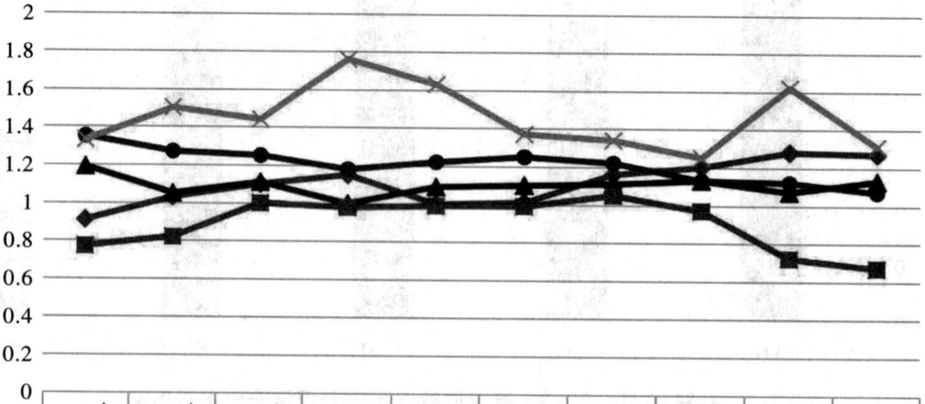

	2014年	2015年	2016年	2017年	2018年	2019年	2020年	2021年	2022年	2023年
CAQC	0.91	1.03	1.1	1.15	1	1.01	1.16	1.2	1.28	1.27
CCQC	1.35	1.27	1.25	1.18	1.22	1.25	1.22	1.13	1.12	1.07
GQJT	1.33	1.5	1.44	1.76	1.63	1.37	1.34	1.25	1.62	1.31
SQJT	1.19	1.05	1.11	1	1.09	1.1	1.11	1.13	1.07	1.13
BQC	0.77	0.82	1	0.98	0.99	0.99	1.05	0.97	0.72	0.67

图10-3 2014—2023年五家汽车企业流动比率对比图

④BQC公司流动资产占资产总额的比重及变动分析

2014—2023年BQC公司流动资产占资产总额的比重及变动率，如图10-4所示。可以看出，BQC公司各年流动资产占资产总额的比重在43%至60%之间波动，2016—2021年的流动资产占比均在53%以上，2022年开始资产的流动性明显减弱，流动资产占比低于50%。从流动资产变动的幅度来看，流动资产变动率2016年最高为14.45%，2022年最低为-13.18%，上下波动达27.63%；在2019年、2022年以及2023年变动率出现三次负值。尽管BQC公司2023年流动资产占比及变动率均下降，资产的流动性和变现能力变差，但仍需结合流动资产的内部结构进一步分析。

⑤BQC公司流动负债占负债总额的比重及变动分析

2014—2023年BQC公司流动负债占负债总额的比重及变动率，如图10-5所示。可以看出，BQC公司流动负债占比呈波浪式变动，且仅有一年低于80%。流动负债占比的变动率与之变动趋势基本相符，在2021年变动幅度最大为14.75%。总之，BQC公司的负债以流动负债为主，如果短期内需要偿还的债务较集中，企业的短期偿债压力就大。但要判断企业的短期偿债能力如何，还应结合流动负债结构和流动负债偿还期限的集中程度作进一步分析。

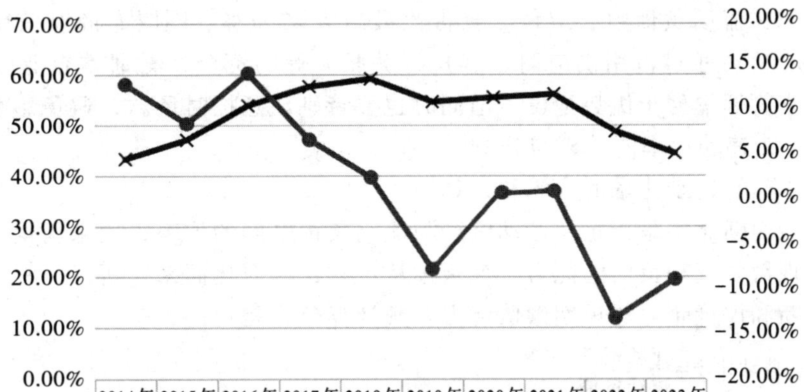

	2014年	2015年	2016年	2017年	2018年	2019年	2020年	2021年	2022年	2023年
流动资产/资产总额（%）（左轴）	43.33	47.12	53.93	57.66	59.21	54.67	55.21	56.16	48.76	44.46
变动率（%）（右轴）	13.19	8.75	14.45	6.92	2.69	−7.67	0.99	1.72	−13.18	−8.82

图10-4　2014—2023年BQC公司流动资产占比及变动率趋势图

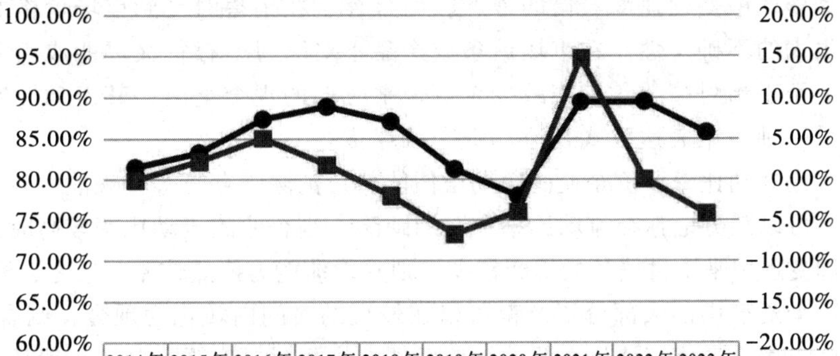

	2014年	2015年	2016年	2017年	2018年	2019年	2020年	2021年	2022年	2023年
流动负债/负债总额（%）（左轴）	81.43	83.20	87.35	88.87	87.07	81.20	77.94	89.44	89.50	85.75
变动率（%）（右轴）	−0.13	2.17	4.99	1.74	−2.03	−6.74	−4.01	14.75	0.07	−4.19

图10-5　2014—2023年BQC公司流动负债占比及变动率趋势图

⑥2023年BQC公司流动资产和流动负债结构分析

以BQC公司2023年的流动资产与流动负债结构为例，对其进行分析，见表10-1。可知，在流动资产中货币资金占比最高为36.11%，存货占比为29.02%，位列第二位，应收账款占比排名第三为20.48%。应结合第四章资产负债表分析内容，进一步分析货币资金占比高的原因，存货和应收账款的结构及变现能力，进而判断BQC公司是否具有短期偿债压力。

表10-1　**2023年BQC公司流动资产和流动负债主要项目结构表**

流动资产	金额（万元）	占比（%）	流动负债	金额（万元）	占比（%）
货币资金	10 909 440.80	36.11	短期借款	1 832 321.60	4.04
交易性金融资产	956 255	3.17	应付账款	19 442 981.70	42.86
应收账款	6 186 601.90	20.48	合同负债	3 469 851	7.65
应收款项融资	556 492.40	1.84	应付职工薪酬	1 713 883.60	3.78
存货	8 767 674.80	29.02	其他应付款	16 497 284.90	36.36
流动资产合计	30 212 144.60	100	流动负债合计	45 366 667.10	100

在流动负债中，应付账款占比最高为42.86%。同时，商业信用占比接近90%，说明BQC公司通过占用供应商、客户、关联方等的资金，融通本企业的资金，企业在上下游关系管理中处于优势地位，但同时也要特别注意按时还款，避免影响企业信誉。

2.速动比率的计算与分析

(1) 速动比率的内涵和计算

速动比率是指企业速动资产与流动负债之间的比率，用来衡量运用企业流动资产立即变现偿付流动负债的能力。该指标从流动比率演化而来，所以，常常和流动比率一起用于判断和评价企业的短期偿债能力。其计算公式是：

$$速动比率=\frac{速动资产}{流动负债}$$

速动资产是指几乎可以立即变现用来偿付流动负债的资产，一般包括货币资金、交易性金融资产、应收票据、应收账款、应收款项融资、合同资产、应收利息、应收股利、其他应收款和其他流动资产。计算速动资产之所以要排除存货和预付账款等，是因为存货是流动资产中变现速度最慢的资产，而且存货在销售时受到市场价格的影响，其变现价值具有很大的不确定性。在市场萧条或产品不对路时，存货又可能成为滞销货而无法转换为现金。至于预付账款，只能减少企业未来时期的现金支出，其流动性实际上很低。速动资产的另一种简单表达方式是流动资产减存货。

用速动比率评价企业的短期偿债能力，消除了存货等变现能力较差的流动资产项目的影响，可以部分地弥补流动比率存在的缺陷。当企业的流动比率较高时，如果流动资产中可以立即变现用来支付债务的资产较少，则其偿债能力依然较差；反之，即使企业流动比率较低，但流动资产中的大部分资产都可以在较短的时间内转化为现金，则企业的偿债能力也很强。因此，用速动比率评价企业的短期偿债能力相对更客观一些。一般认为，在企业的全部流动资产中，存货大约占50%。所以，速动比率的经验标准为1，即每1元的流动负债，有1元几乎可以立即变现的资产进行偿付；如果速动比率低于1，一般认为短期偿债能力较差。由于经验标准不适用于所有的行业和企业，因此，分析时还要结合其他因素进行评价。

(2) 速动比率分析评价时应注意的问题

对速动比率的分析，还应结合应收款项的收账期进行。因为速动比率的计算隐含着一个十分重要的假设条件，即所有的应收款项都能在其回收期内如数转化为现金，即使有坏账损失，其数额也非常小，可以忽略不计。但事实并非如此，企业可能有相当一部分应收款项不能按期收回，当有些应收款项超过回收期一定期限后，其发生坏账损失的可能性会非常大。换言之，按全部应收款项计算的速动比率含有一定的水分，不能真实地反映企业的短期偿债能力。为此，有必要将可能形成坏账损失的应收款项金额从速动资产中剔除，对速动比率进行适当调整。

需要特别指出的是，企业的流动比率和速动比率较高，虽然能够说明企业有较强的短期偿债能力，反映出企业财务状况良好，但过高的流动比率和速动比率会影响企业的盈利能力。当企业大量储备存货，特别是有相当大比例的超储积压物资时，流动比率就会较高，但存货的周转速度会降低，形成流动资金的相对固定化，进而影响流动资产的利用效率。过高的货币资金存量能使速动比率提高，但货币资金的相对闲置会使企业丧失许多能够获利的投资机会，同时也意味着企业资金未能有效利用。所以，对流动比率和速动比率必须辩证分析，进行风险和收益的全面权衡。另外，一些企业的存货周转很快，产品畅销，存货对流动比率的影响不大，即使剔除存货，速动比率也不能弥补流动比率的缺陷，因此，还需要分析现金比率。

（3）速动比率和流动比率对比分析

2014—2023年BQC公司的速动比率和流动比率对比，如图10-6所示。可知，BQC公司的流动比率和速动比率变动趋势大体相同。速动比率的平均值是0.67，2017年速动比率达到峰值0.79，2023年是最低值0.47。BQC公司的速动比率在2014—2016年有较大提升，从0.58升至0.78。2016—2021年速动比率在0.72至0.79之间波动。但从2021年起速动比率开始下滑，2023年降到最低值0.47，主要原因是存货占流动资产的比重上升。但由于该公司流动负债中短期借款占比不足2%，2022年由于营业收入的大幅增加，存货占比增加也在情理之中。而2023年存货占比虽然下降，但依然处于历史高位，再加上流动负债金额的增加，使速动比率进一步下降。从速动比率变化趋势上看，BQC公司的短期偿债能力指标明显下降，但结合流动资产和流动负债结构分析，其实质是企业充分运用商业信用筹资的结果。

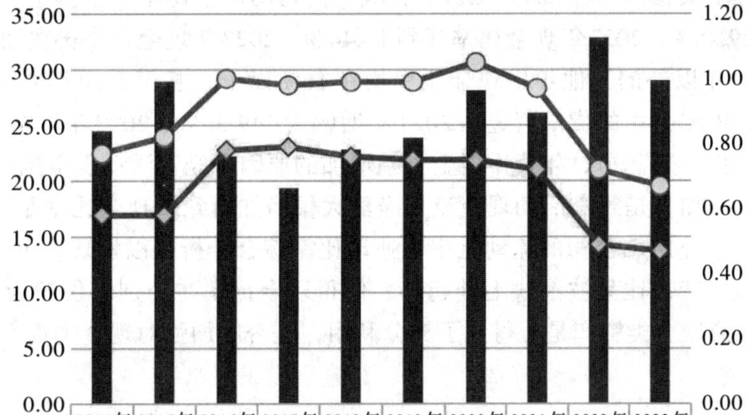

	2014年	2015年	2016年	2017年	2018年	2019年	2020年	2021年	2022年	2023年
存货/流动资产（%）（左轴）	24.50	28.95	22.21	19.35	22.85	23.91	28.13	26.10	32.85	29.02
速动比率（右轴）	0.58	0.58	0.78	0.79	0.76	0.75	0.75	0.72	0.49	0.47
流动比率（右轴）	0.77	0.82	1.00	0.98	0.99	0.99	1.05	0.97	0.72	0.67

图10-6 2014—2023年BQC公司速动比率和流动比率对比图

3.现金比率的计算与分析

（1）现金比率的内涵和计算

现金比率是指现金类资产与流动负债之间的比率，该指标有两种表示方式。

第一种表示方式，即现金类资产仅指货币资金。其计算公式是：

$$现金比率=\frac{货币资金}{流动负债}\times 100\%$$

第二种表示方式，即现金类资产除包括货币资金以外，还包括现金等价物，即企业持有的期限短、流动性强、易于转换为已知金额的现金、价值变动风险很小的投资。其理由是，企业进行短期投资只是资金调度的一种手段，当企业有暂时闲置的货币资金时，可将其投资于价值变动风险低的有价证券，以提高资金的盈利水平。一旦企业需要现金，就可以通过转让有价证券将其转化为现金。因此，在管理上，现金和现金等价物并无实质区别。其计算公式是：

$$现金比率=\frac{现金+现金等价物}{流动负债}\times 100\%$$

现金比率可以准确地反映企业的直接偿付能力，当企业在支付薪酬日或大宗进货日等需要大量现金时，该指标更能显示出其重要作用。由于现金比率的两种表示方式都没有考虑企业流动资产中的存货和应收款项，所以，对于应收款项和存货变现存在问题的企业，这一指标尤为重要。

现金比率越高，表示企业可立即用于支付债务的现金类资产越多。由于企业现金类资产的盈利水平较低，企业不可能也没有必要保留过多的现金类资产。如果该比率过高，表明企业通过负债方式所筹集的流动资金没有得到充分的利用，因此，并不鼓励企业保留过多的现金类资产。一般认为，该比率应在20%左右，说明企业的直接支付能力不会有太大的问题。

（2）现金比率案例分析

2014—2023年BQC公司流动比率、速动比率和现金比率（按照第一种表示方式计算）对比，如图10-7所示。可以看出，BQC公司现金比率的变化趋势与速动比率和流动比率的变化趋势不大相同。在2017—2021年BQC公司的现金比率呈逐年上升趋势，并于2021年达到峰值29.45%，2022年现金比率降到15.44%，2023年现金比率再次回升到24.05%，除2021年和2023年以外的其他年份现金比率均在16%以下，甚至有四年低于10%。结合资产负债表分析，BQC公司的货币资金在2021年增幅为249.30%，2023年增幅为111.95%，结合现金流量表分析可知，2021年货币资金大幅增加的原因是经营活动现金流入净额增加；而2023年货币资金增加，是筹资活动现金流入净额大幅增加所致。现金比率是衡量企业直接支付能力的指标，结合BQC公司的流动比率和速动比率综合分析可以发现，由于公司流动资产结构中，现金类资产占比呈波浪式上升趋势，使得现金比率在个别年份较为理想，但并不稳定，同时，应注意现金类资产是否得到了充分利用，是否应加强对现金类资产的管理。

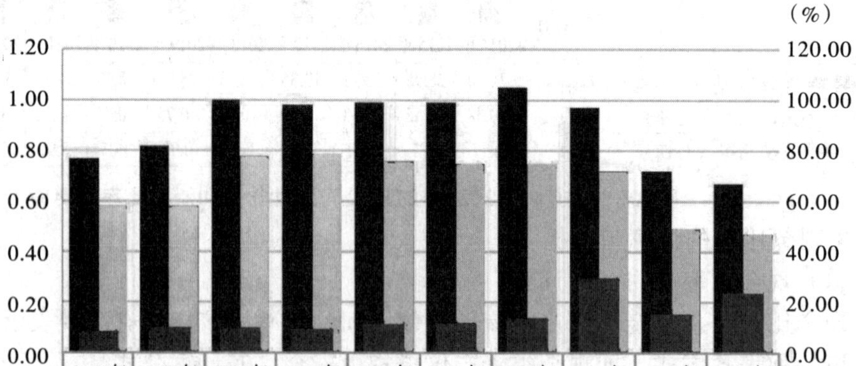

	2014年	2015年	2016年	2017年	2018年	2019年	2020年	2021年	2022年	2023年
■ 流动比率	0.77	0.82	1.00	0.98	0.99	0.99	1.05	0.97	0.72	0.67
■ 速动比率	0.58	0.58	0.78	0.79	0.76	0.75	0.75	0.72	0.49	0.47
■ 现金比率（%）	8.40	9.98	9.82	9.43	11.20	11.71	13.57	29.45	15.44	24.05

图10-7 BQC公司2014—2023年流动比率、速动比率和现金比率对比图[①]

① 速动比率和流动比率看左边坐标轴，现金比率看右边坐标轴，单位是百分比。现金比率采用的计算公式为货币资金与流动负债之比。

4.流动比率、速动比率、现金比率之间的相互关系分析

流动比率、速动比率和现金比率是以流动资产和流动负债的相互关系，反映企业短期偿债能力的主要指标，三者分母相同，但分子的口径与范围不同。三者之间的相互关系，如图10-8所示。可以看出：

（1）以全部流动资产作为偿付流动负债的基础，所计算的指标是流动比率。流动资产中包括变现能力较差的存货和基本不能变现的预付款项等。如果存货中有超储积压物资，会造成企业短期偿债能力较强的假象。（2）速动比率以扣除变现能力较差的存货和预付款项作为偿付流动负债的基础，弥补了流动比率的不足。（3）现金比率以现金类资产作为偿付流动负债的基础，但现金持有量过大会对企业资产利用效果产生副作用，因此，该比率不宜过大。

在分析企业短期偿债能力时，流动负债是关键因素，是计算以上三个指标的基础，流动负债的结构、规模不同，对流动资产的需要程度就不同。如当企业合同负债占比较高时，对流动比率的要求就相对高些；短期借款和应付票据占比较高时，对速动比率和现金比率的要求就相对高些。从以上三个指标的计算中可以看出，流动负债结构对短期偿债能力的影响并没有反映出来，因此，分析评价企业短期偿债能力时，结合流动负债的规模和结构分析是关键。

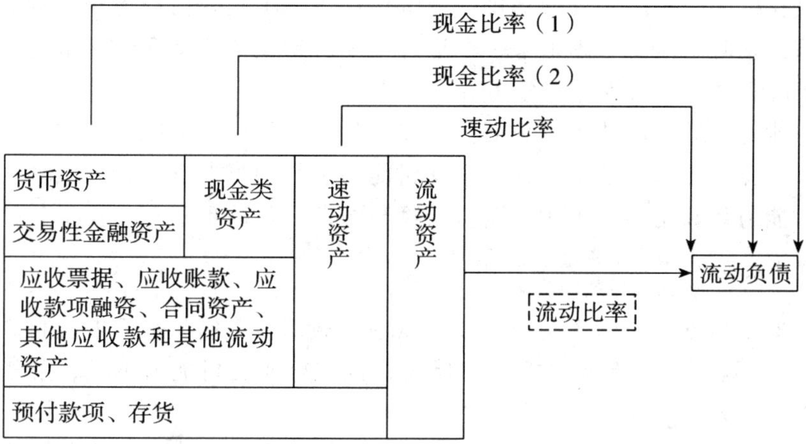

图10-8 流动比率、速动比率和现金比率的关系图

（二）短期偿债能力的动态分析

企业偿债能力从本质上讲，是衡量企业能否按期归还到期债务的能力，但在计算短期偿债能力的静态指标中所使用的流动负债，是企业某一时点的债务，它只表明企业在这一时点上仍然承担的流动负债规模，并不表示这些债务已经到期，并且需要在这一时点上偿还，这些债务往往要在这一时点之后的未来某一时点偿还。在计算这些指标时所使用的流动资产或速动资产也只是在这一时点上的资产存量，只是为企业现在承担的债务提供了一份资产保证，反映的是用这些资产偿债的可能性，并不表示这些资产马上就可以用于偿还债务，或一定能在现有负债到期时转化为现金偿还债务。因此，流动比率和速动比率，与其说是反映企业短期偿债能力的指标，倒不如说是反映企业现存负债的资产保证程度指标。企业偿还债务是一个动态过程，其偿债能力也应该是在未来某一时点上的能力。当某一具体债务到期时，企业既可以通过现存资产的变现去偿还，也可以用债务到期前所获得

的现金偿还。因此，对企业短期偿债能力的分析还应该从动态方面进行。

从动态方面反映企业短期偿债能力的指标，建立在现金流量表和对经营活动现金流量分析的基础之上，主要有现金流动负债比率、企业支付能力系数和现金到期债务比率等。此外，应收账款周转率、应付账款周转率和存货周转率也是从动态上反映企业短期偿债能力的辅助性指标。

1.现金流动负债比率的计算与分析

现金流动负债比率是指经营活动现金流量净额与流动负债平均余额之间的比率，用来衡量企业的流动负债以经营活动所产生的现金支付的程度。其计算公式是：

$$现金流动负债比率=\frac{经营活动现金流量净额}{流动负债平均余额}\times 100\%$$

经营活动现金流量净额的大小，能够反映企业某一会计期间经营活动产生现金的能力，是偿还企业到期债务的基本资金来源。当该指标等于或大于1时，表示企业有足够的能力以经营活动产生的现金偿还其短期债务；如果该指标小于1，表示企业经营活动产生的现金不足以偿还到期债务，必须采取对外筹资或出售资产等其他方式才能偿还债务。

需要说明的是，本期经营活动现金流量净额是当前会计年度的经营结果，而流动负债则是年初和年末需要偿还债务的平均余额，二者的会计期间不同。因此，现金流动负债比率指标是建立在以上一年的经营活动现金流量估计下一年经营活动现金流量的假设基础之上的。使用该比率时，需要考虑未来一个会计年度影响经营活动现金流量变动的因素。

2.企业支付能力系数的计算与分析

企业支付能力系数是反映企业短期偿债能力的重要指标。根据企业支付能力反映的具体时间的差异，支付能力系数可分为期末支付能力系数和近期支付能力系数两种。

期末支付能力系数是指期末货币资金余额与逾期未付款项数额之比。其计算公式是：

$$期末支付能力系数=\frac{期末货币资金余额}{逾期未付款项数额}\times 100\%$$

其中，逾期未付款项包括逾期未缴预算款项、逾期银行借款、逾期应付款项等。该指标大于或等于1，说明企业有支付能力；反之，说明企业支付能力不足，且指标越低，说明企业支付能力越差。

近期支付能力系数是指企业在近期可用于支付的资金与近期需要支付的各种款项之比。反映企业有无足够的支付能力偿还近期到期的债务。其计算公式是：

$$近期支付能力系数=\frac{近期能够用来支付的资金}{近期需要支付的各种款项}\times 100\%$$

其中，近期能够用来支付的资金包括企业现有的货币资金、近期能取得的营业收入、近期确有把握收回的各种应收款项等。近期需要支付的各种款项包括到期或逾期应交款项和未付款项，如职工薪酬、应付账款、银行借款、各项税费、应付股利等。

企业近期支付能力系数应等于或大于100%，且越高说明企业近期支付能力越强。如果小于100%，则说明企业近期支付能力不足，应采取积极有效的措施，从各种渠道筹集资金，以便按期清偿到期债务，保证企业生产经营活动的正常进行。

3.现金到期债务比率的计算与分析

现金到期债务比率是指经营活动现金流量净额与本期到期债务之间的比率，用来衡量企业本期到期债务用经营活动所产生的现金流量净额支付的程度。其计算公式是：

$$现金到期债务比率=\frac{经营活动现金流量净额}{本期到期债务}$$

当该指标等于或大于1时，表示企业有足够的能力以生产经营活动产生的现金来偿还当期的短期债务；如果该指标小于1，表示企业生产经营活动产生的现金不足以偿还当期到期的债务，必须采取其他措施才能满足企业当期偿还到期债务的需要。

需要说明的是，由于上述指标中一些数据难以获取，如本期到期债务等，这些指标往往适用于企业内部分析。

4.反映企业短期偿债能力的辅助指标分析

流动比率、速动比率和现金比率都是以企业某一时点上的流动资产存量和流动负债相比较，以反映企业的短期偿债能力，对各项流动资产和流动负债的流动性和周转性等动态变化并没有反映。所以，通过对各项流动资产和流动负债周转效率和流动情况的分析，进一步反映企业短期偿债能力的动态变化，可以弥补流动比率、速动比率和现金比率的不足。

（1）应收账款周转率和应付账款周转率的比较分析

流动资产中的应收账款（包括应收票据），是由于企业赊销商品而产生的，其占用额不仅取决于企业的销售政策，而且取决于企业的信用政策和收账政策。在销售政策既定的情况下，企业采取较宽松的信用政策和收账政策，其应收账款占用额就比较大，周转速度就比较缓慢。利用应收账款周转率指标可以反映企业应收账款转化为现金的速度。

流动负债中的应付账款（包括应付票据），是由于企业赊购商品而产生的，其占用额的大小从主观因素来考察，取决于企业支付货款的速度和企业赊购金额的大小。赊购的金额越大，支付货款的速度越慢，其占用额就越大。利用应付账款周转率指标可以反映企业以现金支付应付账款的速度。

流动比率实际上是企业流动资产和流动负债周转速度的函数。流动资产周转速度越快，企业流动资产规模越小，流动比率越小。流动负债的周转速度越慢，企业的流动负债规模越大，流动比率就越小。在流动资产中，应收账款占有相当大的比例；在流动负债中，应付账款也占有相当大的比例，所以，将二者联系起来比较分析对分析企业短期偿债能力很有意义。

企业购入材料等物资的目的，在于通过企业的加工制成产品，然后通过销售收回现金，并实现价值增值。从这个意义上讲，由赊购商品所产生的应付账款应用赊销商品收回的现金偿付，在资金周转上，二者与资金周转期有关系，而且必须相互配合。应收账款与应付账款这种相互关系会对企业的短期偿债能力产生以下影响：

① 应收账款与应付账款的周转期相同。在这种情况下，通过赊销商品所收回的现金恰好能满足偿付因赊购业务而产生的债务，不需动用其他流动资产来偿还，企业的短期偿债能力指标不会因应收账款和应付账款的存在而改变。

② 应收账款的周转速度快于应付账款的周转速度。假定企业应收账款的平均收账期为30天，而应付账款的平均付款期为60天，在这种情况下，企业的流动比率就会降低，以流动比率反映的企业静态短期偿债能力就相对差一些。但是由于流动资产中的应收账款周转速度快，而流动负债中的应付账款周转速度慢，从动态上看，企业的实际偿债能力较强，因为在企业的应收账款回收两次的情况下，才支付一次现金，用于偿付应付账款。

③ 应收账款的周转速度低于应付账款的周转速度。假定企业应收账款的平均收账期为60天，而应付账款的平均付款期为30天，在这种情况下，企业的流动比率较高，以流动比率反映的企业静态短期偿债能力就比较强。如果从动态上看，企业的实际短期偿债能力低于以流动比率表示的企业短期偿债能力水平。这是因为，每当企业将其赊销商品所产生的应收账款转化为现金一次，就要支付两次现金去偿付因赊购业务产生的应付账款。这样，只有在动用其他流动资产的情况下，才能按期偿付其因赊购而形成的债务。

以上仅就周转速度进行了分析，当企业流动资产和流动负债规模不同时，也会相对增强或减弱因周转速度不同对短期偿债能力的影响。

这种对比不仅可以就流动资产与流动负债之间的对应项目进行分析，也可以按流动资产和流动负债的结构进行分析。

（2）存货周转率对短期偿债能力的影响

本教材第九章已经对存货周转率进行了分析，这里仅就存货周转率对短期偿债能力的影响进行阐述。

存货周转速度对存货规模有较大影响，当其他条件不变时，存货周转速度越快，存货规模越小；反之，存货规模越大。流动比率是按流动资产在某一时点上的规模计算的，当存货规模较大时，其流动比率也相对较高，从静态方面反映的短期偿债能力也较强，实际上这很可能是因为存货周转速度偏低引起的假象。结合存货周转速度对企业短期偿债能力进行评价，就需要对按流动比率做出的评价加以修正。在流动比率一定的情况下，如果企业预期存货周转速度加快，则企业的短期偿债能力将会因此而提高；相反，如果预期存货周转速度减慢，则企业的短期偿债能力将会下降。

流动比率是按既定的流动资产存量和流动负债计算的，这里也包括了一个隐含条件，即存货周转率也是既定的。存货周转率的变化是在该时点之后的，所以，存货周转率的变化对短期偿债能力的影响反映在动态上，是今后企业短期偿债能力可能会发生的变化。换言之，对短期偿债能力的分析，不仅要从静态上反映企业某一时点上的偿债能力，还要分析短期偿债能力可能发生的变化及变化趋势，而应收账款周转率、应付账款周转率和存货周转率分析为反映企业短期偿债能力的动态变化提供了重要参考。

此外，需要说明的是，进行企业短期偿债能力分析时，不能孤立地根据某一指标的分析就下结论，而应当根据分析的目的和要求结合企业的实际情况，将各项指标综合起来考虑，同时结合资产负债表分析，这样才有利于得出正确的结论。上述指标在具体应用时应注意：（1）指标为时点数，要和时期数结合起来，评价才得当；（2）指标数据来源于报表，报表的真实性直接影响指标的评价质量；（3）应结合企业不同时期的生产经营性质与特点以及流动资产的结构状况进行分析；（4）注意人为调整因素。其中，第一点适用于短期偿债能力静态分析，其他三点静态、动态分析都适用。

（三）短期偿债能力的行业分析

2023年五家汽车企业流动比率、速动比率和现金比率对比以及应收账款周转率、应付账款周转率和存货周转率对比，见表10-2。可以看出，在五家企业中，BQC公司的流动比率、速动比率和现金比率均最低，但现金流动负债比率最高，为0.43，说明其经营活动产生的现金流量净额相对较充沛，这与其流动负债结构，以及具有上下游关系两头吃的优势有关，从动态反映企业短期偿债能力的指标上看，企业的实际短期偿债能力较好。另外，五家企业尽管流动比率和速动比率参差不齐，但2023年现金比率均在20%以上，说明直接偿付能力都没有太大的问题。其中，CAQC公司的各短期偿债能力指标较突出，有两项指标位居五家企业首位，四项指标位居五家企业第二位，说明短期偿债能力最强。可见，不能仅凭一部分指标就得出企业短期偿债能力强弱的结论，一定要全面结合所有指标，并结合报表分析才能得出客观的结论。

表10-2　2023年五家汽车企业短期偿债能力指标对比表

公司名称	流动比率	速动比率	现金比率（%）	现金流动负债比率	应收账款周转率（次）	应付账款周转率（次）	存货周转率（次）
CAQC	1.27	1.14	62.84	0.22	55.22	4.47	12.81
CCQC	1.07	0.83	34.59	0.17	25.10	4.96	14.31
GQJT	1.31	1.09	63.40	0.10	19.22	6.94	8.24
SQJT	1.13	0.95	26.24	0.08	11.38	4.31	6.97
BQC	0.67	0.47	24.05	0.43	11.96	3.60	5.76

综上所述，BQC公司的短期偿债能力指标在行业内总体处于较低水平。由于BQC公司债务结构比较特殊，其短期偿债能力和企业信誉以及和上下游企业之间的关系是分析的重点。同时，还应进一步结合现金流量表以及经营活动现金流量状况，深入分析BQC公司的实际短期偿债能力。

案例分析10-1

第三节　长期偿债能力分析

一、影响长期偿债能力的因素

长期偿债能力是指企业偿还非流动负债的能力，或者说企业偿还非流动负债的保障程度。影响企业长期偿债能力的主要因素有：

1.企业的盈利能力

对于企业短期偿债能力，主要考虑流动资产结构、流动负债结构、企业变现能力，以及流动资产与流动负债的对比关系，从资产变现角度来分析。长期偿债能力则不同，由于所衡量的时间较长，对未来较长时间内的现金流量很难做出可靠的预测，而且所包含的因素更加复杂，所以，难以通过资产变现情况做出判断。

从企业的偿债义务来看，包括按期偿付本金和支付利息两个方面。短期债务可以通过流动资产变现来偿付，因为流动资产的取得往往以短期负债为资金来源。企业的非流动负债大多用于非流动资产投资，形成企业的非流动资产，在正常生产经营条件下，企业不可能以出售资产作为偿债的资金来源，而只能依靠企业生产经营所得。从举借债务的目的来看，企业使用资金成本较低的负债是为了获取财务杠杆利益，增加企业收益，其利息支出自然要从所融通资金创造的收益中予以偿付。因此，企业的长期偿债能力与盈利能力密切相关。就一般情况而言，企业的盈利能力越强，长期偿债能力越强；反之，则长期偿债能力越弱。如果企业长期亏损，除非现金流量充沛，否则必须通过变卖资产才能清偿债务，不然企业的正常生产经营活动就难以维系，最终影响投资人和债权人的利益。因此，盈利能力是影响企业长期偿债能力最重要的因素。

2.企业的投资效果

企业所举借的长期债务，主要用于固定资产等方面的长期投资，投资的效果决定了企业是否有能力偿还长期债务。特别是当某项具体投资的资金全部依靠非流动负债来筹措时，情况更是如此。当然，作为对债权人的一种保障，企业必须有一定比例的权益资金，不能因为某项投资的效果不佳而损害债权人利益。但如果企业每一项投资都不能达到预期目标，即使有一定比例的权益资金作为保证，其偿债能力也会受到相当大程度的影响。

3.企业权益资金的增长和稳定程度

尽管企业的盈利能力是影响长期偿债能力最重要的因素，但如果企业将绝大部分利润都分配给投资者，权益资金增长很少，就会降低偿还债务的保障性和可靠性。对于企业或者投资人来说，将大部分利润留在企业，会使权益资金增加，减少利润外流，这对企业和投资人并没有实质性的影响，相当于投资人将分配的股利继续投资于企业，价值的提升会体现在未来的股价中，但减少利润分配却会增加偿还债务的可靠性，从而提高企业的长期偿债能力。同时，权益资金的实际价值是影响企业最终偿债能力最重要的因素。当企业结束经营时，最终的偿债能力取决于企业权益资金的实际价值。如果资产不能按其账面价值处理，就有可能损害债权人的利益，使债务不能全部清偿。

4.企业的经营活动现金流量

思政案例10-1

企业的债务最终还是用货币资金进行清偿，虽然企业的盈利能力是偿还债务的根本保证，但是企业盈利毕竟不等同于现金流量充足。企业只有具备较强的变现能力，拥有充裕的现金，才能保证具有真正的偿债能力。因此，企业的现金流量状况是决定偿债能力保证程度的关键所在，而经营活动现金流量状况体现了企业的造血功能强弱，是决定现金流量状况的核心。

二、长期偿债能力指标的计算与分析

从资产、盈利能力以及现金流量的内容、特点和作用可以看出，这些因素从不同角度反映企业的偿债能力。资产是清偿债务的最终物质保障，盈利能力是清偿债务的经营收益保障，现金流量是清偿债务的支付保障。只有将这些因素加以综合分析，才能真正揭示企业的偿债能力。所以，长期偿债能力分析应从以下三个方面进行：

（一）资产规模对长期偿债能力影响的分析

负债表明企业的债务负担，资产则是偿债的物质保证，单凭负债或资产不能说明一个企业的偿债能力，负债规模小并不等于企业偿债能力强；同样，资产规模小也不一定表明企业偿债能力弱。企业的偿债能力体现在资产与负债的对比关系上。由这种对比关系反映的企业长期偿债能力的指标主要有资产负债率、有形资产负债率、股东权益比率、权益乘数、产权比率、固定长期适合率、固定资产与非流动负债比率、资产非流动负债率和非流动负债营运资金比率。

1.资产负债率和有形资产负债率的计算与分析

（1）资产负债率的内涵与计算

资产负债率是企业负债总额占资产总额的比率，是综合反映企业偿债能力的重要指标。该指标能够反映在企业的全部资产中由债权人提供的资产所占比重的高低，能够反映债权人向企业提供信贷资金的风险程度和企业举债经营的能力。其计算公式是：

$$资产负债率=\frac{负债总额}{资产总额}\times 100\%$$

资产负债率越高，说明企业的债务负担越重；反之，说明企业的债务负担越轻。该指标既可用于衡量企业利用债权人资金进行经营活动的能力，也可反映债权人发放贷款的安全程度。对债权人来说，该指标越低越好，因为企业的债务负担越轻，其总体偿债能力越强，债权人权益的保证程度越高。特别是在企业清算时，资产变现价值很可能低于账面价值，而所有者一般只承担有限责任。因此，该指标越高，债权人蒙受损失的可能性就越大。对于企业来说，该指标在适度情况下越高越好，虽然这样会使企业债务负担加重，但企业也可以通过扩大举债规模获得较多的财务杠杆利益，但是该指标不应过高，否则会影响企业的筹资能力。因为债权人认识到，当经济衰退或不景气时，如果企业的财务风险较大，企业经营活动所产生的现金流量可能满足不了利息支出的需要，所以，债权人不会再向企业提供借款或购买其发行的债券。经验标准认为，资产负债率的适宜水平是40%～60%，如果该指标超过100%，则表明企业已资不抵债，视为达到破产的警戒线。

从稳健原则出发，特别是考虑到企业在清算时的偿债能力，资产负债率可以保守些计算，即从资产中扣除无形资产等，计算有形资产负债率。

（2）有形资产负债率的内涵与计算

有形资产负债率是指企业负债总额占有形资产总额的比率。该指标是资产负债率的延伸，能够更加客观地评价企业长期偿债能力。企业的无形资产，如商标权、专利权、非专利技术等，不一定能用来偿还债务，可以将其视为不能偿债的资产，从资产总额中扣除。该指标的作用及分析方法与资产负债率基本相同。其计算公式是：

$$有形资产负债率=\frac{负债总额}{资产总额-无形资产}\times 100\%$$

此外，商誉较多的企业还可以考虑将其在有形资产负债率分析时予以剔除。

（3）资产负债率和有形资产负债率案例分析

通过对企业不同时期资产负债率的计算和对比分析，可以了解企业债务负担的变化情况。任何企业都必须根据自身的实际情况，确定一个适度的标准，当企业债务负担持续增加并超过这一适度标准时，企业应注意加以调整，不能只顾获取杠杆利益而不考虑可能面临的财务风险。

2014—2023年BQC公司资产负债率对比，如图10-9所示。可以看出，BQC公司的资产负债率呈波浪式变动，2016年资产负债率最低，为61.81%，2023年最高，为77.86%，相比2022年增加了2.44个百分点，各年均在60%以上，表明BQC公司债务负担较重，且呈增加趋势。BQC公司的资产负债率是否合理，还需要结合同行业可比公司情况进一步分析。

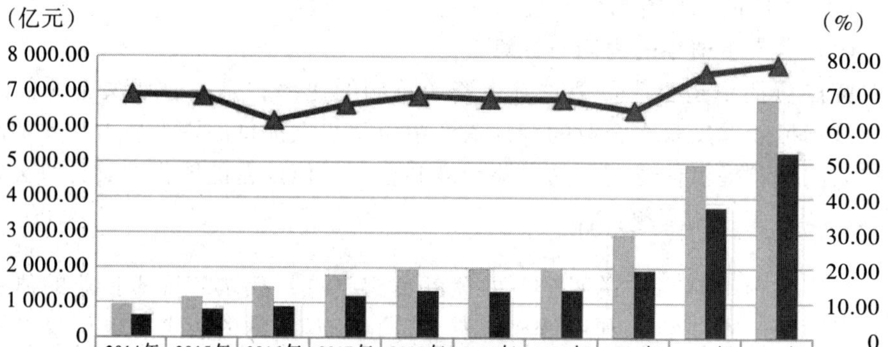

	2014年	2015年	2016年	2017年	2018年	2019年	2020年	2021年	2022年	2023年
资产总额（亿元）	940.09	1 154.86	1 450.71	1 780.99	1 945.71	1 956.42	2 010.17	2 957.80	4 938.61	6 795.48
负债总额（亿元）	651.14	794.57	896.61	1 181.42	1 338.77	1 330.40	1 365.63	1 915.36	3 724.71	5 290.86
资产负债率（%）	69.26	68.80	61.81	66.34	68.81	68.00	67.94	64.76	75.42	77.86

图10-9　2014—2023年BQC公司资产负债率对比图

2014—2023年五家可比公司的资产负债率对比，如图10-10所示。可知，BQC公司的资产负债率在五家企业中各年均最高，处于61%至78%之间；SQJT公司和CAQC公司的资产负债率较为接近，处于50%至67%之间；CCQC公司的资产负债率总体呈上升趋势，处于45%至66%之间；GQJT公司的资产负债率在五家企业中最低且相对稳定，常年低于46%。相比较而言，GQJT公司在同行业中长期债务风险较小，长期负债偿还能力较强，而BQC公司在同行业中长期债务风险较高，长期偿债压力相对较大。

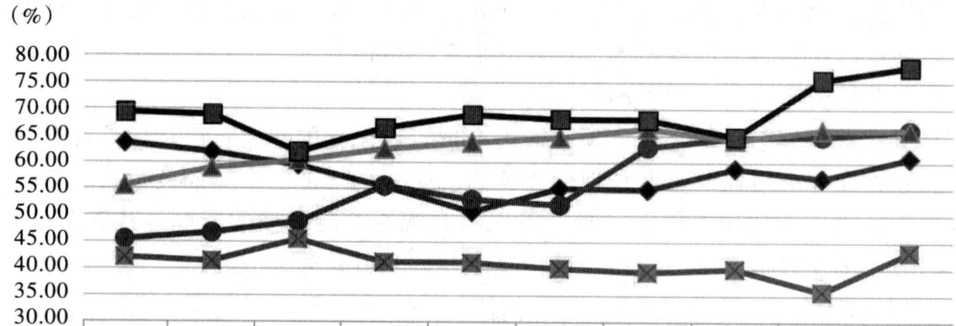

	2014年	2015年	2016年	2017年	2018年	2019年	2020年	2021年	2022年	2023年
CAQC	63.47	61.78	59.30	55.28	50.63	54.99	54.78	58.74	56.90	60.73
CCQC	45.36	46.62	48.70	55.44	52.87	51.90	62.77	64.58	64.82	65.96
GQJT	42.00	41.28	45.38	41.13	41.02	39.99	39.32	39.95	35.67	43.04
SQJT	55.41	58.78	60.20	62.39	63.63	64.58	66.28	64.14	66.03	65.94
BQC	69.26	68.80	61.81	66.33	68.81	68.00	67.94	64.76	75.42	77.86

图10-10　2014—2023年五家汽车企业资产负债率对比图

2014—2023年BQC公司资产负债率，有形资产负债率对比，如图10-11所示。可以看出，BQC公司近十年资产负债率和有形资产负债率总体趋势基本一致，但各年有形资产负债率与资产负债率相差4%左右，说明在资产总额中未来变现能力较差的无形资产对BQC公司的长期偿债能力有一定的影响。

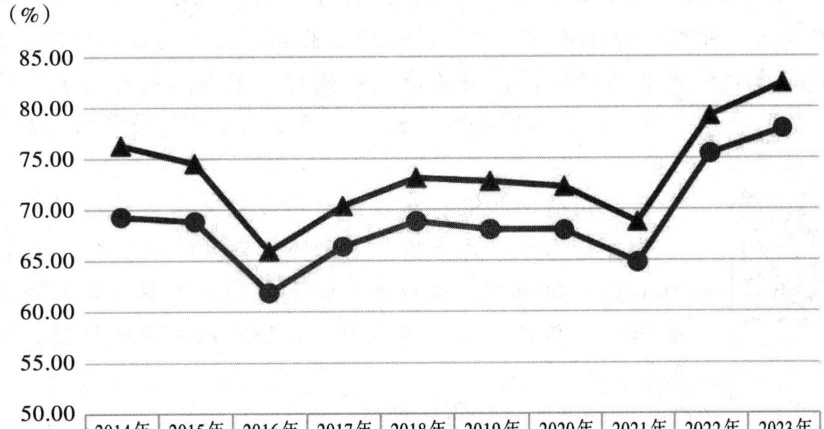

	2014年	2015年	2016年	2017年	2018年	2019年	2020年	2021年	2022年	2023年
有形资产负债率（%）	76.25	74.47	65.87	70.32	73.05	72.70	72.17	68.73	79.14	82.37
资产负债率（%）	69.26	68.80	61.81	66.33	68.81	68.00	67.94	64.76	75.42	77.86

图10-11　2014—2023年BQC公司资产负债率和有形资产负债率对比图

【案例10-1】

“增收不增利”恒盛地产资产负债率高达1 389.4%[①]

万联证券报告显示：2021年，房地产行业基本面仍处于底部，但由于疫情影响政策效果，宏观经济承压，经济“稳增长”诉求预期进一步加强，房地产行业政策环境正持续改善中。作为衡量企业经营活动能力的重要财务指标之一，多家房企负债率维持下降趋势。根据申万行业分类标准（2021年版），房地产行业中72家核心企业2021年整体净负债率为69.44%，较2020年下降了3.80%；剔除预收账款后的资产负债率为71.29%，较2020年下降了0.97%。然而，上市房地产企业普遍采用高杠杆、高资金成本驱动的以债养债模式，加上“不惜一切代价高价拿地”的行为，使得一些房地产企业负债总额不断上升，资产负债率屡创新高。

其中，资产负债率排名最高的三家房企分别为恒盛地产、福晟国际和银城国际控股，分别为1 389.4%、226.3%和174.4%。事实上，2021年恒盛地产取得33.18亿元综合销售收入，较2020年的28.08亿元增长18.16%。然而，恒盛地产2021年综合销售收入的增长并没能带动利润和毛利一同增长。截至2021年12月31日，恒盛地产净亏损40.86亿元，毛利率为-29.4%。对此，恒盛地产表示大额毛利亏损主要归因于对物业提取的重大减值准备金额。不过，即便是撇开物业减值准备的影响，恒盛地产的毛利率也仅为0.1%。说明恒盛地产“增收不增利”，同时，资产负债率风险攀上新高。

面对楼市调整的“寒冬”，房地产企业主要靠贷款来应对。不过，这些借来的“粮草”，其实不足以应对企业销售下降带来的困窘。2021年4月以来，银保监会连发10道“金牌”，银行业全面落实宏观审慎评估体系（MPA）考核，直指同业和理财等非标投融资，并打击借助资管计划、基金子公司等绕开监管为地产项目和融资平台违规输血的行为。为了更好地管理和控制行业健康发展，国家也陆续出台了相关政策，对房地产企业发展设置了三条红线，分别是：剔除预收账款的资产负债率不得大于70%；净负债率不得大

① 根据万联证券研究报告（https://www.djyanbao.com/report/detail?id=3079805&from=search_list）和华夏时报《2021年亏损40.86亿元，资本负债比率增至1389.4%，恒盛地产如何破局？》等资料整理而成。

于100%；现金短债比不得小于1倍。正是在“三道红线”政策下，杠杆水平被收缩，导致房地产企业整体降低负债。由于房地产企业具有特殊的行业性质，其资产负债率没有固定的标准。资产负债率过低，将不能起到较好的财务杠杆作用，会使得企业筹资成本较高；资产负债率过高，企业财务风险较大，将造成企业偿债能力较弱，甚至可能导致企业资不抵债，最终破产。

案例分析 10-2

根据国研网报告，从房地产行业的未来发展趋势来看，房地产企业去杠杆、降负债已经成为一项长期化的任务；同时也要加强资本市场的融资力度，通过长债置换短债、低成本融资置换高成本融资优化债务结构，从而保持成本费用的合理性，加大回款力度，逐步改善现金流量，进而提升房地产企业盈利能力和偿债能力。

2.股东权益比率和权益乘数的计算与分析

（1）股东权益比率的内涵和计算

股东权益比率是指股东权益总额占资产总额的比率，是反映长期偿债能力保证程度的重要指标，反映企业全部资产中所有者投入所占的比重。其计算公式是：

$$股东权益比率=\frac{股东权益总额}{资产总额}\times100\%=1-资产负债率$$

股东权益比率越高，说明企业资产中由所有者投资所形成的资产越多，偿还债务的保证程度越高。从“股东权益比率=1-资产负债率”来看，该指标越高，资产负债率越低。债权人对该比率非常感兴趣。当债权人将其资金借给股东权益比率较高的企业时，由于有较多的企业自有资产作偿债保证，债权人全额收回债权就基本不会有问题，即使企业清算时资产不能按账面价值收回，债权人也不会有太大损失。假如企业资产50%来源于所有者投资，50%通过负债取得，那么，即使企业的全部资产按一半的价格转换为现金，依然能付清所有的负债，并且还有剩余。可见，债权人利益受保障的程度较高。再如，企业资产的80%来源于所有者投资，只有20%通过负债取得，那么，只要企业资产价值不暴跌80%以上，即每1元资产只要转换成0.20元以上的现金，债权人就不会受到任何损失。相反，如果企业资产的80%是通过各种负债资金融通而得，只要企业资产价值下跌20%以上，债权人就不能全额收回其债权。由此可见，股东权益比率高低能够明确反映企业对债权人的保护程度。如果企业处于清算状态，该指标对偿债能力的保证程度就显得更加重要。

（2）权益乘数的内涵和计算

权益乘数是指资产总额相当于股东权益总额的倍数，表示企业的股东权益支撑着多大规模的投资，用来衡量企业的负债程度和财务风险，是股东权益比率的倒数。其计算公式是：

$$权益乘数=\frac{资产总额}{股东权益总额}=\frac{1}{股东权益比率}=1\div（1-资产负债率）$$

权益乘数越大，说明股东投入的资本在资产中所占比重越小，企业对负债利用得越充分，企业负债程度越高，财务风险也就越大。

（3）股东权益比率和权益乘数案例分析

2014—2023年BQC公司股东权益比率和权益乘数对比，如图10-12所示。可以看出，

BQC公司股东权益比率和权益乘数在2021年出现反转。2014—2021年股东权益比率各年均高于30%，权益乘数各年均低于4；2021年以后股东权益比率各年均低于30%，权益乘数各年均高于4，说明BQC公司加大对负债的利用，负债程度高，股东权益占比小，财务风险增加，长期偿债能力相对变弱。

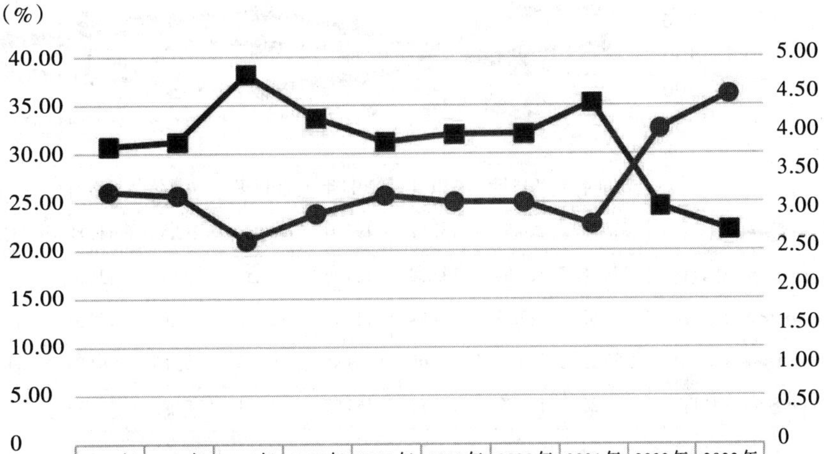

	2014年	2015年	2016年	2017年	2018年	2019年	2020年	2021年	2022年	2023年
股东权益比率（%）	30.74	31.20	38.19	33.67	31.19	32.00	32.06	35.24	24.58	22.14
权益乘数	3.25	3.21	2.62	2.97	3.21	3.13	3.12	2.84	4.07	4.52

图10-12 2014—2023年BQC公司股东权益比率和权益乘数对比图

3.产权比率的计算与分析

产权比率也称净资产负债率，是指负债总额占股东权益总额的比率。表明由债权人和投资者提供的资金来源的相对关系，反映企业基本财务结构是否稳定。其计算公式是：

$$产权比率=\frac{负债总额}{股东权益总额}\times 100\%$$

同为衡量企业长期偿债能力的指标，如果说资产负债率是反映企业债务负担的指标，股东权益比率是反映偿债保证程度的指标，产权比率则是反映债务负担与偿债保证程度相对关系的指标。产权比率和资产负债率、股东权益比率具有相同的经济意义，但该指标更直观地表现出负债受到股东权益的保护程度。一般来说，产权比率可以反映股东所持股权是否过多，或者尚不够充分等情况，从另一个侧面表明企业借款经营的程度，该指标是企业财务结构稳健与否的重要标志。

2014—2023年五家汽车企业产权比率对比，如图10-13所示。可知，BQC公司的产权比率最高且呈波浪式上升之势，从2014年的225.30%增至2023年的351.64%；GQJT公司的产权比率最低且平稳，各年均低于100%，说明GQJT公司债权人权益的保障程度最高，财务结构稳健，财务风险最小；CAQC、CCQC和SQJT公司处于中等水平，产权比率除CCQC公司个别年份低于100%以外，基本在100%至200%之间波动，说明除了GQJT公司以外，其他公司大都各年债权人权益高于股东权益，特别是BQC、CCQC和SQJT三家公司的长期偿债能力保障程度相对较低。

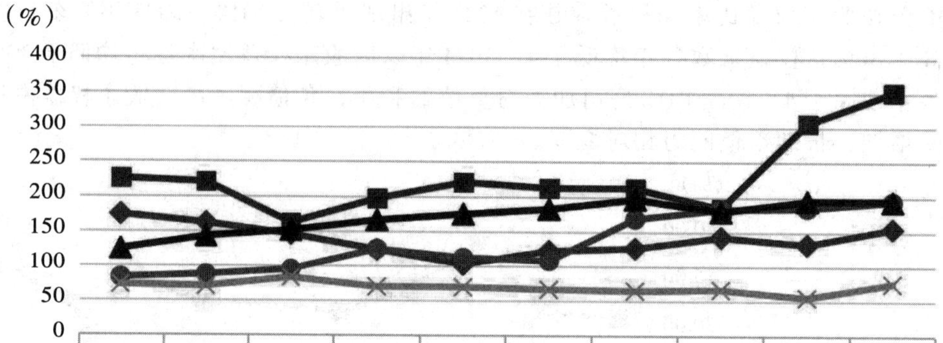

	2014年	2015年	2016年	2017年	2018年	2019年	2020年	2021年	2022年	2023年
BQC	225.35	220.53	161.82	197.04	220.58	212.52	211.88	183.74	306.84	351.64
CAQC	173.76	161.65	145.68	123.59	102.56	122.19	126.09	142.37	132.01	154.64
CCQC	83.02	87.33	94.94	124.42	112.19	107.90	168.58	182.33	184.22	193.79
GQJT	72.55	70.31	83.08	69.86	69.56	66.65	64.79	66.53	55.44	75.56
SQJT	124.26	142.57	151.23	165.90	174.93	182.32	196.55	178.89	194.41	193.56

图10-13　2014—2023年五家汽车企业产权比率趋势对比图

4.固定长期适合率和固定资产与非流动负债比率的计算与分析

（1）固定长期适合率的内涵和计算

固定长期适合率是指固定资产净值占股东权益总额与非流动负债总额之和的比率。其计算公式是：

$$固定长期适合率=\frac{固定资产净值}{股东权益总额+非流动负债总额}\times100\%$$

就大多数企业来说，在固定资产方面的投资都希望通过权益资金解决，这样就不会因为固定资产投资回收期长而影响企业的短期偿债能力。当企业固定资产规模较大，而权益资金规模较小，难以满足固定资产投资的需要时，可以通过举借长期债务解决。一般认为，该指标必须小于100%。即当该指标超过100%时，说明企业使用了一部分短期资金进行固定资产投资，而流动资产全部通过流动负债解决，这对企业短期偿债能力是一个十分危险的信号。当企业的固定长期适合率小于100%时，表明企业有一部分长期资金用于流动资产运营，可以减轻企业短期偿债的压力。

（2）固定长期适合率案例分析

BQC公司2023年固定长期适合率指标计算如下：

$$期初固定长期适合率=\frac{131\,880.37}{121\,389.84+39\,126.25}\times100\%=82.16\%$$

$$期末固定长期适合率=\frac{230\,903.82}{150\,462.11+75\,418.89}\times100\%=102.22\%$$

从计算结果来看，期初BQC公司的长期资金能够满足固定资产的投资需要，而且具有一定的回旋余地。但从期末来看，长期资金已无法完全满足固定资产投资的需要，固定资产投资占用了一部分短期资金，使企业的短期偿债具有一定的压力。

（3）固定资产与非流动负债比率的内涵和计算

固定资产与非流动负债比率是指固定资产净值占非流动负债总额的比率。该指标对于反映企业清算状态的偿债能力意义较大。其计算公式是：

$$固定资产与非流动负债比率=\frac{固定资产净值}{非流动负债总额}\times100\%$$

一般认为，该指标应超过100%。其依据是，当企业进入清算状态时，其资产不一定能按账面价值变现，流动负债必须依赖流动资产变现来偿还，非流动负债需依赖固定资产变现进行清偿。如果固定资产净值不大于非流动负债，债权人的利益就没有足够的保证。

（4）固定资产与非流动负债比率案例分析

BQC公司2023年固定资产与非流动负债比率计算如下：

$$期初固定资产与非流动负债比率=\frac{1\ 318\ 80.37}{39\ 126.25}\times100\%=337.06\%$$

$$期末固定资产与非流动负债比率=\frac{230\ 903.82}{75\ 418.89}\times100\%=306.16\%$$

从计算结果可以看出，期初每1元的非流动负债有3.37元的固定资产作为偿付保证。因此，如果是在清算状态下，长期债务的清偿具有很强的保障。在期末，每1元的非流动负债有3.06元的固定资产可以偿付。虽然期末比率有所下降，但仍维持在较高水平，在清算状态下，长期债务的清偿依旧具备坚实保障。结合固定长期适合率指标可以更清楚地表明，如果公司进行清算，目前看债权人和股东的权益都有较好的保障。

总之，固定资产与非流动负债比率是与固定长期适合率相配合的指标，固定长期适合率是反映固定资产净值对股东权益总额和非流动负债总额的保障程度，而固定长期适合率则在企业清算时，反映债权人和股东权益的保障程度。

5.资产非流动负债率的计算与分析

（1）资产非流动负债率的内涵和计算

资产非流动负债率是指企业非流动负债总额与资产总额的比率，反映企业全部资产中有多少是由非流动负债形成的。这是从清算角度计算与分析企业最终清偿能力的保守指标。其计算公式是：

$$资产非流动负债率=\frac{非流动负债总额}{资产总额}\times100\%$$

资产非流动负债率指标越高，说明每1元资产中非流动负债所占比重越大，企业主要依赖长期债务进行融资，长期偿债风险较大。该指标应结合行业进行分析，通常受经济环境变动影响而导致销售额波动较大的企业，倾向于避免高负债，因为偿还固定利息会给长期偿债能力带来压力。比如，零售业往往通过短期债务进行融资，资产非流动负债率通常较低。

（2）资产非流动负债率案例分析

BQC公司2023年资产非流动负债率计算如下：

$$期初资产非流动负债率=\frac{39\ 126.25}{493\ 860.65}\times100\%=7.92\%$$

$$期末资产非流动负债率=\frac{75\ 418.89}{679\ 547.67}\times100\%=11.10\%$$

从计算结果可以看出，BQC公司期初资产非流动负债率为7.92%，尽管期末该指标提高了3.18%，但每1元资产中非流动负债只占0.11元，长期债务负担较轻，长期债权人的保证程度较高。结合BQC公司的资产负债率，发现在其全部债务中短期债务所占比例较大，应根据公司的实际情况适当调整长短期债务的比例。

2014—2023年五家汽车企业资产非流动负债率对比，如图10-14所示。可以看出，近十年来五家公司的资产非流动负债率除个别企业个别年份超过10%以外，绝大多数年份都在10%以下。其中，SQJT公司该指标较平稳，2014—2023年间在7.22%~14.10%区间波动。CAQC公司的资产非流动负债率最低，各年度均未超过7.04%。总体而言，五家公司的资产非流动负债率较低，说明汽车行业企业不依赖长期债务融资，长期偿债风险较小。

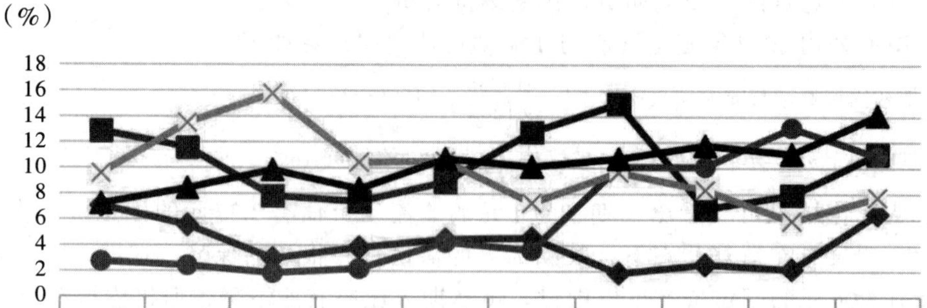

	2014年	2015年	2016年	2017年	2018年	2019年	2020年	2021年	2022年	2023年
BQC	12.86	11.56	7.82	7.38	8.90	12.78	14.99	6.84	7.92	11.10
CAQC	7.04	5.55	2.97	3.82	4.47	4.56	1.85	2.53	2.16	6.44
CCQC	2.74	2.42	1.85	2.18	4.23	3.62	10.07	10.08	13.13	10.89
GQJT	9.55	13.49	15.75	10.41	10.52	7.28	9.64	8.30	5.89	7.72
SQJT	7.22	8.41	9.83	8.36	10.70	10.09	10.71	11.74	11.09	14.10

图10-14　2014—2023年五家汽车企业资产非流动负债率对比图

此外，在资产非流动负债率的基础上，也可以从分母资产总额中剔除未来变现能力较差的无形资产和商誉等，计算有形资产非流动负债率，可以更保守地计算企业长期偿债能力。

6.非流动负债营运资金比率的计算与分析

（1）非流动负债营运资金比率的内涵和计算

非流动负债营运资金比率是指营运资本占非流动负债的比率。其计算公式是：

$$\text{非流动负债营运资金比率}=\frac{\text{流动资产}-\text{流动负债}}{\text{非流动负债}}\times 100\%$$

该指标通常应大于100%，说明企业营运资本可以用于偿还非流动负债。但该指标在一定程度上受企业筹资策略的影响，因为在资产负债率一定的情况下，流动负债与非流动负债的结构安排因筹资策略的改变而不同。

（2）非流动负债营运资金比率案例分析

BQC公司2023年非流动负债营运资金比率计算如下：

$$\text{期初非流动负债营运资金比率}=\frac{240\,803.51-333\,344.56}{39\,126.25}\times 100\%=-236.52\%$$

$$\text{期末非流动负债营运资金比率}=\frac{302\,121.45-453\,666.67}{75\,418.89}\times 100\%=-200.94\%$$

通过计算可以看出，BQC公司期初非流动负债营运资金比率为-236.52%，说明没有营运资金可用于偿还非流动负债。期末非流动负债营运资金比率较期初有所改善，但依然为-200.94%。从这两个数据来看，BQC公司在营运资金与非流动负债的匹配上存在一定的问题，需要关注营运资金状况，以及资金的流动性、债务结构和长短期债务之间的平衡关系。

（二）盈利能力对长期偿债能力影响的分析

资产固然可以作为偿债的保证，但企业取得资产的目的并不是为了偿债，而是通过利用资产进行经营以获取收益，所以，债务的清偿要依赖于资产变现，资产的变现更主要的是要通过产品销售来实现。因此，盈利能力对偿债能力的影响更为重要。从盈利能力角度分析，评价企业长期偿债能力的指标主要有销售利息比率和已获利息倍数。

1.销售利息比率的计算与分析

（1）销售利息比率的内涵和计算

销售利息比率是指一定时期的利息费用占营业收入的比率。反映企业销售状况对偿付债务的保证程度。其计算公式为：

$$销售利息比率=\frac{利息费用}{营业收入}\times 100\%$$

企业的负债最终需要用其经营所得偿还，如果企业经营状况不佳，在经营期间偿付债务就缺少根本的保证，而企业权益资金的多少对偿债的保证只有在企业处于清算状态时才真正发挥作用。在企业负债规模基本稳定的情况下，销售状况越好，偿还到期债务可能给企业造成的冲击就越小。销售利息比率越小越好，该指标越小，说明通过销售所得现金偿付利息的比例越小，企业的偿债压力越小。

（2）销售利息比率案例分析

2019—2023年BQC公司销售利息比率对比，见表10-3。可以看出，2019—2022年BQC公司的利息费用呈逐年减少之势；而营业收入在五年间则逐年增加，销售利息比率2019年最高，为2.73%，之后逐年下降，从2021年开始各年不足1%。尽管2023年利息费用同比增加38.84%，但销售利息比率同比减少0.01%，说明企业的利息费用占营业收入比重逐年减小，企业没有偿还利息的压力，长期偿债能力逐年提升。

表10-3　**2019—2023年BQC公司销售利息比率对比表**　金额单位：百万元

项目	2019年	2020年	2021年	2022年	2023年
利息费用	3 487.41	3 123.80	1 907.64	1 316.35	1 827.61
营业收入	127 738.52	156 597.69	216 142.40	424 060.64	602 315.35
销售利息比率（%）	2.73	1.99	0.88	0.31	0.30

任何企业为了保证再生产的顺利进行，在取得营业收入后，都需要首先补偿企业在生产经营中的耗费。所以，利息支出的真正资金来源应该是营业收入补偿生产经营耗费之后的余额，若其余额不足以支付利息支出，企业的再生产就会受到影响。因此，已获利息倍数比销售利息比率更能反映企业长期偿债能力的保证程度。

2.已获利息倍数的计算与分析

（1）已获利息倍数的内涵和计算

已获利息倍数是指企业息税前利润相对于利息支出的倍数，反映企业盈利与利息支出之间的特定关系。其计算公式是：

$$已获利息倍数=\frac{利润总额+利息支出}{利息支出}$$

公式中的利息支出包括财务费用中的利息费用和资本化利息，通常用财务费用中的利息费用表示。公式中的分子之所以包括利息支出，是因为利息已经从营业利润中扣除，利润总额是扣除了利息之后的余额。

通常，已获利息倍数越高，说明企业的长期偿债能力越强；该指标越低，说明企业的偿债能力越差。一般认为，该指标至少要大于1，否则说明企业偿债能力很差，无力举债经营；已获利息倍数提高，说明长期偿债能力增强，否则说明企业长期偿债能力下降。总之，该指标分析应根据历史经验，并结合行业特点进行判定，也可以结合同行业标准来评价。

（2）已获利息倍数案例分析

2019—2023年BQC公司已获利息倍数对比，见表10-4。可以看出，BQC公司已获利息倍数各年均呈上升趋势，甚至2022年和2023年均在10倍以上。总体而言，BQC公司的利息保障倍数有四年在3倍以上，说明其生产经营所得能够满足支付利息的需要，盈利能力能够保障现有的债务以及利息的偿还。BQC公司2022年和2023年已获利息倍数大幅增加的主要原因是利润大幅增加，企业盈利能力提升从根本上保障了对利息的偿还。

表10-4 **2019—2023年BQC公司已获利息倍数计算分析表** 金额单位：百万元

项目	2019年	2020年	2021年	2022年	2023年
利润总额	2 431.13	6 882.59	4 518.00	21 079.73	37 268.64
利息支出	3 487.41	3 123.80	1 907.64	1 316.35	1 827.61
息税前利润额	5 918.54	10 006.39	6 425.64	22 396.08	39 096.25
已获利息倍数	1.70	3.20	3.37	17.01	21.39

（三）现金流量对长期偿债能力影响的分析

运用现金流量表数据计算长期偿债能力指标，可以比较客观真实地反映企业的实际偿债能力。将现金流量与负债相比较，用来评价企业的长期偿债能力，主要指标有到期债务本息偿付比率、强制性现金支付比率、现金债务总额比率和利息现金流量保证倍数。

1.到期债务本息偿付比率的计算与分析

（1）到期债务本息偿付比率的内涵和计算

到期债务本息偿付比率是指经营活动现金流量净额占本期到期债务本息的比率。用来衡量企业到期债务本金及利息可由经营活动创造的现金支付的程度。其计算公式是：

$$到期债务本息偿付比率=\frac{经营活动现金流量净额}{本期到期债务本息}\times 100\%$$

经营活动现金流量净额是企业最稳定、经常性的现金来源，是清偿债务的基本保证。如果该指标小于100%，说明企业经营活动产生的现金不足以偿付到期债务和利息支出，企业必须通过其他渠道筹资或通过出售资产才能清偿债务。该指标越高，表明企业长期偿债能力越强。

（2）到期债务本息偿付比率案例分析

根据BQC公司年度报告和财务报表附注有关资料，对其2023年到期债务本息偿付比率进行水平分析，见表10-5。可以看出，BQC公司近两年到期债务本息偿付比率均在500%以上，2023年为1 262.32%，同比增加了687.56%。2023年BQC公司到期债务本息偿付比率大幅上升，说明企业经营活动现金净流量对到期本金和利息的保障程度明显提高，原因是经营活动现金流量净额大幅增加，同时，到期债务本金及利息减少，增强了企业长期偿债能力。

表10-5　**到期债务本息偿付比率计算分析表**　金额单位：百万元

项　目	2022年	2023年	差　异
经营活动现金流量净额	1 408 376.57	1 697 250.25	288 873.68
到期本金①	231 877.74	116 179.26	-115 698.48
利息费用	13 163.50	18 276.05	5 112.55
到期债务本金及利息	245 041.24	134 455.31	-110 585.93
到期债务本息偿付比率（%）	574.75	1 262.32	687.57

2.强制性现金支付比率的计算与分析

（1）强制性现金支付比率的内涵和计算

在企业经营中，有些现金流出带有强制性，必须支付，如生产经营活动中必须支付的现金，偿还本金、支付利息等必须支付的现金等。企业现金流量必须满足这些需要，才能保证生产经营活动正常进行，保持企业良好的信誉。

强制性现金支付比率是指现金流入总额占经营活动现金流出金额和偿还到期本息付现金额之和的比率，是反映企业是否有足够的现金履行其偿还债务、支付经营费用等责任的指标。其计算公式是：

$$强制性现金支付比率=\frac{现金流入总额}{经营活动现金流出金额+偿还到期本息付现金额}\times 100\%$$

强制性现金支付比率至少应等于100%，即现金流入总额能够满足强制性项目的支付需要。该指标越高，表明企业偿债能力越强，其超过100%的部分，可用来满足企业其他方面的现金需求。

（2）强制性现金支付比率案例分析

2023年BQC公司强制性现金支付比率水平分析，见表10-6。可以看出，BQC公司2022年强制性现金支付比率为149.48%，表明现金流入总额能够满足经营活动现金流出和偿还债务本息的需要，且还有剩余满足其他方面的现金需要。2023年该指标减少0.13%，但依然大于100%，说明现金流入总额在满足强制性现金支付需要之后尚有余额。

表10-6　**2023年BQC公司强制性现金支付比率水平分析表**　金额单位：百万元

项　目	2022年	2023年	差　异
现金流入	4 858 656.76	6 803 539.02	1 944 882.26
经营活动现金流入	4 413 799.87	6 118 181.03	1 704 381.16

续表

项　目	2022年	2023年	差　异
投资活动现金流入	133 106.43	231 054.83	97 948.40
筹资活动现金流入	311 750.46	454 303.16	142 552.70
强制性项目现金流出	3 250 464.54	4 555 386.09	1 304 921.55
经营活动现金流出	3 005 423.30	4 420 930.78	1 415 507.48
偿还到期本金	231 877.74	116 179.26	-115 698.48
利息费用	13 163.50	18 276.05	5 112.55
强制性现金支付比率（%）	149.48	149.35	-0.13

3.现金债务总额比率的计算与分析

现金债务总额比率是指经营活动现金流量净额占负债平均余额的比率。用来衡量企业负债总额用经营活动所产生的现金支付的程度及承担债务的能力。其计算公式是：

$$现金债务总额比率=\frac{经营活动现金流量净额}{负债平均余额}\times 100\%$$

企业真正能用于偿还债务的是现金流量，通过经营活动现金流量净额和负债平均余额的比较，可以更好地反映企业的长期偿债能力。现金债务总额比率能够反映企业经营活动现金流量净额偿还债务的能力。该比率越高，表明企业偿还债务的能力越强，财务灵活性越高。

BQC公司2023年计算的现金债务总额比率如下：

现金债务总额比率=169 725.03÷［（529 085.56+372 470.81）/2］×100%=37.65%

计算结果表明，BQC公司本期的现金债务总额比率为37.64%，说明企业依靠经营活动产生的现金流量无法满足偿还公司债务的需要。结合BQC公司本期的短期偿债能力指标，现金比率为24.05%，说明公司2023年现金流量状况在长短期偿债能力表现上存在差异。因此，不能仅凭一个指标就对现金流量如何影响偿债能力下结论，而应综合多个指标，结合各会计报表相关项目，前后融通方可得出客观、有价值的结论。

4.利息现金流量保证倍数的计算与分析

利息现金流量保证倍数是指企业经营活动现金流量净额相对于利息费用的倍数，反映企业经营活动现金流量与利息费用之间的特定关系。其计算公式是：

$$利息现金流量保证倍数=\frac{经营活动现金流量净额}{利息费用}$$

利息现金流量保证倍数比已获利息倍数更能反映企业的偿债能力。当企业息税前利润和经营活动现金流量净额变动基本一致时，这两个指标结果相似。但如果企业正处于高速成长期，息税前利润和经营活动现金流量净额相差很大，使用利息现金流量保证倍数指标更稳健、更保守。

BQC公司2023年计算的利息现金流量保证倍数如下：

利息现金流量保证倍数=169 725.03÷1 827.61=92.87

计算结果表明，BQC公司2023年经营活动现金流量净额是利息费用的92.87倍，对债权人来说，保证程度非常高，与已获利息倍数的结论相同。

（四）长期偿债能力行业综合分析

1.同行业可比公司长期偿债能力主要指标对比

对长期偿债能力的行业综合分析，主要选取五家可比公司2023年资产负债率、权益乘数、股东权益比率、已获利息倍数和利息现金流量保证倍数五个指标进行对比，见表10-7。可以看出，在五家汽车企业中，BQC公司的资产负债率和权益乘数都较高，股东权益比率最低，说明这三项长期偿债能力指标在同行业中处于相对劣势地位；已获利息倍数和利息现金流量保证倍数仅次于CAQC公司，远超CCQC公司、GQJT公司和SQJT公司。这表明BQC公司在通过盈利能力支付利息支出方面的保障程度，以及经营活动的“造血”功能在五家企业中位居第二。

综上所述，在五家汽车企业中，BQC公司的各项长期偿债能力指标表现明显分化，在资产负债率、权益乘数和股东权益比率方面，具有较大的改善空间。

表10-7　**2023年五家汽车企业长期偿债能力主要指标比较表**

公司名称	资产负债率（%）	权益乘数	股东权益比率（%）	已获利息倍数	利息现金流量保证倍数
BQC	77.86	4.52	22.14	21.39	92.87
CAQC	60.73	2.55	39.27	162.28	302.50
CCQC	65.96	2.94	34.04	9.26	18.75
GQJT	43.04	1.76	56.96	8.99	15.25
SQJT	65.94	2.94	34.06	8.53	0.14

2.23家汽车企业资产负债率行业综合分析

依据同花顺按汽车行业的分类标准，针对23家相关企业2023年合并报表搜集的数据，计算各企业的资产负债率，并按照升序排序，见表10-8[①]。

案例分析10-3

表10-8　**2023年汽车行业23家企业资产负债率明细表**

公司名称	证券代码	资产总计（亿元）	负债合计（亿元）	资产负债率（%）
1.渤海汽车	600960	76	31	40.26
2.广汽集团	601238	2 184	940	43.04
3.力帆科技	601777	218	98	45.13
4.宇通客车	600066	309	168	54.45
5.东风股份	600006	192	106	55.15
6.中国重汽	000951	449	214	57.60
7.长安汽车	000625	1 902	1 155	60.73

① 同花顺依据汽车行业标准分类共有23家上市公司。

续表

公司名称	证券代码	资产总计（亿元）	负债合计（亿元）	资产负债率（%）
8.海马汽车	000572	74	46	62.30
9.一汽解放	000800	659	414	62.30
10.江铃汽车	000550	291	192	65.74
11.上汽集团	600104	10 067	6 637	65.94
12.长城汽车	601633	2 013	1 328	65.96
13.泉峰汽车	603982	68	45	65.98
14.福田汽车	600166	449	305	67.91
15.中通客车	000957	85	58	67.92
16.江淮汽车	600418	468	323	69.01
17.安凯客车	000868	33	24	72.86
18.德众汽车	838030	19	14	75.10
19.北汽蓝谷	600733	308	238	77.41
20.比亚迪	002594	6 795	5 291	77.86
21.众泰汽车	000980	62	49	79.93
22.金龙汽车	600686	264	223	84.49
23.亚星客车	600213	24	25	104.33

知识拓展10-2

将表10-8中的数据按照三种不同的方式计算得到以下三种资产负债率行业数据，分别为：

23家上市公司负债总额÷资产总额×100%=66.37%

23家上市公司资产负债率平均数=66.15%

23家上市公司资产负债率中位数=65.96%

其中，有两家公司资产负债率特别高，分别为亚星客车（104.33%），金龙汽车（84.49%），也有的公司资产负债率很低，如渤海汽车（40.26%）。为避免受极端值影响，最后选用中位数作为行业评价标准值，即汽车行业2023年资产负债率行业标准为65.96%。可见，BQC公司2023年资产负债率77.86%，高于2023年行业标准，在23家汽车企业中排名第4位，说明从行业角度看，BQC公司的资产负债率较高。但从其负债结构、现金流量状况和企业经营成果看，BQC公司目前不存在长期偿债风险。

□ 本章小结

偿债能力是指企业偿还各种债务的能力。企业的负债按偿还期的长短，可以分为流动负债和非流动负债两大类。其中，反映企业偿付流动负债能力的是短期偿债能力；反映企业偿付非流动负债能力的是长期偿债能力。偿债能力是企业经营者、投资人、债权人等利益相关者都十分关心的重要问题。企业偿债能力分析有利于投资者进行正确的投资决策。企业偿债能力分析有利于债权人进行正确的借贷决策。企业偿债能力分析有利于经营者进行正确的经营决策，其分析目的在于：第一，了解企业的财务状况；第二，揭示企业所承担的财务风险程度；第三，预测企业筹资前景；第四，为企业进行各种理财活动提供重要参考。偿债能力分析主要包括两方面的内容，一方面是短期偿债能力分析，另一方面是长期偿债能力分析。

短期偿债能力一般也称为支付能力，主要是通过流动资产的变现来偿还到期的短期债务。总的来说，影响短期偿债能力的因素可以分为企业内部因素和企业外部因素。企业的内部因素主要是指企业自身的经营业绩、流动资产的规模和结构、流动负债的规模、企业的融资能力和经营活动现金流量水平等。企业外部因素是指与企业所处经济环境相关的因素，如经济形势、证券市场的发育情况、银行的信贷政策等。企业短期偿债能力可以从两个方面进行分析评价：一是根据资产负债表进行静态分析评价；二是根据现金流量表和其他有关资料进行动态分析评价。从静态方面最能反映企业短期偿债能力的指标，建立在根据资产负债表信息对企业流动资产和流动负债关系分析的基础之上，主要包括流动比率、速动比率和现金比率。从动态方面反映企业短期偿债能力的指标，建立在现金流量表和对经营中现金流量的分析基础之上，主要有现金流量比率、近期支付能力系数、速动资产够用天数和现金到期债务比率等。此外，应收账款周转率、应付账款周转率和存货周转率也是从动态上反映企业短期偿债能力的辅助性指标。

长期偿债能力是指企业偿还非流动负债的能力。影响企业长期偿债能力的主要因素有企业的盈利能力、企业的投资效果、企业的权益资金增长和稳定程度，以及企业的经营活动现金流量。长期偿债能力分析的内容包括三个方面，第一，资产规模对长期偿债能力影响的分析。由这种对比关系反映的企业长期偿债能力的指标主要有资产负债率、有形资产负债率、股东权益比率、权益乘数、产权比率、固定长期适合率、固定资产与非流动负债比率、资产非流动负债率和非流动负债营运资金比率。第二，盈利能力对长期偿债能力影响的分析。从盈利能力角度分析、评价企业长期偿债能力的指标主要有销售利息比率和已获利息倍数。第三，现金流量对长期偿债能力影响的分析。运用现金流量表数据计算长期偿债能力指标，可以比较客观真实地反映企业的实际偿债能力。将现金流量与负债相比较，用来评价企业的长期偿债能力，主要指标有到期债务本息偿付比率、强制性现金支付比率、现金债务总额比率和利息现金流量保证倍数。

由于行业特点不同，不同行业的偿债能力评价标准有所不同，行业标准以及同行业对比分析对判断企业的偿债能力水平非常必要。

第十一章

发展能力分析

□ 学习目标

本章的学习目标是使学生掌握发展能力分析的基本内容与基本方法。

◇ 知识目标

理解发展能力的内涵，理解发展能力的反映形式；明确发展能力分析的目的，了解发展能力分析的内容；理解各种增长率指标的内涵。

◇ 技能目标

掌握各种增长率指标的计算和分析。

◇ 能力目标

掌握并运用增长率指标分析企业单项发展能力；掌握并运用企业整体发展能力分析框架对企业的增长能力做出合理的评价。

◇ 思政目标

树立和培养可持续发展观，以发展的眼光看问题；于企业经营决策中杜绝短视和粗放经营，培养重规模的同时更重质量的增长思维，促进绿色、长期、健康发展。

课程思政教学模块图

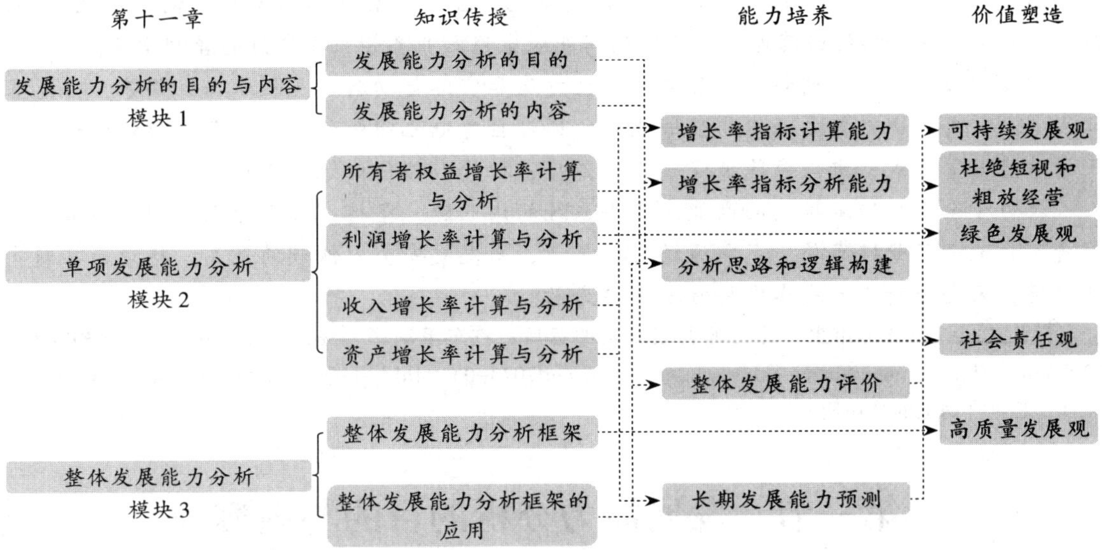

随着中国新能源汽车的高速发展，作为国内首屈一指的汽车品牌，乘着对新能源汽车帮扶政策的春风，比亚迪凭借完整成熟的产业链、领先的电动智能化技术，不仅在国内大放异彩，更远销海外，得到全球消费者的广泛认可。

在2023年开年其他汽车企业销量一片大跌声中，比亚迪在新能源汽车之路上的“狂飙”丝毫没有刹车的迹象。官方数据显示，2023年比亚迪新能源汽车销量突破三百万大关，以302.44万辆的销量蝉联全球新能源汽车销量桂冠，实现同比超60%的大幅增长，开创中国车企首次跻身全球销量前十的历史。根据中汽协数据，2023年比亚迪新能源汽车市占率提升至31.9%，同比增长4.8个百分点。2024年销量持续高歌，上半年累计高达161.3万辆，同比增长28%，市占率也进一步提升至32.6%。

出口海外，是比亚迪做大做强的必经之路。近年，比亚迪不断在世界各地投资、建设生产基地，2023年出口242 765辆，同比增长334.2%，2024年上半年比亚迪累计出口汽车20.3万辆，同比增长173.8%。元Plus/ATTO3作为公司出口外销的主力车型，在新西兰、泰国等多个国家夺得纯电动车销量冠军。

2024年3月26日，比亚迪发布2023年全年业绩，营业收入6 023.15亿元，同比增长42.04%，归属于上市公司股东的净利润300.41亿元，同比增长80.72%，扣非净利润284.62亿元，同比增长82.01%。8月28日，比亚迪发布2024年半年报告。报告显示，2024年上半年营业收入3 011.27亿元，同比增长15.76%；归属于上市公司股东的净利润136.31亿元，同比增长24.44%。

比亚迪业绩节节攀升，得益于其强大的研发团队、持续的技术创新。随着营收和净利润的增长，比亚迪的研发费用也呈现爆发式增长。2023年，比亚迪研发费用达到395.75亿元，同比增长112.15%，超过全年归母净利润。比亚迪2024年上半年研发投入高达201.77亿元，创历史新高，同时也比上半年136.31亿元的净利润高出了65.46亿元。研发费用的高额投入，带来了不菲的回报，2023年，比亚迪申请专利超过6 700项，相继发布易四方技术平台、云辇智能车身控制系统、DMO超级混动越野平台等多项颠覆性技术。2025年2月，比亚迪重磅推出“天神之眼”高阶智能驾驶系统，在国内智驾赛道掀起“滔天巨浪”。同时，上游原材料价格的回落也为比亚迪的新能源乘用车业务带来了良好的盈利空间。

比亚迪致力于生态创新，以领先的绿色方案和实际行动践行气候承诺，倡导“为地球降温1℃”，并在碳减排方面取得显著优势，通过自建电池回收体系、绿色供应链管理和使用清洁能源等方式，进一步降低了碳排放强度，持续引领行业绿色变革。

致力于全面打造零排放的新能源生态系统的比亚迪，坚持“技术为王、创新为本”的理念，打造全产业链布局，不断通过科技革新，研发更安全、低碳的产品，持续开拓新能源市场，为全球新能源汽车发展贡献重要力量。

资料来源：南方都市报．比亚迪业绩爆发的背后：汽车毛利率23%，研发费用400亿［EB/OL］.［2024-03-27］. https://finance.sina.com.cn/stock/zqgd/2023-03-24/doc-imymxpan2985402.shtml. 部分信息来自比亚迪官网上的公司简介.

第一节 发展能力分析的目的与内容

一、发展能力分析的目的

企业所追求的目标通常可以概括为生存、发展与获利，从中可以窥见发展对于企业的重要性，它是企业实现盈利的根本途径。发展能力通常是指企业未来生产经营活动的发展趋势和发展潜能，也可以称为企业增长能力。企业应该追求健康的、可持续的增长，这需要管理者制定适合企业的发展战略，利用股东和债权人的资本进行有效投资，稳健运营，增加收入，合理控制成本费用，从而创造利润。企业在补偿了债务资本成本之后，如能实现股东财富增加，就能进一步提高企业价值。具有以上能力的企业是具有增长潜力的企业，这种增长的潜力就是企业的发展能力。通过对这种能力进行分析，便能对企业未来的成长性进行预测，从而评估企业价值。可见，企业发展能力分析具有重要意义。通过企业发展能力分析，可以实现以下目的：

（1）评价企业发展战略的执行效果。发展战略决定了公司的发展方向、路径和发展速度。企业的财务战略是企业发展战略落地实施的重要基础。企业发展能力分析是在明确企业发展的各阶段财务战略的前提下，对企业过去和现在的有关筹资活动、投资活动、经营活动的效果做出的评价，以判别过去和当前发展战略的制定和执行是否存在偏差。

（2）补充和完善传统财务分析。一方面，传统的财务分析侧重回顾过去，但财务分析的最大贡献不在于了解过去，而是预测未来，而企业发展能力分析是展望未来，这种对企业未来发展的预测满足了报表使用者的需求；另一方面，传统财务分析从静态角度分析盈利能力、营运能力以及偿债能力，而发展能力分析则是从动态角度分析这三种能力影响下的企业长期发展。

（3）为预测分析与价值评估做铺垫。企业发展能力分析并不是对报表项目逐一进行分析，而是根据所有者权益、利润、收入、资产之间的联系使这些财务数据相互贯通，从而判断企业的增长速度，评价企业的增长潜力，预测企业的增长趋势。同时，由企业发展能力分析得出的增长率数据将是后续一系列预测分析和价值评估工作的基础数据来源，对以预测分析为基础的价值评估而言十分重要。

(4) 满足相关利益者的决策需求。对于股东而言，可以通过发展能力分析衡量企业创造股东价值的能力，协助投资人更加准确地判断企业未来的收益和风险，从而为采取下一步战略行动提供依据；对于潜在的投资者而言，可以通过发展能力分析评价企业的成长性，从而选择合适的目标企业做出正确的投资决策；对于经营者而言，可以通过发展能力分析发现影响企业未来发展的关键因素，从而采取正确的经营策略和财务策略促进企业可持续增长；对于债权人而言，可以通过发展能力分析判断企业未来的盈利能力，协助债权人结合企业的动态发展路径，做出正确的长短期信贷决策。

思政知识 11-1

二、发展能力分析的内容

发展能力的强弱是一个相对概念，即分析期的所有者权益、利润、收入和资产是相对于上一期的所有者权益、利润、收入和资产而言的。仅仅利用增长额只能说明企业某一方面的增减额度，无法反映企业在某一方面的增减幅度，既不利于不同规模企业之间的横向对比，也不能准确反映企业的发展能力。因此，在实践中通常是使用增长率来进行企业发展能力分析的。当然，企业不同方面的增长率相互作用、相互影响，所以，只有将各方面的增长率进行交叉比较分析，才能全面分析企业的整体发展能力。

可见，企业发展能力分析的内容可分为以下两部分：

1.企业单项发展能力分析

企业价值要获得增长，就必须依赖于所有者权益、利润、收入、资产等方面的不断增长。企业单项发展能力分析就是通过计算和分析所有者权益增长率、利润增长率、收入增长率和资产增长率等指标，分别衡量企业在所有者权益、利润、收入、资产等方面所具有的发展能力，并对其在所有者权益、利润、收入、资产等方面所具有的发展趋势进行评估。

2.企业整体发展能力分析

企业要获得可持续增长，就必须在所有者权益、利润、收入和资产等各方面谋求协调发展。良性、可持续发展的企业会在其所有者权益、利润、收入和资产等方面保持增速的相对一致性和稳健性。企业整体发展能力分析就是在明确企业发展战略的基础上，对所有者权益增长率、利润增长率、收入增长率、资产增长率等指标进行相互比较与全面分析，识别企业的发展潜力，综合判断企业发展的协调性，从而评估整体发展能力，预测企业未来的发展前景。

案例分析 11-1

第二节　单项发展能力分析

一、所有者权益增长率计算与分析

(一) 所有者权益增长率的内涵和计算

所有者权益的增加反映了股东财富的增加。在实践中，也可以采用比率表示所有者权益的增加。所有者权益的增加就是从期初余额到期末余额的变化，利用所有者权益增长率能够解释这种变化。所有者权益增长率是本期所有者权益增加额与所有者权益期初余额之比，也称资本积累率，其计算公式如下：

$$所有者权益增长率=\frac{本期所有者权益增加额}{所有者权益期初余额}\times 100\%$$

当所有者权益增长率为正值时，所有者权益增长率越高，表明企业本期所有者权益增长幅度越大，企业发展能力越强；反之，所有者权益增长率越低，表明企业本期所有者权益增长幅度越小，持续下降的增长率表明企业增速放缓。所有者权益增长率为负值时，表明企业本期所有者权益下降。

（二）所有者权益增长率分析

1.所有者权益增长率趋势分析

单一会计期间的所有者权益增长率反映当期所有者权益增长幅度的大小。借助多期所有者权益增长率的趋势分析，能够对所有者权益增速、变化趋势有全面了解，同时有助于预测所有者权益未来的发展状况。

2.结合发展战略分析所有者权益增长率变化的原因

企业的发展战略决定了企业所有者权益增长的来源和特征。企业发展的各个阶段有不同的发展战略，如在初创期和成长期，以“不断加大资本投资力度，不惜代价提升企业品牌知名度，快速占领市场和迅速扩张”为核心战略的企业，其市场拓展战略意味着要以高投入、低利润率迅速提高销量和收入，获得规模效应。这个阶段的企业规模较小，可供抵押的资产有限，信用评级较低，利润的规模和增长情况具有极大的不确定性。因此，企业资产的增长较少获得债权人支持，而主要依靠股东出资，所以所有者权益增速较快，但因利润尚不稳定，这个阶段的增长也具有一定的不确定性。

3.结合所有者权益构成分析所有者权益增长率变化的原因

所有者权益变动表反映了所有者权益在会计期间发生增减变化的原因，因此，可以结合所有者权益变动表对所有者权益增长率进行分析，分析内容和方法详见本书第五章。应重点从所有者权益的构成特征，分析影响企业所有者权益变动的原因。

从根本上看，一个健康经营、具备长期持续发展潜力的企业，其净利润应对所有者权益的增长具有持续稳定的推动作用，其原因有二：其一，企业的经营目标之一就是确保所有者投入资本的保值和增值，如果企业的“造血”功能弱，则融资规模有限，成本也较高，很难满足长期发展需求。其二，尽管企业可以通过吸收投资扩大实收资本的规模来积累权益资金，满足投资和经营需求，但长期不盈利的企业，将无法给予股东回报。当回报率持续低于股东投入资本的机会成本时，股东的财富缩水，企业也难再融资，长期发展便无以为继。

下面根据BQC公司2012—2023年财务报表的相关信息对该公司所有者权益变动进行分析。

根据该公司财务报表的相关数据计算该公司2012—2023年的所有者权益增长率，见表11-1。绘制所有者权益和所有者权益增长率变化趋势图，如图11-1所示。

表11-1 **BQC公司所有者权益增长率指标计算表** 金额单位：亿元

项　目	2012年	2013年	2014年	2015年	2016年	2017年
所有者权益	241.44	248.56	288.94	360.29	554.09	599.57

续表

项　目	2012年	2013年	2014年	2015年	2016年	2017年
本年所有者权益增加额	1.64	7.12	40.38	71.35	193.80	45.48
所有者权益增长率（%）	0.68	2.95	16.25	24.69	53.79	8.21
项　目	2018年	2019年	2020年	2021年	2022年	2023年
所有者权益	606.94	626.01	644.54	1 042.44	1 213.90	1 504.62
本年所有者权益增加额	7.36	19.07	18.52	397.90	171.46	290.72
所有者权益增长率（%）	1.23	3.14	2.96	61.73	16.45	23.95

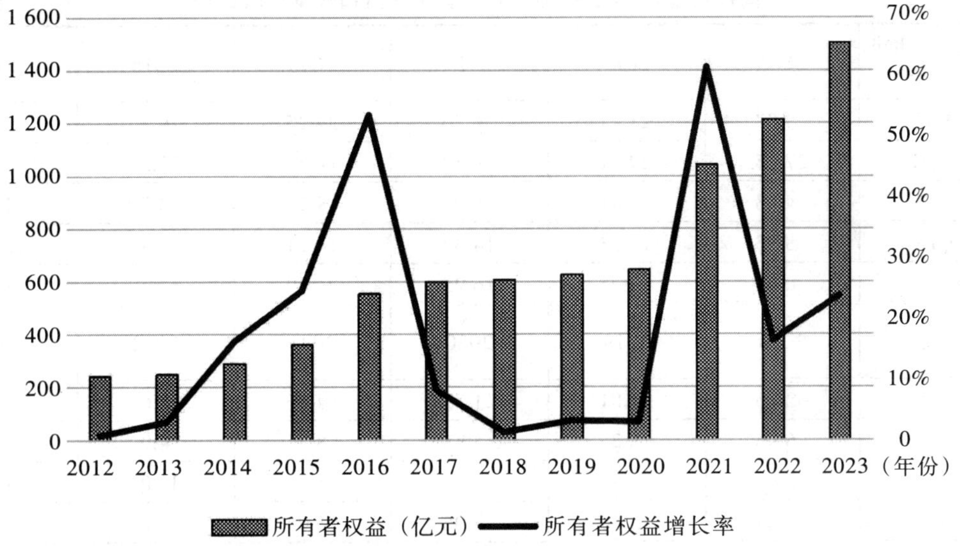

图11-1　BQC公司所有者权益和所有者权益增长率变化趋势图

由表11-1和图11-1可见，BQC公司的所有者权益在2012—2013年稳定保持在240亿元左右。2014—2017年，该公司的所有者权益处于稳定增长期。2014年，BQC公司增发境外上市外资股1.219亿股，股本和资本公积增加33.42亿元。使所有者权益小幅度增加。2015年，BQC公司发行永续债，获得兴业财富资产管理有限公司本金总额为32亿元的可续期委托贷款，主要用于购置机械设备等固定资产。2016年，BQC公司发行永续债6亿元用于偿还银行借款并且非公开发行A股2.52143亿股，使股本及资本公积增加约144亿元，筹集的资金主要用于投资铁动力锂电子电池扩产项目、新能源汽车研发项目以及偿还借款。此外，2015—2016年，该公司净利润一直上升，补充了该公司的留存收益，从而使所有者权益逐渐增长，企业的可持续增长能力相对增强，“造血”能力也有所提升。2017年，BQC公司偿还2015年发行的永续债32亿元且于当年发行了33亿元的永续债。另外，该公司的净利润于2017年发生下降，导致留存收益增速放缓，因此，该公司2017年的所有者权益相较于2016年增长幅度较小。2017—2020年，BQC公司所有者权益较为平稳，无明显增长。此现象是由于2017—2019年，该公司净利润下降，每年产生的留存收益逐年减少。2020年，BQC公司的营业收入恢复增长，留存收益随之增加37亿元，但该公司偿还了于2017年发行的永续债33亿元。所以，从数值上看，BQC公司的所有者权益在这一年涨幅不大。2021年，BQC公司其他权益工具中永续债减少11亿元，新发行1.83亿股境外上市外资股使股本和资本公积合计增加363亿元，这是2021年BQC公司所有者权益大幅增长的主要原因。2021—2023年，我国出台一系列稳增长、促消费的政策，以消费补贴、车辆购置税减半等多种方式刺激汽车消费，使得BQC公司营业收入飞速增长。相应地，该公司的所有者权益也发生大幅增长。2022年和2023年，BQC公司分别实现净利润177.13亿元和313.44亿元，发放的现金股利分别为3亿元和33亿元，留存收益较上一年分别增长163亿元和267亿元，留存收益增长额占所有者权益增长额的比例分别为95.07%和91.84%。

要进一步了解企业所有者权益波动变化的原因，还需进行与同行业公司的比较分析，具体见表11-2、图11-2。

表11-2 同行业公司2012—2023年所有者权益增长率比较分析 单位：%

公司＼年份	2012	2013	2014	2015	2016	2017
CAQC	5.07	21.11	36.56	34.25	26.86	9.48
CCQC	27.15	29.41	19.67	14.52	23.36	4.02
GQJT	4.33	6.41	6.03	9.20	13.70	57.04
SQJT	8.93	11.53	14.39	14.01	11.46	15.74
BQC	0.68	2.95	16.25	24.69	53.79	8.21
公司＼年份	2018	2019	2020	2021	2022	2023
CAQC	-2.76	-4.81	21.73	4.46	12.68	18.64
CCQC	6.96	3.25	5.41	8.35	4.97	5.05
GQJT	10.66	5.82	5.10	6.85	32.03	1.76
SQJT	4.64	5.66	3.06	6.04	2.29	1.96
BQC	1.23	3.14	2.96	61.73	16.45	23.95

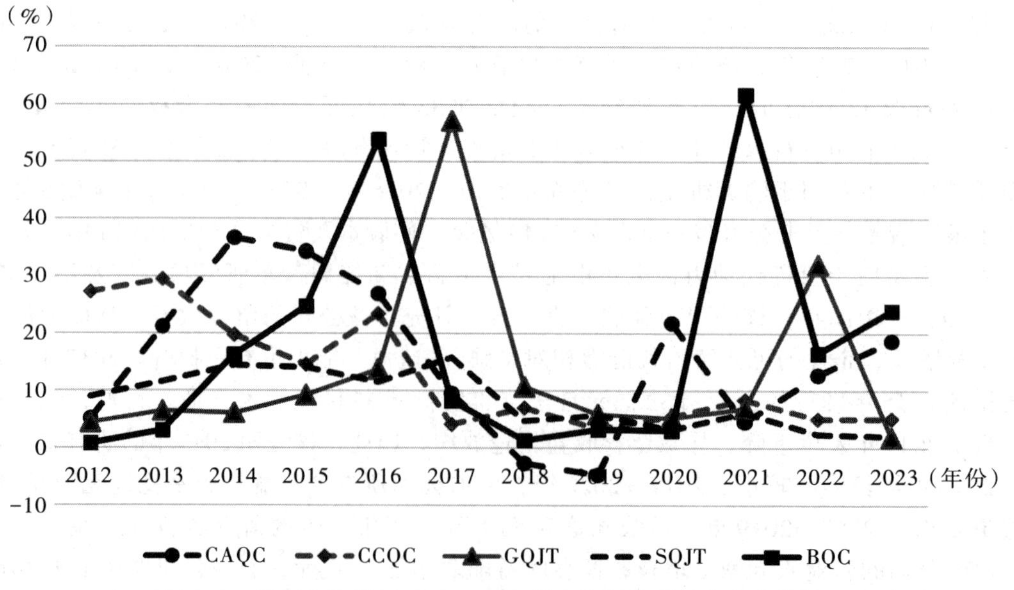

图11-2 同行业公司2012—2023年所有者权益增长率变化趋势图

由表11-2和图11-2可见，2012—2013年，BQC及其可比公司的所有者权益增长率总体呈现上升趋势。2014年起，我国汽车行业发展速度减慢，可比公司净利润总体增速放缓。因此，2014—2015年，可比公司产生的留存收益增长率多数降低，相应地，所有者权益增长率也多数降低。2016—2019年，BQC及其可比公司所有者权益增长率呈整体下降趋势，是由于2017年后汽车行业进行深度调整，出台了全国实施国Ⅴ排放标准[1]、车内空气质量强制标准、新能源车生产企业准入规则等多项政策，2017年，BQC、CAQC和CCQC几家公司的净利润发生不同程度的下降。2019年，由于经济下行以及新能源汽车销量受补贴退坡影响，五家公司净利润均下滑，CAQC甚至出现了亏损。上述情况对五家公司的所有者权益增长率产生不利影响，但整体上所有者权益仍处于增长状态。只有CAQC在2018—2019年发生所有者权益减少的现象，主要原因是2018年其净利润为7.23亿元，向股东分配21.58亿元；2019年其净利润为-26.49亿元。但在2017年，GQJT公司的所有者权益增长率变动趋势与可比公司明显相反。产生这一现象的主要原因是GQJT公司于2017年非公开实际发行普通股约7.5亿股，使所有者权益大幅增加。2020年至2023年，BQC及其可比公司所有者权益增长相对稳健。

总体来看，BQC公司的所有者权益增长率变动趋势与可比公司保持一致，并且在2023年，处于可比公司所有者权益增长率的较高水平，进而说明BQC所有者权益变动情况对其未来发展能够产生积极影响。

知识拓展11-1

二、利润增长率计算与分析

（一）利润增长率的内涵和计算

如前所述，一个企业的所有者权益增长应主要依赖于企业运用股东投入资本所创造的利润，也就是说，企业的价值主要取决于盈利及其增长。因此，企业利润的增长也是反映企业发展能力的重要方面。由于利润可表现为毛利润、营业利润、利润总额、净利润等多种指标，因此，相应的利润增长率也具有不同的表现形式。

由于净利润是企业经营业绩的综合呈现，净利润的增长是企业成长性的基本表现，因此，在实际应用中，主要采用净利润增长率进行利润增长能力分析。净利润增长率是本期净利润增加额与上期净利润之比，其计算公式如下：

$$\text{净利润增长率}=\frac{\text{本期净利润增加额}}{\text{上期净利润}}\times 100\%$$

需要说明的是，如果上期净利润为负值，则计算公式的分母应取其绝对值。该公式反映的是企业净利润的增长情况。净利润增长率为正数，则说明企业本期净利润增加，净利润增长率越大，说明企业收益增速越快，反之，净利润增长率越小，说明企业收益增速越慢；净利润增长率为负数，则说明企业本期净利润减少，收益萎缩，绝对值越大，说明净利润下降幅度越大。

如果一个企业营业收入增长，但净利润并未增长，那么从长远看，企业并没有通过“造血”功能实现权益的增加。同样，如果一个企业净利润增长，但营业收入并未增长，说明净利润的增长可能并不是源自生产经营。中国证券监督管理委员会公告〔2023〕65

① 国Ⅴ排放标准是指国家第五阶段的机动车污染物排放标准，通常被称为“国五标准”或“国Ⅴ标准”。这一标准对氮氧化物、碳氢化合物、一氧化碳和悬浮粒子的排放限制做出了更严格的规定。与之前的国Ⅳ（国四）标准相比，国Ⅴ标准能够显著降低氮氧化物排放量，并新增了对非甲烷碳氢和PM的排放限制，从而有效防治雾霾和其他大气污染问题。

号《公开发行证券的公司信息披露解释性公告第1号——非经常性损益（2023年修订）》自2023年12月22日开始实行，明确了非经常性损益的定义，即"与公司正常经营业务无直接关系，以及虽与正常经营业务相关，但由于其性质特殊和偶发性，影响报表使用人对公司经营业绩和盈利能力做出正常判断的各项交易和事项产生的损益"。"非流动性资产处置损益"在内的二十二个项目被纳入非经常性损益的范畴。这些交易和事项的发生具有一定的偶然性，由此带来的损益和增长对于企业而言往往不具有持续性。

因此，除了分析净利润增长以外，为了观察其具体的构成，还可以进一步分析扣非净利润增长率指标，利用扣非净利润增长率可以更加准确地考察企业利润的增长情况。扣非净利润增长率是本期归属于上市公司股东的扣除非经常性损益的净利润增加额与上期归属于上市公司股东的扣除非经常性损益的净利润之比，其计算公式如下：

$$扣非净利润增长率=\frac{本期扣非净利润增加额}{上期扣非净利润}\times 100\%$$

扣非净利润增长率为正，则说明企业日常经营创造利润增加，扣非净利润增长率越大，说明企业日常经营收益增长得越多，企业长期稳定发展具有较为可靠的基础；如果扣非净利润增长率小于零，而净利润增长率大于零，则说明企业当期依靠非经常性损益创造利润，利润构成的质量并不高。

（二）利润增长率分析

在进行利润增长率分析时，应首先关注利润增长的来源。从利润表来看，利润增长大致来源于三个方面：一是企业正常经营活动带来的利润增长，这种增长代表企业发展能力具有可持续性。二是不构成企业日常经营活动的投资活动产生的收益，在利润表中常体现在投资收益、公允价值变动损益等项目，应关注这部分收益带来的营业利润增长的合理性，依靠投资扩张战略发展的企业，可能采用对外投资的方式获取收益，这类企业往往表现为投资收益和公允价值变动收益对营业利润的影响较大，要结合企业的发展扩张战略分析投资收益等非经营性利润项目波动的合理性和稳定性，注意投资风险。三是非经常性损益项目，这是指公司发生的与生产经营无直接关系，以及虽与生产经营相关，但由于其性质、金额或发生频率，影响了真实、公允地评价公司当期经营成果和获利能力的各项收入、支出，如债务重组收益、债务重组损失以及资产的处置或置换损益等，这些损益项目的变化虽然会影响净利润，但在可以预见的将来不能合理预计此类业务是否会发生，由此带来的增长也是无法持续保持的。

如果利润恶化，则要考虑是否是营业成本、期间费用等增速超过了营业收入的增速，说明企业盈利能力有所下降，发展潜力受限，需要及时调整；营业利润恶化的另一个可能的原因是企业发生了投资损失，要特别关注企业的投资风险。另外，应该对非经常性损益项目进行分析，判断企业增长的持续性和稳定性是否受到影响。

利润增长率分析的意义在于揭示企业未来获利能力的发展趋势，同时也为预测分析以及价值评估提供了有益的参考数据。我们可以企业最近一年的利润增长率或最近若干年的利润增长率平均值为标准，综合考虑宏观环境、企业所处行业增长趋势、企业发展战略、实际经营情况等因素确定一个合理的利润增长率，利用该利润增长率就能大致预测企业下一年度乃至后续各个年度的利润，这样一方面可以进行财务预测中的利润预测，另一方面可以为收益法估值模型中的收益计算提供数据支撑。

下面根据BQC公司2012—2023年会计报表相关信息分析该公司的利润增长能力。

利用相关数据计算该公司2012—2023年的利润增长率（见表11-3）；绘制毛利润和毛利润增长率变化趋势图（如图11-3所示）、净利润和净利润增长率变化趋势图（如图11-4所示）、扣非净利润和扣非净利润增长率变化趋势图（如图11-5所示）。

表11-3 **BQC公司利润增长率指标计算表** 金额单位：亿元

项目 年份	毛利润	本年毛利润增加额	毛利润增长率（%）	净利润	本年净利润增加额	净利润增长率（%）	扣非净利润	扣非净利润增加额	扣非净利润增长率（%）
2012年	67.01	−16.87	−20.12	2.13	−13.82	−86.65	−4.84	−11.13	−176.91
2013年	81.18	14.17	21.15	7.76	5.63	264.32	−0.57	4.27	−88.23
2014年	90.52	9.34	11.51	7.40	−0.36	−4.64	−6.77	−6.20	1087.72
2015年	134.95	44.43	49.09	31.38	23.98	324.05	12.07	18.84	−278.29
2016年	210.69	75.74	56.12	54.80	23.42	74.62	46.13	34.07	282.27
2017年	201.39	−9.30	−4.41	49.17	−5.63	−10.28	29.87	−16.27	−35.26
2018年	213.29	11.90	5.91	35.56	−13.61	−27.67	5.86	−24.01	−80.39
2019年	208.14	−5.15	−2.42	21.19	−14.37	−40.42	2.31	−3.55	−60.58
2020年	303.46	95.32	45.80	60.14	38.95	183.81	29.54	27.23	1 178.79
2021年	281.45	−22.02	−7.25	39.67	−20.47	−34.03	12.55	−16.99	−57.53
2022年	722.45	441.00	156.69	177.13	137.46	346.51	156.38	143.83	1 146.06
2023年	1 217.57	495.12	68.53	313.44	136.31	76.95	284.62	128.25	82.01

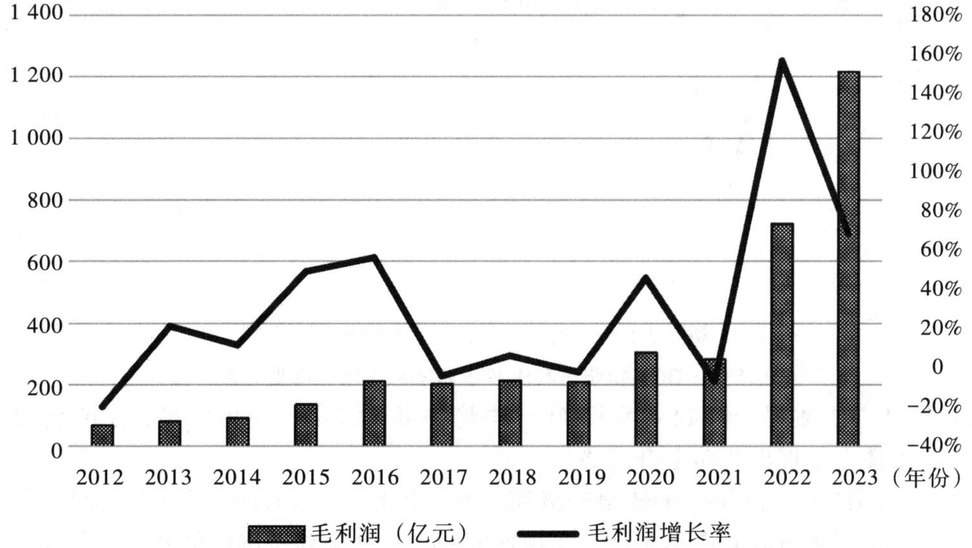

图11-3 BQC公司毛利润和毛利润增长率变化趋势图

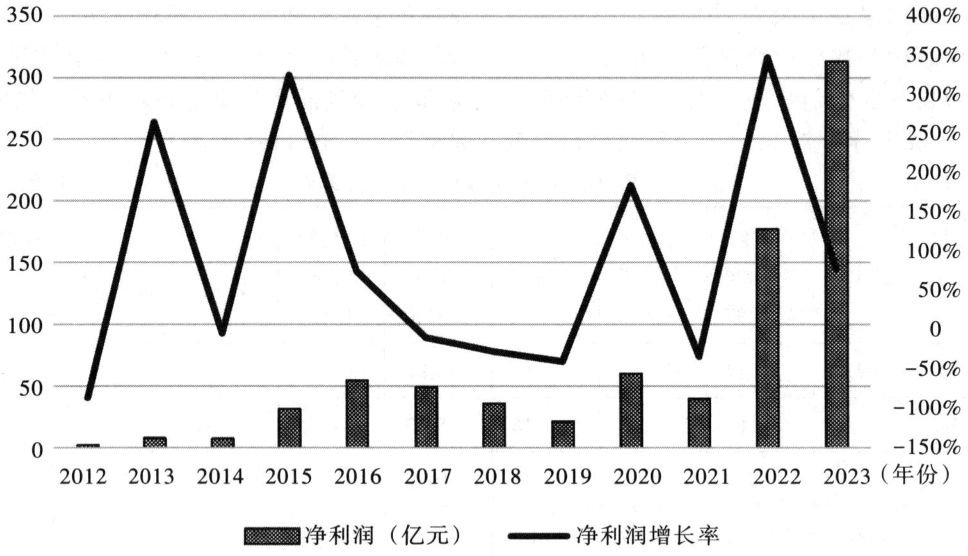

图11-4 BQC公司净利润和净利润增长率变化趋势图

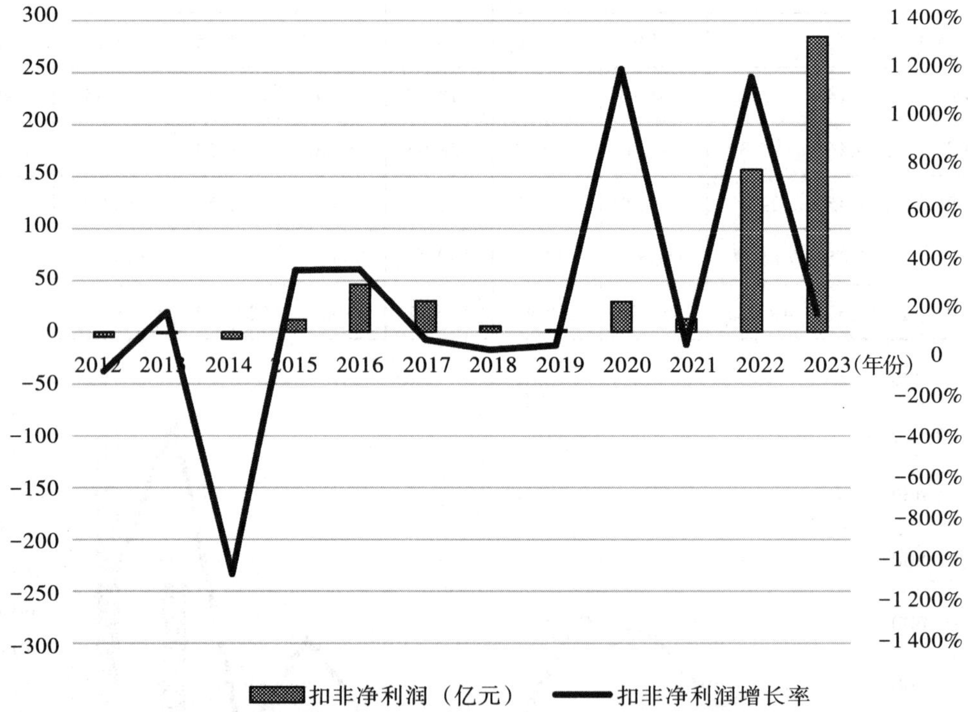

图11-5 BQC扣非净利润和扣非净利润增长率变化趋势图

由表11-3中数据，图11-3和图11-4中趋势可见，2012—2023年，BQC公司毛利润和净利润整体上呈现出波动上升趋势。

2012—2015年，公司处于转型升级期。在该阶段，公司净利润与毛利润多数实现大幅增长。公司深耕新能源汽车领域，实现新能源汽车在全球范围内的推广；与此同时，在中央和地方新能源政策支持下，新能源汽车的推广在全国范围内迅速展开。2012年6月出台的《节能与新能源汽车产业发展规划（2012—2020年）》重点支持和补贴新能源汽车的发展。因此，国内新能源汽车在国家政策推动下不断向好发展，并且在2015年呈现爆发式增长。BQC公司的净利润在2015年实现的大幅增长也是国家新能源各项政策支持的结果。

2016—2019年，公司处于深度发展期。在该阶段BQC公司毛利润基本稳定，净利润呈现负增长。该变化趋势的主要原因是该时期国内新能源汽车销量进入平台期，利润增长受阻。尽管BQC公司继续在新能源汽车领域进行深度发展，进一步丰富新能源汽车产品线，加强新能源领域技术创新和应用，但依然受到行业整体环境的影响，因此毛利润基本无增长；净利润变化较毛利润更加明显，连续出现负增长，主要原因是在毛利润基本不变的基础上，BQC公司研发费用与财务费用的支出逐年增多，所以净利润在2016—2019年基本表现为负增长。

2020—2023年，公司处于高速发展期。2020年净利润增长率与2019年相比大幅上升，主要是来自毛利润的增长。2021年净利润增长率再次回落并且出现负增长，主要与毛利润的减少以及销售费用、管理费用的增加有关。2022年与2023年，BQC公司经过前期在新能源领域的长期积累，公司毛利润和净利润都实现爆发式增长。在该阶段国内各自主新能源汽车品牌迅速崛起，使得中国新能源汽车自2022年开始进入全面市场拓展期。由图11-5可见，BQC公司的扣非净利润在多个年份都为负值，主要原因为公司跻身新能源汽车领域，属于国家重点发展领域，公司享受国家新能源汽车相关政府补助，因此扣除国家给予的政府补助后，公司的扣非净利润在多个年份都为负值。结合净利润增长率的变动来看，BQC公司扣非净利润增长率变动方向与净利润增长率趋同，说明BQC公司并非依靠非经常性损益创造利润，利润构成质量比较有保障。

最后，针对净利润增长率进行行业比较分析，情况见表11-4和图11-6。

表11-4　**同行业公司2012—2023年净利润增长率比较分析**　单位：%

公司 年份	CAQC	CCQC	GQJT	SQJT	BQC
2012年	52.87	62.99	−74.45	−4.18	−86.65
2013年	145.12	43.87	139.05	6.13	264.44
2014年	116.75	−2.32	15.03	7.49	−4.64
2015年	31.98	0.24	36.87	4.77	324.16
2016年	3.57	30.94	57.14	9.70	74.62
2017年	−29.86	−52.21	71.88	7.17	−10.28
2018年	−89.97	4.05	1.15	2.73	−27.67
2019年	−466.23	−13.66	−38.69	−27.10	−40.42
2020年	224.13	18.36	−9.84	−17.29	183.83
2021年	9.60	25.41	22.14	16.29	−34.03
2022年	114.88	22.72	8.21	−32.70	346.48
2023年	22.69	−14.90	−53.24	−12.18	76.95

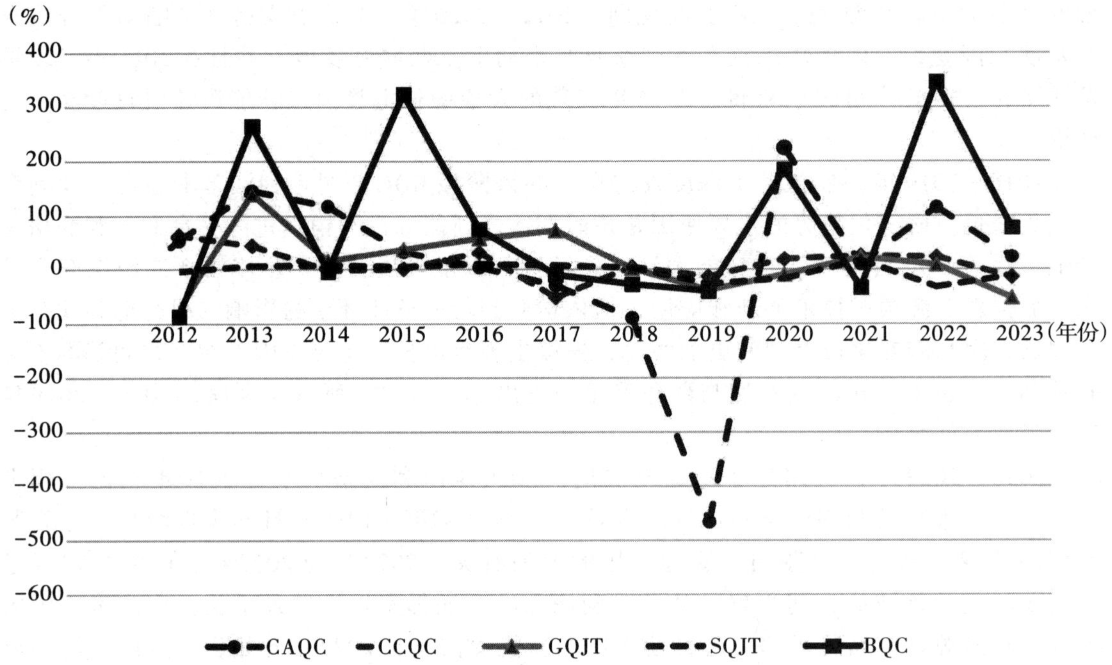

图11-6 同行业公司2012—2023年净利润增长率变化趋势图

由表11-4及图11-6可见，汽车行业2012—2023年净利润增长率波动较大。2012—2013年，汽车行业的发展态势整体向好，净利润增长率较高，此时我国汽车乘用车市场保持增长；从2014年开始，随着我国宏观经济增速放缓，汽车行业发展速度减慢，可比公司净利润增长率整体呈现下降趋势；2016—2017年，随着供给侧结构性改革的推进，汽车产业进入转型阶段，行业净利润增长率呈现上下波动；2017年之后汽车行业进入深度调整期，BQC与可比公司净利润增速明显减慢，出现净利润衰退；2020—2022年，随着稳增长、促消费政策的稳步实施，新能源成为汽车行业发展的新动力，汽车行业发展增速逐渐回升，BQC与可比公司净利润增长率整体呈上升趋势。2023年，尽管新能源汽车发展态势持续稳定，但传统汽车市场发展速度下降，因此，新能源汽车销售业务占比偏低的公司呈现利润率下滑趋势。

其中，BQC公司净利润增长趋势整体上与行业趋势保持一致。在2015年BQC净利润增速大幅上升，行业净利润增速下降，这与BQC公司在新能源领域起步较早有关。2022年，BQC净利润增长率变化幅度相较其他可比公司更大，进一步说明新能源汽车越来越受到消费者的喜爱。2023年，随着新能源汽车市场销售态势趋于稳定，BQC净利润增长态势虽不及2022年，但与多数同行业可比公司负增长相比，BOC依然保持净利润的稳定正增长，这也是公司在新能源汽车领域深耕多年的实力展现。

【思政案例】

锚定“双碳”目标 注入绿色动能

能源是经济社会发展的重要物质基础和动力源泉，也是推进碳达峰、碳中和的主战场。党的二十大报告中强调，要“积极稳妥推进碳达峰、碳中和”，要“坚持绿色低碳，推动建设一个清洁美丽的世界”，绿色低碳已无可争议地成为时代发展的主旋律。

宝丰集团积极融入国家战略，坚持走生态优先、绿色低碳发展道路，长期致力于现代工业循环经济的开发与实践，在以煤替代石油、以新能源替代化石能源，高端化、一体化、集群化发展现代煤化工、绿色氢能、新能源及新型储能等高科技新能源产业方面独树一帜、成绩斐然。

以煤替代石油，发展高端新材料循环经济。塔罐竦峙、清洁美丽的宝丰能源循环经济产业园区内，从煤炭开采到烯烃“智造”，“乌金”变“绿金”的产业“变形记”正不断上演。宝丰集团旗下的宝丰能源立足以煤为主的基本国情，发展循环经济，走高端化、规模化、清洁化、一体化的绿色可持续发展路子，纵深推进煤炭资源的清洁高效利用，建设了全国规模最大、产业链最完善的集“煤、焦、气、甲醇、烯烃、聚乙烯、聚丙烯、精细化工、新能源”于一体的高端煤基新材料循环经济产业集群，以煤替代石油，生产上百种高端化工产品，实现了进口替代，积极保障了国家能源安全。

“双碳”目标引领能源变革的时代，宝丰能源将发展绿氢作为解锁煤化工碳排瓶颈的金钥匙，着力构建集“制氢、补氢、储氢、运氢、加氢、用氢”于一体的绿氢全产业链，已建成全球单厂规模最大的太阳能电解水制氢厂，实现煤化工与绿氢耦合发展，在行业内率先探索出加氢减碳、用新能源替代化石原料的“碳中和”科学路径。

以新能源替代化石能源，助推能源绿色变革。绿水青山就是金山银山。党的十八大以来，以习近平同志为核心的党中央把生态文明建设摆在全局工作的突出地位。“两山”理论感召下，宝丰集团对宁夏银川黄河东岸16万亩荒漠化土地进行可持续生态治理，实现了“绿肥黄瘦”的生态逆转。同时，又创新在土地上方立体式建设了1GW全球单体规模最大的智能光伏电站，构建了“农光一体化”创新发展模式，既守护了绿水青山，又发展了新能源，还带动当地农民就业增收，每年田间护理及光伏清洁工作可解决劳务用工约10万人次，每个农户增收4万多元，真正实现了产业兴、农民富、乡村美。

新能源产业蓬勃发展的时代浪潮中，宝丰集团溯源而上，布局集“风光电站、光伏材料、光伏设备制造”于一体的新能源全产业链。2021年，公司投资390亿元，高起点、高标准、高水平建设了全国首个大型“三绿项目”，用风光“绿电”生产光伏“绿色材料”，再制造光伏“绿色设备”，构建了上下游一体化、规模化联动发展模式。在这一创新模式中，电力供应全部采用风光绿电，真正从源头节能减排，改变了传统光伏材料及设备的生产工艺，生产成本、综合能耗处于行业最优水平，开创出一条“低耗能、低排放、低成本”的碳中和路径，为加快能源绿色变革、推进“碳中和”进程提供强有力支撑。

以新型储能支撑新能源发展，助力国家碳中和。随着新能源的快速发展，电力消纳难、外送难、调峰难等问题日趋凸显，发展新型储能产业势在必行。宝丰集团积极响应国家加快推动新型储能产业发展决策部署，于2021年规划投资692亿元，在宁夏银川创新打造了全国首个单厂规模最大的新型储能绿色全产业链项目，采用国际最尖端的工艺、技术、设备，应用最成熟、市场应用广泛的锂电池技术，以工业4.0版高标准建设年产100GWh的储能电池智能制造工厂。

宝丰新型储能绿色全产业链项目，从材料端到产品端上下游贯通，所有电力供应采用绿电，万元工业增加值能耗远低于行业平均水平。项目全部建成后将形成国内清洁能源产业集群，填补地区新型储能产业空白，为全国新材料、新能源、高端制造业高质量发展提供强有力支撑，为地区经济社会高质量发展注入新动能，助力国家“碳中和”目标实现。此外宝丰还规划投资40亿元，建设10万辆新能源重卡汽车项目，把新型储能运用到新能源重卡汽车整车制造上，推动重型交通领域能源变革。

宝丰集团坚持走绿色低碳可持续发展道路，对企业有利，更对国家有利，既是始终如一的价值坚守，更是实实在在的实践行动。

时间的巨笔，总是在沧海巨变中写就传奇。在17年的发展历程中，宝丰集团坚持守正创新、实干奋斗，谱写了一首波澜壮阔的民族工业高质量发展史诗。新征程上，公司将立足我国能源资源禀赋，围绕能源安全保供、绿色低碳转型等高质量发展要求，深入推进能源革命，在奋力推进新型工业化建设的征途上当先锋做表率，为以中国式现代化推动实现中华民族伟大复兴贡献力量。

结合宝丰集团的案例，思考企业应该如何践行高质量发展。

资料来源：工业和信息化部工业文化发展中心．“工业图强”企业史志鉴案例——科技领航 迈向高质量发展的“至美之境”[EB/OL].（2023-08-01）.https：//mp.weixin.qq.com/s? __biz=MzI3NzExMDYxOA== &mid=2651601139&idx=3&sn=2303f4f80a51165eb74ea0047fd019ee&chksm=f093d2c6c7e45bd06a44aa7707a5c458c6af19391ac0e857beefee72e1a234e153eef11c6c3c&scene=27.

三、收入增长率计算与分析

（一）收入增长率的内涵和计算

收入是利润的源泉，对利润增长的分析还需要结合对收入增长的分析。企业的收入规模越大，说明其销售情况越好，企业生存和发展的市场空间也越大。因此，可以用营业收入增长率来反映企业在主营业务方面的发展能力。营业收入增长率就是本期营业收入增加额与上期营业收入之比。其计算公式如下：

$$\text{营业收入增长率}=\frac{\text{本期营业收入增加额}}{\text{上期营业收入}}\times 100\%$$

营业收入增长率反映的是企业某期整体销售增长情况，可用于分析企业产品和服务的经营状况，其受产品和服务本身的价格、质量、技术、售后等多种内部因素变化的影响，同时也受外部宏观环境、行业发展趋势、市场竞争等外部因素影响。营业收入增长率为正数，则说明企业本期销售规模较上期扩大，营业收入增长率越大，则说明企业营业收入增长得越快，销售情况越好；营业收入增长率为负数，则说明企业销售规模缩小，销售情况较差。

（二）收入增长率分析

在利用营业收入增长率来分析企业在销售方面的发展能力时，应该注意以下几个方面：

1.要判断企业在销售方面是否具有良好的成长性，必须分析营业收入增长是否具有效益性。一般来说，资产规模的增长会带来营业收入的增长，如企业将新增资本金用于增设生产线，购置生产设备，补充营运资金，进行研发投资和拓展销售渠道等，这都将在一定程度上扩大企业的营业收入。但如果企业某会计期间的营业收入增长主要依赖于资产的相应增长，也就是营业收入增长率低于资产增长率，则说明这种营业收入增长不具有效益性，同时也反映企业在销售方面的可持续发展能力不强。一个良性发展的企业，其营业收入增长率应高于资产增长率，这才能说明企业在销售方面具有良好的成长性。

2.要全面、正确地分析和判断一个企业营业收入的增长趋势和增长水平，必须对一个企业不同时期的收入增长率加以比较和分析，同时要与同行业可比公司进行对比分析。营业收入增长率受市场环境、产业发展周期、行业竞争情况等外部因素影响，也受各个时期企业自身战略的影响。仅仅针对某个时期某家企业的营业收入进行分析，可能会遗漏影响企业营业收入增长的内外部因素，使分析不够全面，进而无法反映出企业实际的销售发展能力，也难以对未来做出准确预测，因此，还需要进行多年、行业内多家可比公司的趋势分析。

3.判断企业营业收入增长率是否合理，应将其与报表中其他相关项目的增长情况进行对比分析。首先，应将营业收入增长率与营业成本增长率、期间费用增长率进行对比分析。正常情况下企业的营业收入增长率应当大于其营业成本增长率或期间费用增长率，如果情况相反，其原因可能是企业在产品成本、销售费用、管理费用、财务费用等方面控制不力，企业需要采取有针对性的措施对成本费用加以管控，否则可能会导致利润下降甚至亏损。其次，应该将其与企业应收账款增长率和存货增长率进行对比分析。正常情况下企业收入增长率应当大于企业的应收账款增长率和存货增长率，如果情况相反，表明企业收账情况发生改变，要具体分析变化的原因。如果是账款回收管理存在问题，则应该优化账款管理流程，加强风险应对措施。同样，如果企业存货增长率超过了营业收入增长率，要进一步结合市场环境变化、企业战略调整、存货构成等因素，分析是否可能存在存货积压的情况。如果确实存在存货积压，则需要采取措施消化库存，避免严重影响企业资金使用效率，降低由此可能导致的流动性风险。

4.可以利用某种产品收入增长率指标来观察企业产品结构的变化，进而也可以分析企业的成长性。其计算公式可这样表示：

$$某种产品收入增长率=\frac{某种产品本期营业收入增加额}{上期营业收入净额}\times 100\%$$

根据产品生命周期理论，每种产品的生命周期一般可以划分为四个阶段。每种产品在不同的阶段反映出的销售情况也不同：在投放期，产品收入增长率往往较低；在成长期，销量扩大，产品收入增长率较高；在成熟期，由于市场已经基本饱和，产品销量将不再有大幅度的增长，即产品收入增速放缓；在衰退期，由于该种产品的市场开始萎缩，产品收入增长率会大幅下降，甚至出现负数。根据这一原理，借助该种产品收入增长率指标，大致可以分析企业生产经营的该种产品所处的生命周期阶段，据此也可以判断企业发展前景。对一个具有良好发展前景的企业来说，较为理想的产品结构是“成熟一代，生产一代，储备一代，开发一代”，如图11-7所示。如果一个企业所有产品都处于成熟期或者衰退期，那么它的发展前景就不容乐观。因此，不断进行新的产品和服务的开发，持续的技术创新是企业生存发展的基础。

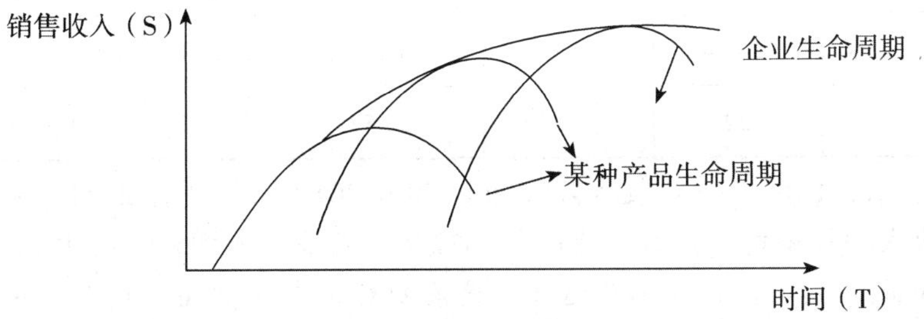

图11-7　产品生命周期与企业生命周期

5.结合企业的发展战略，分析收入增长的来源。仅仅根据财务报表的数字并不能清晰地认识收入增长的源泉，如果不能明确企业未来收入增长的方向和可能的瓶颈，即便计算过去多年的增长率指标，也无法提高对未来收入预测的客观性和准确性。企业的集中化或多元化发展战略决定了企业的收入来源和构成；企业低成本或差异化的竞争战略决定了各类产品或服务的市场竞争力，进而影响企业的收入规模和增速；企业的财务战略影响营运资金对营销和研发的支持力度，最终也会将影响投射于企业营业收入的增减。

另外，收入来源的质量也值得关注。一些企业靠放宽信用政策、降低对客户资信状况的要求来扩大销售；一些企业关联交易的规模较大，在账款催收方面存在一定的困难。这些收入可能带来较大比例的坏账，如果企业无法解决收账问题，则此种类型的收入增长也不会给企业带来稳健和快速增长的动力。

收入增长率不仅是分析企业销售发展能力的重要比率，也是进行预测分析的关键参考数据。预测分析的起点是预测利润表，而该表大多数项目的预测都依赖于预计营业收入，因此可以说，营业收入预测的合理性对后续的一系列预测分析，以及基于预测分析展开的价值评估的有效性起着基础性和决定性的作用。将企业所处经济环境、行业竞争情况、企业发展战略等定性分析，融入对某种产品收入的分析，将有助于修正预测的营业收入，使之尽可能接近企业实际发展情况。用此类方法可以得出之后连续多年的财务预测数据，这也为价值评估奠定了基础。

思政知识11-2

下面以BQC公司2012—2023年财务报表为基础，分析该公司的收入发展能力。利用相关数据分别计算该公司2012—2023年收入增长率指标。其计算过程见表11-5。

表11-5 BQC营业收入增长率指标计算表 金额单位：亿元

公司 \ 年份	2012年	2013年	2014年	2015年	2016年	2017年
营业收入	468.54	528.63	581.96	800.09	1 034.7	1 059.15
本年营业收入增加额	−19.73	60.09	53.33	218.13	234.61	24.45
营业收入增长率（%）	−4.04	12.83	10.09	37.48	29.32	2.36

公司 \ 年份	2018年	2019年	2020年	2021年	2022年	2023年
营业收入	1 300.55	1 277.39	1 565.98	2 161.42	4 240.61	6 023.15
本年营业收入增加额	241.4	−23.16	288.59	595.44	2 079.19	1 782.55
营业收入增长率（%）	22.79	−1.78	22.59	38.02	96.20	42.04

表11-5显示，BQC的营业收入除在2012年和2019年出现小幅下降外，2012—2023年，其营业收入增长率均为正值，特别在2022年，营业收入增长率高达96.20%，2023年虽增速有所下降，但增长趋势仍然迅猛。这说明BQC基本保持了良好的销售增长趋势，稳中向好，未来营业收入规模有望进一步扩大。

BQC营业收入与增长率变化趋势如图11-8所示。

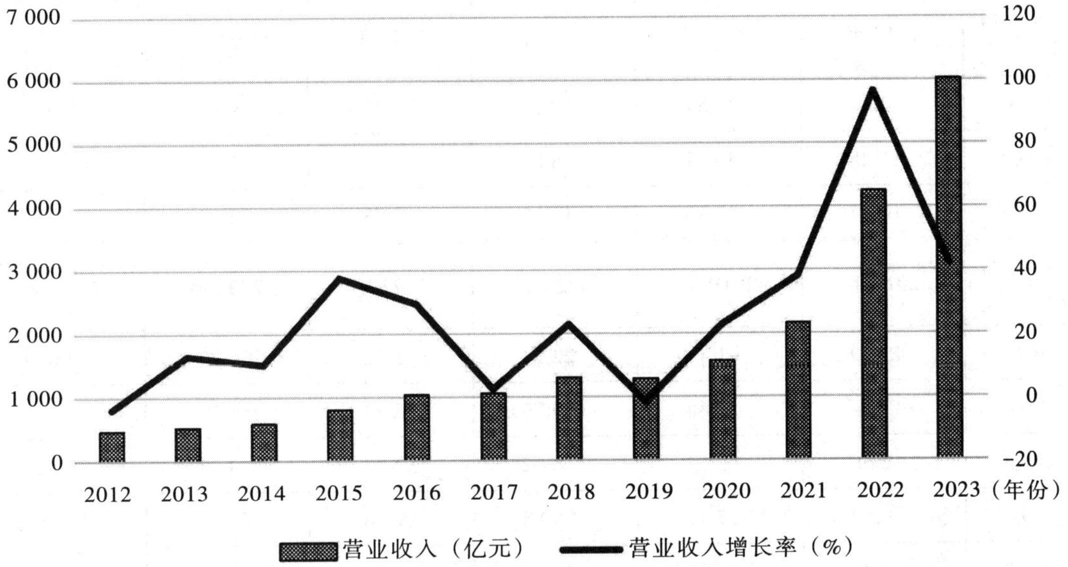

图11-8 BQC营业收入与增长率变化趋势图

图11-8显示，2012年营业收入增长率为负，主要由于手机部件及组装业务以及二次充电电池及新能源业务收入下降；而后，受益于我国着力推进深化改革、促进结构转型，积极发展和推广新能源汽车，BQC在2013—2018年间增长率均为正。其中2017年的增长率明显较小，主要是由于汽车及相关产品的收入出现下降趋势；2019年营业收入增长率再次为负，原因是国内新能源汽车市场补贴退坡及部分地区提前切换国Ⅵ（国六）标准[①]；随后，我国出台一系列稳增长、促消费政策，以消费补贴、车辆购置税减半等多种方式刺激汽车消费，2020—2022年BQC营业收入增长率再次为正，甚至在2022年出现新突破，产品线丰富、产品结构合理等原因，也为BQC营业收入的高额增长加油助力。2023年，BQC的营业收入仍保持大幅增长，凭借着BQC对核心技术的执着探索以及精准高效的市场战略，BQC的新能源汽车销量仍持续领跑，且2023年出口销量增长了约77.6%，可见其收入增长良好。

要进一步了解企业营业收入波动变化的原因，还需进行与同行业公司的比较分析，具体见表11-6、图11-9。

表11-6 **同行业公司2012—2023年营业收入增长率比较分析** 单位：%

年份 公司	2012年	2013年	2014年	2015年	2016年	2017年
BQC	-4.04	12.83	10.09	37.48	29.32	2.36
CAQC	10.96	30.61	37.50	26.19	17.63	1.87

① 国家第六阶段机动车污染物排放标准是指为贯彻《中华人民共和国环境保护法》《中华人民共和国大气污染防治法》，防治压燃式及气体燃料点燃式发动机汽车排气对环境的污染，保护生态环境，保障人体健康而制定的标准。包括《轻型汽车污染物排放限值及测量方法（中国第六阶段）》和《重型柴油车污染物排放限值及测量方法（中国第六阶段）》2部分。2023年7月1日起，全国范围全面实施国六排放标准6b阶段。禁止生产、进口、销售不符合国六排放标准6b阶段的汽车。

续表

年份 公司	2012年	2013年	2014年	2015年	2016年	2017年
CCQC	43.44	31.57	10.23	21.35	29.61	2.08
GQJT	17.25	46.22	18.87	31.47	67.98	43.96
SQJT	10.47	17.75	11.25	5.53	12.83	14.97
年份 公司	2018年	2019年	2020年	2021年	2022年	2023年
BQC	22.79	-1.78	22.59	38.02	96.20	42.04
CAQC	-17.14	6.48	19.79	24.33	15.32	24.78
CCQC	-2.68	-2.75	8.62	32.04	0.69	26.12
GQJT	0.52	-17.17	5.88	19.76	45.57	17.76
SQJT	3.46	-6.88	-12.52	5.10	-5.12	0.72

由表11-6可见，2013—2016年五家可比公司的营业收入呈波动上升趋势。2017—2019年五家可比公司营业收入平均增长率分别降低至13.05%、1.39%及-4.42%，说明这期间汽车销售行业出现瓶颈。2020—2022年五家可比公司营业收入平均增长率大幅度回升，分别为8.87%、23.85%及30.53%，行业销售回暖趋势明显，2023年平均增长率为22.28%，稍有下降。

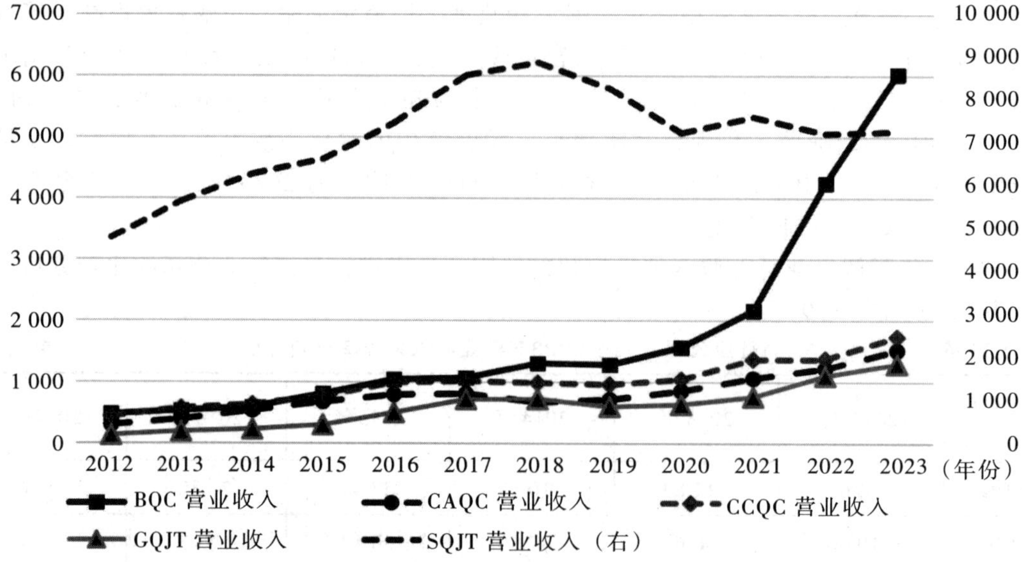

图11-9 同行业公司2012—2023年营业收入比较分析（单位：亿元）

图11-9显示，自2012年以来，BQC的营业收入变动最为明显，特别在近几年呈现激增趋势；而CAQC、CCQC和GQJT营业收入变动较为平稳，其收入虽然也出现上升，但增长趋势远不及BQC；而反观SQJT，其营业收入水平较高，并于2018年达到顶峰，但之后

出现下降，近年来变动情况相对平稳，与其他企业相比存在明显不同之处。

同行业公司2012—2023年营业收入增长率变化趋势图如图11-10所示。

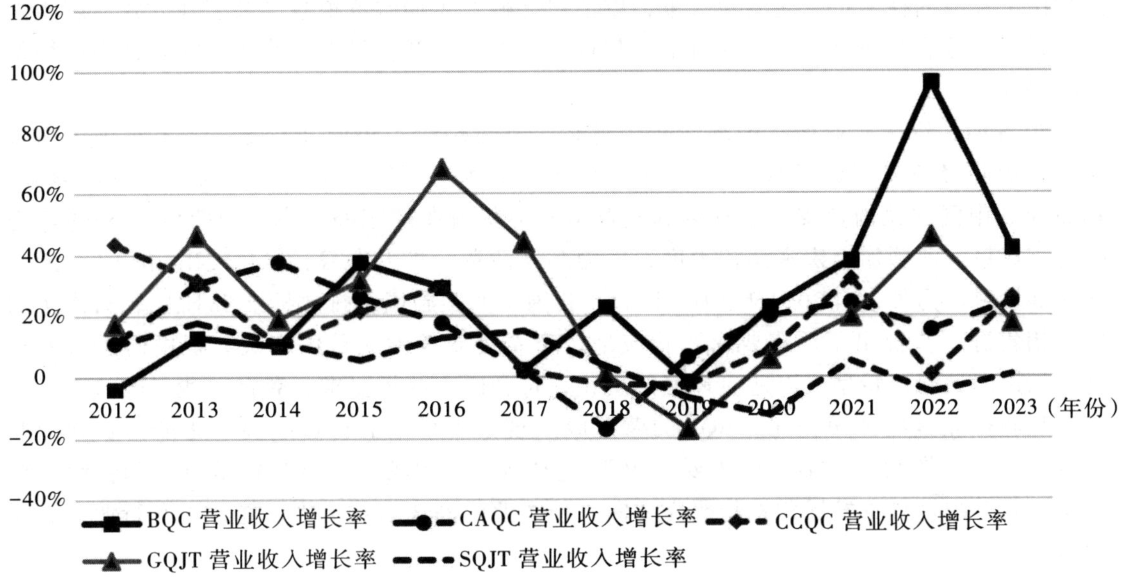

图11-10 同行业公司2012—2023年营业收入增长率变化趋势

由图11-10可以看出，该行业发展很大程度上受宏观政策与经济环境等外部因素影响。2012—2016年受宏观经济影响，处于上下波动的状态。2012年，我国汽车工业已进入总量较高的平稳发展阶段，中低端汽车市场的旺盛需求带动了我国乘用车市场迅速崛起，并延续到了2013年。2014年我国经济呈现总体放缓的态势，经济下行压力较大。再加上受到合资品牌向经济型轿车市场延伸加剧市场竞争、节能车补贴政策变化以及限购限行政策的推行等因素的影响，我国汽车市场增速明显下滑，我国汽车自主品牌的价格和销量均受打压，市场份额明显下降。到了2015年，我国政府继续着力推进深化改革、促进结构转型，我国汽车市场总体呈现平稳增长态势。在2016年，我国以推进供给侧结构性改革为主线，继续壮大战略性新兴产业。在车辆购置税减半等国家政策刺激下，中国汽车市场于2016年明显回暖。

2017—2019年，汽车行业增速相对放缓，逐渐陷入低迷。2017年，我国经济延续稳中向好的发展态势，供给侧结构性改革成效逐渐显现，整体经济优于预期。但国V（国五）排放标准等政策的推行，导致该年行业增长幅度出现回缩。2018年在中美贸易争端、金融去杠杆、信贷收紧和流动性放缓的背景下，我国经济运行受到一定程度的影响，汽车行业销量出现了28年来首次负增长。2019年，中美贸易争端及地缘政治风险等因素继续拖累经济发展，国内经济下行压力持续加大。此时新能源汽车销量受补贴退坡及部分地区提前切换国六标准影响，呈现大幅下滑趋势，进而导致行业收入增幅为负。

2020—2022年，汽车行业回暖，增速逐渐上升。2020年，面对严峻复杂的国际形势，国内经济受到较大影响。我国推进一系列有关碳达峰、碳中和以及能源结构转型的相关举措，新能源汽车产销量逐渐回暖，创下历史新高。2021年，我国经济发展呈现出更强的韧性及活力，“十四五”时期，我国开启全面建设社会主义现代化国家新征程，汽车自主品牌强势崛起，产品供给丰富多样，市场份额显著增加，重塑汽车工业发展新格局。2022年国际经济格局动荡，市场需求波动加大、能源价格飙升，汽车行业面临诸多困难挑战。但我国出台系列稳增长、促消费政策，以消费补贴、车辆购置税减半等多种方式，刺激汽车消费，全行业共同努力，我国自主品牌竞争力大幅提升，赢得消费者青睐，助力市场份额的提升。

2023年，汽车行业面临的环境较为复杂，整体销量趋势低开高走，下半年销量逐步向好。国际经济发展的挑战日益严峻，不确定性显著上升，国内经济也受到一定影响，2023年，中国居民消费支出呈现温和复苏但整体仍偏弱的态势，汽车消费增长5.9%。为应对该局势，我国加大宏观调控力度，着力刺激消费、扩大内需、优化支出结构，刺激经济向好发展。另外，自2023年7月1日起，我国全面实施国六排放标准6b阶段，对汽车的生产销售进一步提出了严格要求。相应地，车企需要努力完善供应链、积极研发智能技术，加快产品绿色转型，以适应环境的变化，符合国家政策要求，获得消费者的认可。

与同行业其他公司相比，BQC的营业收入规模由早期的行业中游，逐渐增长到行业上游，尤其后期增长迅猛。这主要是由于BQC顺应时代潮流，重视技术研发和营销策略调整，同时结合自身发展背景与研究方向，使企业的高速增长成为可能，也在行业中崭露头角。

综合以上分析，BQC公司收入发展能力较强。首先，根据BQC公司在2012—2023年呈现的增长趋势，可以初步推测，2023年后BQC公司在国家继续推进低碳环保的利好情况下，利润及营业收入仍会呈现上升趋势，增长率也会逐渐趋于稳定。其次，BQC公司品牌效应逐渐扩大，其研发实力也逐步增强，不断更新推出新产品，更为企业长期可持续发展提供了保障。最后，BQC自身独有的电池生产历史预计也会在未来的行业竞争中给予其较大的资源运用和经验优势。所以，BQC公司未来的收入发展存在向好的趋势。

【案例11-1】

从“华为依赖”到“独立行走”——赛力斯能否找到自己的路?

赛力斯作为中国新能源汽车行业的领军企业之一，其发展历程充分展现了中国汽车产业从传统制造向智能化、电动化的转型。从1986年起家，赛力斯经历了三次更名、三次转型、三次创业，在赛力斯创始人及董事长张兴海看来，每一次创业都是顺势而为，遵循着突破、进一步突破的准则。赛力斯最早的前身是重庆巴县凤凰电器弹簧厂，当时国内汽车产业的零部件技术大多受制于外国企业。为了推动汽车零部件的国产化，公司投入大量资源进行创新，最终成功研发出汽车弹簧的核心技术，打破了国际上的垄断局面。在汽车零部件领域有所突破后，2003年，张兴海开始了第二次创业，在没有整车造车经验的情况下，张兴海选择与东风汽车集团有限公司成立合资企业——东风小康汽车有限公司，并将目标锁定为微型车市场。经过十多年的发展，东风小康汽车有限公司在微型车的市场份额稳居市场前三。不过，随着新能源汽车产业的兴起，张兴海认为，不该一味执着于燃油车领域，于是自2016年开始了第三次创业，向新能源转型，并且公司在2022年正式更名为赛力斯[①]。

---

① 资料来源：佚名.从小弹簧厂到造车“新势力”赛力斯进阶新阶段［EB/OL］.（2025-01-06）.https：//finance.sina.com.cn/jjxw/2025-01-06/doc-ineczxpr2918861.shtml.

在2016年，公司远赴美国硅谷成立研发中心，建立了新能源汽车品牌SERES，并在随后的一年收购了美国AM General公司的工厂。然而，2016年转型后的前几年，公司的新能源汽车研发并未取得重大突破，推出SF5等产品，却只获得极为有限的市场认可，2020年，SF5的全年累计销量仅732辆，完全不及其他造车新势力动辄数万乃至十万辆级别的规模。从财务数据来看，如图11-11和图11-12所示，公司的营业收入和净利润从2017年开始走“下坡路”，营业收入从2017年的219亿元下降至2020年的143亿元，跌幅为34.8%；净利润更是一路下跌，2020年公司产生巨额亏损22亿元，跌幅高达2 716%。由此可见，公司的转型之路并不顺利。

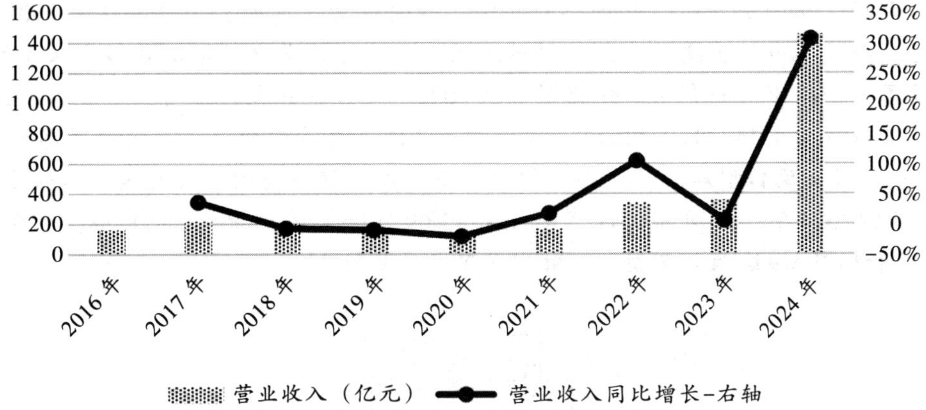

图11-11　赛力斯转型后营业收入同比增长趋势

数据来源：赛力斯年报.

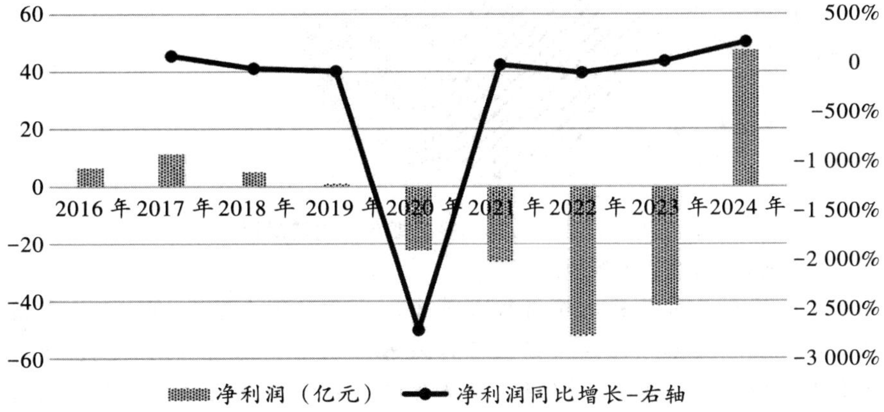

图11-12　赛力斯转型后净利润同比增长趋势

数据来源：赛力斯年报.

2019年，华为技术有限公司（以下简称“华为”）遭遇欧美国家的制裁，手机销量和通信业务都受到了严重影响，为了突破困境，华为开始探索新领域，并于同年成立了智能汽车解决方案事业部，寻求与汽车制造商合作。赛力斯与华为接触后，双方于2021年正式达成合作关系，共同打造了一款搭载华为智能汽车解决方案的双电机轿跑SUV——“赛力斯华为智选SF5”，其上市后迅速引发市场热议。同年，双方进一步携手推出了高端智能汽车品牌“问界”，并相继推出了“问界M5”和“问界M7”两款SUV车型，进一步丰富了产品线。如图11-11和11-12所示，得益于问界系列的成功，赛力斯在2022年实现了惊人的营收成绩，达到341.05亿元，同比2021年增长了104%。然而，由于华为对研发的高度重视，以及对市场驱动的新产品开发和领先竞争对手的技术创新的坚持，赛力斯在搭建服务网络和产品技术研发上投入了大量资金。这些投入导致销售、管理及研发成本大幅上升，进而在2021—2023年产生了近120亿元的亏损，公司连续四年净利润处于亏损状态。

2023年，赛力斯与华为数字能源携手开启全面战略合作，双方紧密携手，共同推出了“问界新M7”、“问界M9”以及“问界新M5”等多款车型。针对问界新M7，赛力斯倾注了5亿元的研发资金，全面吸纳用户反馈，对座椅、底盘、智能驾驶及动力系统等进行了全方位升级，从而引发了市场的热烈反响，销量飙升。同时，问界品牌在2023年也迈出了向海外市场拓展的重要一步，成功进入欧洲、中东、美洲及非洲等多个国家和地区，初步完成了其全球市场的布局。根据赛力斯2025年1月份公布的业绩预盈公告，2024年，其预计营业收入为1 442~1 467亿元，同比增长3倍，更关键的是，公司预计净利润为55亿~60亿元，将实现转型后的首次全年扭亏为盈。而业绩预盈的主要原因来自销量，如图11-13所示，2024年，公司新能源汽车交付42.69万辆，同比增长182.84%，主要归功于问界新M7和问界M9这两大车型，超额完成了年度目标①。

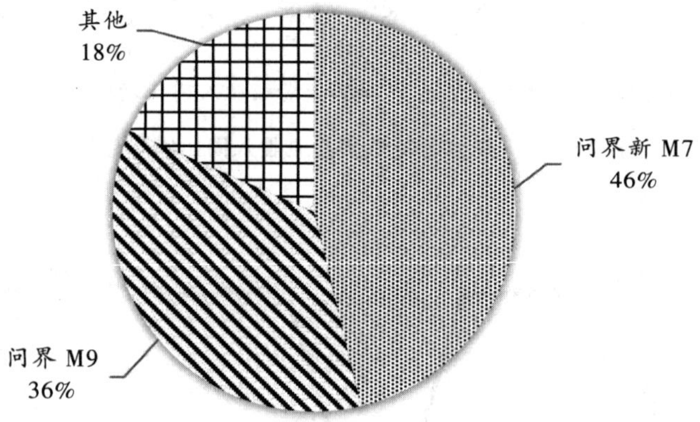

图11-13 2024年赛力斯车型销量对比

数据来源：赛力斯2024年年度业绩预盈公告.

2025年1月，赛力斯的销量出现断崖式下降，为公司带来了新的挑战。中国汽车工业协会数据显示，得益于旧车换新政策的鼓舞以及春节消费市场的拉动，2025年1月，汽车制造业产量有小幅增长，销售同比微增，整体保持了稳定的开局趋势。在比亚迪、小鹏汽车、零跑汽车、蔚来汽车、小米汽车等车企销量上涨的对比下，赛力斯1月份汽车销量为1.64万辆，同比下滑47.02%，无疑将自己置于了极为尴尬的境地。销量大跌只是表象，背后反映出的是其在市场竞争、合作关系、自身能力等多方面的深层次问题。

一方面，随着华为与北汽合作的享界S9、与奇瑞合作的智界新S7以及与江汽集团合作的尊界S800陆续推出，华为的注意力被分散，赛力斯曾经独享的华为红利开始消散，尽管华为方面对“四界”定位有所区分，但以问界M7、智界R7为代表的车型存在定位重合的情况，相似的产品定位必然会导致市场份额的竞争，问界系列车型的销量受到了一定程度

① 资料来源：李星.赛力斯“逆袭”！4年连亏后，2024年净利润预计最高达60亿元，2025年M8将带动百亿营收？[EB/OL].（2025-01-23）.https：//www.nbd.com.cn/articles/2025-01-22/3732404.html.

的分流。另一方面，在50万元以上的豪华车市场，问界M9虽连续多个月销量第一，但小鹏、极氪、特斯拉、小米、比亚迪等品牌纷纷发力该价格区间，推出极具竞争力的车型，赛力斯若不能及时跟上节奏，必然会被市场边缘化。传统车企和造车新势力涌入，中高端新能源市场竞争愈发激烈，自身核心竞争力不足等问题是赛力斯销量困境的重要成因。

赛力斯想要摆脱当前的增长困境，绝非一朝一夕之功，而是要跨越产品技术创新、品牌独立建设、销售渠道拓展、内部管理优化等重重障碍，进行一场全面而深刻的变革。首先要挣脱技术枷锁，实现研发自主化。赛力斯长期依赖华为的技术输出，只有拥有了自主研发的车联网、智能驾驶、电池管理等技术，在续航里程和安全性上实现突破，降低对华为的技术依赖风险，才能在竞争激烈的新能源汽车市场中站稳脚跟。其次要摆脱华为影子，重塑品牌名望。在品牌形象上，赛力斯一直被贴上“华为合作品牌”的标签，缺乏独立的品牌辨识度，必须重新审视自己的品牌定位，挖掘自身的独特卖点，打造属于自己的品牌故事。

赛力斯从“华为依赖”到“独立行走”的道路充满荆棘，但这是赛力斯必须走的路，也是它在新能源汽车市场中生存和发展的唯一希望。在这个弱肉强食的市场中，只有强者才能生存，而赛力斯，必须让自己成为那个强者①。

四、资产增长率计算与分析

（一）资产增长率的内涵和计算

企业要增加收入，就需要通过增加资产投入来实现。可以利用资产增长率指标反映企业在资本积累和资产投入方面的增长情况。资产增长率就是本期资产增加额与资产期初余额之比。其计算公式如下：

$$资产增长率=\frac{本期资产增加额}{资产期初余额}\times 100\%$$

当资产增长率为正值时，资产增长率越高，企业本期资产增长幅度越大，表明企业本期资本积累和投入扩张速度越快，需要进一步关注扩张的效率和质量，避免盲目扩张；反之，资产增长率越低，表明企业本期资产增长幅度越小，持续下降的增长率表明企业资产投入增速放缓。资产增长率为负值时，表明企业本期资产规模下降。

（二）资产增长率分析

在对资产增长率进行具体分析时，应该注意以下几点：

1.企业资产增长率高并不意味着企业发展状况良好，对于资产增长的评价不仅仅要关注数量，更重要的是分析增长的质量。一般来说，资产规模的增长会带来营业收入和利润的增长，如企业将新增资本金用于对外投资、增设生产线、购置生产设备，补充营运资金，进行研发投资和拓展销售渠道等，这都将一定程度扩大企业的营业收入，又因规模效应的存在，收入规模的扩大又将更大程度地提升企业的利润。因此，如果资产增长的同时能带来收益项目同步甚至更大幅度的增长，那么这样的资产增长就是效益型增长。但同时，我们也应该注意到，企业进行研究开发、市场拓展、购建长期资产、兼并收购等方面的投资，其效益产生周期往往比较长，企业当期投资不产生效益的情况屡见不鲜。这就需

① 资料来源：佚名.销量跳水，赛力斯需要一场“全面革命”［EB/OL］.（2025-02-25）.https://finance.sina.com.cn/stock/relnews/cn/2025-02-25/doc-inemswwi9827569.shtml.

要进行多项目、多期增长趋势的对比分析，长期、动态地考虑资产增长的效益性问题，从而做出更加客观准确的预测。

2.应全面分析企业资产增长的来源，评估融资成本和风险是否与收益增长相适应。企业资产的增长可能来自自有资金的积累，即企业自身经营带来的留存收益，也可能来自股东出资或债务融资。如果一个企业资本结构的调整表现为负债项目连续几年持续增长，而所有者权益项目在该期间没有发生变动或者变动不大，则说明企业资产增长主要依赖债务融资，表现为企业资本结构的调整，财务杠杆的提升增加了财务风险；同时，也说明企业盈利情况不佳，长期健康发展将缺乏绩效支撑。当然，盈利的增加能带来多大程度的资产增加还要视企业实行的股利政策而定。相反，如果企业资产增长主要来自留存收益，则反映出企业具有一定的发展潜力。

3.为全面认识企业资产规模的增长趋势和增长水平，应结合行业发展特征和企业的发展战略，对企业不同时期的资产增长率加以比较分析。如采用扩张战略的成长期企业，其资产规模应该是不断增长的，且往往增速较高，如果时增时减，则反映出企业的经营业务并不稳定，同时也说明企业并不具备良好的发展能力；采用防御战略的成熟期企业，其资产规模的增速放缓，较少采用大规模融资方式扩充资产，该阶段的企业资产规模的增速分析应该侧重各类资产的增速，以及资产构成的稳定性。

分析资产增长率的意义在于资产增长率除了能够衡量企业发展能力以外，也是预测分析和价值评估的基础数据之一。在进行必要的定性分析的前提下，经过调整的资产增长率一方面可以直接预测企业未来资产规模的大小，另一方面可以作为通过其他预测方法得到结果的验证性数据。

下面以BQC公司2012—2023年会计报表为基础，分析该公司资产增长能力。

利用相关数据先分别计算2012—2023年的资产增长率、所有者权益增加额及其占资产增加额的比重。其计算过程见表11-7。

表11-7 BQC公司资产增长率指标计算表 金额单位：亿元

年份	资产总额	本年资产增加额	资产增长率（%）	股东权益增加额	股东权益增加额占资产增加额的比重（%）
2012年	687.10	30.86	4.70	1.64	5.32
2013年	763.93	76.82	11.18	7.12	9.27
2014年	940.09	176.16	23.06	40.38	22.92
2015年	1 154.86	214.77	22.85	71.34	33.22
2016年	1 450.71	295.85	25.62	193.80	65.51
2017年	1 780.99	330.29	22.77	45.48	13.77
2018年	1 945.71	164.72	9.25	7.36	4.47
2019年	1 956.42	10.71	0.55	19.07	178.06
2020年	2 010.17	53.76	2.75	18.52	34.46
2021年	2 957.80	947.63	47.14	397.90	41.99
2022年	4 938.61	1 980.80	66.97	171.45	8.66
2023年	6 795.48	1 856.87	37.60	290.72	15.66

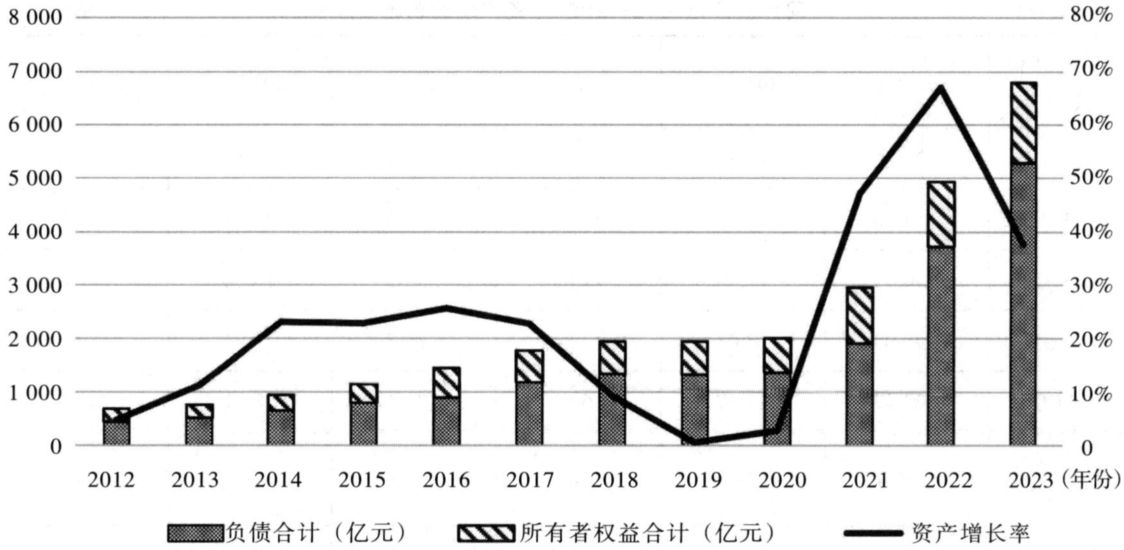

图11-14　BQC资产构成及增长变化趋势图

由图11-14可见，2012—2023年，BQC公司的资产总额持续上升，这说明BQC公司的资产规模一直不断扩大。从2014年开始，BQC公司以每年超过20%的增幅，持续相对稳定增长至2017年。2018—2020年，资产增速放缓，2021年，BQC公司迎来新一轮快速增长，短短3年，资产总额由2020年的2 010.17亿元，跃升至2023年的6 795.48亿元，说明BQC公司进入了快速扩张期。

从资产增长的效益性看，结合前文中的净利润增长率和收入增长率可以发现，除2014年和2017年外，其余年份的收入增长率和净利润增长率都远高于资产增长率，2021年资产增长率略高于收入增长率，但总体上净利润增长率仍远高于资产增长率，总体而言，BQC公司资产增长的效益性良好。

从资产增长的来源分析，2012—2016年股东权益增加额占资产增加额的比重逐年增高，尤其在2016年股东权益增加额在资产增加额中所占的比重高达65.51%。2016年BQC股东权益增加占比迅速增高的原因，一方面在于BQC因技术研发等技术需要而增发新股使BQC在2016年的股东权益增加，另一方面则在于BQC自身净利润的快速增长，官网披露的数据显示，BQC在2016年的净利润同比2015年增长了74.62%，这也在一定程度上说明BQC资产增加的来源发生了明显变化，减少了对负债的依赖，而越来越依赖于自身盈利，资产增长来源有了较大的改变，资产增长能力得到加强。但在2017—2018年，股东权益增加额占资产增加额的比重骤减至4.47%，达到12年间最小值，这时BQC公司扩大了债务融资比例，但债务总体增幅不大，且BQC公司资产负债率变动较为平稳，说明企业对债务融资的依赖较小。2019—2023年，股东权益增加额占资产增加额的比重波动较大，其中在2019年更是一度高达178.06%，结合股东权益的构成分析发现，其增长大多来自留存收益，这说明企业资产的增长逐渐依赖自身盈利，资产的内源性增长能力得到提升。

此外，结合同行业公司情况和发展战略进行多期比较分析，见表11-8、图11-15。

表11-8 同行业公司2012—2023年资产增长率比较分析 单位：%

公司\年份	2012年	2013年	2014年	2015年	2016年	2017年
CAQC	26.24	15.71	30.59	28.31	19.12	-0.36
BQC	4.70	11.18	23.06	22.85	25.62	22.77
SQJT	-0.45	17.79	11.03	23.32	15.44	22.50
GQJT	-95.09	17.03	7.84	7.78	22.22	45.69
CCQC	28.47	23.57	16.62	17.22	28.37	19.76

公司\年份	2018年	2019年	2020年	2021年	2022年	2023年
CAQC	-11.91	4.42	23.87	11.98	7.86	30.21
BQC	9.25	0.55	2.75	47.14	66.97	37.60
SQJT	8.19	8.50	8.25	-0.27	7.98	1.67
GQJT	10.47	4.00	3.93	7.98	23.23	14.93
CCQC	1.13	1.16	36.18	13.89	5.67	8.59

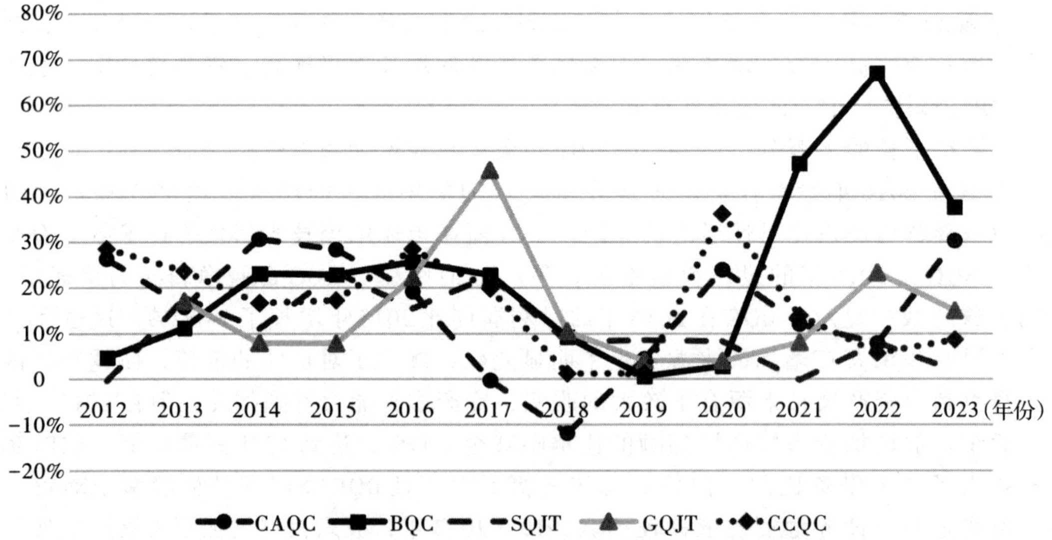

图11-15 同行业公司2012—2023年资产增长率变化趋势图[①]

由图11-15可见，2012—2023年，BQC及其可比公司的资产规模总体呈现上升趋势。但2017—2018年，汽车行业几家可比公司的总资产增长率呈下降趋势，CAQC企

① 因GQJT公司2012年资产增长率为-95.09%，属于较为异常的波动，放入图中会影响整体趋势，故剔除了GQJT公司2012年数据。

业2018年的资产增长率更是跌至-11.91%，说明CAQC在2018年的资产开始出现负增长，结合宏观经济分析，2018年处于全球经济动荡时期，汽车行业总体的销售情况不佳，导致2018年汽车行业增速下滑。此外，综合对比五家汽车公司可以看出，2012—2023年，各家公司资产增长率多年低于30%，BQC公司作为后起之秀，2021—2023年资产增速较快，迅速扩张，资产增长率一度于2022年达到66.97%，远超同行业其他可比公司。

【案例11-2】

“女装之王”拉夏贝尔被申请破产又遭A股退市

2021年又净亏损8.2亿元，继此前被债权人申请破产，*ST拉夏又被终止上市了。鼎盛时期，拉夏贝尔门店多达9 000余家，号称“女装之王”，现如今仅剩下300家店，公司面临被债权人申请破产和股票退市的双重压力。《国际金融报》在2020年7月曾报道，有百名供应商到拉夏贝尔上海总部商讨债务解决方案，此前该公司拖欠供应商货款金额已接近16亿元。从2021年年报数据可以看出，*ST拉夏已经资不抵债，净资产已为-14.3亿元。

近几年来，拉夏贝尔大幅举债，疯狂扩张，开店9 000余家，在2018年一举突破百亿元销售大关。然而，快速扩张的背后是沉重的债务负担，2021年的拉夏贝尔已经是穷途末路，此时“猛踩刹车”，收缩门店规模也为时已晚。

2017—2021年拉夏贝尔负债和所有者权益构成情况如图11-16所示。

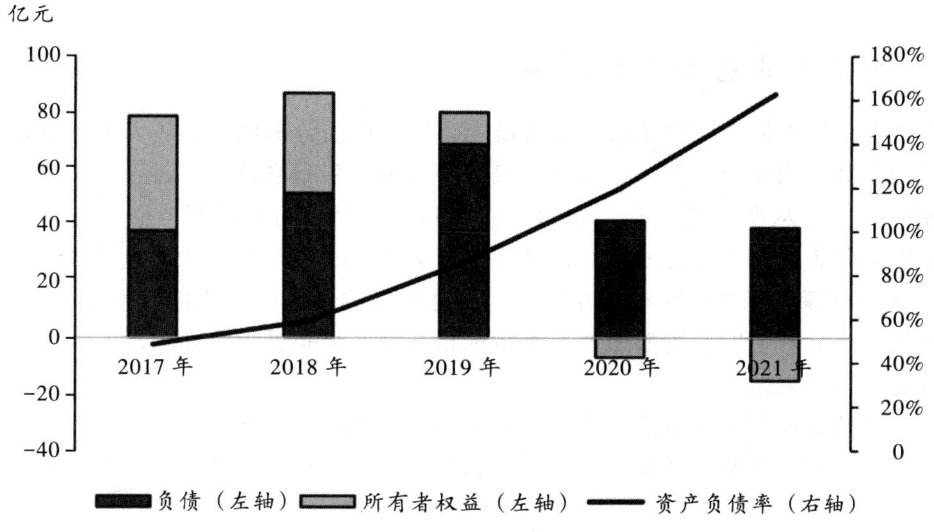

图11-16　2017—2021年拉夏贝尔负债和所有者权益构成情况

如图11-16所示，拉夏贝尔的资产负债率从2017年起持续上升，2017年的资产负债率为48%，2021年这一数值攀升至163%，大大偏离正常范围。拉夏贝尔负债总值数额巨大，2017年负债总值为38.02亿元，2019年负债总值最高达到68.85亿元，增长约2倍。说明2017年至2019年拉夏贝尔的主要融资方式为债务融资。债务融资比例过高会直接导致财务费用大量增加。

2017—2021年拉夏贝尔利息费用如图11-17所示。

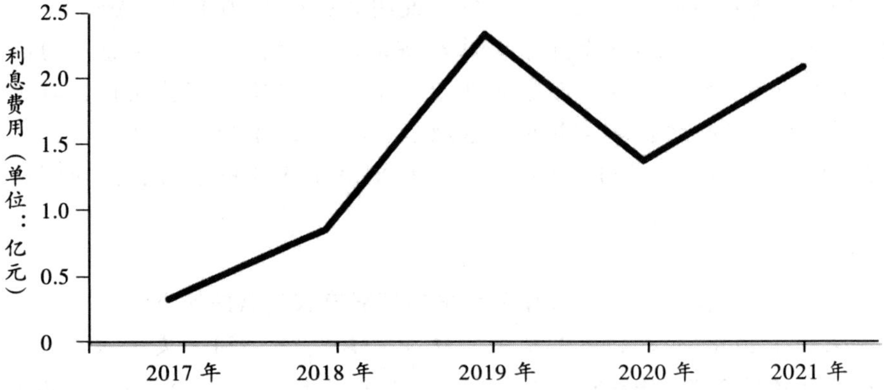

图11-17　2017—2021年拉夏贝尔利息费用

如图11-17所示，2017—2021年拉夏贝尔的财务费用整体呈上升趋势，2019年其财务费用达到2.42亿元。虽然债务带来了一定的节税收益，但是如果无法偿还债务，那么企业一旦资金链断裂就会面临破产。由于无法偿还巨额债务，拉夏贝尔信用受损，种种因素致使拉夏贝尔再次融资困难，形成恶性循环，引发了拉夏贝尔财务困境。

第三节　整体发展能力分析

一、整体发展能力分析框架

评价企业的发展能力，除了对企业发展能力进行单项分析以外，还需要分析企业的整体发展能力。其原因在于：其一，所有者权益增长率、利润增长率、收入增长率和资产增长率等指标，只是从所有者权益、利润、收入和资产等不同的侧面考察了企业的发展能力，不足以涵盖企业发展能力的全部；其二，所有者权益增长率、利润增长率、收入增长率和资产增长率等指标之间存在相互作用、相互影响的关系，需要进行综合分析。因此，在实际运用时，只有把四种类型的增长率指标相互联系起来进行综合分析，才能正确评价一个企业的整体发展能力。

那么，应该如何分析企业的整体发展能力呢？具体的思路是：

步骤一：分别计算所有者权益增长率、利润增长率、收入增长率和资产增长率等指标的实际值。

步骤二：分别将上述增长率指标实际值与以前不同时期增长率数值、同行业可比公司增长率数值进行比较，结合行业发展特征和企业战略，分析企业在所有者权益、利润、收入和资产等方面的发展能力。

步骤三：分析所有者权益增长率、利润增长率、收入增长率和资产增长率等指标之间的关系，判断增长的效益性以及四类发展要素之间的协调性。

步骤四：根据以上分析结果，判断企业的整体发展能力和发展潜力。一般而言，只有一个企业的所有者权益增长率、利润增长率、收入增长率、资产增长率保持同步增长，且不低于行业内可比公司的平均水平，才可以判断这个企业具有良好的发展能力。

根据上述分析思路可形成企业整体发展能力分析框架，如图11-18所示。

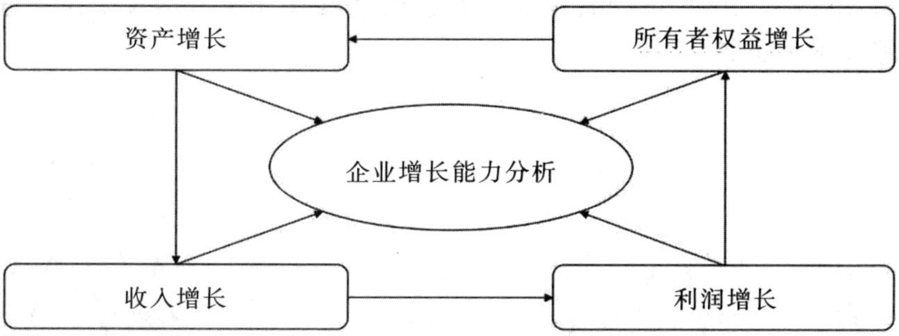

图11-18　企业整体发展能力分析框架

运用这一分析框架能够比较全面地分析企业发展的影响因素，从而能够比较全面地评价企业的发展能力，但对于各因素的增长与企业发展的关系无法从数量上进行确定。

二、整体发展能力分析框架的应用

知识拓展11-2

（一）整体发展能力分析框架在BQC的应用

以下对BQC公司2012—2023年的所有者权益增长率、净利润增长率、营业收入增长率和资产增长率等进行分析，并判断该公司的整体发展能力，见表11-9。

表11-9　　**BQC公司2012—2023年单项增长率一览表（%）**

项目 / 年份	所有者权益增长率	净利润增长率	营业收入增长率	资产增长率
2012	0.68	−86.65	−4.04	4.70
2013	2.95	264.44	12.83	11.18
2014	16.25	−4.64	10.09	23.06
2015	24.69	324.16	37.48	22.85
2016	53.79	74.62	29.32	25.62
2017	8.21	−10.28	2.36	22.77
2018	1.23	−27.67	22.79	9.25
2019	3.14	−40.42	−1.78	0.55
2020	2.96	183.83	22.59	2.75
2021	61.73	−34.03	38.02	47.14
2022	16.45	346.48	96.20	66.97
2023	23.95	76.95	42.04	37.60

由图11-19可见，BQC公司自2012年以来，所有者权益增长率始终为正值，说明其所有者权益一直在增加；营业收入增长率在2012年与2019年为负值，其余年份均为正值，说明其营业收入除2012年和2019年外一直保持增长；资产增长率从2012年开始始终

为正值，说明资产一直在增加；净利润增长率虽然在一些年度存在负值，尤其2017—2019年，但在2020年大幅回升扭转局面，并且在2022年净利润增长率得到进一步提升，2023年保持稳步增长态势。

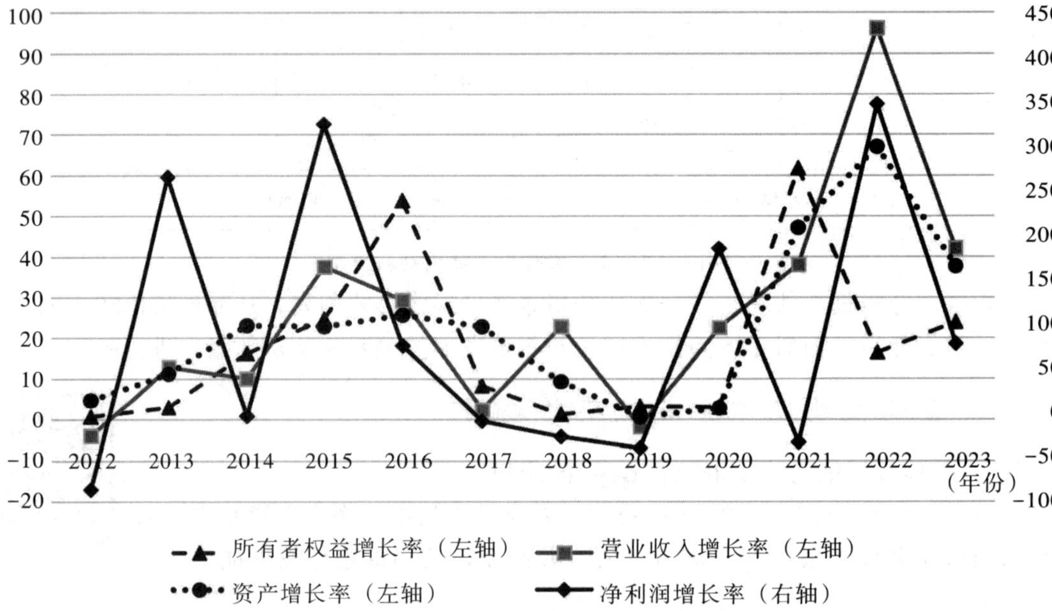

图11-19 BQC公司各单项增长率变化趋势图（%）

从变化趋势上来看，BQC公司的净利润增长率和收入增长率均存在先上升，然后下降，再上升的趋势。该变化趋势除了受到宏观经济环境变化以及汽车行业政策的影响，还与BQC公司对于新能源汽车业务的战略布局紧密相关。在2012—2015年，BQC公司步入转型升级阶段，巩固与发展新能源汽车业务，净利润增长率与收入增长率呈现整体上升趋势。并且在中央和地方新能源政策支持下，2015年公司净利润增长率实现大幅增长。在2016—2019年，BQC进入深度发展阶段，此时国内新能源汽车销量进入平台期，因此净利润与收入增速均放缓。2020—2022年，随着新能源汽车销售突破平台期，公司净利润增长率与收入增长率再次出现大幅上升趋势。2023年BQC营业收入增长率与净利润增长率虽然出现回落，但其增长势头依旧强劲，公司新能源汽车销量持续领跑，出口增长超77.6%。

再比较各种类型的增长率之间的关系。首先，收入增长率和资产增长率，在2012年、2014年、2017年、2019年与2021年该公司收入增长率低于资产增长率，其余年份收入增长率高于资产增长率。可见，BQC公司的资产在一部分年份没有充分地转化为收入。但是在2022年与2023年，BQC公司收入增长率均高于资产增长率，说明资产的周转效率与之前相比有较大幅度提升，企业经营活动具有较好的效益性。

其次，比较所有者权益增长率与净利润增长率。在净利润增长率为正值的年份，BQC公司净利润增长率均远高于当年所有者权益增长率，说明在净利润大幅增长的年份，所有者权益增长主要来自生产经营活动创造的净利润，有益于公司的未来发展。

最后，比较净利润增长率与收入增长率。除2018年和2021年两个年份，其余年份公司净利润增长率与收入增长率波动趋势基本一致，并且在净利润增长率为正值的年份，净利润增长率远大于收入增长率，这说明公司具有相对良好的商品经营盈利能力。但是在2018年与2021年，净利润增长率与收入增长率变动方向相反。2018年净利润增长率下降但收入增长率上升是因为研发费用与财务费用与前一年相比增多；2021年净利润增长率下降但收入增长率上升是因为毛利减少、销售费用和管理费用的支出大幅增加。这说明公司应当加强在成本费用方面的管控。

【思政知识】

国家发展改革委谈"十四五"时期的指导方针和主要目标

按照党中央、国务院决策部署，国家发展改革委组织编制的《中华人民共和国国民经济和社会发展第十四个五年规划和2035年远景目标纲要（草案）》（以下简称《纲要》），已经十三届全国人大四次会议审查批准。2021年第6期《求是》杂志刊发国家发展改革委的文章对《纲要》进行了深入解读，深刻阐释了"十四五"时期的指导方针和主要目标。

《纲要》提出的指导方针进一步明确了"十四五"时期经济社会发展的大政方略：

为推动"十四五"时期高质量发展，更好地体现"三个新"的核心要义，指导思想突出强调了一系列新要求。

一是要坚定不移贯彻新发展理念。新发展理念是一个系统的理论体系，回答了新发展阶段的发展目的、动力、方式、路径等一系列理论和实践问题，必须把新发展理念贯穿发展全过程和各领域。

二是要坚持以推动高质量发展为主题，以深化供给侧结构性改革为主线。当前，我国发展中的矛盾和问题集中体现在发展质量上，必须把高质量发展的要求贯穿到经济、社会、文化、生态文明等各领域。持续深化供给侧结构性改革，着力提高供给体系质量，促进供需高水平动态均衡。

三是要坚持以改革创新为根本动力。改革开放和创新驱动是推动高质量发展、建设现代化经济体系的两个轮子，必须坚持用改革创新的办法，破解发展难题，应对外部挑战，跨越常规性长期性关口。

四是要以满足人民日益增长的美好生活需要为根本目的。这充分体现了以人民为中心的发展思想，必须坚持发展为了人民、发展依靠人民、发展成果由人民共享，努力办好各种民生实事。

五是要加快构建以国内大循环为主体、国内国际双循环相互促进的新发展格局。这是党中央根据我国发展阶段、环境、条件变化，审时度势做出的重大决策，必须从统筹国内国际两个大局、办好发展安全两件大事的高度抓好各项工作落实，确保我国社会主义现代化新征程开好局、起好步。

资料来源：学而时习．国家发展改革委谈"十四五"时期的指导方针和主要目标［EB/OL］.（2021-03-27）．https://china.huanqiu.com/article/42Tdizf6VRm.

（二）整体发展能力分析框架应用中应注意的问题

应用企业整体发展能力分析框架分析企业整体发展能力时应该注意以下几方面：

1.对资产增长的分析

企业资产是取得营业收入的保障，在资产利用效率一定的条件下，要实现营业收入的增长，就需要扩大资产规模。而资产规模的扩大一方面可以依赖所有者权益的增长，即留存收益的积累和股东追加投资；另一方面可以通过负债融资实现。资产增长一般伴随着收入和利润的增长，因此，资产增长要与收入和利润增长相协调。

2.对收入增长的分析

营业收入增长是企业利润增长的基础，也是企业价值增长的源泉。一个企业只有不断开拓市场，保持稳定的市场份额，才能不断扩大营业收入，从而进一步促进收益的提升。企业收入增长分析应重点关注收入的构成，结合外部宏观环境、产品的生命周期、企业的竞争战略等做出企业收入增长合理性、效益性和增长潜力的分析，从而有助于进一步预测未来营业收入的增长。收入增长要与利润增长相协调，即利润增速一般要高于收入增速，这体现出企业既能合理控制成本费用，又能充分利用规模效应提升自身盈利能力。

3.对利润增长的分析

利润的增长受企业营业收入规模增长、成本费用控制情况、资产管理质量波动、非经常性损益变化等因素的影响。利润是企业自有资金积累的基础，分析企业利润增长，需要重点关注利润的构成。同时拥有快速增长的净利润和良好的利润构成才是企业持续发展的核心动力。稳定增长的利润一方面可以给予股东投资回报，另一方面可以补充企业自有资金，减少对外部高成本、高风险融资的依赖，促进企业价值的提升。

4.对所有者权益增长的分析

所有者权益增长有两个主要来源，其一是企业经营过程中创造的综合收益，而其中主要是当期已实现的收益，即当期净利润，属于自有资金融资，是企业“造血”能力的体现；其二是股东的净投资，即扣减掉对股东的利润分配后的股东投入资本的增加额，属于外部融资，是股东“输血”情况的体现。所有者权益的增长不仅受当期利润创造的影响，也受企业股利政策选择的影响。因此也需要结合公司的生命周期、发展战略、所有者权益变动表具体项目分析等评价企业的所有者权益增长情况，从而更加准确预测未来所有者权益的保值和增值情况。所有者权益的增长可以提升企业的融资能力，在资本结构保持不变的前提下，企业能融入更多资金，促进资产总额的增长。

总之，在运用发展能力分析框架时，需要注意这四方面核心要素之间的相互关系，只有四方面协调发展，企业才能实现持续、健康经营。

□ 本章小结

企业所追求的目标通常可以被概括为生存、发展与获利，从中可以窥见发展对企业的重要性，它是企业实现盈利的根本途径。发展能力通常是指企业未来生产经营活动的发展趋势和发展潜能，也可以称为企业增长能力。企业应该追求健康的可持续的增长，这需要管理者利用股东和债权人的资本进行有效运营，合理控制成本，增加收入获得利润，在补偿了债务资本成本之后实现股东财富增加，进而提高企业价值。

进行企业发展能力分析的目的在于：第一，评价企业发展战略的执行效果。分析人员要在明确企业发展各个阶段的财务战略的前提下，对企业过去和现在的有关筹资活动、投资活动、经营活动效果做出评价，以判别过去和当前发展战略的制定和执行是否存在偏差。第二，补充和完善传统财务分析。财务分析的最大贡献不在于了解过去，而是要预测未来，而企业发展能力分析就是在展望未来，这种对企业未来发展的预测满足了报表使用者的要求。第三，为预测分析与价值评估做铺垫。由企业发展能力分析得出的增长率数据将是后续一系列预测分析和价值评估工作的基础数据来源，对以预测分析为基础的价值评估而言十分重要。第四，满足利益相关者的决策需求。股东、潜在投资者、经营者和债权人等利益相关者在做出面向未来的决策时，都需要评价和分析企业的发展能力。

企业发展能力分析的内容可分为以下两部分：

一是企业单项发展能力分析。企业价值要获得增长，就必须依赖于资产、收入、利润和所有者权益等方面的不断增长。企业单项发展能力分析就是通过计算和分析资产增长率、营业收入增长率、净利润增长率、所有者权益增长率等指标，分别评价企业在资产、收入、利润和所有者权益等方面所具有的发展能力，并对其在资产、收入、利润和所有者权益等方面所具有的发展趋势进行预测。

二是企业整体发展能力分析。企业要获得可持续增长，就必须在资产、收入、利润和所有者权益等各方面谋求协调发展。企业整体发展能力分析就是通过对资产增长率、营业收入增长率、净利润增长率、所有者权益增长率等指标进行相互比较与全面分析，综合评价企业的整体发展能力。

第四篇　财务综合评估

第十二章

综合分析与业绩评价

□ 学习目标

本章学习目标是使学生掌握财务分析的综合分析及业绩评价。其具体目标包括：

◇知识目标

了解综合分析与业绩评价的意义及目的；明确综合分析与业绩评价的内容。

◇技能目标

掌握杜邦财务分析体系的基本原理；掌握综合指数法的原理及实施步骤；掌握综合评分法的原理及实施步骤。

◇能力目标

能够运用杜邦财务分析体系对企业进行综合财务分析；能够运用综合指数法和综合评分法对企业进行经营业绩综合评价。

◇思政目标

在能够熟练应用《中央企业综合绩效评价实施细则》的基础上，通过对指标设置的理解，了解中央企业对财会人才应具备能力的要求，树立职业理想，培养职业技能。

课程思政教学模块图

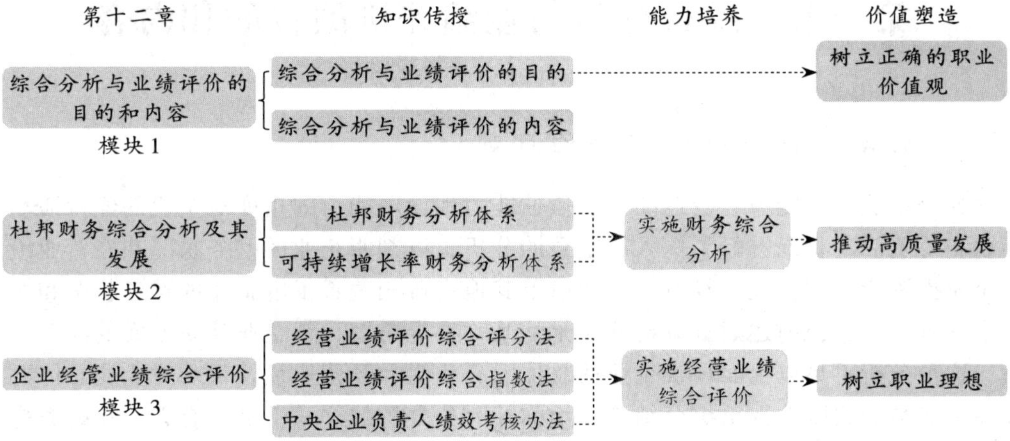

习近平总书记指出，发展新能源汽车是我国从汽车大国迈向汽车强国的必由之路。党的十八大以来，我国率先确立发展新能源汽车国家战略，习近平总书记多次考察新能源汽车产业并就产业发展、自主品牌建设、关键核心技术突破等作出重要指示批示，各部门先后推出70余项支持产业发展的政策举措，有力推动我国车企布局或持续加码新能源汽车赛道。

2023年8月，比亚迪集团宣布第500万辆新能源汽车正式下线，成为全球首家达成这一里程碑式目标的车企。从0到100万辆，用了13年；从100万辆到300万辆，用了1年半；从300万辆到500万辆，仅用9个月。这样的“高光时刻”属于比亚迪，更属于中国新能源汽车产业。从“追赶”到“领跑”，我国新能源汽车产销量已连续8年位居全球第一，全球市场份额超过60%。比亚迪的发展正是中国汽车产业在新能源赛道上创造“换道超车”奇迹的生动缩影。

新能源车企在追求高速发展的同时，必须高度重视风险防控，以确保可持续增长。财务业绩评价是企业高速发展过程中不可或缺的风险防控工具，为稳健增长提供有力保障。高速发展往往伴随着资源需求的急剧增加和经营风险的上升，通过财务业绩评价，可以全面评估企业的盈利能力、现金流状况和资产使用效率，确保企业在快速扩张中保持财务健康。同时，财务业绩评价能够帮助识别发展中的潜在风险，如资金链紧张或成本失控，从而及时调整经营策略，优化资源配置。此外，财务业绩评价还能为管理层提供数据支持，助力制定科学的战略规划，确保企业在高速增长的同时实现可持续性和稳定性，为投资者和利益相关者提供信心，进一步提升企业的市场竞争力。

资料来源：黄炜信，旷思思.比亚迪的制胜之道[EB/OL].（2023-09-01）.https://m.thepaper.cn/newsDetail_forward_24453475.

第一节　综合分析与业绩评价的目的和内容

一、综合分析与业绩评价的目的

财务分析从盈利能力、营运能力、偿债能力和发展能力的角度对企业的经营活动、投资活动和筹资活动状况进行了深入、细致的分析，以判明企业的财务状况和经营业绩，这对于企业投资者、债权人、经营者、政府及其他利益相关者了解企业的财务状况和经营业绩是十分有益的。但前述财务分析通常是从某一特定角度，就企业某一方面的经营活动做分析，这种分析不足以全面评价企业的总体财务状况和经营业绩，很难对企业总体财务状况和经营业绩的关联性得出综合结论。为弥补财务分析的这一不足，有必要在财务能力单项分析的基础上，将有关指标按其内在联系结合起来进行综合分析。

业绩评价是指在综合分析的基础上，运用业绩评价方法对企业财务状况和经营成果所得出的综合结论。业绩评价以财务分析为前提，财务分析以业绩评价为结论，财务分析离开业绩评价就没有太大的意义了。在前述财务分析中，都曾在分析的基础上做出了相应的评价，但那只是就单项财务能力所做的分析及评价，其结论具有片面性，只有在综合分析的基础上进行业绩评价才能从整体上全面、系统地评价企业的财务状况及经营成果。

综合分析与业绩评价的目的在于：

（1）建立系统性财务指标体系。企业是由各项业务活动构成的有机整体。企业的经营活动、投资活动和筹资活动不是彼此割裂，而是相互关联的。通过建立系统性的财务指标体系，可以明确企业各项业务活动之间如何联系，彼此之间会产生怎样的影响。

（2）建立科学有效的业绩评价标准。财务分析不仅要从盈利能力、营运能力、偿债能力和发展能力等各方面对企业予以分析评价，还需要将各方面综合起来对企业进行总体评价。综合考虑企业各方面的业绩指标，采用合理的权重系数，运用科学的方法计算单一的业绩评价指数标准，将有利于对企业进行全方面考核或者在多家企业之间进行评比。

二、综合分析与业绩评价的内容

本章包括以下两方面内容：

（1）综合分析。企业的财务目标是资本增值最大化。资本增值的核心在于资本收益能力的提高，而资本收益能力受企业各方面、各环节财务状况的影响。本部分分析以净资产收益率为核心，通过对净资产收益率的分解，找出企业经营各环节对其的影响程度，从而综合评价企业各环节及各方面的经营业绩。杜邦财务分析体系是进行这一分析的最基本方法。

（2）业绩评价。虽然财务目标与财务环节的联系分析可以解决单项指标分析或单方面分析给评价带来的困难，但由于没能采用某种计量手段给相互关联指标以综合评价，因此，往往难以准确得出公司经营业绩改善与否的定量结论。企业经营业绩综合分析评价正是从解决这一问题出发，利用业绩评价的不同方法对企业经营业绩进行量化分析，最后得出企业经营业绩评价的单一结论。

第二节　杜邦财务综合分析及其发展

一、杜邦财务分析体系

杜邦财务分析体系亦称杜邦财务分析法，是指根据各主要财务比率指标之间的内在联系，建立财务分析指标体系，综合分析企业财务状况的方法。由于该指标体系是由美国杜邦公司最先采用的，故称为杜邦财务分析体系。杜邦财务分析体系的特点是将若干反映企业盈利状况、财务状况和营运状况的比率按其内在联系有机地结合起来，形成一个完整的指标体系，并最终通过净资产收益率（或资本收益率）这一核心指标来综合反映。在财务分析实务中，分析师实施财务效率分析时往往首先进行杜邦分析，从而了解被分析企业的总体财务状况，发现影响净资产收益率的有利因素和不利因素，并对其进行深入分析，寻找具体影响原因。

在杜邦财务分析体系中，包含了几种主要的指标关系，可以分为两个层次。

第一层次包括：

（1）净资产收益率=总资产净利率×业主权益乘数

即：$\frac{\text{净利润}}{\text{净资产平均额}}\times 100\%=\left(\frac{\text{净利润}}{\text{总资产平均额}}\times 100\%\right)\times\frac{\text{总资产平均额}}{\text{净资产平均额}}$

（2）总资产净利率=销售净利率×总资产周转率

即：$\frac{\text{净利润}}{\text{总资产平均额}}\times 100\%=\left(\frac{\text{净利润}}{\text{营业收入}}\times 100\%\right)\times\frac{\text{营业收入}}{\text{总资产平均额}}$

以上关系表明，影响净资产收益率最重要的因素有3个，即销售净利率、总资产周转率和业主权益乘数，它们之间的关系可以用公式表达为：

净资产收益率=销售净利率×总资产周转率×业主权益乘数

第二层次包括：

（1）销售净利率的分解：

$$\text{销售净利率}=\frac{\text{净利润}}{\text{营业收入}}\times 100\%=\frac{\text{总收入}-\text{总成本费用}}{\text{营业收入}}\times 100\%$$

（2）总资产周转率的分解：

$$\text{总资产周转率}=\frac{\text{营业收入}}{\text{总资产平均额}}=\frac{\text{营业收入}}{\text{流动资产平均额}+\text{非流动资产平均额}}$$

以上关系可以用图12-1更清楚地反映出来。

杜邦财务分析体系为进行企业综合分析提供了极具价值的财务信息。

（1）净资产收益率是综合性最强的财务指标，是企业综合财务分析的核心。这一指标反映了投资者投入资本获利能力的高低，能体现出企业经营的目标。从企业财务活动和经营活动的相互关系上看，净资产收益率的变动取决于企业资本经营、资产经营和商品经营。所以净资产收益率是企业财务活动效率和经营活动效率的综合体现。

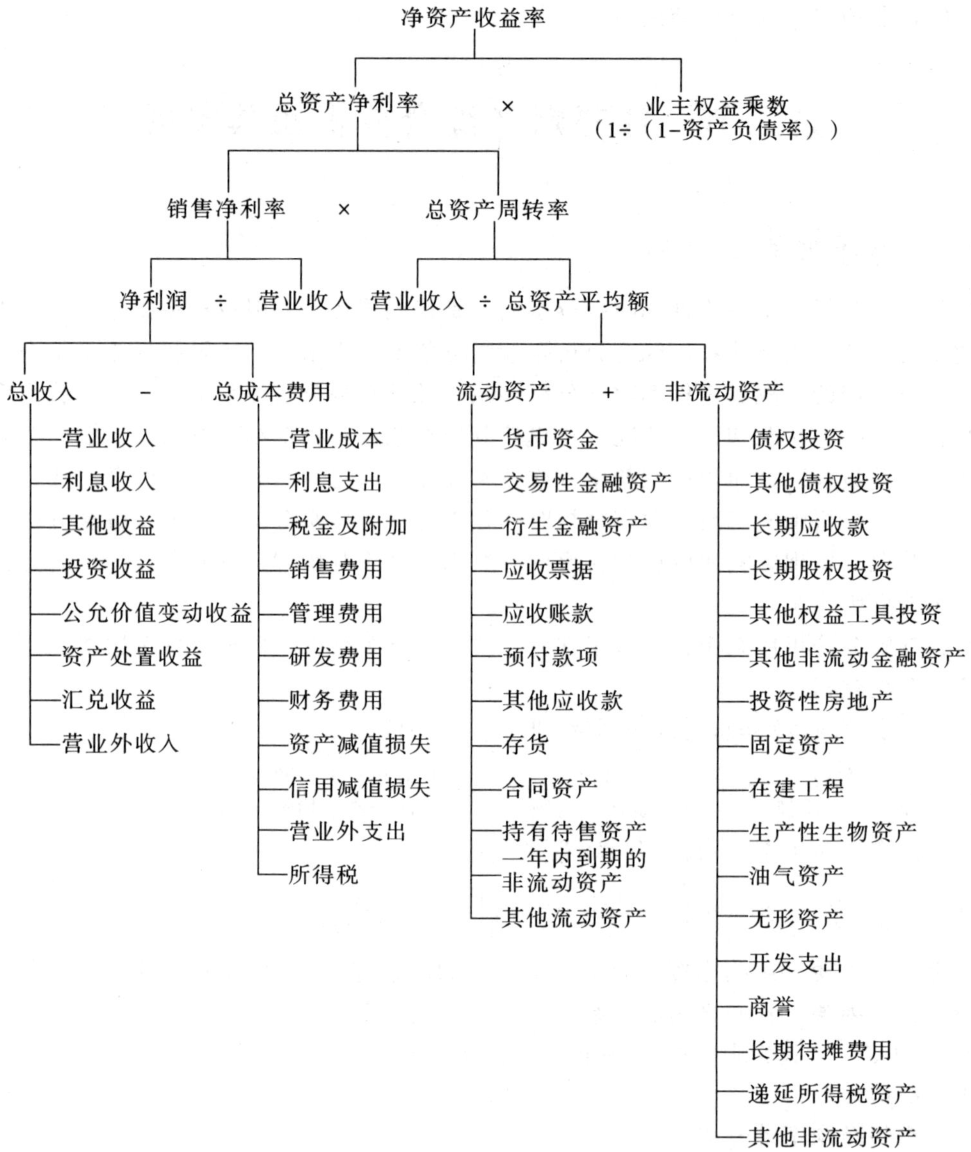

图12-1 杜邦财务分析体系分解图

（2）总资产周转率是反映企业营运能力最重要的指标，是企业资产经营的结果，是实现净资产收益率最大化的基础。企业总资产由流动资产和非流动资产组成，流动资产体现企业的偿债能力和变现能力，非流动资产则体现企业的经营规模、发展潜力和盈利能力。各类资产的收益性又有较大区别，如库存现金、应收账款几乎没有收益。所以，资产结构是否合理、营运效率的高低是企业资产经营的核心，并最终影响到企业的经营业绩。

（3）销售净利率是反映企业商品经营盈利能力最重要的指标，是企业商品经营的结果，是实现净资产收益率最大化的保证。企业从事商品经营，目的在于获利，其途径只有两条：一是扩大营业收入；二是降低成本费用。

（4）业主权益乘数既是反映企业资本结构的指标，也是反映企业偿债能力的指标，是企业资本经营即筹资活动的结果，它对提高净资产收益率起到杠杆作用。适度开展负债经营，合理安排企业资本结构，可以提高净资产收益率。

根据BQC公司的有关资料，绘制杜邦财务分析图，如图12-2所示。从图12-2可以看出，2023年BQC公司净资产收益率为23.06%，较2022年的15.70%增幅明显。观察其总资产净利率和业主权益乘数可以发现，二者皆有所增长，总资产净利率由4.49%上升到5.34%，业主权益乘数由3.50上升到4.32。

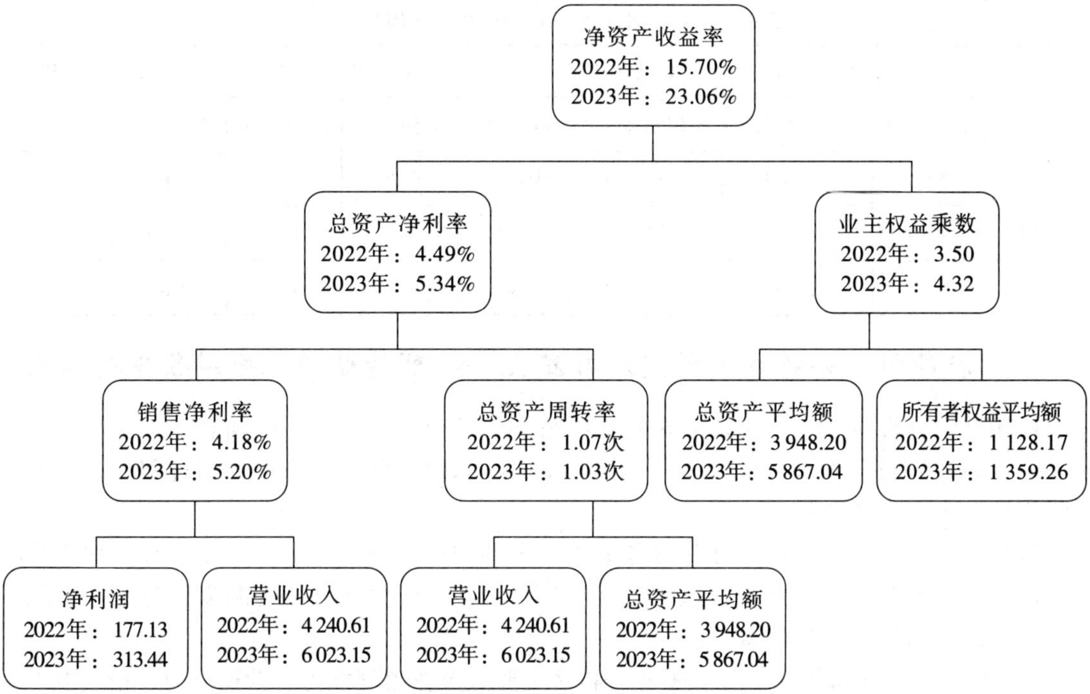

图12-2　BQC公司杜邦财务分析图（金额单位：亿元）

总资产净利率的变化由销售净利率和总资产周转率的变化所导致，但是二者的影响方向不同。销售净利率由2022年的4.18%上升至2023年的5.20%，是导致总资产净利率上升的主要因素。总资产周转率由2022年的1.07次下降到2023年的1.03次，对于总资产净利率的影响是负的。综上所述，BQC公司2023年净资产收益率的上升主要由销售净利率和业主权益乘数共同上升并且抵消了总资产周转率下降的影响所引起，说明公司盈利能力有显著提升，但是营运能力和偿债能力有所下降。

【案例12-1】

宝钢兼并武钢

由宝钢与武钢两大钢铁央企合并而成的宝武钢铁集团于2016年12月1日宣布正式成立，一举成为中国最大、全球第二的特大型钢铁企业。2016年9月国务院国资委同意宝钢集团更名为中国宝武钢铁集团有限公司，作为重组后的母公司，武汉钢铁（集团）公司整体无偿划入，成为其全资子公司。宝钢集团旗下宝钢股份拟换股合并武钢股份，武钢股份与宝钢股份的换股比例为1∶0.56。为什么是以宝钢为主兼并了武钢？从杜邦财务分析体系角度可以看出端倪。

宝钢股份与武钢股份2013—2015年相关数据见表12-1。

表12-1中，宝钢股份的净资产收益率2013—2015年均高于武钢股份，尤其是2015年

差距更加明显，武钢股份出现重大亏损，而宝钢股份在整个行业全线惨淡经营的恶劣环境下还实现了盈利，尤其难能可贵。之所以宝钢股份的股东投资回报能够高于武钢股份，最主要的原因就在于其销售净利率一直都高于武钢股份。另外，从风险管控角度看，宝钢股份的杠杆程度也要低于武钢股份，说明其财务风险较小。

案例分析12-1

表12-1 宝钢股份与武钢股份2013—2015年相关数据

年 份	净资产收益率（%）		销售净利率（%）		总资产周转率（次）		业主权益乘数	
	宝钢股份	武钢股份	宝钢股份	武钢股份	宝钢股份	武钢股份	宝钢股份	武钢股份
2013	5.00	1.07	3.18	0.49	0.86	0.93	1.83	2.35
2014	4.80	3.54	3.25	1.30	0.82	1.04	1.80	2.62
2015	0.57	−23.00	0.44	−12.87	0.71	0.61	1.83	2.93

二、杜邦财务分析体系的变形与发展——可持续增长率财务分析体系

杜邦财务分析体系自产生以来在实践中得到广泛应用与好评，但随着经济与环境的发展、变化和人们对企业目标认识的进一步升华，杜邦财务分析体系在应用过程中也暴露出一些不足，主要表现在：

（1）涵盖信息不够全面。杜邦财务分析法主要利用的是企业资产负债表和利润表的项目数据，而不涉及现金流量表，这样做容易让报表使用者只看到账面利润而忽视了更能反映企业生命力的现金流量信息。

（2）分析内容不够完善。杜邦财务分析法主要从企业盈利能力、营运能力、偿债能力的角度对企业展开财务分析，而忽略了对企业发展能力的分析。同时，由于杜邦财务分析法通常针对的是短期财务结果，这也容易诱导管理者的短期行为，忽视了企业长期价值的创造。

（3）对企业风险分析不足。企业风险是财务报表使用者非常关心的问题，而杜邦财务分析法无法较直观地体现企业经营风险或财务风险。

许多人对杜邦财务分析体系进行了变形、补充，使其不断完善与发展。其中比较具有影响力的一种体系就是以可持续增长率为龙头指标的财务综合分析体系。

（1）可持续增长率的定义。可持续增长率是指在不改变经营战略（不改变销售净利率和总资产周转率）和财务战略（不改变资本结构和股利支付率）的条件下，公司销售所能达到的最大增长率，它体现的是一种可持续的平衡发展。

（2）可持续增长率的计算。在没有新增筹资的前提下，企业销售要获得增长，主要依赖于两种资金来源：一种是企业的经营性负债（也可以叫自发负债），主要是来自企业经营过程中供应商提供的应付账款和客户提供的预收账款；另一种是企业的留存收益。一般情况下，可持续增长率的计算公式如下：

可持续增长率=净资产收益率×留存收益率

=销售净利率×总资产周转率×业主权益乘数×（1-股利支付率）

从上述计算公式中可以看到，可持续增长率的大小受销售净利率、总资产周转率、业主权益乘数以及股利支付率四个财务比率的影响。

（3）可持续增长率的分解。

美国著名财务学家罗伯特·C.希金斯曾说世界上因为增长过快而破产的公司数量与因为增长太慢而破产的公司数量几乎一样多。[①]因此，企业要追求的是一种平衡的可持续的增长。可持续增长率的大小受销售净利率、总资产周转率、业主权益乘数以及股利支付率四个财务比率的影响，这四个比率背后实际上分别反映的是企业的利润管理、资产管理、筹资管理、股利政策；前两者实际上体现的是企业的经营战略，后两者体现的是企业的财务战略，如图12-3所示。

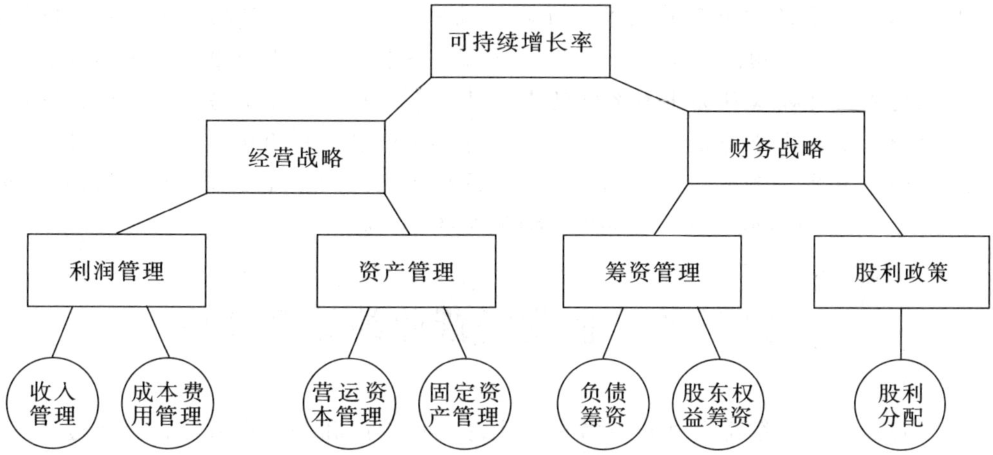

图12-3　可持续增长率内涵图

企业应当制定符合自身发展需要的经营战略和财务战略，努力使企业实际增长率与可持续增长率相一致，以实现平衡发展。如果企业调整经营战略或财务战略，可能会导致其实际增长率与可持续增长率发生差异，此时我们可以运用可持续增长率分析体系结合因素分析法分析企业实际销售增长率发生增减变动的原因。如实际销售增长率与可持续增长率或预算目标相比高出很多，那么需要分析支撑高速增长的原因究竟是什么？是否具有风险？能否持续下去？

知识拓展 12-1

【案例12-2】

比亚迪可持续发展之路

在当今全球商业环境中，企业若仅将目光局限于财务层面的“可持续增长率”（即通过合理融资和利润再投资维持的增长速度），而忽视更广义的“可持续发展”（涵盖环境、社会与治理的ESG理念），则可能陷入短期繁荣与长期风险的矛盾之中。例如，某些企业为追求高增长而过度依赖资源消耗或忽视供应链中的劳工权益问题，短期内虽能实现利润攀升，但长期来看将面临环境合规成本上升、品牌声誉受损甚至法律诉讼等风险。反观真正具有战略远见的企业，如比亚迪通过绿色技术研发和ESG管理体系构建，不仅实现了新能源汽车销量的高速增长，更在碳中和、员工福祉和供应链透明化等领域树立行业标杆，证明了增长与可持续性的协同效应。

2022年，比亚迪做出了一个具有里程碑意义的决定——宣布停产燃油车，专注于纯电动和插电式混合动力汽车业务，成为全球首个正式宣布停产燃油汽车的车企。这一决策

① 希金斯 L C.财务管理分析［M］. 沈艺峰，等译.8版.北京：北京大学出版社，2009.

并非偶然，而是比亚迪多年来在新能源领域深耕细作、技术不断突破的结果。早在2003年，比亚迪就开始了对新能源汽车的探索，经过多年的研发和积累，其在电池、电机、电控等核心技术上取得了显著的成果。凭借着刀片电池、DM-i超级混动等颠覆性技术，比亚迪的新能源汽车销量不断攀升，纯电动和插电混动车型受到了市场的广泛认可。凭借在新能源汽车领域的领先技术和综合解决方案，比亚迪助力全球汽车完成从内燃机向电动机升级换代的产业革命。2023年比亚迪新能源汽车销量再创纪录，销售了302.44万辆新能源汽车辆，夺得中国汽车市场车企销冠、中国汽车市场品牌销冠，并蝉联全球新能源销冠，成为名副其实的"中国的冠军，世界的冠军"。比亚迪也因此首次跻身全球畅销汽车品牌榜前十，成为中国汽车工业七十年以来，第一个入围前十的中国汽车品牌。

企业的本质是嵌入社会生态系统的有机体，唯有将经济目标与环境责任、社会价值相融合，才能真正抵御市场波动、赢得利益相关者的信任，并构建面向未来的核心竞争力。

资料来源：佚名.比亚迪可持续发展之路：以技术创新为驱动，坚守绿色梦想[EB/OL].（2024-11-07）.https://www.163.com/money/article/JGDCA4K300259509.html.

第三节　企业经营业绩综合评价

进行企业经营业绩综合评价通常可采用综合评分法和综合指数法，即通过计算企业经营业绩综合指数或综合分数，反映企业总体经营业绩水平的高低。

一、经营业绩评价综合评分法

运用综合评分法或功效系数法的一般程序或步骤包括选择业绩评价指标，确定各项经济指标的标准值及标准系数，确定各项经济指标的权数，计算各类业绩评价指标得分，计算经营业绩综合评价分数，确定综合评价结果等级。

下面根据2006年国务院国有资产监督管理委员会发布的《中央企业综合绩效评价实施细则》（以下简称"《实施细则》"），结合BQC公司2023年的数据来说明综合评分法的程序、方法及应用。实施该评价方法使用的《企业绩效评价标准值》（以下简称"《标准值》"）由国务院国资委考核分配局每年编制，由经济科学出版社出版。2006版的《实施细则》规定了企业综合绩效评价指标由二十二个财务绩效定量评价指标和八个管理绩效定性评价指标组成。财务绩效定量评价指标由反映企业盈利能力状况、资产质量状况、债务风险状况和经营增长状况等四个方面的八个基本指标和十四个修正指标构成，用于综合评价企业财务会计报表所反映的经营绩效状况。但是从2023年起《标准值》对评价指标范围进行了调整，并且评价指标不再区分基本指标和修正指标，还增加了8个补充指标供企业和个人根据工作或者研究需要，自行决定是否将其纳入绩效评价计分体系以及纳入的具体方式方法。但是《实施细则》并没有同步更新。本教材将根据更新的《标准值》所列示评价指标，依据《实施细则》中规定的基本指标的计算方法进行介绍。

（一）选择业绩评价指标

根据《实施细则》的规定，结合更新后的《标准值》选择的企业综合绩效评价指标包括16个财务绩效定量评价指标和8个管理绩效定性评价指标，具体见表12-2。

表12-2　**企业综合绩效评价指标体系**

评价指数类别	财务绩效定量评价指标	管理绩效定性评价指标
一、盈利回报指标	净资产收益率 营业收入利润率 总资产报酬率 盈余现金保障倍数	战略管理 发展创新 经营决策 风险控制 基础管理 人力资源 行业影响 社会贡献
二、资产运营指标	总资产周转率 应收账款周转率 流动资产周转率 两金占流动资产比重	
三、风险防控指标	资产负债率 现金流动负债比率 带息负债比率 已获利息倍数	
四、持续发展指标	研发经费投入强度 全员劳动生产率 经济增加值率 国有资本保值增值率	

上述定量指标的计算公式为：

1.净资产收益率（%）=净利润/平均所有者权益×100%

平均所有者权益=（年初所有者权益合计+年末所有者权益合计）/2

2.营业收入利润率（%）=营业利润/营业总收入×100%

3.总资产报酬率（%）=息税前利润/平均资产总额×100%

平均资产总额=（年初资产总额+年末资产总额）/2

4.盈余现金保障倍数=经营活动产生的现金流量净额/净利润

5.总资产周转率（次）=营业总收入/平均资产总额

6.应收账款周转率（次）=营业总收入/平均应收账款余额

平均应收账款余额=（年初应收账款余额+年末应收账款余额）/2

应收账款余额=应收账款+应收账款坏账准备

7.流动资产周转率（次）=营业总收入/平均流动资产总额

平均流动资产总额=（年初流动资产+年末流动资产）/2

8.两金占流动资产比重（%）=（应收账款+存货）/流动资产×100%

9.资产负债率（%）=负债总额/资产总额×100%

10.现金流动负债比率（%）=经营活动产生的现金流量净额/年末流动负债×100%

11.带息负债比率（%）=年末带息负债总额/负债总额×100%

12.已获利息倍数=息税前利润/财务费用下的利息费用

13.研发经费投入强度（%）=本年研发（R&D）经费投入合计/营业总收入×100%

14.全员劳动生产率（万元/人）=劳动生产总值/本年平均从业人员人数

劳动生产总值=劳动者报酬+固定资产折旧+生产税净额+营业盈余

15.经济增加值率（%）=经济增加值/调整后资本×100%

经济增加值=税后净营业利润-调整后资本×平均资本成本率

税后净营业利润=净利润+（利息支出+研究开发费用调整项）×（1 -25%）

调整后资本=平均所有者权益+平均带息负债-平均在建工程

平均资本成本率=债务资本成本率×平均带息负债/（平均带息负债+平均所有者权益）×（1 -25%）+股权资本成本率×平均所有者权益/（平均带息负债+平均所有者权益）

债务资本成本率=利息支出总额/平均带息负债

16.国有资本保值增值率（%）=扣除客观因素后的年末国有资本及权益/年初国有资本及权益总额×100%

扣除客观因素后的年末国有资本及权益=年末国有资本及权益总额-本年国有资本及权益客观增加额+本年国有资本及权益客观减少额

根据上述公式计算BQC公司各项财务绩效评价指标见表12-3。

表12-3 BQC财务绩效评价指标表

评价指标	指标值	评价指标	指标值
净资产收益率（%）	23.06	资产负债率（%）	77.86
营业收入利润率（%）	6.33	现金流动负债比率（%）	37.41
总资产报酬率（%）	6.66	带息负债比率（%）	12.50
盈余现金保障倍数	5.41	已获利息倍数	21.40
总资产周转率（次）	1.03	研发经费投入强度（%）	6.57
应收账款周转率（次）	11.96	全员劳动生产率（万元/人）	29.78
流动资产周转率（次）	2.22	经济增加值率（%）	37.68
两金占流动资产比重（%）	49.50	国有资本保值增值率（%）	123.95

（二）确定各项经济指标的标准值及标准系数

为了准确评价企业经营业绩，国资委根据不同企业类型及指标分类情况规定了不同的标准，每年公布《标准值》。例如2024年公布的2023年汽车整车制造业的指标标准值见表12-4。

表12-4 汽车整车制造业指标标准值表

项目 \ 档次（标准系数）	优秀	良好	平均	较低	较差
	（1）	（0.8）	（0.6）	（0.4）	（0.2）
净资产收益率（%）	17.2	10.5	4.6	-5.1	-15.0
营业收入利润率（%）	10.7	8.6	5.1	-4.4	-10.4
总资产报酬率（%）	13.8	8.4	5.2	-2.7	-8.0
盈余现金保障倍数	3.6	2.3	1.2	0.5	-0.8
总资产周转率（次）	1.7	1.3	0.7	0.4	0.1

续表

项目＼档次（标准系数）	优秀	良好	平均	较低	较差
	（1）	（0.8）	（0.6）	（0.4）	（0.2）
应收账款周转率（次）	43.7	20.5	6.2	4.0	1.7
流动资产周转率（次）	2.8	2.2	1.4	0.8	0.1
两金占流动资产比重（%）	21.7	28.8	37.8	50.4	62.7
资产负债率（%）	48.9	53.9	58.9	68.9	83.9
现金流动负债比率（%）	20.8	9.9	1.3	−13.7	−26.5
带息负债比率（%）	0.6	11.1	20.7	36.1	53.0
已获利息倍数	17.2	7.1	3.1	−0.9	−3.7
研发经费投入强度（%）	5.6	4.1	2.8	1.3	0.3
全员劳动生产率（万元/人）	58.4	41.0	23.5	11.5	−0.5
经济增加值率（%）	10.2	5.1	0.6	−11.0	−19.3
国有资本保值增值率（%）	116.2	110.7	103.7	94.4	84.3

（三）确定各项经济指标的权数

指标的权数根据评价目的和指标的重要程度确定。表12−5是企业综合绩效评价指标体系中各类及各项指标的权数和分数。

表12−5　**企业综合绩效评价指标权数和分数表**

财务绩效定量评价指标（权重70%）			管理绩效定性评价指标（权重30%）	
指标类别（100）	评价指标（100）		评议指标（100）	
一、盈利回报指标（34）	净资产收益率	10		
	营业收入利润率	9		
	总资产报酬率	8		
	盈余现金保障倍数	7		
二、资产运营指标（22）	总资产周转率	6	战略管理	18
	应收账款周转率	6	发展创新	15
	流动资产周转率	5	经营决策	16
	两金占流动资产比重	5	风险控制	13
三、风险防控指标（22）	资产负债率	6	基础管理	14
	现金流动负债比率	6	人力资源	8
	带息负债比率	5	行业影响	8
	已获利息倍数	5	社会贡献	8
四、持续发展指标（22）	研发经费投入强度	6		
	全员劳动生产率	6		
	经济增加值率	5		
	国有资本保值增值率	5		

（四）计算各类业绩评价指标得分

1.财务绩效定量评价指标得分计算

业绩评价指标的计分是按照功效系数法计分原理，将评价指标实际值对照行业评价标准值，按照规定的计分公式计算得出。其计算公式为：

单项基本指标得分=本档基础分+调整分

其中：本档基础分=指标权数×本档标准系数

调整分=功效系数×（上档基础分-本档基础分）

上档基础分=指标权数×上档标准系数

功效系数=（实际值-本档标准值）/（上档标准值-本档标准值）

本档标准值是指上下两档标准值居于较低等级一档。

根据表12-3BQC公司财务绩效评价指标值，结合表12-4汽车整车制造业全行业财务绩效评价指标标准值及系数，按上述公式可计算BQC公司各项评价指标得分。例如，BQC公司总资产周转率为1.03次。此时，该企业的总资产周转率已超过“中等值”（0.7次）水平，处于“中等”档，因此可以得到“中等”档基础分。另外，它处于“良好”档（1.3次）和“中等”档（0.7次）之间，因此需要调整。

本档基础分=6×0.6=3.6（分）

上档基础分=6×0.8=4.8（分）

功效系数=（1.03-0.7）/（1.3-0.7）=0.55

调整分=0.55 ×(4.8 - 3.6) = 0.66(分)

总资产周转率指标得分=3.6+0.66=4.26（分）

BQC公司2023年净资产收益率的实际值是23.06%，超过该指标优秀档的临界值17.2%，单项指标得分为10分。

BQC公司单项指标得分、分类指标得分及绩效评价指标总分见表12- 6。

表12-6 **BQC公司指标得分计算表** 单位：分

类 别	财务绩效定量评价指标	单项指标得分	分类指标得分
一、盈利回报指标	净资产收益率 营业收入利润率 总资产报酬率 盈余现金保障倍数	10.00 6.03 5.53 7.00	28.56
二、资产运营指标	总资产周转率 应收账款周转率 流动资产周转率 两金占流动资产比重	4.26 4.08 4.03 2.07	14.44
三、风险防控指标	资产负债率 现金流动负债比率 带息负债比率 已获利息倍数	1.68 6.00 3.85 5.00	16.53
四、持续发展指标	研发经费投入强度 全员劳动生产率 经济增加值率 国有资本保值增值率	6.00 4.03 5.00 5.00	20.03
指标总分			79.56

2.管理绩效定性评价指标的计分方法

（1）管理绩效定性评价指标的内容。管理绩效定性评价指标的计分一般通过专家评议打分形式完成，聘请的专家应不少于7名。评议专家应当在充分了解企业管理绩效状况的基础上，对照评价参考标准，采取综合分析判断法，对企业管理绩效指标做出分析评议，评判各项指标所处的水平档次，并直接给出评价分数。表12-7是一名评议专家给出的各项管理绩效定性评价指标的等级。

表12-7 管理绩效定性评价指标等级表

评议指标	权　数	等级（参数）				
		优（1）	良（0.8）	中（0.6）	低（0.4）	差（0.2）
1.战略管理	18		√			
2.发展创新	15	√				
3.经营决策	16		√			
4.风险控制	13		√			
5.基础管理	14			√		
6.人力资源	8		√			
7.行业影响	8	√				
8.社会贡献	8		√			

（2）单项评议指标得分。

$$\text{单项评议指标分数}=\sum\left(\text{单项评议指标权数}\times\text{各评议专家给定等级参数}\right)\div\text{评议专家人数}$$

假设评议专家有7人，对“战略管理”的评议结果为：优等4人，良等3人。

$$\text{战略管理评议指标得分}=\frac{(18\times1+18\times1+18\times1+18\times1+18\times0.8+18\times0.8+18\times0.8)}{7}$$

=16.46（分）

其他指标的计算方法与上述方法相同，不再举例。

（3）评议指标总分的计算。前面已计算出战略管理评议指标分数为16.46分，假设其他7项评议指标的单项得分分别为14、14、11、12、6、8和7，则：

评议指标总分=16.46+14+14+11+12+6+8+7=88.46（分）

（五）计算经营业绩综合评价分数

在得出财务绩效定量评价分数和管理绩效定性评价分数后，应当按照规定的权重，耦合形成综合绩效评价分数。其计算公式为：

企业综合绩效评价分数=财务绩效定量评价分数×70%+管理绩效定性评价分数×30%

根据以上有关数据，BQC公司综合评价分数计算如下：

综合评价分数=79.56×70%+88.46×30%=82.23（分）

在得出评价分数以后，应当计算年度之间的绩效改进度，以反映企业年度之间经营绩效的变化状况。其计算公式为：

绩效改进度=本期绩效评价分数÷基期绩效评价分数

绩效改进度大于1，说明经营绩效上升；绩效改进度小于1，说明经营绩效下滑。

（六）确定综合评价结果等级

企业综合绩效评价结果以85、70、50、40分作为类型判定的分数线。具体的企业综合绩效评价类型与评价级别见表12-8。

表12-8 企业综合绩效评价类型与评价级别一览表

评价类型	评价级别	评价得分
优（A）	A++	A++≥95分
	A+	95分>A+≥90分
	A	90分>A≥85分
良（B）	B+	85分>B+≥80分
	B	80分>B≥75分
	B-	75分>B-≥70分
中（C）	C	70分>C≥60分
	C-	60分>C-≥50分
低（D）	D	50分>D≥40分
差（E）	E	E<40分

BQC公司综合得分82.23分，其综合绩效等级属于良（B+）级。

二、经营业绩评价综合指数法

运用综合指数法进行业绩评价的一般程序或步骤包括选择业绩评价指标，确定各项业绩指标的标准值，计算各项业绩指标的单项指数，确定各项业绩指标的权数，计算综合经济指数，评价综合经济指数。下面以BQC为例，说明综合指数法的应用。

（一）选择业绩评价指标

进行经营业绩评价的首要步骤是正确选择评价指标，指标选择要根据分析目的和要求，考虑分析的全面性和综合性。在此我们仍选择《企业绩效评价标准值》所列示的绩效评价指标来展示综合指数法的应用，考虑到综合指数法对于指标性质的要求，删除了两金占流动资产比重和带息负债比率两个逆指标。

（二）确定各项业绩指标的标准值

业绩评价指标标准值可根据分析的目的和要求确定，可用某企业某年的实际数，也可用同类企业、同行业或部门平均数，还可用国际标准数。一般来说，当评价企业经营计划完成情况时，可选企业计划水平为标准值；当评价企业经营业绩水平变动情况时，可选企业前期水平为标准值；当评价企业在同行业或在全国或国际上所处的地位时，可选取行业标准值、国家标准值或国际标准值。在此我们选用《企业绩效评价标准值》的优秀值作为标准值。

（三）计算各项业绩指标的单项指数

单项指数是指各项经济指标的实际值与标准值之间的比值，其计算公式为：

单项指数=某指标实际值/该指标标准值×100%

这一单项指数计算公式适用于经济指标为纯正指标或纯逆指标，如果为纯正指标，则单项指数越高越好；如果为纯逆指标，则单项指数越低越好。如果某经济指标既不是纯正指标，又不是纯逆指标，即适度指标，如资产负债率、流动比率、速动比率等指标，在应用综合指数法时一般用做适度指标。对于这种指标，其单项指数可按下式计算：

单项指数=（标准值-实际值与标准值差额的绝对值）/标准值×100%

例如，假设资产负债率的标准值为50%，则当资产负债率实际值为77.86%时，其单项指数为：

单项指数=（50-|50-77.86|）/50×100%=44.28%

（四）确定各项业绩指标的权数

综合经济指数不是单项指数的简单算术平均数，而是一个加权平均数。因此，要计算综合经济指数，应在计算单项指数的基础上，确定各项指标的权数。各项经济指标权数应依据各指标的重要程度而定，一般来说，某项指标越重要，其权数就越大；反之，则权数就越小。在此，我们在前述计算综合评分法时所使用的权数的基础上做出适当调整以保证权数之和等于100。

（五）计算综合经济指数

综合经济指数是以各单项指数为基础，乘以各指标权数所得到的一个加权平均数。综合经济指数的计算有两种方法。

1.按各项指标实际指数计算（不封顶）

在按各项指标实际指数计算时，其计算公式是：

综合经济指数 $=\sum$(某指标单项指数 × 该指标权数)

2.按扣除超过100%部分后计算（封顶）

在全部指标中没有逆指标时，如果某项指标指数超过100%，则扣除超出部分，按100%计算，如果某项指标指数低于100%，则按该指标实际指数计算。其计算公式是：

综合经济指数 $=\sum$[某指标单项指数(扣除超出部分)× 该指标权数]

根据BQC公司2023年有关资料，按上述程序，计算该企业的综合经济指数，见表12-9。

表12-9　**综合评价指数计算表**

经济指标	实际值	标准值	单项指数（不封顶）	单项指数（封顶）	权数	综合指数（不封顶）	综合指数（封顶）
净资产收益率（%）	23.06	17.2	134.07	100.00	10	13.41	10.00
营业收入利润率（%）	6.33	10.7	59.16	59.16	9	5.32	5.32
总资产报酬率（%）	6.66	13.8	48.26	48.26	8	3.86	3.86
盈余现金保障倍数	5.41	3.6	150.28	100.00	7	10.52	7.00
总资产周转率（次）	1.03	1.7	60.59	60.59	8	4.85	4.85

续表

经济指标	实际值	标准值	单项指数（不封顶）	单项指数（封顶）	权数	综合指数（不封顶）	综合指数（封顶）
应收账款周转率（次）	11.96	43.7	27.37	27.37	7	1.92	1.92
流动资产周转率（次）	2.22	2.8	79.29	79.29	7	5.55	5.55
资产负债率（%）	77.86	50.0	44.28	44.28	8	3.54	3.54
现金流动负债比率（%）	37.41	20.8	179.86	100.00	7	12.59	7.00
已获利息倍数	21.4	17.2	124.37	100.00	7	8.71	7.00
研发经费投入强度（%）	6.57	5.6	117.32	100.00	6	7.04	6.00
全员劳动生产率（万元/人）	29.78	58.4	50.99	50.99	6	3.06	3.06
经济增加值率（%）	37.68	10.2	369.41	100.00	5	18.47	5.00
国有资本保值增值率（%）	123.95	116.2	106.67	100	5	5.33	5.00
合计					100	104.17	75.10

（六）评价综合经济指数

在按照第二种方法计算综合经济指数时，其最高值为100%，越接近100%，说明企业经营业绩总体水平越好，如果按第一种方法计算综合经济指数，当各项业绩指标中没有正指标时，综合经济指数以小于100%为好，而且越低越好。当各项业绩指标中没有逆指标时，一般地说，综合经济指数达到100%，说明企业经营业绩总体水平达到标准要求，或者说企业取得了较好的经济效益，该指数越高，经济效益水平越高；若综合经济指数低于100%，说明企业经济效益水平没达到标准要求，该指数越低，经营业绩水平越差。

在运用综合经济指数法进行经营业绩综合评价时，应特别注意以下两个问题：

第一，选择的各项经济指标在评价标准上应尽量保持方向的一致性，即尽量都选择正指标，或都选择逆指标。因为如果全部为正指标，则评价标准为越高越好；全部为逆指标，则评价标准为越低越好；如果既有正指标又有逆指标，则应将逆指标转为正指标或相反。如上述周转速度指标，如果以次数计算为正指标，则以天数计算为逆指标。由于大部分指标为正指标，因此，周转速度应采取正指标形式。至于资产负债率、流动比率和速动比率这种既不是正指标又不是逆指标的指标，其标准值具有绝对性，即大于或小于标准值都不好，单项指数最高为1或100%。进行综合经济效益指数评价时应注意这些指标的特点，否则可能会得出错误结论。

第二，综合经济指数是否可高于100%的问题。如果各单项指数取值可高于100%，则综合经济指数可能高于100%。这样做的优点是，综合经济指数不封顶，该指标越高，说明企业经营业绩越好。它的缺点是，可能存在某些完成状况好的指标的数值弥补完成状况差的指标的数值的情形。这样即使综合经济指数大于或等于100%，也不能说明企业各项经济指标都达到了标准值要求，从而掩盖了企业在某方面存在的问题。如果各单项指数取值最高为100%（即大于100%时按100%计算，小于100%时按实际值计算），则综合经济指数最高为100%。这种做法的优点是，只要综合经济指数达到了100%，就说明企业各项经济指标都达到或超过了标准值，取得了理想的经营业绩，低于100%则说明企业在某方面一定存在问题。这种方法的缺点是，如果几个企业的综合经济指数都达到100%，很难分出优劣。因此，进行企业经济效益综合评价时，在标准值比较先进时，可采用指数封顶的方法；当标准值为平均值时，则应采取指数不封顶的方法。企业在进行自身经营业绩评价时，也可将两种方法结合使用，取长补短，从而准确地评价企业的经营业绩。

知识拓展12-2

【思政课堂】

央企评价体系透视会计职业转型

《中央企业综合绩效评价实施细则》所采用的企业综合绩效评价指标由二十二个财务绩效定量评价指标和八个管理绩效定性评价指标组成。财务绩效定量评价指标由反映企业盈利能力状况、资产质量状况、债务风险状况和经营增长状况等四个方面的八个基本指标和十四个修正指标构成，用于综合评价企业财务会计报表所反映的经营绩效状况。企业管理绩效定性评价指标包括战略管理、发展创新、经营决策、风险控制、基础管理、人力资源、行业影响、社会贡献等八个方面的指标，主要反映企业在一定经营期间所采取的各项管理措施及其管理成效。

央企评价指标体系兼顾了财务绩效和管理绩效两个方面，其中管理绩效方面超出了传统会计业务领域范围，给会计人员提出了新的挑战。为了顺应发展潮流，满足央企评价需要，会计人员不能再局限于简单的会计核算，应转变意识，不断拓展知识和能力边界，更好地服务于经济发展。

会计的定位要从业务操作型向经营管理型转变。会计职能不再限于会计核算与控制、财务状况分析与预测、审计与内部控制、税收筹划，还应包括决策支持、财务战略、资本运营、公司治理、业绩管理、风险管理、购并重组。会计人员的知识储备应从会计、审计、财务管理等财务与会计专业知识，向组织与战略领导、决策模型、公司治理、风险分析等企业管理知识扩展。会计人员应具备的技能除了分析判断能力、沟通协调能力、问题解决能力、策划能力，还应发展政治与商业视野、系统分析能力、团队建设能力、人才培养能力。会计人员的职业道德和价值观在遵循法律法规与职业规范、财务信息保密、不提供虚假财务信息的基础上，还应增加维护公司正当权益、不参与舞弊或行贿受贿、关注公众利益和承担社会责任。

中央企业是我国先进生产力的代表，《中央企业综合绩效评价实施细则》所体现出的对财会人员应具备能力的要求为财会专业大学生的学习指明了方向。大学生在走上工作岗位之前，应该对未来的职业发展做出规划，结合职业理想进行知识储备，培养职业技能。

三、中央企业负责人绩效考核办法

国资委成立以来，始终把业绩考核作为国有资产监管的重要手段，充分发挥业绩考核在落实国有资本保值增值责任、做强做优做大中央企业中的引领作用和激励约束作用，紧紧围绕中央企业改革发展重点任务，不断探索完善中央企业负责人经营业绩考核制度。2009年12月28日，《中央企业负责人经营业绩考核暂行办法》（国务院国有资产监督管理委员会令第22号）（简称2009版《办法》）出台，正式将EVA指标引入年度考核当中。国资委在延续西方EVA基本理论的基础之上，对EVA在中央企业的实施进行了多方面的本土化改造，以解决EVA管理在我国企业“水土不服”的问题。此后，国资委分别在2012年年底和2016年年底对其进行了修订和完善，以下分别简称2012版《办法》和2016版《办法》。

1.用EVA取代ROE

2009版《办法》最核心的一点就是用EVA取代了ROE指标，与利润总额一起作为对中央企业负责人进行年度业绩评价的两个基本指标。这一做法不仅能够满足“收益要弥补股权资本的机会成本”这一基本要求，而且能够消除净资产收益率指标提升有可能诱发的财务风险增高的问题。可以说，EVA指标才是股东财富增加（或减少）的真正体现。

2009版《办法》规定EVA是指企业税后净营业利润减去资本成本后的余额，计算公式为：

$$\begin{aligned}\text{经济增加值} &= \text{税后净营业利润} - \text{资本成本}\\ &= \text{税后净营业利润} - \text{调整后资本} \times \text{平均资本成本率}\end{aligned}$$

$$\text{税后净营业利润} = \text{净利润} + \left(\begin{matrix}\text{利息}\\\text{支出}\end{matrix} + \begin{matrix}\text{研究开发}\\\text{费用调整项}\end{matrix} - \begin{matrix}\text{非经常性}\\\text{收益调整项}\end{matrix} \times 50\%\right) \times (1 - 25\%)$$

$$\text{调整后资本} = \text{平均所有者权益} + \text{平均负债合计} - \text{平均无息流动负债} - \text{平均在建工程}$$

相较于2009版《办法》，2012版《办法》更加突出了经营业绩评价的价值创造导向：将大多数企业的经济增加值指标的权重由40%提至50%，利润总额指标权重则由30%降低到20%。由此确立了经济增加值指标在中央企业经营业绩年度考核中的绝对主体地位，强化了考核的价值导向。2012版《办法》还规定，企业通过变卖主业优质资产等取得的非经常性收益在税后净营业利润中全额扣除。

2016版《办法》落实以管资本为主加强国有资产监管的要求，再次强调突出经济增加值考核，并进一步提出经济增加值考核的重点是在分类和差异化上下功夫，针对不同功能、资本结构和风险程度的中央企业，提出差异化资本回报要求，着力引导企业资本投向更加合理，资本结构更加优化，资本纪律更加严格，资本效率进一步提高。

2.年度考核与任期考核相结合

国资委版本的考核办法将长期考核和短期考核区分开来，分为年度经营业绩考核和任期经营业绩考核两大部分。

（1）年度经营业绩考核。年度经营业绩考核是以公历年作为考核周期，将年度利润总额和经济增加值作为基本指标对中央企业负责人进行业绩考核。2009版《办法》规定的年度经营业绩考核综合得分的计算公式为：

$$\begin{matrix}\text{年度经营业绩}\\\text{考核综合得分}\end{matrix} = \left(\begin{matrix}\text{利润总额}\\\text{指标得分}\end{matrix} + \begin{matrix}\text{经济增加值}\\\text{指标得分}\end{matrix} + \begin{matrix}\text{分类}\\\text{指标得分}\end{matrix}\right) \times \begin{matrix}\text{经营}\\\text{难度系数}\end{matrix} + \text{奖励分} - \text{考核扣分}$$

2012版《办法》的年度考核维持了利润总额和经济增加值指标，但在指标所占权重上向经济增加值有所倾斜，其综合得分计算公式与2009版《办法》也大致相同，但将“经营难度系数”改为“业绩考核系数”，突出了技术投入的重要性。

（2）任期经营业绩考核。任期经营业绩考核是以三年为一个考核周期，将国有资本保值增值率和主营业务收入平均增长率作为基本考核指标。2009版《办法》规定的任期经营业绩考核综合得分的计算公式为：

$$\text{任期经营业绩考核综合得分}=\left(\text{国有资本保值增值率指标得分}+\text{主营业务收入平均增长率指标得分}+\text{分类指标得分}\right)\times\text{经营难度系数}+\text{任期内三年的年度经营业绩考核结果指标得分}-\text{考核扣分}$$

可以看出，2009版《办法》中规定的任期考核的基本指标为国有资本保值增值率和主营业务收入平均增长率。在2012版《办法》中，任期考核的基本指标取消了“主营业务收入平均增长率”指标，更换为“总资产周转率”指标，体现“弱化规模、突出质量、强化管理、做强做优”的思路。

3.考核结果与奖惩激励机制挂钩

在严格考核的基础上实施严明的奖惩措施是中央企业经营业绩考核的重要环节，如果业绩考核不与激励相挂钩，那么考核的效果和意义将大为减弱。2009版《办法》根据企业负责人经营业绩考核得分，将年度经营业绩考核和任期经营业绩考核的最终结果分为A、B、C、D、E五个级别。级别与企业负责人的薪酬直接挂钩，规定以年度经营业绩考核结果和任期经营业绩考核结果为依据对企业负责人实施奖惩，给予企业负责人年度绩效薪金奖励和任期激励（或中长期激励），即“业绩上、薪酬上；业绩下、薪酬下”，并把经营业绩考核结果作为企业负责人任免的重要依据。

知识拓展12-3

思政知识12-1

本章小结

业绩评价是指在综合分析的基础上，运用业绩评价方法对企业财务状况和经营成果所做的综合评价。业绩评价以财务分析为前提，财务分析以业绩评价为结论，财务分析离开业绩评价就没有太大的意义了。就单项财务能力所做的分析及评价，其结论具有片面性，只有在综合分析的基础上进行业绩评价，才能从整体上全面评价企业的财务状况及经营成果。

杜邦财务分析体系亦称杜邦财务分析法，是指根据各主要财务比率指标之间的内在联系，建立财务分析指标体系，综合分析企业财务状况的方法。杜邦财务分析体系的特点是将若干反映企业盈利状况、财务状况和营运状况的比率按其内在联系有机地结合起来，形成一个完整的指标体系，并最终通过净资产收益率（或资本收益率）这一核心指标来综合反映。

随着经济与环境的发展、变化和人们对企业目标认识的进一步提高，许多人对杜邦财务分析体系进行了变形、补充，使其不断完善和发展。

进行企业经营业绩综合评价通常可采用综合指数法和综合评分法，即通过计算企业经营业绩综合指数或综合分数，反映企业总体经营业绩水平的高低。

运用综合指数法进行业绩评价的一般程序或步骤包括选择业绩评价指标、确定各项业绩指标的标准值、计算各项业绩指标的单项指数、确定各项业绩指标的权数、计算综合经济指数和评价综合经济指数。

运用综合评分法或功效系数法的一般程序或步骤包括选择业绩评价指标、确定各项经济指标的标准值及标准系数、确定各项经济指标的权数、计算各类业绩评价指标得分、计算经营业绩综合评价分数和确定综合评价结果等级。

第十三章

企业价值评估

□ 学习目标

本章的学习目标是使学生掌握企业价值评估的基本原理与基本方法。其具体目标包括：

◇ 知识目标

理解并掌握价值评估的内涵；明确价值评估的目的与作用；掌握价值评估的基本原理；明确各种价值评估方法的优点与缺点。

◇ 技能目标

重点掌握以现金流量为基础的企业价值评估方法和以经济利润为基础的企业价值评估方法；一般掌握以价格比为基础的企业价值评估方法。

◇ 能力目标

能够根据不同的目的灵活运用各种价值评估方法进行企业价值评估；能够根据企业性质及所掌握的信息采用不同的价值评估方法。

◇ 思政目标

树立正确的企业社会价值观，培养健康的经营理念，让企业兼具商业价值和社会价值，在健康发展的同时，致力于守正利他，改善人民福祉。

课程思政教学模块图

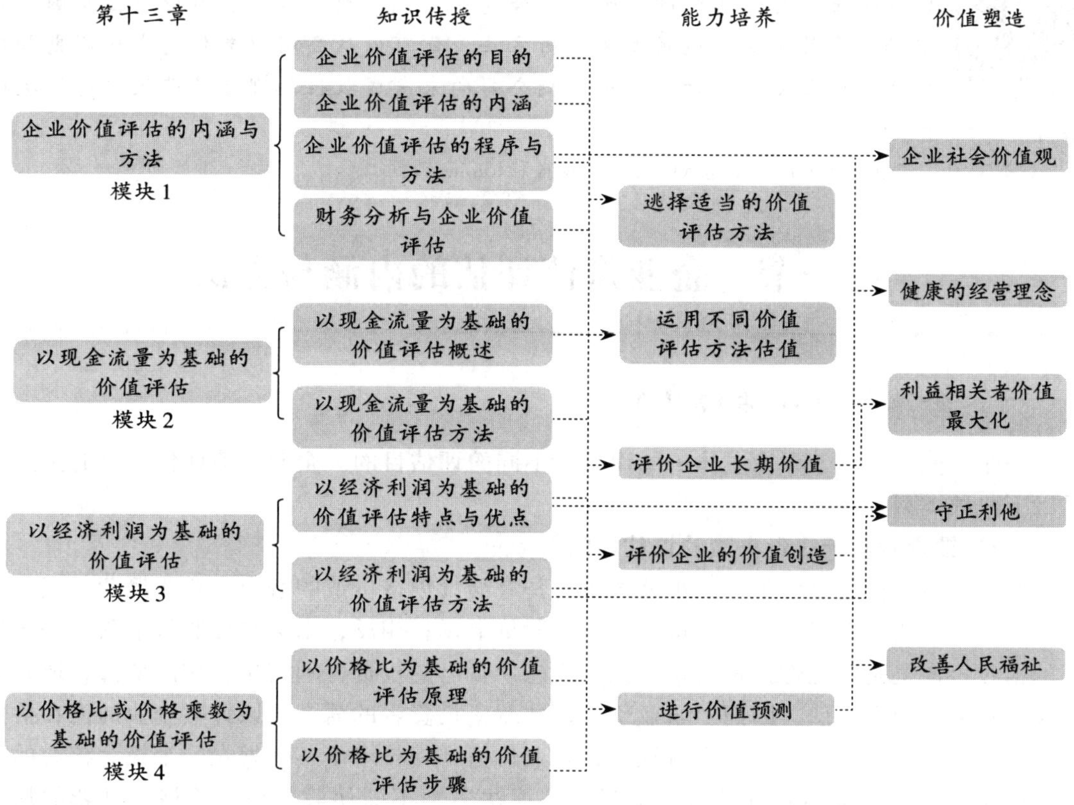

比亚迪股份有限公（以下简称比亚迪，股票代码：002594）成立于1995年，并于2011年在A股上市。从电池制造商到全球新能源汽车龙头，比亚迪的业务横跨汽车、电池、电子代工及轨道交通四大板块。2024年三季度，公司营业收入5 023亿元，同比增长18.94%；归母净利润252.4亿元，同比增长18.12%。根据分析师预测，2024—2026年公司营业收入分别为7 595亿元、9 320亿元和10 902亿元，归母净利润分别为389亿元、508亿元和619亿元，同比分别增长30%、31%和22%，EPS分别为13.38元/股、17.46元/股和21.28元/股，对应PE分别为28倍、21倍和18倍。那么，对比亚迪的价值评估仅仅依靠分析师的预测是可行的吗？

2022年，比亚迪营业收入同比增长96.2%，为成立以来增长率最高水平；归母净利润同比增长445.86%，但股价波动较大，PE从年初的239倍冲高至年中的285倍，年末下降至75倍。2023年，比亚迪股价和PE均呈下降趋势，年末进一步下降至196元/股和20倍。相对估值法下PE的剧烈波动，很明显已经偏离了公司价值本身。这一现象引发了对相对估值法适用性的思考：以PE为核心的相对估值法能否真实反映比亚迪的价值？相对估值法虽简便易行，但难以捕捉比亚迪的独特价值。相比之下，绝对估值法（如DCF模型）通过预测未来自由现金流并折现至当前，更能反映企业的长期成长性；而EVA估值法则通过衡量企业经济利润（扣除资本成本后的净利润），更能体现比亚迪在资本配置效率上的优势。

案例分析13-1

对企业进行合理的价值评估，其本质在于判断成长性，比亚迪的价值评估需跳出相对估值法的局限，结合商业模式、财务数据、行业属性及国家战略进行多维分析。运用财务分析方法，便可以从公司财务信息中获得更加合理的估值信息，有助于我们预测公司的未来成长性和现金流情况，进而获得相对可靠的价值评估结果。

数据来源：文中数据来自比亚迪（002594）年报和Choice数据.

第一节　企业价值评估的内涵与方法

一、企业价值评估的目的

企业价值评估由于评估主体不同而具有不同的评估目的。企业价值评估的目的主要包括以下四种类型：

（一）投资者基于投资决策的评估目的

股票的内在价值是多少？上市公司是否具有继续创造价值的潜力？企业经营业绩优良会给有效率的股票市场传递好的信息，促使股价上扬；相反，则会致使股价下跌。基于这样的信号传递机制，理性投资者认识到，要想使自己的投资得到实实在在的增值，还是要看投资对象的内在价值。因而，企业价值评估就应投资者的需求而以评估企业的内在价值为目的在投资领域展开。在这个过程中，企业价值评估技术事实上处在一个极为核心的位置。投资者进行企业价值评估并据此做出买卖决策，不断使股票市场价格达到新的均衡状态。

（二）管理者基于价值管理的评估目的

一个企业的财务管理目标是企业价值最大化。企业的所有财务活动都是围绕着这一目标进行的，所有财务决策的最终目的都是为了增加企业的价值。那么，在进行一项决策之前，管理者就需要明确企业的现时价值是多少，该项决策对企业价值的影响有多大，什么样的决策结果可以使现有的价值增加。这些不是管理者凭空就可以知道的，他们需要对企业价值进行评估，尤其是针对一个决策对企业价值的影响进行评估。通过了解企业价值在决策前后的增减变动进行各种投资决策、融资决策、经营决策和分配决策是企业价值评估的根本目的。

（三）交易双方基于并购的评估目的

20世纪80年代初，在美国出现了以交易企业控制权为目的的市场，并购事项层出不穷，起初市场的主体主要是企业或有能力的投资者。随着市场参与者日益增多，并购交易的审慎性开始减弱，市场的交易价格逐渐无法真实反映被并购企业的价值，导致大量的资本流向许多没有价值的空壳企业，给经济的发展带来了极其不利的影响。为了使交易价格尽量与其价值吻合，企业价值评估开始被应用于并购领域，目的就是以公允的市场价值对被并购企业进行评估，使得交易双方实现公平交易。

（四）清算企业基于清算的评估目的

每个企业都有自己的生命周期，在企业的成长期与成熟期，企业的经营者应该以价值最大化为目标努力经营，但如果企业出现衰退甚至被市场淘汰以至于被迫清算，也需要在破产清算的前提下对企业价值进行合理评估，目的是尽可能以合理的最高价格清算资产。

二、企业价值评估的内涵

（一）企业价值评估的定义

企业价值评估就是以企业整体为对象，对企业未来产生收益的可持续能力做出估算，能够为投资者和管理层等相关利益主体提供决策相关信息的活动。根据企业价值评估的目的与主体不同，价值评估的内涵也有所不同。

从资产评估师评估目的与主体角度出发，根据《资产评估执业准则——企业价值》的定义，企业价值评估是资产评估机构及其资产评估专业人员遵守法律、行政法规和资产评估准则，根据委托对评估基准日特定目的下的企业整体价值、股东全部权益价值或者股东部分权益价值等进行评定和估算，并出具资产评估报告的专业服务行为。

从企业投资者及经营管理者进行投资决策及价值管理的目的与主体角度出发，企业价值评估就是要依据价值评估理论与方法，结合企业价值评估的目的，对企业整体价值或不同类别的价值进行分析与估算的行为与过程。

思政知识 13-1

（二）企业价值评估的类型

企业价值评估中，价值的类型或内容有许多，根据不同的价值评估对象及目的，价值评估中的价值内涵有所不同。从目前及发展趋势来看，企业价值评估主要有以下几种类型，如图 13-1 所示。

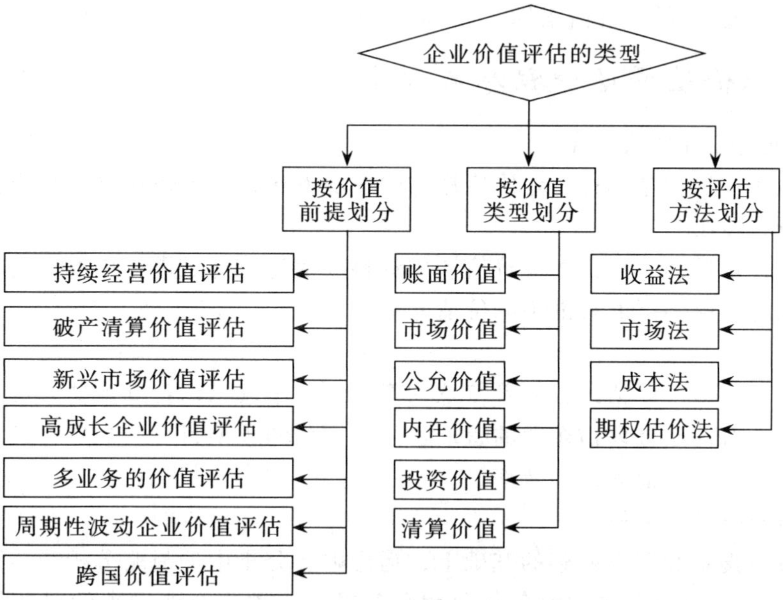

图13-1　企业价值评估的类型

价值评估中要注意的几类主要价值分类包括：

1.资产价值与企业价值

企业资产的价值是由企业拥有或控制的经济资源所创造的经济收益的现值所决定的，

或者说企业资产价值取决于企业未来创造经济收益的能力。企业价值实际上是由创造企业经济收益的各种资源的价值决定的。由于价值通常以货币来计量，而企业能以货币计量的资源或经济资源就是资产。因此，企业价值可具体体现为企业资产的价值。

2.企业价值与股东价值

企业价值是指企业全部资产的价值。股东价值亦称资本价值，是指企业净资产价值。由于“资产=负债+净资产”，因此，无论是评估企业价值，还是评估股东价值，都是相互关联的。我们既可从评估企业价值入手评估股东价值，也可从评估股东价值入手评估企业价值。但应注意评价中所需信息的不同。

3.账面价值与市场价值

账面价值是根据历史成本记录的，是特定时点会计核算反映的价值。市场价值是企业流通在外的普通股的市场价值与企业债务的市场价值的总和。

4.持续经营价值与清算价值

企业的持续经营价值与清算价值可能存在不同。进行价值评估时应根据评估对象的具体情况，考虑应选择的价值。

5.少数股权价值与控股权价值

少数股权价值是指投资者持有公司股份的比例较低，且无法通过股权或协议对公司关键决策事项施加控制或重大影响时的股权价值。投资者能够对公司关键决策事项施加控制时，其持有的股权价值为控股权价值。价值评估通常以股票或债券市场价格为基础进行。企业市场价值是评估企业经营业绩的重要指标和资本成本的主要决定因素。但是，应当指出，市场价值衡量的是少数股权价值，不是控股权交易的可靠价格指标。

知识拓展13-1

三、企业价值评估的程序与方法

（一）企业价值评估的程序

企业价值评估的程序亦称企业价值评估的一般方法，通常包括以下几个步骤：

1. 信息资料搜集。

根据价值评估目的，搜集相关价值评估资料或信息，这是进行价值评估的基础，没有相关可靠的信息，就不可能有准确的价值评估。

2. 现场勘察。

现场勘察对于整个评估过程有着特殊的意义，它不仅可以帮助评估人员获得更加可靠的信息，而且还有助于被评估企业的管理者了解评估的预期目标。当然，最主要的是，现场勘察能够提高企业价值评估的效率。

3. 信息资料整理与分析。

在信息资料搜集和现场勘察的基础上，运用财务分析中的战略分析、会计分析、比率分析等方法，评估企业当前的财务状况和财务成果，预测企业未来的财务状况和收益状况，为最后的价值评估方法选择与运用奠定基础。没有这个步骤的准确分析，就没有正确的价值评估结果。

4. 价值评估方法的选择与运用。

根据价值评估目的、评估对象、价值类型、资料搜集与分析情况等相关条件，可供选择的价值评估方法有收益法、市场法、成本法（资产基础法）、期权估价法四种基本方法。恰当选择一种或者多种价值评估基本方法是价值评估的关键。《资产评估执业准则——企业价值》明确指出：对于适合采用不同评估方法进行企业价值评估的，资产评估专业人员应当采用两种以上评估方法进行评估。对同一评估对象采用多种评估方法时，应当结合评估目的、不同评估方法使用数据的质量和数量，采用定性或者定量分析方式形成评估结论。

5. 出具价值评估报告。

根据评估目的与要求，选择与运用正确的评估方法，最终出具价值评估结果的报告。

【思政案例】

虚增逾100%！资产评估造假案暴露行业乱象，一份报告致国有资产损失近4 000万元！

国有资产遭受重大损失，一份虚假评估报告引发的连锁反应震惊业界。近日，福建省莆田市中级人民法院对一起提供虚假证明文件案做出判决，被告人林某国因参与编造虚假评估报告被判处有期徒刑二年，并处罚金人民币三万元。这起案件不仅暴露了资产评估行业存在的严重问题，也为行业规范化发展敲响了警钟。

评估造假，触目惊心的利益勾结。2020年，某市国投公司因子公司融资问题需要征收一栋大厦作为担保。国投公司工作人员曾某溶为获取更高的融资担保，与福建某资产评估公司串通，将该大厦的评估价格从初评的6 000多万元一路抬高至7 882.1万元。最终，政府以7 825万元的价格征收了这栋大厦。然而，经某市发改委鉴定，该大厦的实际市场价值仅为3 840.4155万元，虚增幅度高达103.75%。这起评估造假案件不仅造成了近4 000万元的国有资产损失，更暴露了资产评估行业存在的严重问题。资产评估造假不仅扰乱了市场经济秩序，还严重损害了公众利益，必须引起高度重视。

行业乱象，亟需加强监管和自律。资产评估行业在我国经济发展中扮演着越来越重要的角色，但随之而来的问题也日益凸显。本案中，评估机构不仅存在借用他人资质、违规操作等问题，更是与委托方恶意串通，故意编造虚假数据。这种行为不仅违反职业道德，更触犯了法律底线。为遏制类似事件的发生，相关部门应加大对评估行业的监管力度，完善法律法规，建立健全行业信用体系。同时，评估机构也应加强自律，树立诚信经营理念，严格遵守职业操守，为市场经济的健康发展提供有力保障。

总之，这起资产评估造假案件为我们敲响了警钟。只有通过多方努力，加强监管，提高行业自律，才能确保资产评估行业的健康发展，维护市场经济秩序，保护国有资产和公众利益。我们期待看到更多的措施出台，推动资产评估行业走向更加规范、透明的未来。

思政知识 13-2

资料来源：佚名.虚增逾100%！资产评估造假案暴露行业乱象，一份报告致国有资产损失近4 000万[EB/OL].[2024-07-03]. https://baijiahao.baidu.com/s?id=1803520184583943513&wfr=spider&for=pc.

（二）企业价值评估的方法

企业价值评估的方法将直接影响到价值评估的结果及市场交易的实施。通常价值评估方法有收益法、市场法、成本法（资产基础法）等方法。

企业价值评估中的收益法是指将预期收益资本化或者折现，确定评估对象价值的评估方法。收益法的具体方法包括股利折现法、现金流量折现法、净利润折现法和经济利润折现法等。股利折现法通常适用于缺乏控制权的股东权益价值的评估，净利润折现法具有一定的局限性。因此，从企业整体价值评估角度，常用的方法是现金流量折现法和经济利润折现法。

企业价值评估中的市场法，是指将评估对象与可比上市公司或者可比交易案例进行比较，确定评估对象价值的评估方法。市场法常用的两种具体方法是上市公司比较法和交易案例比较法。

企业价值评估中的资产基础法，是指以被评估企业评估基准日的资产负债表为基础，合理评估企业表内及表外各项资产、负债价值，确定评估对象价值的评估方法。

以持续经营为前提对企业整体价值进行评估时，通常采用收益法和市场法。

在价值评估实务中，无论采用何种评估方法，对企业未来收益和相关标准的精确预测都是十分困难的。但是，由于对企业收益及相关指标的预测直接影响着对企业价值的判断，是决定企业最终评估值的关键因素，所以在评估中应全面考虑影响企业盈利能力的因素，如被评估企业资本结构、经营状况、历史业绩、发展前景和被评估企业所在行业相关经济要素等，客观、公正地对企业的收益做出合理的预测。而要做到这一点，掌握好本书的第二篇财务报告分析和第三篇财务效率分析，以及上一章的预测分析是十分必要的。只有对企业进行正确的财务报告分析、财务效率分析，才能得出正确的预测分析结论，从而为运用收益法及市场法进行价值评估奠定基础。

四、财务分析与企业价值评估

无论是企业外部的财务分析主体还是企业内部的财务分析主体最终都会关注企业价值评估。因而，本部分将从财务分析主体、财务分析程序与财务分析方法三个角度，阐述财务分析与企业价值评估的关系。

（一）财务分析主体与企业价值评估

随着市场经济的飞速发展，开始于银行家的财务分析主体不断拓展。财务分析主体可主要分为企业内部的财务分析主体与企业外部的财务分析主体，他们最终都会关注企业价值评估。企业内部的财务分析主体主要包括企业各层级的管理者，尽管管理者直接关注企业经营管理的效率与效果，但由于企业的目标是企业价值和股东价值增值，因此，其也必然关注企业的价值。

企业外部的财务分析主体主要包括企业的股权投资者、债权投资者以及相关政府部门等。对于股权投资者而言，其财务分析的目标必然是通过对企业价值的评估来判断其是否进行股权投资。对债权投资者而言，尽管其财务分析的目标是判断是否进行债权投资，但企业价值评估也是其判断未来债权能否收回的关键因素。相关政府部门也会对企业进行财务分析，最终关注企业的价值。

（二）财务分析程序与企业价值评估

企业价值评估需要科学的方法和相关、可靠的信息，财务分析程序的各个环节，既为价值评估提供方法支持，也提供信息支持。在财务分析信息搜集整理阶段，明确财务分析目的能够将企业价值分析目标有效地进行分解，制订财务分析计划与搜集整理财务分析信息则能够为信息资料搜集、现场勘察、信息资料整理与分析等企业价值评估程序提供充分的信息资源。在战略分析与会计分析阶段以及财务分析实施阶段，企业战略分析与财务报表会计分析能够为企业价值评估主体选择价值评估方法提供有效的相关信息，财务指标分析与基本因素分析为企业价值评估主体运用价值评估方法提供了必要的执行基础。在财务分析综合评价阶段，财务综合分析与评价以及财务预测与价值评估则最终为价值评估结果报告提供准确的决策信息。

（三）财务分析方法与企业价值评估

财务分析方法在企业价值评估方法的运用中占据着重要的地位。财务分析的战略分析、比率分析、因素分析、趋势分析、综合分析等，都是企业价值评估中不可或缺的方法。例如，比率分析在企业价值评估方法中确定价格比指标及比值中有所应用；战略分析、因素分析、趋势分析等在预测企业未来发展潜力、未来现金净流量、未来收益等价值评估收益法的运用过程中都起着重要的作用。在企业价值评估的方法中，收益法最为常用，但收益法却因针对企业未来期间的数据预测企业价值，对信息的要求也最高。财务综合分析方法能够通过相关指标之间的联系，提供企业在持续经营中的核心价值以及未来期间的盈利情况的信息。在此基础上，借助财务综合评价方法，企业价值评估主体可根据自身目标，搭建相应的财务综合评价指标与选择相应的评价方法，为收益法提供全面及有效的相关价值评价信息。

知识拓展13-2

第二节　以现金流量为基础的价值评估

一、以现金流量为基础的价值评估概述

（一）以现金流量为基础的价值评估意义

一般财务理论认为，企业价值应该等同于企业未来资本收益的现值。企业未来资本收益可用股利、净利润、息税前利润和净现金流量等表示。不同的表示方法反映的企业价值内涵是不同的。利用净现金流量作为资本收益进行折现，被认为是较理想的价值评估方法。因为净现金流量与以会计为基础计算的股利及利润指标相比，更能全面、精确地反映所有价值因素。下面以表13-1和表13-2为例加以说明。

表13-1　**长寿公司与短寿公司预计净收益**　单位：千美元

项目		年度1	年度2	年度3	年度4	年度5	年度6
长寿公司	销售额	1 000	1 050	1 100	1 200	1 300	1 450
	现金支出	（700）	（745）	（790）	（880）	（970）	（1 105）
	折旧	（200）	（200）	（200）	（200）	（200）	（200）
	净利润	100	105	110	120	130	145
短寿公司	销售额	1 000	1 050	1 100	1 200	1 300	1 450
	现金支出	（700）	（745）	（790）	（880）	（970）	（1 105）
	折旧	（200）	（200）	（200）	（200）	（200）	（200）
	净利润	100	105	110	120	130	145

资料来源：COPELAND T, KOLLER T，MURRIN J. Valuation—Measuring and Managing the Values of Companies[M].New York：John Wiley Sons，2000 .

表13-2　　长寿公司与短寿公司预计净现金流量　　单位：千美元

项　目		年度1	年度2	年度3	年度4	年度5	年度6	累计
长寿公司	净利润	100	105	110	120	130	145	710
	折旧	200	200	200	200	200	200	1 200
	资本支出	(600)	0	0	(600)	0	0	(1 200)
	应收款增加	(250)	(13)	(13)	35	45	(23)	(219)
	净现金流量	(550)	292	297	(245)	375	322	491
短寿公司	净利润	100	105	110	120	130	145	710
	折旧	200	200	200	200	200	200	1 200
	资本支出	(200)	(200)	(200)	(200)	(200)	(200)	(1 200)
	应收款增加	(150)	(8)	(8)	(15)	(15)	(23)	(219)
	净现金流量	(50)	97	102	105	115	122	491

资料来源：COPELAND，COLLER，MURRIN.Valuation [M]. USA：John Wiley & Sons，Inc.，1995：71.

从表13-1可看出，两个公司各年度无论是销售额还是净利润都完全相等。如果以此资料为基础评估企业股东价值，那么可得出两个公司股东价值完全相同的结论。但从表13-2可看出，虽然两个公司各年度净利润和销售额完全相等，累计资本支出和应收款增加额也相同，但其各年净现金流量及变动趋势却不同。因此，以净现金流量折现法评估的两个公司的股东价值就可能不同。显然，以净现金流量为基础的评估方法更科学，它考虑了资本支出时间不同对资本收益的影响。

（二）以现金流量为基础的价值评估方式

以现金流量为基础的价值评估的基本思路是“现值”规律，任何资产的价值等于其预期未来全部现金流量的现值总和。现金流量贴现法具体又分为两种：①仅对公司股东资本价值进行估价；②对公司全部资本价值进行估价。

将企业股东价值加上企业债务价值，可得到企业价值。如果将企业未来现金流量定义为企业所有资本提供者（包括所有者和债权人）的现金流量，则现金流量现值反映的是企业价值。从企业价值中减去债务价值才能得到企业股东价值。因此，资本经营价值评估，既可评估企业价值，也可评估股东价值。由于资本经营的根本目标是股东资本增值，所以资本经营价值评估通常是评估股东价值。但是为了全面说明股东价值来源或创造，通常是在评估企业价值的基础上，减去债务价值，得到股东价值。

企业价值、债务价值和股东价值的关系及其评估可通过图13-2体现。

二、以现金流量为基础的价值评估方法

（一）以现金流量为基础的价值评估程序

以现金流量为基础的价值评估的基本程序和公式是：

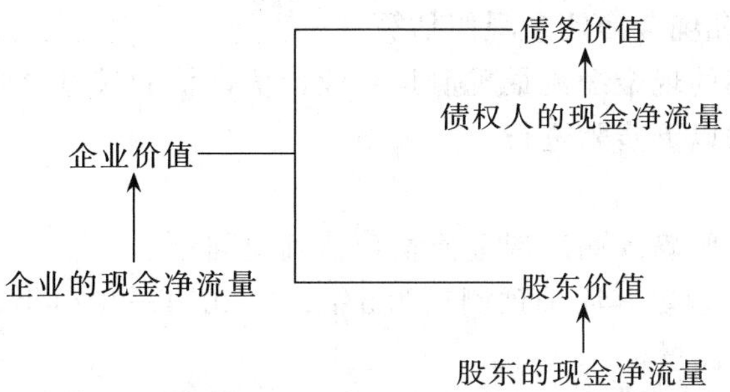

图13-2　企业价值、债务价值和股东价值的关系图

企业经营价值=明确预测期现金净流量现值+明确预测期后现金净流量现值　（13.1）

企业价值=企业经营价值+非经营投资价值　（13.2）

股东价值=企业价值-债务价值　（13.3）

为加强对以现金流量为基础的价值评估方法及其程序在企业价值评估中应用的理解，本部分以BQC公司为例来说明企业价值与股东价值评估方法。根据价值评估程序和相应计算公式，要依次计算BQC公司的企业经营价值、企业价值和股东价值，最后得出表13-3的结果。

表13-3　**BQC公司价值评估表**　单位：百万元

项目	企业经营现金净流量	折现系数（10%）	企业经营现金净流量现值
2024年	176 439.92	0.909	160 383.89
2025年	186 144.12	0.826	153 755.04
2026年	197 312.77	0.751	148 181.89
2027年	210 138.10	0.683	143 524.32
2028年	224 847.77	0.621	139 630.47
2029年	241 711.35	0.565	136 566.91
明确预测期价值合计			882 042.52
连续价值	5 075 938.35	0.513	2 603 956.37
企业经营价值			3 485 998.89
非经营投资价值			0
企业价值			3 485 998.89
减：债务价值			54 716.31
股东价值			3 431 282.58

注：本评估表及下面的评估数据计算的目的在于说明基于现金流量的企业价值的评估方法，有关现金流量预测、折现率、增长率等的预计与设定均以某种假设为前提，评估数值并不构成对BQC公司真实价值和股价等的影响，特此说明。

下面分别介绍具体评估方法，并进一步介绍该评估方法在BQC公司案例中的应用情况。

（二）有明确预测期现金净流量现值估算

确定有明确预测期的现金净流量现值是企业价值评估的最重要内容。要正确预测其现金净流量现值，需要按以下步骤进行。

1.确定预测期

本部分研究的是有明确预测期现金流量现值确定问题。

以BQC公司为例，设定其明确预测期为6年，即2024—2029年。

2.预测经营现金净流量

经营现金净流量是相对于非经营投资而言的，它是指可提供给企业所有者和债权人的经营现金流量总额。经营现金净流量的计算有两种基本方法：

（1）经营现金净流量=息前税后利润-净投资 （13.4）

其中：息前税后利润=净利润+利息

净投资=总投资-折旧

公式中的总投资是指企业新的资本投资总额，包括资本支出、流动资产及其他资产投资。折旧包括固定资产折旧和无形资产及递延资产摊销等。

（2）经营现金净流量=毛现金流量-总投资 （13.5）

其中：毛现金流量=息前税后利润+折旧

进行经营现金净流量预测，首先应对企业绩效进行分析，将财务分析与产业结构分析结合在一起，并对公司实力和弱点进行评估，同时从信贷角度了解公司的财务状况。

在对企业历史绩效进行分析之后，便可进行企业未来绩效的预测了。预测绩效的关键是明确影响企业价值或现金净流量的因素，包括时间因素。在预测各种价值影响因素的基础上，可形成预测利润表、预测资产负债表以及需要的个别项目，然后将这些详细资料综合起来，用以预测现金净流量等价值驱动因素。

本案例以BQC公司2023年财务数据为基础，预测其2024年的现金净流量。前面章节对BQC公司发展能力等情况的分析表明其未来仍具有较强的上升趋势，综合考虑未来行业发展前景及宏观经济形势后，假设2024年的净利润增长率为5%，则BQC公司2024年预测净利润为329.11亿元。假设利息支出为19.19亿元，息前税后现金流量（净利润+利息支出）为348.30亿元；总投资（计提的资产减值准备+长期待摊费用减少+处置长期资产损失+投资损失+递延税款贷项+存货的减少+经营性应收项目减少+经营性应付项目增加+其他）为-976.26亿元；折旧（固定资产折旧+无形资产摊销）为439.84亿元[①]。

根据公式（13.4）计算如下：

经营现金净流量=净利润+利息-总投资+折旧

=32 911.27+1 918.99-（-97 625.60）+43 984.06=176 439.92（百万元）

结合前面章节对BQC公司发展能力等的分析情况，以及其行业发展前景与宏观经济形势，假设2025年至2029年公司的经营现金净流量增长率依次为5.5%、6%、6.5%、7%与7.5%。根据上述经营现金净流量的预测方法，其2025年至2029年的经营现金净流量分别为1 861.44亿元、1 973.13亿元、2 101.38亿元、2 248.48亿元与2 417.11亿元。

---

① 本案例在根据公式进行计算的过程中，为确保与表13-3数据的一致性，将相关数据还原为以“百万元”为单位。

3.确定折现率

企业经营现金净流量的折现率的高低主要取决于企业资本成本的水平。为与现金流量定义相一致，用于现金净流量折现的折现率应反映所有资本提供者按照各自对企业总资本的相对贡献而加权的资本机会成本，即加权平均的资本成本。由于个别资本成本的高低取决于投资者从其他同等风险投资中渴望得到的报酬率，因此，折现率的高低必须能准确反映现金净流量的风险程度。只有折现率准确反映现金净流量的风险，价值评估结果才能准确。否则，不正确的折现率将使价值评估结果偏高或偏低。加权平均资本成本的计算公式为：

$$\text{加权平均资本成本}=\text{平均股权资本成本}\times\text{股权资本构成}+\text{平均负债资本成本}\times\text{负债资本构成} \tag{13.6}$$

可见，进行加权平均资本成本估算：一要确定资本结构或资本成本加权权数；二要估算股权资本成本；三要估算负债资本成本。

确定进行价值评估的公司的目标资本结构，建议综合采用三种方法：第一，尽量估算以现实市场价值为基础的公司资本结构；第二，考虑可比公司的资本结构；第三，考虑管理层筹资方针及其对目标资本结构的影响。

关于平均股权资本成本和平均负债资本成本的估算方法可在个别股权资本成本和个别负债资本成本估算的基础上采用加权平均方法进行。

以BQC公司为例，根据该公司相关资料，考虑到未来行业及其公司融资成本的上升趋势，结合行业平均资本收益率状况，我们假设折现率为10%。

4.估算经营现金净流量现值

$$\text{经营现金净流量现值}=\sum_{t=1}^{n}\frac{\text{经营现金净流量}_t}{(1+\text{折现率})^t} \tag{13.7}$$

应当注意，使用现金流量折现法的关键是保持现金流量与贴现率的匹配，用加权平均资本成本贴现股权现金流量会导致股权价值偏高；如果使用股权资本成本贴现公司现金流量，又会低估公司价值。如果被估价的资产当前的现金流量为正，并且可以比较可靠地估计未来现金流量的发生时间，同时根据现金流量的风险特征又能够确定恰当的贴现率，那么就适合采用现金流量贴现法。但是在现实生活中，陷入财务拮据状态的公司、收益呈周期性的公司、拥有未被利用资产的公司、有专利权或产品选择权的公司等，现金流量的预测和贴现率的确定存在一定困难。

因此，在BQC公司案例中，其明确预测期的企业价值为各期经营现金净流量现值之和。根据公式（13.7）可得：

$$\begin{aligned}\text{明确预测期的企业价值}&=176\,439.92\times(1+10\%)^{-1}+186\,144.12\times(1+10\%)^{-2}+197\,312.77\times(1+10\%)^{-3}+\\&\quad 210\,138.10\times(1+10\%)^{-4}+224\,847.77\times(1+10\%)^{-5}+241\,711.35\times(1+10\%)^{-6}\\&=160\,383.89+153\,755.04+148\,181.89+143\,524.32+139\,630.47+136\,566.91\\&=882\,042.52\ (\text{百万元})\end{aligned}$$

（三）明确预测期后现金净流量现值估算

明确预测期后公司预期现金流量现值估算亦称连续价值估算。使用连续价值公式便不再需要详细预测延长期公司的现金流量。用现金流量折现法进行连续价值估算，可供选择的方法有长期明确预测法、现金净流量恒值增长公式法和价值驱动因素公式法。第一种方法实质上与有明确预测期的现金流量现值估算方法相同，只是预测期加长。这种方法不但麻烦，而且也没有必要，通常选择后两种方法。

1.现金净流量恒值增长公式法的估算公式是：

$$连续价值=\frac{明确预测期后第一年现金净流量正常水平}{加权平均资本成本-现金净流量预期增长率恒值} \tag{13.8}$$

使用这一公式应当注意：第一，这一公式假定企业现金净流量在连续价值期间内的增长率不变；第二，现金净流量预期增长率恒值应小于加权平均资本成本；第三，必须正确估算明确预测期后第一年的现金净流量正常水平，使之与预期增长率相一致。

2.价值驱动因素公式法的估算公式是：

$$连续价值=\frac{明确预测期后第一年息前税后利润正常水平\times\left(1-\frac{息前税后利润预期增长率恒值}{新投资净额的预期回报率}\right)}{加权平均资本成本-息前税后利润预期增长率恒值} \tag{13.9}$$

在特定情况下，采用这两种方法计算的连续价值结果是相同的。综合考虑未来行业的发展前景与宏观经济情况，假设2029年以后，BQC公司的增长率为5%，该企业加权平均资本成本为10%，则采用公式（13.8）计算的连续价值为：

$$连续价值=\frac{241\,711.35\times(1+5\%)}{10\%-5\%}=5\,075\,938.35（百万元）$$

应当注意，此时的连续价值是指明确预测期以后现金流量折现到明确预测期最后一年的现值。而构成企业经营价值的明确预测期后现金流量现值应在此基础上进一步折现为明确预测期期初的现值。因而，在BQC公司的案例中，其连续价值现值为：

$$连续价值现值=5\,075\,938.35\times0.513=2\,603\,956.37（百万元）$$

无论采用何种方法，都涉及确定预测期、估计明确预测期后现金流量或利润水平及其增长率、加权平均资本成本估算及折现等问题。

预测期的选择，取决于有明确预测期现金流量折现法选择的期限。应当指出，虽然选择明确预测期十分重要，但它并不影响公司价值，只关系到明确的预测期与以后年份公司的价值如何分配。

息前税后利润、现金净流量、新投资净额的预期回报率和现金净流量的增长率是涉及企业价值评估的重要参数，应结合各自特点，采取相应方法进行预测。

加权平均资本成本是进行连续价值折现的基础，资本成本的确定可参照前述方法进行。

（四）非经营投资价值和债务价值

企业价值是企业经营价值与非经营投资价值之和。前面两个问题研究了在现金流量折现法下企业经营价值的确定。非经营投资价值的确定，也可通过非经营现金流量折现法进行。运用现金流量法进行企业价值评估：一是要明确企业价值，包括非经营投资价值；二是要注意正确划分经营现金流量与非经营现金流量。由于非经营投资的特殊性，也可不采用现金流量折现进行估价，而直接用非经营投资额代表非经营投资价值。

为了计算企业股东价值或股本价值，可在企业价值评估的基础上减去债务价值。债务价值等于对债权人现金净流量的折现。因此，要评估债务价值：一要确定债权人的现金净流量；二要确定债权人的资本成本或折现率。应当注意，只有在价值评估当日尚未偿还的公司债务才需要估算价值，对未来借款可以假设其净现值为零，因为这些借款得到的现金流入与未来偿付的现值完全相等。

假设BQC公司的非经营投资价值为零，没有交易性金融负债，根据其2023年的数据与未来增长率，其预测的未来短期借款、一年内到期的非流动负债与长期借款分别为263.5671亿元、111.3417亿元与172.2543亿元。因而，BQC公司债务价值为：

债务价值=短期借款+一年内到期的非流动负债+长期借款 （13.10）

=26 356.71+11 134.17+17 225.43=54 716.31（百万元）

因而，综上所述，根据公式（13.1）、公式（13.2）和公式（13.3）可得BQC公司的价值为：

企业经营价值=882 042.52+2 603 956.37=3 485 998.89（百万元）

企业价值=3 485 998.89+0=3 485 998.89（百万元）

股东价值=3 485 998.89−54 716.31=3 431 282.58（百万元）

案例分析 13-2

第三节 以经济利润为基础的价值评估

一、以经济利润为基础的价值评估特点与优点

以经济利润为基础的价值评估认为，企业价值等于投资资本与预计创造的超额收益现值之和。预计创造的超额收益实质上反映了企业未来的非正常收益或超额利润。在经济学中通常将这种非正常收益或超额利润定义为经济利润。而后来人们在以价值为基础的管理中又将非正常收益或超额利润定义为经济增加值（Economic Value Added，EVA）。本部分选择将预计创造的超额收益定义为经济利润。

以经济利润为基础的价值评估优于以现金流量为基础的价值评估之处在于，经济利润可以了解公司在单一时期内所创造的价值。经济利润等于投资资本回报率与加权平均资本成本之差乘以投资资本，因此经济利润将价值驱动因素、投资资本回报率和经济利润增长率转化为一个数字（经济利润增长率最终关系到投资资本数额或公司规模）。计算经济利润的另一途径是用息前税后利润减去资本费用，这里的资本费用是指全部资本成本，而非仅仅是债务利息。以经济利润为基础的评估方法说明企业价值是投资资本和预计经济利润的现值之和。只有当公司利润多于或少于加权平均的资本成本时，公司价值才多于或少于其投资成本。它与现金流量法的区别就是折现的是预计的经济利润而不是现金流量。

二、以经济利润为基础的价值评估方法

（一）以经济利润为基础的价值评估程序

预计创造的超额收益即经济利润可以按照“明确预测期”和“明确预测期后”的时间段来划分，因此，预计创造的超额收益现值等于“明确预测期经济利润现值”与“明确预测期后经济利润现值”之和。

以经济利润为基础的价值评估的基本程序包括：第一，明确预测期经济利润现值估算；第二，明确预测期后经济利润现值估算；第三，投资资本的确定；第四，企业价值的确定。其具体公式是：

企业价值=投资资本+预计创造的超额收益现值

预计创造的超额收益现值=明确预测期经济利润现值+明确预测期后经济利润现值

即：

企业价值=投资资本+明确预测期经济利润现值+明确预测期后经济利润现值 （13.11）

（二）明确预测期经济利润现值估算

确定明确预测期经济利润现值需要按以下步骤进行：

1.确定预测期

本部分研究的是明确预测期经济利润现值问题，所谓明确预测期是指预测期是有限的，而不是无限的。从预测的准确性与必要性角度考虑，通常预测期为5～10年。本部分以BQC公司为例，来说明企业价值评估方法。设定BQC公司的明确预测期为6年，即2024—2029年。

2.预测明确预测期经济利润

由于经济利润实质上是一种超额利润，因此根据其内涵，经济利润可用以下公式计算：

经济利润=息前税后利润-资本费用

或者

经济利润=息前税后利润-投资资本×加权平均资本成本

或者

经济利润=投资资本×（投资资本回报率-加权平均资本成本） （13.12）

上述计算是站在企业角度，考虑全部投资资本所计算的经济利润。如果站在企业所有者角度考虑，经济利润或超额利润是归属于企业所有者的，则经济利润可用下式计算：

经济利润=税后利润-股权资本费用

或者

经济利润=税后利润-所有者权益×股权资本成本

或者

经济利润=所有者权益×（净资产收益率-股权资本成本） （13.13）

站在企业所有者的角度，以BQC公司为例，假设该公司对未来6年的相关预测数据见表13-4。

表13-4 **BQC公司未来6年的相关预测数据** 单位：百万元

项 目	2024年	2025年	2026年	2027年	2028年	2029年
资产总额	834 500.59	940 466.54	1 092 275.47	1 295 291.99	1 516 748.72	1 773 276.10
所有者权益	182 173.13	219 235.16	263 793.19	318 775.99	384 478.93	463 668.70
净利润	44 924.10	50 058.11	56 035.12	69 800.18	83 778.56	99 621.82

注：本表预测数据及下面评估数据计算的目的在于说明基于经济利润的企业价值评估方法，有关净利润预测、产权资本成本、经济利润增长率等的预计与设定均以某种假设为前提，评估数据并不构成对BQC公司真实价值和股价等的影响，特此说明。

假设BQC公司的股权资本成本为10%。根据公式（13.13），预测其明确预测期各年经济利润，见表13-5。

表13-5　**BQC公司明确预测期经济利润计算表**　单位：百万元

项　目	2024年	2025年	2026年	2027年	2028年	2029年
净利润	44 924.10	50 058.11	56 035.12	69 800.18	83 778.56	99 621.82
净资产收益率（%）	24.66	22.83	21.24	21.90	21.79	21.49
股权资本成本（%）	10	10	10	10	10	10
净资产收益率（%）－股权资本成本（%）	14.66	12.83	11.24	11.90	11.79	11.49
所有者权益	182 173.13	219 235.16	263 793.19	318 775.99	384 478.93	463 668.70
经济利润	26 706.58	28 127.87	29 650.35	37 934.34	45 330.67	53 275.53

3.确定折现率

由于经济利润是一种超额利润，归企业所有者所有，因此，在计算经济利润现值时应反映其对股东价值的增值，从这点考虑，折现率应采用产权资本成本。

以BQC公司为例，假设BQC公司的折现率为10%。

4.估算明确预测期经济利润现值

明确预测期经济利润现值计算的一般公式是：

$$\text{经济利润现值} = \sum_{t=1}^{n} \frac{\text{经济利润}^t}{(1+\text{折现率})^t} \quad (13.14)$$

以BQC公司为例，根据公式（13.14）和表13-5中BQC公司的经济利润预测结果，估算明确预测期经济利润现值见表13-6。

表13-6　**BQC公司明确预测期经济利润现值计算表**　单位：百万元

项　目	BQC公司经济利润	贴现率（10%）	BQC公司经济利润现值
2024年	26 706.79	0.909	24 276.47
2025年	28 134.59	0.826	23 239.17
2026年	29 655.80	0.751	22 271.51
2027年	37 922.58	0.683	25 901.12
2028年	45 330.67	0.621	28 150.35
2029年	53 254.95	0.565	30 089.05
合　计	221 005.38	—	153 927.67

（三）估算明确预测期后经济利润现值

明确预测期后经济利润现值估算亦称连续价值估算。确定连续价值现值需要按以下步骤进行：

1.计算连续价值

连续价值的计算可采用简化公式确定明确预测期后经济利润现值总额，确定方法可参照公式（13.8），只不过需要将公式的现金净流量改为经济利润，即：

$$连续价值=\frac{明确预测期后第一年经济利润正常水平}{加权平均资本成本-经济利润预期增长率恒值} \tag{13.15}$$

以BQC公司为例，参照BQC公司综合考虑未来行业的发展前景与宏观经济发展情况，假设其2029年以后的经济利润增长率为5%，且保持不变，依据公式（13.15）计算连续价值为：

$$连续价值=\frac{53\ 254.95\times(1+5\%)}{10\%-5\%}=1\ 118\ 353.95（百万元）$$

2.计算连续价值现值

由于连续价值是指明确预测期后经济利润折现到明确预测期最后一年的现值，而构成企业价值的明确预测期后经济利润现值应在此基础上进一步折现为明确预测期期初的现值。因此，对连续价值现值的计算可直接采用下列公式：

$$连续价值现值=\frac{连续价值}{(1+折现率)^n} \tag{13.16}$$

其中：n代表明确预测期的最后一年。

以BQC公司为例，已知该公司明确预测期为2024—2029年共6年，根据公式13.16计算连续价值现值为：

连续价值现值=1 118 353.95×0.565=631 869.98百万元

（四）投资资本的确定

企业价值评估中的投资资本是指预测期期初的投资资本。由于投资资本于预测期期初发生，因此，投资资本本身价值或账面价值与其现值相同，通常可用投资资本的账面价值直接作为以经济利润为基础的价值评估中企业价值的组成部分。本章采用预测期期初企业负债与所有者权益账面价值合计作为投资资本。BQC公司的投资资本为2024年年初公司负债与所有者权益的账面价值合计：

BQC公司的投资资本=679 547.67（百万元）

（五）企业价值的确定

在上述三个步骤的基础上，以BQC公司为例，根据公式（13.11）计算BQC公司的企业价值：

案例分析13-3

BQC公司的企业价值=679 547.67+153 927.67+631 869.98 =1 465 345.32（百万元）

第四节　以价格比或价格乘数为基础的价值评估

一、以价格比为基础的价值评估原理

价格比法亦称价值比法或比较法、价格乘数法等，是企业价值评估市场法的一种。上市公司比较法是指获取并分析可比上市公司的经营和财务数据，计算适当的价值比率，在与被评估企业比较分析的基础上，确定评估对象价值的具体方法。上市公司比较法中的可比公司应当是公开市场上正常交易的上市公司，评估结论应当考虑流动性对评估对象价值的影响。交易案例比较法是指获取并分析可比公司的买卖、收购及合并案例资料，计算适当的价值比率，在与被评估企业比较分析的基础上，确定评估对象价值的具体方法。运用交易案例比较法时，应当考虑评估对象与交易案例的差异因素对价值的影响。本节主要介绍价格比方法。

企业价值或股东价值往往可通过企业股票价格来体现，而企业股票价格的高低与企业的收益、销售额和资产账面价值等都直接相关。因此，企业价值可表现为价格比与相关价格比基数的乘积，用公式表示为：

企业价值=价格比×相关价格比基数　(13.17)

（一）价格比的形式

常用的价格比通常包括盈利比率、资产比率、收入比率和其他特定比率。具体价格比指标包括：价格与收益比或市盈率、价格与账面价值比、价格与销售额比。价格与收益比或市盈率的计算公式是：

价格与收益比=每股市价÷每股收益　(13.18)

在此情况下，企业价值随预期收益的变化而成正比例变化。

价格与账面价值比的计算公式是：

价格与账面价值比=每股市价÷每股净资产

价格与账面价值比因公司的未来产权收益率、账面价值的增长和风险（决定折现率的差别）的不同而在公司之间有所不同。

价格与销售额比的计算公式是：

价格与销售额比=每股市价÷每股销售额　(13.19)

它可以看作价格与收益比和收益与销售额比的乘积，因此除了解释影响价格与收益比的因素外，价格与销售额比随着预期利润率的变化而成正比例变化。

（二）相关价格比基数

相关价格比基数根据价格比的不同而有所不同。价格比的分母正是相关价格比基数。如价格与收益比的相关价格比基数就是企业的收益；而价格与账面价值比的相关价格比基数则是企业的账面净资产；价格与销售额比的相关价格比基数是销售额。进行价值评估时，必须保证价格比和相关价格比基数的一致性。

评估师在选择、计算、应用价格比时应当考虑：

（1）选择的价格比是否有利于合理确定评估对象的价值；

（2）计算价格比的数据口径及计算方式是否一致；

（3）应用价格比时对可比公司和被评估企业间的差异应进行合理调整。

二、以价格比为基础的价值评估步骤

（一）选择价格比

采用价格比为基础进行价值评估，首先要选择适当的价格比。在明确价格比主要有价格与收益比、价格与账面价值比、价格与销售额比的基础上，由于对同一评估对象，选择不同的价格比所评估的结果可能是不同的，选择何种价格比要与被评估企业的基本信息联系起来。这些基本信息主要指与股票价格相关的信息，特别是构成相关价格比基数的信息，如收益信息、账面价值信息、销售额信息等。选择时，第一要考虑相关程度，通常应选择与股票价格相关程度最高的价格比；第二要考虑相关价格比基数信息的可靠性。例如，如果被评估企业的股票价格与其收益相关度最强，而该企业的收益预测也比较可靠，则选择价格与收益比进行评估将会比较准确、可行。

我们选择价格与收益比作为价格比，BQC公司2023年年末的价格与收益比为：

价格与收益比=198.06÷10.77=18.39

（二）选择该价格比的可比或类似公司

在选择价格比的基础上，还应确定可用于评估的价格比的比值。由于价值评估在很大程度上取决于对未来几年的运作情况的预测，评估人员可能会对价格比的估算信心不足。一个可以替代的方法是根据“类似”公司的价格比评价被评估公司。利用价格比的主要困难在于确定真正类似的公司。

所谓类似公司是指那些具有最相似的经营和财务特征的公司，同一行业内部的企业是最佳的选择对象。但是，应当注意，并非同行业所有企业都是可比的，不同的企业有不同的特点。在选择类似公司时通常有两种选择方法：一种方法是将同行业中所有企业的该价格比进行平均，这种做法是要利用平均数将各企业的非可比因素抵消掉，而被评估企业成为该行业最具代表性的企业；另一种方法是选择行业中最相似的企业，但相似性是随着运用的价格比的不同而不同的。

考虑未来BQC公司所在行业的发展趋势，结合前面章节对其分析的情况，我们选择同行业与BQC公司可比性较高的4家公司的价格与收益比，具体见表13-7。

表13-7 价格与收益比计算表

项 目	每股价格（元/股）	每股收益（元/股）	价格与收益比
GQJT	8.83	0.36	24.53
SQJT	13.55	1.72	7.88
CAQC	16.87	0.96	17.57
CCQC	25.33	0.83	30.52

（三）确定价格比值

在选择可比公司的基础上，价格比的确定可以历史状况为标准，也可以预期未来状况为标准。若以历史的价格比为标准，其前提是历史数据能准确反映未来价格比状况。

我们以2023年可比的4家公司的价格与收益比为标准，计算出行业价格与收益比如下：

行业价格与收益比=（24.53+7.88+17.57+30.52）÷4=20.13

（四）预测价格比基数

所谓价格比基数是指与价格比相对应的相关价格比基数，即价格比的分母。要准确进行价值评估，在确定价格比的基础上，要准确预测相关价格比基数。例如，如果选择的价格比为价格与收益比，要评估企业股东价值，则要对企业的未来净收益进行准确预测。

在以现金流量为基础的价值评估的案例中，考虑到BQC公司发展趋势以及未来行业与经济发展趋势，假设其2024年的净利润增长率为10%，BQC公司2023年的净利润为313.44亿元，其2024年净收益预测值为344.78亿元（313.44×（1+10%））。如果假设BQC公司2023年的价格与收益比与2024年持平，则BQC公司的市场价值可估值为：

BQC公司市场价值=18.39×344.78=6 340.50（亿元）

如果基于行业可比公司平均的价格与收益比计算，BQC公司的市场价值可估值为：

BQC公司市场价值=20.13×344.78=6940.42（亿元）

□ 本章小结

企业价值评估由于评估主体不同而具有不同的评估目的。企业价值评估的目的主要有四种类型：投资者基于投资决策的评估目的，管理者基于价值管理的评估目的，交易双方基于并购的评估目的，清算企业基于清算的评估目的。

根据企业价值评估的目的与主体不同，价值评估的内涵也有所不同。从资产评估师评估目的与主体角度出发，企业价值评估是资产评估机构及其资产评估专业人员遵守法律、行政法规和资产评估准则，根据委托对评估基准日特定目的下的企业整体价值、股东全部权益价值或者股东部分权益价值等进行评定和估算，并出具资产评估报告的专业服务行为。从企业投资者及经营管理者进行投资决策及价值管理的目的与主体角度出发，企业价值评估就是依据价值评估理论与方法，结合企业价值评估的目的，对企业整体价值或不同类别的价值进行分析与估算的行为与过程。

财务分析在企业价值评估中具有重要的地位。不仅财务分析主体与企业价值评估主体存在交集，而且财务分析程序与财务分析方法对企业价值评估程序与方法也具有重要的影响。尤其是趋势分析、预测分析以及企业价值能力分析为企业价值评估提供了重要的信息来源。

进行价值评估首先要明确对企业什么价值进行评估。要搞清资产价值、企业价值、股东价值、账面价值、市场价值、公允价值、持续经营价值、清算价值、少数股权价值和控股权价值的内涵。

价值评估的程序包括信息资料搜集、现场勘察、信息资料整理与分析、价值评估方法选择与运用和价值评估结果报告五个步骤。通常价值评估方法可以分为收益法、市场法、成本法、期权估价法四种基本类型。

一般财务理论认为，企业价值应该与企业未来资本收益的现值相等。企业未来资本收益可用股利、净利润、息税前利润和净现金流量等表示。不同的表示方法，反映的企业价值内涵是不同的。利用净现金流量作为资本收益进行折现，被认为是较理想的价值评估方法。因为净现金流量与以会计为基础计算的股利及利润指标相比，更能全面、精确地反映所有价值因素。

以经济利润为基础的价值评估认为，公司价值等于投资资本加上未来每年创造的超额收益现值，而企业未来每年创造的超额收益，实质上反映了企业未来的非正常收益或超额利润。在经济学中，人们通常将这种非正常收益定义为经济利润，而后来人们在以价值为基础的管理中又将其定义为经济增加值。以经济利润为基础的评估方法优于现金流量贴现法之处在于，通过经济利润可以了解公司在单一时期内所创造的价值。经济利润等于投资资本回报率与资本成本之差乘以投资成本，因此经济利润将价值驱动因素、投资资本回报率和经济利润增长率转化为一个数字。

价格比法或比较法是企业价值评估市场法的一种。上市公司比较法是指获取并分析可比上市公司的经营和财务数据，计算适当的价值比率，在与被评估企业比较分析的基础上，确定评估对象价值的具体方法。企业价值或股东价值往往可通过企业股票价格来体现，而企业股票价格的高低与企业的收益、销售额和资产账面价值等都直接相关。最常用的价格比有三个，即价格与收益比或市盈率、价格与账面价值比和价格与销售额比。